"밖에도 세상은 있었네!

# 이 세상 밖에도 있었네!

**대한민국 100대 명산 완등 산행기**

好山 하유태 지음

도서출판 천우

## 여는 글

**산에 힘들게 올랐다가** 다시 내려와야 하는데 등산은 왜 하는 걸까? 집 가까이에 산이 있으니 오르지, 산에 오르는 자체를 즐기는 취미활동, 다이어트나 체력 단련, 정상에서 사계절 풍광을 즐기는 것, 산행 중 먹는 간식의 참맛, 하산 후 하산주의 달콤함 등 이유는 각양각색이다.

글로벌 대기업에서 34년간 앞만 보며 달려왔던 필자는 등산의 의미를 '산 정상에 서면 주변이 보인다', '자연이 가진 이런저런 어려움을 극복하는 과정에서 자연과 함께 즐거움을 누리는 인내의 예술'로 정의해 왔다.

대부분의 사람이 "어느 산부터 어떻게 등산을 시작하면 좋을까?"로 많이 고민한다. '한 번도 등산을 안 해본 사람은 있어도 한 번만 등산한 사람은 없다'는 말처럼 등산에는 맛과 멋이 있으니 '시작이 반이라'고 꼭 100대 명산이 아니더라도 가까운 산부터 시작하여 스스로 등산의 의미와 매력을 느끼면서 시작해보기를 추천한다.

필자의 대한민국 100대 명산 도전은 왜, 어떻게 시작하게 되었을까?

참고로 당시 대한민국 100대 명산은 "산림청 선정 100대 명산"과 "블랙야크(이하 B사) 선정 100대 명산"이 있었는데 필자는 후자에 도전해보기로 했다.

필자는 34년 동안 글로벌 대기업에서 직장 생활을 하면서 건강 등을 위해 휴일에는 아내 혹은 직원들과 등산을 즐겨왔기 때문에 등산이 좋았고, 매일 출근 했던 직장이 갑자기 끊어진 상황에서 등산보다 더 좋은 보약은 없을 거라는 생각과 B사의 의미 있는 이벤트가 궁합이 딱 맞았다.

갑작스러운 퇴직으로 출근할 곳이 없어진 필자에게 등산은 새로운 터전으로 여겨졌으며, 최소 2년간 인생의 쉼표가 되어 줄 것 같았다. 또한 의미 있는 그곳으로부터 서서히 가정과 사회에 연착륙 할 수 있을 것 같아 대한민국 100대 명산과 인연을 맺게 되었다.

'명산(名山)'이라는 새로운 영역에서 새로운 사람들과 이야기를 나누면서 과거의 테두리를 벗어나는데 굉장히 좋을 것으로 보였다. 특히 "나를 찾아 떠나는 도전"이라는 붉은 바탕에 흰 글씨 중 '도전'이 당시 필자의 심정을 잘 표현해 준 것 같아 더욱 마음이 끌렸다.

친구의 소개로 대한민국 100대 명산 등산을 결정한 후 2년 내 완등을 해보려고 3개월 동안 지역별 명산의 위치 파악, 지역별 등산 계획 수립, 등산 코스별 소요 시간 등을 철저히 파악하며 등산 준비를 한 후 B사의 이벤트 행사에 가입하여 '도전번호 16205번'을 받았다.

막상 도전번호를 받고 나니 "인생은 도전이요 모험이다. 도전과 모험을 즐기는 자가 되리라. 인생은 그대로 두면 그냥 흘러간다. 비우고 또 채우는 과정의 연속이어야 한다. 등산은 주위를 보지만, 달리면 나밖에 안 보인다. 등산은 선택한 길을 걷지만 길 주변에 담긴 의미를 생각하며, 산에 얽힌 삶을 기억하며 걷는다. 등산은 여행을 한다는 느낌으로 해야 한다. 여행은 준비부터 마음이 설레고, 집을 나서면서부터 신이 난다."라면서 빨리 달려보고 싶어졌다.

또한, 등산의 또 다른 매력은 '오감 만족'이라고 생각한다.

사계절 모두 등산의 매력은 다르겠지만, 정상에 서면 훌륭한 조망과 풍광을 즐길 수 있어 '시각 만족', 풀냄새와 버섯 냄새, 나뭇잎 냄새, 흙냄새 등을 공짜로 맡을 수 있어 '후각 만족', 사계절 자연과 푸른 바다, 뭉게구름, 먹구름, 흰

## 여는 글

구름들과의 어울림을 볼 수 있어 '미(美)각 만족', 새싹이 단풍들어 형형색색으로 온 산을 불태우다 낙엽 되어 떨어지는 모습들을 보면서 자연의 위대함을 알 수 있는 '촉각 만족', 여름이 아쉬워 목청 터지도록 울어대는 매미 소리며 계절마다 다르게 들리는 새소리와 물소리 등을 들을 수 있는 '청각 만족'이다.

새로운 곳에는 늘 물음표가 따라다닌다. 물음표를 찾아가 느낌표나 마침표로 해결하는 것도 또 등산의 매력 중의 하나이다. 작을지라도 물음표를 해결해 가는 과정에 또 설렘과 재미가 있고 같은 자연일지라도 그들의 어우러짐은 늘 새롭게 와 닿는다. 그래서 등산은 '인내의 예술'임을 알게 되고 동시에 '오감 만족'으로 보상을 받는다.

그리고 '등산의 혜택'이라면 또 무엇이 있을까?

각박해지는 일상에서 찌들었던 마음을 맑게 정화하고 자연과 교감한다. 주말이면 어김없이 산에 올라가 계절의 변화나 기상의 변화에 따라 시시각각 다채롭게 펼쳐지는 산의 모습에 감동하며 인생 최고의 레저라는 것을 체험을 통해 몸소 터득하였다.

현대사회는 원시사회에서 도시 형태의 환경으로 바뀜에 따라 물질의 혜택은 더욱더 풍요로워졌고, 이러한 현실 속에서 삶과 숲의 생태가 피부에 와 닿는 경험인 등산이야말로 일상의 찌든 심신을 맑게 해주는 가장 바람직한 수단이다.

국토의 70%가 산인 대한민국에서 산에 오르고 즐기며 생활의 활력을 얻는 것은 당연하다. 산을 잘 이해하고 보전하는 데 있어 산행만한 건강한 레저는 없다고 생각된다.

아는 사람, 모르는 사람과 즐겁게 산행하는 동안 자연스럽게 차오르는 고운 생각과 감정을 공유할 뿐만 아니라 아름다운 자연을 눈으로 담아 서정을 살찌우며 건강한 정신으로 정화해 주는 치유의 산실이다.

그리하여 대한민국 100대 명산을 완등하면서 느낀 담백하고 소소한 서정적인 이야기 하나하나를 '여행은 집을 나서면서 시작하여, 집에 들어설 때까지'라는 필자의 평소 소신대로 '여행한다'는 기분으로 정리하면서 책 제목은 "대한민국 100대 명산 완등"이 아니라, 수필로 읽어가는 대한민국 100대 명산 산행기 "세상은 밖에도 있었네!"가 되었다.

빨리 출간되어 필자의 경험이 산객(山客)님에게 합리적인 길잡이가 되어 즐거운 여행과 안전한 산행으로 이어지기를 바라고, 산을 오르지 않는 사람마저 간접 산행을 체험할 기회가 되었으면 더할 나위 없는 영광이겠다. 그런 의미에서 가까운 산에 다녀온 산행기를 블로그에 자주 올려왔다.

B사에서 지정한 대한민국 100대 명산을 실은 기차는 2015년 12월 5일 고향 경주에 있는 명산 '남산'을 제1호로 시작하여 비록 느리지만 지치거나 쉬지 않고 '칙칙폭폭 칙칙폭폭' 달려가 691일 만인 2017년 10월 완등을 하여 마침내 '완주번호 1389'를 받았다.

"2년 내 대한민국 100대 명산을 완등 후 일을 시작한다"는 원대한 목표를 품고 등산을 시작한 사나이가 691일 만에 미(美)친 듯이 완등 할 수 있었던 것은 패치 때문이었다. '10좌'를 완등하면 '10' 담긴 패치를, '20좌'를 완등하면 또 '20'이 담긴 패치를 주어 '100좌'가 될 때까지 서로 다른 색깔의 패치로 완등할 때까지 지칠 만할 때 도전 의욕과 성취감을 갖게 하여 계속 이어가는 계기를 만들어 주었다.

## 여는 글

100좌를 완등하였을 때는 "명산 100 완주를 축하합니다"라는 배너를 선물로 주었다.

쭉 이어온 명산의 산행 이야기들을 그냥 숨겨두기가 아까워 우선 일기장에 담긴 이야기들을 블로그를 통해 공개해 보았다. 손으로 노트에 적었던 내용을 PC로 옮겨야 했고, 갑작스러운 대학교 교수 생활, 또 비밀 내용을 가려내다 보니 다소 시간이 걸렸다.

등산을 좋아하지 않는 사람들은 '명산의 유래'에 대한 소개 내용만이라도 잘 음미하여 그 산의 매력을 간접적으로나마 경험할 수 있을 것이며, 등산을 즐기는 사람들은 등산하면서 그 내용을 확인해 보는 기회를 마련해 보기를 희망해 보며, 등산 중 필자의 느낌을 담아 수필 형태로 남겨둔 후기가 참고되기를 바란다. 마지막에는 그날 등산의 시작과 끝이 필자에게 주는 교훈까지 나름대로 정리해 다섯 번의 편집을 한 후 도서출판 천우/문학세계에 맡겨 한 권의 책 발간을 완성하게 되었다.

사실 몇 년 전부터 "정리를 해야지" 하면서도 늘 바쁘다는 핑계로 책상에 앉아 있지 못했으나 늦었지만 시동을 걸었고, 또 하나의 명산의 완등 이야기를 책으로 남긴다니 "과연 그만한 가치가 있을까?"로 고심하다가 충분히 그만한 가치는 있겠다고 자평하며 명산의 완등 산행기를 완성하였다. "누군가에게 도전과 용기를, 누구에게는 즐거움과 재미를 줄 수 있다면" 하는 바람을 가져 보면서 여섯 번의 편집을 거쳐 드디어 마무리 되니, 무엇보다도 100대 명산 등산을 함께해 준 아내 정옥에게 위로와 칭찬을 제일 먼저 해 주고 싶고, 지원과 격려를 많이 해준 두 딸 지명, 지향에게도 고마운 마음 전하고 싶다. 그 외에도 함께해 준 친구 영철이, 갑진이, 병찬이, 태욱이
그리고 후배 익경이, 민세, 마지막으로 산악회에도 감사를 드린다. 그때의 등산 준비에서부터 고달픔과 영광, 즐거움과 행복함 등 스릴 넘쳤던 그 순간 순간들을 양파껍질 벗기듯이 하나도 놓치지 않고 일기장에서 블로그로, 마지막에는 "세상은 밖에도 있었네!"라는 한 권의 책으로 발간할 수 있게 도와준 삼강 송무석 회장님, 도서출판 천우에 감사드리며, 필자 인생의 큰 자산으로 남기는 무한한 영광을 안게 되어 가슴 벅차다. 이 수필이 힘든 시기에 모두에게 위로와 희망이 되기를 바라며 2021년 3월 15일 탈고를 하게 되었다.

다시 한번 많은 도움을 주신 분들에게 감사한 마음을 전한다.

2021년 6월

하유태

# Contents

여는 글

지역별 명산

명산의 위치 및 특징

명산 100, 완등이야기 (가나다 순)

- ㄱ 가리산 ················· 39
  - 가리왕산 ················· 45
  - 가야산(합천) ················· 51
  - 가야산(예산) ················· 56
  - 가지산 ················· 60
  - 감악산 ················· 65
  - 강천산 ················· 69
  - 계룡산 ················· 74
  - 계방산 ················· 77
  - 공작산 ················· 80
  - 관악산 ················· 85
  - 광덕산 ················· 89
  - 구병산 ················· 95
  - 구봉산 ················· 100
  - 금수산 ················· 106
  - 금오산 ················· 111
  - 금정산 ················· 117
- ㄴ 남산 ················· 122

## 명산 100, 완등이야기 (가나다 순)

- ㄴ 내연산 ································································· 126
  - 내장산 ································································ 131
  - 노인봉 ································································ 135
- ㄷ 달마산 ································································ 139
  - 대둔산 ································································ 143
  - 덕룡산 ································································ 149
  - 덕유산 ································································ 152
  - 덕항산 ································································ 157
  - 도락산 ································································ 161
  - 도봉산 ································································ 165
  - 동악산 ································································ 169
  - 두륜산 ································································ 175
  - 두타산 ································································ 178
- ㅁ 마이산 ································································ 184
  - 명성산 ································································ 189
  - 명지산 ································································ 199
  - 모악산 ································································ 205
  - 무등산 ································································ 208
  - 민주지산 ······························································ 213
- ㅂ 바래봉 ································································ 222
  - 반야봉 ································································ 226
  - 방장산 ································································ 234

# Contents

**명산 100, 완등이야기** (가나다 순)

- ㅂ 방태산 ································· 239
- 백덕산 ································· 246
- 백암산 ································· 251
- 백운산(광양) ··························· 257
- 백운산(정선) ··························· 261
- 변산 ··································· 266
- 북한산 ································· 271
- 불갑산 ································· 276
- 비슬산 ································· 280
- ㅅ 삼악산 ································· 287
- 서대산 ································· 294
- 선운산 ································· 298
- 설악산 ································· 305
- 소백산 ································· 312
- 소요산 ································· 320
- 속리산 ································· 326
- 수락산 ································· 332
- 신불산 ································· 336
- ㅇ 연인산 ································· 343
- 오대산 ································· 346
- 오봉산 ································· 351
- 오서산 ································· 355

## 명산 100, 완등이야기 (가나다 순)

◉ 용문산 · · · · · · · · · · · · · · · · · · · · · · · · · · · · · · · · · · · · · · · · · · · · · **358**
　용봉산 · · · · · · · · · · · · · · · · · · · · · · · · · · · · · · · · · · · · · · · · · · · · · **370**
　용화산 · · · · · · · · · · · · · · · · · · · · · · · · · · · · · · · · · · · · · · · · · · · · · **376**
　운악산 · · · · · · · · · · · · · · · · · · · · · · · · · · · · · · · · · · · · · · · · · · · · · **380**
　운장산 · · · · · · · · · · · · · · · · · · · · · · · · · · · · · · · · · · · · · · · · · · · · · **388**
　월악산 · · · · · · · · · · · · · · · · · · · · · · · · · · · · · · · · · · · · · · · · · · · · · **392**
　월출산 · · · · · · · · · · · · · · · · · · · · · · · · · · · · · · · · · · · · · · · · · · · · · **399**
　유명산 · · · · · · · · · · · · · · · · · · · · · · · · · · · · · · · · · · · · · · · · · · · · · **403**
　응봉산 · · · · · · · · · · · · · · · · · · · · · · · · · · · · · · · · · · · · · · · · · · · · · **407**
ㅈ 장안산 · · · · · · · · · · · · · · · · · · · · · · · · · · · · · · · · · · · · · · · · · · · · · **414**
　재약산 · · · · · · · · · · · · · · · · · · · · · · · · · · · · · · · · · · · · · · · · · · · · · **418**
　조계산 · · · · · · · · · · · · · · · · · · · · · · · · · · · · · · · · · · · · · · · · · · · · · **422**
　조령산 · · · · · · · · · · · · · · · · · · · · · · · · · · · · · · · · · · · · · · · · · · · · · **425**
　주왕산 · · · · · · · · · · · · · · · · · · · · · · · · · · · · · · · · · · · · · · · · · · · · · **431**
　주흘산 · · · · · · · · · · · · · · · · · · · · · · · · · · · · · · · · · · · · · · · · · · · · · **435**
　지리산 · · · · · · · · · · · · · · · · · · · · · · · · · · · · · · · · · · · · · · · · · · · · · **442**
ㅊ 천관산 · · · · · · · · · · · · · · · · · · · · · · · · · · · · · · · · · · · · · · · · · · · · · **453**
　천성산 · · · · · · · · · · · · · · · · · · · · · · · · · · · · · · · · · · · · · · · · · · · · · **458**
　천태산 · · · · · · · · · · · · · · · · · · · · · · · · · · · · · · · · · · · · · · · · · · · · · **462**
　청계산 · · · · · · · · · · · · · · · · · · · · · · · · · · · · · · · · · · · · · · · · · · · · · **467**
　청량산 · · · · · · · · · · · · · · · · · · · · · · · · · · · · · · · · · · · · · · · · · · · · · **470**
　청화산 · · · · · · · · · · · · · · · · · · · · · · · · · · · · · · · · · · · · · · · · · · · · · **476**

# Contents

**명산 100, 완등이야기** (가나다 순)

- **ㅊ** 축령산 ·················· 481
- 치악산 ·················· 486
- 칠갑산 ·················· 493
- **ㅌ** 태백산 ·················· 497
- 태화산 ·················· 505
- **ㅍ** 팔공산 ·················· 511
- 팔봉산 ·················· 520
- 팔영산 ·················· 529
- **ㅎ** 한라산 ·················· 532
- 함백산 ·················· 537
- 화악산 ·················· 543
- 화왕산 ·················· 551
- 황매산 ·················· 559
- 황석산 ·················· 565
- 황악산 ·················· 570
- 황정산 ·················· 576

**등산에 대한 상식**

대한민국 100대 명산 완등 산행기

# 세상은 밖에도 있었네!

※ 숫자는 명산의 위치 및 등산 완등 순

# 지역별 명산

지역별 명산은 B사의 대한민국 100대 명산의 등산 준비과정을 소개하는 자료이며, B사는 매년 대한민국 100대 명산을 재평가하여 바꾸고 있어 본 지는 2015년에 지정된 100대 명산 기준이다.

대한민국의 산(山)은 같은 이름이 많아 등산 진행 중 혼란을 최소화하여 가성비를 높여야 했기에 지역별 명산의 위치를 사전에 정확히 정리할 필요가 있었다. 그리고 명산은 주소지에서 멀리 떨어져 있어 두 번 가기는 힘들므로 한 번의 완등으로 인증을 제대로 받기 위해 철저한 사전 점검은 필수적이었다.

충실히 사전 점검을 했어도 현장과는 달라 어려움을 겪은 적도 있었다.

100대 명산을 총정리하다 보니 또 특이한 점은 도/시/군별로 정상석의 크기나 모습, 색깔, 표기 방법까지 모두가 다르다는 것을 알게 되었다. 정상석이 '가로로', '세로로', 심지어 '바닥에', '색깔까지' 달랐다. 요즈음은 많이 같아지게 되어 다행이다. B사의 대한민국 100대 명산의 등산 준비 점검에 약 3개월간 많은 시간을 할애하다 보니 명산의 등산 시작도 늦춰졌고 준비하는 데 지치기도 하였다. 재직 시 회사 일을 하듯 미(美)친 듯이 해 보았다.

미국의 한 야구 중계에서 나온 "야구는 끝날 때까지 끝난 게 아니다."라는 말이 지금까지도 여러 분야에서 잘 활용되고 있는 것처럼, "골프는 장갑을 벗을 때까지 결과는 모르는 일이다.", "야구는 9회 말 두 아웃, 2-3 풀 카운터라도 결과는 모를 일이다.", "인생은 한 방에 되는 것이 아니올시다." 등 마지막까지 힘을 내어 부족하지만 몇 년이 지나서야 나름대로 최선을 다해 완성하게 되었다.

이처럼 좋은 결실(과)은 하루아침에 이루어지는 것이 아니었다.

최고는 아니지만, 끝까지 최선을 다하였다. 일기장에 수기(手技)로 작성된 내용을 먼저 블로그에 옮겨놓아 보았고, 또 책으로 발간하기 위해 일일이 컴퓨터에 옮기다 보니 컴퓨터엘보가 생기기도 하였다. 골프엘보는 경험해 보았지만, 컴퓨터엘보는 처음이었다.

갑작스럽게 대학교수 4년 재직으로 또 늦어졌지만, 그래도 일주일에 몇 번 정도는 이른 아침에 머리도 식힐 겸 타임머신을 타고 그동안 고생하여 얻은 100대 명산의 완등일지를 PC로 정리하는 것이 필자에게는 즐거운 일이었다. 이제라도 완등 이야기를 수필 형식으로 마무리 할 수 있어 다행이다.

도와준 가족(특히 아내)에게 감사했다. 그리고 친구, 후배, 산악회에게도 감사의 마음을 전하며, 후배 산객님들에게도 많은 도움이 되기를 기대해 본다.

### 서울특별시의 명산

서울특별시에는 5개의 산이 B사의 명산으로 지정되어 있었다.

먼저 명산의 위치와 인증샷을 찍어야 하는 정상석의 모습부터 확인했다. 대체로 대중교통으로 쉽게 다녀올 수 있는 곳이었지만 지정된 정상석을 오르는 등산로가 너무 많아 지름길이면서도 쉬운 등산로를 선택해 두었다. 특히 북한산과 도봉산 정상석에는 위험이 도사리고 있었고 겨울에는 무시무시할 정도로 추운 곳이니 주의가 필요했다.

| No | 산 이름(정상석) | 산 높이(m) | 산 위치 | 명산의 위치 |
|---|---|---|---|---|
| 2 | 청계산(매봉) | 583 | 서울 서초구 | |
| 3 | 수락산(주봉) | 637 | 서울 노원구 | |
| 4 | 도봉산(신선대) | 740 | 서울 도봉구 | |
| 5 | 관악산(연주대) | 629 | 서울 관악구 | |
| 7 | 북한산(백운대) | 837 | 서울 성북구 | |

※ No는 등산 다녀온 순서

### 경기도의 명산

경기도에는 총 9개의 산이 B사의 명산으로 지정되어 서울기준 북쪽과 동쪽으로 많이 분포되어 있었다. 서울에서 하루 2개의 명산까지 다녀올 수 있는 근거리에 있는 산을 지하철, 버스(시내/외), 청춘열차, 자차, 산악회 등으로 다녀올 계획이었다. 겨울에는 1개의 명산도 겨우 다녀올 수 있을 정도로 어려운 산도 보였다. 특히 산속의 국도는 음지가 많아 결빙으로 자차로는 엄두도 못 내는 곳도 있어 산악회와 다녀오는 것으로 계획하였다.

| No | 산 이름(정상석) | 산 높이(m) | 산 위치 |
|----|---------------|-----------|--------|
| 13 | 감악산(정상)    | 675       | 경기도 파주 |
| 14 | 소요산(의상대)  | 559       | 경기 동두천 |
| 17 | 용문산(정상)    | 1,157     | 경기 양평 |
| 18 | 유명산(정상)    | 862       | 경기도 가평 |
| 19 | 연인산(정상)    | 1,068     | 경기도 가평 |
| 24 | 화악산(중봉)    | 1,468     | 경기 가평 |
| 30 | 운악산(정상)    | 936       | 경기 포천 |
| 31 | 명지산(정상)    | 1,267     | 경기도 가평 |
| 32 | 명성산(정상)    | 923       | 경기도 포천 |

※ No는 등산 다녀온 순서

### 강원도의 명산

강원도에는 총 20개의 산이 B사의 명산으로 지정되어 있었다.
잘 알고 있겠지만 강원도의 명산은 산맥이 도/시/군 등의 경계선을 주로 이루고 있으니 B사에서 표기한 지역을 기준으로 위치를 정리하였다.
해발 1,000m가 넘는 명산이 무려 13곳(65%)이나 되어 강원도가 제일 난제의 등산으로 이곳은 산세가 험하고, 계곡이 깊고, 인기척이 드문 곳, 산짐승도 많은 곳이라 혼자 다녀오기엔 굉장히 어려울 것 같아 등산 작전을 잘 세워야 했다. 등산의 가장 기본은 안전산행이라 계획 단계에서 힘들어 보이면 실제에서는 더 어려울 것이라는 경험 하에 '답은 현장에 있다.'를 명심하면서 하나하나 등산 계획 점검에 정성을 쏟았다. 서울에서 명산의 들머리까지 이동하는 데만 최소 2시간, 많게는 4시간까지 걸려야 되는 곳이 있어 더욱 그랬다. 겨울철에는 하루에 한 곳도 다녀오기가 힘들겠다는 예측으로 장소별 계획 점검은 더욱 치밀해져야 했다.

강원도의 명산을 다녀오는 방법으로는 청춘열차를 타고 청춘열차역 주변의 명산을 다녀오는 방법, 그다음 쉬운 곳에는 자차로, 산악회 회원으로, 대중교통을 이용한 친구/후배랑 등등 구체적인 대안을 세웠다. 그리고 명산의 들머리에는 대체로 유명한 사찰이 있어 사찰을 들머리로 찾아가는 방법도 괜찮았다.

| No | 산 이름(정상석) | 산 높이(m) | 산 위치 | 명산의 위치 |
|---|---|---|---|---|
| 36 | 가리산(정상) | 1,051 | 강원 홍천 | |
| 59 | 가리왕산(정상) | 1,561 | 강원 정선 | |
| 54 | 계방산(정상) | 1,577 | 강원 홍천 | |
| 37 | 공작산(정상) | 887 | 강원 홍천 | |
| 87 | 노인봉(정상) | 1,338 | 강원 강릉 | |
| 79 | 덕항산(정상) | 1,071 | 강원 삼척 | |
| 100 | 두타산(정상) | 1,353 | 강원 동해 | |
| 44 | 방태산(주억봉) | 1,436 | 강원 인제 | |
| 58 | 백덕산(정상) | 1,350 | 강원 평창 | |
| 78 | 백운산(정상) | 882 | 강원 정선 | |
| 33 | 용화산(정상) | 878 | 강원 춘천 | |
| 80 | 응봉산(정상) | 999 | 강원 삼척 | |
| 86 | 설악산(대청봉) | 1,708 | 강원 속초 | |
| 38 | 치악산((비로봉) | 1,288 | 강원 원주 | |
| 97 | 태백산(장군봉) | 1,567 | 강원 태백 | |
| 25 | 팔봉산(2봉) | 302 | 강원 홍천 | |

| No | 산 이름(정상석) | 산 높이(m) | 산 위치 | 명산의 위치 |
|---|---|---|---|---|
| 60 | 함백산(정상) | 1,573 | 강원 정선 | |
| 46 | 오대산(비로봉) | 1,563 | 강원 평창 | |
| 23 | 오봉산(5봉) | 779 | 강원 춘천 | |
| 15 | 삼악산(용화봉) | 645 | 강원 춘천 | |

※ No는 등산 다녀온 순서

### 제주도의 명산

한라산 백록담은 여러 번 다녀온 적이 있어서 들머리와 날머리의 선택만 하면 되었다. 울릉도의 성인봉도 명산에 포함되어 있었으나 2015년에 사라져 아쉬웠지만 200대 명산에는 포함되어 다행이었다.

| No | 산 이름(정상석) | 산 높이(m) | 산 위치 |
|---|---|---|---|
| 47 | 한라산(백록담) | 1,950 | 제주도 |

※ No는 등산 다녀온 순서

### 충청도의 명산

충북, 충남, 대전에는 총 18곳이 B사의 명산으로 지정되어 있었다.

우선 해발 1,000m가 넘는 명산은 충북에만 6곳이고 접근성이 좋지 않아 산악회를 최대한 활용 하는 방법으로 고려해 두었다. 경부고속도로와 대전통영고속도로 좌/우 약 30㎞ 내에 있는 명산에는 주소지에서 자차로, 서울과 대중교통이 바로 연결되는 명산에는 대중교통과 현지 택시로, 월악산/속리산과 같이 산속 깊숙이 있는 명산에는 산악회와 함께하기로 하였다. 준비 점검은 싱겁게 끝나고 말았다. 직장 때문에 혹은 모임 때문에 서울과 거제도를 한 달에 한 번 정도 자차로 다녀오고 있었으니 그때를 이용하여 운동하는 셈 치고 가볍게 들렀다가 가면 되는 곳으로 고려해 두었다.

| 충청남도 ||||||
|---|---|---|---|---|---|
| No | 산 이름(정상석) | 산 높이(m) | 산 위치 | 명산의 위치 ||
| 39 | 가야산(정상) | 678 | 충남 예산 |||
| 53 | 계룡산(관음봉) | 766 | 충남 공주 |||
| 16 | 광덕산(정상) | 699 | 충남 천안 |||
| 29 | 서대산(정상) | 904 | 충남 금산 |||
| 20 | 칠갑산(정상) | 561 | 충남 청양 |||
| 42 | 오서산(정상) | 791 | 충남 홍성 |||
| 26 | 용봉산(정상) | 381 | 충남 홍성 |||

※ No는 등산 다녀온 순서

| 충청북도 ||||||
|---|---|---|---|---|---|
| No | 산 이름(정상석) | 산 높이(m) | 산 위치 | 명산의 위치 ||
| 94 | 구병산(정상) | 876 | 충북 보은 |||
| 70 | 금수산(정상) | 1,016 | 충북 제천 |||
| 64 | 도락산(정상) | 964 | 충북 단양 |||
| 62 | 민주지산(정상) | 1,242 | 충북 영동 |||
| 63 | 황정산(정상) | 959 | 충북 단양 |||
| 98 | 소백산(비로봉) | 1,439 | 충북 단양 |||
| 68 | 속리산(천왕봉) | 1,057 | 충북 보은 |||
| 99 | 월악산(영봉) | 1,094 | 충북 제천 |||
| 96 | 청화산(정상) | 970 | 충북 괴산 |||
| 55 | 태화산(정상) | 1,027 | 충북 단양 |||
| 88 | 천태산(정상) | 715 | 충북 영동 |||

※ No는 등산 다녀온 순서

## 전라도의 명산

전라도와 광주에는 총 27개의 산이 B사의 명산으로 지정되어 있었다.
전라도에는 남해안 쪽에 많아 해발고도는 낮지만 해면에서 시작되는 들머리라 육지의 그것과는 비교가 안 될 정도로 높을 것이라는 짐작 하에 등산 계획을 잡았다. '광주를 숙소로', '여수를 숙소로', '고흥 주변을 숙소'로 2박 3일 혹은 3박 4일로 잡아 보기로 하고, 명산의 높이는 낮지만 서울에서 자차로는 당일 귀가가 어려우니 '맛집 따라', '사찰 따라', '명산 따라'를 명제로 찾아 다녀 보기로 하였다. 명산들이 가까운 곳에 모여 있어 충분히 소화해 낼 수 있을 것 같았다.

| 전라남도 | | | | |
|---|---|---|---|---|
| No | 산 이름(정상석) | 산 높이(m) | 산 위치 | 명산의 위치 |
| 73 | 달마산(달마봉) | 489 | 전남 해남 | |
| 75 | 덕룡산(동봉) | 432 | 전남 강진 | |
| 40 | 동악산(시루봉) | 735 | 전남 곡성 | |
| 74 | 두륜산(가련봉) | 700 | 전남 해남 | |
| 85 | 무등산(서석대) | 1,187 | 전남 담양 | |
| 51 | 백암산(상왕봉) | 741 | 전남 장성 | |
| 43 | 백운산(상봉) | 1,218 | 전남 광양 | |
| 72 | 월출산(천황봉) | 809 | 전남 영암 | |
| 34 | 조계산(장군봉) | 884 | 전남 순천 | |
| 76 | 천관산(연대봉) | 723 | 전남 장흥 | |
| 52 | 축령산(정상) | 621 | 전남 장성 | |
| 35 | 팔영산(깃대봉) | 609 | 전남 고흥 | |
| 71 | 불갑산(연실봉) | 516 | 전남 영광 | |

※ No는 등산 다녀온 순서

| 전라북도 | | | | |
|---|---|---|---|---|
| No | 산 이름(정상석) | 산 높이(m) | 산 위치 | 명산의 위치 |
| 22 | 대둔산(마천대) | 878 | 전북 완주 | |
| 57 | 덕유산(향적봉) | 1,614 | 전북 무주 | |
| 27 | 마이산(암마이봉) | 685 | 전북 진안 | |
| 91 | 모악산(정상) | 794 | 전북 김제 | |
| 82 | 바래봉(정상) | 1,165 | 전북 남원 | |

| No | 산 이름(정상석) | 산 높이(m) | 산 위치 | 명산의 위치 |
|---|---|---|---|---|
| 83 | 반야봉(정상) | 1,732 | 전북 남원 | |
| 56 | 방장산(정상) | 743 | 전북 정읍 | |
| 48 | 변 산(정상) | 508 | 전북 부안 | |
| 41 | 강천산(정상) | 603 | 전북 순창 | |
| 90 | 구봉산(천왕봉) | 1,002 | 전북 진안 | |
| 50 | 내장산(신선봉) | 763 | 전북 정읍 | |
| 49 | 선운산(수리봉) | 336 | 전북 고창 | |
| 89 | 운장산(운장대) | 1,126 | 전북 진안 | |
| 92 | 장안산(정상) | 1,237 | 전북 장수 | |

※ No는 등산 다녀온 순서

### 경상도의 명산

경상도(경상북도, 경상남도, 대구, 울산, 부산)에는 총 20개였다.

대체로 명산들이 흩어져 있어 다녀오는 방법을 다양하게 생각해야 했고, 1,000m가 넘는 곳이 12곳이 되어 등산 장비, 간식 등 체크 대상이 늘어 나야 했다. 탐방 방법으로는 '거제도 주거지에서 당일로 다녀올 방법', '고향 경주에 가면서 오면서 다녀올 방법', '멀리 있는 명산은 산악회를 활용하여 다녀올 방법', '휴가를 이용하여 ○박 ○일로 다녀올 방법'으로 생각해 두었다. 특히 '영남의 알프스(영알)'가 있었다. 아쉬운 점은 영알 9봉 중 B사에서 지정한 명산은 세 곳(재약산, 가지산, 신불산)뿐이었다. 인터넷에 들어가면 자세히 설명이 있겠지만 이곳을 등산할 때는 영알에서 소개하는 산 중의 명소에도 꼭 다녀보는 것도 괜찮을 것이다.

| 경상북도 | | | | |
|---|---|---|---|---|
| No | 산 이름(정상석) | 산 높이(m) | 산 위치 | 명산의 위치 |
| 28 | 가야산(우두봉) | 1,430 | 경북 합천 | |
| 66 | 금오산(현월봉) | 977 | 경북 구미 | |

| No | 산 이름(정상석) | 산 높이(m) | 산 위치 | 명산의 위치 |
|---|---|---|---|---|
| 1 | 남산(금오봉) | 494 | 경북 경주 | |
| 81 | 내연산(삼지봉) | 710 | 경북 포항 | |
| 61 | 주왕산(정상) | 721 | 경북 청송 | |
| 67 | 주흘산(정상) | 1,106 | 경북 문경 | |
| 77 | 황악산(정상) | 1,111 | 경북 김천 | |
| 69 | 청량산(장인봉) | 870 | 경북 봉화 | |
| 95 | 조령산(정상) | 1,017 | 경북 문경 | |
| 65 | 팔공산(비로봉) | 1,193 | 경북 군위 | |

※ No는 등산 다녀온 순서

| 경상남도, 대구, 울산, 부산 | | | | |
|---|---|---|---|---|
| No | 산 이름(정상석) | 산 높이(m) | 산 위치 | 명산의 위치 |
| 10 | 가지산(정상) | 1,240 | 경남 밀양 | |
| 93 | 황석산(정상) | 1,190 | 경남 함양 | |
| 8 | 화왕산(정상) | 757 | 경남 창녕 | |
| 12 | 천성산(원효봉) | 812 | 경남 양산 | |
| 21 | 황매산(정상) | 1,106 | 경남 합천 | |
| 11 | 재약산(수미봉) | 1,189 | 경남 밀양 | |
| 84 | 지리산(천왕봉) | 1,915 | 경남 산청 | |
| 45 | 비슬산(천왕봉) | 1,083 | 대구 달성 | |
| 6 | 금정산(고당봉) | 802 | 부산 금정 | |
| 9 | 신불산(정상) | 1,159 | 울산 울주 | |

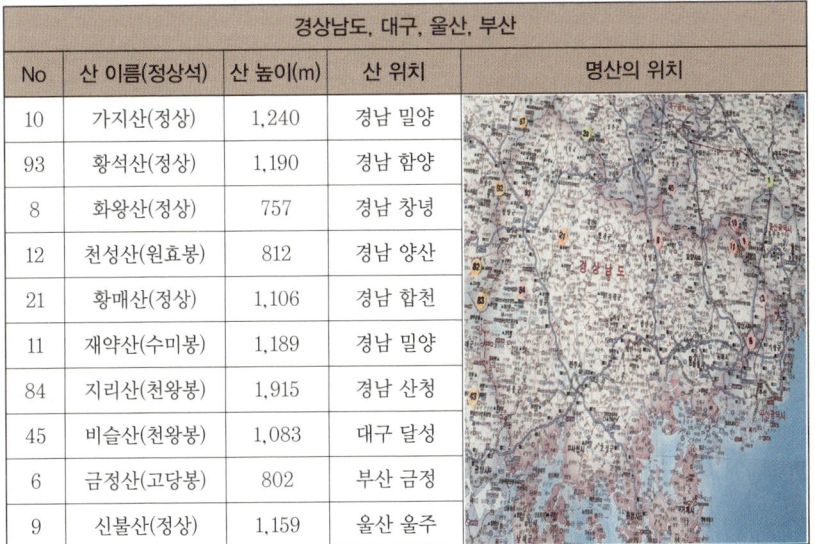

※ No는 등산 다녀온 순서

# 명산의 위치 및 특징

※ 출처 : 네이버 지식백과

| 산 이름 | 명산의 위치 및 특징 |
|---|---|
| ㄱ | |
| 가리산<br>加里山<br>1,051m | 강원도 춘천시 북산면과 홍천군 두촌면 경계에 있는 산으로 전형적인 육산으로 울창한 나무와 사철 마르지 않는 계곡을 품고 있다. 두 개의 바위 봉우리가 있으며, 정상에 오르면 서쪽으로는 소양호가 내려 보이고 거침없는 조망이 사방으로 펼쳐져 있다. 강원도에서 진달래가 가장 많이 피어나는 산이다. |
| 가리왕산<br>加里旺山<br>1,560m | 강원도 정선군 정선읍(旌善邑)과 평창군 진부면(珍富面) 사이에 있는 산으로 옛날 맥국(貊國)의 갈왕(葛王 또는 加里王)이 이곳에 피난하여 성을 쌓고 머물렀다고 하여 갈왕산이라고 부르다가 이후 일제강점기를 거치면서 가리왕산으로 이름이 바뀌었다고 한다. 가리왕산 8경의 경관이 수려하고, 활엽수 극상림이 분포해 있다. |
| 가야산<br>伽倻山<br>1,430m | 경상북도 성주군, 경상남도 거창군, 합천군 경계에 있는 산으로 '가야'는 소를 뜻하고 '가야산'은 불교성지이므로 '가야산'이라는 이름으로 정착되었다. 주봉인 상왕봉의 '상왕'은 열반경에서 모든 부처를 말하는 것으로 이 또한 불교에서 유래한 것이라 한다. 결국 '가야산'은 이 지방의 옛 지명과 산의 형상, 산악신앙, 그리고 불교 성지로서의 다양한 의미를 함축한 것이다. |
| 가야산<br>伽倻山<br>678m | 충남 예산군, 서산군, 당진군의 경계를 이루는 산으로 주봉인 가야봉을 중심으로 원효봉(677m), 옥양봉(621m), 일락산(521m), 수정봉(453m), 상왕산(307m)등의 봉우리가 연결되는 다양하면서도 어렵지 않은 등산. 백제시대 마애석불의 최고 걸작인 국보 제84호 서산마애삼존불상을 비롯한 보원사지, 개심사, 일락사, 보덕사, 원효암 등 백제초기부터 들어서기 시작한 사찰들과 해미읍의 명소로 이름난 해미읍성 등이 있다. |
| 가지산<br>加智山<br>1,240m | 울산시 울주군, 경북 청도군, 경남 밀양시의 경계에 있으며, 동해안을 끼고 남으로 뻗어가는 백두대간의 여맥을 '영남 알프스'에서 가장 높은 산으로 수량이 풍부한 폭포와 아름다운 소(沼)가 많고, 봄이면 진달래, 여름이면 녹음, 가을이면 단풍, 겨울이면 눈으로 4계절 모두 비경을 연출하여 능선 곳곳에 전망이 좋다. |

| 산 이름 | 명산의 위치 및 특징 |
|---|---|
| 감악산<br>紺嶽山<br>675m | 감악산은 도봉, 북한, 개성, 송악을 바라보며 수많은 전란을 왔으며, 경기도 파주시 적성면과 양주시 남면 경계를 이루는 산으로 신령스러운 산으로 일설에서는 멀리서 산을 바라보면 전체적으로 감색을 띠고 있어 이름이 붙여졌다고 한다. 폭포, 계곡, 암벽 등을 고루 갖추고 있어 사계절 즐기기에 충분하다. |
| 강천산<br>剛泉山<br>584m | 강천산은 전라북도 순창군과 전라남도 담양군의 경계를 이루는 산이다. '용천산(龍天山)'으로 '생김새가 용이 꼬리를 치며 승천하는 모습과 닮았다'고 해서 붙여진 이름이다. 군립공원으로 강천계곡 등 수려하고 조망이 좋다. 삼국시대에 축조된 것으로 추정되는 금성산성(金城山城) 등의 문화재가 산재해 있다. |
| 계룡산<br>鷄龍山<br>766m | 계룡산은 대전광역시, 충남 공주시와 논산시의 경계를 이루는 산으로 '능선이 마치 닭의 벼슬을 쓴 용의 모습과 닮았다'고 하여 붙여진 이름이며, 풍수지리에서도 4대 명산으로 국립공원으로 지정. 계룡8경이 아름다워 많은 관광객이 찾아든다. 삼국시대부터 큰 절이 창건되었으며 지금도 갑사, 동학사, 신원사 등 유서 깊은 대사찰이 유명하다. |
| 계방산<br>桂芳山<br>1,578m | 강원도 평창군과 홍천군의 경계에 있는 남한에서 다섯 번째로 높은 산으로 주변에는 오대산, 백적산, 태기산, 방대산 등이 솟아 있고 북으로는 설악산, 남으로는 태백산을 이어주는 백두대간의 중간지점에 위치하여 이 지역의 식생을 대표한다. 백두대간을 한 눈에 조망할 수 있으며 겨울철 설경으로 유명하다. |
| 공작산<br>孔雀山<br>887m | 강원도 홍천군에 위치하며, 울창한 숲과 계곡 등 경관이 수려하고, '산세의 아름답기는 공작새가 두 날개를 펼치고 있는 것 같다'하여 붙여진 이름. 봄에는 철쭉, 가을에는 단풍, 눈 덮힌 겨울 산 역시 등산객들을 매료시킨다. 약 8km의 수타계곡은 멋진 암반, 커다란 소(沼), 울창한 수림으로 수량도 풍부하다. |
| 관악산<br>冠岳山<br>629m | 서울시 관악구와 경기도 안양시, 과천시의 경계를 이루는 도시자연공원으로 암봉과 암릉산행으로 수도권 주민들의 휴식처이며 주봉은 '연주대(戀主臺)'이다. 산 정상에는 '연주암'과 '약사여래입상'이 유명하며, 신라시대 의상이 창건하고 조선 태조가 중수했다. |
| 광덕산<br>廣德山<br>699m | 충남 아산시 배방읍 송악면과 천안시 동남구 광덕면에 소재한 산으로 예로부터 '산이 크고 풍후하여 덕이 있는 산'이라 하였다. 산의 명칭은 광덕사(廣德寺)에서 유래되었으며, 산 일대가 호도주산지로 전국적으로 유명하다. |
| 구병산<br>九屛山<br>877m | 충북 보은군과 경북 상주시의 경계에 있는 산으로 보은 지방에서는 속리산의 천황봉은 '지아비산', 구병산은 '지어미산', 금적산은 '아들산'이라 하여 '삼산'이라고 일컫는다. 일반인에게 잘 알려지지 않은 산 전체가 조용하고 깨끗하며 병풍을 두른 듯 9개의 봉우리가 연이어져 아름다운 경치를 선사하고 있다. |
| 구봉산<br>九峰山<br>1,002m | 구봉산은 전북 진안군 주천면과 정천면의 경계를 이루는 산으로 9개의 암릉이 봉우리를 형성하고 있으며 제1봉에서 차례로 2, 3, 4, 5, 6, 7, 8, 9봉 순으로 전부 암벽길이라 겨울철에는 특히 조심해야 한다. 1봉부터 8봉까지는 비교적 거리가 짧지만 마지막 9봉에 올라가는 길은 경사가 급한 편이다. |

| 산 이름 | 명산의 위치 및 특징 |
|---|---|
| 금수산<br>錦繡山<br>1,016m | 충북 제천시와 단양군의 경계를 이루는 월악산국립공원 북단에 위치한 산으로 울창한 숲과 맑고 깨끗한 계류 등과 함께 봄철 철쭉과 가을철 단풍이 특히 유명하다. 청풍호가 감싸고 있는 금수산 비단으로 수를 놓은 것 같이 비경이다. 바위가 많고 용담폭포가 있는 명산이다. |
| 금오산(구미)<br>金烏山<br>977m | 경북 구미시, 김천시, 칠곡군의 경계를 이루는 산으로 '어느 날 이곳을 지나던 아도가 저녁놀 속으로 황금빛 까마귀가 나는 모습을 보고 이름을 짓고 태양의 정기를 받은 명산'이라 한데서 비롯되었단다. 기암절벽과 울창한 산림으로 주변 경관이 수려하며 문화유산이 많고 38m의 '명금폭포'가 유명하다. |
| 금정산<br>金井山<br>802m | 부산 금정구, 경남 양산시의 경계를 이루는 산으로 주봉은 '고당봉'이다. 도심지 가까이에 위치하여 시민들의 휴식처로 편하게 찾을 수 있는 산림이 울창하고 산세가 비교적 웅장하며 나라를 지키는 호국의 산으로서 '범어사'와 우리나라 5대 산성의 하나인 '금정산성'이 유명하다. |
| ㄴ |  |
| 남산<br>南山<br>468m | 경북 경주시의 남쪽에 솟은 산으로 구석구석 유물유적이 널린 '산속 박물관'. 신라인들의 신앙의 대상이 되었으며 '금오봉'과 '고위봉' 두 봉우리에서 흘러내리는 40여 개의 계곡과 남북 약 8km, 동서 약 4km로 남북으로 길게 뻗어 내려 있으며 그 속에는 100여 곳의 절터, 80여구의 석불, 60여기의 석탑이 산재해 있는 신라시대의 역사 유물 및 유적의 '노천박물관'이다. |
| 내연산<br>內延山<br>710m | 경북 포항시와 영덕군의 경계를 이루고 있는 산으로 원래 종남산이라 불리다 신라 진성여왕이 이산에서 견훤의 난을 피한 뒤에 내연산이라 개칭하였다. 갑천계곡에는 상생폭, 관음폭, 연산폭 등 높이 7~30m급 12개의 폭포, 신선대, 학소대 등 높이 50~100m의 암벽, 암굴, 기암괴석 등이 장관을 이룬다. |
| 내장산<br>內藏山<br>763m | 전북 정읍시, 순창군, 전남 장성군의 경계를 이루고 있는 산으로 기암괴석과 울창한 산림, 맑은 계류가 어우러진 호남 5대 명산의 하나로 신선봉을 중심으로 연지봉, 까치봉, 연자봉, 장군봉, 망해봉, 불출봉, 서래봉, 월령봉 등이 동쪽으로 열린 말발굽 모양으로 둘러서 있다. |
| 노인봉<br>老人峰<br>1,338m | 정상에 기묘하게 생긴 화강암 봉우리가 우뚝 솟아 그 모습이 사계절을 두고 멀리서 바라보면 백발노인과 같이 보인다 하여 '노인봉'이라 한다. 노인봉에서 흘러내린 물이 하류로 내려가면서 낙영폭포, 만물상, 구룡폭포 등으로 이어져 청학동소금강(靑鶴洞小金剛)이다. 노인봉에서 발원한 청학천이 13km 흘러내리며 이룬 이 소금강은 기암기석과 층암절벽, 소와 담, 폭포 등이 절경이다. |
| ㄷ |  |
| 달마산<br>達摩山<br>489m | 예로부터「남도의 금강산」이라 불렸으며, 그리 높지 않으나 공룡의 등줄기처럼 울퉁불퉁한 암봉으로 형성되어 있고 멀리 해안경관을 보는 즐거움이 함께 해 지루함을 느낄 수 없다. 봄에는 진달래와 철쭉, 동백꽃으로 유명하고 가을에는 정상까지 끝없이 펼쳐져 있는 억새가 기암괴석과 어우러져 장관을 이룬다. |

| 산 이름 | 명산의 위치 및 특징 |
|---|---|
| 대둔산<br>大芚山<br>878m | 충남 금산군, 논산군, 전북 완주군의 경계를 이루는 호남의 소금강으로 불리며 정상인 마천대를 비롯하여 사방으로 뻗은 여러 산줄기가 어우러져 칠성봉, 장군봉 등 멋진 암봉을 이루고 있다. 마천대에서 북쪽 능선을 따라 낙조대 구간은 장관으로 낙조대에서 바라보는 일출과 일몰 광경이 일품이다. 임금바위와 입석대를 잇는 금강구름다리와 태고사(太古寺)가 유명하다. |
| 덕룡산<br>德龍山<br>432m | 봉황이 날개를 활짝 펴고 나는 듯한 형상을 지닌 산으로 북으로 덕룡산(433m)과 석문산(272m), 만덕산(408m)까지 긴 능선으로 이어지며, 산자락의 대부분은 바위 봉우리와 벼랑으로 형성되어 보는 맛이 탁월하다. 특히 주작산 구간은 톱날 같은 암릉이 길게 이어져 아기자기한 산행의 묘미가 뛰어나다. |
| 덕유산<br>德裕山<br>1,614m | 전북 무주군, 장수군과 경남 거창군, 함양군의 경계를 이루는 산으로 13개의 대(臺), 10개의 못, 20개의 폭포 등 기암절벽과 여울들이 아름다운 무주구천동계곡이 있다. 무주구천동은 사철 관광객이 끊이지 않는 계곡으로 명성을 떨치고 있고, 장수쪽의 칠연계곡, 토옥동계곡, 거창쪽의 월성계곡도 유명하다. |
| 덕항산<br>德項山<br>1,071m | 강원도 삼척시와 태백시의 경계를 이루는 산으로 북쪽에는 두타산, 남쪽에는 응봉산이 있다. 계곡을 따라 동쪽으로 약 12km의 무릉천이 흘러 오십천에 합친다. 주변에는 너와 집, 굴피 집, 통방아 등 많은 민속유물들이 잘 보존되어 있고 석회동굴도 많아 특히 길이 6.9km, 천장 높이 30m에 이르는 동양최대의 동굴인 환선굴이 유명하다. |
| 도락산<br>道樂山<br>964m | 충북 단양군에 있는 산. 소백산과 월악산의 중간에 있는 바위산으로 북으로는 사인암, 서로는 상선암, 중선암, 하선암 등 단양팔경의 4경이 인접해 있어 주변경관이 더욱 아름답다. 산 이름은 우암 송시열 선생이 "깨달음을 얻는 데는 나름대로 길이 있어야 하고 거기에는 필수적으로 즐거움이 있어야 한다"는 뜻에서 지었다는 일화가 전해오는 산이다 |
| 도봉산<br>道峰山<br>740m | 서울시 도봉구, 경기도 양주군과 의정부시의 경계를 이루는 암벽등반의 최적지 산이며, 수도권 시민들의 휴식 공간으로 최적이다. 도봉산의 최고봉인 '자운봉'을 중심으로 '만장봉', '선인봉', '송추 계곡', '원도봉 계곡', '용어천 계곡' 등 경관이 수려하고 망월사, 보문사, 천축사 등이 유명하다. |
| 동악산<br>動樂山<br>735m | 전남 곡성군의 북쪽에 위치한 산으로 남쪽으로 형제봉, 최악산으로 이어지고, 북쪽 아래로는 섬진강이 흐른다. 겉보기에는 대수롭지 않은 산으로 보이나 산속에 들면 골짜기가 깊고, 바위로 이뤄진 산세는 범상치 않다. 산 남쪽 성류구곡에 위치한 도림사는 신라 진평왕 때 창건된 사찰이다. 곡성 고을 사람 중 과거 시험에 급제하는 인물이 나올 때마다 산이 흔들리며 아름다운 노랫소리가 들렸다고 하는 데서 산 이름이 유래한다. |
| 두륜산<br>頭輪山<br>703m | 대한민국 최남단 전남 해남군 해남반도에 솟아 있는 산으로 두륜산(가련봉)은 아기자기한 암봉과 대흥사주변의 동백군락지가 명물이다. 두륜봉, 가련봉, 고계봉, 노승봉, 도솔봉, 연화봉 등 여덟 개의 크고 작은 봉우리로 이루어졌고, 정상에서는 서해안과 남해안 곳곳의 다도해가 한눈에 내려다보인다. |

| 산 이름 | 명산의 위치 및 특징 |
|---|---|
| 두타산<br>頭陀山<br>1,353m | 강원도 동해시와 삼척시의 경계를 이루며 태백산맥의 주봉을 이루고 있으며, 북쪽으로 무릉계곡, 동쪽으로 고천계곡, 남쪽으로 태백산군, 서쪽으로 중봉산 12당골이 있다. 둥글게 패인 바위 위에 크고 작은 50여 개의 구멍이 있는 오십정을 비롯하여 오십천, 학소대, 옥류동 등 명승고적지가 많다. |
| 마이산<br>馬耳山<br>686m | 전북 진안군에 위치한 산의 형상이 마치 말의 귀를 닮은 산. 섬진강과 금강의 발원지. 계절에 따라 그 모습이 달리보여 봄에는 '돛대봉', 여름에는 '용각봉', 가을에는 '마이봉', 겨울에는 '문필봉'이라고 불리우며 사계절 모두 아름답다. |
| 명성산<br>鳴聲山<br>923m | 강원도 철원군과 경기도 포천군의 경계를 이루는 산으로 '울음산'이라고도 한다. 전설에 의하면 왕건(王建)에게 쫓기어 피신하던 궁예(弓裔)가 이 산에서 피살되었다고 하며, 궁예가 망국의 슬픔을 통곡하자 산도 따라 울었다는 설과 주인을 잃은 신하와 말이 산을 울릴 정도로 울었다는 설이 있다. 북쪽으로는 '삼부연폭포', 남쪽으로는 '산정호수'를 끼고 있어 경관이 이름답다. |
| 명지산<br>明智山<br>1,267m | 경기도 가평군, 포천군의 경계를 이루는 경기도 내에서 두 번째로 높은 산으로 '산의 형세가 마치 주위 산들의 우두머리와 같다'는 데서 이름이 유래되었다. 산세가 웅장하고 수려하며 특히 30km에 이르는 명지계곡은 여름철 피서지로 인기가 높다. 명지폭포 생태박물관으로 가족 산행지로 유명하다. |
| 모악산<br>母岳山<br>794m | 전북 전주시와 김제시, 완주군의 경계를 이루고 있는 산으로 산 정상에 어미가 어린 아이를 안고 있는 형태의 바위가 있어 '모악'이라는 이름이 붙여졌다. 정상에 올라서면 전주 시내가 한 눈에 들어오고, 남으로는 내장산, 서쪽으로는 변산반도가 바라다 보인다. 진달래와 철쭉이 유명한 호남 4경의 하나이다. |
| 무등산<br>無等山<br>1,187m | 광주광역시와 전남 화순군, 담양군의 경계를 이루는 산으로 최고봉인 천왕봉 가까이에는 천태만상의 암석들이 널려 있어 그 웅장함으로 도민의 신앙대가 되어온 신산으로 알려졌다. 특히 서석대, 입석대, 규봉의 암석미는 대단하다. 도시민의 휴식처이며 2012년 국립공원으로 승격되었다. |
| 민주지산<br>岷周之山<br>1,242m | 충북 영동군, 전북 무주군, 경북 김천시 경계에 위치한 산으로 소백산맥의 일부로 북쪽으로는 국내 최대 원시림 계곡인 물한계곡과 각호산(1,176m), 남동쪽으로는 석기봉(1,200m)과 삼도봉(1,176m), 경상 쪽으로는 직지사가 이어진다. 산의 이름은 정상에 오르면 각호산, 석기봉, 삼도봉을 비롯해 주변의 연봉들을 두루 굽어볼 수 있다 하여 붙여진 것으로 보인다. 봄이면 산을 붉게 물들이는 진달래가 각호산, 석기봉, 삼도봉의 능선을 따라 8km에 걸쳐 핀다. |

| 산 이름 | 명산의 위치 및 특징 |
|---|---|
| ㅂ | |
| 바래봉<br>1,165m | 전북 남원시에 위치한 산으로 '스님들의 밥그릇인 바리때를 엎어놓은 모습과 닮았다'하여 붙여졌다고 한다. 둥그스름하고 순한 산릉인데다 정상 주위는 나무가 없는 초지로 되어 있다. 지리산의 수백 개 봉우리 중 산 자체로는 그다지 알려지지 않은 산이지만 전국 제일의 철쭉 군락지로 유명하다. |
| 반야봉<br>般若峰<br>1,732m | 지리산 3대 주봉의 하나. 지리산의 전경을 한 눈에 조망할 수 있는 산으로 수치상의 높이로는 지리산에서 천왕봉(1915m), 중봉(1,875m), 제석봉(1,806m), 하봉(1,781m)에 이은 다섯 번째지만 지리산 전체의 지형적으로나, 상징적 높이로는 천왕봉에 버금간다. |
| 방장산<br>方丈山<br>743m | 전북 정읍시와 전남 장성군의 경계를 이루는 산으로 지리산, 무등산과 함께 호남의 삼신산으로 추앙받아 왔으며, 주위의 이름난 내장산, 선운산, 백암산에 둘러싸여 있으면서도 기세가 눌리지 않는 당당함을 자랑하고 있다. 옛 이름은 방등산으로 '산이 크고 넓어 모든 백성을 포용한다'는 의미에서 방장산이다. |
| 방태산<br>芳台山<br>1,444m | 강원도 인제군과 홍천군의 경계를 이루는 산으로 여름철에는 하늘이 보이지 않을 정도로 울창한 수림과 차가운 계곡물 때문에 계곡 피서지로 적격이고 가을이면 방태산의 비경인 적가리골과 골안골, 용늪골, 개인동계곡은 단풍이 만발한다. 해발 1400 고지에는 눈을 의심케 하는 눈부신 대초원이 전개된다. |
| 백덕산<br>白德山<br>1,350m | 강원도 평창군과 영월군의 경계를 이루는 산으로 산세는 험한 편이어서 능선의 곳곳마다 절벽을 이룬다. 크고 작은 폭포와 소(沼)와 담(潭)이 수없이 이어진 법흥리계곡의 일대는 원시림이 잘 보존되어 있으며 주목 단지가 있다. 법흥사(法興寺)와 경내에 있는 보물인 징효대사보인탑이 유명하다. |
| 백암산<br>白岩山<br>741m | 전북 순창군과 전남 장성군의 경계를 이루는 산으로 사시사철 철따라 변하는 산색은 금강산을 축소해 놓았다 할 정도로 아름답다. 그 으뜸은 단풍이다. 산 전체와 조화를 이루며 서서히 타오르는 장작불처럼 산을 물들이는 모습은 가히 절경이다. 많은 문화유산을 보존하고 있는 백양사(白羊寺)가 유명하다. |
| 백운산<br>白雲山<br>1,218m | 전라남도 광양시에 있는 산으로 전라남도에 지리산 노고단 다음으로 높다. 섬진강 하류를 사이에 두고 지리산과 남북으로 마주보고 있다. 동곡계곡은 실제 길이가 10km에 이르며 학사대, 용소, 장수바위, 선유대, 병암폭포 등의 명소가 있다. 자연휴양림이 있으며 백운사(白雲寺), 성불사(成佛寺) 등이 유명하다. |
| 백운산<br>白雲山<br>883m | 강원도 정선군, 평창군, 원주시와 충북의 제천시와 경계를 이루는 산으로 약 51km에 이르는 동강의 중간지점에 동강을 따라 6개의 봉우리가 이어져 있다. 경관이 아름답고 조망이 좋으며, '흰 구름이 늘 끼어 있다' 하여 산 이름이 유래 되었다. 백운산 산행의 진미는 뱀이 또아리를 튼 것 같은 굽이굽이 돌고 돌아가는 동강의 강줄기를 능선 따라 계속 조망할 수 있다. |

| 산 이름 | 명산의 위치 및 특징 |
|---|---|
| 변산<br>邊山<br>508m | 전북 부안군에 위치한 산으로 호남의 5대 명산 중 하나로 최고봉은 의상봉. 울창한 산과 계곡, 모래해안과 암석해안 및 사찰 등이 어우러지면서 뛰어난 경관을 이루고 있어 일찍이 한국 8경의 하나로 산이면서 바다와 직접 닿아 있는 것이 특징이다. 산악지의 내변산과 바다 쪽의 외변산에는 명소가 많다. |
| 북한산<br>北漢山<br>837m | 수도 서울의 도심속 자연공원이자 암벽등반의 메카. 예로부터 한산, 삼각산으로 불려 왔으며, 최고봉인 백운대와 동쪽의 인수봉, 남쪽의 만경대 등 세 봉우리로 이루어졌기 때문에 삼각산이라고도 부른다. 산지의 정상부와 능선에서는 경관과 서울시와 경기도 지역을 널리 조망할 수 있다. |
| 불갑산<br>佛甲山<br>516m | 전남 영광군에 위치한 백제 불교 도래지로 이름난 불갑사를 품고 있는 산. 모악산(母岳山)이라 불리다 불갑사가 들어선 이후 불갑사 쪽 산을 따로 떼어 불갑산이라 불리게 되었다. 가을철 상사화(꽃무릇) 조망 산행의 대표적인 명산. |
| 비슬산<br>琵瑟山<br>1,084m | 대구광역시 달성군과 경북 청도군의 경계를 이루는 산으로 北팔공, 南비슬로 지칭되고 있으며, 북쪽의 팔공산은 남자의 산, 남쪽의 비슬산은 여성의 산으로 비유된다. 봄에는 진달래, 가을에는 억새 등 경관이 아름다우며, 조망이 좋고 정상부 능선 북쪽 200m 부근에는 천왕샘도 있다. 소재사가 유명하다. |
| 삼악산<br>三岳山<br>654m | 강원도 춘천시에 위치한 산으로 주봉이 용화봉, 청운봉, 등선봉 셋이라 해서 삼악산 이라하고 악산답게 제법 험하고 거칠다. 산 곳곳에 갖가지 모양을 한 크고 작은 기이한 바위가 많다. 남쪽의 골짜기에는 크고 작은 폭포가 5개나 있고, 흥국사(興國寺), 금선사(金仙寺), 상원사(上院寺) 등 7개의 사찰이 유명. |
| 서대산<br>西大山<br>904m | 충청남도 금산군에 위치하고 있는 산으로 산마루는 비교적 급경사이며 남쪽으로 갈수록 점차 완만해진다. 정상 바로 아래 옥녀탄금대에는 샘이 있어 이 영수를 7번 이상 마시면 아름다운 미녀가 되어 혼인길이 열리고 첫 아들을 낳는다는 전설이 있다. 용굴, 사자굴, 직녀탄금대, 북두칠성바위 등이 유명하다. |
| 선운산<br>禪雲山<br>336m | 전라북도 고창군에 있는 산으로 산세는 별로이나 숲이 울창하고 기암괴석으로 경관이 수려하며, 생태적 가치가 큰 천년기념물인 동백나무 숲이 있다. 백제 위덕왕 때 검단선사가 창건한 선운사(禪雲寺)와 수령 500년의 동백나무 3천여 그루가 군락을 이루고 있는 선운사가 유명하다. |
| 설악산<br>雪岳山<br>1,708m | 강원도 속초시, 인제군, 양양군의 경계를 이루는 산으로 태백산맥에서 가장 높고, 남한에서는 한라산, 지리산에 이어 세 번째로 높다. 정상은 일출과 낙조로 유명하며 기상변화가 심하고 강한 바람과 낮은 온도 때문에 눈잣나무 군락이 융단처럼 낮게 자라 산 전체와 동해가 한 눈에 내려다 보인다. |

| 산 이름 | 명산의 위치 및 특징 |
|---|---|
| 소백산<br>小白山<br>1,439m | 소백산은 충북 단양군과 경북 영주시의 경계를 이루는 산으로 여러 백산 가운데 작은 백산이라는 의미이다. 장엄하나 완만한 산등성이와 끝없이 펼쳐지는 운해 그리고 울창한 산림이 수려한 계곡과 어울려 장관을 이룬다. 비로봉 일대에는 주목과 한국산 에델바이스인 솜다리가 군락지를 이루고 있다. |
| 소요산<br>逍遙山<br>559m | 경기도 동두천시와 포천군의 경계를 이루는 산으로 '현자들이 소요하는 산'이라 하여 '경기의 금강산'이다. 산세는 별로이나 원효폭포, 옥류폭포가 있고, 신라 무열왕 때 원효대사가 창건하였다고 전해지는 '자재암'을 기점으로 상/중/하백운대, 나한대, 의상대 등 5개의 봉으로 이루어져 있으며 가을철 단풍이 유명하다. |
| 속리산<br>俗離山<br>1,057m | 충북 보은군, 괴산군, 경북 상주시의 경계를 이루는 산으로 우리나라 대찰 가운데 하나인 '법주사'를 품고 있다. 산세가 수려하여 한국 8경중의 하나로 봄에는 산벚꽃, 여름에는 푸른 소나무가 숲을 이루고, 가을엔 단풍이 기암괴석과 어우러지고, 겨울의 설경은 마치 묵향기 그윽한 동양화를 방불케 한다. |
| 수락산<br>水落山<br>640m | 서울의 북쪽 끝 의정부시와 남양주군을 경계로 하고 있는 산으로 산 전체가 화강암과 모래로 이루어져 있고, 기암괴석과 샘, 폭포가 많은 반면 나무는 매우 적다. 산의 분위기가 다소 삭막하기는 하나 바위의 경치가 뛰어나고 곳곳에 맑은 물이 흘러내린다. 수락 8경이라 불리는 금류폭, 은류폭, 옥류폭포와 신라 때의 흥국사, 조선 때의 내원암이 있다. |
| 신불산<br>神佛山<br>1,209m | 울산 울주군과 경남 양산시의 경계를 이루는 산으로 영남알프스 9봉 중에 속하는 산으로 광활한 억새와 완만한 지대가 조화를 이루고 있으며, 작천 계곡, 파래소 폭포 등이 유명하다. 특히 가을에는 환상적인 억새능선으로 변모하는 신불산 능선은 억새평원과 함께 영남알프스의 중요한 구경거리가 되고 있다. |
| 연인산<br>戀人山<br>1,068m | '사랑과 소망이 이루어지는 곳'이란 뜻에서 붙여진 이름이다. 연인산에서 뻗은 각 능선에 우정, 연인, 장수, 청풍 등의 이름을 붙였다. 아름다운 비경과 명소들이 많은 산이다. 그중 제일비경은 용추구곡으로 연인산의 발원지이다. 용추구곡은 연인산의 부드럽고 완만한 지능선들이 'ㄷ자' 형태로 감싸고 있다. |
| 오대산<br>五臺山<br>1,563m | 강원도 강릉시, 평창군, 홍천군과 경계를 이루는 산으로 연꽃 모양으로 둘러선 다섯 봉우리가 늘어서 있다. 불교성지로 불리는 월정사, 상원사, 적멸보궁 등이 있으며, 사찰 암자 등 많은 불교 유적이 골짜기 마다 산재해 있어 우리나라 최고의 불교 성지로도 유명하다. |
| 오봉산<br>五峰山<br>779m | 강원도 춘천시와 화천군의 경계를 이루고 있는 산으로 소양강댐 건너 청평사 뒤에 솟은 '비로봉', '보현봉', '문수봉', '관음봉', '나한봉'의 다섯 봉우리를 말한다. 기차와 배를 타고 가는 철도 산행지, 산과 호수를 동시에 즐길 수 있는 호반 산행지로 알려져 있다. 청평사와 구성폭포, 소양호 조망으로 유명하다. |

| 산 이름 | 명산의 위치 및 특징 |
|---|---|
| 오서산<br>烏棲山<br>791m | 충청남도 홍성군과 보령시의 경계를 이루는 산으로 오서산이라는 지명은 산에 까마귀가 많이 살았기 때문에 '까마귀 오(烏)'자를 사용한 것이다. 이 산에는 예로부터 크고 작은 사찰들이 많이 있었으나 모두 없어지고 현재는 광천읍에 정암사(淨岩寺)와 장곡면에 내원사(內院寺)만이 남아 있다. |
| 용문산<br>龍門山<br>1,157m | 경기도 양평군에 위치한 고산다운 풍모와 기암괴석을 고루 갖추고 있는 산으로 '용이 드나드는 산', '용이 머무는 산' 등 관련된 속담도 많이 회자되고 있다. 조선 태조 이성계가 '용이 날개를 달고 드나드는 산'이라 하여 '용문산'이라고 칭해졌다는 설화가 전해오며, 입구에는 '용문사'가 있다. 높이 62m, 둘레 14m에 달하는 은행나무가 있는 등 역사적 문화적 가치가 높다. |
| 용봉산<br>龍鳳山<br>381m | 충남 홍성에 위치한 용봉산은 높이는 낮지만 주변 전경이 수려하고 기암괴석이 수석처 같다. 미륵불이 있는 미륵암을 지나 능선에 오르면 5형제 바위, 공룡바위, 칼바위 등 즐비한 기암들이 조화를 이루고 바위군을 지나 20여분 내려가면 마애석불이 있는 용봉사가 있다. 가을철 단풍도 볼만하다. 바위산답게 기암괴석이 기기묘묘한 형상을 빚어 여느 명산에 비해 뒤널어지지 않는다. |
| 용화산<br>龍華山<br>878m | 강원도 춘천시와 화천군의 경계를 이루는 산으로 지네와 뱀이 서로 싸우다 이긴 쪽이 용이 되어 하늘로 올라가서 용화산 이름을 갖고 있다. 산삼이 많이 나 심마니들이 처서가 되면 전국 각지에서 몰려든다. 해마다 용화 축전 시 용화산신제를 지내고 있으며, 일일 등산코스로 등산객에게 인기가 높다. |
| 운악산<br>雲岳山<br>936m | 경기도 가평군과 포천군의 경계를 이루는 경기 5악(岳) 중 가장 수려한 산으로 '경기 소금강'이라고 불리울 만큼 뛰어나다. 현등사 및 백년폭포, 오랑캐소, 눈썹바위, 코끼리바위, 망경대, 무우폭포 등 운악 8경으로도 유명하다. |
| 운장산<br>雲長山<br>1,126m | 전북 완주군과 진안군의 경계를 이루고 있는 산으로 정상에는 상봉, 동봉, 서봉의 3개 봉우리가 거의 비슷한 높이로 있다. 운일암, 반일암으로 유명한 대불천계곡이 있어 물이 맑고 암벽과 숲으로 둘러싸여 경관이 아름다워 자연휴양림이 있다. 그 밖에도 '칠성대'와 '오성대'가 유명하다. |
| 월악산<br>月岳山<br>1,094m | 충북 제천시, 충주시, 단양군과 경북 문경시와 경계를 이루고 있는 산으로 주봉은 영봉이다. '달이 뜨면 영봉에 걸린다'하여 '월악'이라는 이름이 붙었다. 영봉은 암벽 높이만 150m며 영봉을 중심으로 깎아지른 듯한 산줄기가 길게 뻗어 있다. 영봉에 오르면 충부호의 잔잔한 물결과 산야가 한눈에 들어온다. |
| 월출산<br>月出山<br>809m | 전남 영암군과 강진군의 경계를 이루는 산으로 서해를 배경으로 펼쳐지는 일몰풍경이 장관이고, 봄에는 진달래와 철쭉꽃, 여름에는 시원한 폭포수와 천황봉에 항상 걸려 있는 운해, 가을에는 단풍이 아름답다. 또한 동백꽃과 기암괴석이 절묘하게 어우러져 해빙기의 등산으로도 압권이다. |

| 산 이름 | 명산의 위치 및 특징 |
|---|---|
| 유명산<br>有名山<br>862m | 경기도 가평군과 양평군의 경계를 이루고 있는 산으로 산 정상에는 '말을 길렀다'고 해서 '마유산'이라고 부른다는 기록이 있다. 산줄기가 사방으로 이어져 있어 얼핏 험해 보이나 능선이 완만해서 가족 산행지로 적합하다. 용문산에서 흘러내린 물줄기와 합쳐서 생긴 '유명계곡'이 유명하다. |
| 응봉산<br>鷹峰山<br>999m | 강원도 삼척시와 경북 울진군이 경계를 이루는 동해를 굽어보며 우뚝 솟아 있는 산으로 수많은 폭포와 소(沼)들이 산재한 용소골 계곡은 아마추어 산객들에게는 매우 모험적인 산행지로 알려져 있다. 3개의 용소가 있는 용소골의 장관은 무려 14㎞에 걸쳐 쉼 없이 펼쳐진다. 기암괴석과 맑은 물, 그리고 원시림, 천연 수로에 썰매를 타듯 미끄러져 내려오면 마주치는 비경에 놀란다. |
| ㅈ ||
| 장안산<br>長安山<br>1,237m | 전북 장수군에 위치한 산으로 남서쪽 비탈면에서 발원해 용림천으로 흘러드는 덕산계곡은 윗용소, 아랫용소 등과 크고 작은 10여 개의 소(沼), 20여개의 기암괴석으로 유명하다. 1986년 장안산 군립공원으로 지정되었다. |
| 재약산<br>載藥山<br>1,189m | 울산 울주군과 경남 밀양시의 경계를 이루는 영남 알프스 9봉 중의 산으로 사자평 억새와 습지를 한눈에 볼 수 있으며, 산세가 부드러워 가족 및 친구들과 가볍게 산행을 할 수 있는 아름다운 명산이다. 인근에 얼음골, 호박소, 표충사, 층층폭포, 금강폭포 등 수많은 명소를 지니고 있다. |
| 조계산<br>曹溪山<br>884m | 전남 순천시에 위치한 산으로 예로부터 소강남(小江南)이라 불렸으며, 송광산이라고도 한다. 동쪽의 계곡물은 이사천, 서쪽의 계곡물은 송광천으로 흘러드는데, 특히 비룡폭포가 유명하다. 서쪽 기슭에는 삼보사찰 가운데 승보사찰인 송광사가 자리한다. |
| 조령산<br>鳥嶺山<br>1,026m | 충북과 경북에 걸쳐 있는 이화령과 조령3관문 사이에 위치. 산림이 울창하며 대 암벽지대가 많고 기암괴봉이 노송과 어울려 한 폭의 그림 같다. 주능선 상북쪽으로 신선암봉과 치마바위봉을 비롯 대소 암봉과 암벽 지대가 많다. 서편으로는 수옥 폭포와 용송골, 절골, 심기골 등 아름다운 계곡이 있다. 등산 시기는 가을, 여름, 봄 순으로 좋은 산이다. 문경새재를 허리춤에 안고 있는 조령산은 산보다 재가 더 유명하다. |
| 주왕산<br>周王山<br>721m | 경북 청송군에 위치한 주왕과 장군의 전설이 곳곳에 배어 있는 유서 깊은 산으로 산은 그리 높지 않으나 거대한 암벽이 병풍처럼 둘러선 산세 때문에 예로부터 석병산, 대둔산 등 여러 이름으로 불려왔다. 약 4㎞의 주방천계곡이 볼만하다. 마음과 눈을 놀라게 하는 바위로 이루어진 한국 자연미의 전형 산. |
| 주흘산<br>主屹山<br>1,106m | 경북 문경시에 위치한 조선조 문경현의 진산으로 주흘관, 조곡관, 조령관 세 관문이 있는 산으로 문경새재를 품고 있는 명산이다. 최정상인 영봉(1,108m)은 조망과 산세가 주봉에 비해 뒤져 대개 주봉 산행으로 끝낸다. 여궁폭포와 파랑폭포, 야생화, 오색단풍, 산죽밭 등이 유명하다. |

| 산 이름 | 명산의 위치 및 특징 |
|---|---|
| 지리산<br>智異山<br>1,915m | 전북 남원시, 전남 구례군, 경남 산청군, 하동군, 함양군의 경계를 이루는 산으로 신라 5악의 남악으로 '어리석은 사람이 머물면 지혜로운 사람으로 달라진다'하여 지리산(智異山)으로 불렸고, 또 '멀리 백두대간이 흘러왔다'하여 두류산(頭流山)이라고도 하며 옛 삼신산의 하나인 방장산(方丈山)으로도 알려져 있다. 유서깊은 사찰과 국보, 보물 등의 문화재가 많다. |
| ㅊ ||
| 천관산<br>天冠山<br>723m | 전남 장흥군에 위치한 산으로 '가끔 흰연기 같은 이상한 기운이 서린다' 하여 신산(神山)이라고도 하였다. 변산과 함께 호남의 5대 명산 가운데 하나로 기암괴석이 빼어나고 억새가 일품이며 다도해의 그림 같은 풍경을 즐길 수 있다. |
| 천성산<br>千聖山<br>812m | 경남 양산시에 위치한 산으로 산 정상부에 넓은 초원과 산지 습지가 발달하여 봄이면 진달래와 철쭉, 가을이면 능선의 억새가 온산을 뒤덮어 환상적이다. 그래서 금강산의 축소판이라 불릴 정도로 경관이 뛰어나다. 원효대사가 창건했다는 '내원사'가 있다 |
| 천태산<br>天台山<br>714m | 충북 영동군과 충남 금산군의 경계를 이루는 산으로 주변에 영국사를 비롯하여 양산 8경의 대부분이 있을 만큼 산세가 빼어나 충북의 설악산으로 불린다. 아기자기한 암반과 암릉으로 4시간 정도의 산행으로 가족 산행으로 제격이다. 고려시대 대각국사 의천이 창건한 영국사와 500년 된 은행나무 등 유명하다. |
| 청계산<br>清溪山<br>618m | 서울 서초구와 경기 과천시, 의왕시, 성남시 경계에 있는 산으로 청계산이라는 이름은 산에서 흘러내리는 물이 맑아 '청계(清溪)'라는 이름으로 불렸으며 조선시대에 '푸른색의 용이 승천하였다'는 전설을 두고 '청룡산'이라고도 불렸다는 기록이 있다. |
| 청량산<br>清凉山<br>870m | 경북 안동시와 봉화군의 경계를 이루는 소금강으로 꼽힐 만큼 산세가 수려한 산으로 해발 800m 내외의 12개의 바위 봉우리와 기암괴석이 아름다운 것으로 유명하다. 고려 말 공민왕이 난리를 피하여 머물렀다고 하는 궁궐의 터와 원효, 의상, 김생, 최치원 등과 관련된 장소 등이 남아 있어 학술적, 역사적 가치로 높아 한국의 대표적 명승지로 평가되는 명산이다. |
| 청화산<br>青華山<br>970m | 경북 문경시, 상주시와 충북 괴산군의 경계를 이루는 산으로 조선시대 실학자 이중환이 〈택리지〉에서 "청화산은 뒤에 내외의 선유동(仙遊洞)을 두고 앞에는 용유동(龍遊洞)에 임해 있다. 앞뒷면의 경치가 지극히 좋음은 속리산보다 낫다"고 할 정도로 경관이 뛰어나다. |
| 축령산<br>祝靈山<br>621m | 전남 장성군에 위치한 산으로 옛 이름은 취령산(鷲靈山), 문수산이라고도 부른다. 명물은 편백나무 숲. 이로 인해 삼림욕의 명소로 각광받고 있다. 한국의 조림왕이라고 불리는 춘원 임종국(林種國 1915~1987)이 1956년부터 1987년까지 사재를 털어 숲을 가꾸었다. '한국의 아름다운 길 100선'에 선정되었다. |

| 산 이름 | 명산의 위치 및 특징 |
|---|---|
| 치악산<br>稚岳山<br>1,288m | 강원도 원주시와 횡성군의 경계를 이루는 산으로 주봉인 비로봉을 중심으로 1천여 m의 고봉들이 연이어 있고, 곳곳에 가파른 계곡들과 산성(금대산성, 영원산성, 해미산성)과 사찰(구룡사, 상원사, 석경사, 국형사, 보문사 등) 사적지가 산재하고 있다. 봄에는 진달래와 철쭉, 여름에는 울창한 숲과 깨끗한 물, 가을에는 단풍과 겨울에는 설경이 유명하다. |
| 칠갑산<br>七甲山<br>561m | 충청남도 청양군에 위치한 산으로 예부터 진달래와 철쭉이 유명하다. 정상을 중심으로 아흔아홉 계곡, 까치내, 냉천계곡, 천년호, 천년고찰인 장곡사 등 비경지대가 우산살처럼 펼쳐져 있으며, 계곡으로 흐르는 물은 맑고 깨끗하며 자연석과 어울려 경치가 아름답다. |

ㅌ

| 태백산<br>太白山<br>1,567m | 강원도 태백시, 영월군과 경북 봉화군의 경계를 이루는 산으로 설악산, 오대산, 함백산 등과 함께 태백산맥의 '영산'으로 불린다. 비교적 산세가 완만해 경관이 빼어나지는 않지만 웅장하고 장중한 맛이 느껴지는 명산으로 산 정상에는 예로부터 하늘에 제사를 지내던 '천제단'이 있다. |
|---|---|
| 태화산<br>太華山<br>1,027m | 강원도 영월군, 충북 단양군의 경계를 이루는 산으로 산세는 대체적으로 완만한 편이며, 정상에서 북서쪽으로 뻗은 능선 끝에는 남한강이 'U자'형으로 곡류한다. 토성인 태화산성 등 역사적 유적이 있고, 고씨동굴 등이 유명하다. |

ㅍ

| 팔공산<br>八公山<br>1,193m | 대구광역시, 경북 칠곡군, 군위군, 영천시, 경산시의 경계를 이루는 산으로 최고봉인 비로봉을 중심으로 동봉과 서봉의 양 날개를 펴고 있다. 대한불교조계종의 제9교구 본산(本山)인 동화사를 비롯하여 은해사, 부인사, 송림사, 관암사 등과 암자가 산재해 있어 불교문화의 성지로 유명하다. |
|---|---|
| 팔봉산<br>八峰山<br>302m | 강원도 홍천군에 위치한 산으로 나지막하고 규모도 작으나 8개의 바위 봉우리가 마치 팔짱을 낀 8형제처럼 이어져 있고, 홍천강과 연접하여 수려한 경관을 뽐내고 있다. 국민광광지로 지정되었다. 푸른 홍천강을 감아 도는 여덟 봉우리의 암릉과 명소들이 즐비한 산으로 유명하다. |
| 팔영산<br>八影山<br>609m | 전남 고흥군에 위치한 산으로 기암괴석이 많고 산세가 험준해 연중 등산객이 끊이지 않고, 특히 제1봉인 '유영봉'에서 '성주봉', '생황봉', '사자봉', '오로봉', '두류봉', '칠성봉'을 거쳐 마지막 제8봉인 '적취봉'까지 이어지는 바위능선 종주코스가 유명하다. 다도해해상국립공원과 연계할 수 있어 많은 관광객이 찾는다. |

ㅎ

| 한라산<br>漢拏山<br>1,950m | 제주도에 위치한 남한에서 가장 높은 산으로 우리나라 3대 영산 중의 명산이다. 산 정상에는 분화구인 백록담이 있고, 1800여 종의 식물과 울창한 자연림 등 고산식물의 보고(寶庫)이다. 백록담, 탐라계곡, 안덕계곡, 왕관릉, 성판암, 천지연 등이 유명하여 연중 등산객이 찾는 명산이다.. |
|---|---|

| 산 이름 | 명산의 위치 및 특징 |
|---|---|
| 함백산<br>咸白山<br>1,573m | 강원도 정선군에 위치한 우리나라에서 여섯 번째로 높은 백두대간의 대표적인 고봉 가운데 하나이다. 특히 함백산의 야생화는 국내 최대 규모로 군락을 이루고 계절마다 다양하고 헤아릴 수 없을 정도로 많아 몇 번 방문했던 사람도 늘 새로움을 기대하고 찾아가 '불의 나라', '물의 나라', '천상의 화원'이다. |
| 화악산<br>華岳山<br>1,468m | 경기도의 최고봉으로 경기도와 강원도 간의 경계로 거침없는 조망권이 유명하다. 애기봉에서 수덕산까지 약 10㎞의 능선 경관이 뛰어나며, 시계가 거의 100㎞에 달하는 등 조망이 좋아 집다리골 자연휴양림이 있다. 정상에서 중서부지역 대부분의 산을 조망할 수 있어 산객들이 즐겨 찾는 명산이다. |
| 화왕산<br>火旺山<br>757m | 경남 창녕군에 위치한 산으로 옛날 화산활동이 활발하여 '불뫼큰불뫼'로 불리기도 하였다. 억새밭과 진달래 군락 등으로 찾는 이가 많으며, 해발 600m 지대에는 화왕산성이 있고, 산 정상의 서쪽 아래에는 보존상태가 양호한 목마산성이 있다. 봄에는 분홍빛의 철쭉, 여름에는 푸르른 녹음, 가을에는 아름다운 억새가 장관을 이루어 정월 대보름에는 정상 일대의 억새 평전에서 달맞이 행사가 열린다. |
| 황매산<br>黃梅山<br>1,108m | 경남 합천군과 산청군의 경계를 이루는 산으로 정상에 올라서면 주변의 풍광이 활짝 핀 매화꽃잎 모양을 닮아 풍수지리적으로 '매화낙지'의 명당으로 알려져 있어 '황매산'이라 부른다. 아름다운 철쭉 군락지로 사랑받는 명소로 가을이면 넓은 황매평전에 구절초가 흐드러지게 피고 억새가 은빛 물결을 이룬다. |
| 황석산<br>黃石山<br>1,190m | 경남 거창군과 함양군의 경계를 이루는 산으로 북봉과 남봉 두 개의 봉우리로 이루어져 있다. 기묘한 형상의 바위봉으로 이루어져있고 산정일대에는 황석산성의 자취가 곳곳에 남아있다. 용추계곡도 유명. 6.25때 빨치산 여장군 정순덕이 활약했던 곳이 바로 이웃의 거망산이다. |
| 황악산<br>黃嶽山<br>1,111m | 충북 영동군과 경북 김천시의 경계를 이루는 산으로 옛날 학이 많이 찾아와서 일명 '황학산(黃鶴山)'으로 불리어 왔다. 그러나 산자락 초입에 자리한 직지사 경내 황악루 등의 현판에는 학(鶴)자가 아닌 악(嶽)자만 보일 뿐이다. 직지사의 위치가 산곡이면서도 높지 않고, 야지(野地)인 듯 하면서도 산사(山寺)의 풍취가 항상 흘러 넘쳐서 사계절 내내 도량을 참배하는 신남신녀(信男信女)의 발길이 끊이지 않고 있다. |
| 황정산<br>黃庭山<br>959m | 충청북도 단양군에 있는 산으로 도로를 사이에 두고 도락산과 마주보고 있다. 단양군의 유명한 다른 산과 명승지에 가려 잘 알려지지 않았으나 칠성암이 신단양팔경의 하나로 지정되면서 찾는 사람들이 많아졌다. 신라시대에 창건된 천년고찰인 대흥사와 원통암을 비롯하여 마당바위, 누에바위, 괴물바위, 돌탑바위, 남근바위 등이 유명하다. |

세상은 밖에도 있었네!
# 명산 100, 36번째 '가리산' 완등 이야기!

▲ 가리산 (加里山, 1,051m) | 2016년 6월 20일 금요일

대한민국 100대 명산 중 강원도 홍천에 있는 '강원도 제1의 전망대'라 일컬어지는 '가리산'을 친구와 자차로 다녀왔다.

'가리(加里)'는 '단으로 묶은 곡식이나 땔나무 따위를 차곡차곡 쌓아둔 큰 더미'를 뜻하는 순우리말로서 산봉우리가 노적가리처럼 고깔 모양으로 생긴 데서 유래. 가리산은 1995년 가리산 자연휴양림으로 지정·고시 되었으며 해발 1,051m의 가리산 정상에는 3개의 봉우리가 바위로 이루어져 있고, 항상 바위 밑에는 사계절 먹으면 장수한다는 석간수가 있어 등산 시 갈증을 해소 할 수 있다. 그런데 지금까지 다녀본 산 중에 '加里山'이라는 산 이름의 한자가 가장 간단하고 이해하기 쉬운 것 같아 함께 한 친구들에게 설명까지 해 주었다.

다녀온 등산코스는 아래와 같았다.

"가리산 자연휴양림 주차장 → 합수곡 기점 → 무쇠말재 → 가리산 정상 → 가삽고개 → 합수곡 기점 → 자연휴양림 주차장", 총 11.0km, 4시간.

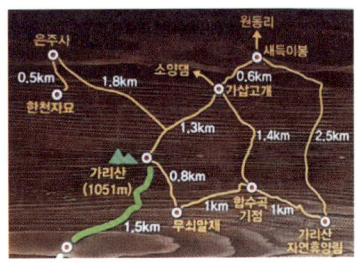

아침 6시에 집을 나서, 오후 5시 20분에 귀가를 하였다. 총 11시간 20분이 소요되었다.

계획했던 시간보다 늦은 아침 9시 40분에 각자가 준비해간 등산 장비를 채우고, 매고, 차고 가리산 자연휴양림 주차장을 들머리로 등산은 시작되었다.

먼저 등산로 입구에 설치된 등산로 안내판을 보며, "B코스로 7.2㎞, 약 4시간 정도 등산이 될 것"이라고 설명을 해 주었다. 항상 그랬듯이 등산, 하산 코스 선택에는 "등산은 어려운 코스로, 하산은 쉬운 코스로" 나름대로 기준이 있었다. 휴양림 관리소에서 나누어 준 권장 등산코스의 반대를 선택하였다.

월요일이라 평소에도 사람이 없기는 마찬가지였다. 주차장도 텅 비어 있었고, 주변의 인기척도 없었다. 계곡에는 물소리가 요란할 줄 알았는데 거의 말라가고 있었다. 키 큰 참나무 숲길을 걸으니 공기가 굉장히 맑았다. 자연의 내음이 물씬 풍기는 완경사로 작은 언덕과 계곡을 걸으면서 싱그러운 산림욕을 할 수 있었다. 담소와 사색을 즐기고 산행이 편리하도록 경사가 급한 곳에는 나무계단 등을 설치하여 어린이를 동반한 가족이나 노약자도 이용할 수 있게 한 많은 배려시설물이 눈에 띄었다. 그래서인지 어느 캐빈에서는 할머니 한 분이 밖을 물끄러미 쳐다보고 계셨다.

조금 지나니 야영장, 산막 캐빈이 여러 동 있었다. 조용한 그곳에서 힐링하기에 충분하였지만, 서울과는 거리가 너무 멀어서 아쉽게 느껴졌다. 로그 캐빈에는 각자 재미있는 이름이 붙어 캐빈을 찾는 데 도움이 될 것 같았다. 자연을 닮은 통나무집이 눈에 많이 띄었다. 자연과 잘 어우러진 숙박 시설은 실내 및 실외를 나무 내음과 숲의 자연 내음이 잘 어우러진 지역산 목재로 시공하여 휴식 중에도 살균, 살충 성분인 피톤치드를 마시게 되어 심신이 맑아지고 안정을 가져오며 건강에 도움이 되도록 설계하였단다. 더욱이 주요 시설지구와 연결된 산책로와 주봉인 가리산 등산로를 연결해 이용이 편리하도록 하였다.

거의 평지와 같은 산책로를 조금 걸었더니 벌써 지겨워하는 눈치가 보였다. 분명히 1.5㎞라고 말해 주었는데 "얼마를 더 가야 할까?" 이런 질문에는 지겹다는 마음이 숨겨져 있는 것이다. 출발 전에 쉴 곳도 미리 얘기해 두었다. 첫 번째 휴식처는 '합수곡 기점', 두 번째 휴식처는 '무쇠말재' 그리고 정상이었다. 첫 번째 휴식처까지 가는 것에 벌써 지겨워했다. 힘든 것을 할 때는 처음 30%가 문제가 된다는 것이 필자의 경험론적 견해였다. 그래서 처음에는 필자가 앞장서서 항상 이끌어 간다. 첫 번째 휴식처까지 쉬지 않고 인내와 끈기를 갖고 가야 다음 목표까지도 무난히 갈 수 있고 정상도 갈 수 있는 것이다. 처음에 망가진다면 정상까지도 힘들게 된다.

첫 번째 갈림길 '합수곡 기점'까지 갔다.

첫 번째 고비는 무사히 넘기게 되어 다행이었다. "첫 번째 고비만 넘기면 두 번째, 세 번째 고비는 고비도 아닐 것이다"고 필자는 확신했다. 켜둔 GPS에서 500m 거리마다 거리를 이야기해 주었으니 잔여 거리를 짐작하고 쉼 없이 길잡이가 되어 물이 거의 없는 계곡의 물가에서 잠시 휴식 시간을 가지면서 가져간 간식을 먹었다. 너무 오래 쉬게 되면 쉽게 피로가 쌓이게 되어 가기 싫어지니 조금만 쉬었다가 2차 목표지점으로 향하였다.

두 번째 목표는 오르막길 1.0㎞, '무쇠말재'였다.

아름드리 참나무와 하늘을 찌를 듯한 키가 큰 메타세쿼이아 나무가 어우러져 숲속은 그야말로 그늘 천국 같았다. 바람 한 점 없는 것은 아쉬움으로 남았지만 강렬한 태양을 가려주고 있는 나무들에 오히려 감사해야 했다. 오르막은 계속 이어졌고, 친구는 얼굴에 비 오듯 흘러내리는 땀을 훔치느라 뒤로 자꾸 쳐졌다. 그래도 시간이 지나면 저 산꼭대기에 가 있으련만 지겹게 생각하지 않고 가다 서다를 반복하면서 합류, 처짐으로 이어졌다.

갈림길에서 이미 물소리 들렸던 계곡과는 점점 멀어졌다. 산 복부에는 향토 수종인 참나무와 메타세쿼이아 나무가 주종을 이루고 있었으며, 하층에는 두릅나무, 철쭉, 싸리나무, 산초나무 등 수많은 관목류와 약용으로 사용되는 피나물, 애기똥풀, 양지꽃 등 수많은 야생초가 잘 자라고 있었고 이따금씩 보였던 다람쥐는 보이지 않았다. 그 유명한 '연리목'도 있어 잠시 쉬어가는 빌미를 제공해 주었다. 연리목은 '소나무와 참나무가 줄기를 세 바퀴 감아 한 몸을 이룬 사랑의 나무'이다.

두 번째 휴식 장소로 정했던 곳 무쇠말재에 무사히 도착했지만, 쉬지 않고 계속 갔다. 이제 몸도 풀렸고, 쉬는 것이 오히려 귀찮은 것 같은 느낌을 주었기 때문이었다. 몸이 달구어졌으니 정상까지 달려 가 보자는 기세였다. 필자가 바랐던 바였다. 등산 시간이 길어지면 길어질수록 에너지가 소모되어 기력이 없어지는데 자꾸 쉬게 되면 점점 가기가 싫어진다는 등산의 당연한 이치를 이제 터득한 것 같았다.

제3코스는 대체로 쉬운 코스로 능선을 타고 가서 바위를 타고 정상까지 가는 코스였다. 나름대로 숲속을 걸어가야 했으니 덥지도 않았고, 자연스럽게 즐길 수 있는 코스였다. 정상의 암릉 앞에서 문제가 생겼다. 여러 갈래의 길이 나타났는데 안내도에는 실제와 다르게 그려져 있었다. 정상의 길은 우측으로라는 이정표가 있었고, 좌측은 샘터 가는 길로 나와 있었다.

정상으로 가야 하니 주저하지 않고 우측으로 갔는데 가다가 보니 형형색색의 리본이 걸려 있어 맞나 보다 하고 무심히 따라갔더니 2봉, 3봉으로 가는 길이었다. 다시 샘터 쪽으로 방향을 돌려 되돌아왔다. 우선 정상이 그리워졌으니 석간수라 불리는 샘터는 가보지 않고 거의 80도 가까이 되는 암릉을 타고 약 80m를 바위와 철 스텝에 의지한 채 정상을 향해 공격의 고삐를 늦추지 않았다. 정상 바로 밑에 있는 바위에서 샘솟는 '사계절 먹으면 장수한다'는 신비한 석간수를 먹지 못해 아쉬움은 남았다.

마침내 강원도 제1전망대로 불리는 '가리산 정상'에 도착했다.

미세먼지인지 구름인지 쉽게 구분은 안 되었지만 생각했던 가시거리는 아니어도 그런대로 괜찮은 조망을 선사해 주어 다행이었다.

정오 가까이 정상에 도착하게 되어 허기진 몸에 에너지를 우선 보충하여야 하니 조망을 감상할 여유도 없이 몇 장의 사진만을 확보한 채 하산으로 이어졌다. 정상석 옆에는 조그맣게 또 하나의 기념비 '해병대 가리산 전투비'가 세워져 있었다. 인증샷으로 알려준 사진 그대로 거기에 있었다. 자세히 읽어 보고 놀랐다. 등산 시작 전 왜 탱크가 주차장에 전시되어 있어야 했는지를 이해 할 수 있게 되었다.

"1951년 3월 19일~25일, 7일간 전투에서 적과 싸워서 국군과 유엔군이 총반격 시 진격의 걸림돌인 가리산을 확보하여 총반격 작전에 크게 기여하였다."

라고 적혀 있었다. 아군과 적군의 피해가 엄청났었단다. 조망이 좋았으니 아래로 내려다보면 작전 기지로 충분히 좋은 곳이 되었을 것이라는 짐작도 되었다. 노적가리처럼 우뚝 솟은 제1봉에서 반대쪽 하산로를 선택하여 가파른 암릉길로 조심스럽게 내려왔지만 안전한 능선 길까지는 제2봉으로 올랐다 다시 내려와야만 했다. 또 한 가지는 점심 먹을 장소를 찾아야 했다. 주변은 모두 암릉으로 되어 있어 평평한 곳을 찾기가 쉽지 않았다.

제1봉에서 조망을 감상할 시간을 갖지 못했기에 제2봉 정상에서 자리를 잡고 다시 한번 조망을 감상할 시간을 잡아 보려고 제2봉의 정상에 올랐다. 밑에서 보기보다 정상에는 괜찮은 장소가 있어 필자의 체면이 섰다. 제3봉에서는 "큰 바위 얼굴"이라는 이름이 붙여진 명소도 있었는데 바윗덩어리가 쌓여 옆모습이 얼굴처럼 만들어져 있었다.

큰 바위 얼굴은 "조선 영조 대왕 시기에 한 판서가 공부하여 호연지기를 키우던 암벽이 사람 얼굴을 띠며 변하였고, 과거에 급제하였는데 그 이후로 큰 바위 얼굴을 보며 소원을 빌면 출셋길이 열린다"고 하였다.

준비해간 점심거리로 약 20여 분 동안 배를 가득 채우고 하산을 시작했다.

제2봉에서 내려왔던 길 또한 암릉으로 만만찮은 곳이었다. 오랜만에 산객을 만났다. 서로가 반가운 듯 인사를 나누고 지나왔던 길에 대해 정보를 나누었다. 필자는 이미 등산로 난이도를 인터넷으로 공부해 왔으니 새로울 것은 없었지만 서로의 갈 길을 재촉하였다.

약 50m의 암릉을 내려오니 이제 흙으로 된 평평한 능선길로 접어들게 되었다. 필자가 등산 시작 전에 설명해 준 내용 그대로 눈 앞에 펼쳐져 다행이었다. 세 명 모두 가뿐하게 걸음걸이가 빨라졌다. 강원도 산들은 특이하게 정상에서의 나무 크기가 입구에서와 다를 바가 없어 남부 지방처럼 정상 부근에서 햇볕과의 싸움은 피할 수 있어 산행에도 무척 도움이 되었다.

조금 내려와서 오른쪽으로 꺾어 원점회귀 하는 길을 찾아야 하는데 그 이정표가 소양호로도 갈 수 있는 '가삽고개'였다. 큰 나무들에 가려져 하늘은 열리지 않아 어딘지는 짐작할 수 없었다. 아름드리 참나무 하며 메타세쿼이아 나무가 하늘을 찌르고도 남았다. 나무들의 키가 워낙 커서 나무 밑은 자연 그대로 울창한 숲이 만들어져 있어 자연이 주는 풍성함과 생명력에 놀라움을 한껏 느끼면서 걸었다. 뻥 뚫렸다고 표현하는 것이 맞을 것이다. 그래서 바람도 잘 통하여, 높은 기온으로 땀에 젖은 등산객에게도 막힘없는 바람 통로가 되어주고 있었다. 남부지방에도 이런 산들이 많아졌으면 하는 바람도 가져 보았다.

하산은 점점 빨라졌다. 오히려 내려갈 때가 더 위험한데, 흙으로 된 길이 워낙 안전하니 쉼 없이 걸어 주었다. 같은 형태의 길을 오래 걸으면 지겨움을 타는 사람이 있는데 둘은 그런 느낌을 주었다. 그래서 달리듯이 내려온 것이 아니었을까? "아직도 2.0㎞나 남았다"는 표현이 그런 뜻이 내포되어 있었다.

드디어 시작 4시간 만에 '자연휴양림 주차장'에 도착하였다.

탱크가 왜 저기에 전시되어 있어야 했는지 충분히 이해하게 되었고, 그 주위를 다시 한 번 둘러보면서 잘 정리해둔 내용을 천천히 읽어 보았다. 산세로 봐서는 충분히 군 작전에 도움이 되는 곳으로 이해가 되었다. 예상했던 시간대로 정확히 원점에 돌아오게 되어 친구에게 고마웠다.

땀으로 범벅이 되었던 손과 얼굴을 씻고, 마지막으로 입구에 있던 메밀 막국수 집으로 들어갔다. 강원도 홍천 하면 잣으로 유명하지만, 눈에 들어오는 것이 메밀 막국수여서 들어갈 때 보아둔 그 집으로 찾아가게 되었다. 맛은 여전하였지만, 간식으로 먹었던 막국수가 입에 짝짝 들러붙었다.

36번째 등산을 함께해 준 친구에게 진심으로 깊이 감사를 드렸다.

오늘 등산의 의미를 정리해 보았다.

"등산은 자연이 가진 이런저런 어려움을 극복하는 과정에서 자연과 함께 즐거움을 누리는 것이다"

세상은 밖에도 있었네!
# 명산 100, 59번째 '가리왕산' 완등 이야기!

▲ 가리왕산 (加里王山, 1,561m) | 2016년 12월 16일 금요일

강원도 정선군과 평창군의 경계를 이루고 있는 '가리왕산'을 산악회, 후배와 다녀왔다.

"가리왕산은 태백산맥의 중앙부를 이루며, 상봉 외에 주위에 중봉(1,433m), 하봉(1,380m), 청옥산(1,256m), 중왕산(1,371m) 등 높은 산들이 있다. 청옥산이 능선으로 이어져 있어 같은 산으로 보기도 한다. 옛날 맥국(貊國)의 갈왕(葛王 또는 加里王)이 이곳에 피난하여 성을 쌓고 머물렀다고 하여 갈왕산이라고 부르다가 이후 일제강점기를 거치면서 가리왕산으로 이름이 바뀌었다고 하는데, 지금도 갈왕산으로 부르기도 한다. 북쪽 골짜기에는 갈왕이 지었다는 대궐터가 남아 있다. 가리왕산 8경이 전해질 만큼 경관이 수려하고, 활엽수 극상림이 분포해 있으며, 전국적인 산나물 자생지로 유명하다. 특히, 백두대간의 중심으로 주목 군락지가 있어 산림 유전자원 보호림과 자연휴양림으로 지정되는 등 경관, 생태적으로 가치가 큰 점에서 산림청 100 명산 중 하나로 선정되었다." ◀ 출처 : 네이버

누구는 골프가 있는 전날부터 잠을 설친다고 하는데 어릴 때 소풍 가는 날처럼 설레는 마음으로 아침 5시 기상하여 등산에 필요한 간식들을 손수 준비한 후 간단하게 아침을 챙겨 먹고, 새벽 6시경 집을 나섰더니 생각했던 대로 칼바람이었다. 외기온도 영하 18도 최강 추위였다.

며칠 전부터 어제와 오늘이 최강추위라고 하였는데 가야 하나 말아야 하나 많이 망설여 온 것도 사실이었다. 특히 강원도의 겨울 산은 춥기로 소문난 곳이고, 산길 빙판이나 눈이 있으면 어쩌나 하는 걱정이 들기도 하였다.

사당역 여기저기 등산객들이 보였다. 아무리 춥다 해도 후배와 함께 하는 등산이라면 즐거웠다. 후배도 고민하고도 이곳까지 왔을까? 잠시 同心을 가져 보며 혹시 오늘의 선택이 잘못되지 않았을까 염려했던 자신을 위로해 주었다. 지나가는 길에 가게에서 점심용 김밥 네 줄을 사서 출구로 나갔더니 사당역 밖의 날씨는 장난이 아니었다.

사당역에서 버스는 정시에 출발하였다.

바깥 날씨를 예상한 듯 차 속은 찜질방을 방불케 할 정도로 난방을 해 주었다. 어둠이 가시지 않은 이른 아침이라 회원 모두가 곤히 잠들어 있어 아무도 불가마 차 속을 지적하는 사람이 없었다. 차 안 유리에서 만들어지는 물방울은 바깥 기온과 만나는 창문에서 얼음으로 변했다. 옷을 벗어도 온몸은 땀으로 젖어 버스에서 내리면 감기라도 걸릴 것 같아 불편한 점을 후배에게 말했더니 운전사에게 가서 살짝 부탁하여 정상적인 환경으로 바꾸었다.

두 시간 반을 달려 '평창휴게소'에 잠시 들러 바깥 공기를 마시게 해 주었다. 바닥은 꽁꽁 얼어 있었고, 바람도 몹시 불어 예상대로 추웠다. 또 추위에 대한 걱정이 되살아나고 말았다. 그러니 밖에 오래 있기가 싫어질 정도로 추웠다. 곧 출발. 햇볕이 나오고 바깥 기온이 점점 오르니 유리창의 얼음은 점점 물로 변했다. 창밖의 추위에 떨고 있는 앙상한 나무들과 눈 덮인 시골 마을을 볼 때면 어릴 때 시골 생활이 새록새록 기억났다.

운전석 위의 시계는 벌써 10시를 넘겼다. 들머리 도착 직전 등반대장은 한 장의 지도와 함께 오늘의 등산코스에 대한 설명을 했다. 바깥의 추운 날씨와 눈 쌓인 곳의 등산임을 말하면서 스패츠와 아이젠은 필수라고 강조하였다. 이 모두를 충분히 준비해 갔으니 문제는 없었다. 등반대장이 나눠 준 등산 지도에는 이름조차 암기하기 어려운 이정표가 많았다.

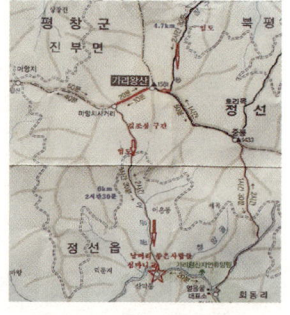

"장목구이(들머리) → 이끼계곡 → 장구목이삼거리 → 가리 왕산 정상 → 마항치 삼거리 → 어은골임도 → 배나무 쉼터 → 심마니교(날머리)" 총 11㎞, 6시간 코스.

버스는 사당역 출발 약 3시간만인 10시 10분, 해발 400m 지점 들머리인 '장구목이'에 도착하였다. 등반대장의 요청대로 각자 편안한 자리에서 편안하게 등산 장비와 옷을 챙겨 입고 앞다투어 하차를 하였다.

등산은 해발 400m 지점 산 중턱쯤에서 시작되었다. 첫 단계로 눈길 계곡과 오르막 산길 4.7㎞를 약 2시간 30분 동안 등산해야 했다. 숫자만으로도 충분히 힘들 것이라고 느껴졌다. 산악회 회원들의 등산은 항상 먼 거리, 힘든 거리, 하루 5시간 이상의 거리를 선택한다는 것은 알고 합류를 하였으니 후배와 함께 이겨내어 정해진 시간에 날머리에 도착해야 했다.

오전 10시 20분경 무릎까지 쌓여 있던 눈밭에서 한 줄로 등산은 일제히 시작되었다. 앙상한 가지 때문에 겨울 추위는 더 느껴졌고, 눈과 함께 계곡에는 물소리와 고드름이 장관이었다. 즐기면서 쉬면서 가고 싶었지만, 대열에서 이탈되지 않기 위하여 열심히 따라갔다. 시간이 지날수록 옷을 벗는 사람, 속도에 못 따라가는 사람 등 자기만의 스타일로 변화가 일어나면서 대열은 나누어졌다. 갈 때까지 따라가야 나중에 도움이 된다는 마음으로 선두 그룹에서 계속 같이 올랐다. 그러나 어젯밤에 내린 눈은 속도를 방해하였고, 미끄럽게 다가와 아이젠과 스패츠를 하게 되면서 잠시 쉬는 시간도 가질 수 있었다.

회원들은 등산할 때 아이젠을 하지 않는다는 원칙이 있는지 눈이 푹푹 빠질 때까지 아무것도 하지 않은 상태로 계속 올라 위험하게 느껴졌다. 눈길을 아주 힘들게 오래 올랐는데도 겨우 1.2㎞의 이정표는 더욱 지치게 만들기에 충분하였다. 아직 지금까지 온 거리의 3배를 더 가야 한다는 뜻이었다. 그것도 눈이 아주 깊이 많이 쌓인 오르막을 말이다. 눈 때문에 천근이나 되는 다리를 옮길 때마다 한두 번은 미끄러졌고, 앞 사람이 미끄러졌을 때는 조금이라도 쉴 수 있으니 오히려 힘이 되어 주기도 하였다. '이끼계곡'은 더욱 힘들게 만들었다.

대장으로부터 받은 지도의 첫 번째 이정표 '임도'를 한참 만에야 만났다.

이제 1차 목표를 달성하게 되어 기뻤다. 회원들은 눈에 취해 사진도 찍는 여유를 부렸다. 두 번째 이정표는 '가리왕산 정상'이었다. 쉬지 않고 직행하였다. 어젯밤에 내린 눈으로 등산로는 없어졌다. 아무도 가지 않았던 그곳에서 눈을 치우며 길을 만드는 회원이 존경스러워졌다. 어릴 때는 많이 그랬다. 눈 덮인 다른 곳을 밟으면 두 배 이상의 힘이 필요했다. 앞 사람들이 만들어 준 발자국을 밟아도 계속 무거워진 몸을 잘 지탱해 주고 있는 발에게 고마움을 느끼면서 하염없이 오르고 또 올랐지만 가리왕산 정상은 멀고 또 멀게만 느껴졌다.

정말 힘든 상황의 연속이었다. 어떤 회원은 발에 쥐가 나기도 하였다. 높이 오르면 오를수록 귀는 얼어 떨어져 나가는 느낌을 받을 정도로 칼바람이 몰아쳤다. 몸은 더 무거워졌고, 마음까지 곧 멘붕이 올 것 같은 느낌이었다. 쉬는 주기도 짧아졌고, 쉬는 시간도 많아졌다. 아무리 오르막길이라도 4.7km가 대단한 거리는 아니라고 생각했는데 모래사장 위는 자주 걸었지만, 눈 위를 걷는다는 것이 이렇게 힘든 줄은 처음 느꼈다.

출발 2시간 20분이 지난 12시 40분쯤 정상에 가까운 '장구목이삼거리'에 도착하였다. 중간에 쉬는 장소도 없었고 쉴 겨를도 없었지만 초크통에 담아 온 간식들로 에너지를 충분히 공급할 수 있어 다행이었다. 그래도 정상까지는 아직 200m를 더 가야 했다. 정상 부근의 눈은 더 깊어졌지만, 오직 정상만이 두 번째 쉼터라 생각하고 쉴 틈도 없이 한걸음에 오르막길을 걸었다. 바람은 더욱 거세졌고, 체감온도는 몇 배로 가슴을 때렸다. 햇볕은 있었으나 세찬 바람 앞에서는 무용지물처럼 느껴졌다. 태양의 위력이 강추위 앞에 약해 보이는 순간도 처음 느껴보았다.

약 세 시간 만인 오후 1시경 가리왕산 정상에 도착하였다. 어젯밤 내렸던 눈 덕분에 하늘은 깨끗해졌고, 이로 인해 한눈에 펼쳐진 산의 풍광은 절정이었다. 그러나 사방이 한눈에 들어와 가시거리가 좋았던 그곳에서 아름다운 풍광을 즐기고 싶었지만 계속 몰아쳤던 한파 때문

에 조금도 그것을 즐길 수 없어 무척 안타까웠다. 인증샷을 확보하려다 손과 휴대폰 배터리까지 얼어버려 잠시 당황하였다. 풍광을 즐길 틈도 없었지만, 사진 한 장도 제대로 찍을 수 없을 정도로 체감온도는 영하 25도의 최강추위였다. 겨우 몸을 녹이고, 폰을 녹여 후배의 폰으로 인증샷 한 장만을 확보한 채 최강추위로 얼어 죽기 전에 빨리 하산을 서둘러야만 했다. 몇 년 전 제주도 한라산 정상에서 그들의 비명이 여기에서도 일어나게 되었다니 참으로 안타까웠던 순간이었다.

정상 부근의 눈 덮인 하산 길도 만만찮았다. 남은 거리 약 6km를 점심시간 포함 2시간 반 내에 날머리에 도착해야 했다. 걱정스럽게 이야기를 이어가니 후배는 "전혀 걱정하지 마세요. 시간은 충분합니다." 하면서 자신만만하였다. 그러나 내려가도 가도 눈길은 끝나지 않았고 경사도 이만저만이 아니었다. 참으로 악조건은 모두 눈앞에 펼쳐지는 것 같았다. 장시간의 등산으로 몸은 더없이 무거워졌고 에너지도 더 고갈되어 있었으니 모든 상황이 비정상처럼 느껴졌다.

'마항치삼거리'에서 좌측으로 꺾어 비탈길 하산로에 접어들었다. 이정표 이름들도 참 기억하기 힘들어 등산 지도를 펼쳐 확인까지 해야 했다. 앞서 간 사람들이 보이지 않아 선택한 하산로에 의심이 가기도 했지만, 눈길에는 오직 한길뿐이라 길 잃을 가능성이 없어 다행이었다. 한참을 빠른 속도로 내려가니 회원들이 하나둘 보였다. 회원들을 만나 안심을 하면서도 눈으로 덮인 비탈길에 대한 걱정은 여전하였다. 그들은 눈 마른 양지바른 곳에 자리 잡고 김이 모락모락 나는 무언가로 점심을 먹고 있었다. 잠시 후 우리도 그런 자리를 잡을 기회를 가졌다.

오후 1시 반이 넘어서야 점심을 먹을 수 있게 되다니 한심스럽기도 불쌍하게도 여겨졌다. 갖고 간 것은 김밥이랑 별것 없었지만 허기진 몸을 달랠 음식이 있다는 것에 감사했다. 작은 행복이었지만 김이 모락모락 나는 뜨거운 물이 있어 작지만 큰 행복을 느꼈던 순간이었다. 점심 먹을 장소는 추위

를 피한다고 피했지만, 계곡을 타고 불어오던 바람은 여전히 차가운 얼음물을 살에 붓는 듯한 혹독한 느낌이었다. 그래도 비록 짧은 20분간 추위에 아랑곳하지 않고 점심을 먹는 순간만큼은 제일 즐겁고 행복했다.

하산길 내내 눈과 얼음은 여전하였다. 아이젠과 스패츠로 안전에는 문제가 없었다. 곧 임도를 만났고, '어은골임도'를 지나 지긋지긋할 것 같은 계곡 길에 접어들었다. 약간의 경사가 있는 평지 길을 걸어 한참 만에 배나무 쉼터에 도착하였다. 추위와 종료 시간의 압박 때문에 한 장도 확보하지 못했던 사진을 날머리인 심마니교에서 몇 장 확보하는 시간의 여유를 가져 보았다.

버스는 가리왕산 자연휴양림 주차장에 있었다. 걸어서 10분이면 충분히 갈 수 있는 곳이어서 시간상으로 안심이 되었다.

오늘 59번째 등산만큼은 너무 힘들어서 다시는 가 보고 싶지 않은 산으로 여겨졌지만 '가리왕산'에 대한 내용을 살펴보니 계절을 잘못 선택하여 등산해서 이런 고통을 받게 되었다는 것을 알게 되었다.

오후 3시 40분. 회원 모두 안전하게 탑승을 마쳐 예상보다 30분 일찍 그곳을 출발하여 저녁 9시 집에 도착하였다. 15시간의 외출은 아픔과 혼란을 남긴 채 영원히 잊지 못할 추억으로 마무리가 되었다.

어려운 과정을 함께 극복해 준 후배에게 감사했다.

세상은 밖에도 있었네
# 명산 100, 28번째 '가야산(합천)' 완등 이야기!

▲ 가야산(伽倻山, 1,430m) | 2016년 5월 5일 목요일

경남 합천군에 위치한 가야산을 아내와 함께 자차로 다녀왔다.

어린이날 휴일 이른 아침이었다. 출근 시간보다 더 일찍 등산 준비를 하고, 아침밥까지 잘 챙겨 먹고 모두가 잠들어 있을 아침 7시에 집을 나섰다. 예상외로 밖은 화창하고 따뜻했다. 일기예보에 의하면 저녁부터 내일 오전까지 비가 온다고 하였으니 오늘 등산을 다녀오는 것도 괜찮았다. 등산 전에 일기예보 체크는 기본 중의 기본이다.

자주 다니던 대진고속도로를 타다 88고속도로로 방향을 바꿔 해인사 입구에 도착하였다. 해인사는 옛날에 가 보긴 하였지만, 너무 오래되어 그 그림이 머리에 아른거렸다. 다시 가 본 그 길이 참 인상적이었다. 왼쪽에 물소리가 제법 요란한 '홍류동계곡'을 따라 오르기를 한참 만에 '홍류문(紅流門)'을 만났다. 주차료와 입장료를 지불하며 '참 비싸구나!' 투덜대면서 통과하였다.

해인사 입구 박물관 주차장까지 들어갔다. 이른 아침이었는데 벌써 많은 차들이 주차를 하고 있었다. 이른 아침이라고 여유를 부렸다면 주차도 안 될 뻔하였다. 주차하고 여유롭게 등산 장구를 갖추고 아침 9시 35분쯤 등산을 시작하였다. 혹시 모를 등산로 이탈에 대비하여 GPS도 작동시켰다.

먼지 하나 보이지 않는 맑은 공기와 햇살이 출발을 상쾌하게 만들어 주었다.

훌륭한 자연에 도취되어 날아갈 것 같은 마음으로 씩씩하게 걸었다. 저쪽 어디에서 질문이 날아왔다. "저기 저 바위산까지 갔다 오려면 시간이 얼마나 걸리죠?" "왕복 10㎞에 5~6시간 걸린다."고 하였더니 무척 놀랍다는 반응을 보이면서 우리를 부러운 듯 바라보았지만 우리는 총총걸음으로 그들을 앞서갔다. 아름드리나무가 그늘을 만들어 주었고, 시원하고 맑은 공기를 쉼 없이 공급해줘 억지로라도 맑은 공기를 많이 마셔가면서 얼마를 걸었을까 화장실 앞에는 벌써부터 붐볐다.

약 1㎞를 올랐더니 '해인사(海印寺) 입구'가 나왔다.

여기는 절에 들어가는 입구가 특이했다. 보통은 일주문(속세와 부처님 세계의 경계를 가리키는 곳)이 있는데 해인사 입구에는 伽倻山 海印寺가 적혀있었다. 그리고 '바다 해(海)'와 '도장 인(印)'의 한자를 사용하여 海印寺라 불러 가야산의 유래부터 알아보았다.

가야산(伽倻山) 지명의 유래에 관하여는 두 가지의 설이 있다고 한다.

"먼저의 주장은 가야산이 있는 합천, 고령 지방은 1, 2세기경에 일어난 대가야국의 땅으로, 신라에 멸망한 뒤로 처음에는 대가야 군으로 불렸다. 따라서 이 산이 대가야 지방을 대표하는 산이며 가야국 기원에 관한 전설도 있는 까닭에 옛날 가야 지방이라는 역사적 명칭에서 가야산이라는 이름을 얻게 되었다는 것이다. 다른 주장은 인도의 불교 성지 부다가야(Buddhagaya) 부근 부처의 주요 설법처로 신성시되는 가야산에서 이름을 가져왔다는 것이다. 또, 이 산의 정상부가 소의 머리처럼 생겼고, 오랜 옛날부터 산정에서 행하여지는 산신제의 공물을 소에 바치고 신성시하여 왔단다. 즉 불교가 전래되기 이전의 이름은 우두(牛頭)였다.

그런데 불교가 전래된 뒤 범어(梵語)에서 '가야'는 소를 뜻하고 '가야산'은 불교 성지이므로 '가야산'이라는 이름으로 정착되었다고 보는 것이 또 다른 주장이다. 이와 관련하여 주봉인 상왕봉의 '상왕'은 열반경에서 모든 부처를 말하는 것으로 이 또한 불교에서 유래한 것이라 한다. 결국 '가야산'은 이 지방의 옛 지명과 산의 형상, 산악신앙, 그리고 불교 성지로서의 다양한 의미를 함축한 것이다.

　가야산의 유래를 알고 등산을 시작하니 등산 중 그 해석을 찾게 되어 등산이 즐거워졌다. 해인사에서 정상인 우두봉(상왕봉)까지는 4.0㎞. 아름드리나무는 계속 이어졌고, 물소리와 새소리도 변함없이 우리를 즐겁게 해 주었다. 초록색의 울창한 숲속에서 트레킹을 하고 있노라면 콧노래가 절로 나올 수밖에 없었다. 아직 여름 산은 많이 안 다녀보았지만 이처럼 자연적으로 시원하게 조성된 등산로는 처음인 것 같았다. 이와 비슷한 형태의 등산로가 제주도의 한라산을 포함하여 여러 곳 있었지만, 여기만큼 편안하고 안전한 등산로는 없었던 것 같았다. 등산로 주변에도 조릿대가 많아 혹시나 곰이나 멧돼지라도 출현하면 어쩌나 한편으로 걱정도 되었지만 다행히 휴일이라 등산객이 좀 있어 안심이 되었다.

　이처럼 좋은 환경이 필자를 흥분시켜 등산이 마냥 즐거웠다. 안전산행을 위해서 "천천히 그리고 안전하게"를 거듭 외쳐가면서 쉬었다 가다가를 반복해도 정상은 보이지 않았다. 나무들이 너무 커서 하늘이 잘 안 보일 정도로 숲이 형성되어 있었다. 물소리는 더욱 시원하게 해 주었고, 이따금씩 불어주는 바람도 땀을 식혀 주기엔 충분하였다.

　예전에는 누군가가 등산에 대해 물어오면 "산이 있어 간다."라고 쉽게 알아들을 수 있도록 대답했지만, 명산 100을 하고부터는 나름대로 의미를 다르게 하였다. '등산은 산이 지니는 다양한 어려움을 극복하는 과정에서 즐기는 것'으로 정의를 내려 두었으니 가야산에서 그 의미를 충분히 만끽하고 있었다. 중간중간 이정표가 잘 되어 있어 거리에 대한 지루함은 없었다. 평지 길 약 2.5㎞를 걸었으니 이제 1.5㎞의 경사 길만 남았다. 보통은 정상 가까이 가면 탁 트인 하늘과 정상이 어느 정도 가시권에 들어오는데 이곳은 어디까지 가야 그런 그림을 볼 수 있을까 하고 앞 사람의 뒤꿈치만을 보고 뚜벅뚜벅 한 걸음 한 걸음 올랐다.

　산이 높아 조금 일찍 등산을 시작하였지만 걸어야 하는 길도 만만찮았다. 그냥 산만 높은 것이 아니라 계곡을 따라 걸어야 하는 길도 멀었다. 제주도의 한라산, 경기도 용문산, 화악산도 그랬다. 이런 산에는 다시 가고 싶지 않았는데 가야산은 그런대로 그늘이 있어 그런 느낌은 받지 않았다.

기암괴석이 서서히 보였고, 급경사로에는 철 계단이 놓여 있어 정상이 가까워진다는 것을 의미하였다. 오른쪽에 보였던 봉우리는 마이산처럼 하나의 큰 바윗덩어리가 우뚝 솟아있어 이곳이 정상인 줄 착각하였다. 그 봉우리를 좌로 돌아 철 계단 오르기를 30여 분이 지나니 삼거리가 나타났다. 우측으로 가는 곳에는 큰 봉우리가 있었고, 가야산의 최고봉인 상왕봉(우두봉)은 정면에 200m를 바위를 타고 더 올라야 했다.

산꼭대기에는 그야말로 큰 바윗덩어리 하나가 큰 봉우리를 만들고 있었다. 명산 100에서 인증하는 정상석은 완전 꼭대기가 아닌 약 3m가량 낮은 곳에 세워져 있었다.

등산에서 사고 나는 유형이 정상석에서 사진을 찍다가 난다고 하니 약간 낮고 안전한 곳에 정상석을 세워 주는 것도 안전사고를 줄이는 방법이겠구나 생각하였다.

탁 트인 사방은 눈에 모두 들어왔다. 정상에서 바라보았던 사방은 언제나 그랬듯이, 가야산 정상에서도 초록색으로 뒤덮인 아름다운 자연뿐이었다. 아무도 그들에게 거름도 물도 안 주었고 가꾸지도 않았는데 그들은 계절의 변화를 어찌도 저렇게 잘 표현해 줄 수 있을까? 대한민국의 자랑거리 중 하나가 사계절이 있다는 것인데 그 변화의 진면목을 뚜렷하게 보여주고 있어 산을 찾는 의미가 될 수 있고 그런 장면을 매번 다르게 보여주는 대자연에 오히려 경의를 표하게 된다. 산이 높은 만큼 힘은 들었지만 자연의 아

름다움으로 큰 보상을 받았다.

정상석 바위 근처에는 이런 내용의 괜찮은 글귀가 있어 옮겨둔다.

가야 19명소 '우비정(牛鼻井)'

泉自金牛鼻孔通(천자금우비공통) 우물이 금우의 콧구멍 속으로 통해 있으니,
天將靈液寘龍嵸(천장령액치롱종) 하늘이 신령스런 물을 높은 산에 두었도다.
倘能一揷淸穿肺(당능일삽청천폐) 혹 한번 마신다면 청량함이 가슴속을 찌르니,
頃刻翩翩遠御風(경각편편원어풍) 순식간에 훨훨 바람타고 멀리 날아가리라.

정상에서의 즐거움도 잠시 대자연을 머릿속에 가득 담고 하산을 시작했다. 5월 5일 어린이날 휴일이라 청소년을 동반한 가족들이 많았다. 젊은이들은 힘들게 올랐다가 내려오는 등산을 싫어할 텐데 어찌 저렇게 부모님과 등산도 할 수 있을까? 약 5km를 쉼 없이 걸어 내려가야 하니 상당히 지겨울 수 있겠다는 생각은 변함이 없었다. 한라산의 지겨웠던 하산 길도 아련하였고, 용문산의 돌길을 하염없이 내려왔던 악몽 같았던 때도 생각났다. 곰곰이 생각해보면 그때보다 등산로가 훨씬 좋은 장거리 하산길이어서 다행이었다.

"시작이 있으면 끝도 있기 마련이다.", "이 또한 지나가리라."

시계를 보니 오후 2시 50분. 다섯 시간 이상 시간이 흘렀고, 자연과 함께 한 즐거움은 모두 가슴과 머리에 간직하고 해인사에 무사히 도착했다. 등산할 때보다는 훨씬 많은 관광객이 와 있었다. 그들 속에서 등산 배낭을 메고 위풍당당 내려오니 피로가 싹 날아가 버렸다. 오후 시간도 중반에 접어들었다. 이제 가야산의 별미를 먹어야 할 시간이 되었다. 망설이다가 오전에 우리에게 길 안내를 해 준 그 식당에 갔다. 주차장이 있어 다행이었고, 약속대로 도토리묵 한 그릇을 주문하면서 음식 메뉴판을 보니 가격이 어마어마했다.

간단하게 산채 비빔밥을 맛있게 먹으면서 가야산 등산을 정리하였다. 에너지를 충분히 보충한 후 안전하게 귀가하였다. 힘들어도 힘들다는 말 한마디 않고 묵묵히 함께 산행해준 아내에게 감사의 마음을 전했다.

세상은 밖에도 있었네!
# 명산 100, 39번째 '가야산(예산)' 완등 이야기!

▲ 가야산 (伽倻山, 678m)(충남 예산) | 2016년 7월 11일 월요일

서울은 올여름 최고의 무더위를(34도) 기록하였고, 충남 예산은 33도로 전국적으로 폭염주의보가 내려진 가운데 충남 예산에 있는 '가야산'을 다녀왔다.

"가야산은 충남 서산시와 예산군의 경계에 있는 해발 678m로 서산에서는 물론 충남의 서부 지역에서 제일 높은 산이다. 가야산은 이미 신라 시대부터 명산으로 알려져 일찍부터 이곳을 서진으로 삼았었다. 남쪽의 산수리에서 석문봉이 되었는데, 석문봉이라 불린 것은 '마치 커다란 문을 열어 놓은 듯한 모양'으로 보이는 데서 유래되었다. 가야산에는 일락사가 있으며 주변에 많은 문화 유적을 간직하고 있고 자연경관이 빼어났다. 특히 기암과 능선을 따라 피어있는 진달래와 억새풀이 유명한 곳이었지만 녹음이 우거진 나무와 수풀을 보았을 때 봄, 가을에는 충분히 그럴 것 같다." ◀출처 :네이버

들머리로 계획된 '상가리 주차장'까지는 지하철, 무궁화호, 시내버스를 이용해 보았다.

가야산 등산은 이렇게 계획되었다.
"상가리 주차장(들머리/날머리) ↔ 남연군묘 ↔ 가야산 정상"

귀가(歸家)도 갈 때와 마찬가지로 대중교통을 이용하였다.

등산이든, 둘레길이든, 골프든 새벽에 나가서 꼭 12시간이 지나 귀가한다. 마치 출근이라도 하는 듯 그렇게 시간이 소요되었다. 하루 중 낮의 짧은

시간을 쪼개서 하려고 했던 목표를 달성하고, 무사 귀가하는 것이 이젠 일상화되어 간다. 혼자 떠나는 일이 아니었기에 계획 세우는 것부터 치밀해 졌다. 골프는 시간을 정확히 맞추어야 하니 자차를 이용할 수밖에 없고, 둘 레길이나 등산의 경우는 지하철을 타고 청춘열차나 무궁화호나 새마을호로 갈아타고, 마지막으로 택시나 마을버스로 또 갈아타고 목적지 들머리에 도 착하게 된다. 이제 이런 시스템의 이용도 여느 사람들보다 멋지게 소화해 낸다. 그런 현장 체험 속에서 많은 것들을 보고, 듣고, 느끼게 되어 직장인 에서 일반인(사회인)으로 거듭나고 있다고 생각한다.

하루 중 낮에 편하게 다녀올 수 있는 서울 근교, 경기도, 강원도 일대의 명산은 거의 다녀온 터라 집에서 조금 멀리 떨어져 있는 곳을 찾아 세심하 게 준비를 해야 했다. 오늘도 이런 시스템을 이용해 프로 정신을 십분 발휘 하여 멀리 충남 예산군에 있는 가야산을 다녀오기로 하였다. 우선 목표 지 점으로 선택된 가야산 등산로 입구까지 이동하는 방법, 등산코스 선택, 귀 가 하는 방법까지 모두가 새로운 일이었다.

서울 지하철, 무궁화 열차, 현지 택시/버스를 이용하여 출발 4시간 만에 들머리로 잡았던 '상가리 주차장'에 도착하였더니 오전 10시가 되었다. 아침 부터 햇살이 작열하였다. 바람 한 점 없었고, 습도는 높았고, 기온도 높아 등산에 필요한 세 가지 모두 악조건으로 우리를 괴롭혔다.

계획대로 들머리까지는 잘 도착하였지만, 등산 조건 의 악재로 걱정이 앞섰다. 스틱 등 등산 채비를 단단하 게 마치고, 지체 없이 GPS를 켜고 지도를 따라 등산을 시작하였다. 안내도에 따라 '남연군묘' 옆을 지나 작열 하는 햇살과 함께 아스팔트 길을 따라 걸어야만 했다. 언제나 초입부터 울창한 숲 나무가 그늘을 만들어 주어 더위에도 아랑곳하지 않고 등산을 할 수 있었는데, 여 기는 그런 그늘이 없어 더욱 괴로웠다. 힘내자! 아자!

잘 익어가는 포도랑 우거진 참나무랑 단풍나무들을 만났다. 가을철에는 큰 인기가 있겠다는 느낌도 들었다. 허나 지금은 작열하는 태양을 가려주고 있었 으니 여름철에도 충분히 역할을 해 주고 있었다. 강원도의 여느 산과는 다르게

가야산에서는 바위를 찾아볼 수가 없었고, 숲속으로 흙길만 계속 이어졌다. 얼마나 날씨가 습하면 바닥에 박혀있던 돌에도 물방울이 송알송알 맺혀 있었다. 울창한 나무들이 햇살을 가려주었지만 바람한 점 없었고, 습도도 높아 정상 쪽으로 오를수록 호흡은 더욱더 거칠어졌고, 쉬어 가는 횟수도 늘어났다. 이런 등산 조건은 처음 겪어본 것이었다. 이런 악조건하에서는 절대로 무리해서는 안 된다고 스스로 다짐하며 마음을 달랬다.

"이 또한 지나가서, 시간이 지나면 정상이 나오겠지?"라는 신념 하에 악조건에도 아랑곳하지 않고, 둘은 호흡을 맞춰 뚜벅뚜벅 걸어 올랐다. 정상석에서 인증샷을 찍는 멋진 장면만을 연상하면서 땅만 쳐다보고 오르기를 한참 만에 드디어 하늘이 보이기 시작하였다. 저 꼭짓점 능선에만 도착하면 그 능선을 따라 서쪽으로 300m만 더 걸어가면 사진 속에서만 보아왔던 새로 설치했다던 검은색의 정상석을 만날 수 있을 것이라는 기쁨에 흥분을 감출 수가 없었다.

한 시간 반 동안 숲속을 걷느라 들머리에서 어려웠던 따가운 햇볕은 피했는데 하늘이 열리는 순간 그 태양은 우리를 또 힘들게 만들었다. 그러나 충청남도를 모두 얻은 것처럼 기쁨은 하늘을 찌르고도 남았다.

이제 오르막도 그리 없는 낮은 숲속 능선을 따라 조금만 걸어가면 최근에 설치했다던 그 검은 정상석이 우리를 맞아 줄 것이라는 흥분된 기분은 더욱  가중되었다. 햇볕이 너무나 강렬해서 주변을 둘러볼 여유도 없었다. 낮은 숲속을 지났더니 정상석 가까이에서는 약간의 바위와 긴 계단이 나타났다. "가야산에는 바위가 없네" 했는데 역시 명산의 정상에는 바위와 암릉이 있기 마련이라 예외는 없었다.

들머리 출발 두 시간 만인 정오쯤 정상에 도착했다. 등산 중 날씨 때문에 빚어진 고생을 잘 극복해서 정상까지 왔으니 흥분을 감출 수가 없었다. 그늘 한 곳 없어 태양이 작열하더라도 잠시 주변을 둘러보며 자연을 감상하면서 고생했던 이야기로 서로를 달래 주었다.

"정상에 서면 내 주변이 제대로 보인다."는 등산의 의미를 다시 한번 되새기면서 정상에서의 up된 기분으로 마무리하였다.

"등산은 힘든 길로, 하산은 편한 길로"라는 필자의 등산 원칙대로 대체적으로 편한 길을 따라 하산을 시작하였다. '예산역'으로 돌아가야 하는 시내버스 시간이 오후 2시 30분이라고 하였으니 시간에 맞게 하산을 하면 되는 것이었지만 하산길이 초행길이라 조심스럽게 시간을 아껴야 했다.

정상에서 50m를 다른 길로 내려갔더니 넓은 평상 두 개가 우리를 기다리고 있었다. 잠시 걸터앉아 내려갈 때 필요한 에너지를 보충하기 위해서 갖고 온 음식들을 꺼내어 맛있게 먹었다. 참나무와 단풍나무는 계속 그늘을 만들어 주어 하산하는데 도움을 주었고, 급경사를 조금 지났더니 평지 흙길로 이어졌다. 등산에서 쌓였던 피로를 풀어주기에 좋은 길이 펼쳐졌다. 혹시나 하산 길에 또 길을 잘못 들어갈까 봐 이정표가 나오는 곳에서는 GPS를 확인하는 섬세한 안내를 하였다. 민가(民家)가 제법 있는 곳까지 내려와서는 길들이 여기저기에 있어 혼선을 빚기에는 충분하였지만, GPS의 도움으로 상가리 저수지 우측 길을 통해서 상가리 주차장에 안전하게 도착하였다. 약 1시간 만에 하산을 완료하였다. 약 7km, 3시간 30분의 충남 예산에 위치한 가야산의 탐방은 마무리가 되었다. 햇볕은 상상도 하기 싫을 정도인 33도로 혹독하였다.

예산역 행 버스부터 무궁화호 열차, 지하철로 되돌아가는 일만 남았다.

어젯밤부터 가족은 폭염 때문에 걱정을 늘어 놓았지만, 가족이 일어나기 전 새벽부터 예정대로 진행하여 무사히 일찍 집에 도착할 수 있어 안심을 하였다.

여름철 등산에는 몸도 중요하지만 자연의 위험요소들이 많다는 것을 새삼 느끼게 된 계기가 되었고, 당분간은 그런 위험한 상황에 처하지 않도록 신중히 대처해 나갈 것이다. 악조건에서도 함께해 준 후배에게 감사했다.

충남 예산에 위치한 가야산 등산을 추천해 둡니다.

세상은 밖에도 있었네!
# 명산 100, 10번째 '가지산' 완등 이야기!

▲ 가지산 (加智山, 1,241m) | 2016년 2월 15일 수요일

영남의 알프스 9봉 중 가장 높은 '가지산'을 아내랑 자차로 다녀왔다.

'가지산'은 이렇게 소개되어 있다.

"가지산은 동해안을 끼고 남으로 뻗어가는 백두대간의 여맥은 영남 땅에서 힘껏 솟구쳐서 9개의 거대한 봉우리를 형성한다. 이 일대를 '영남의 알프스'라고 부른다. 억새로 온 산을 뒤덮고 있는 독특한 산세를 가진 영남 알프스는 ①영취산(1,092m), ②신불산(1,209m), ③천황산(1,189m), ④운문산(1,188m), ⑤고헌산(1,033), ⑥문복산(1,013m), ⑦재약산(1,119m), ⑧간월산(1,069m) ⑨가지산(1,241m)으로 이루어져 있다. '가지산'은 이 많은 봉우리 중에서 최고봉이다. 주변의 귀바위(1,117m) 무명봉인 1042봉, 1028봉, 1060봉 등이 가지산을 빙 둘러 대장처럼 호위하고 있다.

고속도로를 따라 언양 근처를 지나다 보면 서북 편으로 세모꼴의 가지산 머리가 보이지만 주위에 높은 산이 많기 때문에 평지에서는 잘 볼 수 없는 산이다. 가지산은 거의 1,000m 높이를 지키며 뻗어 있는 산줄기 위에 솟아 있기 때문에 가지산 하나만으로는 그리 장한 맛이 없고 무던하게 보이지만 북서쪽과 남동쪽 그리고 남쪽은 사람이 발붙이기가 어려우리만치 가파른 비탈로 되어 있다. 장엄한 주능선과 험악한 산봉우리, 골짜기는 쳐다보기만

해도 겁이 난다.

　가지산 산행의 또 다른 묘미는 이야기를 간직한 크고 묘한 바위 봉우리들을 볼 수 있다는 것이다. 베틀 같은 베틀바위, 딴청을 부리고 있는 딴바위, 끼니마다 한 사람이 먹을 만큼 나오던 쌀이 욕심쟁이의 욕심 때문에 나오지 않게 되었다는 전설의 쌀바위 등이 산행 길을 심심치 않게 한다. 규모는 작지만, 땅 위에 꽉 차게 자리 잡은 모양과 균형미, 그리고 장렬함은 거대한 유럽의 알프스에 뒤지지 않을 형국이다. 가지산 동쪽 산기슭에는 신라 헌덕왕 16년(884년)에 도의국사가 창건하였다는 석남사가 자리 잡고 있다. 지금은 여승들만 수도하고 있으며, 도의국사의 부도(보물 369호)와 3층 대석탑 등 유물이 보존되어 있다." ◀출처 : 네이버 지식백과

　등산코스는 여러 개가 있었으나 자차의 당일코스로 가장 짧은 코스를 선택하였다.
　"석남터널 주차장(해발 600m) ↔ 석남고개 ↔ 간이매점(대피소) ↔ 중봉(1,195m) ↔ 철쭉군락지 ↔ 가지산 정상(1,241m)" 원점회귀, 왕복 9㎞ 등산거리가 짧은 만큼 깔딱 고개는 무려 세 곳이나 있었다. 첫 번째는 석남터미널입구 주차장에서 바로 시작된 약 300m, 두 번째는 석남고개 대피소에서 557개 계단. 세 번째은 가지산 정상 직전 철쭉 단지 약 350m였다.

　겨울이라 누드산으로 등산로 좌우 멀리 산속까지 훤히 들여다보였다.

　소나무는 어디에도 찾아 볼 수가 없었고, 산 전체가 낙엽수로 산속이 그대로 보였다. 정상부근에는 키 작은 대나무(조릿대)가 숲을 이루고 있었다. 높은 산에는 깊은 계곡과 산이 있기 마련인데 이런 곳에는 곰이나 멧돼지가 있을 가능성이 있겠다는 생각에 앞뒤 멀리까지 감시가 필요했다. 선택한 가지산 등산로에서는 그런 걱정을 할 필요가 없게 되어 다행이었다.

　들머리 주차장에서 까마득히 보였던 하얀 가지산 정상석에 빨리 올라 빨간 배너를 머리 위에 올려 인증샷을 확보하는 모습을 상상하면서도 머리로는 안전산행을 위해 필자의 발끝을 보며 천천히 걸어 올랐다.

아내는 피곤한 기색도 없이 달려가듯 쉼 없이 오르막길을 마다하지 않고 가는 모습이 대견스러웠다. 그래서 등산할 때마다 아내의 뒤를 따라가면서 무한한 행복감을 느끼곤 한다. 아내랑 등산할 때마다 그런 느낌이 좋았다. 그래서 오늘은 말해 버렸다. "다른 아내들은 등산이 죽기보다 싫어하는데 당신은 산타기를 무척 잘해 줘서 너무나 고마워 항상 행복하다"고 했다.

북풍이 칼바람이었다. 얼굴을 스칠 때면 얼어버린 듯 얼굴 피부가 아플정도였다. 누드산이라 북풍이 한없이 불어대니 쉴 곳도 마땅히 없었다. 오르막길이 너무 길게 이어지니 에너지도 많이 고갈되었다. 춥더라도 허기는 채워야겠기에 가장 추위가 없는 곳에 잠시 앉았지만 장갑을 벗는 순간 손끝은 시렸다. 히말라야는 이것보다 백배, 천배 추울 텐데 "이 정도 가지고 춥다고 해서는 안 된다"면서 준비해 간 간식을 맛있게 먹으면서 온기를 돋게 만들었다.

그 높고 깊은 산속에서 간식을 먹고 있는지를 어떻게 알았는지 이름 모를 새 한 마리가 날아왔다. 메말라 보였고, 간절해 보였지만 먹이가 될 수 있는 게 없어 안타까웠다. 눈치도 빠르게 잠시 만에 사라져 버렸다. 우리를 야속하게 생각하고 어디론가 날아가 버렸다. 좋은 사람 찾아가 먹이라도 구했으면 하는 바람이었다. 새들은 보통 암수 두 마리 이상이 한 무리가 되는데 이상하게도 한 마리만 날아와 더욱 측은하게 만들었다. 서울의 산에서는 벌써 봄을 맞을 준비로 새 둥지를 짓고 있었던 게 아니던가? 추운 겨울 산속에서는 무슨 일이 일어나고 있는지는 아무도 모른다.

정상까지는 아직 가야할 길이 구만리처럼 느껴졌다. 머리를 박고 아내의 뒷 발꿈치만 보고 하염없이 걸었다. 겨우 중봉(1,195m)에 도착하였다. 정상석이 하얀 모습으로 더욱 가까워졌다. 정상까지 마지막 세 번째 할딱고개만 남았다. 밤새 얼었던 길에는 따뜻한 햇볕이 스며들어 질퍽하기까지 했다. 얼었다 녹았다를 몇 번을 해야 확실한 봄이 올까? 아마도 영남 알프스의 최고 어른격인, 최고형인 가지산에서는 영영 봄소식을 기대하기 어려울 정도로 추웠다.

드디어 가지산 정상에 도착했다.

감격에 겨워 정상석을 끌어안았다. 정상 부근에는 상고대가 하얗게 반짝이며 수를 놓고 있어 고생한 보상으로는 충분했다. '신불산'에서도 보았지만 대단한 자연 현상이었다. 마치 필자의 머리카락이 하얗게 되어 버린 것처럼 주변은 온통 얼음 꽃을 수놓아 주었다. 봄을 맞는 자연도 순리가 있는것 같았다. "얼음이 녹으면 물도 되지만, 봄이 온다."는 진리 앞에 산통을 치르고 있는 것 같았다. 그렇지만 너무 추웠다.

그래도 인증샷을 남겨야 했다. 배너를 꺼내는 순간 물에 약간 젖어있던 수건이 추위와 강풍으로 곧 얼어버렸다. 꼬깃꼬깃해진 수건을 외투 속에 넣어 간신히 녹여 몇 장의 사진만 확보하고 하산을 서둘러야 했다.

영남 알프스 중 최고봉답게 추위도 어지간했다.

겨울의 끝자락 산행이었지만 겨울 산행 시 주의할 점을 또 한번 실감하는 계기가 되었다. '신불산'에서는 '아이젠'이었지만 '가지산'에서는 '방한복'이 찐이었다.

배낭이 겨울에는 큰 것을 사용해야 하는 이유도 충분히 경험하게 되었다. 그래도 습관처럼 정상 부근에서 거름을 주어 족적도 남겼다. 영남 알프스에 족적을 남기기는 신불산에 이어 두 번째였다. 언제나 영남 알프스의 최고봉답게 자연을 연출해 주는 모습도 장관이었다.

이후 영남알프스 완등을 위해 한 번 더 이 길로 다녀왔는데 어찌 이렇게

험한 길을 힘들다 하지 않고 다녀왔을까? 쉼터의 주막집도 문이 닫혀 있었다.

그래도 필자의 특허포즈 "더 높은 곳을 향하여!"

한방 쏘아 올렸다. 너무 추워서 주변의 경관을 감상할 겨를도 없이 갔던 길을 되돌아 하산을 시작하였다. 보통의 등산의 지겨움과 조망을 감상하려고 하산할 때는 다른 길을 택하지만 시간이 없어 같은 길, 익숙한 길로 발걸음을 재촉하였다. 어느 따뜻한 곳에서 간식이라도 먹어야 할텐데 강풍과 함께 추위가 맹위를 떨쳐 발걸음만 재촉하게 되었다. 그래도 조금은 휴식과 간식은 먹어야 하니 등산로에 서서 잠시 그런 시간을 가져 보았다. 힘들게 올라가서 정상에서의 희열과 내려올 때의 원점 복귀에 대한 피로감은 판이하게 달랐다. 하산길이 훨씬 지겨웠다.

자연과 친해지면서 '나를 찾아 떠나는 새로운 도전'이 하나하나 결실로 이어졌다. 즐겁고, 안전하게 하산을 하였고, 낚지 볶음밥으로 에너지를 보충하였다. 즐거운 산행, 안전한 산행을 하고 영양보충까지 하였으니 그 기분은 어느 것과도 바꿀 수 없었다.

명산 100은 계속 이어질 것이며, '나를 찾아 떠나는 새로운 도전'이라는 명 타이틀 아래 정상 정복은 계속 새로움을 더해 줄 것이다.

함께해 준 아내에게 감사했다.

세상은 밖에도 있었네!
# 명산 100, 13번째 '감악산' 완등 이야기!

▲ 감악산 (紺岳山, 675m) | 2016년 2월 22일 수요일

경기도 파주에 있는 감악산을 후배와 대중교통으로 다녀왔다.

"감악산은 높이 674.9m이다. 예부터 바위 사이로 검은빛과 푸른빛이 동시에 흘러나온다 하여 감악(紺岳), 즉 감색바위라고 하였다. 이 일대는 광활한 평야지대로 삼국시대부터 전략적 요충지였다.

원래 감악사, 운계사, 범륜사, 운림사 등의 4개 사찰이 있었다는데 현재는 1970년 옛 운계사터에 재창건한 범륜사만 남아 있다. 장군봉 아래는 조선 명종 때 의적 임꺽정이 관군의 추적을 피해 숨어 있었다는 임꺽정 굴이 있다. 6·25전쟁 때는 격전지로 유명해서 설마리 계곡에 영국군 전적비와 대한의열단 전적비가 남아 있다.

서울에서 그리 멀지 않으며, 의정부 북쪽 회천에서 양주시 남면을 지나 설마리를 거쳐 감악산 계곡을 따라 들어가면 높이 20여 미터에 달하는 운계폭포가 나온다. 폭포 뒤로 범륜사가 있고 그 뒤로 전형적인 암산의 모습을 띤 감악산이 보인다.

범륜사에서 감악산으로 오르는 길은 오른쪽 능선을 타고 임꺽정봉, 장군봉을 거쳐 정상에 이르는 코스와 남쪽에서 계곡길을 거쳐 올라가는 코스가 있다. 임진강 하류의 넓은 평야지대를 바라보면서 북쪽 능선을 타고 오르는 길도 있다. 맑은 날에는 개성의 송악산과 북한산이 보인다. ◀ 출처 : 네이버 지식백과

대중교통을 이용하여 들머리로 잡았던 범륜사 주차장까지 3.5시간이 소요되었다. 등/하산 코스는 2.5시간을 예상하였다.
- 등산 : 범륜사 → 만남의 숲 → 숯가마 터 → 정상(감악산, 675m)
  (약 1.5시간)
- 하산 : 정상 → 임꺽정봉 → 장군봉 → 만남의 숲 → 범륜사(약 1시간)

덕정역(1호선)에서 25-1번 버스를 타고 '범륜사 주차장(들머리)'으로 갔다. 시골길을 한참 걸어 들어가야만 '범륜사' 입구에 갈 수가 있으니 버스가 자주 없었다. 덕정에서 무려 20여 정거장을 거쳐야 했던 곳이었다. 25-1번 버스는 20분 후에 도착한단다. 11시가 넘었으니 뜨끈뜨끈한 국물로 허기나 채우자면서 시골장터를 돌아보았지만 어디에도 없었다. 시장에 오뎅은 기본인 줄 알았는데 덕정역 앞 시장에는 예외였다. 햇볕이 없었으니 날씨는 쌀쌀하게 느껴졌다. 할 수 없이 붕어빵으로 간단히 배를 채웠다.

버스에는 사람도 별로였다. 한참만에야 '범륜사 입구'에 도착하였다.

입구에는 시멘트 포장이 깔끔하게 되어 있었다. 낮은 야산을 넘었더니 허름하기 짝이 없는 '법륜사(梵輪寺)'가 보였다. 이 절은 의상대사가 창건했다가 불타 없어진 운계사 터에 새로 지은 절이란다. 감악산에는 원래 감악사, 운계사, 범륜사, 운림사 등 네 개의 사찰이 있었다고 전해지나 현재는 모두 소실되었고 지금의 절은 1970년에 옛 운계사 터에 다시 세운 절이란다. 그래서였던지 울타리도 없었고, 방향성도 없이 산만해 보였다. 테이프에서 흘러나오는 목탁 소리가 음흉스럽게 들릴 정도로 스산한 분위기였다.

올해는 최강추위라고 하였는데 그래도 계절의 변화에 편승을 한 듯 얼음 녹아 물이 줄줄 흘러 내렸고, 사찰 내의 목련에는 꽃망울이 제법 송글 송글 맺혀 있었다. 계절의 변화는 자연이 제일 먼저 감시를 하는 것 같았다. 필자가 알기로 자연은 온도에 따라 종류별로 민감하게 빨리 반응을 하고 있다는 것을 인간도 배워야 할 일이다. 세상의 변화에 빨리 적응하고 함께 변해야 한다.

범륜사 외부만을 감상하고 계곡도 아니고 등산로도 아닌 돌로 된 그 길을 따라 걸음을 재촉하였다. 평소보다 두 시간정도 늦었다. 어제 다운 받아둔 등산용 웹에서는 갖가지 정보를 전해 주었다. 이동거리, 속도, 칼로리 등을 쉬지 않고 제공해 주어 심심찮게 친구가 되어 주었다. 만남의 숲, 숯 가마

터를 지나고 정상에 가까워지자 참호가 여기저기에 보여 최전방다웠다. 아마도 6·25때 사용하였던 것인가 하며 자세히 들여다보았더니 최근에 지은 콘크리트 구조물이었다. 정상에 가까워질수록 나무들도 군기가 들은 듯 더욱 차렷 자세를 하고 있는 듯 필자의 머리카락도 쭈뼛쭈뼛해졌다.

정상에서는 대남방송을 들을 수 있기를 간절히 바라면서 마지막 갈림길에 도착하였다. 우측 길로는 임꺽정봉, 장군봉이 있었고, 좌측길 100m지점에는 감악산 감악산비가 있다는 이정표가 있었다. 산중에서 지도도 없이 이런 상황이 접수되면 당황스럽다. 그러나 이제부터는 당황하지 않아도 되었다. 어제 마침 등산용 웹을 다운받았으니 그것을 이용하면 정확히 행선지를 결정할 수가 있었다. 좋은 웹이 있었는데도 모르고 살았다. 이것의 발견도 나를 찾아 떠나는 새로운 도전에 속하는 것이었다.

100m를 부지런히 올랐더니 헬기장에 넓은 정상석이 잘 정리되어 있었다. 저 멀리 북쪽으로는 옅은 미세먼지로 자세히 보이지는 않아 아쉬웠다. 기대는 날아갔지만 사방에 펼쳐진 산야는 조용하였고, 군초소에서는 북쪽을 분주히 경계하고 있었다. 감악산에도 등산로가 많았지만 작전지역이라 범륜사 쪽만 등산허가를 해준 것이란다.

낮이 되니 예상보다 따뜻한 날씨였다. 기온은 낮은데 바람이 없었고, 햇볕은 있으니 굉장히 따뜻하게 느껴졌고 얼어붙은 땅도 녹아 질퍽하였다. 봄은 북쪽에서부터 오면 좋으련만!!

기대를 하면서 잘 정돈된 의자에 앉아 준비해 간 간식으로 점심을 하게 되었다. 커피, 한라봉, 계란 등으로 기력을 보충한 후 임진강 북쪽을 다시 한번 보고 하산을 시작하였다. 잠시 멈칫해졌다.

오른쪽 까치봉에는 하얀 가운을 입은 듯 '성모마리아상'이 북쪽을 보고 간절한 마음으로 기도를 하고 있었다. 이번에도 GPS를 이용한 등산로를 찾게 되었다.

처음 계획한대로 하산을 하기로 하였다. GPS를 이용한 웹이 편하고 확실하였다. 5악에 해당되니 하산길은 바윗길이었다. 날씨 관계로 얼지가 않아서 다행이었다. 경사진 길에는 얼어있는 곳을 다수 보면서 총 5.5

km, 2시간 34분(휴식시간 21분 포함), 산 높이 675m, 감악산을 명산 100 13번째로 완등을 하게 되었다.

이제 버스를 타고 반대방향인 파주읍으로 가야하는데 평일의 버스 배차간격이 30분이라고 적혀 있었다. 또 idle이 발생하고 말았다. 현장에 가서 보면 집에서 인터넷으로 공부한 것과 조금 다르긴 하였지만 현장에서 탐방로를 바꾸는 것은 위험한 것이다. 같이 간 후배가 서울 사람이라

그렇게 해 보자고 하였지만 다음부터는 계획한 대로 진행을 해야겠다. 감악산에 가려면 자차로 반드시 가야된다는 것도 알게 되었다.

산길, 시골길을 낡은 버스를 타고 다녀보기는 처음이었다. 시골풍경도 구경하고 사람 사는 모습도 가까이에서 볼수 있어 좋았다. 석정 터미널에서 점심으로 순대국을 먹었다. 귀가하는 버스는 종점까지 30개 이상 되는 정류장을 거치며 지나가는 순간 불광동, 구파발 가까운 시내를 진입하게 되었다.

하루가 어떻게 지났는지 생각할 겨를도 없이 현실에만 집중할 수 있었다. 지하철로 저녁 6시경 무사히 귀가를 마쳤다. 안전하고 즐겁게 등산을 함께해 준 후배에게 감사했다.

세상은 밖에도 있었네!
# 명산 100, 41번째 '강천산' 완등 이야기!

▲ 강천산 (剛泉山, 603m) | 2016년 8월 1일 월요일

맑은 날씨 속에 친구 부부와 전라도 명산 탐방 셋째 날이었다.

새벽 5시 매표소 앞의 주차장에는 오히려 무서움까지 느껴졌다.

등산은 '총 4.13㎞, 공원길 2.5㎞ 등산길 1.63㎞' 안전하고 즐겁게 완등 해 주기를 바라면서 설명해 주었다.

'강천산의 유래'는 이렇게 되어 있었다.

"강천산(剛泉山, 603m)은 '용천산(龍天山)'으로 '생김새가 용이 꼬리를 치며 승천하는 모습과 닮았단다.' 사적 353호, 금성산성 (金城山城) 등의 문화재가 산재해 있다. 이 산성은 삼국시대에 축조되었고, 조선 태종 9년(1409년)에 고쳐 쌓은 후 광해군 2년(1610년)에 보수공사를 하면서 내성도 함께 만들었다. 광해군 14년(1622년)에는 내성 안에 관청을 건립, 효종 4년(1653년)에 성 위의 작은 담(여장)을 수리하면서, 전반적으로 성의 면모를 갖추게 되었다. 외성은 2㎞, 내성은 700m 길이에 돌로 쌓은 산성이다. 동학 농민 운동 때 건물이 많이 불타 없어지고 현재는 동·서·남·북문의 터가 남아 있다. 내성 앞에는 국문영 장군의 비석이 남아 있다.

전북 순창과 전남 담양군의 도계를 이루는 강천산은 비록 산은 낮아도 깊은 계곡과 맑은 계곡 물, 그리고 기암절벽이 병풍을 치듯 늘어선 모습으로 '호남의 소금강'이라는 찬사를 받고 있다. 단풍나무가 유난히 많은 강천산은

매년 11월 초순께 절정을 이룬다. 특히 강천산만의 자랑인 아기단풍이 곱게 물들 때 더욱 장관이다. 등산로가 가파르거나 험하지 않다.

등산로 초입부터 병풍바위를 비롯, 용바위 비룡폭포 금강문 등 명소들이 즐비하고 금성산성도 옛 모습을 보여주고 있어 오밀조밀한 산세에 감탄하게 된다. 이러한 관광자원에 힘입어 1981년 1월 우리나라 최초의 군립공원으로 지정된 곳이기도 하다. 강천사와 삼인대 사이를 지나 홍화정 옆길로 들어서면 50m높이에 걸린 구름다리(현수교)가 아찔하게 보인다.

강천산은 벚꽃으로도 주목받고 있다. 대개 4월초 피기 시작해 10일께 만개한다. 자연생「산벚꽃」으로 꽃이 잘고 빛깔이 희고 맑다. 벚나무는 강천산 입구 강천호 주변을 에워싸고 있으며 등산로 어디에서든 볼 수 있다. 강천산에는 신라 진성여왕 때 도선국사가 창건한 고찰 강천사(剛泉寺)가 있다. 강천사는 신라시대 도선국사가 창건한 고찰. 한때는 1,000여명의 승려가 있던 큰 절이었다고 한다. 절 뒤로 치솟은 암벽과 강천산 암봉이 어울려 한 폭의 그림처럼 멋지다. ◀출처 : 네이버

순식간에 날이 밝아졌다는 느낌을 받으면서 주변을 감상하니 감탄사가 절로 나왔다. 새벽에 맨발로 흙길을 걷는 사람도 많았다. 흙길 좌우에 줄지어 서 있던 '애기 단풍나무'는 가을이면 진풍경을 자아낼 것으로 확신이 갔고, 계곡의 물은 상류로 갈수록 더러워져 있었는데 자세히 보았더니 폭포들은 모두 자연산이 아니고 인공으로 물을 끌어올려 만든 인공폭포였다. 등산 때에는 물이 흘러내리지 않아 다소 실망스럽기까지 했다. 그래서인지 고여 있던 물이 점점 썩어 가고 있어 보기에도 흉했다. 이른 아침에 장거리 흙길을 걷다 지쳐버려 에너지가 더 많이 필요한 등산에 어려움이 예상되어 '구름다리 전망대'에서 잠시 쉬면서 조금 일찍 아침을 먹었다. 구름다리를 지날 때는 제법 흔들리는 느낌을 받았다. 만든 지 오래되었다는 것에 제대로 보수는 하고 있는지 의문이 들 정도로 불안하게 느껴졌다.

어수선한 강천사 옆에서 '성공과 축복을 기원하는 돌탑'도 쌓아두었다. 공원

내에는 많은 테마들이 있었다. 어떤 길가에는 지루함을 달래주려고 옛날 교실에서 보았던 칠판도 세워져 있어 그 속에는 남겨두고 싶은 말들이 빼곡히 쓰여 있었다. 우리도 뒤질세라 한 구절을 남겨두었다.

성(性)테마공원에는 남녀의 성에 관련된 테마들이 많이 만들어져 있어 한바탕 웃음으로 스트레스를 날릴 수도 있었고, 아침부터 지난 추억을 떠오르게 할 수도 있는 곳이라는 인상 깊은 곳이었다.

공원을 걸으면서 볼 것은 다 보았지만 시간을 너무 소비하였다. 등산의 시작점에 갔더니 무려 두 시간이나 지난 아침 7시가 되었다. 이러다간 등산도 하기 전 더위에 지치겠다는 생각이 들어 등산을 서둘러야만 했다.

테마 공원에서의 한바탕 웃음은 잠시 미뤄두고 곧장 '제2강천호수'를 지나 본격적인 등산이 시작되었다.

등산로의 난이도는 잘 모르겠으나 지금부터 더위를 이겨내고 약 1.2km를 올라야만 정상석에 도착할 수 있었다. 1시간 만에 정상에 도착해야 했다. 키 작은 수목들이 그늘을 잘 만들어 더운 햇볕을 막아 주었고, 등산로는 널찍하게 잘 정리되어 흐트러진 몸을 짜증스럽게 만들지 않아 다행이었다. 여기에도 '거위벌레'가 도토리를 많이 떨어뜨려 헤쳐 놓았다. 어느 산에서나 볼 수 있었던 도토리의 수몰 광경이 여기서도 목격되었는데 이에 대한 대책이 꼭 필요해 보였다. 그리 심한 경사로는 아니었지만 걷기 시작한지 너무 시간이 지나버렸다. 더위를 많이 느낄 시간이 되어 걱정이 되었다.

마지막 송낙바위 400m는 급경사였지만 철 계단으로 잘 되어 있어 별 무리 없이 안전하게 등산을 할 수 있었다. 그러나 계속되는 계단으로 지칠 만도 하였지만 사다리길은 오히려 안전하여 안심을 하게 해 주었다. 이렇게 힘들 때에는 머리 박고 앞 사람의 뒷 발꿈치를 보면서 걷는다든지 계단을 세면서 걷는 것이 지루함을 덜 느끼게 해 준다는 것이 필자의 경험철학이 되어버렸다.

출발 세 시간 만인 오전 8시경 송낙바위 끝에 도착하였지만 오늘의 목표 지점인 산성산의 연대봉은 나타나지 않았다. 실망스럽고 포기하고픈 눈치들이었다. 이정표 상에 아직 연대봉까지는 0.4㎞를 더 가야하는 것으로 표기되어 있었기 때문이었다. 에너지를 보충하면서 팀원들의 전의를 가다듬으려고 쉬었다 가려고 해도 오히려 그들이 쉬지 않으려고 하였다.

오전 8시를 조금 넘겨 드디어 두 번째 미션도 성공을 거두게 되었다. 금성산성, 산성산 연대봉, 603m, 만세!

짝! 짝! 짝! 모두 무겁게 느껴졌던지 배낭을 제일 먼저 벗어 내렸다. 아무 것도 걸치지 않은 누드처럼 정상석이 있는 그곳에는 무성하게 자란 잡초만이 우리들을 맞아 주었다. 이곳이 어찌 그 유명한 강천산의 정상이란 말인가 싶을 정도로 위치 자체만으로는 실망스러웠다. 바람 한 점 없고, 더위를 피할 길 없어 속성으로 인증샷만 확보하고 곧장 하산을 하려는 팀원들에게 주변 경관을 배경으로 몇 개씩 사진을 담아 와 다행으로 생각되었다.

돌이켜 보면 다시 가지 않을 지도 모를 그 곳을 이거라도 안 찍어 왔다면 상당히 후회하였을 것이다.

다음 미션은 하산 중 모두가 알탕을 하는 것이었고, 그런 후 숙소사장과의 퇴실 약속 시간 11시, 늦어도 12시까지는 퇴실을 해 주는 것을 지켜주는 것이었다. 천천히 안전하게 내려가는 시간을 계산하더라도 두 가지 미션 수

행에는 문제가 없을 것으로 계산상으로는 충분하였다. 하산하는 데 1시간 반을 잡더라도 10시면 하산이 완료되어, 간식도 먹을 수 있고, 알탕도 할 수 있어 여유롭겠다며 안심을 시켰다.

등산과 하산은 정반대 현상이라 흔히 인생에 많이 비유를 하곤 한다. 등산 때 힘들었으니 하산은 쉬울 것이라는 안이함은 절대 금물이다. 하산할 때가 훨씬 위험하다. "인생에도 올라갈 때는 무척 힘이 들었지만 내려올 때는 한 순간이라 내려올 때나 내려왔을 때의 마음을 잘 다스려야 한다." 쉬지 않고 자연스럽게 하산은 이어졌고, 지겨움을 갖지 않도록 하기 위하여 말을 자주 걸어 질문도 하고 설명도 하였다.

어느새 제2강천저수지에 도착하였다. 저수지 둑에는 등산을 망설이는 사람도, 이제 등산을 시작하는 사람도 있었다. 더위가 기승을 부리기 시작한 시간이라 벌써 정상을 다녀온 우리들을 보면서 부러움의 눈길을 보냈다. 저수지에는 물이 가득 차 있었다. 저수지의 물은 올라갈 때도 보았지만 내려왔을 때가 더욱 운치가 있어 보였다. 이것이 여유로움의 차이가 아닐까? 계곡에 저수지가 있는 것은 처음 본 일이라 이는 분명 강천사 계곡이 말랐을 때를 대비하여 저장된 물이 아닌가 하는 해석도 가능해 졌다.

새벽 좋은 시간대에 무려 두 시간 가량 주변을 살피면서 올랐기 때문에 빠른 걸음으로 원점을 향하여 내려왔다. 그러는 중에도 알탕을 할 수 있는 곳을 찾아 보았지만 어제 동악산의 도림사 계곡만 한 곳은 찾아 볼 수 없었다. 이상하게도 강천사 계곡에는 상류의 물이 하류의 그것보다 오히려 더 지저분하였.

각종 인공 폭포에 끌어 올릴 물을 확보하기 위해 둑을 만들어 흐르지 못한 고인 물이 썩기 때문이 아니었을까?

전체거리 7.18㎞, 4시간 13분에 강천산 등산을 마치게 되었다. 어제처럼 오늘도 오전 미션을 모두 성공적으로 완수하게 되었다. 함께해 준 친구 부부에게 깊은 감사를 드렸다.

세상은 밖에도 있었었네!
# 명산 100, 53번째 '계룡산' 완등 이야기!

▲ 계룡산 (鷄龍山, 관음봉 766m) | 2016년 11월 10일 목요일

"계룡산은 태백산맥에서 갈라져 나온 차령산맥이 서남쪽으로 뻗어가다가 금강의 침식으로 허리가 잘리면서 분리되어 형성된 잔구이다. 지도상으로 대전·공주·논산을 연결하여 세모꼴을 그린다면 그 중심부에 자리 잡은 것이 계룡산이다.

산 이름은 주봉인 천황봉(天皇峯, 846.5m)에서 연천봉(連天峯, 739m), 삼불봉(三佛峯, 775m)으로 이어지는 능선이 마치 닭 볏을 쓴 용의 모양을 닮았다고 하여 붙여진 것이라고 한다. 계룡산은 풍수지리에서도 우리나라 4대 명산으로 꼽힐 뿐 아니라, 국립공원으로 지정되어 있다.

특히, 계룡팔경은 경치가 아름다워 많은 관광객이 찾아든다. 삼국시대부터 큰 절이 창건되었으며, 지금도 갑사, 동학사, 신원사(新元寺) 등 유서 깊은 대사찰이 있다. 특히, 철당간·부도·범종, 각종 석불, 『월인석보』의 판목 등은 현전하는 중요한 불교 문화재이다. 또, 숙모전(肅慕殿), 삼은각(三隱閣) 등 충절들을 제사하는 사당과 아름다운 전설을 간직하고 있는 오누이탑, 그리고 조선 초에 왕도를 건설하다가 중단한 신도안 등 명소가 많다. 계룡산은 공주·부여를 잇는 문화 관광지로서, 유성온천과도 연결되는 대전광역시 외곽의 자연공원으로 크게 각광을 받고 있다. ◀출처: 네이버 지식백과

거제도에서 서울 가는 길에 충남 공주에 있는 계룡산 관음봉에 아내랑 등산을 하기로 했다. 이른 시간 평일 고속도로는 텅 비었다. '동학사 입구'부터 차들이 줄지어 있어 점심 먹을 식당 앞에 주차를 하였다. 이것도 등산을 다녀본 경험에서 비롯되었다. 좀 더 일 주차를 하면 줄지어 있는차를 따라 주차할 때 보다는 등산하는 시간이 길어진다는 것이었다.

동학사까지는 2.0km를 걸어야 했고, 다시 1.7km를 더 걸어야 정상에 갈 수 있었다. 시원하게 내려오는 '은선폭포'가 잠시 걸음을 멈추게 해 주었다.

정상 가까이에서는 비가 내리기 시작하였다. 비는 오후 3시부터 온다고 하여 도전을 하였는데 정상 부근에는 좀 일찍부터 이슬비가 내리기 시작하였다. 배낭에

는 항상 우의가 준비되어 있으니 간단하게 우의를 꺼내 입고 우의의 효과를 이제 볼 수 있어 유비무환이 주효했다. 정상에는 구름으로 덮여 있었고, 이

따금씩 부는 바람은 춥게 느껴졌다. 정상까지 나무, 돌계단으로 잘 이어져 편했다. 국립공원이라서인지 정상에는 휴식처도 잘 만들어져 있었다. 잠시 간식도 먹으면서 정상석에서 인증샷을 확보하였다. 계룡산 등산은 예상보다 싱겁게 끝나고 말았다.

주섬주섬 챙겨 넣고 하산을 시작하였다. 하산 길에는 사람들이 없었다. 같이 오르던 사람들은 비 때문에 내려갔는지 아무도 보이지 않았다. 하산 길 '은선폭포'에는 아직 비가

오지 않아서 인지 간간이 관광객이 눈에 띄었다.

동학사 계곡은 멋졌다. 계곡이 깊어 사람들이 계곡의 물로 접근이 어려워 자연 그대로의 계곡을 감상할 수 있어 좋았다. 같은 색으로 여름의 더위를 막아주더니 겨울 채비를 하는 단풍 시즌에는 각기 다른 색깔로 사람들을 유혹하였다.

도토리나무는 키가 커서 나뭇잎은 모두 떨어졌고, 키 작은 나무들의 차례인 것 같았다. 키 작은 나무들 중에 노란 단풍을 한 나무는 친근감을 주었다. 노란색은 왠지 편안함을 주는 느낌이었다. 동학사 가는 길 주변을 즐기면서 안전하고 즐겁게 등산을 마치게 되었다. 주차해 둔 식당에서 간단하게 점심을 사 먹었다.

오후 3시 반에 등산을 마쳤건만 금요일이라서인지 차들이 고속도로를 꽉 채웠다. 경기도에서 예상외로 지체되어 집 도착이 늦어져 버리고 말았다.

늦가을과 겨울철에 서울로 가는 길에 명산을 다녀오는 것은 재고해야겠다는 생각도 들었지만 안전하고 즐겁게 등산을 함께해 준 아내에게 고마웠다. 계곡이 너무 좋아 국립공원 스탬프 투어 하면서 다시 찾아가 보았다. 사진이 너무 좋아 올려 둔다.

세상은 밖에도 있었네!
# 명산 100, 54번째 '계방산' 완등 이야기!

▲ 계방산 (桂芳山, 1,577m) | 2016년 11월 14일 월요일

두달회 회원들과 한 달 전에 등산을 가기로 약속하였던 강원도 홍천군에 있는 '계방산'을 찾아갔다.
'계방산'은 남한에서 다섯 번째로 높은 산이다.
한강기맥의 고봉으로 주변에는 오대산을 비롯하여, 백적산(白積山, 1,141m), 태기산(泰岐山, 1,261m), 방대산(芳臺山, 1,436m)등이 솟아 있다. 북으로는 설악산(1,708m), 남으로는 태백산(1,567m)을 이어주는 백두대간의 중간지점에 위치하여 인근의 오대산(1,563.4m), 발왕산(1,485.8m)과 함께 이 지역 일대의 식생을 대표한다.

◀출처 : 네이버 지식백과

지하철을 타고, 1시간여 만에 판교에서 회원들을 만났다. 다시 평촌에 들어가 두 명을 더 태우고 경기도를 벗어나 원주를 거쳐 홍천군에 있는 '진두령 쉼터(해발 1087m)'로 찾아가기로 하였다. 분당구 주변 도로에는 출근시간에 물려 거북이 주행을 하였다. 하늘은 금방에라도 비라도 내려줄 듯 어두워지기 시작하였다. 네 명이 한 차를 타고 가는 것은 처음이라 다소 서먹할 것 같았는데 의외로 소통이 잘 되었다. 차창 밖의 경관을 즐겨 볼 겨를도 없이 서로는 그동안 못했던 이야기로 시간 가는 줄 모르고 차는 계속 동쪽으로 향하였다. 차창 밖의 야산에는 단풍들이 한창이었고 특히 대로 가의 노란 은행잎들이 인상적이었다. "자연으로부터 생존 방식을 배운다"고 강조를 하였더니 "잘 살고 있는데 무슨 생존 방식이냐?"고 돌려줬다.

들머리인 진두령 쉼터까지는 3시간 남짓 걸린다고 하였으며, 또 '겨울철 등산은 10시 전에는 시작되어야 한다.'는 기본 목표 아래 순조롭게 진행되었다.

해발 1,078m부터 등산을 시작하게 되어 정상까지는 거리 약 4.1km, 고도 약 500m를 올라가는 계산이었다.

0.7km(쉼터), 1.6km(쉼터 → 전망대), 0.8km(전망대 → 정상)로 세 번의 변곡점이 있었다.

나뭇잎으로 뒤덮였던 평지 능선 길은 쉬웠지만 몇 번의 깔딱 고개는 회원들에게는 힘든 길이었다. 처음에는 선두에서 인도를 하다가 오르막길에서 뒤를 돌아보면 지민치 처져 올라오는 모습이 힘들어 보였다. 수변의 경치들을 감상하면서 쉬엄쉬엄 올라야 피곤함도 잊은 채 정상까지 가는 길이 힘들지 않을 텐데 오후 3시부터 비가 온다고 예보되어 그저께 계룡산에서 예보시간 대비 2시간 먼저 비가 내려 이점을 고려하여 등산에만 치중하도록 유도하였기에 그런 현상이 일어나지 않았나 싶어 선두를 바꾸었다.

마치 인생의 역정 같이 생각하면서 쉬엄쉬엄 걸음을 정상 쪽으로 옮겨갔다. 얼마가지 않아 또 뒤처지기 시작하였다. 이럴 때면 전체를 위해 잘 하는 맨 뒷사람을 리더로 시켜 선두에 서도록 하였다.

땅을 온통 뒤집어 뭐를 찾았던지 멧돼지들의 잔치판이었다. 산을 많이 다녀 보았지만 그렇게도 많이 땅을 뒤집어 놓은 곳은 처음이었다. 한 친구가 뒤쳐질 때면 선두(리더)를 바꾸어 인생이나 조직에서 리더의 역할과도 비교해 가면서 등산을 리드하는 팀장이나 조직원의 리더로써 리더는 멀리보고 가야 한다. 뒤에는 리더를 믿고 따라 오는 팀원들이 있다. "리더는 함께 한 팀원들을 모두 목적지까지 데리고 가야하며 목적을 완성해야 한다"는 등산과 리더의 역할에 대해 강조를 해 주었다. 그리고

등산 후에도 끝까지 데리고 내려와야 한다.

구름으로 뒤덮인 정상에는 아무것도 보이지 않았다.

땅속에 먹을 것들이 얼마나 많았던지 마치 곡식을 심으려는 밭처럼 멧돼지들이 땅을 온통 뒤집어 놓았다.

막걸리로 추위를 조금 달래었다. 김밥과 뜨끈한 시락국이 추위를 이겨내는데 일미였다. 달걀, 계란말이도 풍성하게 먹을 것의 잔치였다.

국립공원이라 그런지 등산로 중간중간에는 산속의 신비로움에 대한 것이나 새로운 점 들을 잘 설명해 주는 간판들이 많았다. 오래된 참나무 꼭대기 부근에는 까치집 같이 생긴 '겨우살이'가 많았다.

등산 시작 4시간 30분만인 오후 3시경 하산을 완료하여 회원 모두는 즐거워했다.

퇴근시간과 물리면 많이 지연되니 그 시간대를 피하기 위해서 쉴 틈도 없이 귀가를 서둘렀다.

개울에서 발 마사지를 할 여유도 없이 판교를 향해 달렸다. 오후 5시 30분. 판교의 어느 식당에서 저녁과 막걸리로 저녁이 있는 삶을 즐겼다.

필자가 좋아하는 명산 등산의 하루를 함께 해 주는 덕분에 더욱 감사했다.

친구 집에서 완등 축하 와인을 마시고 7시 30분경 헤어져 9시경 무사히 귀가하였다. 두달회 친구들과 명산을 다녀오기는 '소요산'에 이어 두 번째였다.

담에는 '광교산에서 청계산'까지 8km를 걷기로 약속을 하고 헤어졌다.

함께 해 준 친구들에게 감사를 전했다.

세상은 밖에도 있었었네!
# 명산 100, 37번째 '공작산' 완등 이야기!

▲ 공작산 (孔雀山, 887m) | 2016년 6월 27일 월요일

강원도 홍천에 있는 공작산을 친구와 다녀왔다.

"공작산은 정상에서 바라보면 홍천군 일원이 한눈에 들어오 며, 풍치가 아름답고 깎아 세운 듯한 암벽이 장관을 이루는 곳이다. '산세의 아름답기는 공작새가 두 날개를 펼치고 있는 것 같다'하여 공작산으로 불린단다. 몇 년 전부터 점차 이산을 찾는 등산객 수가 증가 추세에 있다. 봄에는 철쭉과 가을철에는 단풍, 눈 덮인 겨울 산 역시 등산객들을 매료시킨다. 정상이 암벽과 암릉으로 되어 있으며, 정상 일대의 철쭉 군락지에 철쭉이 필 때면 지리산의 세석평전을 방불케 한다. 정상에서 서남능선 수타사와 노천리에 이르는 약 8㎞의 수타 계곡은 멋진 암반, 커다란 소, 울창한 수림으로 수량도 풍부하고 기암절벽이 어울려 장관을 이루는 비경 지대다." ◀출처 : 네이버

오늘 1일 2산행을 다녀온 시간을 정리하여 둔다.

"공작현(당무리) 주차장 → 공작산 정상 → 주차장. 왕복 5.4㎞"

(당무리 주차장 → 팔봉산 관리 사무소 → 팔봉산 정상)

분당선의 복정역까지는 집에서 한 시간 남짓 걸리는 거리였지만, 지하철로 이동하는 시간대가 출근시간과 겹치게 되어 이동하는 방법에 갈등이 생기곤 하였지만 일주일 만에 또 강원도 홍천의 명산 공작산을 갈 수 있어 좋았다.

일분일초의 지체도 없이 곧장 복정역에 도착하였다. 왕복 10차선에는 출근하는 차들로 주차장을 방불케 하여, 승차하는 시간도 가장 짧게 해 줘야 하니 조금 일찍부터 대기는 필수였다. 몇 번 여기에서 탔던 경험이 있었으니 이제 준 프로급이 되었다. 친구는 약속 시간에 정확히 도착해 주었다. 차에 타자마자 체크해야 하는 것이 있었다. 네비게이션(이하 네비)로 목적지를 어디에 맞추었는지 확인을 해야 했다. 그러나 생각했던 곳은 아니었지만, 그렇다고 틀린 곳도 아니어서 그냥 넘어갔다.

아침이라 떠오르는 해를 안고 운전을 해야 하니 "오전에는 동쪽 방향으로 운전을 삼가 하고, 오후에는 서쪽 방향으로 운전을 삼가야 한다." 이런 말도 있다고 농담을 하면서 운전 조심하라는 경고의 메시지를 주었다.

강원도에는 자연 그대로의 산이 많아 맑은 공기와 계곡을 타고 내려오는 깨끗한 물, 그리고 푸르른 하늘을 항상 기대하였는데 예상외로 하늘은 무언가로 덮여 있어 약간은 실망스러웠다. 달리고 달려 동홍천 IC를 나가 친구가 맞추었던 공작산 자연휴양림 주차장으로 들어갔다. 웬걸, 골짜기로 들어갔더니 공사 중이었다. 복정역에서 차를 탔을 때 가고자 했던 그 곳 '공작현(당무리) 주차장'으로 권하였다. 가던 길을 돌아서 약 3km를 달렸더니 재 넘어 가는 곳에 작은 주차장과 함께 인터넷에서 보았던 지도도 있었다.

차에서 내려 오늘의 등산 상황을 자세히 설명을 해 주었다.

이곳 방향에서 공작산 등산코스는 두 곳이 있다. 하나는 이곳 '공작현(당무리) 주차장'이고, 다른 하나는 '공작산 입구 주차장'이다. 조금 전 도로 가에 안내가 있었던 곳은 후자이다. 전자는 해발 450m에서 시작해서 2.7km로 능선을 따라 가는 코스이고, 후자는 2.9km로 바닥에서 쭈욱 경사로를 따라 올라가야 하는 코스이다. 전자로 할 것인가? 후자로 할 것인가? 마음대로 선택을 해도 괜찮다고 선택권을 넘겼더니 전자를 선택하였다. 이 정도로 공부를 하고 정확히 설명을 하였으니 선택을 하는데 착오가 없었을 것이다.

등산 준비를 간단하게 하고 입산을 하였다.

강원도의 산에서 항상 느껴왔지만 자연 그대로가 잘 보존된 숲속을 걸으면 가슴속에 찌들어 쌓였던 찌꺼기들이 하나둘 배출되는 느낌을 받아 기분이 무척 좋아졌다. 그런 느낌으로 충만된 가운데 부드럽게 걸음을 옮기기 시작하였다. 몇 걸음 가지도 않았는데 다리가 무겁다면서 벌써부터 등산 시간에 대해 이야기가 시작되었다. 2.7㎞, 3~4시간 정도라고 말을 하였더니 시간을 너무 길게 잡았다면서 투덜투덜하였다. 산 중턱에서 시작을 하였으니 이 정도면 양호하다고 재차 설명을 해도 못내 못마땅한 듯하여 최소 3시간이니 많아도 3.5시간 내에 마칠 수 있지 않겠느냐고 위로를 곁들여 정리를 마쳤다.

아름드리 소나무와 참나무로 멀리까지는 내다볼 수 없었지만 간간이 나무 사이로 보이는 봉우리가 몇 개는 보였다. 저 봉우리 몇 개를 올랐다 내렸다를 반복하면 정상이 나오겠다고 지겨움을 달래줄 목적으로 또 한번 설명을 해 주었다. "등산할 때에는 고개를 들지 않는다. 고개를 드는 순간 남은 거리에 지쳐서 등산을 포기하고 싶을 것이다."를 많이 강조해 왔기에 눈과 머리를 땅에 고정시킨 채 중중 걸음으로 뒤를 따라 왔다. 둘 사이에 거리가 벌어지면 가던 걸음을 멈추고, 내 위치까지 오도록 해서 약간의 행동식으로 대화를 유도하면서 피로를 풀어준 후 위치를 바꾸어 걷도록 하였다.

처음에는 몸도 풀리지 않아 다리가 무겁다고 하였는데 처음에 마주쳤던 첫 봉우리가 제일 높았다. 어차피 정상의 887m를 오르려면 몇 고비는 넘겨야 한다는 생각을 갖도록 위로와 격려를 해 주었다. 등산을 할 때 또 한 가지 유의해야 할 점은 '앉아서 푹 쉬면 더 오르기 싫어져서 안 좋은 것이다.' 때문에 초크통에 준비해간 간단한 것들을 먹어 가면서 쉬엄쉬엄 등산을 할 수 있는 것이다.

모두(冒頭)에서 언급을 하였지만, 최근 들어 공작산을 찾는 등산객이 많아서인지 등산로를 정비하는 사람도 있었다. 아마도 회원들이 많이 찾아오는 모양이겠지 하고 의미를 해석해 보았다. 우리도 그들 중의 한 팀이 아니었을까?

저기가 정상일 것 같았는데 가보면 저만치에 정상이 있다고 이정표가 대신해 주었고, 그 곳에 가보면 또 저만치에 정상이 있었고…. 여러 번 이런 경험을 하였던 터라 오늘도 그런 상황이 벌어졌다. "눈앞에 보이는 곳이 정상일 것이다"라고 얕잡아 보지는 않았는지 보이지 않는 정상을 마음대로 해석하면서 쉬지 않고 오르다 보니 지쳤던지 정상 가까이에서 제대로 앉아 푹 쉬었다.

정상일 것 같았던 봉우리에서 아직도 정상까지는 240m, 또 120m라고 이정표는 정확히 우리의 착각을 일깨워 주었다.

출발 두 시간만인 오전 11시 40분경 드디어 정상에 도착하였다.

키 작은 숲 뒤에 약간 숨어 있었던 정상석의 글씨는 공작새처럼 그렇게 새겨져 있었다. 다음은 공작새의 두 날개를 찾아야 했지만 도무지 그림이 그려지지 않았다.

봄에 오면 두 날개가 보이려나? 가을에 오면, 또 겨울에 오면 보이려나? 자문자답을 하면서 두 날개는 보이지 않았던 것으로 접어 두었다. 그래도 조망이 좋아 녹음이 우거진 울창한 숲을 멀리까지 감상도 하였다. 동북쪽으로는 며칠 전에 올랐던 가리산도 보였다. 가리산은 특이하게 기상 관측소가 산꼭대기에 세워져 있어 정상을 구분하기가 쉬웠다.

서로 인증샷을 확보하였고 37번째로 명산을 완등하게 된 셈이었다. 무사히 한 개를 더 확보하게 해 주신 것에 산신령님께 감사를 드리고, 오늘의 두 번째 팔봉산 산행 때문에 점심은 주차장에서 먹기로 하고, 곧장 하산을 하게 되었다. 올랐던 길을 되돌아 와야 했기에 능선을 따라 봉우리를 거쳐 가는 코스에는 일장일단(一長一短)이 있는 것 같았다.

등산할 때에는 이동거리가 짧아 좋긴 하였지만(등산할 때에는 에너지가 충만하여 오르막길이라도 힘들지 않게 느껴짐), 하산할 때는 지친 몸으로 또 다시 오르막길을 올라야만 했으니 그런 느낌을 주는 것 같았다. 처음부터 계속 오르막일 경우에는 오를 때는 어차피 힘이 든다고 그렇게 받아들이더라도 하산할 때 계속 내리막길이라 피곤함을 오히려 풀 수 있어 괜찮을 것 같겠다는 느낌을 가지게 되었다. '등산은 자연이 가지고 있는 어려움을 인간이 극복하는 과정에서 즐기는 것'이기 때문에 등산이 쉽고 어렵고는 문제가 아니었다.

지난 번에도 '용화산'과 '오봉산'을 하루에 다녀온 경험이 있어 친구와 약

속된 1일 2산행을 즐겨보려고 하였다. 그
렇게 다닐 수 있는 산이 다녀온 산 중에
몇이 여기에 있어 다행이라 생각하고 등
산에 루키인 친구에게는 다소 무리였지
만 함께해 준 친구를 위해서 또한 무리를
해서라도 그렇게 하기를 해 주기를 희망
하는 것 같아 피곤함을 무릅쓰고 봉사를
해 주기로 하였다. 그런 연장선에서 오늘
은 홍천에 있는 328m의 '팔봉산'을 두 번
째로 가기로 되어 있어 약간 서둘러 하산
을 하였다.

등산할 때에는 편하였던 내리막길이
하산할 때에는 불편함을 더 가중시켰지
마는 지체없이 봉우리를 넘고,또 넘어 초
입이었던 주차장에 정확히 3시간 만에
도착을 하게 되었다. 예상 시간보다 30분 정도는 빨리 마무리하게 되었다.
주차장에는 친절하게도 휴식 공간이 잘 마련되어 있어 간단하게 점심을 먹
었다. 놀란 것은 친구의 아내가 정성스럽게 만들어 보낸 초밥이었다. 컵라
면 정도 크기의 종이컵에 가득담긴 초밥은 힘든 일을 마치고 먹을 때 이상
의 진수성찬이었다. 친구의 아내에게는 마음속으로 고마움을 전했다. 팔봉
산의 산행 이야기는 그곳에서 펼쳐질 것이다.

세상은 밖에도 있었네!
# 명산 100, 5번째 '관악산' 완등 이야기!

▲ 관악산 (冠岳山, 629m) | 2016년 1월 11일 월요일

관악산(冠岳山, 629m)은 여러 번을 다녀왔다.

이번에는 공부를 열심히 하고 있는 후배와 대중교통으로 다녀왔다

오전 10시경 '서울대역 입구'에서 만났다. 같이 퇴직을 한 친구와 같이 나왔다. 등산은 쉬운 게 아니라서 등산 경험 확인이 꼭 필요했던 것이다. 관악산 입구까지

는 거리가 있어 주로 버스를 이용해야 하는데 후배 두 명이 걸어서 가자기에 한참을 걸어서야 관악산 입구에 도착하였다. 버스를 타고 갈 때는 몰랐는데 걸어서 갔더니 제법 멀게 느껴졌다. 등산을 시작하기도 전에 기운 다 빼겠다 싶어 다음에는 꼭 버스를 타고 다니기로 작심을 하였다.

평일이고 추워서인지 등산객은 별로 없었다. 산속에도 동물들은 보이지 않았다. 이따금씩 보였던 사람은 주로 50대, 60대였다. 관악산 정상의 연주대가 목표였는데 지난번과

는 다르게 서울대 뒤쪽 산으로 따라가 보았다. 처음에는 능선을 타고 오르

니 쉬운 것 같아 지난번 계곡을 따라 걸었을 때보다 쉬운 듯 하여 이 길을 오길 잘했다 싶었는데 그것도 잠시였다. 거리가 짧아 이 길을 선택해 보았지만 역시나 짧은 만큼 어려웠다. 마사토길을 지나 조금 올라갔더니 토끼바위, 칼바위로 이어지는 온통 암릉이었다. 서울에서 오래 살고 있는 후배는 관악산에 자주 올랐는데 이 길은 처음이란다. 정상은 바로 눈앞에 있었는데 계속되는 바위 타기에 육신은 더 지쳐갔다.

거리는 짧았지만 난이도는 상급이었다. 경사진 바윗길을 오르고 또 오르고 간혹 매달려 있는 로프를 잡기도 몇 분 후 '연주대 징싱'이 눈앞에 나타났다. 등산을 자주 해 왔던 온몸이 지쳤는데 후배들도 지치기는 마찬가지였다. 꾸준히 쉬지 않고 오르는 것이 등산의 기본이니 맨 앞에서 잘 인도한 것 같았다. 등산은 거리가 짧으면 상급 난이도인데 여기도 그대로였다.

사진에서 볼 때는 갓 같이 생긴 관악산 정상의 상징 바위는 경사가 없어 보였는데 정상에 가 보았더니 경사가 심한 곳에 갓처럼 생긴 바위가 놓여 있어 '갓처럼 생긴 바위에서 연주를 한다.'고 '관악산 연주대'라 부르게 되었단다. 준비해 간 배너를 펼쳐들고 인증샷을 확보하였다.

"명산 100" 다섯 번째 성공이었다. 이제 95좌 남았다.

정상에서 잠시 쉬는 시간을 활용해 필자가 즐기고 있는 두 가지를 소개해 주었다. 그리고 이벤트에 대한 내용도 소개해 주었다.

각자 갖고 온 간식은 올라오면서 에너지 고갈을 방지하기 위하여 세 번에 나누어 쉬면서 먹었다. 허기를 채우기엔 충분하였다.

영양 가득한 간식을 정성스럽게 준비해 준 아내에게 고마웠다. 달걀, 커피, 밀감이랑! 맛나게 먹었다.

중간에 에너지가 고갈되어 움직임이 부실해지면 오르지도 내리지도 못할 지경이 되고 말 것이니 리더는 이런 부분까지 신경을 써야했다.

기상 예보 상에는 바람도 많이 불어 춥겠다고 하였지만 아침부터 봄날같이 따뜻하였다. 정상에서도 바람 한 점 없는 날씨여서 다행이었다. 큰 걱정을 하면서 등산을 하였지만, 예상외로 날씨가 따뜻하여 다행이었다. 등산로 입구에 표시된 날씨 정광판에서 이미 읽었다. 지상풍속과 정상풍속이 0m/s와 2m/s로 상세하게 표시 되어 있어 안심을 하고 등산을 하게 되었다.

산 정상에서는 고양이들이 왜 그리도 많았던지?

버린 것, 키우는 것 짐작은 안 갔지만 어찌나 잘 먹였든지 건강하게 보여서 다행이었다. 사람들이 자리에 앉아 먹을 것을 꺼내면 주변을 서성거리다 군침을 흘리곤 하였지만 먹이를 주는 사람은 없었다. 지난주 도봉산에 갔을 때에도 정상에는 고양이가 많았다. 야생 고양이가 된 그들이 안쓰럽게 보였다. 밤에는 엄청 추울 텐데 이곳 정상에서 어떻게 버틸까 걱정이 되기도 하였다. 도봉산에서는 백구도 있었다던데 새끼까지 있어 구조가 되었단다.

하산은 지난번과 같이 익숙한 과천 정부청사 쪽으로 하였다. 계곡이나 깔딱고개가 없어 지루하게 느껴졌지만 안전하고 편안한 길을 택하게 되었다. 약 4시간 가량 산중에 있으면서 많은 정보를 공유하였으며, 과천에 내려와 순대국밥을 먹으면서 하루를 마무리하였다. 인생 2막과 3막에 대한 이야기로 힘든 줄 모르는 등산은 마무리 되었고, 짧은 만남 긴 이별을 하고 각자 귀가하였다.

저녁이 있는 삶을 간절히 바랐지만 저녁이 있고 보니 또 별게 아니었다.

이질적인 것 같은 서울 생활도 회사에서 일하는 것을 빼고 나면 인생이라는 것이 회사 다닐 때와 똑같았다. 영어를 공부하고, 등산을 하고, 서울 둘레길을 걷고, 일기장을 쓰고….

이것들을 34년의 직장생활과 빨리 바꿀 수 있어야 했다. 일했던 마음의 자리에 이들로 꽉 찬 생활로 자리매김을 해 주어야 했다.

언제까지 이렇게 살아야 할까? 이게 맞는 생활이란 말인가?

안 살아봤으니 모를 일이로다. 어차피 인생은 정답이 없으니 그때 그때 잘 맞춰 살면 되는 게 아닐까? 스스로에게 위로를 해 가면서 지내고 있지만 그래도 '내 마음 나도 몰라!'는 지속되었다.

14박 15일로 인도에서 부처님 순례길을 걷고 있는 법륜스님의 이야기도 곁들였다. 스님이면서 경험해 보지 못한 일들도 공감이 되는 수준으로 답을 해서 불자들의 사랑을 독차지하고 있다. 자기성찰의 결과란다. 버림받지 않은 중생을 만들도록 최선을 다하고 있다. 여러 사람을 만나다 보면 듣는 이야기도 많아지고 여기에 자기 성찰한 내용을 가미하다 보면 언변력도 늘어가는 것이다. 또한 자꾸 남 앞에서 설교나 강의를 하다 보면 늘어난단다. 필자도 여러 사람 앞에서 말을 많이 하다 보니 체계적이고 합리적인 언변력이 있게 되었다. 또한 관련 서적들도 많이 읽었고, 하는 내용도 많았지만 꾸준한 노력의 결과라고 자평해 본 하루였다.

너무 성급하게 생각하지 말아야 하는데 자꾸 성급해진다. 서두르면 지게 되는 것이다.

8.5km, 약 4시간 반 동안 관악산 등산은 안전 하고 즐겁게 잘 마무리가 되었다.

〈오늘의 명언〉
"다른 사람보다 뛰어난 것보다, 다른 사람과 다르게 뛰어난 것이 더 낫다" (탈무드)

세상은 밖에도 있었네!
# 명산 100, 16번째 '광덕산' 완등 이야기!

▲ 광덕산 (廣德山, 699m) | 2016년 3월 7일 금요일

'대한민국 100대 명산, 나를 찾아 떠나는 새로운 도전'

'서울 ↔ 천안, 광덕산' 대중교통을 이용하여 아내와 다녀왔다.

'광덕산'은 이렇게 소개되어 있었다.

"광덕산(廣德山)은 한자 그대로 '산이 크고 넉넉하여 덕이 있는 산'이라 불리는 명산으로 '나라에 전란이 일어나거나 불길한 일이 있으면 산이 운다'는 전설도 있단다. '산이 운다.'는 전설은 명산에서 가장 많이 나오는 유래였다.

충청도 인심만큼이나 부드럽고 유연한 산세를 자랑하는 광덕산은 차령산맥이 만들어 낸 명산으로 등산로는 비교적 완만하여 많은 사람들이 오르고 있으며 최근에는 수도권 사람들이 당일코스로 많이 찾고 있다. 정상에 오르면 천안시가지가 한눈에 들어오고 광덕산을 중심으로 한 계곡에는 맑은 물이 흐르고 있어 여름철에는 가족 단위의 나들이객들이 이곳을 찾아 산수의 경관을 만끽하기도 한다. 또한 광덕산은 해발 699.3m로 돌이 없고 크게 '덕'을 베푸는 등 산코스로 전국에 잘 알려져 있는 명산 중의 하나. 정상에 서면 차령산맥의 크고 작은 봉우리들이 파노라마처럼 겹겹이 펼쳐지고 발아래로는 광덕사가, 서북쪽으로는 송악저수지가 아스라이 보인다. 호도나무가 무성한 광덕사 주변은 갑신정변을 일으켰던 풍운아 김옥균, 임시정부 주석 김구선생 등 역사적 인물들이 은신했던 곳으로 알려져 있다. ◀ 출처: 네이버 지식백과

100대 명산의 출발역을 떠난 지 4개월 여 만에 100대 명산 탐방 16번째로 천안시와 아산시의 경계산인 광덕산을 도전해 보기로 하였다. 집에서 대중교통을 이용해 하루 만에 다녀올 수 있는 곳은 모두 다녀와 천안에 위치한 광덕산은 서울 집에서 좀 멀긴 하였지만 하루를 위해 가는 만큼, 하루가 모자라면 하루 더 쉬었다 오면 된다는 여행하는 마음으로 서울 집을 나섰다.
  다녀온 시간은 총 10시간. 먼 거리라 중간중간에 휴식시간도 많았다.
  집 ↔ 천안역(지하철, 기차) ↔ 광덕사 주차장(시내버스) ↔ 등산/하산
  평소 '여행은 집을 나서는 순간부터 시작이다'라고 강조를 해 왔으니 있었던 일들을 스토리텔링 형식으로 남겨둔다.
  서울에서 전동열차로 남쪽으로 가장 멀리 갈 수 있는 역이 천안역이었다.
  초행길에는 먼저 인터넷상에 나와 있는 내용으로 충분히 공부를 하고 갔지만 언제나 현장은 혼선을 주었다. 기차시간과 버스시간의 연결이 맞지 않아 들머리까지 가는데 쉬는 시간이 많았다. 이 정도는 충분히 감안되어 여유롭게 출발하여 다행이었지만 교통만큼은 문제투성이로 남았다.
  대중교통을 이용하면 무엇보다 시간을 맞추는 것이 관건이었다.
  집에서 천안역까지는 급행열차 11개의 정거장(전동열차의 경우 29개 정거장)을 거쳐 약 2시간만인 오전 10시 30분 천안역에 무사히 도착하였다. 짧은 시간이었지만 이동하는 동안 차창 넘어 좌우로 펼쳐졌던 지상의 풍경은 갇혀 지냈던 일상을 벗어나 여행의 맛을 느끼기에 충분하였다. 그리고 느리게 달리던 기차에서 옛날을 떠올릴 수 있어 추억여행 같았다. 아침부터 부부가 등산 배낭을 메고 등산가는 모습으로부터 여유로움도 느껴졌다.
  문제는 천안역에서 광덕산 들머리까지 이동하는 과정에서 있었다.
  복잡한 천안역 대합실에서 1번 출구를 따라 나갔더니 좌측은 주차장, 우측은 중앙시장으로 두 방향이 나왔다. 우왕좌왕하면 아내가 불편할 것 같아 즉시 주차장 쪽으로 나가 보았다. 호서대학교 스쿨버스 승강장만 있었을 뿐 우리에게 필요한 버스는 어디에도 안 보였다. '모르는 것은 무조건 물어봐라'는 평소 아내의 지론에 따라 가게에 들어가 물었더니 무뚝뚝하고 싫은 음성으로 '우측으로 가면 600번, 건너편엔 601번 승강장이 있다고 하더라'고만 했다. 책임질 일도 아닌데 카더라 방송을 하여 조금은 기분 나빴다. 인

도를 조금 걸어 우측 방향에 보니 버스 승강장이 있었고, 버스를 기다리는 사람도 많아 안심이 되었다. 인터넷에서 확인했던 방향, 위치, 600번 버스도 맞아서 다행이었다. 대중교통은 현지에서의 버스 시간표를 잘 챙겨야 했다. 버스 승강장에서 찾은 버스 시간표에는 08:30부터 60분 간격으로 600, 601, 603번 버스가 있다고 되어 있었다.

인터넷상에는 '천안버스터미널에서 10:45분에 출발하면 10:50분에 천안역 버스 승강장에 온다.'고 되어 있어 간식도 마다하고 시간을 맞춰 갔지만 실제는 달랐다. 운행시간이 인터넷의 그것과는 맞지가 않았다. 10시 50분이 되어도 버스는 없었고, 모니터 상에도 없었다. 60분 간격이 맞긴 맞았다. 여기 계획대로라면 11시 30분에 버스가 온다는 것이었다. 40분 정도 시간이 남았으니 어디 가서 허기를 채워야 했다. 주변을 둘러보았지만 마땅한 곳이 없었다. 승강장 바로 앞에 있는 파리바게트에서 커피와 단팥빵으로 만족해야 했다.

혹시나 하는 바람으로 우리는 도로가 바로 보이는 창가에 앉아 버스마다 체크도 해 보았다. 이게 웬일인가? 모니터에도 없었던 '603번 버스'가 광덕사란 글자를 보여주고 있는 게 아니었던가. 그때가 11시 08분쯤이었다. 먹다 남은 커피랑 빵을 급히 챙겨들고 버스에 올라탔다. 30분을 당긴 셈이었다.

천안시답지 않게 시내버스는 실망스러웠다. 그래도 자리는 여유가 많았다.

603번 버스는 마을을 많이 둘러서 가는 것이라 아파트 사이사이를 모두 들렀다가 깊은 산속 '광덕사 주차장'으로 가는 것이었다.

비가 오려는지 하늘은 구름으로 온통 덮여버렸다. 이곳까지 어렵게 왔는데 혹시나 비라도 와서 등산을 못하게 되면 어쩌나? 먼 길을 마다않고 서울에서 달려왔는데 싶어 내심 걱정이 되었다. 근심도 잠시 버스가 가는 중에 할머니가 탔다. 우리 둘은 앞쪽 도어로 타서 승차카드를 찍으니 편하게 가려고 맨 앞자리를 선택하였다.

그럭저럭 버스는 광덕리 → 광덕4리 → 광덕3리 → 2리 → 1리 라는 정류장을 지나더니 천안역 출발 40분만인 11시 50분경 '광덕사 주차장'에 도착했다.

등산로 입구는 항상 시골 깊숙이 있었는데 이곳 도시에도 예외는 아니었다. 평일이라 그런지 넓은 주차장이 휑 하니 비어 있었다. 올라오는 곳에도 '광덕휴게소'도 있었고, 이곳에도 주자장이 굉장히 넓었다. 주차장 규모를 보니 주말에는 광덕사에 오는 사람, 산에 오르는 사람이 많은 것 같았다. 광덕사 입구에는 오래된 호두나무도 많았고 이름표까지 달고 있었다. 우리나라에서가장 오래된 400년 된 호두나무였다.

비가 올지도 모른다는 생각에 걸음을 재촉하여 보았다. 가장 쉬운 등산로를 선택하였다.

계획된 등산로는 "광덕사 주차장 → 광덕사 → 암산 → 장군바위 → 서남능선 → 정상(699m) → 헬기장 → 팔각정 → 광덕사 → 광덕사 주차장"을 바꿔 안내도에 따라 "광덕사 주차장 → 광덕사 → 팔각정 → 헬기장 → 정상"에서 원점회귀 하는 코스로 조정하여 왕복 6㎞거리였다.

암산과 팔각정 갈림길에서 좌측의 팔각정 코스를 향하였다. 인터넷에 언급이 되었듯이 끝없이 나무계단으로 이어져 있었다. 등산을 좋아하는 사람은 대체적으로 인공계단을 싫어하는데 끝없이 이어지는 나무계단 총 568계단이 지겨움을 더해 싫어지기까지 했다. 주변에는 즐길 것이 아무것도 없어 지겨움을 더했다. 나무계단의 편리함 보다는 지겨움의 불편한 심기를 자아내기까지 해졌다.

정오가 되었으니 계단 중앙에 앉아 간식을 먹었다. 에너지를 보충하고 머리 박고 한 걸음 한 걸음 걷다보면 '이 또한 지나가리라' 머릿속에 그리면서 아내를 앞장세워 아내의 뒷 발꿈치만 쳐다보며 쉼 없이 걸었다. 부산 금정산에 혼자 갔을 때를 생각하면 속도위반으로 그 영향이 며칠 갔다는 것을 재삼 생각하면서 걸었다. 팔각정 휴게소가 나타났고, 2단계 목표로 헬기장까지 가는 것이었다.

광덕사 입구에서 팔각정까지는 1.21㎞였다. 팔각정에서 헬기장까지는 640m였다. 광덕산 중턱에 해당되는 지점이었다. 나무와 돌로 만들어진 계단이 눈에 띄었는데 또 한번 지겨움을 증폭시켰다. 그리고 '낙석주의'라는 표지판도 많아 위험했던 구간이었다. 두 번째 깔딱고개인 셈이었다. 세 번째 코스는 헬기장에서 정상까지 380m였다. 최고수준의 급경사로였다.

이곳에도 나무와 돌계단이 많고 급경사에 따른 미끄러움을 방지할수 있겠지만 같은 모양의 계단이라 지겨움을 주었으나 1코스부터 3코스까지는 난간대와 이정표가 잘 되어 있었다.

드디어 넓은 광장의 중간에 우뚝선 정상석을 마주하게 되었다. 등산시간은 그다지 중요하지 않았다. 무사히 정상까지 올라와준 아내가 고마웠다. 정상석 앞에서 인증샷을 찍고 저 멀리 보이는 아산시와 천안시를 흐릿하게 나마 감상할 수 있어 다행이었다. 여느 산처럼 풍수지리가 좋은지 산 속에는 절이 많았다.

정상에는 좋은 글이 원형의 돌에 새겨져 있어 인상적이었다.

멋진 포즈와 함께 기념이 될 만한 사진 몇 장을 남기며 아쉬운 정상석을 뒤로 하고 근처 벤치에서 준비해 간 간식을 모두 비웠다. 점심시간이 훌쩍 지났으니 준비해 간 것으로 따뜻함과 맛있게 함께 하였다. 영상 16도였다.

하산은 새로운 길을 가지 않고 올랐던 길로 되돌아가기로 하였다.

경사가 있었고, 지루함이 많았던 코스였지만 날씨를 감안하여 그렇게 결정을 하게 된 것이었다. 하산은 순조롭게 진행이 되었다. 중간중간에 기념이 될 만한 사진도 찍기도 하였지만 재미는 느끼지 못하였다. 춘천에 있는 삼악산에서 등산을 하면서 "세 번의 악소리가 났다."면 천안의 광덕산에서는 "세 번의 지루함이 있었다." 고 평가하고 싶어졌다.

약 6㎞를 약 2시간 반에 완등을 하였으니 평범했다고 말 할 수 있겠다.

등산을 시작하기 전 귀가 버스시간표부터 확인을 해 뒀어야했는데 그만 깜빡 잊고 등산부터 챙겼다는 생각에 주차장 주변의 버스시간표를 찾아 확인을 해 보았더니 세 개의 노선버스가 이곳 주차장에서 30분 간격으로 운행을 하고 있는 것이었다. 다행스럽게도 오후 3시 가까이의 시간을 알려 주었으니 600번 버스가 오후 3시에 있었다. 얼마나 다행이었는지 '광덕사 주차장'에서의 대기시간도 거의없이 주행거리가 대체적으로 짧은 600번 버스를 타게 되어 행운이었다.

오후 3시에 광덕사 주차장을 출발하여 40분 만에 '천안역'으로 돌아오게 되었다.

한번 지나간 거리였지만 마치 익숙한 천안시민처럼 단번에 역 대합실로 찾아갔다. 특별한 뭘 먹고 싶었는데 그럴만한 식당이 보이지 않았다. 먼 길 마다하지 않고 전철 타고, 버스타고 다니는 이유 중에 하나가 그 지방의 맛있는 음식을 탐방하는 것도 있었는데 천안에서는 호두과자 외에는 특별한 게 보이지 않았고, 생각했던 것만큼 거리도 변화하지 못하여 아쉬웠다. 대합실 내에 있는 우동 두 그릇으로 만족해야 했다. 간식으로 호두과자 한 봉지를 샀다.

4시 11분에 있는 일반 전철을 탔지만 다른 열차 때문에 20분에 출발하게 되어 '느림의 미학 실천 시간' 실천 시간이었다.

서울까지는 약 1시간 50분 동안 가야하니 배낭을 벗어 선반에 올리고 자리에서 취침 시간을 가졌다. 괜찮은 선택이었다. 갈 때는 빠른 시스템을 올 때는 늦은 시스템을 이용하면서 약간의 피로를 풀 겸 잠을 청하는 것이었다. 우리가 잠자는 사이 전철은 서울에 도착하였다.

"새로운 세상에서는 생소한 환경에 새로운 경험이 많을 것이다. 그러면서 인간은 성숙하고 늙어간다."

아침 8시 20분에 집을 나서 저녁 6시 30분에 귀가를 하였다. 안전하고 즐겁게 함께 해 준 아내가 고마웠고, 대단했고, 미안했다.

오늘의 명언!!(어느 병원장이 보내준 내용이었다.)

1. 걷기는 '뇌'를 자극한다.  2. 걷기는 '건망증'을 극복한다.
3. 걷기는 '의욕'을 북돋운다.  4. 걸으면 '밥'맛이 좋아진다.
5. 걷기는 '비만 치료제'이다  6. 걷기는 '요통 치료'에 효과가 있다.
7. 걸으면 '고혈압도 치료'된다.

많이 걸읍시다.

세상은 밖에도 있었네!
# 명산 100, 94번째 '구병산' 완등 이야기!

▲ 구병산 (九屛山, 876m) | 2017년 6월 11일 일요일

　　　　　　　　　　산악회와 충북 보은군에 있는 구병산을 다녀왔다.
　　　　　　　　　"구병산 풍혈은 여름에는 냉풍이 겨울에는 순풍이
　　　　　　　　솔솔불어 나오는 신비스러운 대자연의 결정체로 구병
　　　　　　　　산 정상에서서원계곡 방향으로 약30m 지점에 위치하
　　　　　　　　고 있으며, 이곳에는 직경 1m 풍혈 1개와 30cm 풍혈
　　　　　　　　3개 등 4개가 2005년 1월 19일에 발견되었다.
　　　　　　　　　구병산 풍혈은 전북 진안군 대둔산 풍혈과 울릉도
도동 풍혈과 더불어 우리나라 3대 풍혈로 명성을 얻고 있다.
　구병산은 아홉 개의 봉우리가 병풍처럼 둘러 있다 하여 붙여진 이름이다.
　예로부터 충북 보은 지방에서는 속리산의 천황봉은 '지아비 산', 구병산은 '지어미 산', 금적산은 '아들 산'이라 하여 이들을 '삼산'이라 일컫는다. 속리산의 명성에 가려 일반인에게는 잘 알려져 있지 않아 산 전체가 깨끗하고 조용하며 보존이 잘 되어 있는 편이다.
　보은군청에서는 속리산과 구병산을 잇는 43.9km 구간을 1999년 5월 17일 '충북 알프스'로 업무표장 등록하여 관광 상품으로 널리 홍보하고 있다. 6·25전쟁 때 폐허가 된 토골사 터가 있고 절 터 앞뒤로 수백년 생의 참나무들이 있다. 청주나 보은에서 상주행 직행버스를 이용, 적암리에서 내려 마을 한복판의 넓은 도로를 따라 산행을 시작하며 약 7km에 이른다. 정상은 평평하며 넓은 보은평야가 내려다보인다.
　이 산과 속리산 사이에 숨어 있는 서원계곡과 계곡 진입로 주변에 있는

속리의 정이품송을 닮은 큰 소나무를 살펴볼 만한데 전설에 의하면 정이품송의 부인으로 '암소나무'라고 불리며 수령 250년의 충청북도 지정 보호수다." ◀출처: 네이버

산악회에서 등산코스는 이렇게 주어졌다.

"적암휴게소 → 삼거리 → 정수암터 → 신선대 → 853봉 → 삼거리 → 정상 → 쌀난바위 → 쌀난바위삼거리 → 적암휴게소"가 정상 코스(9km, 6시간)였으나 날씨도 더우니 무리해서 정상코스를 가지 않고 '적암  휴게소'에서 버스를 내려 삼거리에서 좌측으로 올라가 정상에서 내려오는 코스로 선택해 주었다.(약 6km, 3시간) 등반대장이 준 미션은 "산행시간 6시간, 오후 3시 30분에 귀경." 이었다.

들머리 도착 20분 전 등반대장이 등산코스를 소개하면서 위험하다는 언질을 주기는 처음인 것 같았다. 산악회 회원이 약 32천명, 100명산을 완등한 회원이 천명을 넘었단다. 100명산 완등 회원이 갑자기 늘어났다는 느낌을 받았다.

햇볕은 쨍쨍하였으며 '옥산휴게소'에서 20분간 휴식 시간을 가졌다. 온통 등산객들로 인간단풍을 이루었고, 심지어는 남자 화장실까지 줄을 서야했다.

 드디어 들머리로 정해진 '적암휴게소'에 도착하였다. 이글거리는 태양을 피해 삼거리에서 모두가 가는 오른쪽 길을 마다하고 좌측 길로갔더니 운전기사까지 그쪽으로 가면 안된다는 신호를 보냈지만 공부를 많이 하고 왔던 터라 사전에 그린 그림대로 아스팔트길을 따라갔다. 세 명이었는데 중간에서 한 명을 더 만나 정상까지는 네 명이 올랐다.

바람이 없어 시원함은 적었지만 태양열은 나무들이 막아주었다. 농로를 지나 산속으로 들어가니 계속 나무 그늘로 이어졌고 계곡에는 물이 없었다. 가뭄이 얼마나 심각한지를 알 수 있었다. 내려와서 발마사지 할 장소도 찾지

못하였다. 자갈길, 바윗길이 대부분이었으나, 간혹 가다 흙길도 있었다. 울창한 나무그늘에 선글라스까지 하였으니 그늘의 농도가 짙어 발을 잘못 옮겨서 발목을 접히는 일이 없도록 철저히 조심하였다. 산 전체가 암릉으로 덮여있는 것을 표라도 내는 듯 그늘 아래 등산로에는 온통 돌로 가득하였다.

마지막 1㎞는 급경사로 구봉산의 9봉은 저리가라였다. 함께 한 그들의 속도에는 변함이 없었고, 필자는 자꾸 쳐지고 싶어 천천히 올랐는데 그들은 저만치에서 또 필자를 기다려같이 올라가 주었다. 산악회 회원들처럼 무리하게 등산을 하면 안 되는 줄 알면서도 그들의 성원에 보답코자 뒤따라 올랐다.

그래도 그들은 속도가 느려지지 않았다. 삼거리에서 하늘이 열렸다. 알려지지 않은 산인데도 정상 근처에는 다른 등산코스를 따라 올라온 듯 등산객도 있었다. 이제 100m만 가면 정상이라는 이정표가 나와서 숨 가쁘게 올랐던 보람을 느꼈다. 100m까지도 계속 바윗길 오르막이었다. 정상까지 온통 그늘로 덮여 있어 등산하는데 어려움은 없었다.

출발 1시간 30분만인 오전 11시 정상에 도착하였다.

사방이 푸른색으로 뒤덮여 온통 내 세상이었다. 암릉으로 된 구병산이었지만 나무들로 가득 덮여 암릉은 제대로 볼 수가 없었다. 소나무도 없었다. 정상에 있었던 한그루마저도 앙상한 가지만 드러내고 말라 죽어버렸다. 대한민국의 대표선수라고 생각했던 소나무가 구병산에서는 힘을 못 쓰는 것 같아 안타까웠다.

돌아가면서 인증샷을 확보하고, 사방을 둘러보면서 맑고 깨끗한 산야를 사진에 듬뿍 담았다. '소나무는 살아서 천년, 죽어서도 천년은 자기 기품을 지킨다'더니 정상석 앞에 죽은 소나무는 운치가 있어 보였다.

구병산에는 또 소나무가 전혀 보이지 않았다. 겨울에는 설산의 누드산이 괜찮을 것 같아 보였다.

정상에서 북쪽으로 30m를 내려갔더니 '풍혈(風穴)'이 있었다. 바닥을 봐서는 제법 사람들이 많이 다녀간 것 같았는데 실망스럽게도 시원한 바람은 나오지 않았다. 지상에서 인간들의 많은 개발과 기후 변화의 탓일 것 같기도 하였다.

정상코스를 타고 있는 회원들은 정상부근에 아직 보이지 않았다. 이런 속도로 내려간다면 버스출발까지는 2시간 이상을 기다려야 할 것 같아 천천히 하산을 해 보았다. 깎아지르던 길에는 자갈들이 가득하여 조심하지 않으면 미끄러질 것 같기도 하여 천천히 내려왔다. 등산 때처럼 그

들은 떨어지도록 내버려 두지 않았다. 다치면 나만 손해가 될 테니 서둘러 내려가지도 않았다. 시간도 많은데 좀 쉬어가자는 필자의 제안에 그들은 두말도 않고 응해 주었다. 경사가 끝나는 지점에 자리를 잡고 각자 갖고 간 음식으로 점심을 먹었다. 컵라면, 햇반, 오렌지 등등 푸짐한 음식으로 배를 가득 채우게 되었다. 시간도 많은데 시원한 그늘 아래서 좀길게 앉아 쉬었으면 하였는데 그들은 막걸리가 생각난다면서 또 서둘러 내려갔다. 그러나 필자는 계속 쉬었다. 한참을 쉬었다가 내려가는 길에 물이 말랐는데 나뭇잎 가득한 조그만 웅덩이 속에서 피로를 풀어줄 족욕을 즐기고 있었다. 합류하여 쉬면서 이런 이야기 저런 이야기를 하면서 잠시 휴식시간을 가졌다. 산악회는 이런 재미였다.

등산을 그렇게 잘하셨던 72세 어르신은 연신 넘어졌다. 급기야는 돌멩이를 잘못 밟아 쿵하고 크게 뒤로 넘어져 오른 팔꿈치를 바위에 부딪쳐 피가 났다. 어르신은 설악산에 갔을 때 만났던 그분이었다. 등산은 기똥차게 잘 리드하셨는데 다리에 힘이 없어서인지 하산은 제일 힘이 든다고 여러 번 강조하셨다. 다른 한 사람도 뒷꿈치가 떨리는 모습을 목격하였다. 72세에 등

산을 하신다는 것이 존경스러웠지만 무리한 등산은 오히려 낭패를 당할 수 있으니 쉬엄쉬엄 등산하시기를 바랐다. 하산 후에도 다대포에서 오신 등산 인원들과 정자에 앉아 소주를 들컹들컹 마셨다. 막걸리를 좋아 하셨던 두 분은 남는 시간에 마을 가게를 찾아가 막걸리를 많이 마셨나 보다. 귀경하는 순간에 나타났는데 얼굴이 붉어져 있었다. 지난 몇 주 전에 설악산에서 만났을 때보다 더 주름이 많아졌고, 다리에 힘도 없어진 것 같아 안타까웠다. 감식초와 오가피주를 페트병으로 판매하는 할머니가 많았다.

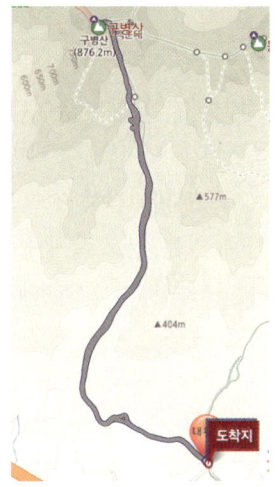

하산 후 버스 출발시간까지 두 시간 가량을 기다렸다. 휴게소라지만 쉴 공간이 전혀 없었고, 무의미하게 고속도로 다리 밑에서 쉬고 있어야만 했다. 한명 한명이 모였고, 낙오자도 없이 미션시간보다 빠른 오후 3시 20분 버스는 귀경을 하였다.

한낮의 태양열을 그대로 느끼는 시간에 서울로 돌아 갈 수 있어 기분이 좋았다. 휴일 고속도로에는 버스 전용차선이 있어 막힘없이 사당역까지 왔다. 오후 6시 귀가를 마쳤다. 산악회와 등산 후 이렇게 일찍 집에 도착하기는 처음이었다. 구병산 산행을 무사히 마치는데 도움을 줬던 회원에게 감사했다.

세상은 밖에도 있었네!
# 명산 100, 90번째 '구봉산' 완등 이야기!

▲ 구봉산 (九峰山, 1,126m) | 2017년 5월 26일 금요일

전북 진안에 있는 '구봉산'을 아내랑 자차로 다녀왔다.

"구봉산은 전북 진안군 주천면과 정천면 경계선에 있는 산으로 구봉산과 운장산의 한줄기이다. 구봉산은 운장산에서 북동쪽으로 6㎞ 뾰족하게 솟구친 아홉 개의 봉우리들이 우뚝 서서 다 가설 듯이 내려다보고 있는 산이 구봉산이다. 구봉산의정상인 '천왕봉(1,002m)'은 호남의 유명한 산을 조망할 수 있는 특이한 봉우리로 북쪽에는 복두봉(1,007m), 운장산(1,126m)이 한눈에 들어오고, 남쪽에는 옥녀봉(738m), 부귀산(806m), 만덕산(762m)이 조망된다. 또한 북동쪽으로는 명덕봉(863m)과 명도봉(846m), 대둔산(870m)이 분명하게 보이며 남동쪽으로는 덕유산과 지리산의 웅장한 모습이 실루엣을 이루고 있음을 볼 수 있다. 구봉산은 훌륭한 조망대이면서도 마이산과 운장산에 가려 아직까지 각광을 받지 못하고 있는 실정이나 북쪽으로는 운일암, 반일암 계곡과 남쪽으로는 갈거리 계곡의 중간지점에 위치하고 있어 산과 계곡의 조화를 이룰 수 있는 산이다. 구봉산 아래 수암마을에는 신라 헌강왕 1년 무영대사가 창건했다고 전해지고 있는 천황사라는 절이 있는데 둘레 5.1m, 수령 600년을 자랑하는 도목 1등급의 전나무가 있다. 이와 같이 훌륭한 조망대이며, 특이한 산세이면서도 주변의 마이산, 운장산에 가려 아직까지 크게 이름을 알리지 못하고 숨어 있는 실정이지만 '연꽃산

이라고도 불리워지는 이름에서도 그 연유가 있지 않을까 라는 어여쁜 짐작도 하게 된다. 연화골 등 멀리서 바라보이는 천왕봉을 제외한 나머지 여덟 봉우리의 모습이 막 피어오르는 연꽃의 형상을 하고 있어 불리워진 이름이라 한다. 원래, 연꽃은 그 자태를 수줍어하듯 조심스럽게 보여주는 그런 꽃이 아니던가!" 라고 소개되어 있다. ◀ 출처 : 네이버 지식백과

아내랑 1,000m 이상 되는 두 명산(운장산 1,126m, 구봉산 1,002m)을 1일 2산행에 도전하였다. 설렘 반 두려움 반이었다. 더군다나 구봉산은 기온이 올라간 오후에 등산을 하게 되어 더위 때문에 걱정이었다. 그러나 아내가 도전을 하겠다니 적극적으로 지원하고 싶어졌다. 구봉산 등산을 위해 점심을 맛있게 먹고 에너지원이 될 수 있는 간식을 장만하기 위해 하나밖에 없는 산골 슈퍼에 들렀더니 별게 없어 실망스러웠다. 과일류들은 숙소에 두고 나왔는데 그런 것은 팔지 않았다. 그런 불만은 내색 않고 아내가 하고 싶다는 것에는 적극 행동하였다.

필자가 가고자 했던 등산로를 인터넷에서 공부를 해 보니 위험하다는 말이 많았지만 아내는 이왕 왔으니 "구봉산의 매력은 9개의 봉우리와 구름다리라고 하니 1봉에서 9봉까지 가 보자"는 것이었다. "그래 왔으니 봉우리는 다 올라보고 가야지" 하면서 맞장구를 쳐줬다.

강원도 홍천군에 있는 '팔봉산'에도 봉우리가 8개였는데 위험하기 짝이 없어 1, 2, 3봉까지만 다녀왔다. 필자가 가고자 했던 그 등산로는 인터넷에서 위험하다는 후기가 많아 선뜻 내키지가 않았지만, "그래 시간도 많으니 쉬엄쉬엄 가 보자!"

숙소에서나 식당에서나 10분 거리에 있는 들머리인 '구봉산 주차장'에 오후 1시 경 도착하였다. 한낮이라 지면(地面)은 화끈거렸다. 산속으로 들어가면 괜찮겠지 하는 기대감에 얼른 다리를 건너 산속으로 들어갔다.

'입구에는 2.8㎞'라는 이정표가 있었다. 숫자상으로는 자신만만하게 생각되었다. 단단한 흙 위의 자갈길은 굉장히 미끄러웠다. 안전산행을 외치면서 아내의 뒤를 따랐다. 나무 그늘 아래에 등산로가 있어 오후 더위는 걱정을

안 해도 될 정도였고, 이따금씩 바람도 불어와 시원함을 더해 주었다.

반질반질하게 다져진 등산로는 굉장히 미끄러운 오르막길 뿐이었다.

1봉 부근에서는 등산로 공사 중이었다. 바윗길, 자갈길이라 관광지로 부각시키려면 안전산행을 위한 등산로 공사는 필수인 것 같아 보였다. 안전사고가 많이 나고 있다니 그 정도는 필수였다. 봉우리 가까이에 갔더니 강원도 홍천군의 '팔봉산', 전남 고흥군의 '팔영산'의 봉우리들과 산세가 비슷하게 느껴졌지만, 강원도의 '오봉산' 봉우리와는 달라 보였다. 봉우리가 그냥 다섯 개가 있는 산이 '오봉산', 바위로 된 봉우리가 여덟 개 혹은 아홉 개가 있는 산이 이들이었다. 봉우리의 수로 산 이름이 되어 있으니 기억하기도 쉬웠다.

먼저 1봉과 2봉 사이에 도착하였다. 1봉으로 가려면 또 내려가야 했다.

1봉(668m)은 사진만으로 남기고 2봉(720m)을 향했다. 갈수록 산세는 험하였고, 고도는 점점 높아졌고, 갈수록 태산이었다.

늦은 오후 시간대라 에너지가 많이 고갈된 상태라 걱정이 앞섰다. 철제계단과 데크가 있는 곳은 괜찮았는데, 옛것 그대로인 로프 바윗길은 위험하고 힘들었다. 3봉(728m), 4봉은 마이산과 같은 절벽이었고, 4봉(782m)에는 정자(구름정)까지 있었지만 에너지 소진을 고려해서 올라가는 것은 포기를 하고 머뭇거릴 여유도 없이 돌아서 구름다리 쪽으로 갔다. 기온이 높은 상태에서 완전 한몸이 된 바윗덩어리를 올랐다 내렸다를 반복하다 보니 피곤은 가중되었다.

4봉과 5봉(742m) 사이에는 '구름다리'가 있었다. 길이 100m, 폭 1.2m, 높이 41m의 계곡을 가로 질러 2015년에 설치되었다. 고소공포증은 없지만 건너가는 일이 걱정되었다. 바람도 제법 불었고, 다리도 흔들리고 있다는 느낌이었는데 아내는 전혀 두려움 없이 물 만난 고기처럼 재밌게 건너 갔다. 150명이 동시에 건너갈 수 있도록 설계되었다면서 안전하다는 뜻으로 위로의 말을 던졌다.

"밑은 보지 말고 앞과 옆만 보고 건너라"면서 걱정마라는 듯 건너는 방법까지 설명해 주었다. 순식간에 건너갔다. 울긋불긋하게 도장된 구름다리에서 한참을 머물렀다. 사진도 남기고 간식도 먹고, 감탄사를 연발하였다.

여기까지는 그런대로 선택적으로 이겨낼 수 있었고 또 괜찮았다. 6봉(732m), 7봉(739.8m), 8봉(780m), 9봉(천왕봉,1002m)까지 마치 마이산과 같은 봉우리를 네 개나 더 넘어야 구봉산 정상 천왕봉을 만나게 되는 것이었다.

아직 단장되지 않아 옛 등산로의 모습이 많은 곳에는 박아둔 쇠봉이 뽑혀진 곳도 있었고 위험하기 짝이 없었다. 갈수록 태산이었다.

8봉에서 9봉인 정상을 한참동안 쳐다보게 되었다. 저 높은 봉우리를 어디로 올라가게 되어 있을까? 구름다리를 제외하고는 주변을 돌아볼 여유도 없이 힘들게 8봉과 9봉 사이의 재에 도착하였더니 반갑게 이정표가 있었다. 내려가는 길도 있어 우선 내려가는 코스는 정해 두었다. 주차장까지는 2.3km였다. 이 정표에서 하산로는 찾았다. 계곡을 따라 2.3km였다. 8봉에서 1봉까지 역으로 다시 내려가야 한다고 생각을 하니 끔찍하게 여겨졌지만 계곡의 하산길을 찾아 안심이 되었다.

이제 마지막 9봉 정상에 올라야했다. 이정표에는 정상까지는 0.5km라고 적혀 있었지만 누군가 '0'을 지워 버리고 '5km'만 남아 있었다.(나중에 안 사실이었지만 그만큼 힘들다는 것이었고, 실 거리는 500m였지만 거의 90도의 가파르고 거친 경사로 500m가 5km를 오르는 느낌이 들었다는 뜻으로 이해가 되었다)

짧은 거리였지만 끝없이 이어지는 오르막길이 원망스러웠다. 아내도 지친 듯 짜증을 내기 시작하였다. "뭐 할 일이 없어 이걸 하고 있는지 모르겠다."는 평소의 외침을 또 쏟아 내었다. 가도 가도 끝이 없어 확 내려 가 버리고 싶은 포기하고 싶은 심정이었다. 그래도 나무계단이 있어 힘이 되어 주었고 때로는 편안한 휴식처 같은 느낌이었다.

오후 3시 반이 지났고, 깊은 계곡과 나무그늘이 우거진 곳에는 밤을 채비하듯 밝음이 약해지기 시작하였다. 정상이 눈앞인 것 같았는데 하늘은 열리지 않았다. 결국 아내는 포기하고 싶은 듯 필자 혼자 다녀오라고 하였다. 계곡은 빨리 어두워지니 당신 혼자 빨리 다녀오라고 하였다. 필자도 피곤하였으니 충분히 아내의 마음이 이해가 되었다. 아내를 혼자 나무 데크에 남겨두고 두말하지 않고 빠른 걸음으로 정상을 향해 올라갔다.

"그래 그렇다면 내려오는 일도 생각을 해야 하니 혼자 갔다 오마" 마음속에는 여기까지 올라온 게 아까워서 거부하고 싶었지만 따랐다. 아내의 말도 일리가 있었다. 어렵지 않았지만 미끄러짐을 주의하면서 제법 빠르게 올랐다.

50m 정도에서 모서리를 도는 순간 GPS에서는 "뱃지 획득을 축하한다"는 소리가 뻥 터졌다. 이 소리가 나면 목적지까지는 30m만 남았다는 뜻이었다. '아하! 이제 30m만 남았구나!' 아내에게 올라오라는 신호를 보냈다. 아내는 필자의 요청에 거부하지 않고 한걸음에 올라와 주었다.(나중에 알고 봤더니 숙소에서 갖고 온 사과주스를 마시고 힘이 났단다) 아마 아내도 고생한 일을 생각하면 종점 직전에서 포기를 한다는 게 자존심 상하고 무척 아깝다고 생각하였을 것이다.

아내를 올라오게 해 놓고 보니 정상까지는 비록 30m만 남았지만, 로프가 있는 최악의 경사로가 보여서 다시 긴장이 되었다. 아내가 짜증 없이 올라 주어 너무나 감사했다. 걱정과는 달리 아내는 더 힘있게 올라 주었다. 곧 능선에 도착하였고, 이정표 상에 정상까지 또 0.1㎞라고 적혀있었다.

아내는 짜증스런 표정으로 "또 100m나 가야하나?"말을 확 뱉었다. 사실은 그게 아니어 다행이었다. 약 20m 정도 갔더니 정상석이 눈에 들어왔다. 그 순간만큼은 세상의 모든 것은 얻은 듯 기쁨은 하늘을 찌르고도 남았다. 그 감정은 이루 표현할 수가 없었다. 주변에는 나무들로 둘러싸여 경관은 감상할 수 없어 아쉬웠다. 여유를 부릴 만큼 시간이 넉넉하지 않았다. 잠시 쉬면서 물 한 모금 마시고 인증샷은 확보되었고, 하산로를 선택해야 했다. 올라왔던 길은 엄두도 안 났고, 처음 계획했던 곳으로 가려니 에너지가 많이 고갈되어 다리에 힘도 없어졌는데 또 초행길이라 위험할 것 같고, 돌아가려니 시간도 많이 걸리고 등등 오락가락 선택하기가 쉽지 않았다. 이쪽으로 저쪽으로 망설이다가 힘들었지만 그래도 익숙해진 경험이 있는 올라왔던 길로 하산하도록 결정을 하였다. 아내도 필자의 선택에 동의해 주었다. 천천히 아주 천천히 내려가는 게 더 빠를 것 같았다. 경사는 장난이 아니었지만 아내는 살금살금 잘 내려가 주었다.

십분 여 만에 500m는 내려와 위험한 곳은 끝이 났고, 조금 전에 보아 두었던 하산로 이정표 2.3㎞에 도착하였다. 계곡을 따라 가면 되겠구나 하는 안도의 숨소리가 편안하게 들렸다. 산 높이가 있어서인지 깎아지른 듯한 계곡 길을 수 십분 걸어야 했으니 만만찮았다.

둘은 말없이 무겁고 힘이 빠진 발걸음을 계속 이어갔다. 돌계단을 한참 내려와서야 평지가 나왔고, 나이 많은 감나무와 인기척이 있는 듯 하였고, 곧 저수지도 나왔다. 정상에서 보았던 그 저수지가 나왔으니 이제 마을길을 따라 가기만 하면 주차장이 나오게 되어 완등하게 됨을 감지하게 되었다.

총 6.5㎞, 출발 4시간 반 만인 오후 5시 반에 원점인 주차장에 도착했다.

서울에서 거제도로 내려가는 길에 좀 무리를 해서 세 곳(천태산, 운장산, 구봉산)의 명산을 탐방하였다.

이제 오늘의 마지막 이벤트로 저녁을 맛있게 먹을 시간이었다.

점심을 먹었던 식당에는 정상 영업을 하지 않았다. 슈퍼는 문이 열려 있어 행복했다. 그곳마저도 없었다면 저녁은 굶든지….

오늘은 푹 쉬는 것이 제일의 선물로 정리를 하고 숙소로 일찍 들어갔다.

1일 2산행은 누구나 할 수 없는 대단한 도전이었다. 아내에게 물개 박수와 함께 칭찬을 크게 해 주었다.

세상은 밖에도 있었네!
# 명산 100, 70번째 '금수산' 완등 이야기!

▲ 금수산 (錦繡山, 1,016m) | 2017년 3월 24일 금요일

충청북도 단양군에 위치한 '금수산'을 산악회를 따라 다녀왔다.

'금수산의 유래'에 대해 올려둔다.

"금수산(錦繡山, 1,016m)은 제천시와 단양군의 경계에 월악산국립공원 북단에 위치한 산으로 북쪽으로는 제천 시내까지 남쪽으로는 단양군 적성면 말목산(720m)까지 뻗어 내린 제법 긴 산줄기의 주봉이다.

주능선 상에는 작성산(848m), 동산(896.2m), 말목산 등 700~800m 높이의 산들이 여럿이고, 서쪽으로 뻗은 지릉에도 중봉(885.6m), 신선봉(845.3m), 미인봉(596m), 망덕봉(926m)등 크고 수려한 산들을 거느리고 있다.

정상에서의 조망은 사방으로 시원스럽다. 북쪽으로는 금수산의 지봉인 신선봉과 동산이 능강계곡과 함께 시야에 들어온다. 지나온 망덕봉 뒤로는 청풍호반이 펼쳐지고, 남쪽으로 월악산과 대미산, 백두대간이 지나는 황정산이 아련하다. 그 아래로 청풍호반에 들러 싸인 청풍문화재 단지와 호반을 가르는 유람선이 보인다. 동쪽으로는 단양의 시멘트 광산과 소백산 연화봉 천문대의 지붕까지 보인다.

멀리서 보면 능선이 마치 길게 누워있는 미녀의 모습을 하고 있어 미녀봉이라 고도 불리는 금수산의 원래 이름은 백운산이었다. 그러나 조선 중기 단양 군수를 지낸 퇴계(退溪) 이황(李滉, 1501~1570)이 단풍든 이 산의 모습을 보고 '비

단에 수를 놓은 것처럼 아름답다'며 감탄, 산 이름을 금수산으로 바꾸었다고 한다. 금수산 남쪽 마을 이름이 백운동인 것도 옛 산 이름의 흔적이다." ◀출처: 네이버

새벽 5시 알람이 울렸지만 왠지 피곤하여 침대에서 조금 머뭇거렸다. 어제 아내랑 DMZ 기차여행의 탓이라고 보기에는 많이 약해진 듯 느껴졌다. 으라차차! 힘을 내어 방 밖으로 나왔다. 등산준비에는 체질화가 된 듯 주섬주섬 챙기니 30분도 채 걸리지 않았다. 지하철역까지 걸어 피로감을 풀어주었다. 어김없이 김밥 사장이 서 있었고 피곤한 듯 잠시 잠을 청하는 것처럼 느껴졌다. '천등산휴게소'에서 잠시 휴식시간을 갖고 2시간 반을 달려 들머리 '상학동 주차장'에 도착하였다.

도착 10분전 등반대장은 등산지도를 나눠주면서 등반코스를 설명해 주었다. 하산할 때 바윗길을 통과해야 한다면서 30분을 더해 총 8.3km, 5.5시간을 주어 오후 3시 귀경한다는 지침을 주었다. 회원들은 등산준비에 여념이 없었고 필자도 따라 했다.

"상학동 주차장 → 쉼터 → 남근석공원 → 절터(2.3km) → 정상(0.8km) → 망덕봉(925m,1.6km) → 용담폭포(2.8km) → 상천리 주차장"(총 8.3km, 5.5시간)

등산로에는 피곤한 산객들을 위하여 잠시 쉬면서 가라는 의미에서 좋은 글귀가 있었다. 조금 오르니 또 쉼터가 있었다. 쉼터에는 또 각종 글귀들이 눈에 들어왔다. 색이 바랜 '남근석의 유래'에 대한 소개도 있었지만 지면상 생략한다.

이런 공원은 보통 등산로 입구에 조성되었는데 '금수산'에는 산 중턱에 숨겨져 있어 그 매력이 더해지는 느낌을 받았다.

'금수산의 유래', '쉼', '남근석의 유래'까지는 여러 가지 이야기들을 읽으며 힘든 줄을 모르고 올랐지만 이후부터는 급경사만 있어 등산의 기본인 땅만 보면서 올랐다. 잠시 눈을 옆으로 돌려보니 양지바른 곳에서는 봄기운에

힘입어 새싹들이 파릇파릇 돋고 있었다. 이파리가 쭈굴쭈굴한 것을 보아서는 겨우내 땅속의 얼었던 환경에 얼마나 수축되어 있다 제일 먼저 세상을 박차고 나와 봄의 전령사의 한 단면을 보여주고 있었다.

눈은 그들의 신비로움에 젖었고, 머리는 더욱 복잡한 세상을 기억하며 발은 쉬지 않고 움직였다. 머리와 눈은 딴 생각을 하더라도 발은 쉬면 죽는 것이다.

허리에 매달린 초크통에서는 준비해간 사과가 쉼 없이 에너지를 공급하여 주었고 한 시간여 만에 망덕봉과 금수산 정상의 갈림길 능선에 도착하였다. 이제 정상까지는 300m만 남았다는 이정표도 보였다. 어디든 마찬가지였지만 첫 번째 능선에 이르면 이제 모든 등산은 끝난 것이나 다름없듯이 이곳에서도 그런 느낌이었다. 휴우 한숨을 길게 내쉬며 주변을 기대했지만 실망스러웠다. 실망감을 짧게 하기 위해 그냥 정상의 표지석만 상상하며 또 걸었다. 쉬면 계속 쉬고 싶어지니 또 앉으면 일어나기 싫은 피곤이 절정에 달한 시간이었다.

정상까지는 북쪽 방향에 위치한 능선길이라 아직은 결빙구간도 있었다. 역시 다리에 힘이 빠졌기 때문에 "안전 산행!", "안전 산행!", "안전 산행!"을 자주 외치면서 정상으로 향하였고, 결빙구간이 있어 길도 좋지 않아서인지 나무 계단으로 잘 단장되어 기분이 좋았다. 미세먼지 때문도 있었지만 주변의 경관은 그리 인상적이지 못하였다.

드디어 출발 1시간 10분 여 만에 금수산 정상에 도착하였다.

정상에는 나무 한그루와 정상석이 인상적이었고, 주변 경관을 볼수 있도록 플랫폼이 잘 설치되어 있어 치악산 정상과 같은 분위기였다. 등산로에 치장된 것들이나 정상에서의 분위기는 국립공원의 모습으로 비슷하였다. 들머리에서 금수산의 유래에서 읽었는데 정상에서의 풍광은 너무나 실망스러웠다. 쉴 수 있는 공간이 넓어 여기저기 배낭을 내려

놓고 인증샷을 확보하기에 바빴다. 특이한 점은 금요일인데 등산 하는 사람은 우리 회원들 뿐이었다. 또 이런 분위기는 처음 느껴보았다. 회원들끼리 상부상조를 하였다.

  열한 시도 채 안되었으니 점심 먹기에는 이른 시간이었고 이제 하산하면서 점심도 먹어야 했는데 어디를 따라 하산해야 하는가? 고민에 빠지다 보니 정상에서 시간이 조금 지체되었다. 회원들을 따라 가려니 위험한 것 같았고, 필자 혼자 내려가려니 초행길 위험하기도 하였다.

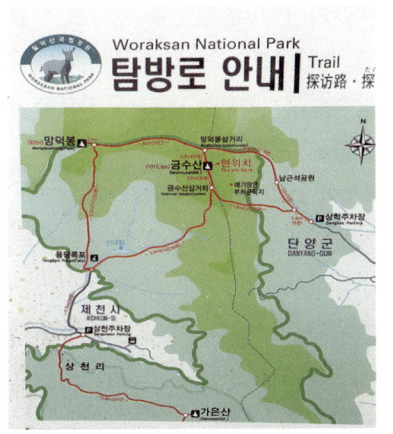

"그래! 새로운 길을 나 혼자 가보는 거야! '정낭골'을 따라 3.8㎞ 거리에 있는 '상천주차장'까지 가보는 거다!" 아무도 뒤를 따르지 않았다. 35명은 '망덕봉'으로 하산을 하는 것 같았다. 암벽등반도 있어 위험하다고 얘기를 하였는데 회원들도 함께 따라갔다. 인기척은 하나도 없었다. 아무런 소리도 나지 않았다. 깊은 계곡을 들어 갈 때면 머리가 쭈뼛쭈뼛 해 지기까지 하였다. 점심도 먹기 전이었으니 에너지도 고갈되어 준비해 간 오렌지로 채웠다. 너무 깊은 계곡이라 혼자 쉬기에는 마음이 놓이지 않아 망덕봉에서 내려오는 만남의 길목까지 걸었다. 누드산 속이니 망정이지 푸르름이 있었다면 녹음으로 울창하게 숲이 되었을 테고 더욱 겁이 났을 텐데 다행이었다. 왜 이 길을 혼자서 선택하였을까? 후회스럽기도 하였지만 이미 뽑아진 칼이라 끝까지 안전하게 내려가는 일만을 생각하였다.

  산악회에서 정해준 코스를 선택하지 않고 혼자 '정낭골'을 선택한 이유는 망덕봉 코스에는 조망이 별로였다는 것도 한 가지 이유였다. 볼거리도 없는데 굳이 힘들고 위험한 길을 갈 이유가 없었던 것이었고, 또한 다음 주에는 전라남도에 일주일 동안 등산을 할 텐데 무리할 필요까지 없었기 때문이었다.

  '용담폭포'라는 웅장하다 싶을 정도의 표지석이 쉬지 않고 하산했던 가슴 시원하게 풀어주는 듯했다. 정상에서 두 갈래로 흩어져 내려온 회원들을 만날 수 있는 지점이었다. 만남의 지점에는 두 개의 큰 해설서가 있었다.

'금수산 숨은 비경', '용담폭포'라는 웅장한 표지석 하단에는 잘 담겨져 있었다. 금수산 등산로에는 읽을거리가 많아 등산의 지루함과 피곤함을 충분히 달래주었고, 금수산에 대해 많이 알 수 있는 계기도 되었다.

보통 2시간의 하산거리를 1시간 조금 넘겨 12시경 하산을 완료하게 되었다. 두 가지를 읽어 보니 내려왔던 정앙공 길가에 보였던 돌담이나 평지들이 그들의 삶의 터전이었구나 이해를 하게 되었다. 귀경까지는 세 시간이 남은 상태가 되었다. 점심을 먹어야 했다. 근처 양지바른 곳을 찾다보니 절한 구석에 자리를 잡게 되었다. 한적하기 그지없었고, 조용하기로는 금메달이었다. 땀으로 식어진 몸은 추워지기 시작하였고, 외투는 이때에 필요했던 것이었다. 차에 두지 않고 갖고 온 것은 잘 한 것이었다.

귀경 출발 1시간 반 정도를 남겨두고 '상천리 주차장'으로 내려갔다.

인간의 자연적인 발자취보다는 새로 지은 집들이 천연적일 것 같은 자연과는 어울리지 않았다. 넓게 만들어진 주차장은 관광객의 규모를 짐작하게 만들었다. 산수유 가득 피고 있는 그길을 따라
내려오니 이 좁은 마을에서도 특용작물이 많다는 것을 또 알게 되었다. 즐길만한 아무 것도 없어 무지무지 지겨웠다. 평상에서 한낮 태양을 쬐고 있는데 자연의 법칙을 발견하게 되었다. 매 한 마리가 새 한 마리를 낚아챘다. 순식간에 일어난 일이라 이들도 살아남으려면 정신 바짝 차려야겠구나. 약육강식이라는 게 저런 거구나! 자연의 순리와 법칙을 순식간에 보여주었다.

예정보다 회원들이 일찍 하산을 마쳤고, 주변에는 식당도 없어 10분 이른 오후 2시 40분에 버스는 서울로 향했다. 모두가 산 타는데 피곤했던지 낮잠에 푹 빠졌다. 버스는 전용 고속도로를 타고 5시 30분경 사당역에 도착한 후 지하철로 오후 6시 15분경 집에 도착하였다. 무사히 다녀오게 해준 산악회에 감사를 드리며, 빨리 귀가하게 해 주어 무지무지하게 즐겁고 행복했다.

세상은 밖에도 있었네!
# 명산 100, 66번째 '금오산' 완등 이야기!

▲ 금오산 (金烏山, 현월봉 976m) | 2017년 2월 25일 토요일

서울에서 먼 거리에 있는 경상북도 구미시에 위치한 금오산(현월봉)을 산악회와 다녀왔다.

산악회에서 제공한 금오산의 유래였다. 등산 후기에 들어가기 전 금오산의 유래만 읽어도 금오산 등산의 묘미를 더 할 것이다.

"금오산은 원래 대본산(大本山)이라 하였는데 고려 때는 남숭산(南嵩山)이라 하였다고 한다. 유래는 중국 하남에 숭산이라는 유명한 산이 있는데 그와 생김새가 흡사하며, 남쪽에 있다 해서 남숭산이라 칭하고 황해도 해주에 북숭산을 두어 남북으로 대칭토록 하였다 한다. 고려시대 문종은 왕자 한명을 출가시켜 이 산에서 수도하게 하여 이 왕자를 훗날 대각국사로 봉하여 호국 불교로서 포교와 국정의 자문에 임하도록 하였다. 이것만 봐도 남숭산의 품격과 위상이 옛적부터 역사적으로 입증되고 있다고 할 수 있다.

금오산(金烏山)이라는 이름은 어느 날 이곳을 지나던 아도가 저녁놀 속으로 황금빛 까마귀가 나는 모습을 보고 금오산이라 이름 짓고, 태양의 정기를 받은 명산이라 한데서 비롯되었다는 이야기가 전해지고 있으며, 신령스러

운 곳으로여겨지고 있다. 우리나라의 근대화를 이룩하여한민족이 세계만방에 우뚝 서게 한 박정희 대통령의 생가가 있는 효자봉(535m)이 있으며 구한말 의병장으로 오직 구국의 일념만을 불태우다 산화한 왕산 허위선생의 유허비가 아름다운 메타세콰이어 숲속 길옆에 자리 잡고 있어 바위 악산으로 보이지만 사방으로 큰 저수지 4개를 품에 안고 있으며 계곡에 들어서면 여느 산 못지않게 깊은 계곡처럼 느껴지고 외로운 산치고는 물도 많은 산이다. 악산이면서도 산 정상 에 항상 물이 흐르는 샘을 가지고 목마른 중생들을 감싸 안으면서 자비심을 베푸는 지장보살의 화신 같은 산이다.

경북의 명산으로 영남팔경의 하나로 손꼽히며 호사가들에 의해 경북의 소금강 이라고도 불렀다. 구미, 칠곡, 김천, 성주 4개 군이 만나는 가운데 위치한 금오산은 각 지방마다 보이는 모습이 다르기 때문에 각 지방마다 부르는 이름이 따로 있다. 정상 부근은 하늘로 비상히려는 새의 모습과 비슷하기도 하고 누워 있는 사람의 얼굴 모습 같기도 한다. 선산 쪽은 '문필봉'이라고 하였으며 그래서 그런지 예로부터 인재가 많이 배출된 고장이다. 인동(1공단) 쪽에서는 누워있는 부처님상이라 하여 '와불상(臥佛像)'이라 하고, 김천방면에서는 하늘을 향해 누워있는 큰 바위 얼굴처럼 보여서 '대통령 얼굴 산'이라고도 하였으며, 상주 쪽에서는 도적처럼 엿보는 산이라 하여 '도적봉'이라고도 하였다."

구미 금오산은 경부고속도로 인근에 있어 서울에서 거제도로 내려갈 때 아내랑 같이 등산하기로 되어 있었지만 산악회에서 가장 빨리 예약되어 혼자 급하게 다녀오게 되었다. 토요일 혼자 등산을 간다는 것이 익숙하지 않았을 뿐 아니라, 가족에게도 왠지 미안하다는 마음에 조용히 준비를 하였다. 준비물은 어느 정도 표준화가 되어 있었으니 커피, 사과, 물, 과자 등이 전부였고, 배낭 등 등산장구들은 항상 배낭에 준비되어 있었다.

새벽 5시 조용히 기상하여, 아침 먹고 준비물을 챙기고, 여느 때처럼 6시에 집을 나섰다. 토요일이라 지하철역은 한산했다. 지하철로 환승을 하며 사당역에 도착했다. 사당역에는 온통 등산 배낭족 이었다. 집을 나설 때와는 달리 등산 동지들이 있어 힘이 났다. 각 출구마다 형형색색의 남녀노소가 휴일 등산을 즐기려는 것이었다.

출구를 따라 나가는 순간 김밥 파는 가게가 문을 열지 않아 절망적이었다. 지난번 월요일에도 그랬는데 왜 그런지는 모르겠으나 점심용으로 이곳에서 항상 김밥을 준비해 갔는데 요즈음은 왜 문을 일찍 열지 않을까? 조금은 얄미워졌지만 출구를 나서면 편의점이 있어 점심 걱정은 금방 사라졌다. 무겁지도 않고 상할 염려가 없어 산에서 간단하게 먹기에 적당한 삼각김밥 두 개를 샀다. 아침 7시도 안 되었는데 사당역 주변에는 많이 밝아졌다. 그만큼 밤은 짧아지고, 낮이 길어지고 있다는 것이었다.

버스는 7시에 사당역을 출발한 후 아침잠을 청하라면서 소등까지 해 주어 억지로라도 2시간가량 늦잠을 청하였더니 '괴산휴게소'에 도착하였다. 회원들은 뿔뿔이 흩어져 간식을 챙겨 먹었고 필자도 따라 했다.

산악회를 따라 등산을 가보면 매번 느끼는 일인데 버스가 들머리에 도착하면 회원들은 알아서 일사분란하게 등산 준비를 하고 일제히 산행을 시작했다. 버스에서 내려서 단도리를 한다고 시간이 지체되면 그들의 대열에 합류하지 못해 등산 중 자칫 길을 잃을 수도 있겠다는 생각에서 필자는 항상 들머리 도착 20분 전부터 버스에서 준비를 해야 했다. 그리고 회원들은 달리는 버스에서 또 아침잠을 청하고 휴게소에 들러 아침 혹은 간식을 먹고 들머리에 도착하면 일사분란하게 움직이는 이런 산악회 운영시스템이 체질화가 되어 있어 필자도 점점 익숙해져 갔다.

출발 3시간 30분 만인 10시 30분경 들머리인 '금오산주차장'에 도착했다. 등반대장은 들머리 도착 전 등산거리와 난이도를 감안하여 산행관련 내용들을 자세히 설명을 하면서 단체가 온 것을 감안하여 계획된 시간보다 30분을 더
주어 오후 4시에 버스가 출발한다는 지침을 주었다.

왕복 8km, 거리에 비해 난이도가 있다는 점을 감안하면 필자의 경우 정상까지 2시간내에 도착하고, 정상에서 점심을 먹어야겠다는 목표가 나왔다. 아무리 늦어도 하산완료까지는 약 1시간 이상 여유가 있을 것으로 여겨졌다.

'채미정주차장'에서 '금오산탐방안내소'까지는 차도였다. 휴일이었지만 차들이 많지 않아 다행이었다. '영금교'를 지나 '케이블카매표소'를 만났고, '금오동학', '대혜문'으로 이어졌다. 모두가 돌로 포장된 길이었다. 이런 길을 걸을 때 바닥에서 느껴지는 쿠션이 없어 무릎에 무리가 가 싫어졌다. '대혜문'은 '일주문'의 역할을 하였다. 좌우로 산성이 있는 것으로 보아 금오산성의 대문이기도 하였다.

'케이블카매표소'에는 인적이 드물었다. 805m를 운행한다는 이것도 설치한지가 오래되어 어느 정상의 봉우리로 가는 것이 아니라 계곡을 따라 대혜사 입구까지만 힘든 사람들을 실어주는 역할 뿐이라 타는 사람도 몇 없었다. 사실 금오산은 경부고속도로 근처에 있다 하니 거제도에 내려갈 때 짬을 내어 아내와 다녀올 수 있는 편안한 곳으로 생각하였는데 막상 와 보니 혼자 오길 잘 했다는 생각도 들었다.

다혜폭포는 높이가 28m로 물이 떨어질 때는 천하제일의 폭포였을 것이다. 박정희 대통령이 1974년에 이곳을 방문하여 폭포를 보고 놀랐으며, 주변의 쓰레기들을 주우면서 자연보호를 강조하여 금오산이 자연보호 발상지라고 하였다. 폭포는 얼음으로 덮여 있었지만 얼음만으로도 그 웅장함을 짐작할 수 있었다.

폭포를 지나 정상까지는 약 2.2km의 할딱고개 급경사로를 올라야 했다. 첫 번째는 고무판으로 덮여 있는 '나무계단'이라 무릎에 무리는 가지 않았는데 그 다음이 '마사토'라 미끄럽고 걷기가 무척 힘들었고, 마지막은 '돌계단'에 얼음까지 덮여 무릎 아픔은 물론 위험하기 짝이 없어 겨울철 등산 요주의 구간이었다.

드디어 능선의 분기점에 도착하였다. 이제 다 왔나 싶었는데 정상까지는 또 북쪽으로 800m를 돌아서 올라야 했다. 북쪽에서 불어오는 바람은 그다지 칼바람이 아니어서 다행이었다. 마지막 3단계 할딱고개 등산로에는 왜 얼음까지 덮였는지 알아보니 정상 주변에는 습지가 많고, 10여 가구가 살았고, 산짐승도 많았단다. 여기로부터 스며든 물이 암반 곳곳에 흘러내려 하얀 얼음으로 장식해 버린 암릉이 아름답게 보였다. 팔공산 정상에도 그랬지만 금오산 정상 부근에는 아슬아슬하게 버티고 있는 큰 바위하며 암릉이 절경을 이루었다.

마지막 800m는 경사가 약간 있는 지겹기 짝이 없는 돌계단 길이었다. 눈 덮인 가리왕산의 정상 부근의 모습이 떠올랐다. 끝없이 이어지는 정상 부근의 등산로의 지루함이었다. 누드 산의 모습은 점점 심해졌고, 아주 희미하였지만 멀리까지 볼 수 있어 쉬었다 갈수도 있었지만 숨소리는 점점 거칠어졌다. 이제 지칠 대로 지쳐 한명 한명 쉬는 사람이 생겼지만 쉼 없이 꾸준히 가는 것이 등산의 기본이라 젖 먹던 힘까지 내었다. 낮 12시가 넘었고, 에너지는 거의 소진되어 얼음길 조심조심 육체적인 흐릿함을 정신력으로 이겨냈다.

12시 30분. 출발 2시간 만에 계획대로 정상에 도착하게 되면서 또 아내가 한 그 말 "이게 뭔데?" 중얼거려졌다.

66번째로 명산 완등을 하게 되어 야호!! 힘들게 등산을 마친 만큼 기쁨의 표현으로 큰 소리치고 싶었지만 등산의 기본에 어긋나는 행위라 마음속으로만 소리쳤다.

금오산의 첫 번째 정상석은 2014년 10월까지 사용되었던 것이었고, 진짜 정상석은 그 보다 10m 높은 위치에 새롭게 설치되어 있었다. 인증샷에 참고가 되길 바란다.

주변을 한참동안 살펴보니 고생한 만큼 충분한 보상이었다. 금오산의 유래에서 알 수 있듯이 역사적으로 많은 의미가 있는 산이었다. 특히나 정상 부근의 약사봉에 있는 '약사암'은 절경이었고, 저기에다 저런 절을 어떻게 지었을까? 신라시대 사람들은 정말로 기특하다.

정상 부근이 너무 황폐해져 있어 안타깝게 느껴졌다. 지금은 아무런 부담 없이 즐기고 있지만 오랜 시간이 지난 뒤 자연의 모습을 그려보면 지금부터 저렇게 방치하면 안 될 텐데 자연바라기에겐 걱정이 되었다.

버스 출발시간까지는 3시간 반이나 남았으니 가장 양지바른 곳에 자리 잡고 여유롭게 점심을 먹었다. 혼자다 보니 암릉으로 된 새로운 길을 찾아 내려가는 길에는 자신이 없어 원점코스를 밟았다. 최대한 천천히 무릎에 무리가 가지 않도록 스틱도 최대한 활용하여 사진도 찍어 가면서 천천히 내려왔다.

올라갈 때 확인하지 못한 것들을 찾아보면서 궁금증도 해소하면서 여유롭게 하산을 하였다. 총 8km, 4시간이 좀 더 걸렸다. 정상적으로 걸었다면 3시간 반 정도의 거리였다. 아직도 생각나게 하는 것은 돌길과 돌계단은 등산을 하는데 그다지 도움을 주지 않았다.

버스 주차장에는 1명이 내려왔을 뿐이었다.

가게에서 운전기사와 오뎅을 먹으면서 산악회와 등산 관련 경험들을 들을 수 있는 기회도 만들어 보았다. 기사도 등산 전문가였다.

등산할 때 하지 말아야 할 것 세 가지를 일러주었다.

첫째는 "계곡을 타지 말라" 계곡은 깊고, 계곡 마지막에서 정상으로 오르려면 할딱고개를 걸어야 하니 무리가 되며, 길을 알아보기 어려워 길을 잃기 쉽다는 것이었다. 용문산에서의 경험으로 충분히 이해가 되었다.

둘째는 "능선을 선택하여 걸어라" 길을 잃을 염려도 없고, 힘도 적게 든다는 것이었다. 셋째는 "길을 잃으면 무조건 갔던 길을 되돌아 나와야 한다." 길이 나오겠지 하고 앞으로 계속 전진하면 낭떠러지를 만나게 된다. 이 또한 용문산에서의 경험으로 충분히 이해가 갔다.

예정보다 조금 늦은 오후 4시 15분에 주차장을 출발하여, 중간에 잠시 휴게소를 거쳐서 경부고속도로 버스 전용차선을 타고 서울에 진입하였다. 지하철로 21시경 무사히 집에 도착하였다.

새벽 5시 기상, 밤 9시경 집 도착. 16시간의 금오산 명산 등산은 이렇게 마치게 되어 모든 분들께 감사했다.

세상은 밖에도 있었네!
# 명산 100, 6번째 '금정산' 완등 이야기!

▲ 금정산 (金井山, 고당봉(姑堂峰) 801m) | 2016년 1월 27일 수요일

부산의 명산 금정산의 주봉(主峰)인 고당봉을 대중교통으로 혼자 다녀왔다.
"금정산은 백두대간의 끝자락에 해당하는 산으로, 주봉(主峰)인 고당봉(姑堂峰)은 낙동강 지류와 동래구를 흐르는 수영강(水營江)의 분수계를 이루는 화강암의 봉우리. 북으로 장군봉(727m), 남으로 상계봉(638m)을 거쳐 양산(642m)까지 산세가 이어져 있고 그 사이로 효봉, 의상봉, 미륵봉, 대륙봉, 파류봉, 동제봉 등의 준봉이 나타난다. 산세는 그리 크지 않으나 곳곳에 울창한 숲과 골마다 맑은 물이 항상 샘솟고 화강암의 풍화가 격렬하여 기암절벽이 절묘하여 부산이 자랑하는 명산이 되었다.
금정산에 대한 기록으로는 '동국여지승람'의 '동래현 산천조'에 다음과 같이 나와 있다. '금정산은 동래현 북쪽 20리에 있는데 산정에 돌이 있어 높이가 3장(丈) 가량이다 그 위에 샘이 있는데 둘레가 10여척이고 깊이가 7촌(寸) 가량으로 물이 늘 차있어 가뭄에도 마르지 않으며 색이 황금과 같다. 금어(金魚)가 5색 구름을 타고 하늘로부터 내려와 그 샘에서 놀았으므로 산 이름을 '금정산'이라 하고, 그 산 아래 절을 지어 '범어사(梵魚寺)'라 이름 했다.' 한다. 금정산은 부산시민들이 주말 및 휴일을 이용해서 즐겨 찾는 산으로 주변 곳곳에 기암괴석이 있다. 주말이면 사람들에 치일 정도로 주능선을 가득 메운다." ◀출처: 네이버

퇴직 후 어수선한 마음이 계속되어 현실을 잊게 하는 유일한 방법이 등산

이었으니 대중교통을 이용한 금정산 산행을 실행해 보기로 하였다. 거제도에서 부산까지 당일 산행이므로 "범어사 입구(들머리) ↔ 북문 ↔ 고당봉(정상)"으로 원점회귀 하는 최단코스를 잡아 보았다.

아내가 차려준 아침을 든든히 먹고 회사 출근시간을 조금 지나 집을 나섰다.

회사 출근방향과는 반대방향으로 산행을 가는 느낌은 좀 이상야릇했다. 이른 아침에 등산복을 입고, 배낭을 메고 회사와 반대방향의 출근 느낌은 아무도 모를 것이다.

거제도 고현종합터미널에서 부산서부터미널로 가는 버스에 올랐더니 출근시간이라 승객들이 많았다. 장시간 대중교통을 이용하면서 머리를 비우고, 마음도 정리해 보는 시간이 되기를 바라면서 왠지 알 수는 없지만 맨 앞 좌석을 선택하였다. 아무도 알아주지 않고, 좋아하는 사람도 별로 없는 등산을 혼자서 많이 다녀 그런 연장선에서 부산으로 등산을 떠나 보았다.

그동안의 일들에 대한 잔상이 너무 남아 머릿속은 복잡하였고, 파노라마처럼 영상을 펼쳐 보면서 1시간 후 부산사상터미널에 도착하였다. 부산의 도시철도 체계는 서울의 그것과는 대체적으로 단순하였다. 사상역에서 탑승하여 서면에서 환승, 범어사역에서 내렸다. 걸어서는 범어사 입구까지 조금 멀어 순환버스를 타고 범어사 매표소 앞에 도착하였다. 병원에 가보면 세상에는 환자만 있는 것처럼 보이듯 산에 가면 세상에 등산객만 있는 것처럼 착각 할 정도로 평일인데도 울긋불긋 등산객들이 많았다. 인파 속에서 걸음을 재촉하여 약 3시간 만인 오전 11시 경 눈에 익은 금정산 등산로 입구(범어사 입구)에 도착했다.

'범어사'는 "금정산 동쪽 기슭에 자리한다. 합천 해인사, 양산 통도사, 순천 송광사, 구례 화엄사와 더불어 우리나라 5대 사찰 중의 하나로 많은 불교 역사유적을 간직한 유명 사찰이다."

예전에 한번 왔던 곳이라 혼자라도 그리 낯설게 느껴지지는 않았다.

등산로는 계곡도 아니고 능선도 아닌 평평한산속 바윗길이었다. 바윗길을 약 1.7㎞를 걸어야 했으니 엄청 지겨웠다. '친구라도 있었으면 지겨움은 피할 수 있었을 텐데' 하는 아쉬움은 이미 지나간 세월이라 던져 버리고 마냥 고개 숙여 지나간 희로애락 인생의 파노라마를 연상하면서 열심히 걸어 단숨에 북문까지 올라갔다. 중간중간 에너지를 보충해야 했지만 빨리 집에 가서 쉬고 싶었고, 힘들더라도 열심히 걸으며 상처로 종결된 과거를 빨리 씻어 내릴 수가 있다고 생각하였다.

'금정산성'이 눈앞에 펼쳐졌다.

"금정산선은 사적 제215호. 길이 1만 7336m, 동래온천장의 북서쪽 해발고도 801m의 금정산정에 있는 한국 최대의 산성이었으나, 현재는 약 4km의 성벽만이 남아 있다. 이 산에 사적 제215호 금정산성이 있다. 금정산성은 숙종 29년(1703)에 건설된, 길이 18,845m, 성벽 높이 1.5~3m로 대한민국 최대규모인 산성이다. 일제강점기에 처참하게 파손되었으나 1970년대에 복원사업으로 일부 성곽과 관문과 망루를 복원했으며, 현재는 금정산성 일대를 예전모습으로 차례차례 복원하고 있는 중이다. 동서남북으로 망루와 관문이 각 4개씩 있다. 유적에 관심이 있다면 한 번쯤 가보아도 좋을 것이다.

보통 산성이나 성에는 문에다가 이름을 붙인다. 다만 금정산성의 경우 이름이 붙여지지 않았는데, 때문에 그동안 편의상 동문, 서문, 남문, 북문으로 불렸으나, 2017년에 각 문에 이름을 붙이기로 결정한 후 시민투표를 했다. 그리고 2017년 7월에 각 문의 이름이 발표되었는데, 동문은 '관해문(關海門)', 서문은 '해월문(海月門)', 남문은 '명해문(鳴海門)', 북문은 '세심문(洗心門)'으로 지었다. 다만 300년 넘게 동문 서문 남문 북문으로 불렸던 탓에 아직도 각 문들의 새 이름은 잘 쓰이지 않고 있는데, 금정산성 공식 홈페이지에서도 이 이름이 언급되지 않을 정도이다. 이제 이름이 붙여진지 몇 년이 되었으니, 이 이름들은 시간이 지나야 정착될 것이다."

약 한시간만에 지겹게 느껴졌던 북문까지 1.7km를 오르게 된 것이었다.

예전에 갔던 그 화장실 가까이 벤치의 편안한 휴식을 그리면서도 그렇게 세월 따라 걸어 올랐는지도 모른다. 금정산 중턱 대피소에는 예나 지금이나 고양이가 많았다.
 산객들이 주는 먹이가 전부였을 텐데 모두은 먹이 다툼에 혈안이 되었다. 차라리 주지않는 것이 그들의 평온함을 볼 수 있는 것이 아닐지? 요즘 산에서는 고양이와 개들을 많이 볼 수 있다. 멧돼지도 경계대상의 1호가 되고 있는데 저들도 야생의 모습으로 변해가고 있는 것이 아닐지?

 이제 북문에서 800m만 올라가면 주봉인 고당봉에 도착하게 되는 것 이었다. 또 한 번의 인증샷을 생각하면서 범어사 입구에서 고당봉 정상까지 약 3㎞를 1시간 30분 만에 오르게 되었다. 미세먼지도 전혀 없었고 봄 날씨 같았다. 사방이 한 눈에 들어와 멀리까지 조망을 할 수 있어 충분한 보상이 되었다. 삼시 호흡을 가다듬고 사람들이 몰려들기 전에 인증샷을 확보하였다. 조금 지나니 날씨가 화창해서인지 남녀노소 사람들이 모여들기 시작했다. 예상이 맞았다.
 산 정상에는 아기자기한 바위도 있었다. 서울이나 강원도 정상에 있는 웅장한 암릉과는 대조가 되었다. 주봉에도 역시 고양이가 살고 있었다. 사람들이 몰려들어 정상 부근에는 자리가 비좁게 느껴지는 순간 하산을 시작하였다.
 오후 2시 전에는 버스 주차장에 도착을 해야겠다는 목표로 주변경관을 즐길 틈도 없이 또 거침없이 하산을 해야 했다. 날아서 왔던지 너무 일찍 도착을 하게 되었다. 보살님들이 줄지어 버스를 기다리고 있었고, 같이 줄을 섰다.

범어사역에서 도시철도를 타고 신평역에서 내렸다. 갔던 코스와는 다르게 선택을 하여 보았다. 혼자 결정하고 행동하고 그런 면에서는 혼자 다니는 것이 편하게 느껴졌다. 아내는 안전 때문에 혼자 다니는 것을 꺼려했지만 언젠가는 1주일 이상 혼자 여행을 하는 날을 반드시 실천하리라는 기대를 해 보면서 오후 늦은 시간에 안전하게 귀가를 마쳤다.

거제도 집에서 금정산 고당봉 완등 후 귀가하는데 총 8시간이 걸렸다. 이동 5시간, 등산은 기껏 3시간뿐이었다. 하나의 이벤트를 혼자서 성공하면서 더 큰 힘을 얻게 되었다. 거제도 집에서 당일로 다녀올 수 있는 네 곳을 찾았다. '2월에도 계속 이어질 것이다'는 희망을 가져봤다.

"등산을 왜 하느냐?"고 묻는다면 "인증샷을 찍기 위해서"가 아니고 "건강을 위해서"가 우선이다. 자꾸 묻지 말라. 하나의 미션이 있다는 것이 나에겐 너무 소중하니 인증샷이 우선으로 보이겠지만 1석 2조라고 여겨줬으면 했다.

이 세상에는 대단한 등산 매니아도 대단히 많단다. 중단 없이 한 걸음 한 걸음 걷다보면 '시작이 있었으니 종점이 있겠지!' 라는 기대감으로 열심히 걷는다.

너무 급하게 다녀왔던지 온 몸이 나른하였다. 혼자 다녀오면서 오버한 것이었다. "등산은 빨리 가는 순간속도가 중요한 것이 아니고 꾸준히 지치지 않고 가는 평균속도가 중요하다."는 소신을 버리고 누가 알아주지도 않는데 시간 단축을 위해서 조금 더 속도를 내어 보았고, 중간 휴식도 생략하고 점심을 건너뛰었더니 화근이 되고 말았다. 이렇듯 지나치면 화근이 되어 사고로 이어진다는 것을 잘 알고 있는데 막상 시작하고 보면 또 그렇게 되고 만다.

8시간 외출을 하면서 점심을 건너뛰었다. 다음부터 끼니는 반드시 해결하고 다녀야겠다고 재다짐을 해 보는 계기가 되었다. "산이 좋아서 산에 간다면 정상 도착과 인증샷의 목표 보다는 주변을 즐기면서 산행을 하도록 할 것이다."고 또 다짐을 해 보는 하루였다.

세상은 밖에도 있었네!
# 명산 100, 1번째 '남산' 완등 이야기!

▲ 남산 (南山, 금오봉 468m) | 2015년 12월 5일 일요일

경북 경주시에 위치한 '남산'을 홀로 자차로 산행을 다녀왔다.

"남산은 경주시의 남쪽에 솟은 산으로 신라인들의 신앙의 대상이 되어 왔다. 금오봉(468m)과 고위봉(494m)의 두 봉우리에서 흘러내리는 40여 개의 계곡과 산줄기들로 이루어진 남산은 남북8㎞, 동서 4㎞로 남북으로 길게 뻗어 내린 타원형이면서 약간 남쪽으로 치우쳐 정상을 이룬 직삼각형 모습을 취하고 있다. 100여 곳의 절터, 80여 구의 석불, 60여 기의 석탑이 산재해 있는 남산은 노천박물관이다.

남산에는 신라 태동의 성지 서남산, 미륵골, 탑골, 부처골 등의 수많은 돌 속에 묻힌 부처가 있는 동남산으로 구분된다. 남산 서쪽 기슭에 있는 나정은 신라의 첫 임금인 박혁거세의 탄생신화가 깃든 곳이며 양산재는 신라 건국 이전 서라벌에 있었던 6촌의 시조를 모신 사당이다. 포석정은 신라 천년의 막을 내린 비극이 서린 곳이다. 동남산에는 한국적 아름다움과 자비가 가득한 보리사 석불좌상, 9m 높이의 사면 바위에 탑과 불상 등을 새긴 불무사 부처바위, 바위에 아치형 감실을 파고 앉은 부처골 감실석불좌상이 있다.

남산에는 미륵골(보리사) 석불좌상, 용장사터 삼층석탑, 국보 칠불암 마애불상 군을 비롯한 11개의 보물, 포석정터, 나정과 삼릉을 비롯한 12개의 사적, 삼릉골 마애관음보살상, 입골석불, 약수골 마애입상을 비롯한 9개의 지방 유

형문화재, 1개의 중요 민속자료가 있다. 유적뿐만 아니라 남산은 자연경관도 뛰어나다. 변화무쌍한 많은 계곡이 있고 기암괴석들이 만물상을 이루며, 등산객의 발길만큼이나 수많은 등산로가 있다. 엄지손가락을 곧추 세워 남산을 일등으로 꼽는 사람들은 "남산에 오르지 않고서는 경주를 보았다고 말할 수 없다"고 한다. 곧, 자연의 아름다움에다 신라의 오랜 역사, 신라인의 미의식과 종교의 식이 예술로서 승화된 곳이 바로 남산인 것이다." ◀출처 : 네이버 지식백과

2015년 8월 31일 갑작스럽게 퇴직을 하게 되었다.

퇴직 후 마음을 다잡으려고 서울에 가자마자 친구는 갑작스러운 퇴임에 당황하면서도 필자의 마음을 이해하고 달래주려는 듯 자신의 퇴직 후 6개월간 방황과 괴로움을 전해 주었다. 마침 B사의 '나를 찾아 떠나는 새로운 도전, 명산 100'의 이벤트 행사에 참여토록 권하였다. 삶의 쉼표가 꼭 필요했던 꼭 맞는 의미가 들어 있어 최고의 선물이었다. 향후 2년간 명산 100개를 완등해 보기로 마음을 먹었다.

그렇다면 왜 첫 산행을 경주에 위치한 명산으로 선택하였고, 왜 하필이면 12월 5일을 첫 산행 날짜로 잡았던가?

당연히 태어나고 자라서 삼성중공업(주)에 입사하기 전까지 인생의 제1라운드였던 고향 경주의 명산부터 시작하기로 하였고, 그리고 재직 시에도 항상 언짢았던 고향에 혼자 계신 엄마와 그동안의 회포를 달래면서 삶의 쉼표 체험을 위해 2박 3일의 합숙 기회로 삼았다.

마지막으로 삼성중공업에 입사했던 12월 5일, 퇴직 12월 4일, 32년간 직장 생활을 마치고 일반인으로 첫 출발이 시작되는 날이 12월 5일이라 의미 있고 뜻 있는 날로 12월 5일을 명산 100의 등산을 시작하는 날로 선택하였던 것이다.

자차로 등산갈 경우에는 등산 코스와 주차장의 궁합이 잘 맞아야 했다. 주차료는 있었지만 둘의 최적지로 남산에서 서쪽에 위치한 '삼릉주차장'을 들머리로 잡았다.

"삼릉주차장 ↔ 삼릉탐방지원센터 ↔ 삼릉 ↔ 상선암 ↔ 바둑바위 ↔ 상사바위 ↔ 금오봉(정상)", 원점회귀, 왕복 약 4.5㎞, 2시간 예상.

태어나서 26년간 경주에서 살았지만 삼릉에서 남산의 등산코스는 처음이었다. 등산로 입구에는 좌측과 같은 안내도가 잘 되어 있었다. 등산로마다 부착된 번호를 찾아가며 등산을 즐기니 등산을 가볍게 해 주었지만 안내도상의 여래 좌상을 찾아가 자세히 볼 때면 경이로움에 앞서 분노만 생겨났다. 그리고 그리도 중요한 석조물들을 왜 더럽혀 놓았는지 그들이 다시 한번 원망스러워졌다.

석조물들이 무슨 죄가 있다고 저렇게 까지 참혹하게 훼손을 시켜놓았단 말인가? 그냥 보기가 싫어졌고 부끄러워 그 사진들을 차마 여기에 올릴 수가 없었다.

곧 '삼릉탐방지원센터'를 지났다. 굽이굽이 굽었지만 잘 자란 참소나무숲에 가려도 잘 정돈된 삼릉이 선명하게 돋보였다.

그런 참소나무 숲은 계속 이어져 걷기에도 편했다. 직선으로 자라도 될 텐데 모두가 굽이굽이 굽어 잘 어울렸다고 평가해 주고 싶었다. 중학교 때 소풍왔던 곳이라 낯설지는 않았.

'상선암' 전 조금 급경사로였지만 그런대로 상선암까지는 문화

유산 탐방을 해 가면서 그리 어렵지 않게 올라갈 수 있었다.

'바둑바위', '상사바위'를 지날 때쯤 1년 후에 배달되는 엽서 우체함이 있었다. 지금은 어떻게 변해 있을지는 모를 일이지만 한 장 적어 넣어 주었더니 1년 후에 도착하였다.

대형의 수직 암릉에는 여지없이 석불이 조각되어 흐릿하게나마 보였다. 남산의 유래에서 밝혔듯이 이런 유형의 조각불이 남산에는 너무 많았다.

드디어 '금오봉 정상'에 도착하였다.

정상석 주변은 나무들이 자라서 정상석을 감싸며 잘 지키고 있었지만 조망은 즐길 수가 없었다.

차라리 '바둑바위'나 '상사바위'에서의 풍광이 더 좋았다.

B사에서 지정한 100대 명산 중 고향 경주에서의 '남산 금오봉'을 제1호의 인증샷으로 확보하게 되어 무척 기뻤다.

'나를 찾아 떠나는 도전, 명산 100'은 고향 경주에서 힘차게 테이프를 끊었다.

산에 오르고 즐기며 생활의 활력을 얻는데 분명 큰 도움이 될 것이다. 심신의 건강을 증진하고 산을 잘 이해하고 보전하는데 건전한 산행은 계속될 것이며, 일상의 찌든 심신을 맑게 해주는 가장 바람직한 수단이며 이해관계로 얽힌 직장을 떠나 아는 사람, 모르는 사람과 즐겁게 산행할 것임을 약속한다. 나 자신에게 감사했다.

세상은 밖에도 있었었네!
# 명산 100, 81번째 '내연산' 완등 이야기!

▲ 내연산 (內延山, 삼지봉 711m)  |  2017년 4월 29일 토요일

동해안 여행 5일 차 중 마지막 날 경북 포항시 북구에 위치한 '내연산'을 아내랑 자차로 다녀왔다.

동해안 쪽으로 태백산맥을 따라 펼쳐져 있는 명산을 찾아 북쪽에서 남쪽 방향으로 내려가면서 보물찾기 하듯 다녀보기로 한 것이 이번 명산, 명소 여행의 목적으로 여행기간은 4박 5일(4월 25일부터 4월 29일까지) 찾아갈 명산은 네 곳이었는데 오늘이 마지막 날 이었다.

① 백운산(강원도 정선. 4/25일, 화) → ② 덕항산(강원도 삼척시, 4/27일,목) → ③ 응봉산(경북 울진군. 4/28일, 금) → ④ 내연산(경북 포항시, 4/29일, 토)

'응봉산'까지 안전하고 즐겁게 명산 탐방을 마치고 여행 마지막 날에는 봄철 산불 예방 기간으로 입산이 금지되어 있는 '내연산'을 탐방해 볼 차례였다.

"내연산 삼지봉은 원래 종남산(終南山)이라 불리다가, 신라 진성여왕(眞聖女王)이 이산에서 견훤(甄萱)의 난을 피한 뒤에 내연산이라 개칭 하였다. 1983년 10월 1일 군립공원으로 지정되었다. 이 산의 남쪽기슭에, 포항에서 북쪽으로 약 30㎞ 되는 곳에 고찰 보경사(寶鏡寺)와 그 부속암자인 서운암(瑞雲庵), 문수암(文殊庵)등이 있다. 보경사 부근 일대는 경북3경(慶北三景)의 하나로 꼽히는 경승지를 이루어 좋은 관광지가 되고 있는데, 그 주된 경관은 내연산 남록을 동해로 흐르는 갑천계곡에 집중되어 있다. 갑천계곡에

는 상생폭(相生瀑), 관음폭(觀音瀑), 연산폭(燕山瀑)등 높이 7~30m의 12개의 폭포, 신선대(神仙臺), 학소대(鶴巢臺)등 높이 50~100m의 암벽, 깊이 수십 척의 용담(龍潭)등 심연(深淵) 및 암굴(岩窟), 기암괴석 등이 장관을 이루는 경승지로, 관광객의 발길이 끊이지 않고 있는 산이다." ◀출처 : 네이버

'내연산 삼지봉'의 등산코스는 이러했다.

"보경사 매표소 ↔ 문수암 ↔ 문수봉 ↔ 내연산 삼지봉" 원점회귀, 왕복 11㎞, 오전 8시 등산 시작, 4.5시간 내 하산 완료가 목표였다.

'내연산 삼지봉'의 보물찾기를 위해서는 봄철 산불예방기간이라 우선 도립공원안내소의 입산허가를 받아야 했다. 어제 허가 신청을 해둬야 했는데 깜빡 잊고 말았다. 인터넷에서는 허가를 받지 않고 입산하다 잡히면 벌금을 물어야 된다는 경험자들의 얘기에 귀가 솔깃하였다. 이런 저런 시나리오 구상 때문에 혼란스러웠던 어젯밤과는 달리 보경사 온천 숙소에서 자연스럽게 아침을 맞았다. 아무 말 없이 각자의 할 일을 하고, 짐을 챙기고 그리고 아침을 먹었다. 함께 산행을 하기로 하였으니 이런 저런 소리가 필요 없었다. 짐을 챙기면서도 제일 고민이 되었던 일은 역시 입산허가를 받아야 하는 일이었다. 여기저기 전화를 걸어도 휴일이라 받아 줄리가 없었다. 인터넷의 벌금 소리가 그냥으로 들리지 않아 현실 그대로 마음에 담아 두고 숙소를 나갔다.

"왕복 11㎞, 4시간 정도면 된다."는 소리에 자신감을 보여 주었다. 조용한 가운데 등산코스를 자세히 설명 해 주었다.

아침부터 산골바람은 거셌지만 훈훈하게 느껴져 오늘 날씨가 덥겠구나! 를 직감할 수 있었다. 나무들도 알아차린 듯 날씨가 곧 더워지니 물을 많이 먹고 싶어 나뭇잎을 빨리 키운단다. 또한 더위를 싫어하는 생물들에게 시원한 그늘을 만들어주는 나무들이 한 없이 기특해 보였다. 바람에 못이긴 나뭇잎의 몸부림은 "빨리 물을 달라"는 몸부림이라고 읽은 적이 있어 자연은 참 신비로웠다.

"같이 하겠다"는 것은 좋았으나 연일 무리하게 산행을 하게 되어 심적으로 상당한 부담을 안고서 걷고 있는 것 같아 보였다. 둘은 말없이 '보경사 입구'로 들어갔다. 아침 8시가 조금 넘었는
데 매표소 직원은 우리를 기다리고 있는 듯 입장료를 받았다. 보경사에 들어갈 일도 없을 텐데 입장료를 받는 것은 언제나 부당하게 느껴졌다. 표를 안내원에게 건네며 입산허가를 받았다. 이로써 벌금이라는 말에 솔깃하였던 한 가지는 현장에서 해결을 한 셈이었다.

시원한 바람과 물소리를 벗 삼아 계곡을 따라 한참을 올랐더니 갈림길이 나왔고, 계곡 쪽은 '12지 폭포'로 가는 길, 산 쪽은 '문수암' 가는 길이었다. 인터넷으로 보았던 갈림길에 우리가 직접 현장에 있었다. 현장을 하나하나 확인하며 보물찾기라도 하듯 찾아서 지나는 길이 재미도 있었다.

첫 번째 갈림길은 제대로 찾았고, 두 번째는 '문수암에 도착하는 일'이었다. 돌멩이로 된 경사가 심한 꼬불꼬불 오르막길이었다. 등산로는 낮은 나무들로 갇혀있었다. 조망도 눈에 들어오지도 않았다. 그냥 머리 숙이며 길 따라 오르기만을 계속하였다. 물소리와는 점점 멀어지면서 호흡은 더욱 거칠어졌다. 문수봉까지는 약 2.2km, 정상인 삼지봉까지는 약 5.5km, 그전에 약 1.2km 지점에는 문수암이 있다고 하였고, 문수봉까지 오르는 길이 고비라고 알고 있어, 우선은 중간 지점에 있는 문수암을 빨리 찾고 싶어졌다.

약 30분 만에 문수암을 지나쳤다. 지도상에는 등산로 오른쪽에 있었지만 현장에서는 왼쪽에 있어 조금 의아해했다. '정답은 역시 현장에 있구나!'를 실감했다. 여자 두 명은 쉬면서 산천이 떨어져 나갈 정도로 수다를 떨고 있었다. 등산할 때는 남녀 모두 수다가 많은 게 정상이다. 작은 나무숲에 갇힌 급경사 등산로는 계속되었다. 혼자 겨우 지나갈 정도로 갇혀진 좁은 등산로를 오르면 답답할 것 같았으나 신록이 우거진 그곳에는 신선함이 느껴졌다.

'문수봉(622m)' 쪽으로 오를수록 하늘이 열리는 기분을 느꼈다. 응봉산에 비하면 어림도 없겠지만 그런대로 잘 자라준 소나무들이 감사했다. 9시도 안되었는데 키 큰 나무들 사이로 내리쬐는 햇볕은 땅을 훈훈하게 만들었지만, 나무 사이로 불어오는 시원한 바람으로 잘 조화를 이루어 덥다는 느낌은 전혀 없이 편안한 마음으로 계속 오를 수 있었다.

보경사에서 벌써 1.9㎞를 올라왔고, 정상인 삼지봉까지는 아직 3㎞/1시간 20분이나 남았다는 이정표에 놀란 듯 불만 섞인 목소리와 함께 쳐다보았다.

"평지길이라 금방 간다."고, "약 50분이면 정상"이라고만 얘기를 하고 따라 걸었다. 평지라 아내의 걸음은 더욱 빨라졌다. 계산상 아마도 다음 일정에 압박을 받은 모양이었다. 약간의 경사만 있었을 뿐 거의 평지 흙길이어서 다행이었다.

1.7㎞, 1.3㎞등과 소요 시간이 나와 있는 이정표가 계속 나왔다. 그러나 우리가 측정한 것과 오차가 많으니 필자의 말을 믿고 50분만 걷겠다는 눈치로 힘차게 걸었다. 이정표 상의 거리와 소요시간이 모두 달랐다. 누가 그랬는지 이정표에 소요시간을 지워버린 흔적도 있어 안타까웠다.

들머리로부터 약 5.2㎞, 두 시간을 조금 넘겨 정상인 '내연산 삼지봉'에 도착하였다. 우람차게 생긴 정상석이 맘에 들었다. 그리 이른 시간도 아닌데 제일 먼저 도착했던 것 같았다. 인증샷과 함께 잠시 휴식을 취한 후 곧장 올랐던 길을 따라 하산을 시작하였다.

하산하는 길에는 주말 부부 등산이 많이 보였으며, 아름다워 보였다. 아내는 젊은 남녀가 등산하는 모습을 보면 항상 좋게 평가를 하여 필자는 "등산 하는 사람들은 등산을 통해서 고통을 이겨내고, 자연이 갖고 있는 어려움을 극복하는 과정에서 희열을 느끼고, 넓은 세상을 보고, 넓은 마음으로 산다. 그리고 남자들은 군대생활이나 등산을 통해서 강인함과 인간세상에서의 조화로움을 배우게 된다."고 역설해 주었다.

하산 길에 몇몇 부부 등산객을 만났다.

정상까지의 시간이나 거리를 여쭈어 보는 걸로 봐서는 둘 중에 한 명만이 등산을 좋아하고, 주말 나들이로 내연산을 찾은 것 같아 보였다. 우리처럼 시원하게 완주하는 부부는 드물었다. "처음부터 잘하는 사람이 없으니 꾸준히 하면 누구나 유연해 질 수 있다"는 점을 말해 주고 싶었다. 등산 할 때는 여러 가지 원칙이 있다. 원점회귀의 경우는 등산할 때는 열심히 걷기만 하고 하산할 때는 경치 구경과 사진을, 들머리와 날머리가 다를 때는 등산부터 하산까지 주변을 살피면서 잘 정리를 해가면서 해야 한다. 이번에는 원점 회귀이므로 열심히 올라갔다가 하산할 때 경치 구경과 사진을 찍었다.

시작은 연두색으로, 중간 때는 초록색으로, 마무리는 푸른색으로 변해가는 자연의 모습에 감탄이 절로 나왔다. 보경사 주변의 계곡과 산은 특히 이런 부분이 특이하였다. 푸르른 나뭇잎 위로 바람이 불 때면 한 방향으로 출렁이는 그 모습 또한 장관이었다. 필자의 마음도 절로 젊어지는 듯 하였다. 또 그렇게 깨끗한 자연을 보기란 드물 것이라 자연이 대단하게 보였.

하산 때 보았지만 주말이라 계곡에는 '12지 폭포'를 구경하러 온 사람들로 붐볐다. 높이가 몇 미터 안 되는 폭포였지만 관광객도 많았다. 맑고 깨끗함이 오래 보존되기를 바랐다.

오전 8시에 시작된 내연산 삼지봉 등산은 11km의 거리를 4시간 반 만에 끝났다. 보경사 입구 식당에서 칼국수를 맛있게 먹고, 근사한 온천 사우나장에서 4박 5일간의 피로를 말끔히 씻었다.

4박 5일 동안 4개의 명산을 함께해 준 아내가 자랑스럽고, 대견하고 고마웠다.

세상은 밖에도 있었네!
# 명산 100, 50번째 '내장산' 완등 이야기!

▲ 내장산 (內藏山, 신선봉 763m) | 2016년 10월 29일 토요일

'명산 100' 중 반환점을 도는 날이었다.

특별히 가을 단풍 여행으로 1일 2명산(내장산, 백암산)등산에 아내랑 자차로 나섰다.

힘든 산행이 될 것 같아 며칠 전부터 여러 번 설명을 해 주었다.

"내장산(內藏山)은 영은산(靈隱山)이라고도 한다. 높이 763m, 노령산맥의 중간 부분에 있으며 신선봉(神仙峰, 763m)을 중심으로 연지봉(蓮池峰, 720m), 까치봉(680m), 장군봉(670m), 연자봉(660m), 망해봉(640m), 불출봉(610m), 서래봉(580m), 월령봉(420m)등이 동쪽으로 열린 말발굽 모양으로 둘러서 있다.

주요 지질은 백악기 말의 화산암류이고 주요 암석은 안산암으로 절리(節理)가 나타나 산꼭대기에는 가파른 절벽, 산 경사면에는 애추(崖錐)가 발달되어 있다. 식물은 참나무류, 단풍나무류, 층층나무류 등의 낙엽활엽수림이 주종을 이루고 능선에는 비자나무 등의 침엽수림이 나타난다. 신선봉, 장군봉 등에 있는 굴거리 나무 군락은 천연기념물 제91호로 지정되었다.

가을철 단풍이 아름다워 옛날부터 조선 8경의 하나로 꼽혔다. 백제 때 영

은 조사가 세운 '내장사'와 임진왜란 때 승병들이 쌓았다는 동구리 골짜기의 '내장산성'이 있으며 금선폭포, 용수폭포, 신선문, 기름바위 등도 잘 알려져 있다. 등산로는 능선 일주 코스와 백양사까지의 도보 코스가 주로 이용된다. 1971년 서쪽의 입암산(笠巖山, 654m)과 남쪽 백양사 지구를 합한 총면적 75.8㎢를 국립공원으로 지정하여 보호, 관리하고 있다." ◀출처 : 네이버

아침 일찍 시작하여 오전에는 내장산 신선봉(763m)을 오후에는 백암산을 가기로 하였다. 아침 일찍부터 적극 협조를 해 주었다. 어제 저녁을 먹었던 식당에 아침을 부탁하였더니 흔쾌히 수락해 주어 안심을 했는데 아침 6시 반쯤에 갔더니 인기척도 없었다. 빈 속으로 갈 수가 없으니 옆집 식당에 불이 있어 노크를 해 보았지만 대답이 없었다.

원래는 내장사를 통과하여 내장산 신선봉으로 등산하는 길을 생각했으나 토요일 관광객이 몰려들어 시간이 지체되기라도 하면 하루 두 개의 명산을 산행하기가 어려울 것 같아 인터넷에서 여러 번 찾아 본 결과 가장 짧은 등산코스를 알게 되어 더욱 박진감 넘치는 하루가 시작되었다.

왕복 2시간 반만 걸린다고 하였으니 아침을 안 먹어도 될 정도 자신감이 붙어 있었다. 전북 순창군 북흥면 봉덕리 대가마을을 들머리로 하면 2시간 반이 걸려 최단시간에 신선봉을 다녀올 수 있다기에 두 개의 명산을 다녀오는 것에는 여유가 생긴 듯 기뻐해졌다.

더 이상 기다릴 수 없어 고구마로 아침을 먹었다.

아침 6시 반 쯤에 1차 목표 지점 내장산으로 향했다. 예상외로 날씨는 쌀쌀하여 여름 복장을 한 나로서는 추위를 느낄 정도였다. 네비를 따라 먼 거리에 있지 않은 최단거리 들머리인 대가마을 마을회관이라고 나오는 곳으로 갔다. 인기척이 없어 스산한 느낌마저 들었지만 사람 눈에 잘 띄는 도로 옆에 우선 주차를 하였다. 등산객이 많이 찾지 않는 곳이라 이정표는 찾아보기 힘들 것으로 예상하고 인터넷의 사진을 찾아 낯선 길을 걷기 5분 만에 첫 번째 이정표를 찾았다. 정상까지는 1.8㎞였다. 인터넷에서는 2시간 반만에 하였다니 이 정도면 자신감이 생겼다.

버려진 밭에는 잡초들이 가득하였고, 꾸지뽕이 많이 달린 나무도 가까이에서 난생처음 구경하게 되었다. 잡초들은 사람의 키를 훌쩍 넘게 자라 있

었고, 저기에서 혹시라도 동물들이 출현하면 어쩌나 싶어 등산용 스틱을 빨리 갖추었다. 사진을 찾아 들길을 조금 걷다 산 입구에서 두 번째 이정표를 발견하게 되었다. 이제는 한 개의 길 밖에 없으니 이 길만 따라가면 정상이 확실해져 안심이 되었다.

한 개밖에 없는 길에도 지뢰는 숨어 있었다.

산 속의 좁은 등산로에는 낙엽들로 가득 차 있어 등산로가 아닌가 싶기도 하였지만 멀리 보면 등산로의 흔적이 선명하게 보여 다행이었다. 짧은 거리의 등산로는 역시 그 만한 이유가 숨어 있었다. 계속 오르막이었다. 조금 짜증을 내 보이기도 하면서 차분하게 정상을 향해 걸어 주었다. 산속의 나무들로부터 아직 단풍은 보이지 않아 등산에만 집중할 수 있었다. 앞에 보였던 봉우리가 산 정상이겠지 싶어 열심히 오르면 또 봉우리가 나타났고, 거듭 반복되는 이런 상황에 짜증만 더욱 쌓이게 되었다. 이런 상황이 몇 번 반복된 후 이제 정상에 거의 도착되어질 무렵 항상 앞서가던 아내는 등산 방법을 바

꾸었다. 힘이 들든지 "지금부터 정상까지는 각자의 페이스로 올라가자"면서 먼저 가게 해 주었고 천천히 뒤를 따라왔다. 앞서 가면서도 뒤쳐져 올라오는 모습을 살피고, 이렇게 반복한 후 드디어 정상에 도착하였다.

높은 구름 때문에 그리 좋은 조망은 아니었다. 산야들도 아직은 단풍 시기가 안 되어 볼품이 없었다. 인증샷만 확보하고 서둘러 하산을 하였다. 경사가 있고 낙엽으로 덮여 있던 등산로를 내려가는 일이 무서웠다.

그래도 아침인지 간식인지를 먹어야겠기에 양지바르다고 생각되는 곳을 찾아 잠시 커피랑 고구마로 허기를 달랬다.

하산 길에서 부부 등산객을 몇 쌍 만났다.

이 등산길은 아는 사람이 별로 없겠구나 생각을 하였는데 제법 만나게 되어 정상적인 등산로가 맞구나 하고 어깨가 들썩해졌다. 특별히 명산 100을

탐방한다는 어느 부부를 만났다. 잠시 서서 명산 100에 대한 이야기도 나누었다. 9시 반쯤 내장산으로부터 안전하게 하산을 완료하였다.

첫 번째 내장산 탐방은 성공적으로 잘 마무리 되었다.

우리가 하산할 때 만났던 부부는 내장산 → 백암산 → 구암사 연계 탐방 (12㎞, 6시간)으로 두 개의 산을 한 번에 마친다고 자랑삼아 유혹해 놓았다. 내장산과 백암산은 연계산행이 맞는 코스로 알고 있었지만 자차로 다니다 보니 연계산행의 선택은 불가했다. 님자들은 경쟁의 세상에서 생활을 하다 보니 아직은 그런 테두리에서 벗어나지 못하고 있어 더 내려 놓아야 한다는 마음을 갖게 되었다.

남이 잘 하는 모습을 보면 더 잘 하고 싶은 마음(욕심)은 버릴 수 없는 습관으로 마음 한구석을 꽉 차지하고 있었다.

하산하는 동안 그들의 자랑이 내 마음을 들끓게 만들었다. 생각을 많이 해서 두 개의 명산 등산방법을 택하였는데 백양사로 내려오는 것만을 생각하였지 구암사로 내려 올 수 있다는 것은 전혀 몰랐다. 좋은 정보를 얻었지만 다음 사람을 위해 남겨 두기로 하였다.

"대가마을 ↔ 내장산 신선봉(정상)" 원점회귀 코스를 안전하고 즐겁게 마치고 오후 산행지 '백암산'으로 향했다.

세상은 밖에도 있었네!
# 명산 100, 87번째 '노인봉' 완등 이야기!

▲ 노인봉 (老人峰: 1,338m) | 2017년 5월 22일 월요일

후배와 몇 달 전부터 계획했던 '노인봉'을 산악회와 다녀왔다. 산악회와 홀로 다녀오고 싶었지만 산행거리가 너무 멀어 후배와 다녀오기로 하였다.

'팔공산', '오대산', '태화산' 등 장거리 산행은 꼭 후배와 다녀왔다. 그리고 산악회가 장거리 명산을 탐방하는데 많은 도움을 주었다. 값도 싸고, 접근성이 어려운 곳에도 다녀 올 수 있었고, 회원 간의 우애가 돈독한 것 같았고, 친절한 등반대장과도 많이 익숙해져 그런 일정으로 소화를 했던 것이다.

"노인봉(老人峰)의 유래는 '산삼을 캐기 위하여 치성을 드리면 노인이 나타나 서 심메가 있는 곳을 알려주었다'는 전설과 '산정에 기묘하게 생긴 화강암 봉우리가 우뚝 솟아 있는데 그 모습이 멀리서 바라보면 마치 백발의 노인처럼 보인다'고 해서 '노인봉'이라 불린다는 속설이 『강릉시사』에 기록되어 있다.

그리고 율곡 이이가 소금강을 소개한 '청학산기(靑鶴山記)'에 '청학산'이 등장하는데, 소금강을 둘러싼 산 전체를 옛적에는 청학산이라 불렀던 모양이다. 그러니까 청학산의 정상은 주봉인 황병산이 되고 노인봉은 청학산의 지봉인 셈이다. 오대산국립공원에 속해 있어 '오대산 노인봉'이라고도 하지만 엄밀히 말해 오대산과는 하등 관계가 없다는 걸 다시 알게 되었다." ◀출처: 네이버

여느 때처럼 아침 5시 기상, 미역국으로 아침을 먹고, 과일이랑 생수 등을

챙겨 배낭에 넣었더니 제법 무거워졌다. 지하철역 앞에서 열심히 장사하는 김밥사장으로부터 김밥을 사기 위해 오랜만에 갔더니 보이지 않아 서운했다.

김밥을 팔고 나서는 얼굴 한번 쳐다보면서 '좋은 하루 되세요', 혹은 '즐거운 하루 되세요'라는 인사와 함께 하루를 시작케 해 주었다. 모자와 마스크로 가려서 얼굴 표정은 볼 수 없었지만 따뜻하게 전해주는 아침인사가 늘 좋았다.

혼자 등산할 때 먹을 점심을 놓치면 큰일이기 때문에 철저한 준비를 위해서 네 가지 단계를 가지고 있었다. 첫 번째로는 '집에서 아내가 준비해 주는 것'이고, 이것이 안 될 경우를 대비해 두 번째로는 '신도림역에서 김밥을 사는 것', 이것도 안 되면 세 번째로 '사당역 4번 출구 지하 김밥집에서 사는 것', 최후 네 번째로는 '사당역 4번 출구를 나가 편의점에서 삼각김밥을 사는 것'을 갖고 있었다. 오늘은 두 번째까지 무너져서 세 번째 방법으로 맛은 없지만 김밥을 사야만 했다. 어쨌든 등산 준비는 완벽하게 된 셈이었고, 가방의 무게가 어깨를 짓눌렀다.

월요일 아침에 누구는 출근을 한다고, 누구는 등산을 간다고 모두가 바빴다.

배낭을 한 모습이 초라하지도 화려하지도 않았지만 등산 출근은 아직 이색적인 장면으로 보였다. 그래도 당당하게 지하철역까지 걸어서, 사당역까지 지하철을 타고 갔다.

사당역 3, 4번 출구 쪽에는 등산 배낭을 한 사람들로 북적거렸고, 주로 나이가 있어 보이는 사람들이었다. 나이 들어 등산이라는 수단으로 서로 의지하며 즐기는 모습이었다. 이쪽저쪽에서 나온 사람들과의 접선장소처럼 보였다. 필자의 짝 후배는 양재역에서 타게 되어 있었다. 필자도 덩달아 그 자리에 앉아 그들과 함께, 그들처럼 잠시 망설여 보았다. 장거리 산행을 대비해서 화장실에 들러 시원하게 몸을 풀었다.

사당역 밖으로 나갔다. 해가 뜬지 두 시간이 넘어서 인지 아침 공기는 벌써부터 후끈하게 느껴졌다. 버스 주·정차 단속이 시작되었고 언제부터는 버스는 와서 기다리지 않고 출발 직전에 잠시 정차했다가 짧은 시간에 회원들을 태워 가야만 했다. 시스템이 바뀌었으니 미리 가서 기다릴 필요는 없어졌다.

아침 7시. 어김없이 산악회 버스는 목적지를 향해 출발하였다. 출근시간대라 도로는 온통 차들로 북적거렸다. 다행스럽게도 강원도 쪽으로 등산을 가야하니 조금은 피할 수 있어 다행이었다.

오랜만에 '양평휴게소'를 들렀다. 휴일 날 차들로 북적거렸던 주차장의 모습은 볼 수가 없었고, 길게 줄지었던 화장실의 전쟁도 없어서 좋았다. 어묵으로 에너지를 보충하고 가벼운 마음으로 또 버스에 몸을 실었다. 목적지에 도착하기 전 등반대장은 나누어준 등산 지도로 등산 코스를 소개해 주었다.

1단계로 진고개휴게소에서 정상까지 1.5~2.0시간이면 충분하고 정상에서 날머리까지는 수평 길이라 그다지 어렵지 않아 4시간이면 된다고 자신감을 심어 주었다. 정규 등산코스는 이렇게 정해졌다.

"진고개 휴게소(해발 960m) → 노인봉 정상(3.9km) → 낙영폭포(2.1km) → 광폭포(1.8km) → 삼폭포 → 백운대 → 만물상 → 구룡폭포 → 금강사 → 연화담 → 소금강관리소 → 소금강매표주차장", 총 14.5km/ 6시간 코스였다.

오전 10시 10분경 들머리인 '진고개휴게소'에 도착했다.

주차장이 그렇게 넓고, 좋을 줄 몰랐다. 넓은 주차장에는 먼저 산행을 시작했던 승용차들이 많이 주차되어 있었다. 초입에서는 작은 도토리나무 아래로 잘 만들어진 나무계단 경사로의 연속이었고, 중간쯤 오픈된 풀밭에는 노랗게 핀 민들레와 하얀 씨앗을 날릴 준비가 되어가는 민들레가 뽀송뽀송한 솜뭉치처럼 생긴 모습으로 온통 메우고 있었다. 그렇게 많은 민들레가 한꺼번에 군집하여 자라는 장면은 처음 보아 기특하게 보였다. 해발 960m에서 시작된 산행이라 자심감도 없잖아 생기게 되었다.

출발 1시간 만에 '노인봉 정상'에 도착했다.

구름이 몰려오는 주변 산야의 푸른색과 흰색의 구름이 어울려 멋진 자연을 연출해 주어 감사했다. 전남 광양에 위치한 백운산 정상에서 본 모습을 오랜만에 노인봉에서 보니 신비로움을 더해 주었다.

큰 암릉 중앙에 세로로 '老人峰'이라는 정상석이 속 시원하게 우뚝 서 있어 맘에 들었다. 인증샷과 함께 주변의 사진을 많이 담고서 하산길로 향했다. 오래전 대구 팔공산에서 만났던 회원도 함께 오고 있어 '세상은 좁구나!(It's a small world)'였다.

등산이 싱겁게 끝났던 정상석의 인증샷을 뒤로 하고 고통의 10㎞ 계곡을 따라 내려가야 했다. 계곡을 따라 지상까지 내려오는 곳에는 지루함을 풀어주기라도 한 듯 폭포도 많았지만 가뭄으로 물이 적어 별 볼품은 없었다.

철제계단, 나무계단, 아치형의 계곡을 가로지르는 계단, 돌계단, 바위길 등이 계속 이어졌다.

10㎞ 속에는 그림 같은 풍경 속에 계곡물 흐르는 소리, 수많은 자연의 명물들의 소개, 수많은 명소들이 자리를 하고 있었지만 귀경시간에 맞춰 음미할 겨를도 없이 열심히 그저 걷기만 하였다.

출발 5시간 반 만에 들머리 주차장에 도착하였다.

하산 길은 결코 쉬운 코스는 아니었다. 거리도 거리였지만 지면의 상태가 불편했다. 발목의 유연성이 확보되는 흙길과는 달리 돌길을 오래 걸으니 발목이 쉬이 피곤해지고 말았다. 계곡의 물도 미지근하여 별 재미가 없었다.

오랜 가뭄으로 긴 계곡을 내려오면서 물은 많이 달구어진 느낌을 주었다. 여름철 시원한 계곡 여행지로는 추천을 해 주고 싶다.

함께해 준 후배에게 감사했다.

오후 4시 20분쯤 버스는 귀경을 시작하여 저녁 8시쯤에 사당역에 도착하였다.

텅빈 지하철의 느낌도 좋았고, 자리에 앉을 수 있어 더욱 좋았다. 지하철 연결이 잘 되어 집으로 빨리 갈 수 있었다.

홀로 등산을 갈 수 있게 배려해 준 가족에게 감사했다.

세상은 밖에도 있었었네!
# 명산 100, 73번째 '달마산' 완등 이야기!

▲ 달마산 (達摩山, 달마봉 489m) | 2017년 3월 29일 수요일

　　　남해여행 3일차 1일 2산행으로 오전에는 전남 해남군 '미황사'를 감싸고 있는 '달마산'을, 오후에는 '대흥사'를 감싸고 있는 '두륜산'을 다녀오기로 하였다.
　두륜산도립공원 대흥사 입구에 숙소를 정하고, 아내는 이틀 연속 등산(불갑산, 월출산)의 피로로 숙소에서 쉬고 홀로 오전 일정대로 '달마산 달마봉'을 다녀오는 것이었다.
　달마산 달마봉의 최단 등산코스로 이렇게 계획하였다.
　"미황사 주차장 ↔ 도솔봉 삼거리 ↔ 달마봉(정상)" 원점회귀 코스. 2.5km, 1.5시간을 예상하였다.
　"달마산은 남도의 금강산으로 불리는 산으로 공룡의 등줄기처럼 울퉁불퉁한 암봉으로 형성되어 있으며 능선은 단조로운 산타기와는 달리 계속해서 정상으로만 이어지는 등반으로 멀리 해안 경관을 보는 즐거움이 함께해 지루함을 느낄 수없는 산이다.
　해남읍에서 월송리행 버스를 이용하며 미황사에서 산행을 시작한다. 산행거리는 짧지만 암릉, 억새, 다도해 조망 등 온갖 재미를 두루 볼 수 있다. 특히 바위능선과 함께 억새풀과 상록수가 어우러져 장관을 이루는 것이 이 산의 특징이다. 또한 산 전체가 규암으로 되어 있다. 산을 오르는 중 돌더미가

흘러내리는 너덜지대를 통과하기 때문에 산행이 쉽지만은 않으며 곳곳에 단절된 바위암벽이 있어 혼자 등반하기보다는 여럿이 오르는 것이 바람직하다.

한 향토사학자에 의하면 이 산은 옛날의 송양현에 속해 있었는데 지금은 해남군 현산·북평·송지 등 3개면에 접하고 해남읍으로부터 약 28㎞ 떨어져 있다. 이처럼 3개면에 위치하면서 두륜산과 대둔산의 맥을 이어 현산이 머리라면 북평은 등, 송지는 가슴에 해당하는 형상이다. 또 사구·통호·송호 등의 산맥을 지맥으로 이루면서 한반도 최남단 땅끝 사자봉에 멈춘 듯 하지만 바다로 맥을 끌고 나가 멀리 제주도 한라산을 이루고 있는 독특한 산이다.

이렇듯 수려한 산세가 유서 깊은 천년 고찰 미황사를 있게 한 것이다.

또 옛날에 봉수대가 설치되어 완도의 숙승봉과 북일 좌일산에서 서로 주고받던 곳으로 현재 잔허가 남아 있으며 극심한 가뭄이 오래 계속되면 산봉우리에서 기우제를 지내 비를 내리게 했다 한다.

이 고찰은 불교의 해로유입설(海路流入說)을 뒷받침하기도 한다. 경내 부도전의 부도조각이 특히 아름답고 대웅전 뒤쪽으로 산의 절경이 한눈에 들어온다. 산꼭대기 고개 동쪽에 있는 천 길이나 되는 벽 아래 미타혈이라는 구멍이 있다. 대패로 민 듯 칼로 깎은 듯한 것이 두세 사람은 들어가 앉을 만하다. 앞으로는 층대가 있어 창망한 바다와 산들이 서로 가까이 있는 듯 느껴진다. 정상은 기암괴석이 들쑥날쑥 장식하고 있어 거대한 수석을 세워놓은 듯 수려하다." ◀출처 : 네이버 지식백과

낙지볶음과 따끈따끈한 밥으로 아침을 든든하게 먹고 아내는 숙소에 남겨두고 30분 거리에 있는 '미황사 주차장'을 자차로 찾아 갔다. 시골길, 새벽길, 초행길, 2차선과 4차선, 2차선에는 새벽부터 간간이 덤프 트럭도 다녔기에 더욱 긴장이 되었다. 예정된 시간보다 일찍 목적지 주차장에 도착하

였지만 '미황사'는 수도를 하는 곳이라 인기척이 없어 주차장을 지나 도로를 따라 자동차가 갈 수 있는 곳까지 올라가 보았다.

안전하게 주차를 하고 등산 장비를 갖추고 홀로 등산을 시작하였다. 밤비로 산야는 온통 축축해져 있어 미끄럼이 걱정되었다. 들머리까지 구름이 내려와 덮어 버렸다. 다행히도 리본을 찾아 산 속으로 들어갈 수 있었지만 가시거리 5m정도라 어디가 어디인지 분간이 되지 않는 소로를 따라 올랐다.

이른 새벽에 구름까지 시야를 가려 가슴은 쿵덕 쿵덕, 머리는 쭈뼛쭈뼛, 귀는 쫑긋쫑긋 해졌다. 등산로 주변은 온통 조릿대로 덮여 있어 그 속에서 금방이라도 무언가 갑자기 출현할 것 같은 긴장의 연속이었다. 전방은 전혀 보이지 않았으며 키 큰 나무에서 떨어지는 물방울 소리에도 귀가 쫑긋해질 정도로 긴장의 연속이었다. 방대하게 펼쳐진 미끄러운 바위를 거쳐 미끄러운 소로를 계속 걸어 구름으로 온통 덮여 정상의 위치는 짐작이 어려웠지만 큰 바윗덩어리가 보이는 걸 봐서는 정상이 가까워짐을 알게 되었고, 등산로는 더욱 까다로워졌다.

물기를 촉촉이 머금은 바위들을 안전하게 밟으면서 홀로 정상 정복 싸움은 절정에 달했고, 한 걸음 한 걸음의 보람으로 첫 번째 능선인 '도솔봉 삼거리'에 도착하였다.

그동안 구름 가득한 산속에서 한치 앞도 내다 볼 수 없었던 홀로 산행의 순간을 지나고 나니 한숨이 절로 나왔다. '누가 있을까, 또 쫓아올까?' 쉼 없이 빠르게 움직였다.

바위를 탄지 얼마를 지났을까 밑에서 사람소리가 들려와 이른 새벽이라 깜짝 놀랐다. 반대편에서 여자 두 명이 등산을 해 오고 있는 순간을 목격하고 천군만마

를 얻은 듯 기뻤지만 한편으로는 겁도 났다. 아무도 없는 이른 아침에 홀로 산행을 시작했다는 게 무서울 정도의 도전이었는데 구름 가득한 산에서 그것도 이른 아침에 사람을 만났으니 얼마나 불안했을까?

그들은 지나치며 "이른 시간에도 등산하는 사람이 있구나?"를 던지면서 무서워하면서도 반가운 가운데 서로의 하산로에 대한 상황을 물었다. 그들은 '도솔봉 쪽'으로 필자는 '달마봉 쪽'으로 서로 비켜갔다.

1시간 동안 홀로 등산을 하였지만 구름 때문에 5m내의 것 외에는 전혀 기억에도 없었다. 출발 1시간 만에 달마봉 정상에 도착하였다.

바람과 구름은 가슴과 얼굴을 세차게 때렸다. 준비해 간 파카로 우선 찬바람을 막고 언제나 정상에는 예측이 안 되는 상황이 있으니 단단히 준비를 해야 하는 게 등산의 기본임을 다시 한번 경험하게 되었다.

홀로 인증샷 몇 장을 남기고 곧장 하산하였다. 하산로는 조금 전 산객들로부터 확인한 그 길을 택하였다. 처음에는 다소 가파르고 위험한 바윗길이었으나 조금 지나니 흙길이었다.

오히려 그들 만나 하산로 선택을 잘 한 것 같았고 안개비로 미끌미끌하였지만 안전 산행을 마음속으로 외치면서 빠른 걸음으로 하산하였다.

계획하였던 대로 2.5km, 1시간 반 만에 달마산을 완등하게 되었다.

조망이 괜찮다고 들었는데 구름으로 전혀 보지 못한 게 내내 아쉬웠다. 너덜너덜하게 더러워진 신발과 옷을 정리하고, 차를 운전하여 숙소로 안전하게 도착했다.

미(美)친 듯이 달마산 산행을 안전하게 마치게 되어 다행이었다.

세상은 밖에도 있었네!
# 명산 100, 22번째 '대둔산' 완등 이야기!

▲ 대둔산 (大芚山, 878m) | 2016년 4월 11일 월요일

　서울에서 거제도로 내려가는 길에 전라북도와 충청남도의 경계를 이루고 있는 '대둔산'을 다녀가기로 했다.
　대둔산의 등산은 이렇게 계획하였다.
　"대둔산 주차장 ↔ 케이블카 탑승 ↔ 대둔산 정상(마천대)", 원점회귀.
　명산의 유래에 대해 사전 알고 가면 산행이 신비롭고 보물찾기 혹은 수수께끼를 푸는 것처럼 즐거워진다. 필자는 항상 그렇게 준비해서 명산에 다녀온다. "여행은 집을 나설 때부터 시작되어 집에 들어올 때 마치게 되는 것"이라 '대둔산 등산 이야기'도 그런 포인트에 맞추어 정리를 해 보았다.

　"대둔산은 노령산맥 줄기가 김제의 만경평야를 향하다 금산지역에서 독립된 산군을 이루며 절경을 이룬 곳이 대둔산이다. 호남의 소금강이라 불리는 이 산은 정상인 마천대를 비롯하여 사방으로 뻗은 여러 산줄기가 어우러져 칠성봉, 장군봉 등 멋진 암봉을 이루고, 삼선바위, 용문골(장군봉, 칠성봉), 금강통문 (동심암, 금강암, 약수터,삼선암, 왕관암, 마천대)등 사방으로 기암괴석과 수목이 한데 어우러져 산세가 수려하다.
　마천대에서 북쪽 능선을 따라 낙조대에 이르는 구간은 특히 장관으로 이 낙조대에서 바라보는 일출, 일몰 광경이 일품이다.

대둔산의 원래 이름은 '한듬산'이었다. '듬'은 두메, 더미, 덩이의 뜻으로 '큰 두메의 산', '큰 바위덩이의 산'을 말한다. 한편 한듬산의 모습이 계룡산과 비슷하지만 산태극 수태극의 큰 명당자리를 계룡산에 빼앗겨 '한이 들었다'해서 '한듬산'이라는 유래도 있었다. 일제 강점기에 이름을 한자화하여 '한'은 '대(大)'자로 고치고 '듬'을 이두식으로 가까운 소리가 나는 '둔(芚)' 또는 '둔(屯)'자로 고쳐서 대둔산이 된 것이라 한다.

1977년 도립공원으로 지정되어 관광객을 위해 케이블카, 금강 구름다리 등이 설치되어 새로운 명물이 되었다. 5분 정도 케이블카를 타고 내려서면 가파른 계단을 올라 금강구름다리가 있다. 이는 임금바위와 입석대 사이를 가로질러 놓은 것으로 높이 81m, 길이 50m다. 이곳에는 또한 진산의 태고사, 운주의 안심사, 별곡의 신소운사 등의 유서 깊은 절도 남아 있다." ◀출처 : 네이버 지식백과

거제도로 갈 때나 서울로 갈 때는 100대 명산 중의 하나를 찾아 등산을 하고 다니는 것도 장거리 이동을 유용하게 하는 방법 중 하나가 되었다. 거제도나 서울에서 2시간 정도만 일찍 출발한다면 충분히 가능한 것이었다. 무턱대고 명산이 좋아서 그러는 것이 아니라 물론 낮 시간을 충분히 고려하고, 안전산행만큼 안전운전도 중요한 점을 충분히 고려했다. 서울 ↔ 거제 주행거리 약 400km, 최소 6시간 운전을 해야 하는 거리라 중간지점에서 몸을 푸는 시간과 방법이 있었으면 좋겠다(물론 고속도로휴게소가 있었지만 너무 지겨운 방법)는 뜻에서 명산을 찾아 등산을 하게 되었다. 필자의 의견에 아내도 동의를 해 주며 영원한 동반자인 아내가 동행까지 해 주었으니 금상첨화였다.

'100대 명산'이나 '서울 둘레길' 등 모두는 필자가 계획하고 아내는 친구로 함께 힐링하는 형태였다. 누구처럼 산악회가 모두 준비하고 회원들은 버스에 몸을 싣고 참가비만 내면 되는 그런 형태가 아니고 자차로 편하게 다녀올 수 있는 곳을 찾아내는 것이었다. 등산을 하는 재미도 있었지만 인터넷에 들어가서 직접 명산을 찾아보고 준비하는 과정도 엄청 재미가 있었다. 그런 의미에서 "나를 찾아 떠나는 도전, 명산 100"이 제일 어울렸다. 서울 → 거제 이동 중 '대둔산 등산'을 처음 시도해 보는 일이었지만 결론적으로 대 성공이었다.

계획대로 아침 이동이 시작되었다.

약 400km를 평소처럼 휴게소에 쉬어가면서 같은 패턴으로 일사천리로 안

전하게 운전해서 가야했지만 이번에는 좀 특이하게 전북 완주군과 충남의 경계선을 이루고 있는 '대둔산'을 향했다. 새로운 방법으로 새로운 도전을 한다는 것이 그렇게 즐거울 수가 없었다.

'대둔산 주차장'까지는 약 280㎞였다.(인삼랜드 휴게소까지가 약 200㎞) 네비에 나타난 바에 따르면 금산 IC에서 19㎞를 더 들어가야 되는 곳에 있었지만 그다지 멀지 않은 곳에 위치하고 있다는 사실을 알게 되었고, 등산코스 등을 미리 인터넷을 통해 충분히 공부를 하였으니 걱정은 전혀 없었다. 케이블카도 있었으며, 약 2시간 정도 등산을 하고 쉬었다가 서울로 가는 계획이었다.

경남 고성에 위치한 '공룡휴게소'에서 오랜만에 아침을 먹었다.

휴게소 주차장에는 울긋불긋 가을 단풍을 보는 듯 등산복 차림의 상춘객들이 많았다. 예전에도 있긴 하였지만 어두운 색 위주의 등산복이라 그 당시와 현재 삶의 모습을 보여준 셈이었다. 간단히 식사를 마치고 대진고속도로를 타고 달렸다. 고속도로 좌우에 펼쳐진 대자연의 변화에도 분명히 질서가 있어 보여 사람이 모여 사는 세상의 인생사와도 비교가 되어졌다. 잎보다 꽃부터 피우는 '개나리', '벚꽃', '진달래', '목련' 등이 보였으며, 그들은 봄의 전령사처럼 온 산천을 화려하게 장식해 주고 있어, 분명 자연의 질서를 보여주고 있었다. 연두색에서 점점 파란색으로 스스로 변해가는 모습에서 자연의 경이로움을 또 느낄 수가 있었다. 서울 쪽으로 가까워질수록 남쪽과 봄의 기운이 달라 보였다. 남쪽에서는 푸른 새싹을 볼 때가 멀지 않았는데 북쪽으로 갈수록 아직 싹이 돋아나지 않은 나무도 많았다. 남쪽에는 봄을 시샘이라도 하는 듯 봄비가 자주오고 있으니 북쪽에도 머지않아 대자연의 질서를 볼 수 있을 것이다.

약 3시간 여 만에 생전 처음 대둔산 앞 '대둔산 주차장'에 도착하였다. 사진으로만 보았던 그 야말로 한 폭의 그림, 기암괴석과의 어울림 등 자연의 조화로운 모습들이 눈앞에 전부 펼쳐졌다.

주차장의 규모를 보면 주말 관광객을 짐작케 해주었다. 주차장 입구에서 등산로를 향하는곳에는 식당들이 어마어마하게 줄지어 있어 대둔산의 유명세를 짐작하게 만들었다. 그래서 대둔산을 '호남의 금강산'이라고 했던가?

주차장에서 바라본 대둔산은 우뚝 솟은 봉우리마다 독특한 형상이 담겨있는 기암괴석으로 가득했다. 마치 한 폭의 산수화 같은 절경과 산세가 험하고 경사가 심하여 케이블카는 중요한 역할을 하고 있는 것 같아 보였다. 다행스럽게도 케이블카는 정상적으로 운행되었다.

전국의 케이블카 투어도 함께 하고 있어서 케이블카 타는 것도 이벤트에 포함되었는데 케이블카만의 풍광이 또 값진 선물이었다. 케이블카는 1990년 11월 20일부터 가동되었고(26년), 바람이 16~17m/s 이상이면 운행중단이란다.

주차장에서 200m를 걸어 올라갔더니 관광객들이 너무 많아 70m 정도 더 가파른 길을 올랐더니 케이블카를 타는 곳이었다. 시간상 왕복 티켓을 구입하고, 3층으로 올라갔다. 케이블카 승차관련 이렇게 적혀 있었다. "정원 대인 51명, 소요시간 편도 6분, 주행거리 편도 927m, 도착지점은 금강구름다리 앞, 운행시간(평일) 매시정각, 20분, 40분"

잠시 기다렸다가 오전 11시 40분에 탑승을 하였다. 관광 오신 분들과 합승하여 시끄럽고 혼란스러웠지만 순식간에 해발 600m 위치에 도착하였다. 정상석이 있는 '마천대'까지는 아직 600m를 더 걸어 올라야했다. 짧은 거리, 높은 정상, 경사가 워낙 심해서 울렁증, 고소공포증이 있는 사람은 뒤를 돌아다보면 큰일 날 정도로 좁고 위험한 급경사뿐이었다.

첫 번째 등산로부터 장난이 아니었다. 지그재그로 된 철 계단이 편해 보이긴 하였지만 그 경사도는 편하게 해 주지 못하였다. 숨 한번 몰아쉴 시간도 없이 한 번에 첫 번째 절점인 '금강구름다리'에 도착하였다.

높이 약 50m 이상의 위치에서 50m의 다리를 건너야 했다. 다리 밑을 볼 때면 아찔아찔하기도 하였지만 머리 들어 저 멀리 내다보았을 때는 기암괴석이 압도적이라 그냥 자연에 도취해버렸다. 아내는 주변을 감상하지 않았던지 인증샷을 남길 여유도 없이 한걸음에 50m를 넘어가 버렸다. 무서워서 그랬을까? 알 수도 없었고, 그렇다고 물어 볼 수도 없어 구름다리는 아내 홀로 재미없게 건너고 말았다.

다음의 절점은 '삼선암'과 연결하여 설치된 45도 이상의 경사진 127개의 철 계단으로 된 '삼선철사다리'를 통과해야 했다. 꼭 이 사다리를 타지 않아도 우회도로는 있었지만 아내는 그 길을 선택하여 용감하게 올라갔다. 경사가 워낙 심한데다 바람까지 불어 뒤를 내려다 볼 자신도 없었다. 여기에서도 아내는 쉼 없이 한걸음에 '삼선암'까지 올라가고 말았다.

'삼선암'에서 올려다본 경치는 그야말로 장관이었다. 매순간 고개를 들면 최고의 모습이 우리에게 선물로 내어 주는 것 같았다. 계절마다 바꿔 입는 나무들과 기암괴석이 어울려 일년내내 비경이 펼쳐질 것 같아 감탄이 절로 나왔다.

이제 마지막으로 세 번째 절점을 통과해야 했다.

계단으로 된 급경사 250m를 걸어 마치 북한산의 백운대 정상을 오를 때와 같은 형태였다. 필자는 돌계단, 나무계단으로 된 등산로를 제일 싫어하는데 여기서 또 마주쳤다. 깔딱고개는 저리가라는 수준의 급경사로였다. 오르는 것은 앞만 보고 가면 되었지만 내려가는 일이 더 걱정이 되었다. 그래서인지 등산로 좌우 가장자리에 가드레일을 세워두었단 말인가? 시간의 흐름이 있듯이 우리는 쉬지 않고 한 걸음 한 걸음 올랐다. 드디어 정상으로 가는 '삼거리'에 도착하여 좌로 150m를 오르면 되었다. 역시나 철 계단으로 되어 있어 굉장히 싫었지만 짧은 거리라 마음 접고 쉼 없이 걸었더니 대둔산 정상인 '마천대'를 30분 만에 오르게 된 셈이었다. 우여곡절 끝에 출발지점에서는 1시간 만에 878m 대둔산 정상 '마천대'를 접수하였다.

햇볕이 내리쬐었던 대둔산 정상에는 높은 탑이 세워져 있었고, 무슨 유래가 있는지 하고 찾아보았더니 뒤편에 그 내용이 적혀 있었다. 정상에서 바라본 경관은 정상까지 힘들게 올라온 모든 사람들에게 미세먼지의 농도가 얕아지면서 가시거리가 좋아져 값진 선물을 안겨 주었다. 우뚝 선 봉우리들이 서로 오라고 손짓을 하는 듯 눈앞에 아른거렸다. 봉우리가 무려 17개였고, '100대 명산'에 해당되는 산은 '대둔산', '모락산', '운장산' 세 곳이나 되었다.

'나를 찾아 떠나는 새로운 도전, 명산 100'의 이벤트 완등은 차곡차곡 늘어 벌써 22번째 완등이었다.

케이블카 덕분에 정상을 찾는 이들도 많아 정상에 있는 바위가 반질반질해져 있었다. 정상에서 조금 내려가 양지바른 곳에서 푸짐하진않았지만 다양하게 준비해간 점심을 맛있게 먹었다.

경사가 심했던 돌계단을 이제 내려가야 할 차례였다. 대체적으로 키가 작은 사람들이 내리막 계단을 내려갈 때 서툴고 어설픈 모습을 많이 연출했다. 출발점부터 정상까지 한 눈에 들어왔다.

"우리가 저 힘든 길을 올라왔던가? 장하도다!!" 필자는 등산이 힘들 때면 고개 들어 정상을 쳐다보는 것이 아니라 필자가 올라온 길을 쳐다보면서 용기를 충전한다. "저렇게 힘든 길 을 올라왔다니. 자! 조금만 더 걸으면 정상이 될 터인데" 하고 내공을 불어 넣어 준다. 올라갔던 길을 내려갈 때 다시 쳐다보면 필자에게 큰힘이 되어줬다. 탑승장에 도착하여 휴식할 시간도 없이 30에 탑승을 시켜 줬다. 케이블카를 타고 올라갈 때는 대둔산의 기암괴석만 쳐다보았지만 내려올 때는 주변의 경관만을 자세히 살펴보았다. 소나무 사이 군데군데 피어 있는 흰색의 벚꽃이 잘 어울렸다. 이들이 함께 군집해 있으면 마치 백색의 투명터널에 있는 것 같은 느낌을 받을 것 같았고, 흩어져 다른 나무들과 있으니 홍일점처럼 나름 아름다움의 의미를 다르게 보여줬다.

"원효대사도 기암괴석의 절경이 아름다워 3일 동안 내려오지 않았다"는 전설이 있을 만큼 충분히 값진 산행이었다. '호남의 금강산'이라 할 만큼 사방으로 수려한 경관을 이루고 있는 대둔산 산행을 안전하고 즐겁게 마치게 되었다.

약 9시간 만에 하루 일과가 마무리 되었다. 짧은 산행이었지만 역사적 의미까지 알아볼 수 있는 좋은 기회였다. 함께 해 준 아내에게 감사했다.

고속도로에서 그리 멀지 않는 곳에 위치한 대둔산을 사계절에 관계없이 좋은 명산으로 추천해 둔다.

세상은 밖에도 있었네!
# 명산 100, 75번째 '덕룡산' 완등 이야기!

▲ 덕룡산 (德龍山, 東峯 433m) | 2017년 3월 30일 목요일

남해 여행 4일차로 전남 강진군에 위치한 '덕룡산 동봉'을 아내랑 자차로 다녀왔다.

'덕룡산'은 이렇게 소개되어 있다.

◀ 출처 : 네이버

"덕룡산(德龍山)은 처음 '창룡산' 또는 '득룡산'으로 불리우다 임진왜란 때 왜구가 쳐들어오니 용이 조화를 부려 마을에 먹구름으로 덮어 화를 면하게 한 은덕에 보답코저 '덕룡산'으로 고쳐 현재까지 불리게 되었다고 한다. 봉황이 알을 품고, 용이 여의주를 물고 있는 형국으로 새로운 세계를 여는 미륵의 화신으로서 용과 봉황 같은 영웅이 출현할 길지로 풍수지리상 전국 3대 명당의 한 곳이라고 한다."

'덕룡산'은 그다지 높지 않은 것 같고 산행거리도 짧아 오전에는 진도에 있는 '운림산방'에 다녀왔고, 오후에 덕룡산 등산을 하기로 하였다. 강진군에 위치한 덕룡산은 높이에 비해 산세는 1,000m 산에 견줄 만큼 웅장하여 산행은 다소 위험할 것 같아 보였다. '소석문주차장'에 주차를 하고 자차로 갔으니 선택의 여지가 없는 들머리와 날머리가 같은 원점회귀코스였다. 낮은 1봉, 조금 높은 2봉… 동봉까지 등산로는 점점 높게 이어지는 코스였다.

산을 오르는 내내 남해 바다를 볼 수 있는 것도 이 산을 오르는 묘미라고 하였는데 즐길 겨를도 없이 지정된 정상석 동봉만을 찾아 전진하였다. 웅장

하면서도 창끝처럼 날카롭게 솟구친 암봉의 연속이었다. 말 잔등처럼 매끄럽게 뻗는 초원능선도 있었지만 잠시일 뿐이었다. 능선이 표출할 수 있는 아름다움과 힘의 진수를 보여 주는 산이었다. 암릉지대에 진달래 군락이 있는 동봉과 서봉이 쌍봉을 이루고 있었는데 서봉이 덕룡산의 주봉이지만 시간상, 안전상 동봉에서 멈췄다.

날카로운 암봉들의 연속으로 만덕산에서 시작된 돌병풍이 덕룡산과 주작산을 거쳐 두륜산, 달마산을 지나 송지 해수욕장이 있는 땅 끝까지 이른단다.

짙푸른 빛깔의 이끼가 끼어 있는 암봉은 바위틈마다 이름 모를 야생화가 피어 나 있었고, 억세면서도 부드러운 모습을 보여주었다. 암봉과 암봉을 연결하는 육산은 암봉을 피할 수 있는 안전한 우회의 길도 없어 안전하게 즐겨야 했다.

암봉과 암봉 사이를 지닐 때면 하늘을 볼 수 없을 만큼 키 큰 수풀이 우거져 있었지만, 그 속에는 진달래, 산수유가 어우러져 대자연의 은밀함과 아름다움을 동시에 맛볼 수 있었다. 덕룡산은 산행 중 내내 바다를 조망하며 산행을 즐길 수 있다고 하였지만 만만하게 보고 늦은 시간에 산행이 시작되어 여유로운 산행은 되지 못하였고, '월출산은 물론이며, 수인산, 제암산, 천관산, 완도의 상황봉이 보이고, 해남 두륜산의 노승봉과 백운봉 등 산행 중 줄곧 주변을 조망 할 수 있다'고 하였지만 이들은 또 미세먼지와 안개 때문에 전혀 즐기지 못하여 더욱 아쉬운 산행이 되고 말았다.

산행 중 다른 산객들도 만났지만 그들은 하산하는 방법이 달랐다. 우리는 원점회귀를 하였고, 그들은 갈 때까지 가서 콜택시로 원점으로 돌아온다고 하였다. 다시 돌아가는 길이 막막하여 우리도 산객들과 같은 길을 갔으면 하고 아내에게 물었더니 같은 길 하산에도 자신이 있다는 뜻을 전했다. 하산하면서 나무에 붙어 있는 콜택시 전화번호의 의미를 알게 되었다.

평시에는 집에 대기하고 있다가 산에서 콜하면 원하는 곳까지 가서 원하는 곳까지 태워주고 가격은 정해져 있단다. 강원도의 택시 시스템과 비슷해 보였다.

　덕룡산을 등산할 때는 천천히 안전하게 발목부상이 없도록 주의가 필요했다. 산행에 충분한 식수와 간식 그리고 인내력도 필요했고, 위험하고 허술하기 짝이 없는 그곳에는 물 구경은 꿈같은 이야기였다. 그래도 아내는 바위 타는 것을 좋아해서 다행이었으나 험난한 등산으로 고생을 시켜서 미안했던 등산이 되고 말았다.

　왕복 총 5㎞, 4.5시간 원점회귀하였다. 오르막 내리막의 연속이었고, 로프와 링 계단이 전부였다. 그리고 평지 길에도 송곳같은 바윗돌로 속도를 못 내게 만들었다.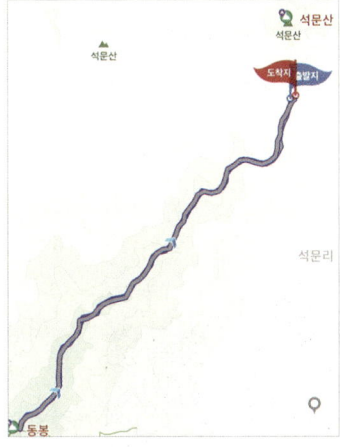

　얕잡아 보고 더 늦게 출발하였다면 해가 지기 전에 하산이 완료되지 않을 뻔하였다. 창끝처럼 솟구친 험한 암봉이 이어져 진달래 군락을 볼 겨를도 없어 숨 가쁘게 갔다 왔다 했더니 마무리가 되었다. 주차장을 조금 지나서부터 이어진 암릉을 타고 오르고 또 내려오는 것도 큰 추억거리가 되었다.

　'덕룡산'의 등산에는 물의 준비가 꼭 필요한 명산으로 남게 되었다.

세상은 밖에도 있었네!
# 명산 100, 57번째 '덕유산' 완등 이야기!

▲ 덕유산 (德裕山, 향적봉 1,614m) | 2016년 11월 30일 수요일

　　　　　　전북 무주군, 장수군과 경남 거창군의 경계부로
다양한 암석과 하천지형의 寶庫의 산을 자차로 아
내랑 다녀왔다.
　　"덕유산은 1975년 오대산과 더불어 국내 10번째
국립공원으로 지정되었으며, 전라북도 무주와 장
수, 경상남도 거창과 함양군 등 2개 도, 4개 군에
걸쳐 있다. 주봉은 해발 1,614m의 향적봉으로 정
상을 중심으로 백두대간의 산줄기가 뻗어 내리고
있다. 13개의 대(臺), 10여 개의 못, 20개의 폭포
등 기암절벽과 여울들이 아름다움을 뽐내는 '무주구천동계곡'은 그 옛날 선
인들이 이름 붙인 33경으로 지금까지 관광객들에게 사랑받고 있다.
　덕유산 탐방코스 가운데 대표적인 것이 남덕유와 북덕유를 잇는 종주 탐
방로이다. 삼공탐방지원센터에서 시작하여 백련사에서 향적봉에 올랐다가
동엽령~무룡산~삿갓골재를 거쳐 영각사로 내려서는 이 길은 장장 26.3㎞
로 14시간 이상 소요되는데, 6월 초순에는 20㎞의 능선과 등산로를 타고 펼
쳐지는 철쭉 군락이 장관을 이룬다. 또한 덕유산은 반도 남부의 한복판을
남북으로 가로지르고 있어 자연장벽이 되어 역사적으로 신라와 백제가 각
축하던 국경선이었고, 영호남을 가르는 장벽 가운데서도 가장 험한 경계선
중의 하나였다. 주위의 행정구역을 보면 이곳의 첩첩산중 위치를 충분히 이
해할 수 있다. 우선 영남 쪽은 '경상도의 산수 갑산'으로 불리는 거창군이고,

호남 쪽은 첩첩 산골의 대명사인 무주구천동의 고장 무주군이다.

　덕유산은 지리산, 설악산에 이어 등산인들의 사랑을 받는 내륙지역의 가장 아름다운 산으로 알려져 있다. 우선 산의 북쪽 계곡인 무주구천동은 사철 관광객이 끊이지 않는 계곡으로 명성을 떨치고 있고, 장수쪽의 칠연계곡, 토옥동계곡, 무주구천동에 못지않은 거창 쪽의 월성계곡도 덕유산의 아름다운 계곡으로 명성이 높다.” 출처 : 네이버 지식백과

　덕유산 향적봉 등산은 난생처음이었다. 서울과 거제도를 오가면서 덕유산 휴게소를 지날 때마다 덕유산 등산에 대해 침을 흘려왔는데 그러기를 1년 만에 찾게 되었다. 그리고 덕유산은 대전-통영 간 고속도로 가까이에 위치하고 있어 서울에서 거제도를 내려가는 길에 등산 기회를 한번 잡아 본 명산 중의 명산이었다. 겨울철에는 낮 시간이 너무 짧아 4시간 이상 등산의 경우 귀가 시간이 늦는다는 문제점과 서울로 갈 때는 수도권에서 도로의 지체가 항상 있으므로 명산의 등산을 하지 않고, 거제도로 내려갈 때만 가장 짧은 코스로 다녀 보기로 하였으니 무주에 있는 덕유산 향적봉(1,614m)이었다. 아내도 기꺼이 응해 주어 마음도 한층 가벼웠다.

　산 높이가 있어 등산을 하는데 시간이 걸릴 것 같아 시간을 넉넉히 잡고 아침 일찍 서울에서 출발하였다. 하루 중 긴 여유 시간이 있으면 한 번의 기회라도 놓치지 않으려고 떼를 쓰고 등산을 하려는 남편이 얄밉더라도 어쩔 수 없었다.

　"올해에는 50곳만 완등을 하고 내년에 명산 100을 완등한다."는 계산이 었는데 마치 중독이라도 된 듯 쉼 없이 달리다 보니 50좌가 훌쩍 넘어 버렸다. '이제 올해 목표를 달성하였으니 건강을 위해서 쉬엄쉬엄 하라'는 아내의 지적도 있었지만 이왕 달려 온 속도를 늦추기 위해 쉬지도 않고 춥고 험한 겨울이라고 지체하지 말고 중단없이 다니고 싶어졌다. 숫자가 중요한 게 아니라 등산 자체가 즐거운 취미로 일상화가 되어 버렸다.

　일년 내내 같은 고속도로 상행선, 하행선을 다니면서 사계절의 뚜렷한 경관을 보는 재미도 있었다. 특별히 겨울에는 볼거리가 없어 재미는 없었다. 오히려 운전에만 집중할 수 있어 안전운전에는 괜찮은 면도 있었다.

　겨울철 낮 시간이 짧아 시간 제약과 미끄러운 눈 때문에 케이블카를 타고

다녀오기로 하였다. 서울에서 3시간을 달려 덕유산 케이블카 탑승장에 도착하였다. 찬바람이 불어 걱정되었는데 오히려 훈풍처럼 느껴졌다. 대기온도 8도 정도라 이상기온을 느낄 정도였다. 오늘은 오후 3시부터 비가 온다고 예보되었으니 지난번 대전의 계룡산처럼 되지 않기 위하여 단단히 준비를 하였으니 눈과 비는 걱정이 없었다.

전국 케이블카 탑승 투어도 명산 100 이벤트와 병행해서 진행되었기에 케이블카 탑승은 불가피했다. 배낭을 단단히 챙겨 케이블카 왕복 탑승권을 구입하여 탑승장으로 올라갔다.

골바람은 더욱 세차게 불었다. 스키장에는 눈이 제법 내려 있었지만 스키어들은 보이지 않았다. 케이블카는 관광객을 많이 실어 나르고 싶었지만 평일이라 그런지 케이지는 거의 비어 있었다. 전세라도 낸 것처럼 둘만 타고 가려니 오히려 미안해지기까지 하였다. 하차 지점인 '설천봉'까지 약 10분 정도 오르면서 골을 지날 때는 케이지가 심하게 흔들릴 정도로 바람이 제법 불었다. 주변에는 앙상한 나무들과 그 사이에 겨울을 상징하는 녹지 않은 눈만이 대자연을 변화를 대신해 주었다. 드디어 하차지점에 도착하였다. 주변에는 몸을 녹일 수 있는 카페 등이 많아 눈과 마음은 풍성하게 되었다.

바람은 더욱 세게 불었고, 밖에는 그저께 내린 눈과 추위로 꽁꽁 얼어 있었다. 안내자에게 물었더니 밖은 체감온도 영하 5도였다. 재빨리 아이젠을 착용하고 등산로를 뚜벅뚜벅 걸어 나갔다.

하얗게 눈 덮인 길 위를 아이젠과 함께라도 미끄럼 방지를 위하여 촘촘히 걸으면서 올해의 첫눈 밟기에 재미가 났다. 아이젠 등 기본적인 장비 준비도 없이 빙판 길을 걷는 어르신들도 있었다. 위험천만한 상황이었지만 기온이 낮게 느껴지지 않아 다행이었다. 그래도 아이젠, 스틱 등을 갖춘 우리는 눈 덮인 빙판길을 여유롭게 걸을 수 있었다. 자연스럽게 걸어가는 모습에 때로는 그들에게 부러움이 되기도 하였다. 기온은 그리 낮지는 않았지만 바람이 너무 강해 산 높이만큼이나 추위는 느낄 수가 있었고, 간혹 앙상한 가지에는 상고대가 있기도 하였지만 이내 사라지고 말았다. 그렇게도 추운 긴 겨울을 이겨내는 자연에 신비로움이 더해졌다. 오후에 비나 눈이 온다고 하였으니 내려올 때 경관들을 확보하기로 마음먹고 잠시 눈요기만을 하고 쉼 없이 뚜벅뚜벅 걸었다.

잘 단장된 능선의 등산로를 따라 약 30분 갔더니 점점 바위들이 눈에 들어왔고, 이내 정상의 위치를 확인할 수 있었다. 모진 세월의 흔적을 보여주기라도 하듯 모든 암릉은 시커멓게 탄 쇠처럼 단단해 보였다.

세로로 세워진 정상석에는 덕유산 향적봉이라는 글씨가 가까이에서도 잘 안 보일 정도로 확실히 더 모진 세월의 흔적을 느낄 수 있었다. 거센 바람이었지만 바람만큼은 춥게 느껴지지 않아서 다행이었다.

먼저 인증샷을 확보하고 주변을 둘러보는데 대자연의 신비로움을 선물해 주었다. 광양에 있는 '백운산'에 갔을 때처럼 그 모습이 나타났다. 구름이 바람에 실려 멋지게 연출해 주는 그 모습에 한 동안 넋을 잃고 감동스럽게

그들이 만들어준 자연의 신비로운 연출들을 사진으로 남기려고 안간힘을 쏟았다. 아내는 바람에 지친 듯 많이 움직이지 않았다. 구름은 흩어졌다 다시 모이고, 그때마다 저 밑의 마을들은 구름 한 점 없이 드러났고 또 구름에 덮이고, 몇 번을 반복하는 장면을 목격하고는 구름과 하늘의 조화로움에 넋이 나가버렸다. 한참만에야 정신을 차리고 보니 무겁게 넣어갔던 간식들을 먹을 시간

을 갖지 못하게 되어 버렸다. 바람이 너무 불어 간식을 먹을 곳도 찾지 못한 점도 있었지만 허기가 약간 진 몸이었지만 정신력으로 내려가기로 결정을 하였다. 이제 내려 갈 때 대자연의 모습을 사진으로나마 담아 추억으로 남겨 두어야겠다고 사진을 많이 찍었다. 자연이 자연스럽게 만들어 주는 신비로움에 다시 한번 감동을 먹게 되었다.

여러 가지 악조건 때문에 케이블카를 활용하다 보니 간단하게 남한에서 네 번째로 높은 덕유산 향적봉을 완등하게 되었다. 1위 한라산 백록담(1,951m), 2위 지리산 천왕봉(1,915m), 3위 설악산 대청봉(1,708m), 4위 덕유산 향적봉(1,614m), 5위 계방산(1,577m)) 그리고 산이 높은 만큼 자연의 신비로움이 더욱 감동적이었다. 그래서 등산을 하는 이유가 성립되는 것인지도 모르겠다.

며칠 전부터 걱정을 많이 하던 아내는 아무런 말도 없었다. 즐겁게 등산을 하고 안전하게 하산을 하였다.

'설천봉'에는 멋진 휴식처가 있었지만 잠깐의 간식보다는 먼 거리를 운전해 가야하고, 또 점심을 먹어야 했기에 멋지고 좋은 휴식처를 뒤로 하고 다음 날을 예약하며 곧 케이블카로 하산을 하였다. 이렇게 높은 산을 즐겁고, 편하고, 안전하게 등산을 하기는 처음이었다. 준비 운동을 하는 정도의 지친 기색만 보였다. 그저 등산 배낭만 매고 있었을 뿐 힘든 순간은 한 번도 없었던 것 같았고, 자연의 신비로움과 케이블카 탑승만으로도 기분 좋게 명산을 완등하게 되었다. 덕유산은 정상적인 산행코스로 다시 가 보고 싶은 명산으로 남게 되었다.

대진고속도로를 타고 단성 IC를 나가 평소 자주 찾았던 '목화식당'에서 맛있는 추어탕으로 에너지를 보충하고, 힘든 일과를 마무리 하고 거제도에 무사히 도착했다.

세상은 밖에도 있었네!
# 명산 100, 79번째 '덕항산' 완등 이야기!

▲ 덕항산 (德項山, 1,071m) | 2017년 4월 27일 목요일

동해안 여행 3일차 덕항산을 아내랑 자차로 다녀왔다.

"덕항산은 태백산맥 줄기의 산으로 백두대간의 분수령을 이룬다. 북쪽에 '두타산(頭陀山 : 1,353m)', 남동쪽에 '응봉산(鷹峰山 : 1,303m)'이 있고, 지극산과 능선을 나란히 하고 있다. 동쪽 비탈면은 경사가 가파르나 서쪽 비탈면은 경사가 완만하다. 동남으로는 기암괴석으로 이루어진 병풍암이 펼쳐져 있고 하늘로 우뚝 솟은 많은 촛대봉 외에 깎아놓은 듯 반듯한 암석과 거대한 암벽들이 수려한 산세를 이루고 있다. 계곡을 따라 동쪽으로 약 12㎞의 무릉천이 흘러 오십천(五十川)에 합친다. 주변에는 너와집, 굴피집, 통방아 등 많은 민속유물이 잘 보존되어 있다.

태백시 하장면 반천리(番川里)와 조탄리(助呑里) 사이에 형성된 평탄면에는 돌리네 지형이 발달되어 있다. 지극산을 마주보고 북사면 산중턱에 있는 대이동 굴(환선굴)은 천연기념물 제178호로서, 동굴 일대는 군립공원이자 국가중요 민속자료 제221~223호로 지정되어 있다. 오십천 계곡에는 영동선 철도가 지나고 서쪽 계곡에는 강릉~태백 국도(國道)가 지난다." ◀출처 : 네이버

강원도의 명산들은 산세가 험하고, 산행거리가 길고, 인기척도 없는 첩첩산중이며, 야생동물들도 많이 살고 있어 혼자 다녀오기에는 부담이 많이 되는 곳이었다. 그래서 아내 스스로 참여할 의사를 내기 전에는 함께 해 주기

를 강요하지 못했다. 어제 두타산의 등산을 포기한 필자의 의지를 살려주려고 어떻게 하면 함께 해 줄 수 있을지 아내는 인터넷에서 덕항산 검색을 하기 시작하였다. 마침내 필자가 모르는 덕항산 최단 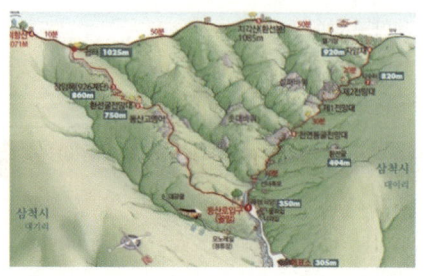 등산코스를 찾아 삼척시 '환선매표소'를 들머리로 16㎞, 6시간 코스만을 알고 있는 필자를 놀라게 해 주었다.

"울진 쪽 '예수원' 고도 800m 지점을 들머리로 3㎞, 1시간 만에 다녀올 수 있다"고 자랑을 하였다.

산악회가 안내하는 코스의 중간까지 차가 올라 갈 수 있다는 것이었다. Why not? 이내도 힘께 힐 수 있다고 하니 참으로 다행이었다. 그렇게 검색하는 방법에 대해 아내에게 한수를 배우게 되었고 역시 검색의 달인이었다.

절대로 무리하게 함께 하자고 요구하지는 않았는데 아내 스스로 하겠다면서 아침부터 숙소에서 분주했다. 아침 먹고, 짐 챙기고 일찍 숙소를 나섰다. 강원도의 꼬불꼬불한 먼 산길을 따라 40분 만에 들머리인 '예수원'에 도착하였다. 국도 가장자리에 간신히 주차를 해 두었다. 깊은 산속에 지어진 집들은 을씨년스럽게까지 느껴져 머리카락이 쭈뼛쭈뼛 해졌다. 앞서 가던 두 여자의 머리는 왜 또 풀어 헤쳐서 그런 분위기를 더욱 느끼게 만들어 주었다.

새로운 곳에서 올바른 길로 가는 방법에는 GPS가 최고였다. 정확한 길을 오르고 있었고, 덕항산 정상도 가시권에 들어왔다. 아내에게 설명도 해 주었더니 걸음걸이가 자연스럽고 빨라졌다. 갈림길이 나오면 산악회가 달아 놓은 리본을 따라가도 되겠지만 GPS에서 올바른 길을 제공해 주고 있으니 이중으로 체크가 되고 있어 걱정은 전혀 안 되었다.

얕은 계곡이었지만 고도 800m에 맞게 찬 골바람은 여전하였고, 나뭇잎들이 아직 피어나지 않고 있다는 것이 그 증거였다. 그래도 푹신푹신한 흙길이어서 괜찮았다.

모진 겨울을 잘 이겨내고 따스한 봄기운을 받고 있던 앙상한 나무 사이를 유유자적 걸었더니 삼거리 이정표가 나왔다. 1단계 미션이 달성되었으니 잠시 서서 간식을 먹었다.

30분 올랐는데 벌써 정상까지는 600m만 남았단다. 환선 매표소에서 올랐다면 이 지점까지는 3시간은 되어야 볼 수 있었을 이정표를 불과 30분 만에 만나게 되었으니 아내 덕분에 큰 행운을 얻은 기분이었다. 등산로 주변 양지바른 곳에는 아직 봄기운의 혜택을 많이 받지 못한 작은 새싹들이 파릇파릇 돋아나고 있었다. 볼품없는 진달래꽃이 늦둥이처럼 간혹 피어있었다. 1,000m라는 고도만큼이나 정상 부근의 바람은 차게 느껴졌고, 겨우내 땅속에서 힘들게 견디면서 봄이 되었다고 새싹을 돋아나게 하는 일년초 새싹의 위력 앞에 또 한번 대자연의 섭리를 생각하게 되었다.

이윽고 정상에 도착하였다.

정상석이 없었고 정상목만 있어 정상이 정상같이 느껴지지 않았다. '백두대간'을 걷고 있는 것이었다.

그래서 산 정상에는 덕항산의 설명도 있었지만 '백두대간'에 대한 설명이 더욱 선명했다. 정상부근에는 덕항산의 또 다른 유래에 대한 설명이 있어 옮겨둔다.

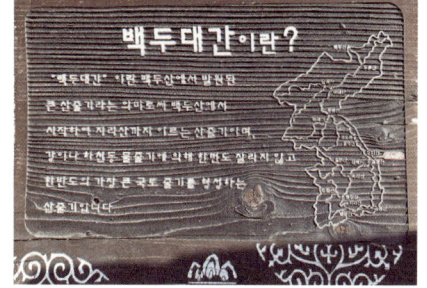

"덕항산은 태백 하사미와 삼척 신기면과의 경계에 솟아있는 산으로 옛날 삼척 사람들이 이 산을 넘어오면 화전(火田)을 할 수 있는 편편한 땅이 많아 덕메기산이라고 하였으나 한자로 표기하면서 덕항산

으로 되었다고 한다. 산 전체가 석회암으로 되어 있어 산 아래에는 유명한 환선동굴과 크고 작은 석회동굴이 분포되어 있다."

잠시 인증샷을 확보하고, 반대 방향으로 하산로를 잡고, 400m 떨어진 쉼터에서 간식을 먹었다. 백두대간도 조금 걸어 보았다는 것도 큰 기쁨이었다.

살금살금 내려왔더니 곧 출발점에 도착되었다. 즐기면서 유유자적 덕항산 등산은 GPS 기준 왕복 3.7㎞, 2시간 만에 싱겁게 끝나버렸다.

시계를 들여다보았더니 겨우 오전 10시가 조금 넘었다.

남은 시간이 너무 아까워 가까이에 있는 '태백산'이나 '두타산'을 고려해 보았지만 약 13㎞/5시간 등산거리라 아내의 만류로 다음 기회로 미루고, 내일 등산할 '응봉산 들머리'인 울진군 '덕구온천관광지'에 일찍 도착하여 응봉산 들머리 인근에 숙소를 정하고 편안하게 쉬도록 그 쪽으로 이동하였다.

세상은 밖에도 있었네!
# 명산 100, 64번째 '도락산' 완등 이야기!

▲ 도락산 (道樂山, 964m)  |  2017년 1월 15일 일요일

산악회와 1일 2산행(황정산, 도락산)을 해 보기로 하였다.

"도락산은 충북 단양군 대강면 단성면 일대에 위치한 바위산으로 예로부터 '도를 즐기는 산'으로 알려진 수려한 풍광을 자랑하는 단양의 명산이다. 도락산(道樂山)의 유래는 우암 송시열이 "깨달음을 얻는 데는 그 나름대로 길이 있어야 하고, 또한 즐거움이 함께 해야 한다."는 뜻에서 산 이름을 지었다고 한다. '道'를 즐기며 살아가는 산처럼 산행은 험난한 암봉을 지나가기도 하고, 때로는 한 폭의 진경산수화를 가슴에 그리며 오를 수 있는 정겨움이 가득한 산이다."

먼저 '황정산'을 다녀와야 했다. 이는 '황정산'에서 이야기가 될 것이다.

등반대장은 연계산행에 대한 위험을 줄이기 위해 몇 가지 미션을 시간대별로 주었다. 첫 번째와 두 번째 미션은 황정산에 대한 것이었고, 도락산 정상 완등은 세 번째 미션이었다. 순서상 도락산을 먼저 기록하게 되어 시나리오의 연속성은 떨어지게 되었다. 산악회 버스는 산 중턱쯤 위치한 '빗재'에서 회원들을 내려주었다. '황정산' → '도락산' 연계산행을

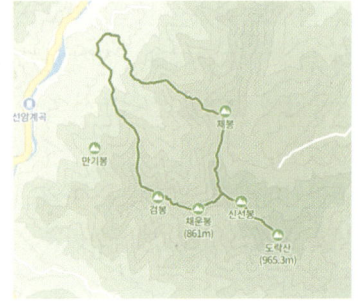

희망하는 회원은 우측에 위치한 황정산으로, 도락산만 희망하는 회원들은 등반대장을 따라 좌측으로 등산을 하게 하였다. 황정산의 첫 번째, 두 번째 미션을 성공적으로 마치고 세 번째 미션인 '13:00까지 도락산(道樂山) 정상(964m)에 도착해야 하는 것'이었다.

등반대장이 회원들과 갔던 도락산 등산코스였고 ( ) 속은 필자가 지켜야 할 시간이었다.

"빗재(12:00) → 도락산 정상(13:00) → 신선봉(13:50) → 제봉(815m) → 상신암주차장(15:30), 귀경(16:00)"

황정산 완등 후 주어진 시간보다는 30분가량 일찍 '빗재'에 하산하게 되어 다행이었다.

그러나 황정산의 빠른 완등으로 에너지는 많이 고갈된 상태였다. 점심시간도 기꺼워졌지민 선두를 놓치면 자칫 길을 잃을 염려가 있나고 완난하고 정신력으로 입산로를 찾을 때까지는 회원들을 따라 가기로 하였다. 이럴 때 필요했던 것이 초크통에 담아간 간식이었고 사과가 주효했다. 연계산행은 말만 들어오다 이번에 직접 체험을 해 보는 것이었다. '1타 2피'라고 일컬어 왔는데 난생처음 연계 산행을 해 보는 것이라 이쯤에서 의기소침해지면 길을 잃는 등 위험해지는 일이라 더욱 마음을 다잡았다.

황정산 산행을 안전하게 마치고 눈 덮인 임도를 따라 걷기를 잠시 만에 도락산 입산로(入山路)를 찾게 되었다. 도락산의 정상이 목전에 보여 '이제 이 길만 따라가면 정상이겠구나' 안심이 되었지만 경사가 심하여 오르기도 만만찮았다. 긴장을 풀면서 천천히 그들이 만들고 간 눈 발자국을 따라 평균 속도로 계속 올랐다. 깊고 위험한 암반 주변에서 회원들을 만나 앞서거니 뒤서거니 하다보니 위험하거나 불안한 상황은 전혀 느끼지 못하였다. 중간중간에 잠깐잠깐 쉬면서 준비해 간 사과를 먹으면서 에너지를 계속 보충하였다.

양지바른 암벽 주변을 따라 오르려니 땅은 질퍽하여 미끄럽기까지 했다. 더욱 조심스럽게 한발 한발을 옮겼더니 정상이 바로 눈앞에 보이기 시작하였다.

그리고 GPS에서도 정상까지 30m가 남았음을 알려 주었다.

'이제야 도락산 정상을 품에 넣게 되는구나.' 하는 감격이 가슴을 찡하게 하는 순간이었다. "드디어 1일 2명산을 완등하게 되는 구나!" 빗재 출발 1시간 만에 도락산 정상을 접수하게 되어 명산 64번째가 완등되는 순간이었다. 약 1,000m되는 고지라 역시 혹한의 날씨를 보여주었다.

이제 내리막길만 가면 되니 안도의 한숨과 함께 준비해 간 김밥으로 점심을 잠깐 먹는데, 1분도 채 안되어 손이 얼어버릴 정도로 최강추위였다. 여기에 바람만 불었다면 카메라로 인증샷도 안 될 것이라는 생각을 하면 산은 허락된 자만이 간다는 것이 맞는 게 아닌가? 회원 서로에게 위로와 격려를 주고 받으면서 인증샷을 확보하였다.

겨울 도락산은 아무런 볼품이 없어 보였다.

정상석은 큼직하게 박혀 있어 다행이었다. 바람이라도 불면 상고대라도 볼 수 있었겠지만 멀리 보였던 산들도 모두 하얀 눈을 가득 안은 채 앙상한 나무들만 산을 지키면서 봄을 기다리는 듯해 보였다. 잠시 주변을 둘러보았다.

산세가 험하다 보니 스트레칭을 하라는 그림이 여기저기에 있었고 다행스럽게도 도락산의 유래에 대해 간단하게 적혀있었다.

산의 유래에 대해서 사전에 많은 공부를 하고 다녀오는 게 지금까지의 방법이었는데, 최근에는 게을러졌는지 산악회를 따라 다니면서는 그런 공부가 사전에 이루어지지 않고 있어 도락산의 유래에 대한 사전지식도 없이 산악회 회원들을 따라 가장 빠른 길을 선택하여 따라 붙었다. 힘들게 올라갔던 도락산 정상에는 친절하고 감사하게도 필자가 궁금해 하던 도락산의 내력에 대해 소개하고 있어 힘들었던 순간이 만회되었다.

이제 네 번째, 다섯 번째 미션 완료 장소인 '신선봉 → 상신암주차장'으로

15:30분까지 내려가면 되었다.

정상에 있던 길 안내도를 보니 3.3㎞만 남았었다. 이 정도면 1시간 30분 만에 갈 수 있어 더욱 여유가 생겼다.

도락산 하산로의 자연은 볼품이 없었지만 내려 오면서 몇 가지 사진도 남겨 두었다. 여름이나 가을이 더욱 어울리는 산이 아니겠는가 하는 생각도 들었다. 등산로는 바위나 암릉으로 이루어져 있어 바위 위에서 쉬는 사람도 보였다.

온통 바위로 이루어진 산이라 '○○바위'라는 이름의 명칭이 많았다.

오후 2시 20분 어떤 마을에 도착하였다. 미션시간보다 70분 일찍 도착하게 된 셈이었다. 잘했던 것인지 시간이 넉넉했던 것인지 정확히 모르겠지만 미션 수행을 성공적으로 하게 되어 무척 기뻤다.

'민주지산'에서의 성공에 이어 두 번째로 풀코스 완등을 하게 된 것이었다. 이른 판단인지 모르겠지만 산악회의 어떤 등산코스에도 자신감을 갖게 되는 계기가 되었다.

한적한 시골 마을에 마련된 아주 넓은 주차장에서 한 시간 이상을 기다려야 한다는 것은 낭비였다. 풍광을 더 즐기면서 버스의 귀경시간을 맞춰 하산하는 요령을 길러야 했다. 그러나 주변에 있는 식당에는 중요한 손님이 되어 주었다.

'황정산', '도락산'의 1일 2산행 완등에는 GPS기준 7㎞, 3.5시간 만에 안전하게 마치게 되어 자축을 하였다.

대단했던 나 자신에게 감사했다.

세상은 밖에도 있었었네!
# 명산 100, 4번째로 다녀온 '도봉산' 완등 이야기!

▲ 도봉산 (道峰山, 신선대 740m) | 2016년 1월 4일 월요일

도봉산은 이렇게 소개되어 있다.

"서울 북쪽 도봉구와 경기도 양주 경계에 있는 산으로 가장 높은 봉우리는 '자운봉(紫雲峰)'이다. '북한산(北漢山)'과 함께 '북한산 국립공원'에 포함되어 있으며, 서울 북단에 위치한다. '우이령(牛耳嶺:일명 바위고개)'을 경계로 북한산과 나란히 솟아 있으며, 북으로 '사패산'이 연이어 있다. 면적이 24㎢로 북한산의 55㎢에 비해 등산로가 더 조밀하며, 산 전체가 큰 바위로 이루어져 있다.

'자운봉', '만장봉', '선인봉', '주봉', '우이암'과 서쪽으로 5개의 암봉이 나란히 줄지어 서 있는 '오봉' 등 각 봉우리는 기복과 굴곡이 다양하여 절경을 이루고 있으며 그 외 도봉산의 능선을 이루는 '칼바위', '기차바위', '해골바위', '피 바위' 등 재미있는 이름의 바위들이 줄줄이 이어진다. 그중 '선인봉'은 암벽 등반코스로 유명하다.

도봉산 남서쪽 '도봉계곡'에는 조선시대 선비들이 휴양을 즐기던 곳으로 알려져 있다. 그리고 도봉서원이 위치하는데 조선시대 개혁파였던 조광조의 위패를 봉안하는 곳이다. 또한 우암 송시열의 도봉동문이라는 암각화가 전해진다. 산중에는 인근 60여 개 사찰이 있으며 제일 오래된 사찰은 천축사(天竺寺)로 무학대사가 조선왕조 창건과 함께 중창하였다고 전해진다. 도

봉산 만장봉(萬丈峰)에 있는 석굴암은 신라시대 의상대사가 창건하였다고 전해지며 그 외 사찰로는 망월사(望月寺), 쌍룡사(雙龍寺), 회룡사(回龍寺)등이 유명하여 연중 참례객, 관광객이 찾는다.

도봉산의 3대 계곡은 문사동계곡, 망월사계곡(원도봉계곡), 보문사계곡(무수골)으로서 이 계곡들이 바로 산행기점과 연결되는데, 도봉동계곡, 송추계곡, 망월 사계곡, 오봉계곡, 용어천계곡 등도 유원지로 개발되어 수락산(水洛山), 불암산(佛岩山)등과 함께 좋은 등산코스를 이루고 있다. 도봉산의 대표적인 등산로는 노봉산역에서 도봉계곡을 따라 오르는 길인데 도봉서원을 지나 약 1km를 더 오르면 도봉산장이 나오고 이곳에서 다시 1km를 더 오르면 정상에 도달한다. 도봉서원을 지나면서 부터는 거북암, 마당바위 등 많은 등산로 갈림 길이 있다.

그리고 우이동으로 오르는 등산로가 있고 송추유원지에서 오르는 길이 있는데 계곡의 맑은 물과 주변 경관이 매우 뛰어난 곳이다. 의정부 안골에서 오르는 길은 도봉산 북쪽에서 시작하는 등산로이며 성불사를 지나 사패산 능선으로 오르는 길이다. ◀ 출처 : 네이버

도봉산 신선대를 새해 첫 명산 산행지로 아내와 대중교통으로 다녀왔다.

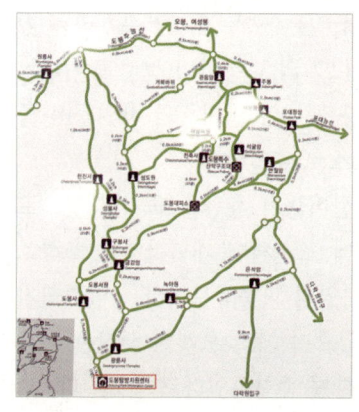

서울에서 태어나 서울에 살면서 한 번도 가 본적이 없는 사람도 많을 텐데 짧은 기간에 '서울의 5대 명산'을 완등하게 되었다는 자부심으로 가득했다.

B사가 선정한 서울특별시의 '대한민국 100대 명산'에는 '북한산', '도봉산', '수락산', '관악산', '청계산' 5곳이 포함되었다.

도봉산 신선대 등산 코스는 이렇게 계획하였다.

"도봉산역 → 도봉탐방지원센터 → 광륜사 → 도봉분소 → 도봉서원 → 금강암 → 도봉대피소 → 천축사 → 선인봉(706m) → 만장봉 → 고운봉 → 정상(신선대, 725m)"

원점회귀, 왕복 약 6km, 4시간 예상.

지하철로 들머리로 잡은 도봉산역에 도착하였다.

서울 근교에 위치한 5대 명산을 완등하게 되는 날이었다. 북한산과 관악산은 여러 번 다녀왔지만 B사에서 인증하는 정상석의 인증샷을 확보하기 위해서 다시 다녀왔다. 명산 100 완등을 하려면 이 정도는 감수해야 했다.

"No Pains, No Gains!"

까마득하게 '도봉산'이 눈앞에 펼쳐졌다. 도봉산을 배경으로 한 장을 남겼다.

"그래 또 가 보는 거야!"

대피소에서 정상까지는 경사가 심하였다. 등산로에는 자연 그대로의 길이 많아 등산하기에 쉬운 곳은 결코 아니었다. 머리 박고 뚜벅뚜벅 걸어야만 했다.

정상 가까이에서 양지를 찾아 조용히 영양을 보충하였다. 아침을 적게 먹었던지 갖고 간 간식은 모두 소진하였다. 특히 정상 가까이에 있었던 약 110계단은 높이를 아주 적절히 잘 설치해둔 것으로 몸에 부담이 적었다. Good!!!

정상 신선대에서 인증샷을 확보하였다. 추운 날씨 속에서도 인증샷의 장소가 협소하여 주말에는 오래 대기했어야 했지만 평일이라 다행이었다.

주변에는 검은 고양이 한 마리가 먹이 구애를 위해 사람 주변을 서성거렸다.

인증샷을 확보한 후 날씨가 추워 즉시 하산을 하였다. 하산하는 중에도 건너편 바위 쪽에서 고양이 울음소리가 요란하였다. 지난번 수락산에서도 고양

이를 보았다. 모 방송국의 동물농장 편에서는 수락산에 백구 어미와 강아지가 살고 있었다는 것을 보면서 서울 근교 산에는 유기견과 유기묘가 많다는 것을 새삼 알게 되었다. 왜??

안전하게 하산 후 커피를 다정하게 즐겼다. 그래도 배 속에서는 꼬르륵 소리가 났다. 꼴꼴하는 배를 달래려고 손칼국수 식당에 들러 두 그릇을 뚝딱 해치웠다. 4시간 가량 등산을 하고 밖에서 값싸게 커피랑 손칼국수를 먹었더니 가슴이 더 뜨거워졌고, 한 번 더 등산할 수 있겠다는 자신감도 생기게 되었다. 그러나 피곤이 쌓였던지 곤히 잘 수 있는 곳으로 가서 쉬고 싶었다. 지하철을 타고 귀가 하면서 잠시 휴식을 취하였다.

안전하고, 즐거운 도봉산 산행에 감사하며, 이른 아침부터 늦은 오후까지 약 8시간 동안 밖에서의 하루는 멋졌다. 아내에게 감사했다.

"후회 없는 삶을 위해서 오늘 생각한 것은 반드시 실행에 옮겨야 한다."

세상은 밖에도 있었네!
# 명산 100, 40번째 '동악산' 완등 이야기!

▲ 동악산 (動樂山, 735m) | 2016년 7월 31일 일요일

친구 부부와 2박 3일 여름 휴가지로 떠나면서, 곡성의 동악산, 순창의 강천산의 명산 탐방도 여행지로 계획하였다. 동악산은 여행 둘째 날에 다녀왔다.

등산코스는 도림사 관광단지를 출발하여 청류계곡, 동악산 정상 북봉까지 왕복 7.0㎞, 4시간 코스로 무더위가 시작되기 전에 하산 완료하는 것이 오늘의 등산계획이었다.

"동악산(動樂山)은 '곡성 마을 사람 중 과거 시험에 급제하는 인물이 나올 때마다 산이 흔들리며 아름다운 노랫소리가 들렸다'고 하는데서 이름이 유래했단다. 곡성읍 서쪽에 위치하며 겉보기에는 대수롭지 않지만 골짜기가 깊고, 바위산으로 되어 있어 안전에 유의해야 한다. 악(樂)자는 '즐길 락'으로 읽지 않고 '풍류 악(樂)'으로 읽고 있다. 특히 신덕 왕후가 행차한 곳이라는 의미에서 '신덕사'였다가 현재는 '도를 닦는 승려들이 수풀처럼 모이는 곳'이라는 뜻의 '도림사(道林寺)'가 되었고, 신라 무열왕 7년 (660) 원효대사가 창건하였단다. 또한 이곳은 계곡 바닥이 큼직큼직한 하나의 돌로 이루어져 있어 많은 피서객들이 계곡을 가득 메우는 곳이다." ◀출처 : 네이버

여름철이라 아침이 일찍 시작되었고, 낮은 또 너무 더우니 새벽 5시 각자 가득 채운 등산 가방을 메고 동악산 등산을 시작하였다. 더위를 피해서 갔다 오자는 취지에서 필자는 6시면 좋겠다고 권하였지만 친구의 요청으로 한

시간 당겨 5시에 등산을 시작하게 되었다.

어제 기차마을 탐방의 피로를 안은 채 외형으로는 즐거움과 내면으로는 불안함을 태운 차는 화기애매한 분위기 속에 들머리로 향했다. 꼭두새벽에 회사 일하려는 자주 나가 보았지만 명산을 탐방한다는 목적으로 이렇게 일찍 숙소를 나서본지도 꽤 오래 된 것 같아 뭔가 이상야릇한 기분을 감출 수가 없었던 것도 사실이었다. 매표소 문을 열기 전에 통과하게 되면 입장료를 내지 않아도 되고, 주차할 곳도 여유로워지고, 산속 깊숙이 들어갈 수 있다는 경험에 비추어 예상대로 도림사 깊숙이까지 들어가 등산로 입구에 주차를 하였다.

우리보다 일찍 온 관광객도 있는 듯 등산로 입구의 주차장이 여유롭지만은 않았다. 방해받지 않을 정도로 모서리에 주차를 해 두었다. 명산을 많이 다녀봤지만 이렇게 일찍 등산을 시작하기는 또 처음이었다. 날이 밝아지려면 아직 시간이 더 필요했다. 그리고 숲속은 더 어두웠다. "엄청난 폭염과 무더위가 예상된다"는 일기 예보도 들었지만 어두운 새벽에 산을 찾아들어 명산에서 하루를 보낸다는 것은 큰 행복이었다. 이 행복을 깨뜨리지 않고 두 부부가 함께 즐기는 등산이 되도록 만들어야 했다. 처음 등산을 하는 친구이고 특히 여름에 등산을 하는 것이라 초보자의 두려움과 불안함을 떨쳐버리도록 등산에 대한 다양한 이야기를 나누면서 우선 눈앞에 펼쳐질 '동악산'에 대한 유래부터 이야기를 해 주면서 안심을 시켰다. 그리고 지루함과 궁금증을 달래줄 이정표도 0.4㎞, 0.8㎞, 1.9㎞, 0.4㎞ 네 번으로 잘되어 있다는 것까지 알려 주었다. 처음에 보내줬던 등산거리와 시간을 읽고선 초반부터 겁에 질려 평균 산객들이 즐기는 코스가 아닌 원점회귀 코스로 상세하고 거듭된 설명과 함께 계속 안심을 시켜줬다.

첫 번째 등산을 완벽하게 안내하고, 잃어버릴지도 모를 산길을 염려하여 등산용 GPS를 켰다. 초반에는 그리 힘들지 않는 등산로가 이어졌다. 아무런 불평 없이 맑은 새벽 공기를 마시면서 모두는 즐거워했다. 정확히 0.4㎞지점에서 첫 번째 이정표가 나왔다. 등산로에는 키 큰 참나무들로 숲이 잘 만들어져 있어 어떤 폭염이더라도 잘 막아 줄 수 있을 것 같아 안심이 되었다. 등산하는 요령에 대해서는 이미 알려두었지만 혹시나 해서 다시 한번 설명과 함께 강조를 했다. 아침이라 기온은 그리 높지 않았지만 시간이 갈수록 비지땀을 쏟아내었다. 행동식과 차가운 물을 간간이 먹으면서도 앉아서 쉬는 편안한 휴식은 줄였다. 어제 등산으로 인한 뭉친 근육을 풀어야 했기에 멈추지 않도록 최대한 유도를 하였다. 청류계곡에는 물 흐르는 소리가 요란하였고, 등산을 마친 후 '알탕(옷을 입은 채 물 속에 들어가는 행위)'을 하기에 딱 좋은 곳이라는 심리를 작동하여 등산을 더욱 활기차게 하도록 물소리가 만들어 준 것 같았다.

　걸어온 계곡의 깊이만큼 거친 숨소리와 함께 오르막 등산길이 시작되었다.

　부인들에게는 번갈아 가면서 앞에서 리드하도록 하였고, 필자는 맨 뒤에서 친구가 뒤처지지 않도록 유도하였다. 갈수록 쉬는 횟수가 늘어났고, 쉬는 시간도 길어졌다. 돌아갈 수도 없고, 4명 모두 반드시 정상을 다녀와야만 했기에 그들의 행동을 거역할 수 없었다. 아마추어 셰르파로서 안전산행, 즐거운 산행의 책임감 때문에 중압감을 더욱 느끼게 되었고, 필자 때문에 첫 등산을 망치게 하지는 말아야겠다는 의지가 그들의 눈을 더욱 부릅뜨게 만들었다. 얼마나 갔을까 친구의 폰에 아침부터 한통의 전화가 걸려왔다. 전화를 받아야 하나 말아야 하나로 잠시 혼란스러워 하다가 "아침부터 온 전화는 급한 것이 분명하니 받아야 한다."로 의견을 모아 받아 보았다. 도림사의 스님이었다. "주차된 차를 이동시켜 달라"는 것이었다. 예견되었던 일이 벌어지고 말았다. 꼭 내려와야 한다면 내려가겠지만 초보 등산으로 내려 갈 수 없는 위치까지 올라가 버린 것이었다. 점잖게 상황을 설명하고 이해를 구하였더니 역시 스님답게 넓은 아량으로 그냥 넘어가 주었다. 모두가 한숨을 쉬면서 천만다행이다. "역시 넓은 아량을 가지신 스님다운 배려다"면서 고마워했다.

　한라산에 억지로 가본 경험 밖에 없었던 친구부부와 여행 목적으로 여름휴가를 왔는데 명산 등산이라는 명목 하에 힘들게 오르기를 세 시간 만인 오전 8시경 동악산 정상과 마주하게 되었다.

그러나 너무 힘들었던지 정상과 마주했다는 희열은 필자가 기대한 만큼은 보이지 않았다. 분위기 상승을 위해 억지로 부부끼리 '대한독립 만세' 삼창을 외치도록 시켰다. 정상에서의 기쁨을 만끽하라고 만세를 권유하였더니 잘 따라 해주어 다행이었다.

인증샷과 사진 몇 장만을 남긴 채 근처의 평평하고 그늘진 바위 위에서 아침 겸 간식을 맛있게 먹었다. 얼굴에는 피로가 역력하였지만 어제 준비한 아이스커피랑 주먹밥이 얼굴을 펴게 만들어 주었다.

등산하는데 시간이 너무 걸려서 혹시 내려갈 때 기온이 더 올라가지나 않을까 염려가 되어 하산을 서둘렀다.

첫 번째 등산에서 흥미를 가질 수 있도록 하기 위하여 충분한 시간을 주면서 휴식과 등산을 반복 하였기에 하산에는 문제가 없을 것으로 안심이 되었지만, 하산 후 숙소로 돌아가서 샤워 후의 퇴실시간 준수(오전 11시)와 도림사에서의 주차문제로 걱정이 되었던 일이 있어 가슴앓이를 하면서도 표시는 내지 않고 하산을 재촉하였다.

다행스럽게도 한통의 문자가 날아왔다. "오전 10시까지 차를 이동시켜 달라. 늦어도 11시까지"라는 메시지를 접수하고 한편으로는 안심이 되었다. 친구 부부는 하산하는데 시간이 얼마나 걸릴지 궁금해 했다. "정확히 2시간 즉 오전 10시까지는 하산이 될 수 있고, 이렇게 되면 '알탕' 까지도 충분하겠다."고 더 안심을 시켰다.

정상 근처 약 400m의 길에는 사량도 지리명산에서 걸어보았던 칼바위였다. 칼 바윗길을 등산할 때는 천천히 갔지만, 하산할 때는 서두르는 경향이 있을 것 같아 서두르면 안된다는 주의를 여러 번 주면서 이럴 때의 속도 관리를 위해 아내가 앞장을 서 주었다. 도림사에 가까워지니 등산로를 비켜줘야 할 정도로 관광객이 많았다.

어제 가 보았던 '청계동 계곡'과는 달리 '청류계곡'에는 물도 많았고, 깨끗한 선녀탕 같은 웅덩이도 많았다. 친구는 한 웅덩이를 가리키면서 잠시 쉬어

갈 것을 권하였다. 힘든 등산과 하산을 성공적으로 마무리 한다는 의미에서 친구의 권유에 두말없이 아래로 내려가 옷 입은 채로 풍덩 뛰어들었다.

뜨거운 열기로 가득 찼던 가슴 속 냉동고에 들어간 것처럼 곧 차가워졌다.

친구도 이것을 생각하면서 힘들었던 등산을 힘든다고 말하지 않고 여기까지 묵묵히 걸어왔던 것이 아니었을까. 친구 부인은 아이들처럼 물놀이하는 모습이 귀여워서 동영상까지 담아줬다. 갈아입을 옷을 준비해가지 못한 것이 조금은 아쉬웠지만 힘들었던 등산을 아주 시원하고 멋지게 잊게 해 주었다. 그토록 바랐던 '알탕'도 하였고, 우리 자리를 탐냈던 어떤 가족에게 양보하고 여유있게 하산을 이어갔다. 옷에서 떨어졌던 물이 등산화를 젖게 하는 등 좀 찝찝하기는 하였지만 몸이 무척 시원해졌다는 것에 대만족이었다.

'도림사(道林寺)'의 가장 안쪽 마지막 위치에 주차했던 곳으로 갔다. 전화와 문자를 보냈던 그 분은 보이지 않았고, 우리 차가 주차하는데 크게 간섭은 없었던지 주변 곳곳에 잘 주차되어 있었다. 그런데 우리가 나갈 도로에 오히려 영업용 택시가 갇혀 꼼짝 못하고 있는 것이 아니었던가? 우리가 나가려면 택시부터 해결해 줘야 했다.

친구는 어디에서 구했는지 로프를 몇 가닥 준비해서 택시 후미와 SUV차 전면을 연결하여 당기고, 후진하면서 해결해 주었다. 우리는 도림사 스님의 배려로 성공적인 등산을 하게 되었으니 그 은혜를 택시 기사에게 돌려주게 된 셈이었다. 오랜 시간 오도 가도 못하여 스님에게 미안함이 있었는데 택시 문제를 해결해 주게 되어 체증이 확 내려갔던 기분이었다.

새벽 5시에 시작되었던 등산은 4시간 35분 만에 5.01km를 안전하고 즐겁게 마쳤다. 이동시간 2시간 10분, 쉬는 시간 2시간 25분으로 얼마나 안전하게 하였는지를 짐작할 수 있었던 숫자였다. 등산 초보자에게는 몇 시간이 중요하지 않다. 안전하게 즐기면서 정상을 다녀왔다는 것만이 중요하다. 초보자들과의 등산이나 낚시 등을 통해서 그들에게 재미를 붙일 방법을 터득하였으니 그대로 적용하여 또 성공을 거두게 된 것이라고 생각되었다.

리더가 해야 할 일이 뭔지도 체험하게 해 주었고, 구성원들은 어떻게 해야 하는지도 체험케 해 주었다. 그리고 내일 '강천산 등산'까지 고려하여 첫날에는 시간에 상관없이 아주 편안하게 하고 싶은 대로 해 주었다. 숙소로 돌아가는 길에 도림사 계곡 주변에는 어제처럼 주차장과 계곡에는 차들과 사람들로 가득하였다.

'도림사 계곡'은 '도림사'를 끼고 있는 청류계곡이 그토록 유명한 곳이며, 이 계곡은 동악산의 남쪽 골짜기를 흘러내리는 계곡 물로 놀이 공간을 형성하고 있다. 주변의 '동악계곡', '성출계곡'과 더불어 절경을 이루고 있다. 도림사 계곡은 풍부한 수맥이 연중 그치지 않고 계곡물의 밑바닥에 층층으로 깔려 있는 암반이 장관을 이루면서 시각적으로 정감을 주고 있다. 이 계곡에 발달해 있는 암반은 위쪽부터 제1반석~제9반석까지 있으며 그 길이는 약 1km에 이른단다.

각 암반에는 적절한 선현의 문구가 새겨져 있어 그들의 풍류를 엿볼 수 있었다. 특히 오곡반석(五曲磐石)의 요요대(樂樂臺) 아래에 널따란 담(潭)이 있어 감상과 물놀이에 좋으며, 계곡물의 중간중간에 용소, 소금쟁이소 등이 있다. 또한 이 계곡 정상 부근에는 신선이 쉬어 간다고 하는 '신선바위'가 있다는데 우회를 하는 통에 가 보지는 못하였다.

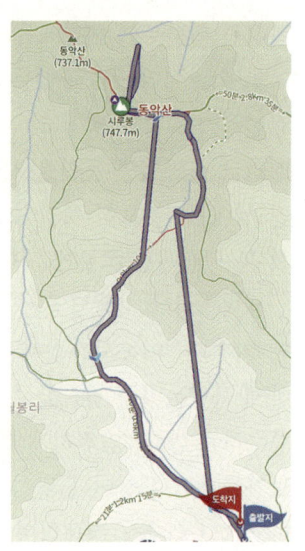

수려함을 과시했던 동악산의 첫 등산을 안전하게 성공적으로 마치고 숙소로 들어갔다.

아무튼 처음 함께 한 등산을 성공적으로 해 준 친구 부부와 아내에게 감사했다. 새벽에 출발했던 것이 주효했다.

여름철 등산도 이렇게 하면 아무 문제가 없음을 체험해 보았다.

'탐방', '도전', '체험'이라는 말을 좋아한다. 시원하게 평상복으로 갈아입고 곡성에서의 첫 명소, 명산 1일 2탐방을 마무리했다.

퇴실시간을 연장해 주신 숙소 주인과 함께 해 준 친구 부부에게도 감사했다.

세상은 밖에도 있었네!
# 명산 100, 74번째 '두륜산' 완등 이야기!

▲ 두륜산 (頭輪山, 가련봉 703m) | 2017년 03월 29일 수요일

남해여행 3일 차로 오후에는 전남 해남군 '대흥사', '표충사'를 감싸고 있는 '두륜산'의 '가련봉'을 홀로 다녀왔다. 시간상 자차를 이용한 원점회귀 코스를 선택하였다.

"주차장 ↔ 대흥사 ↔ 윗선삼거리 ↔ 문일재 ↔ 정상"

"두륜산은 중국 곤륜산맥의 줄기가 동쪽으로 흘러서 백두산을 이루고 그 줄기가 남으로 흐르다가 한반도의 땅 끝에서 홀연히 일어나 쌍봉을 이루고 일어서 있다. 이 때문에 두륜산의 산 이름도 백두산의 두(頭)자와 곤륜의 륜(崙) 자를 따서 두륜산이라 불리우고 있다. 두륜산은 예부터 큰 언덕이란 뜻의 〈대듬〉 또는 〈한듬〉으로 불리었으며 이 때문에 〈대둔사〉또는 〈한듬절〉이라고 하였다. 계곡이 깊어 산길을 따라 올라가면 계곡위에 아름다운 이름을 가진 9곡 9교(九曲九橋)의 다리가 놓여 있다. 또한 '가련봉', '두륜봉', '고계봉', '노승봉', '도솔봉', '혈망봉', '향로봉', '연화봉' 등 여덟 봉우리가 있어 빼어난 경치를 자랑한다. 초입에서 '대흥사'에 이르는 골짜기에 아름드리 울창한 숲 터널을 이루고 있다. 두륜산과 한라산이 자생지로 알려진 왕벚나무를 비롯해 동백, 비자, 후박, 차나무 등 무려 천여 종의 나무가 자라고 있어 시굴분포학 상 중요한 가치를 지닌 산이다. 일찍이 서산대사가 전쟁을 비롯한 삼재가 미치지 못할 곳으로 만년동안 흐트러지지 않을 땅이라 여겨 자신의 의발을 대흥사에 모시도록 한 명당 터이다. 두륜산에 자리한 대흥사(大興

寺)는 대한불교조계종 제22교구 본사로 조선후기 연담유일이나 초의의순과 같은 저명한 스님 등 13대 강사와 13종사를 배출한 사찰로도 유명하다. 대흥사의 창건과 관련 〈만일암고기〉에는 백제구이신왕 7년(426)에 신라의 정관존자가 만일암을 창건하고 그 후 백제무령왕 8년(508)에 이름을 전하지 않은 선행비구가 중건했다는 기록이 나온다. 또한 〈죽미기〉에는 신라 법흥왕 1년(514)에 아도화상이 창건한 기록이 있다."고 소개되어 있다. ◀출처:네이버

낮 시간이 짧아 오후 등산은 시간관리가 중요한 일이 되었다. 아내랑 점심을 사 먹고, 일주문에서 주차료와 입장료를 내고 들어갔다. 그저께 불갑사에서처럼 일주문에서 경내까지 약 3㎞를 걷다보니 초반에 에너지가 많이 소모되었다. 좋은 절은 일주문과 경내는 항상 거리가 있었다.

대흥사 경내는 무지무지하게 넓었고, 울타리는 어디에도 찾을 수가 없어 주차장에 혼선이 있었다. 가장자리 쪽에서는 템플스테이용 숙소를 짓고 있었다. 숙소 근처 식당에 밥을 먹으러 오는 사람들도 이들의 작업자가 아닌가 했다.

없던 작업자들이 많이 나타나니 그런 생각도 해 보았다. 어디든지 일이 많아야 장사하는 사람들도 먹고살 수 있으니 좋은 일이었다.

'대흥사' 경내에서 들머리를 찾는데도 혼란이 있었다. 대로를 따라 가장자리로 갔더니 깨끗이 정리된 이정표가 눈에 들어왔다. 산중에는 등산로가 분명히 맞는데 시멘트로 된 도로가 계속 이어졌다. 가만히 보았더니 '일지암'과 '진불암'으로 가는 주 도로였고, 이 지점에서 지선으로 두 개의 암좌로 들어가는 것이었다. 필자가 갖고 있는 지도와 현장과는 달랐다. 지도는 참고용일 뿐이었다. 현장은 늘 살아있는 생물이다. 주변 경관도 볼품이 없었지만 키 큰 나무에는 까치집처럼 생긴 '겨우살이'가 둥글둥글하게 신기함만 더했다.

1.5㎞ 정도에서 시멘트 도로는 끝이 났고, 이제부터는 돌다리를 건너듯 돌덩이 사이를 피해가면서 올라야 했다. 여전히 조릿대가 지면을 가득 채우고 있어 산사태나 수분 관리, 거름 확보에 유리한 토양을 만들 수 있어 졸참나무

등 활엽수들이 쭉쭉 뻗어 잘 자라고 있었다. 등산을 하면서 현장에서 터득한 이치였다. '각자도생으로 튼튼한 숲을 만들어 생명들에게 혜택을 주고 있다.'는 그 자체의 모습이었고, 너무나 아름다운 장면이었다. 모든 삼거리에는 이 정표가 선명하게 재 단장되어 등산을 편하게 하는데 도움이 되었다.

'만일재'는 '두륜봉'과 '가련봉' 사이의 고개로 재 아래에는 천년수와 만일암터가 있다. '가을이면 억새풀이 장관을 이루며, 정상에 서면, 드넓게 펼쳐진 다도해가 한 눈에 들어온다'라고 적혀 있었다.

구름은 더욱 더 짙어졌다. 송곳 바윗길을 지나고, 급경사 나무계단을 지나고, 로프를 타고, 거칠어진 찬바람을 안고, 등지고 하면서 한 치의 앞도 구분할 수 없는 악조건 하에서 GPS에서 "뱃지 획득을 축하합니다"가 울렸다. 이제 '가련봉까지 30m 남았다'는 기준이었다.

송곳 바위는 여전하였다. 크고 작은 돌덩이들로 어디가 정상인지 분간이 안 되어 꼭 가까이 가 봐야만 찾을 수 있었다.

드디어 정상에 도착하였다. 인증샷을 간단하게 확보하고 시간상, 등산하는 사람도 없는 시간이라 계획대로 원점회귀 하산을 하였다. 엄청 빠른 속도로 하산했다. 등산에 쫓겨 자세히 보지 못하였고, 사진을 찍지 못하였던 것들을 챙기면서 터벅터벅 서둘렀다.

산중에 사람은 아무도 없었다. 약 6.5km, 2.5시간에 명산 100 두륜산을 완등하게 되었다. 나 자신에게 감사했다.

세상은 밖에도 있었네!
# 명산 100, 100번째 '두타산' 완등 이야기!

▲ 두타산 (頭陀山, 1,353m) | 2017년 07월 27일 금요일

산악회, 친구, 후배와 다녀왔다.

'두타산의 유래'에 대한 내용을 잘 음미해 보면 '두타산의 매력을 충분히 느낄 수 있나'고 생각되어 먼저 올려 둔다.

"두타산(頭陀山: 1,353m)의 산 이름인 두타(頭陀)는 불교용어로서 "속세의 번뇌를 버리고 불도(佛道) 수행을 닦는다."는 뜻이다. 두타산은 동해시와 삼척시 경계에 위치하며 동해시 삼화동에서 서남쪽으로 약 10.2㎞ 떨어져 있다.

태백산맥의 주봉(主峰)을 이루고 있으며, 북쪽으로 무릉계곡, 동쪽으로 고천계곡, 남쪽으로는 태백산군, 서쪽으로는 중봉산 12당골이 있다. 4㎞ 떨어져 있는 청옥산 (靑玉山:1,404m)을 포함하여 두타산이라고 부르기도 한다.

삼척시의 영적인 모산(母山)으로서 신앙의 대상이며 예술의 연원(淵源)이라 하여 오십정산제당(五十井山祭堂)이 있고, 예로부터 가뭄이 심하면 기우제를 지냈다고 한다. 두타산과 서쪽의 청옥산을 잇는 의가등(衣架燈)은 병풍을 펼쳐 놓은 것 같은 가경(佳景)을 이룬다. 또한 북쪽으로 삼화사(三和寺)에 이르는 14㎞의 계곡에는 국민관광지인 무릉계곡, 조선시대 석축산성인 두타산성, 둥글게 패인 바위 위에 크고 작은 50개 의 구멍이 있는 오십정(또는 쉰우물)을 비롯하여, 오십천(五十川), 학소대, 옥류동, 관음사, 관음폭포, 선

녀탕, 쌍폭포, 천은사(天恩寺), 금란정, 용추 (龍湫)폭포 등의 명승고적지가 있다. 수백 명이 앉을 만한 넓이의 무릉반석에는 조선 전기 (前期) 4대 명필가의 하나인 봉래(蓬萊) 양사언(楊士彦)의 석각 (石刻)과 매월당 김시습(金時習)을 비롯하여 수많은 명사들의 시가 새겨져 있다." ◀출처 : 네이버

두타산 등산을 하면서 두타산의 유래에 대해 확인해 보기를 희망해 보며, 두타산(1,353m) 등산은 많은 사연을 남긴 명산이 되었다.

두타산 등산을 이런 저런 이유로 미루다 보니 100번째로 완등하는 명산이 되고 말았다. 그리고 서울에서 하루 만에 다녀올 수 있는 곳에 있지 않아 쉽게 나설 수도 없던 곳이었고 대학교 교수로 재임 중이었으므로 여름방학 기간 내에 100대 명산을 완등 해야겠다는 의지는 늘 살아 꿈틀거렸다. 무려 네 번이나 두타산 산행 계획을 취소하게 되었고, 다섯 번 만에 친구들과 산악회의 축복 속에 완등하게 되어 다행이었다. '2년 내 100대 명산 완등 프로젝트'는 691일 만에 마무리가 되었지만 약 3개월간의 학교사정 등으로 지연된 점을 감안하면 약 600여일에 미(美)친 듯이 집중을 했기에 후회는 없다.

두타산 명산의 산행을 네 번이나 취소하게 된 이야기도 정리를 해 둔다.

첫 번째는 4월 마지막 주 아내랑 동해안을 4박 5일 여행하면서 주변의 명산도 다녀 보기로 했다. 서울에서 여행가는 첫날에는 동강 백운산에 가뿐하게 다녀왔다. 다음날 두타산 산행을 위해 동해시와 삼척시의 경계에 있는 곳에 숙소를 정하였다. 갑자기 아내는 두타산 산행이 힘들겠다며 산행을 포기했다. 아내와 함께 해야 했기에 그 날은 동해안 둘레길을 걷는 것으로 만족해야했다. 하루 쉬어간다는 측면과 둘레길 걷기도 괜찮았지만 두타산은 시야에서 자꾸 멀어져가는 느낌을 받았다. 두타산은 너무 멀어서 다시 마음먹기가 어려운 곳이라 재삼 아쉬워하며 미련이 남아 자꾸 자꾸 뒤돌아봐 졌다.

두 번째 취소한 이유는 7월 4일, 화요일이었다. 산악회와 다녀올 계획이었지만 장마기간이라 아내는 혼자 하는 등산에 대해 걱정을 많이 해 오던 찰나 아침부터 비가 부슬부슬 내렸다. 아내는 혼자서 비행기로 거제도에 내려가고, 필자는 서울에 남아 있다가 7월 4일(화) 산악회를 따라 두타산 100좌를 완등하고 혼자 차를 운전해서 다음 날 거제도로 내려가도록 계획을 잡고 있었다. 아내의 걱정을 무시할 수가 없어 비와 혼자라는 이유로 등산을 포

기하고 아내랑 거제도로 내려가게 되었다. 두 번째 포기였다.

　세 번째는 7월 22일, 토요일이었다. 친구와 함께 산악회 예약도 되어 버스만 타면 다녀오도록 되어 있었다. '이제는 마무리 하겠구나' 하는 안심을 하면서 시간을 보내게 되었다. 출발 며칠 전 친구로부터 문자가 날아들었다. '응봉산 등산을 하고 계곡 물에 들어갔다가 새끼발가락이 삐어서 못 가게 되었다.'는 것이었다. 그래도 혼자 다녀오면 되겠다고 생각하고 있었다. 100 명산 완등이라는 것에 새벽부터 기대에 부풀었다. 준비를 단단히 하고, 매번 아침 그 시간에 무거운 배낭을 마다하지 않고 집을 나섰다. 밖에는 이슬비가 부슬부슬 내리고 있었다. 우산이 꼭 필요할 것 같아 우산을 가지러 집으로 되돌아 왔다가 배낭을 내려놓고 말았다. 이래서 세 번째까지 두타산 등산은 실패를 거듭하게 되었다.

　네 번째는 8월 29일 화요일이있다. 8월 31일 이선에는 100대 명산을 꼭 마무리하고 거제도에 내려가야겠다는 의지와의 약속 만큼은 최고조였다. 이 날도 비가 내려 아예 포기를 했다. 나중에 산악회 홈페이지에 들어가 보았더니 정상까지 가는 등산로에는 비와 구름으로 덮여 겨우 정상까지 가게 되었고, 하산로는 원점회귀로 바꾸었다고 기록되어 있었다. 그 만큼 어려운 곳이었고, 또 위험한 곳이구나 하는 느낌을 받았다. 안 가기를 잘 했다는 생각도 들었다. 아무나 할 수 없는 100대 명산을 완등하는데 그래도 좀 화려하고, 멋있게 친구들과 마무리를 해 보고 싶다는 생각을 해 왔었는데 아무렇게나 끝내고 싶지 않은 것과 맞추어 보면 다행이었다.

　2017년 4월 26일 첫 포기부터 6개월, 2017년 6월 27일 99번째 완등 후 4개월 만인 2017년 10월 27일 산악회의 배려로 학교 중간고사를 마친 주말이 아닌 평일 배정을 산악회에 요청하였더니 고맙게도 그렇게 해 주었다. 또한 100대 명산의 시작을 알려준 친구와 서울에서 간간이 함께 등산을 해준 후배를 모실 수 있어 생각해 왔던 완등 기념의 그림은 만족스러울 것 같았다. 일정과 친구 합류 등 모든 게 잘 맞아 떨어졌다.

　항상 그래왔지만 등산하는 날에는 마치 날개를 단 것 같은 느낌을 받는다. 특히 대한민국 명산 100 완등이라는 목표가 달성되는 날이라 산악회가 보관하고 있는 플래카드도 등반대장을 통해 꼼꼼히 챙겨 두었다. 이게 피날

레를 장식하는 장면이라 대단히 중요한 포인트였다.

드디어 100대 명산 마지막 산행이 있는 날 새벽 4시 50분 알람이 울렸고 어릴 적 소풍가던 날처럼 그렇게 즐거울 수가 없었다. 평소 해 오던 대로 등산준비를 하고 나니 아직도 여유가 있었다.

이른 새벽 지하철역까지는 걸어갔다. 역 입구에는 평일 언제나 김밥을 파는 아줌마가 있었다. 산악회를 따라 등산을 갈 때면 다른 곳보단 조금 비쌌지만 맛이 좋아 여기 김밥을 항상 사갔다. 어쩌면 여기에서 새벽 김밥을 사는 것도 오늘이 마지막이라고 생각하면 더욱 서운해졌다. 그동안 감사한 마음도 전하며 김밥 여섯 줄을 샀다. 만날 때마다 따뜻하게 맞이하며 인사말로 "즐거운 하루 되세요", "네, 감사합니다." 라며 약 2년 동안 서로 주고 받았다.

100대 명산 등산을 시작하고 새벽 지하철에는 예전 모습과는 다르게 사람들이 많아졌다. 특히 나이가 있어 보이는 분들이 많아졌고, 이른 새벽 그들과의 동질성을 느껴보게 되었다. '저분들은 이른 아침부터 배낭을 메고 어디로 갈까?' 나중 아주 나중의 모습이 될지니 그렇게 궁금해졌다.

어김없이 사당역에 도착하였고, 시간이 너무 여유로웠다. 출구로 가는 통로의 가게들은 아직 문을 열지 않았다. 김밥 사 오기를 잘했구나 하는 생각이 들었다. 왜냐하면 오늘 점심용 김밥은 책임을 지도록 약속을 하였기 때문이었다. 예전에 그런 적이 있어 마트에 가서 삼각김밥을 사간 적도 있었으니 사전에 철저히 챙겨야 했다. 추억이 많이 서린 이 길을 언제 또 오려나? 지나가는 길이 모두 마지막이라는 느낌이 들어 고개를 흔들면서 "아니야!, 아니야! 또 올 거야!" 내심 서운함을 달래주면서 지상으로 나갔더니 인파로 북적였다.

여기는 출근하는 사람과 배낭족들이 많이 모이는 곳이었다. 그 속에서 약 2년여 함께 해 왔으니 추억이 많이 서려있던 곳이었다.

모든 일이, 모든 것이 자꾸 마지막이라는 단어와 연결지어 생각되니 가슴 한쪽에선 흐뭇함과 서운한 마음이 교차했다.

두타산 등산코스는 아래 지도와 같다.(산악회 제공)

들머리에서 정상까지는 여느 명산처럼 평범했지만 정상에서 날머리 깊은 계곡에 있는 '두타산성'을 보고는 깜짝 놀랐다. 계곡에 감춰진 역사적인 발자취들을 접할 때면 가슴이 뭉클해지기도 하였다. 계곡 산행을 통해 이들만을 탐방하려면 '삼화사'를 들머리로 등산 다녀오기를 추천해 둔다.

총 13.4km, 5시간 40분 만에(계획 6시간 40분) 두타산 완등을 하였고, 산행 이야기는 일반적인 산행과 다를 바 없어 생략하며 '두타산의 유래'에 대한 첫 장에서 소개된 내용을 참고하면 될 것이다. 길다면 길고, 짧다면 짧은 대한민국 100대 명산 완등 프로젝트 여정은 이렇게 마무리가 되었다.

691일 동안 100대 명산 등산의 고생한 흔적 중에 S사의 산악회로부터 선물로 받은 등산 배낭의 언저리는 낡아서 속살이 드러나 땀에 찌든 냄새를 풍겨 주기도 하였다. 대한민국 100대 명산을 완등하면서 발톱이 두 번이나 빠진 흔적도 큰 영광의 상처로 남게 되었다. 그리고 은근한 시골 냄새가 나는 배낭이었지만 추우나 더우나 필자의 등짝에 바짝 붙어서 그동안 지켜주었고, 용기를 불어 넣어준 갈비뼈 같은 존재가 되었다. 그리고 색깔도 오렌지색이라 사시사철 자연의 변화에

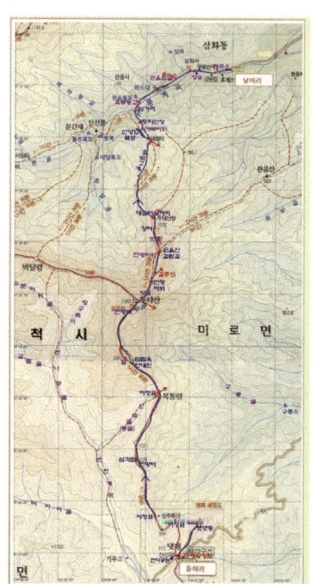

도 잘 어울려 주었다. 이제 그 배낭을 내려놓아야 한다고 생각하니 마음이 찡하였다. 지하철에도 익숙해졌고, 청춘열차를 타고 내리는 용산역에도 익숙해졌다. 대중교통에도 익숙해졌고, 이로 인해 등산에도 익숙해졌고 오감만족도 느껴 보았다. 대한민국의 명산과 친해져 보았고, 명산 현지의 환경에 익숙해졌고, 대한민국의 자연과도 어울려 보았다. 아내와 친구, 후배 산악회 덕분으로 대한민국이 아름다움을 만끽 할 수 있어 너무나 감사했다. B사의 200대 명산 등산이 계속 이어지고 있다.

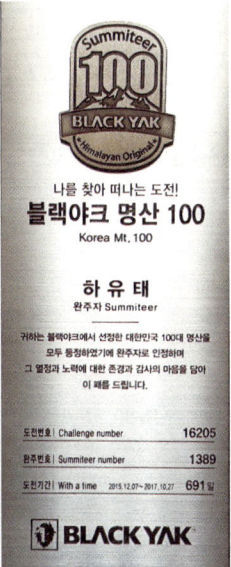

 매 10회 완등 때마다 받았던 패치에 끌려 지속적인 등산을 가능하게 만들었다.
 멋진 친구들이 있어 '100대 명산 완등'도 가능해졌다.
 너무 감사했다.
 양재역 주변에서 멋지게 완등 파티를 하였다.
 주관사인 B사로부터 대한민국 100대 명산 완등패와 산악회로부터 완등배너를 선물로 받았다.

세상은 밖에도 있었었네!
# 명산 100, 27번째 '마이산' 완등 이야기!

▲ 마이산 (馬耳山, 암마이봉 687m) | 2016년 5월 1일 금요일

자차로 아내랑 다녀왔다.
'마이산'은 이렇게 소개되고 있다.
"마이산은 진안읍에서 서남방향으로 3㎞ 지점에 위치하고 해발고도 300m 정도의 진안고원 중앙에 위치하나 자체는 큰 규모의 산이라고 볼 수 없는 해발고도 687m와 681m의 '암마이봉'과 '숫마이봉' 두 개의 봉우리이다. '숫마이봉'은 산정이 날카롭고 사람이 등반할 수 없는 급경사를 이루고 있는 반면, '암마이봉'은 비록 급경사이긴 하지만 소로가 만들어져 일반인도 쉽게 정상에 도달할 수 있다. 현재 '암마이봉'만 출입이 허용되고 있다.
「신증동국여지승람」에 따르면 봉우리 2개가 높이 솟아 있기 때문에 용출봉(湧出峰)이라 하여 동쪽을 아버지, 서쪽을 어머니라 하였다고 한다. 신라시대에는 서다산(西多山)이라 불렸으나, 조선시대 태종이 남행하면서 두 암봉이 나란히 솟은 형상이 마치 말의 귀와 흡사하다고 해서 마이산이라는 이름이 붙여졌다. 이 마이산은 정면보다 측면에서 보면 정말로 말이 귀를 쫑긋 세운 것처럼 보인다. 지금은 속칭으로 동쪽을 숫마이봉, 서쪽을 암마이봉이라고 부른다. 이름에서 알 수 있듯이 뾰족하고 굳건하게 서 있는 산이 동쪽 산이고, 부드러우면서도 육중한 멋을 드러내는 것이 서쪽 산이다.
이 두 암봉 사이의 계곡을 강정골재라 하며, 일대의 자연경관과 사찰들을

중심으로 1979년 10월 전라북도의 도립공원으로 지정되었다. 깎아지른 듯한 숫마이봉 기슭의 숲속에는 은수사(銀水寺)라는 절이 있고, 그 밑에는 그 유명한 마이산 돌탑이 쌓여져 있다. 이 돌탑들은 19세기 말경 이갑용(李甲用) 처사가 쌓아 올렸다고 전해진다.

특히 마이산의 암봉들 사면에는 울퉁불퉁 구멍이 나있는 타포니를 볼 수 있어 일반인들의 관심을 받고 있으며, 기이한 경관 때문에 예로부터 민족의 영산으로 숭상되어 왔다. 마이산은 계절에 따라 다양한 이름으로 불리는데, 봄에는 안개 속을 뚫고 나온 두 봉이 쌍돛대 같다고 해서 돛대봉, 여름에 수목이 울창해지면 용의 뿔 같다고 해서 용각봉, 가을에는 단풍이 물들면 말의 귀 같다고 해서 마이봉, 겨울에는 눈이 내려도 쌓이지 않아 먹물에 찍은 붓끝 같다하여 문필봉으로 부르기도 한다.

또한, 마이산의 입구에 들어서면 다양한 크기의 크고 작은 돌멩이들이 하나 하나 쌓여 거대한 돌탑을 이루고 있는 소위 마이산 탑사를 볼 수 있다. 이들 돌탑은 타포니와 함께 마이산의 기이한 경관을 만들어 준다. 높이 15m, 둘레 20여m의 거대한 돌탑들은 접착제를 쓴 것도 아니고, 시멘트로 이어 굳힌 것도 아니며, 홈을 파서 서로 끼워 맞춘 것도 아니다. 그런데도 쓰러지지 않고 백 여 년의 시간을 버티고 서 있을 수 있는 배경은 이 탑을 쌓은 이갑룡 처사의 노력에 의한 결실이라고 전해지는데, 수행을 위해 25세 때 마이산에 들어와 솔잎으로 생식을 하며 수련을 하던 중에 만민의 죄를 속죄하는 의미에서 석탑을 쌓으라는 신의 계시를 받았다고 한다. 그리하여 30리 밖에서 돌을 날라 팔진도법과 음양이치법에 따라 축조를 하고 상단부분은 기공법을 이용하여 쌓았다. 탑사 덕분에 마이산 탑사를 찾는 많은 불자들로 하여금 자연스럽게 불교의 연을 잇는 관광사찰로 더욱 발전시켰다. ◀출처: [네이버 지식백과] 마이산

마이산 등산은 이렇게 진행되었다.

"마이산 북부 매표소 ↔ 마이산 북부 주차장 ↔ 등산(암마이봉, 2.6km, 2시간)"

마이산은 너무나 잘 알려진 곳으로 거제도로 내려가는 길에 등산을 하는 시스템을 적용한 것이었다.

5월 거제도에서의 일정을 소화하기 위해 서울에서 거제도로 내려가야 하는 날이었다. 34년간 제2의 고향 거제도에서 살았으니 퇴직 후 그곳에서의 단조

로운 생활이 재미가 없어 새로움을 체험해 보고 싶어 그것을 서울에서 찾아보았다. 필자는 그렇다 치더라도 아내는 친구들이 모두 거제도에 있으니 정을 갑자기 뗄 수는 없을 것이라 조심스럽게 대응을 해 줘야했다. 진보와 보수의 차이가 아니라 한 시대를 살아가는 어른들이 지킬 것은 지켜줘야 하는 것이다. 매월 초면 일주일 정도 거제도에 내려가는데 막상 내려와 보면 필자는 할 일이 별로 없어 지루하기만 하였다. 같이 내려가더라도 나름대로 여러 가지 일정을 만들어 즐겁게 같이 있어줘야 아내도 마음 편할 것이리라. '함께 하지는 않지만 각자가 즐겁게 지내자.'였다. 거제도와 서울을 갔다 왔다 하는 일이 오히려 즐겁게 받아들여졌지만 먼 길을 운전해야 할 텐데 등산까지 하고 간다고 하였으니 불안하게 보였다. 마이산은 힘든 산도 아닌데 등산이라면 무조건 힘들다는 선입견이 가득했던 것도 사실이었다.

예정대로 아침에 집을 나섰다. 가는 길이 얼마나 막힐지 모르니 "12시 전에 도착을 하면 등산을 하고 가는 것이고, 그렇지 않으면 포기하고 곧장 내려간다."고 약속을 해 주었더니 조금은 안심하는 표정이었다. 어려운 산을 선택한 것도 아니었으니 계획대로 할 수 있으리라 확신했다. 네비에서는 '253㎞, 오전 11시 20분 도착'이라고 알려 주어 안심이 되었다. 서울 ↔ 거제도를 이동할 때 휴게소에 쉰다고 해도 410㎞의 먼 거리를 자주 다니다 보니 너무 지겨워져서 고속도로에서 가까운 곳의 명산을 찾아 휴식처로 잠시 들렀다 가는 것으로 지난달부터 하게 되었으니 이번이 두 번째였다.

서해안 고속도로를 타고 서평택, 천안에서 공주, 논산 방면으로 막힘도 없이 진안 IC를 지나 '마이산 북부 주차장'에 도착했다. 휴일인데도 주차장은 한산

해 보였다. 인터넷에는 주차료, 입장료를 받는다고 하였는데 아무런 시설물도 없어 의심스러웠다. 분명히 북부 주차장은 맞았는데 정확한 위치는 아니었다. 북부매표소가 최종 종착지였다. 5분 정도 더 안쪽으로 들어갔더니 주차장이 있었고, 주차비를 받았다. 일요일이라 대형버스, 승용차가 많았다.

등산복을 입은 사람은 드물었다. 아마도 그들은 '탑사'를 구경하러 온 것같았다. 여기에서 인당 입장료를 받았다.

주차를 안전하게 해 놓고 마이산 탐방로를 따라 산을 오르기 시작하였다. 오래된 단풍나무 아래 펼쳐진 터널 속의 계단은 장관이었다. 이글거리던 태양도 인간에게 더위를 내릴 수 없을 정도로 아름다웠다. 벚꽃은 며칠 만에 소멸되는데 단풍나무는 오랫동안 자연의 아름다움을 간직하며 인간과 자연의 친밀감을 더해주므로 괜찮게 느껴졌다.

마이산에는 이번이 세 번째로 매번 탑사에 머물러 돌탑을 구경하는 것이 전부였으나 암마이봉 정상까지 가기는 이번이 처음이었다. 암마이봉과 수마이봉 사이의 천왕문에서 등산로와 탐방로가 갈라져 오른쪽이 '암마이봉', 왼쪽이 '수마이봉'이었다. 암마이봉의 등산로는 놀랄 정도로 나무 계단으로 잘 조성되어 거의 60도 정도의 가파른 등산로를 약 600m 따라 오르니 곧 암마이봉 정상(686m)이 나왔다. 뾰족하게 생긴 암릉이 정상이었고 정상 주변이 그렇게 넓을 줄은 몰랐다. 마이산의 소개에 나온 내용을 생각하며 두 봉우리를 천천히 훑어 보았다.

멀리서 눈요기만 하여 왔던 마이산을 직접 오르니 많은 궁금증이 해소 되어 산은 이런 기분으로 오르기도 한단다.

사진에서만 보아왔던 정상석을 만져도 보았고, 전체가 큰 바위 덩어리라 그 높이만을 상상하였지 실제로 얼마나 높은 지 체험도 해 보았다. 강렬한 태양과 멋지게 인증샷을 확보하고 하산을 시작하였다.

오를 때는 힘들어 그 경사도를 느끼지 못하였는데 내려갈 때는 제대로 실감이 났다. 왕복 2.6㎞, 1시간 50분 만에 마치게 되었다. 약 2시간을 투자하

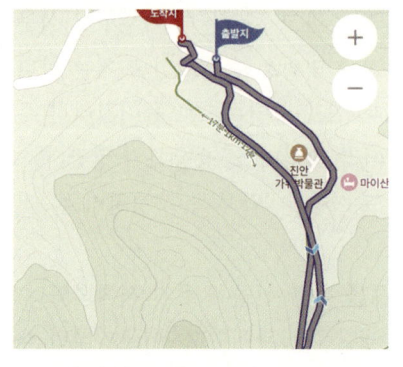
여 100대 명산 중 27번째 완등을 하게 되었다. 서두를 필요는 없을 것이라며 100대 명산의 등산을 시작했는데 벌써 3분의 1이 완등 되었다. 간식을 많이 먹어서였든지 등산이 쉬워서였든지 점심시간이 훌쩍 넘었는데도 명산을 완등했다는 성취감 때문인지 배가 고프지 않았다.

 피곤하지도 않았지만 안도의 숨이 나왔다. 서울과 거제도의 중간쯤에서 등산을 하면서 쉬었다가 가는 개념이라 딱 좋았다. 여유롭게 국도를 빠져나와 대진고속도로 위를 오르게 되었다. 매번 내려가는 도로였지만 산 들이 제법 옷을 갈아입었다. 산들산들 봄바람과 함께 나뭇잎이 뒤집어 지면서 골고루 햇볕을 쬐고 있었다. 여름에는 나뭇잎이 바람에 펄럭이면 나무가 더우니 물을 빨리 달라는 아우성이란다. 또 겨울이 되면 땅속에 물이 많이 없으니 나뭇잎을 모두 떨어뜨리고 추운 겨울을 대비한단다. 나무도 이렇게 영리하게 계절을 잘 이겨내며 대한민국의 사계절을 살아가는 것이다.

 그럭저럭 시간은 흘러 즐겨 다니던 경남 단성에 있는 '목화식당'에 도착했다. 언제 먹어도 이 집의 추어탕은 걸쭉한 시래기와 함께 가득 담아주는 추어탕 국물이 일품이었다. 고속도로를 지날 때면 꼭 이곳에서 추어탕을 먹어 왔다. 배를 든든히 채우고 제2의 고향인 거제도에 도착하였다. 등산을 2~3시간 하면 통상 4~6시 사이에 서울이나 거제도 집에 도착을 하니 시간상으로도 안성마춤이었다. 너무 일찍도 아니고 너무 늦게도 아니고 딱 좋은 시간에 도착하였다. 저녁까지 여유를 가질 수 있어 좋았다. 아내에게 감사했다.

세상은 밖에도 있었네!
# 명산 100, 32번째 '명성산' 완등 이야기!

▲ 명성산 (鳴聲山, 923m) | 2016년 5월 23일 월요일

서울에서 아내랑 대중교통으로 당일 다녀왔다.

정확히는 모르겠으나 지금까지 최장거리(13.25km)와 최장시간(6시간 43분) 산행을 한 것 같았다.

경기도 포천에 위치한 명성산 산행에는 산의 유래만큼이나 수많은 Behind Story가 있었기에 산행에 도움이 되길 바라는 마음에서 자세히 남겨둔다.

'명성산의 유래'만 잘 음미해 봐도 등산을 하지 않고도 산의 매력을 충분히 느낄 수가 있을 것이다. 더 나아가 등산을 하면서 직접 확인을 해보는 기회를 마련해 보기를 희망해 보며 명성산의 유래를 옮겨 둔다.

"'명성산'은 '울음산'이라고도 한다. 전설에 의하면 왕건(王建)에게 쫓기어 피신하던 궁예(弓裔)가 이 산에서 피살되었다고 하며, 궁예가 망국의 슬픔을 통곡하자 산도 따라 울었다고 하는 설과, 주인을 잃은 신하와 말이 산이 울릴 정도로 울었다고 하여 '울음산'이라고 불렀다는 설이 있는데, 지금의 산 이름은 '울음산을 한자로 표기한 것'이다. 광주산맥에 딸린 산으로 서울특별시에서 동북쪽으로 84km 떨어져 있으며, 동쪽에 박달봉(800m)과 광덕산(廣德山:1,046m), 남쪽에 여우봉(620m)이 솟아 있다. 동쪽 비탈면에서 발원(發源)하는 도평천(都坪川)은 남쪽으로 흐르다가 영평천(永平川)에 합류하고, 북서쪽 비탈면에서 발원하는 수계(水系)는 한탄강으로 흘러든다. 전체적으로 암릉과 암벽으로 이루어져 있으나 동쪽은 경사가 완만하며, 남

쪽에 있는 삼각봉 동편 분지에는 억새풀이 무성하여 1997년부터 매년 9월 말부터 10월 초에 억새꽃축제가 열린다. 정상에서는 남쪽으로 이어진 12봉 능선과 북쪽으로 오성산, 동북쪽으로 상해봉, 대성산, 백암산, 동쪽으로 광덕산, 동남쪽으로 백운산, 국망봉을 모두 볼 수 있다. 남서쪽 기슭에는 국민관광지인 산정호수가 있고, 북쪽 기슭에는 용화저수지가 있다. 운천리에서 산정호수까지 버스가 운행되고, 산정리에서 여우고개를 지나 장암리에 이르는 지방도(地方道)가 남쪽 계곡을 지난다.

  '울음소리'라는 산의 이름은 아름다움이 눈물짓게 만드는 것인지, 눈물이 산을 아름답게 하는 것인지 모르겠다. 나라를 잃은 신라 마의태자와 태봉국 궁예의 슬픔은 눈물로 모여 산정호수의 잔잔한 물결을 만들었을까. 포천과 철원을 잇는 명성산은 한강 이북의 남과 북을 가르는 군사적, 지리적 요충지다. 한반도의 중심이 되는 이곳은 삼국시대부터 한국전쟁에 이르기까지 치열한 전쟁의 장소가 되었다. 명성산을 대표하는 억새밭 또한 울창하였던 숲이 한국전쟁의 포화 속에 사라지면서 만들어진 장소다. 산정호수 주차장 인근 식당가에서 시작되는 등산로는 동쪽의 완만한 산행과 남쪽의 칼날 같은 암석의 능선이 어우러지는 명성산 정상까지의 6시간 코스가 가장 길다. 아이들을 동반하는 가족 산행이라면 삼각봉에서 자인사로 이어지는 3시간 코스가 가장 적당하다. 늦가을까지 이어지는 억새밭의 장관은 수도권 인근의 가장 아름다운 산행길 중 하나로 정상에서 조망하는 휴전선 이북의 오성산과 대성산의 경관이 아름답고 등산로 입구에서 이어지는 비선폭포, 등룡폭포 등이 여름날의 산행을 시원하게 한다. 일제강점기에 조성된 인공호수인 산정호수는 명성산 자락의 천연 암벽을 이어가는 물의 궁전이다. 김일성의 별장이 있었던 장소로도 유명하다. 군사시설이 철수한 70년대 이후 관광지로 단장된 이곳은 훼손되지 않은 청정자연을 간직하고 있다. 유원지 입구에서 호수 끝자락 선착장까지 이어지는 3km의 산책로는 산과 호수를 담는 길이다. 얼어붙은 호수 위에서 스케이트를 즐기는 모습은 겨울 호수의 색다른 매력이다. 매년 가을 개최되는 명성산억새축제는 오래된 지역축제 중 하나로 수많은 사람들이 모여 깊어가는 가을을 함께한다. 그래서인지 죽기 전에 꼭 가 봐야 하는 명소로도 꼽히고 있다." ◀출처:네이버 결론적으로 등산코스는 이랬다.

"산정호수주차장 → 비선폭포 → 등룡폭포 → 약수터 → 억새단지 → 팔각정 → 삼각봉 → 명성산(정상) → 삼각봉 → 팔각정 → 자인사 → 산정호수 수변도로 → 주차장"

자차로 갈 계획이었으나 거리상 안전상의 이유로 대중교통을 이용하기로 어제 저녁에 갑자기 변경하고 부랴부랴 버스 시간표를 체크하고 이른 아침 6시 30분에 집을 나섰다.

오랜만에 가는 산행이라 날씨 때문에 걱정이었지만 한편으로는 새로운 산을 가게 되어 즐겁기도 하였다. 지하철을 타고 가면서도 산정호수까지 찾아가는 방법 및 시간과 산행코스를 자세히 다시 체크해 보았다.

우선 지하철로 강변역 '동부시외버스터미널'까지 편안하게 갔다. 생애 처음 가는 길이라 서먹서먹한 것이 한두 가지가 아니었다. 터미널 대합실에서 자동 발매기로 경기도 운천향 08:20분 발 버스표를 구매하였다. 이런 일은 생활의 달인인 아내가 훨씬 세련되게 잘 해내어 두말 않고 따라가기만 하면 되었다.

두 시간 가량 버스를 타고 가야하니 화장실은 필수였다. 조용한 가운데 30번 탑승구에서 3000번 버스를 탔다. 따닥따닥 붙은 의자는 2시간을 타고 가기에는 많이 불편해 보였지만 경기도 포천 촌으로 들어가는 시외버스라 이 정도는 빨리 적응이 되어야 한다고 생각하고 자리에 앉긴 하였지만 솔직히 불편하기는 했다.

서울 시내를 점점 벗어났더니 4차선의 국도에는 화물차가 길을 막았다.

시골로 갈수록 중소기업이 많아 그들의 물류도로가 되어 일반 차량들은 다니기에 불편할 정도였다. 약 2시간 만에 임시 정류장 같은 '운천 버스터미널'에 도착하였다.

여기서 순환버스를 타고 '산정호수'까지 가야했다. 버스는 주변 아무 곳에도 보이지 않아 매표소 직원에게 버스 타는 곳을 물어 보았더니 "위쪽으로 올라가야 한다."고만 대답을 해 주었다. 위쪽이 어느 쪽인지 필자가 알게 뭐냐? 여전히 버스는 보이지 않았고, 택시만이 줄지어 서 있었다. 다시 그들에게 물었더니 50m쯤 떨어진 곳의 버스 승강장을 가르쳐 주었다. 4차선이 었지만 도로 좌우에는 주차된 차량이 더 많아 주차장을 방불케 했다.

승강장 내에 있는 모니터에는 약 40분 후에 산정호수 행 순환버스가 온다는 것이라 '산정호수 주차장'까지 검색해 보았더니 8.6㎞에 13분의 거리여서 다시 택시 승강장으로 가서 가격을 물어 보았더니 친절하게 대답해 주었다.

오전 11시에 가까워졌고, 더 기다리게 되면 날씨가 무더워 등산에 차질을 빚을 수가 있겠다는 생각에 택시를 타고 야산 하나를 넘으니 평일이라 너무 조용한 산정호수 주차장이 나왔으며, 10시 40분 등산로 입구에 도착했다. 외형적으로는 나무와 암릉이 어우러져 마치 북한산을 보는 것처럼 친숙하게 느껴졌다. 조금 전까지 오면서 보고 느꼈던 상황을 감안하면 깊은 산속 등산을 한다는 것도 사실은 두려움이 되기도 하였다.

새루운 등산코스라 GPS를 켜고 인터넷에서 확인한 대로 편리한 길인 계곡을 따라 평지 길을 계속 걸어 '비선폭포'를 지나 휴식 겸 간식을 먹었다. 전설에 나오는 이야기만큼이나 울창하고 널찍한 계곡은 우리를 만족시켜 주기에 충분하였지만 인적이 드문 산이라 음침한 느낌마저 들었지만 산에서 내려오는 사람도 있었고, 조금 있으니 부부 산객도 올라왔다. 겁쟁이가 아니라 휴전선 근처라는 것과 깊은 산중이라 산짐승 출몰에 대한 생각에 깊은 계곡을 걷다보면 이런 저런 상상에 잠기기 마련이었다. 한참 만에 '등룡폭포'를 만났다.

필자가 생각한 산 정상의 위치에 대한 등산로 이미지와는 다르게 산 측면을 계속 돌고 있다는 느낌이 들었다. 그렇다고 산 정상 쪽으로 가는 등산로가 있는 것도 아니었다. 오르막이라 힘들었던 것이 아니라 장시간 걸어서 힘이 들었던 것이었다. 산을 오르는 등산이 아니라 거의 평지 같은 둘레길을 하염없이 걷는다는 것은 정말로 싫어하는 등산코스였다.

반복되는 길이라서인지 아내도 평소와 다르게 자주 쉬어 분위기나 느낌이 평소 등산과는 달랐다. 아직 1/3도 오르지 않았는데 벌써부터 그런 느낌을 주는 것은 이상한 예감으로 진퇴양난이었다. '그래도 가야한다'면서 쉼 없이 걷고 또 걸었더니 또 다른 부부를 만났다. '팔각정이 있는 정상이 곧 나온다'는 희망을 던져 주고 서로 지나쳤다.

야산 정상쯤 되는 곳에는 억새군락지인 듯 넓은 평원이 나타났다. 군락지

중간을 관통하면 500m 앞에 팔각정이 있다는 이정표는 반가운 손님처럼 느껴졌다. 부부가 알려줬던 팔각정이 드디어 목전에 있게 되었다. 지친 몸으로 이글거리는 태양과 싸우면서 잠시 걸었더니 2층의 팔각정 지붕이 보였고, 옆에 있던 '명성산' 표지석도 점점 위에서 아래로 확연하게 나타났다. 이곳은 분명 알고 있는 정상이 아닌데 정상석인 양 눈을 의심하지 않을 수 없어 인증하는 정상석을 확인했더니 약간의 차이가 있어 보였다.

경기도 포천의 명성산(922.6m)은 강원도 철원에 있는 명성산(923m)과는 분명히 다르게 표기되어 있었다. 뭔가 크게 착각을 하고 등산코스를 잡았구나 하는 어머 어마한 실수를 저지르고 말았구나를 느껴졌을 때 지나온 시간과 남은 시간을 생각하니 하늘이 빙 돌았다.

등산로 조감도상 2시간 이내에 등산을 마친다고 하였는데 지금까지 4km를 걸어왔는데 진짜 인증하는 정상석까지는 아직 3km를 더 걸어야만 했다. 아내는 실신 직전의 상태로 악화되어 "담에 또 오더라도 이쯤에서 포기하고 우선 건강을 챙기자"고 다독였지만 한사코 가야겠다고 정신력만 믿었다.

이제부터는 햇볕을 가려줄 나무도 없었을 뿐더러 바윗길뿐이었으니 돌아오는 시간과 거리를 계산하면 이쯤에서 돌아가는 것이 맞는 판단이라 재차 설득을 하여도 당신의 정신력만 믿고 계속 가 보자는 주장이었다.

"여기까지 왔으니 온 김에 갔다 와야 한다."는 목표의식과 정신력만 믿고 왕복 6km를 또 걷기 시작하였다. 기진맥진한 상태에서 1일 2산행 같은 또 다른 등산이 시작된 느낌이었다. 암릉으로만 이어진 그늘하나 없는 등산로를 더 빠른 걸음으로 걸어 주었다. 저러다가 혹시 쓰러지기라도 하면 어쩌나 하면서 불안하게 그러나 용기를 갖고 따라갔지만 가슴은 콩알만해졌다.

정상석까지는 아직 1.4km를 더 가야 한다고 해 주었지만 실망하지 않았다. 이정표는 거리가 멀든 짧든 등산에서는 희망이고 지친 몸에게 또 한 번의 의지력을 불태워 주는 것이다. 한참 만에 '명성산 정상 600m' 새로운 이정표가 나타났다.

완전 방전되었지만 '이제 다 왔구나' 하는 희망을 품고 정신력 하나만 믿고 태양과 싸우면서 뚜벅뚜벅 걷고 또 걸었다. 이제 먹을 것도 마실 것도 모자랐다. 특히 마실 물은 한 병 밖에 없었다. 이러다간 둘 다 쓰러지겠다는 판단에 아내만 마시게 했더니 기력이 조금씩 회복되어 보였다.

등산은 정신력만으로 하는 것도 아니고 정신력을 지원해 줄 뭔가도 있어야했다. "아하! 명성산 정상(923m)을 제대로 오르려면 경기도 포천에서 오르는 것이 아니라 철원에서 올라야 가장 짧은 거리로 완등 할 수 있겠다"는 것을 재삼 확인할 수 있었다. 그런데 왜 인터넷에서는 포천 쪽 산정호수에서 오르는 코스만 나와 있었을까? 포천 쪽 팔각정에 세워진 표지석을 왜 명성산이라고 하였을까? 생각하기도 싫어졌다.

정오를 지나니 기온은 점점 올라갔다. 다행히도 저녁에 비가 예보되어 하늘은 구름으로 덮였다. GPS는 목표 30m 전방에서 정상석이 있다는 소리를 울려주어 "진정 여기가 정상이구나" 하는 희망을 갖고 올랐더니 '삼각봉(906m)'이라 대 실망이었다. 앞에 보이는 봉우리를 향해 곧장 내려갔다.

이제 300m만 더 걸으면 지긋지긋했던 명성산 정상도 손안에 들어오게 되는 것이었다. 그야말로 아무것도 아닌 그 무엇이 필자를 이렇게 끌리게 만들었을까? 아내도 이구동성으로 푸념하였다. 자꾸 자꾸 북으로 휴전선 근처로 가고 있어 조망은 아름다운 대한민국을 찬양할 정도였다. 대한민국의 산야가 모두 이랬으면 하는 바람도 가져졌다. 산 몇몇에는 사격훈련으로 망가진 흙산도 있었지만 전체적으로는 깨끗하고 아름다운 대한민국의 산야였다.

주변을 감상할 여유도 없이 눈앞에 펼쳐질 정상석만 연상하면서 코앞까지 갔더니 또 오르막의 암반길이 나왔다. 산은 끝까지 편하고 쉬운 길을 내어주지 않았다. 그래서 "산이 부르니 산에 간다"는 말도 맞는 것 같기도 하였다. 산이 부르지 않는데 용기만 갖고 등산을 하다가 다치는 경우도 많아 이런 비유를 하는 것이 아니겠는가?

드디어 인증샷이 필요한 명성산 정상석에 도착하였다. 높이가 923m로 표기되어 있었고, 세로로 세워진 표지석이 대한민국 명산 중 죽기 전에 가봐야 할 명성산의 정상석은 보란 듯이 꼿꼿하게 지키고 있었다.

현재 시간 오후 2시 20분. 출발 3시간 40분 만

에 그 유명한 '명성산 정상'을 밟게 되어 감개무량하였지만 또 한번 푸념이 나왔다. "저게 뭐라고 우리를 여기까지 힘들게 찾아오도록 만드는 것이고?" 어렵게 어렵게 한 개의 명산을 완등하게 되어 가슴 벅차오름을 주체할 수가 없었다.

시간이 너무 많이 지난 터라 정상석 옆에서 인증샷만 남기고 잠시 옆 의자에서 짐 정리를 하고 곧장 왔던 길로 걸음을 재촉하였다. 이제부터는 팔각정까지 약 3㎞ 왔던 길을 되돌아가야 했다. 고생해서 종주하였더니 하산 하는 길은 어느 정도 감이 잡혔다. 정상석으로 오를 때는 편한 길이 무엇인지 눈에 잘 보이지도 않았는데 하산할 때는 편한 길도 눈에 들어와 그 길로만 걸어야 에너지 소모를 최대한 줄일 수 있었다.

이젠 마실 물도 떨어져 더 없는 정신력만 요구되는 하산길이 되고 말았다. '삼각봉'을 지나 '팔각정'으로 가는데 일일여삼추라는 말이 자꾸 떠올랐다. 몸은 기운이 다 빠졌고, 에너지 보충할 것조차 없어졌으니 눈앞이 캄캄해졌다. 다리는 계속 움직였지만 영혼이 빠져 나간지 오래되었다. 완전 멘붕이었다. 항상 다리가 고맙지만 당연한 것으로 여겨왔던 다리에게 고맙다는 말을 이때는 분명히 해야 하는구나! 그날 따라 다리가 무척 고마웠다.

쉬지 않고, 멈추지 않고 가다가 지치면 불만은 얘기하더라도 다리처럼 멈출 수 없는 그런 삶도 있었지. 그래서 여기까지 우리가 왔지. 바로 그런 삶을 등산처럼 살아왔지. 몇 번의 고비를 넘기면서 고마운 다리 덕분에 팔각정에 도착하였다. 또 다시 2.5㎞의 경사로를 내려가야만 주차장에서 집으로 갈 수 있는 것이었다. 여기서 지쳐서 멈추면 죽는 것이고 인생은 다시 없는 것이 될테니 멈추지 말고 심장이 뛰는 그날까지 걸어야만 했다. 엄마는 위대하다 보다 아내는 위대하고 용감했다. 인생을 흔히들 등산에 많이 비유하는데 오늘 그 인생의 값진 체험을 그대로 실천해본 등산이 되고 있었다. 지치더라도 중단하거나 멈추면 그날로 죽는 것이었다. 걸어도 걸어도 그 놈의 팔각정은 나오지 않았지만 멈추지 않아서 그 팔각정에 도착하게 된 것이었듯이 마지막 주차장까지 멈추지 말고 걸어서 내려가야 했다.

아내는 지칠 대로 지치고 말았다. 깎아지른 하산로에는 마실 물조차 흐르지 않았고 인내력의 한계까지 점검케 했다. 쉬는 시간과 횟수가 늘었지만 내려가는 것을 거부하지는 않았다. 만약에 지쳐서 멈춘다면 그 시간부로 인생은 끝나는 것이다. 바로 밑에 상동 주차장과 자인사(慈仁寺)가 있다는 생각과 그 길에는 1600개의 나무계단과 돌계단으로 이루어져 있다고 해서 분명히 급경사를 타야할 것 같다는 추측에 쉬지 않고 걸었다. 물을 마시지 않은 지 오래되어 갈증이 극에 달했다. 팔각정을 떠나 처음에는 흙길에다 평범한 길로 이어졌다. 아내의 고통은 더욱 심해졌고, 쉬는 횟수와 시간도 점점 길어졌다. 걱정도 최고조에 달해 모든 것이 극에 달하여 "119를 불러야 하나?" 몇 번을 물어보면서 또 망설였다. 아내는 "괜찮다 괜찮아요. 내려 갑시다."

아무리 내려가도 자인사는 보이지 않았고, 희망 전도사인 이정표만 몇 번 나왔다. 한참을 내려갔다 싶었는데 겨우 200m 내려왔다고 알려주었고, 아직 300m를 더 내려가야 했다. '자인사 입구'라는 이정표가 또 나왔다. 드디어 '자인사'구나 희망을 갖고 내려왔는데 100m나 더 걸어서야 물을 마실 수 있는 '자인사'에 들어가게 되었다. "휴우 - 드디어 생명수가 있는 곳에 도착하였다"며 "살았구나" 하는 생각이 들었는데 잠시 당황한 것은 생명수가 있는 음수대가 보이지 않았다. 절에는 반드시 음수대가 있기 마련인데 이곳에는 도대체 어디에 있단 말인가? 우물쭈물 중얼거리면서 좀 더 내려갔더니 물 흐르는 소리가 너무나 조용하게 들려왔다. 그야말로 생명수였다. 조용한 경내라 소리도 못지르고 손짓으로만 아내에게 여기에 있다고만 해 주었다. 천근만근이나 되어 보이는 몸을 지탱해준 비실거리는 다리를 믿고 또 걸어야만 했다. 천근만근 파김치가 되고도 한참 지난 상태였다. 물바가지에 가득 채워서 둘은 버럭버럭 물을 들이켰다. 이제 정신을 차리고 경내를 살펴보았다. 이렇게 경치가 좋은 명당에 이렇게 멋진 절을 누가 지었나 싶었더니 또 왕건과 궁예가 거론되었다.

쉬어간다는 취지에서 '자인사(慈仁寺)'에 대한 이야기를 읽어 보았다.

경기도 포천시와 강원도 철원군을 잇는 명성산(鳴聲山) 자락에 위치한 전통사찰 '자인사'를 뒤로 하고 상동 주차장까지 또 걸어야 했다. 지겨울 정도로 걸어왔는데 더 가야한다는 것에 울화가 치솟았지만 집에 가려면 가야 할 수밖에 없으니 가야한

다는 것은 잘 알고 있는 현실이었다. 2차선 국도에는 '도로가 좁으니 산정호수 수변을 걸어 달라'는 플래카드가 걸려있었다. 도로를 조금 걸어봤지만 엄청 위험하였다. 딱 맞는 지적이었다. 우리는 즉시 수변도로에 내려가 산정호수와 함께 또 걸었다.

7시간 동안 14㎞를 걸었으니 걷기가 무척 싫었던 것은 당연하였지만 산정호수의 수변도로는 출렁이는 물과 함께 피곤한 마음을 씻어 주기에 충분한 영양소가 되어 주었다. 호수에는 무동력 배들이 떠 있었고, 그 속에는 젊은 남녀가 데이트를 즐기고 있었다. 그 산속에 그런 호수가 있었다니 신비했다. "궁예가 자신의 부하였던 고려 태조 왕건에게 패한 후 이곳으로 쫓겨 와 크게 울었다"고 하여 이름 붙은 명성산은 '산정호수'와 더욱 잘 어울렸다.

정상에서 하산 시작 후 3시간 10분이 지난 오후 5시 30분쯤 '상동주차장'에 도착하였다. 오전 10시 45분에 시작된 등산은 오후 5시 30분에 마쳤다.

오늘 일과는 아직 끝나지 않았다. 집까지 가려면 아직은 구만 리가 더 남았다. "포기하지 않은 인생이 바로 이런 것을 두고 하는 이야기로구나!"

운천버스 승강장에서 확보한 버스 시간표를 확인하였더니 행복하게도 저녁 6시 10분 의정부역발 버스가 있는 것이 아니었던가. 여유시간 40분이면 충분히 씻고, 쉴 수 있겠다는 마음으로 편안하게 명성산 등산을 마무리 할 수 있었다. 너무 더운 날씨에 마실 물도 없는 상황에서 여기까지 오게 된 것만도 하늘이 도우셨다고 감사해 하면서 답답했던 마음을 달래려고 아이스크림 입에 물려 아내의 하고픈 이야기를 막았다. 달콤한 아이스크림은 그런 불평과 불만을 내려놓게 하기엔 충분히 고마웠다.

조금 있으니 '138-6'이라는 번호판을 붙인 버스가 주차장에 도착하였다. 주저 없이 운전기사에게 물었더니 생각했던 그 버스였다. 아내는 자인사에서 원 없이 물을 마셨고, 산정호수의 출렁이는 물과 함께도 걸어 보았고, 주차장에서 아이스크림도 먹었으니 기력은 분명 돌아 온 것 같아 안심이 되었다.

언제 다시 올 수 있을지 모르는 가운데 집으로 향하는 버스는 출발하였다.

두 시간여 지나서 의정부역에 내려준 버스가 고마웠다. 어둠이 내린 번화한 도시에는 불빛만이 휘황찬란하였다. 새벽별 보고 나갔다가 저녁별 보고 퇴근한다는 먹고 살기 힘들 때의 이야기처럼 돈 벌러 간 것도 아닌데 너무 열심히 놀았던 것 같았다. '과유불급'이라고 했던가? 의정부역에서는 비도 부슬부슬 내렸고 허기진 배를 채우기 위해 지하철 출입구 근처 일식집에 들어갔다. 저녁 영양을 충분히 보충하기 전 산에서 맘껏 마시지 못했던 물을 네 컵이나 마셨다. 물이 그렇게 맛있고 소중하다는 것을 처음 느끼는 순간이었다.

 마지막으로 의정부역에서 출발하는 지하철에 몸을 맡겼다. 집까지는 또 한 시간 반 이상을 가야했다. 의자에 앉자마자 아내는 곯아 떨어졌다. 간간이 잠을 청하긴 하였지만 쉽게 허락해 주지 않았다. 또 2시간 20분을 지나 무사히 집에 도착하였다. 밤 열시 반이었다. 15시간 45분간의 사투는 종결되었다.

 "새로운 나를 찾아 도전 한다"는 프로그램에는 맞는 등산여행이었다. 아내랑 여름철 등산은 오늘로서 잠시 닫고 9월부터 다시 하기로 하였다. 거리가 있는 것 같아 자차로 가기로 계획된 것을 갑자기 바꾸게 된 것부터가 잘못된 시작이었다. 지금까지의 경험으로 무엇이든지 처음의 판난이 항상 옳았고 맞게 결과가 나타났던 중의 하루였다. 집 가까운 곳에 위치한 산은 모두 갔다 왔으니 명산 100이 진행되면 될수록 잔여 산들은 집에서 멀리 떨어져 있어 대중교통을 이용한 새로운 나를 찾아서 프로그램은 그 난이도를 더해 가고 있다. 대중교통을 이용하려면 이번과 같은 고생과 대기 시간은 감수해야 했는데 이것을 고생으로 생각하고 대부분 사람들은 등산에만 목적을 두었지 일반인들의 사는 모습에 승차하는 것을 싫어했다. 사실 따지고 보면 대중교통을 이용하면 운전을 하지 않고 잠도 자면서 쉴 수도 있어 편안하긴 한데 대기시간이 많은 관계로 불편한 산행도 많았다. 대중교통을 이용하는 찬스는 없어지게 된 것 같아 아쉬웠지만 자차를 이용하든 산악회를 따라 가든 산행은 중단 없이 계속될 것이다. 생애 최장 거리, 최장 시간의 기록을 세운 힘든 산행을 함께해 준 아내에게 감사하다는 말을 꼭 남겨두고 싶은 하루였다. 혹자는 "명성산 정상에서 철원 쪽으로 내려가면 되는데 왜 포천 쪽으로 다시 돌아왔느냐?"고 반문 할 수 있겠으나 포천 쪽으로 내려가서 서울까지 대중교통으로 갈 수 있을까 의문이 되어 그냥 익숙한 갔던 길로 되돌아오게 되었다.

세상은 밖에도 있었네!
# 명산 100, 31번째 '명지산' 완등 이야기!

▲ 명지산 (明智山, 1,267m) | 2016년 5월 16일 월요일

    경기(京畿)도에서 두 번째로 높은 산인 '명지산'을 대중교통을 이용하여 후배와 다녀왔다.
    '명지산'은 '맹주산(盟主山)'이라 불리기도 하였는데 이는 '산의 형세가 마치 주위 산들의 우두머리와 같다'는 데서 유래한 이름이란다. '맹주산'이라는 이름이 점차 변하여 지금의 '명지산'으로 불리는 것으로 짐작이 된다. 1991년 9월 30일 군립공원으로 지정되었다. 광주산맥에 딸린 산으로 경기도에서는 화악산(華岳山:1,468m) 다음으로 높고 주위에 남봉(1,250m), 강씨봉(830m), 승천봉(974m) 등이 솟아 있다. 산세가 웅장하고 수려하며 정상에 오르면 광덕산(廣德山:1,046m), 화악산, 칼봉산(900m)등의 고봉과 남쪽으로 북한강이 바라다 보인다. 정상 쪽 능선에는 젓나무, 굴참나무 군락과 고사목 등이 장관이고 봄에는 진달래, 가을에는 붉게 물든 활엽수의 단풍, 겨울에는 능선의 눈꽃이 볼 만하다. 북동쪽 비탈면에서는 명지계곡의 계류가 가평천으로 흘러들고, 남서쪽 비탈면의 계류는 조종천(朝宗川)으로 흘러든다. 특히 30km에 이르는 명지계곡은 여름철 수도권의 피서지로 인기가 높다. 산 입구에는 비구니도량인 승천사가 있고, 남동쪽으로 46번국도(경춘국도), 서쪽으로 47번국도가 지난다. 비교적 높은 산이지만 산세가 그리 험하지 않아 등산 초보자들도 무리없이 오를 수 있다. ◀출처 : [네이버 지식백과]명지산 [明智山] (두산백과)
    '명지산' 산행은 이렇게 진행되었다.

서울 지하철과 ITX 청춘열차를 타고 약 2시간을 달려 경기도 가평역에 도착하여 명지산 등산로 입구 '익근리 주차장(들머리)'까지는 33-4번 마을버스를 이용하여 이동하였다.

'가평역'까지는 그런대로 시간을 잘 지켜주는 대중교통이라 문제가 없어 이동에 따른 상황은 생략하고 가평역에서 등산을 마치고, 귀가까지만 기록으로 남겨 둔다.

어제 비바람이 불어 밖에는 아직 덜 자란 나뭇잎이 여기저기에 떨어져 있었고, 바람도 선선하게 불고 있었다. 1,267m의 산 정상에는 이보다 훨씬 추울텐데 겉옷 준비를 잘하고 손가락이 나오는 장갑이 맘에 안 들었지만 집을 나온 이상 후퇴없이 전진했다. 하늘을 보니 구름 한 점 없어 오후에는 태양이 이글거릴 것 같아 한편으로는 마음이 놓였다.

대중교통을 이용한 등산은 언제 어디서나 시간과의 싸움이었나. 역 앞 광장의 한 쪽에는 항상 관광안내소가 있었다. 항상 그곳에 들러 인터넷에서 공부했던 점과 확인하고 등산을 시작하여 왔다. 명지산 등산에서는 다행히도 인터넷에서 공부한대로 꼭 맞았다.

가평역 길 건너편에는 버스 정류장이 있었고, 산객도 몇몇 있었다.

'33-4번 버스'는 정확히 9시 40분에 도착하여 가평버스터미널을 경유하여 38분 후 '명지산 입구(익근리 주차장)'에 내려 주었다. 마을버스를 타게 되면 모니터에 미리 두 개씩 정류장의 이름을 알려 주니 가고자 하는 곳만 정확히 알고 타면 목적지까지 가는 데는 전혀 문제가 없었고, 교통카드도 어느 곳에서나 유용하게 되어 버스 타는 일도 불편하지 않게 된지도 오래되었다. 인터넷에서 명지산의 등산로 입구는 '익근리 주차장'이라고 되어 있었는데 버스 모니터에서는 '명지산 입구'라고 말해 주니 무조건 내렸다. 좀 불안하고 어색하였지만 등산로 입구가보여 다행이었다.

등산로 입구에는 관리 사무소에 들어가 혹시나 잘못 내렸던 것이 아닌가 싶어 "익근리 주차장이 어디냐?"고 여쭈어 보았더니 이곳이라고 대답하여 마음이 놓였다. 불행스럽게도 입구에는 명지산 등산로 조감도가 보이지 않아 역시 관리사무소에 여쭈어 보았다. "왕복 몇 시간이 걸리겠느냐?" "5~6시간이 걸린다." 알고 있던 왕복 12㎞, 6시간과 맞았다.

이제 등산로 입구를 제대로 찾았으니 그냥 길만 따라 가면 되겠다고 생각하고 차가 다닐 수 있을 정도로 넓은 비포장도로를 따라 올라갔다. 어제 비로 물이 불어났는지는 모르겠으나 물소리가 요란한 '명지계곡'을 따라 30분정도 오르니 '승천사(昇天寺)'가 나왔다. 비구니 사찰이라고만 나와 있고 자세한 내력은 어디에도 찾아볼 수가 없었다. 초대형의 미륵불 모습도 그런 이미지가 서려 있었다. 승천사를 비켜 명지1봉으로 향하는 비포장 돌길을 계속 걸었다.

거친 물소리와 함께 울창한 숲속을 따라 한참을 걸었더니 '명지폭포'가 나왔다. 급격한 경사 나무계단을 따라 60m나 내려갔다 다시 올라와야 한다니 아직도 갈 길이 먼데 불필요하게 에너지를 소모할 필요가 없겠다 싶어 내려올 때 보기로 하고 그냥 지나쳤다. 계곡의 거친 물소리는 가까이에서 하는 이야기가 안 들릴 정도로 세었고, 등산로도 갈수록 좁아지면서 키 작은 들풀로 길이 닫힐 지경이었다. 또한 길가에는 산짐승이 먹거리를 찾아 다녀간 흔적이 곳곳에 있었다. 그런 흔적을 볼 때면 항상 걱정이 되곤 했던 그런 생각이 뇌리를 자극하기도 하여 조금은 불편해 지기도 하였다. 계속해서 물이 많고 거칠다는 것은 계곡의 깊이를 말해 주는 것이다.

약간 경사가 있고 비포장, 돌길을 따라 약 4㎞ 올랐더니 명지1봉, 2봉, 3봉의 갈림길 이정표가 나왔다. 어느 봉으로 가든 아직 정상까지 2㎞이상을 걸어야 했다. 인증샷을 확보해야 하는 1봉 정상을 선택하였다. 이곳부터 급경사가 이어졌고, 등산로는 완전히 돌로 되어 '용문산'에서의 악몽 같았던 때가 떠오르기도 하였다. 한 시간 이상 평지 길을 4㎞ 걸었고, 또 정오에 가까워졌고 그로 인해 에너지 소모는 많이 되었지만 초크통에 준비해 간 행동식으로 에너지를 계속 보충해 주었다. 지난번에 시청하였던 등산에 대한 교과서인 초크통이 효율적으로 잘 사용되고 있었다. 등산 중에 피곤하다고 앉아서 쉬게 되면 가기가 싫어지

니 초크통에 행동식을 준비해서 걸으면서 먹고, 잠시 서서 먹고 해야지 앉아서 먹다보면 시간이 흐를 수가 있으니 그렇게 하라는 교육이 효과를 발휘하고 있었다. 이전 같았으면 앉아서 먹고 갔을텐데 이번엔 달라졌음을 보고 그 효과를 느끼고 있었다. 한 달에 한 번 만나지만 매번 달라지는 필자를 보고 기뻐하기도 놀라기도 하였다.

마지막으로 정상까지 500m가 남았다는 이정표가 나왔다. 급경사 길 0.5km는 평지 2km와 맞먹는 거리라 생각하고 피곤함을 뒤로 한 채 한 걸음 한 걸음 올랐지만 쉬는 시간과 횟수도 점점 많아졌다.

"당신의 도전을 축하한다."는 GPS의 목소리가 터져 나왔다. 정상 30m전에 이런 음성으로 축하해 주고 있었다. 명지산 정상에 도착은 하였지만 정상석을 찾을 수가 없었다. 주변을 빙빙 돌다 가장 높은 바위 위에 있는 정상석을 발견하였다. 그런 위치에 그렇게 있을 줄로 알았는데 울퉁불퉁 뾰족한 바위 위에 있었다. 경기도에서 두 번째로 높은 '명지산'을 찾게 되어 너무나 기뻤다.

여기저기에서 추억거리를 담고 조망도 구경하고 따뜻한 자리보다는 시원한 자리를 찾아 점심을 먹으려고 뚜껑을 열었는데 예상외로 기온이 낮아 따뜻한 장소로 옮겨야 했다.

다람쥐, 새소리, 물소리를 벗 삼아 열심히 걸었던 덕분에 출발 2시간 반 만에 정상에 앉게 되었다며 서로에게 위로와 격려의 말과 허기진 배를 채웠다. 준비해 간 주먹밥이 최고의 점심이었다.

정상석 바로 옆 따뜻한 곳에서 점심을 맛있

게 먹고 있는데 난데없이 남자 한 명이 정상석에 불쑥 나타났다. 혼자라서 깜짝 놀랐다. 대뜸 "무섭지 않았어요?"라는 질문에 아무런 대답도 하지 않고 자차로 주차장에 왔단다. 당신에게 필요한 사진만 찍어달라면서 그냥 그렇게 헤어지고 말았다. 친구처럼 좀 사귀어 같이 등산을 다니고 싶기도 하였는데…. 그렇게 혼자서 위험을 무릅쓰고 등산을 즐기고 있었다. 혹시라도 산에서 무슨 일이라도 생기면 어쩌려고… 괜한 걱정이었다.

　이제 마을버스 시간을 맞춰 하산을 해야 했다. 하산은 '명지1봉'에 비해 상대적으로 편안하다고 생각되는 '명지2봉'으로 하기로 하였다. 능선을 따라 이동하는 길 가에는 터질 듯한 철쭉 봉우리가 많아 얼마나 밤낮의 온도차가 많은지를 간접적으로 알게 해 주었다. 엉성한 하산로는 나무뿌리들로 미끄럽기도 하였지만 어젯밤의 비로 인해 더욱 미끄럽게 만들었다. 약 600m를 오르고 내리고 하였더니 '명지2봉'이 나왔다. 그냥 명지2봉의 표지석만 외롭게 세워져 있었다. 다른 산의 정상 같았으면 정상에서 바라본 조망들을 그림으로 만들어 두기도 하였을 텐데 이곳에는 험준한 산이라 그런지 조감도는 찾아 볼 수가 없어 많이 아쉬웠다.

　하산은 계속 이어졌다. 등산 때처럼 돌은 없었지만 급경사에 있는 나무뿌리들로 상당히 미끄러웠다. 오후 4시 20분에 마을버스가 용수동에서 출발하니 그 시간에 맞춰 발걸음이 빨라졌다. 올라갔을 때 만났던 그 이정표를 만났다. 약 2㎞의 급경사를 내려왔던 것이었다. 이제 3.8㎞의 돌과 비포장과 물이 섞인 길을 내려가야 했다. 새로움도 잊은 채 그냥 내려가기만하여 오후 4시경 관리 사무소에 도착하여 이제 여유가 생겼다. "그래 이제 씻자!! 씻어라!!"

　주차장에서 바라 본 파란 하늘과 흰 구름이 푸르른 산과 너무나 잘 어울려 마치 가을 하늘 같았다. 이를 놓칠세라 연신 사진을 찍었다.

　마을버스 시간을 다시 확인해 보니 오후 4시 50분에 버스가 있었다.

　30분의 여유가 더 생겨버렸다. 오전 10시경에 시작되었던 명지산 산행(왕복 12.88㎞)은 휴식시간 45분포함하여 오후 4시에 안전하게 마쳤다.

　우선은 서울로 돌아가는 기차를 잡아야했다. 느림보 전동열차보다는 토끼 청춘열차를 선택했더니 다행히도 가평역에서 18:28분에 자리가 있었다.

오히려 휴식시간이 우리에게 준 기회가 많았다.

　마을버스는 정확히 그 시간에 와 주어 가평군은 이런 시스템에서 외부인들에게 좋은 인상을 갖게 만든다고 칭찬도 해 주었다. 조용한 농촌 마을을 지나고 군부대도 지나서 가평버스터미널에 도착하였다. 지난번에 시간 때문에 막국수만 먹었고 먹지 못했던 '춘천 닭갈비'를 먹기로 하였는데 좀처럼 식당이 나타나지 않았다. 겨우 구석진 곳에 찾아 들어갔지만 시간이 겨우 30분도 남지 않아 신속히 2인분을 주문하고 빨리 익기만을 기다리는데 시계는 왜 그리도 빨리 가는지…. 10분 만에 들이키고 또 잰 걸음으로 가평역으로 갔다.

　집을 나선지 13시간 만에 안전하게 귀가를 하였다. 후배에게 감사했다.

세상은 밖에도 있었네!
# 명산 100, 92번째 '모악산' 완등 이야기!

▲ 모악산 (母岳山, 793m) | 2017년 6월 01일 목요일

    1일 2산행으로 오전에 장안산 산행을 안전하게 마친 후 오후에는 전북 전주에 있는 '모악산' 탐방에 나섰다.
    서울(거제도)에서 거제도(서울)를 다니면서 명산, 명소 탐방 장소를 찾던 중 '장안산'만 탐방하면 '모악산'만 남게 되어 나중에라도 모악산만 다시 가게 되면 여러 가지로 낭비가 될 것 같았고 오후 모악산 탐방에도 시간이 조금 부족하다는 느낌이 들었지만 아내는 "당신 하고 싶은 대로 하세요. 다만 1일 2산행은 무리기에 함께 정상에는 가지 못한다."는 조건으로 모악산 산행이 가능하게 되었다. 모악산은 홀로 등산을 할 수밖에 없었다.
    "모악산(母岳山)은 높이 793m이다. 전주시 남서쪽 12㎞ 지점에 위치하며, 아래로 김제평야와 만경평야가 펼쳐진다. 산 정상에 어미가 어린아이를 안고 있는 형태의 바위가 있어 '모악'이라는 이름이 붙었다. 호남평야의 젖줄 구실을 하는 구이저수지, 금평저수지, 안덕저수지와 불선제, 중인제, 갈마제 등의 물이 모두 이곳 모악산으로부터 흘러든다. 정상에 올라서면 전주 시내가 한눈에 들어오고, 남으로는 내장산, 서쪽으로는 변산반도가 바라다 보인다. 동학농민운동과 6·25전쟁 등을 거치면서 큰 나무는 거의 베이거나 불에 타 사라졌지만, 4월에 피는 벚꽃과 배롱나무 꽃이 유명해 많은 사

람들이 찾는다. 예로부터 논산시 두마면의 신도안(新都安), 영주시 풍기읍의 금계동(金鷄洞)과 함께 명당(名堂)이라 하여 난리를 피할 수 있는 피난처이자 각종 무속 신앙의 본거지로 널리 알려져 왔다. 신라 불교 오교구산(五敎九山)의 하나로 599년 (백제 법왕 1)에 창건된 금산사(金山寺), 귀신사(歸信寺), 대원사(大院寺) 등의 사찰이 있다. 1971년 12월 산 일대가 모악산도립공원으로 지정 되었다." ◀출처 : 네이버

| 구 분 | 탐방로명 | 연장(Km) | 소요시간 | 구 간 |
|---|---|---|---|---|
| — | 송학사길 | 3.5 | 1시간 50분 | 모악산관광단지 - 북릉(상학능선) - 무제봉 - 정상 |
| — | 수왕사길 | 3.0 | 1시간 30분 | 모악산관광단지 - 대원사 - 수왕사 - 무제봉 - 정상 |
| — | 천룡사길 | 3.6 | 2시간 | 모악산관광단지 - 사랑바위다리 - 천룡사 - 천일암 - 신선바위 - 남봉 - 정상 |
| — | 신선길 | 3.5 | 2시간 | 모태정 - 남롱 - 신선바위 - 남봉 - 정상 |
| — | 내운암길 | 5.8 | 2시간 50분 | 장파마을(민속한의원) - 590m봉 - 신선바위 - 남봉 - 정상 |
| — | 안덕길 | 4.0 | 1시간 50분 | 장파마을(민속한의원) - 내운암 - 전망대 - 사랑바위다리 |
| — | 기타탐방소로길 | | | |

오후 2시 20분경 모악산 주차장에 도착하여 등산을 마칠 때까지 4시간을 계산하면 저녁 6시 반이 될 것이라는 생각에 다소 불안하게 시작하였다. 탐방로별 등산코스가 시원하게 잘 되어 있었고, 코스별 정상 도착시간도 있었다.

필자는 '수왕사길'을 선택하였다. 등산이 늦었다고 생각되던 시간에 등산하는 사람이 띄엄띄엄 있어 필자를 안심시켜 주었다. 토끼와 거북이 경주처럼 그들은 빨리 갔고 필자는 느렸지만 쉬지 않고 올라가 보면 쉼터에서 쉬고 있었고, 필자는 또 쉬지 않고 지나갔다. '대원사'부터는 급경사였고, 바닥에 큐션이 있는 매트가 깔려 있어 다행이었다.

'수왕사'에 도착하기 전부터 절에서 스님의 염불하는 소리가 은은하게 들려 왔다. 피곤함을 잊게 해 주었고, 마음도 차분하게 가라 앉혀 주어 머리가 맑아지는 느낌을 받았다. 저 높은 곳에 절을 지었다는 것이 더욱 기특하게 보였다. 산중의 절에는 '염불소리', '조용함', '향냄새' 세 가지가 항상 있었다.

앞서 가고 있던 사람들과 또 앞서거니 뒤서거니 경주가 시작되었다. 필자는 쉼터가 있어도 쉬지 않고, 마실 물이 있어도 마시지 않고, 맛있는 간식도 많이 있었는데 먹지 않고 오르고 또 올랐다. 아내 혼자 남겨둔 여운 때문이랄까 정상까지 빨리 다녀와야겠다는 마음뿐이었다. 열심히 걸어 올랐던 덕분에 '무제봉'으로 가는 능선과 마주쳤다. 이제 능선 편편한 길만 가면 되겠구나 하는 순간 이정표 밑에는 해발 고도 620m였다. 이제 오르

막이 싫을 때도 되었지만 자신이 선택한 일이었고 또 좋아해서 선택한 노동이 아닌 일이니 그렇게 표를 내고 싶지 않았다. 구름이 햇볕을 가려주어 고마웠고, 시원한 바람이 더욱 감사했다. 난이도가 있는 곳에는 나무계단이 잘 놓여 있었다. 구름은 점점 짙어졌고, 몇 개의 전망대가 있었지만 구름 때문에 아무것도 구경할 수 없어 아쉬웠다.

더군다나 정상에는 'KBS 송신소'가 자리를 하고 있어 정상석까지는 100m를 돌아 또 80m를 더 올라갔다. 출입문의 개방시간이 있어 아내랑 올랐다면 출입시간이 초과되어 정상에 오르지도 못하였을 것이라는 계산으로 천만다행으로 생각되었다. 모악산 산행 시 이점을 고려해야 한다.

혼자 인증샷을 찍으니 멋도 기분도 아니었다. 옆에 운동하고 있던 형님에게 부탁하여 멋지게 찍었다. "1시간이면 원점회귀가 가능할 것이다"는 계산에 쉬지 않고 천천히 또 내려갔다. 무릎이나 발목은 전혀 아프지 않게 해 주는 등산로의 쿠션 매트가 맘에 들었다.

오후 4시 50분 아내를 만났다. 멀리 여행이나 출장이라도 다녀온 사람처럼 반가워했다. 혼자 다녀온 것에 미안하기도 다행스럽기도 하였다.

내려가면서 아내를 위해 맛있는 떡도 샀다.

1일 2산행을 안전하게 마치게 되어 아내에게 감사했다.

세상은 밖에도 있었네!
# 명산 100, 85번째 '무등산' 완등 이야기!

▲ 무등산 (無等山, 서석대 1,123m) | 2017년 5월 14일 일요일

광주시 동부에 있는 무등산을 다녀오기까지 "언제, 어떻게 다녀올 것인가?"로 사연이 많았던 곳이다.

그해 3월말 전라남도의 명산을 찾았을 때 광주시에 숙박을 하면서도 광주시 인근에 있는 무등산만을 남겨두어 전라도의 명산완등 마무리를 못 하였다.

"무등산(無等山(천왕봉), 1,187m)의 전체적인 산세는 산줄기와 골짜기가 뚜렷하지 않고 마치 커다란 둔덕과 같은 홀산이다. 무등산의 특징은 너덜지대 인데 천왕봉 남쪽의 지공너덜과 중심사 동쪽의 덕산너덜은 다른 산에는 볼 수 없는 경관이다. 무등산은 완만한 산세로 대부분 흙산으로 이루어져 있다. 천태만상의 암석들이 정상인 천왕봉을 중심으로 널려 있어 그 웅장함으로 인하여 도민의 신앙대가 되어온 신산으로 알려졌다. 특히 서석대, 입석대, 규봉의 암석미는 대단하다. 백제 때 무진악(武珍岳), 고려 때 서석산(瑞石山)이라고 하였으며 최고봉인 천왕봉의 높이는 1,187m이다. 북쪽은 나주평야, 남쪽은 남령산지의 경계에 있으며 산세가 웅대하다. 북부는 중생대에 관입(貫入)한 화강암이 분포하고 남부는 퇴적암지대이다. 대부분 완만한 흙산이며 중턱에는 커다란 조약돌들이 약 2㎞에 걸쳐 깔려 있는데 이것을 지공너덜이라고 한다. 153과 897종의 식물이 분포하며 이 가운데 465종은 약료작물이다.

1972년 도립공원으로 지정되었으며, 2012년 국립공원으로 승격되었다. 유적으로는 증심사(證心寺)·원효사(元曉寺)등의 사찰과 석조여래좌상(보물 600)을 소장하고 있는 약사암(藥師庵:), 문사(天門寺), 미력사(彌力寺) 등의 암자가 있다. 정상 가까이에는 원기둥 모양의 절리(節理)가 발달하여 기암괴석의 경치가 뛰어나다. 동쪽 경사면에서 정상을 향하여 입석대(立石臺), 서석대(瑞石臺), 삼존석(三尊石), 규봉암(圭峰庵) 등이 있고 정상 부근에는 수신대(隨身臺)가 있다. 산의 북쪽 기슭인 충효동에는 환벽당·소쇄원·식영정 등의 누정이 세워져 있고 완만한 산기슭에는 수박과 차의 재배가 성하다. 등산로는 산기슭의 증심사를 출발점으로 하여 2~3시간 정도면 정상에 오를 수 있다. 산의 북동쪽에는 관광도로가 개설되어 산허리의 원효계곡까지 자동차로 약 30분이면 갈 수 있고, 여기서 정상까지는 1시간 30분 정도 소요된다."라고 소개되어 있다.

전라남도의 명산 중 하나 밖에 남지 않았던 광주 '무등산'을 어떻게 다녀와야 할지 고민이 많았다. 첫 번째는 거제도에서 다녀올 수 있는 비용이 가장 저렴한 대중교통을 이용하여 당일 거제도로 돌아오는 방법이었다. 낮 시간이 길어도 광주에서 통영으로 오는 버스가 하루 네 번밖에 없어 이 방법은 실행이 불가능하였다. 다음으로는 위와 같이 대중교통을 이용하고, 돌아오는 대중교통이 없으니 광주에서 1박을 하고 다음날 귀가하는 방법인데 값이 비싸 가성비가 낮아 또 채택하기 어려웠다. 세 번째는 자차를 이용하여 당일 귀가하는 방법으로 시간상으로는 충분히 가능하였지만 거리상 안전운전에 위험이 있어 이 또한 채택이 어려웠다. 또 다른 방법으로는 자차로 '무등산', '모악산'을 산행하고 서울로 가는 방법인데 어느 곳에든 1박을 해야 하니 비용과 안전운전, 안전산행에 부담이 되었다. 네 가지 모두 채택이 어려웠다. 재직 시 일할 때처럼 미(美)친 듯이 명산을 찾아 다녀 보기로 하였으니 마지막으로 산악회를 따라 다녀올 수 있는 방법으로 주중이면 좋았는데 일요일에 딱 한번 기회가 있었다. 이것은 휴일에 필자만 좋아하는 취미활동을 한다고 여러 번 가족들로부터 지적을 받아왔던 터라 쉽게 결정을 하지 못하고 대기자 명단에만 올려 두었더니 며칠 후 좌석이 확보되었다. 명산 등산 때문에 똑같은 지적을 두 번 받는다는 것은 가족에 대한 예의가 아니라고 생각하여 참가비 입금을 주저하게 되었다. 명산 100 완등이 몇 개 안 남았는데 일요일에 갈 수밖에 없어서 가게 되었으니 이해를 해 달라며 출발 3일전 아내에게 허락을 받고 참가비를 입금하였다. 무등산 등산을 위해 등산 하루 전 토요일에 귀경하였다.

사연이 많았던 무등산 등산 출발하는 날이 밝았다.

어제 장시간 운전으로 피곤할 텐데 새벽 5시에 눈이 떠졌다. 정신력으로 일어났지만 어쩌면 포기하고 싶은 마음도 없잖아 있었다. 장시간 운전에다 소나기 속을 헤치며 운전하는 정신적인 피로감 때문에 포기하고 싶은 마음도 들었지만 언제해도 해야 할 일이라고 생각하고 먼 길 마다하지 않고 피곤한 몸 피곤한 기색을 보이지 않고 모든 준비를 마치고 오랜만에 서울 하늘을 보고 싶었고 찬 공기에 적응도 해 보기 위해서 여섯 시 쯤 집을 나섰다.

사당역 출구를 따라 나갔더니 사람들로 붐볐다. 정확히 7시에 출발하였다.

첫 번째 휴게소에 들렀을 때 관광객, 등산객을 실은 버스들로 만차였고, 이로 인해 화장실에는 줄을 서야 할 형편이었다. 휴일의 휴게소 풍경은 항상 그랬던 것 같았다. 버스는 고속도로를 빠르게 달렸고, 등반대장은 지도 하나씩 나눠주면서 등산코스를 설명해 주었다. 1코스, 2코스 설명에 회원들이 알아서 코스 선택을 해야 했다.

산행 풀코스는 이렇게 주어졌다.

"원효사 주차장 → 공원관리사무소 → 동화사터 → TV 송신소(911m) → 중봉(910m) → 장불재 → 입석대 → 서석대 → 치마바위 → 제철유원지"로 12km, 6시간이었다.

산악회 산행코스는 '제1옛길'이었고, 필자가 선택했던 코스는 '제2옛길'로써 왕복 8km, 4시간 원점회귀였다. "무등산 등산이 무척 힘들다"는 설이 있어 대장에게 여쭈었더니 산행코스는 힐링코스로 무난하고 편안하다는 말에 안심이 되었다. "무등산은 6억 6만년 전에 화산폭발이 일어나 정상 주변에는 주상절리가 많다. 입석대, 서석대, 광석대, 신선대, 봉황대 등이 증표이다." 지구 나이가 46억년이라고 하니 다녀 본 산마다 화산이 일어났던 흔적이 많았고, 산의 이름에 대한 이해가 되었다.

약 4km, 2시간 내에 정상에 도착가능하리라는 목표를 잡아 보았다. 맨 처음 만난 설명판에는 "조릿대(산죽)"가 있어 등산할 때마다 보게 되는데 구체적으로 알게 되었다. "전국 각처의 산 중턱에 무리지어 자라는 상록성 식물로 줄기는 1~2m로 낮게 자라고, 잎은 10~25cm로 가지 끝에서 2~3맹기 나와 자라며, 가장자리에는 가시 같은 잔 톱니가 있다. 한 번씩 꽃을 피우고 나면 지상부는 시들게 되고 지하경(땅속줄기)만 남게 되는데, 이 땅속줄기가 얽혀 토양과 물의 유실을 막아주는 역할을 하게 된다"

예상외로 제2옛길을 선택했던 회원들이 많았다. 들머리부터 정상까지는 나무들이 그늘을 잘 만들어주어 따가운 햇볕을 피할 수 있어 다행이었다. 역시 국립공원이라 등산로 주변이 잘 정리 정돈되어 있었고, 이정표의 거리, 방향도 정확하였다. 도토리나무가 많아서 다람쥐도 많았다. 벌써 새끼들이 자라서 바위틈을 활보하고 있는 것이 행복해 보였다. 광주 시내에서 접근하기 편한 좋은 명산이 있다는 것은 광주시민들의 행복이었다. 산 중턱에는 최덕룡 장군의 내력이 가득하였다. 천왕봉은 최장군의 무술놀이터였고, 골짜기에는 병사들의 훈련장이었다.

등산로에는 이런 설명판이 많아 읽으면서 힐링에 좋았다.

마지막 1.0km부터는 할딱고개, 임도를 지나고부터는 바람도 강하게 불었다. 아마도 산이 2단으로 되어 있어서 그런 현상이 나타나는 것 같아 보였다.

'서석대'까지는 이제 0.5km 남았다. 추운 날씨를 잊고 겉옷 입을 겨를도 없이 돌계단을 따라 할딱고개를 쉼 없이 걸어 올랐다. 출발 1시간 40분 만에 인증샷의 위치인 서석대에 도착하였다. "이게 뭐라꼬?" 라는 말을 마음속으로 지껄이

면서도 기분은 좋았다. 현장에서 알게 된 사실은 무등산의 최고봉은 천왕봉(1,187m)인데 그곳은 군사지역으로 입산이 통제되어 그 아래 있는 서석대(瑞石臺)까지만 입산이 허가 되었다.

가을이 왔는지 온통 화려한 산객들로 가득했다. 우선 인증샷을 확보해야 하

니 줄부터 섰다. 주말 등산은 정상석에 사진을 찍으려면 오랜 시간 줄부터 서 있어야 하니 불편했다. 평일의 여유로움이 그리워졌다.

인증샷이라는 큰 보물이 확보되었으니 양지바른 곳을 찾아 아내가 정성스럽게 준비해준 것으로 여유 있고 편하게 즐겼다. 그러나 양지바른 곳이라고 하지만 바람은 여전히 차가웠고 강했다. 아직 정상 주변의 사진을 찍지 못하였으니 정상 주변에서 점심을 먹을 수밖에 없었다. 제1옛길을 선택한 그들과는 2시간 이상의 여유가 있었으니 모든 행동에 민첩성이 없어도 괜찮아 정상에서 30분 이상의 여유시간을 가졌다.

등산, 하산을 같은 길로 하게 되니 하산도 너무 여유로워 긴장감도 없어졌다. 많은 사람들이 쉽게 다닐 수 있는 길이라 반질반질한 곳에서는 미끄러짐을 돌계단과 돌길에서는 또 발목을 조심해야 했다. 흙길, 자갈길, 돌계단, 바윗길이 번갈아 있어 발목 피로를 풀어주는 것에는 괜찮았고, 중간중간 그늘 밑에는 쉼터가 있어 좋았다. 이 정도의 난이도와 거리라는 것을 알았더라면 지난번 전라남도 명산 찾아 여행 갔을 때 새벽에 다녀왔어도 되었을 텐데 하는 아쉬운 마음도 들었다. 훌륭한 산행 길이었지만 국립공원 역사에 비하면 주차장이 작다는 것이 아쉬웠다. 진입로 주변 좌우 도로는 주차장을 방불케 했다.

한 명의 낙오자도 없이 오후 5시에 정확히 귀경을 시작하였다. 피곤하였던지 모두 잠에 떨어졌다. 논산 근처 '벌곡휴게소'에 한번 쉬었고, 곧장 서울로 향했다. 일요일 저녁이라 서울 근처의 휴게소 출구에서는 버스, 승용차가 뒤엉켜 아수라장이 되었고, 그나마 버스 전용차선이 있어 편리하고 빠르게 서울에 도착할 수 있었다. 밤 10시에 귀가를 마쳤다.

안전운전, 안전산행에 고마웠다.

무등산은 다시 가 보고 싶은 산으로 낙인이 되었다.

세상은 밖에도 있었네!
# 명산 100, 62번째 '민주지산' 완등 이야기!

▲ 민주지산 (岷周之山, 1,242m) | 2017년 1월 10일 화요일

(지금은 정상석의 모습이 바뀌었다)

혹한 속에 충북 영동군에 위치한 '민주지산'을 산악회와 다녀왔다.

새해 들어 두 번째 명산 등산이었다. 명산 완등이 60좌를 넘기게 되어 시작이 반이라고 한 것이 엊그제 같았는데 벌써 반환점을 돌아 완등 100좌 쪽으로 기울고 있어 기쁨도 점차 증대되고 있었다. 이번에도 코스가 길고 험악해서 혼자 갈까 말까로 더욱 신중해 졌다. 먼저 '민주지산'에 대해 알아보았다.

"민주지산은 옛적엔 '산 형상대로 밋밋한 산'이라고 했는데, 일제 때 민주지산 이라고 불렀다고 한단. '첩첩이 산에 둘러싸인 산중의 산'이라고, 이리 봐도 산, 저리 봐도 산이라는 의미를 담고 있는 산이란다. 민주지산을 모산으로 남쪽으로 양 날개를 펼친 듯 같은 높이로 솟아있는 '각호산'과 '삼도봉'의 두 산 중 삼도봉은 백두대간 상에 있다. 1998년 어느 따스한 봄날(4월 2일) 특전사(흑룡부대) 산악 천리행군 훈련 중 민주지산을 넘다가 때 아닌 폭설로 인한 저체온증으로 동사사고가 일어난 슬픈 역사를 간직한 민주지산이다. 그 날 이후로 무인대피소가 정상 아래에 세워졌다.

각호산(1,202m)로 정상은 두 개의 암봉으로 되어 있으며 방아 살개처럼

보여 '쌀기봉' 이라고도 하고 정상 동편 1027봉은 옛날 이곳에 배를 맸다는 전설에 따라 '배거리봉'이란 이름도 붙게 되었다. 석기봉(1,242m)은 삼도봉에서 북서쪽에 우뚝 솟아있으며, 민주지산의 주릉 중에서 가장 빼어난 산이다. 쌀겨처럼 생겼다 하여 '쌀개봉'이라 부른데서 석기봉이라 불렸고, 기묘한 모습의 이 바위산은 주위 전망도 일품이다. 삼도봉(三道峰, 1177m)은 민주지산에 속해 있으며 온 나라의 국민들을 끌어안겠다는 듯이 3도에 걸쳐져 있다. 전북 무주군, 충북 영동군, 경북 김천시의 3도 5면에 접해있는 장엄한 거산은 3도 3군의 경계지점에 있는데 화합탑이 있고, 1989년부터 매년 10월 10일을 3도민 만남의 날로 정하고 12시에 세 방향에서 올라온 주민들이 한자리에 모여 기원제를 지내고 화합을 다지는 자리이다. 도마령(刀馬嶺)은 해발 800m로 칼을 든 장수가 말을 타고 넘었다는 곳이다."라고 소개되어 있다.

 산악회하면 회원 모두가 등산 전문가들로 구성된 것으로 내심 두려움이 존재하였다. 이왕 산악회와 함께 하기로 마음을 먹었으니 최선을 다해 다녀오리라고 다짐을 하며 꼭두새벽부터 사당역에서 그들과 합류하였다. 매번 그랬지만 산악회 버스는 아침 7시 정시에 사당역을 출발하였다. 산악회 활동에 익숙한 회원들은 출발과 동시에 달콤한 아침잠에 빠졌지만 필자의 마음은 여전히 불안하였다. '두근두근 혼자서 잘 이겨낼까?' 하는 불안감은 여전히 떨쳐 버릴 수가 없었다. 산악회와 함께 가기로 결정을 하고도 명쾌한 답을 얻을 수 있을 때까지 시간은 기다려주지 않았다. '그래, 루비콘 강을 건넜으니 혼자서 한번 도전해 보는 거야!'라고 마음속으로 다짐 다짐을 하는 가운데 버스는 남으로 달려 '옥산휴게소'에 도착하였고, 20분간 휴식시간을 주어 모닝커피 등으로 마음을 달랬다. 이른 아침에 산행 버스를 타고 안개 낀 고속도로를 달리는 기분도 만만찮았다. 들머리 도착 20여분 전에 등반대장이 일어났다. 등산코스가 담긴 종이 한 장 씩 나누어 주면서 등산에 대한 설명이 있었다. 등산코스는 개인 역량에 따라 선택적으로 할 수 있도록 세 코스로 설명해 주었다.

 1코스는 총 14.7km/6시간 30분, 2코스는 총 10km/5시간, 3코스는 총 9km/4시간 30분이 걸리는 곳이었다. 날씨도 춥다는데 여러 가지로 걱정이 되었지만 큰맘 먹고 그들과 함께 새로움에 도전해 보기로 하고, 필자는 산악회와 처음 하는 코스라 가장 짧은 3코스를 일단 선택해 두었다.

버스는 좁고 위험해 보이는 산길을 따라 한참을 오르더니 아침 10시 20분 해발 800m 지점인 들머리 '도마령'에 도착하였다. 회원들은 짐승에게 먹이를 주면 서로 먼저 먹으려고 달려들듯이 차 밖으로 나가 등산 준비에 박차를 가하였다. 밖은 예상대로 고도만큼이나 칼바람이 거세게 불어와 귀까지 아프게 만들었다. 만반의 준비를 하고 왔으니 이쯤의 칼바람에는 아랑곳하지 않았다. 귀마개를 하고, 방한복을 입고, 내의는 집에서 입고 갔으니 어떤 혹한이라도 충분히 이겨낼 수 있었지만 "등산은 혼자 코스를 결정해야 하고 또 이겨내야 한다"는 현실이 조금 있으면 닥쳐올 것이라 여전히 마음은 놓여 지지 않았다. "혼자 등산을 해야 한다"는 것으로부터 탈피는 여전히 어려웠다.

이럴 때면 평소 생각하고 있었던 "등산은 왜 하는가?" 라는 질문으로 늘 그랬듯이 "산이 지니고 있는 각종 난관을 극복하는 과정에서 즐기는 일"이라고 등산의 정의를 내려 힘들 땐 다시 곱씹어 가며 마음을 다잡았다. 힘들 때마다 이를 떠오르게 하여 도전하도록 해왔다. 자신과 싸우는 것이고, 힘들 때는 서로 도와주는 것을 믿고 모험을 즐겨 보는 것이었다.

서서히 줄지어 등산은 시작되었고, 뒤처지지 않으려고 그들의 뒤를 바짝 따라 붙어 보았다. 오늘은 칼바람을 맞으면서 능선을 따라 계속 이동해야 하는 코스라 이제 등산거리나 혼자라는 두려움보다 칼바람의 추위가 더 걱정이 되었다. 지난번 가리왕산에서 강추위로 안 좋았던 트라우마가 문득 생각나기도 하였지만 오늘은 그 정도는 아니라서 다행이었다. 고도가 높아질수록 상고대는 더욱 눈에 들어왔다. 상고대에 빠져 사진도 찍으면서 처음부터 회원들과 거리를 두면서 여유를 가져 보았다. 이제 추위보다는 멋진 경관에 팔려 두려움과는 멀어지게 되었다.

등반대장이 '각호산(1,202m)'까지는 무척 힘들다고 엄포를 놓아 그때는 믿지 않았는데 막상 현장에서는 대장의 말이 맞았다. 평소에도 다른 사람의 말을 잘 믿지 않는 습관이 아직은 살아 있었다. 고도 800m인 도마령에서 등산이 시작되었으니 고도 1,200m인 각호산 정상까지 가려면 약 1.6km를 걸어야만 했다. 작은 봉우리를 몇 개를 거쳐야만 했고, 오르락 내리락 하는 이런 등산을 정말 싫어하는데 딱 그런 등산코스라 정신적, 육체적으로 무척 힘이 들었다. 일단 1차 목표지점까지는 약 1시간 만에 도착을 하였으니 회원들 중에도 선두그룹에서 도착하게 되어 성공적이었다. 정상에서 바라본 사방은 모두 산으로 되어 있어 산의 이름처럼 그대로였다.

처음 목적지 각호산까지는 몸을 푼다는 생각에 좀 빠르게 걸었더니 숨이 차고 빨리 지치는 것 같았다. "등산은 이렇게 하면 안 된다"는 것은 익히 알고 있고, 초보자들에게 강조해 왔던 이야기인데 그런 행동을 하고 말았다.

"등산은 지속적으로 꾸준히 하는 평균속도가 중요하다"고 항상 강조도 해 왔건만 오랜만에 기분이 나서 지키지 못하고 말았다. 이제 첫 번째 봉우리에 도착했다. 전체의 봉우리들이 한눈에 들어오는 고도까지 왔으니 정신적, 육체적인 고통은 이겨내었으니 이제 시간과의 싸움만이 남았다.

적당한 시점에 점심도 먹어야 했고, 도착시간도 고려해야 했다. 초행길이라 얼마나 시간이 걸릴지도 모를 일만 남았다. 점심 먹을 12시가 되려면 1시간 이상은 더 걸어야 했다. 다음 목표지점인 '민주지산(1,242m)'까지는 3.4km였다.

오늘의 하이라이트 민주지산에 가서 점심을 먹어야겠다는 목표를 세우고 간단하게 기념사진만 남긴 채 또 힘차게 걸었다. 목적지가 눈앞에 보였는데 3.4km 거리라니 많이 힘들겠구나 하면서도 눈앞에 펼쳐진 상고대의 멋진 장관을 보면서 무엇에 홀린 듯 재미나게 걸을 수 있었고, 갈수록 상고대는 더 웅장했다.

이제 그들과 함께 할 이유가 없었다. 눈앞에 펼쳐진 변화무상한 자연을 감상하면서 각 목적지 봉우리가 한눈에 들어오는 곳까지 왔으니 눈길 위에 남겨진 발자국을 따라 가기만 하면 되는 길이라 길을 잃어버리겠다는 걱정은 떨쳐버릴 수 있었다. 앞사람이 남기고 간 발자국만 따라 가면 되는 것이고 길을 잃어버릴 위험은 없으니 오히려 눈이 온 등산이 더 쉬운지도 모르겠다.

한쪽에선 칼바람이 불어와 그쪽 방향에 펼쳐진 상고대는 그야말로 장관이었다.

연신 카메라를 터트리면서 거침없이 걸은 결과 약 1시간 만에 또 2차 목표지점인 '민주지산 정상'에 도착하였다. 정확히 12시 40분이었다. 들머리에서 약 2시간 만에 5㎞를 오른 셈이었다. 엄청 빠른 속도였다. 이제 산악인이 다 되었나 싶을 정도로 몸은 더욱 가벼웠고, 자신감에 겨워졌다. 인증샷을 확보한 후 주변을 돌아보니 오직 산만이 존재하였다.

인증샷을 남기는 순간 "이제 62좌를 완등하게 되었다"는 뿌듯함이 가슴을 찡하게 하였다.

능선을 따라 오를 때 불어왔던 칼바람은 어디에 갔는지 이곳에선 전혀 없었고 봄의 기운을 느낄 정도로 따뜻했다. 바람 한 점 없었던 정상에서 아름다운 자연을 감상하면서 김밥과 따뜻한 커피로 에너지를 보충하였다. 항상 그래왔듯이 서서 간단하게 점심을 먹었다. 그 맛과 기분은 어디에도 비할 수 없었다. "야! 이 맛이야!" 감탄사가 절로 나왔다.

등반대장이 버스에서 회원들에게 준 미션은 '14㎞ 전원 완등!'이었다. 이것을 어떻게 해결할 것인가? 혼자 고민이 되었다. 저 멀리 보이는 '석기봉(1,242m)'과 '삼도봉(1,177m)'도 점령을 하고는 싶은데 혼자 가야한다는 외로움과 두려움이 앞을 가렸다. 이제 남은 시간은 4시간(17시 도착)이었다. 시간상으로는 충분 하였지만 겨울철 산속에선 해가 빨리 진다는 것과 혼자 가야 한다는 것이 결정을 흐리게 만들었다.

물한리계곡 주차장으로 내려가는 길은 두 곳이 있었다. 3코스를 희망하는 초보자는 민주지산을 경유하여 곧장 내려가면 되는 것이었고, 2코스로 하산하는 중초보자는 석기봉을 지나서, 고참은 삼도봉을 지나서 Full course 를 따라 하산하면 되는 것이었다. 일단 인증샷을 확보하였으니 내일의 등산을 위해서도 이쯤에서 하산하려니 버스 출발시간까지 남는 시간이 너무 많을 것 같았고, 처음 목표보다 한 코스 더 늘려서 석기봉을 지나서 하산하겠다는 생각에 2.9㎞를 더 가 보기로 하였다.

그런데 2.9㎞의 등산로에는 발자국만 남아 있을 뿐 산객은 아무도 보이지 않았다. 연신 뒤를 쳐다보았고, 더 빨리 걸으면 분명 앞에 누가 있겠지 하는 바람으로 속도를 높여 보았다. 능선을 따라 평지를 걸어가는 코스라 속도를 높인다고 해서 지치거나 문제가 있는 것도 아니었다. 심지어 다시 돌아가야 하나 하는 생각도 들었다. '이쯤 왔으니 도전해 보는 거야! 이 정도 밖에 안 되는 것은 아니겠지. 깊은 산속을 혼자 다니면서 담력도 길러 보는 거야!' 등등 마음을 독하게 머어야겠다고 다지면서 30여분 만에 앞 사람을 만나게 되었다. 얼마나 반가운지 이제 살았구나 하는 안도의 한숨과 함께 해내고 있구나 하는 자신감이 더 생겨나게 되었다. 처음에는 판단한 것이 맞는지 혹시나 어둠에 묻혀 오늘의 낙오자가 되지는 않을지 이런저런 암울한 생각이 들곤 하였다.

더 멀리(깊이) 갈수록 상고대는 더욱 멋지게 다가와 좋은 선물이 되어 용기를 주었다. 더 신이 나서 주변을 감상하면서 속도를 조절하는 등 여유를 부려 보기도 하였다. 그러나 석기봉 주변에서는 완만한 오르막으로 계속 이어졌다. 저 높은 곳까지 가려면 피곤하겠다. 잘못 선택해서 이 고생을 하고 있는 게 아닌지? 이런 저런 후회가 되었지만 화살은 이미 활을 떠난 일이라 묵묵히 머리숙여 가던 길을 멈추지 않았다. 다행스럽게도 석기봉으로 직접 오르지는 않았고 옆으로 돌아가는 길로 안내가 되었다. 양지바른 곳에 약수터와 물 컵이 있었지만 꽁꽁 얼어 물맛은 느껴볼 수가 없었다.

돌아가더라도 쉽게 석기봉으로 올라가는 길이 있어 다행이었다. 석기봉 정상에서 바라본 자연의 모습에 또 한 번 감탄사가 나왔다. 능선을 따라 난 등산로 좌우에는 확연히 다른 자연의 모습을 보여주고 있었다. 양지바른 쪽은 봄을 기다리는 듯 하였고, 칼바람이 여전한 쪽은 상고대가 어르신의 흰머리처럼 꼭대기 부근에만 하얀 서리처럼 덮고 있어 아직은 봄이 올 날이 멀었구나 하는 생각도 들었다. 한 곳에서 너무 취해 있으면 시간이 지체되어 안 되었기에 잠시 머물다간 사람의 자리가 아름답다는 여운을 남긴 채 또 발길을 옮겼다. 중간에 목표를 바꾼 대로 이제 주차장으로 내려가는 길을 찾아야만 했다. 여성 산악회의 한 그룹이 이곳을 등산하고 있었다. 그들의 대화 톤으로 봐서 경상도 산객들이라는 느낌에 물어 보았더니 그랬다. 아름다운 인생을 즐기고 있다는 느낌을 받았다. 등산을 즐기는 사람의 마음은 항상 아름다운 일이로다. "무학산은 잘 있능교?" 라고 물었더니 친해진 듯 소통을 해 주었다.

곧 주차장으로 가는 이정표가 나타났지만 아무도 내려간 흔적이 없었다. 눈이 쌓인 길에는 아무도 발자국을 만들어 놓지 않았다. 또 한 번의 고비였다. 체력적으로는 아무런 이상이 없었는데 더 가게 되면 시간이 어떨지를 감잡을 수가 없어 주저하게 만들었다. 삼도봉까지는 또 1.4㎞, 삼도봉에서 주차장까지는 약 5㎞로 아직 석기봉에서 삼도봉을 거쳐 주차장까지는 6.4㎞가 남은 셈이었다. 아무도 남겨주지 않았던 그 길을 가는 게 오히려 위험하기도 하고 또 혼자만 내려가는 것이 쪽팔리기도 할 것 같아 "그래 도전하는 거야!" 미련 없이 종주를 목표삼아 열심히 걸어보기로하였다. 준비해 간 간식이 많아 에너지는 전혀 이상이 없었으니 도착 시간만 잘 맞추면 되는 것이었다.

작은 봉우리를 또 오르락 내리락 하였다. "마지막까지(종주) 가 보는 거야!" 다행스러웠던 것은 함께 할 산악회 회원이 있었다는것이 용기를 주었다. 자신에게 최면을 걸어가면서 한참을 걸었더니 '삼도봉 형상물'이 눈앞에 펼쳐졌다. "오지 않았으면 오히려 후회할 뻔 했겠다"는 느낌도 들게 했다.

스스로에게 위로와 격려를 하면서 그렇게

최종 목적지의 반환점을 가슴에 안게 된 것이었다. 산악회 회원들의 움직임에 빠른 적응을 하고 몇 개의 사진 만을 남기고 반환점을 돌아온 마라톤 선수처럼 속 시원하게 하산로를 따라 내려갔더니 음지라서 눈과 얼음으로 덮여있었다. 어떤 회원은 아이젠도 없이 위험하게 내려오고 있어 불안했다. 이제 일방통행의 도로처럼 이 길만 따라 내려가기만 하면 되는 일이라 아무런 걱정도 없이 빠른 속도로 하산하였다. 삼도봉을 돌아서 눈과 얼음으로 덮인 삼마골재를 돌아 물한계곡 → 황룡사 → 물한리 계곡 주차장까지 약 5.5㎞ 만 남았다. 이제 혼자가 아니라 회원들과 함께 하는 하산이라 아무런 걱정도 없게 되었다. 네 개의 봉우리를 거쳐 밀리 왔으니 계곡도 깊어 한참을 걸어 내려가는 길이 왠지 지겨웠다.

겨울이고 깊은 계곡이라 앙상한 나무들만 즐비하였고 그저 나지막하게 들려오는 물소리뿐 자연의 아름다운 모습과 짐승들은 어디에도 찾아 볼 수가 없어 그냥 걸었을 뿐이었다. 쉼터가 있으면 쉬면서 물도 마시고, 잠시 뒤도 돌아 볼 수 있는 시간을 가질 수가 있을 뿐이었다. 웅장한 바위들로 가득 찬 계곡에는 위험한지 울타리가 튼튼하게 설치되어 그저 낮은 물소리만 들을 뿐 근처에는 갈 수가 없었다. 아무런 조망도 경관도 없는 이런 길이 제일 싫은데 마무리를 하려면 거쳐야 하니 열심히 걷기를 한지 1시간 만에 '황룡사'에 도착하였다. 황룡사는 이름보다는 실망스러웠다. 깊은 계곡의 어느 한적한 곳에 위치한 것은 이상적이었으나 인기척도 없었고 절의 모습과 황룡사의 이름이 잘 어울리지 않을 정도로 초라해 보였다. 이제 1㎞만 더 가면 주차장이 나오는 상황이었다.

드디어 '물한리 계곡 주차장'에 도착하였다. 현재 시간 오후 3시 40분이었다. 1코스 산행 목표로 총 14.7㎞/6시간 40분간 등산 후 오후 5시까지 하산 완료였는데 목표 대비 무려 1시간 20분이나 일찍 하산을 마치게 되었다. 지난번 주왕산에서도 무려 2시간 일찍 하산을 하게 되어 쉴 곳이 마땅하지 않았는데 이번에도 비슷한 상황이 되고 말았다.

넓게 마련된 주차장에는 우리 산악회 버스만이 지키고 있었다. 다행스러웠던 점은 큼직한 화장실이었다. 따뜻하게 만들어준 그곳에서 간단하게 씻는 동안 산악회 회원은 4시간 만에 마쳤단다. 필자는 5시간 만에 마쳐도 힘들었고 대단히 성공적이었는데 그 회원은 또 4시간 만에 마쳤단다. 그야말로 산 다람쥐가 아니었던가? 내려와서는 소주 두 병에 라면까지 즐겼단다. 그리고 이틀 간격으로 명산을 간다고 하였다. 시작은 나보다 6개월 정도 늦게 하였는데 벌써 70좌를 넘었단다. "필자보다 더 독하게 등산을 하는 사람이 많구나" 하는 느낌도 들었다. 산을좋아하는 사람들은 이렇게 소통도 잘 된단다. 같은취미로 느끼는 공감이었다.

처음으로 산악회 미션을 Full 코스로 완등해 보았다. 무모한 도전이었다고 생각되었지만 완등을 하고 나니 마음 개운하였고, "할 수 있다"는 자신감도 생겼고, 그로 인해 또 다른 세상의 많은 배움과 경험을 통해 할 수 있다는 자신감을 갖게 된 계기가 되었다. 버스는 정확히 오후 5시에 출발하여 어둠을 뚫고 경부고속도로를 따라 '천안휴게소'에서 잠시 휴식을 취하고 곧장 달려 사당역, 지하철로 21시경 집에 무사히 도착하였다.

15시간의 외출은 성공적이었다.

등산을 예약하게 된 이유는 갈 수 있는 거리나 시간이 있어 안심을 하고 갔는데 현장에서의 실제 거리를 느껴보았더니 잘 생각해서 코스를 정해야겠다는 생각도 해 보는 기회가 되었다. 그러나 '아무런 코스라도 두려울 게 없겠다'는 자만심, 자신감도 생기게 되었다.

그렇게 생각해 보면 1월 4일 명산 '노인봉'에도 갈 수 있었는데 하는 아쉬움이 뇌리를 어수선하게 하였다. 수고해 준 자신에게 감사하다는 마음을 전했다.

"기회를 만들고 후회하고 즐기면서도 전하는 것 즉 도전하는 자(者)는 아름다운 사람"이다.

세상은 밖에도 있었네!
# 명산 100, 82번째 '바래봉' 완등 이야기!

▲ 바래봉 (바來峰 1,165m) | 2017년 5월 3일 수요일

'명산 100 완등'은 쉼 없이 계속되었다.
'80좌'가 넘으니 또 '90좌'가 그리워졌다. '10좌'부터 늘 그래왔더니 벌써 '82좌'까시 왔다.
3월말에는 전라남도 명산 여행, 4월말에는 동해안 명산 여행이진행되었고, 5월말에는 지리산 둘레길을 여행할 계획이었으나 5월 9일 대선 때문에 직장인들의 연휴기간과 겹치게 되었다.

직장인들의 휴식처인 거제도가 붐빌 것 같아 그들에게 내어주고 지리산 국립공원 3대 명산(천왕봉, 반야봉, 바래봉)을 탐방해 보기로 아내랑 한 달 전에 계획하고 그날 중 첫날이었다.

"'바래봉'은 '스님들의 밥그릇인 바리때를 엎어놓은 모습과 닮았다'하여 '바래봉'이라 붙여졌다고 한다. 둥그스름하고 순한 산릉인데다 정상 주위는 나무가 없는 초지로 되어 있다. '바래봉'은 능선으로 팔랑치, 부운치, 세걸산, 고리봉, 정령 치로 이어진다.

정상에 서면 지리산의 노고단,반야봉 촛대봉, 맑은 날엔 멀리지리산 주봉인 '천왕봉'까지 시야에 들어온다.

'바래봉'은 지리산의 수백봉우리 중 산 자체로는 그다지 알려지지 않은 산이지만 전국 제일의 철쭉 군락지로 유명하다. 지리산에 가장 유명한 철쭉 밭이라면 세석평전을 꼽는다. 그러나 지리산을 속속들이 잘 아는 산 꾼들은

바래봉이 더 낫다고 말한다. 바래봉 철쭉은 붉고 진하며 허리정도 높이의 크기에 마치 사람이 잘 가꾸어 놓은 듯한 철쭉이 무리지어 군락을 이루고 있다. 산 중간부 구릉지대, 8부 능선의 왼쪽, 바래봉 정상 아래 1100m부근의 갈림길에서 오른쪽 능선을 따라 팔랑치로 이어지는 능선에 철쭉이 군락을 이루고 있다.

특히 가장 화려한 자태를 뽐내는 곳은 정상부근에서 팔랑치에 이르는 약 1.5㎞ 구간으로 팔랑치 부근이 가장 많이 군락을 이루고 있다. 팔랑치 능선에서 능선을 계속 따라 1,123봉으로 오르는 능선에도 철쭉이 군락을 이룬다."
◀출처 : 네이버

바래봉 산행은 왕복 9.6㎞, 4시간 코스라 아내도 쉽게 다녀올 수 있을 것으로 생각하고 편안하게 아침 일찍 집을 나섰다. 대진과 88고속도로를 달려 두 시간 만에 들머리로 잡은 전라남도 남원시 '용산마을 주차장'에 도착하였다. 해가 돋은 지 4시간이 지난 터라 대지는 이미 달구어져 있었고, 바래봉 철쭉제가 열리고 있어 유료주차장에는 승용차와 버스로 가득 차 있었다.

휴일 철쭉제라 하더라도 그렇게 많은 남녀노소가 모인 것은 처음 본 것 같았다. 축제의 장은 등산로였고, 등산로를 따라 줄지어 분위기를 끌어올렸다. 다른 코스는 없었고 '은지사' 옆을 지나 대로(大路)의 비포장도로가 곧 등산로였다. 인위적으로 조성된 바윗길은 발목과 무릎만 아프게 만들었다. 대체적으로 산객이라면 그런 길을 싫어하니 옆에는 흙길이 만들어져 있었다. 등산로에는 계속 사람들로 가득했고, 햇볕을 가려줄 나무도 없었다.

중간쯤부터는 철쭉꽃 봉오리가 아련하였고, 정상 주변에는 아직 꽃 봉오리가 나오지 않았다. 거제도 대금산의 그것보다 꽃도 큼직하고, 깨끗하여 훨씬 멋있어 보였다. 약간의 그늘도 있긴 하였지만 먼저 간 사람들 차지로 뒷사람에게는 기회가 없어 덥더라도 차라리 걷는 게 오히려 좋았다. 정상석을 마주하며 인증샷도 확보하였다. 날씨가 좋아 사방의 조망도 괜찮았다. 정상 부근의 진달래는 그다지 화려하지 않아 아쉬웠다. 하
산 중에는 비자나무 단지에 들어가 지금까지 보상받지 못한 그늘을 누리며 삼삼오오 모여 간식을 먹었다.

시간이 갈수록 등산로에는 철쭉제를 즐기려고 온 산객들이 울긋불긋 줄지어 초만원이 되어 버렸다.

아내도 더위에 지친 듯 쉬는 횟수와 시간이 늘어 갔지만 같이 가야했다. "빨리 가려면 혼자 가고, 멀리 가려면 함께 가라"고 했던가? 내일도 모레도 같이 명산 탐방을 다녀야 하니 첫날부터 패배자가 되게 내버려 두면 안되는 것이었다. 커피도 물도 간식도 충분히 준비가 되어 있어 에너지 보충에는 문제가 없어 안심이 되었다.

 인위적으로 만들어진 등산로는 차도인지 소방도로인지 걷기가 매우 불편하였다. 지열은 호흡까지 거칠게 만들었다(나중 뉴스를 보니 올해 제일 더운 날씨였단다) 하산 길에 그늘은 좀처럼 없었으며 그러다 보니 숲속은 그들의 휴식처가 되고 있어 반질반질하게 자연이 훼손되어 흉하게 보였다.

등산 때와는 달리 하산 때는 축제를 즐기는 분위기는 극에 달했지만 내일 '반야봉(1,732m)'을 가야 하니 지체 없이 반야봉 들머리로 향해 달려가야 했다. GPS상의 산행 거리는 왕복 10.64㎞, 4시간이 조금 넘게 걸렸다.

지리산 온천단지 내 호텔에 투숙하였다. 작은 도시에는 연휴라 가족단위의 온천을 즐기러온 사람이 많아 보였다.

지리산 온천단지 내의 이름 있는 호텔에는 빈방이 없어 호텔을 찾는 데 시간이 다소 걸렸다. 필자는 명산탐방 때 숙소는 사전 예약을 하

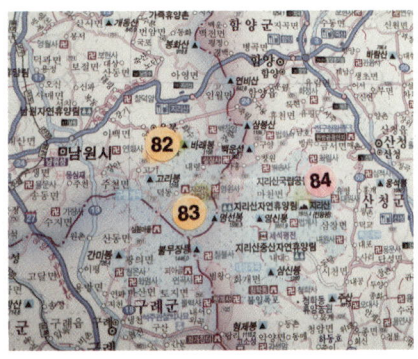

지 않고 마치 틈새시장을 노리는 것처럼 현장에서 찾아 싸게 할 수 있어 그렇게 하곤 하였다.

조금 낮은 수준의 호텔일지라도 방이 있다는 것에 만족했다. 피곤한 몸을 풀어줄 하룻밤인데 괜찮았다. 1일차 피로를 풀면서 편안하게 쉬게되었다.

바래봉은 등산을 한다는 의미보다는 철쭉꽃 축제를 즐긴다는 표현이 맞을 것이다. 따라서 등산과 축제를 동시에 소화하겠다는 것보다는 등산이면 등산, 꽃 축제면 축제 중 한 가지씩 즐기는 것이 맞을 것 같다는 조언을 해둔다.

필자는 두 가지를 동시에 만족하고 싶어 다녀왔지만 얻은 것도 잃은 것도 없었다.

82번째 '바래봉'의 명산 탐방의 첫 단추부터 잘 끼워졌다.

세상은 밖에도 있었었네!
# 명산 100, 83번째 '반야봉' 완등 이야기!

▲ 반야봉(般若峰, 1,732m) | 2017년 5월 04일 목요일

지리산 국립공원 내에 있는 명산 탐방 이틀째로 지리산의 3대 주봉(천왕봉, 바래봉, 반야봉) 중 어제 '바래봉'에 이어 전라남도 구례군에 있는 '반야봉'을 아내랑 자차로 다녀온 산행기다. 네이버에서는 반야봉을 이렇게 소개하고 있다.

"'지리산의 반야봉(般若峰)'은 지리산(智異山)의 제2봉우리이다. 지리산 어느 곳에서든 주봉인 천왕봉(1,915m)을 바라볼 수 있으며, 특히 반야봉에서 바라 본 지리산 일대의 낙조의 장관은 지리산 8경중의 하나로 손꼽힌다. 그리고 구름과 안개가 낀 날 산 아래로 펼쳐지는 운해는 한 폭의 산수화를 보는 듯 아름답다고 평가한다. 4월부터 정상 인근에 괭이눈, 처녀 치마, 은방울꽃, 동자꽃, 둥근이질풀, 철쭉과 원추리 등 야생화가 많이 핀다. 북쪽 능선을 따라 달궁계곡으로 이어지며 서쪽 기슭에는 하늘아래 가장 높은 마을이라는 심원마을과 계곡이 있다. 남쪽으로 난 능선을 따라 약 900m 지점은 반야봉삼거리인데 지리산 등반에서 중요한 지점이다. 여기서 서쪽 노루목을 따라 날라리봉, 피아골삼거리를 지나 노고단으로 이어진다. 반야봉삼거리에서 동쪽으로는 삼도봉과 토끼봉을 지나 지리산 최고봉인 천왕봉까지 이어진다. 일반적으로 반야봉 산행은 서쪽 성삼재에서 출발하여 노고단을 지나 돼지령과 임걸령을 지나고 반야봉 정상으로 오르는 코스가 가장 수월하다. 성삼재에서

노고단고개까지 약 2.8㎞, 노고단 고개에서 반야봉까지 약 5.5㎞이다.

반야봉에는 지리산의 산신인 천왕봉(天王峰:1,915m)의 마고할미 전설이 전한다. 하늘신의 딸인 마고할미는 지리산에서 불도(佛道)를 닦고 있는 도인(道人) 반야를 만나 결혼하여 8명의 딸을 낳았다. 그런데 반야는 어느 날 득도한 후 돌아오겠다고 약속하고 반야봉으로 떠나 돌아오지 않았다. 남편을 기다리던 마고할미는 반야를 기다리다 석상이 되었다는 이야기다. 그래서 반야가 득도하기 위해 머물렀던 봉우리를 반야봉으로 부르게 되었다고 하며 8명의 딸은 전국에 흩어져 팔도무당이 되었다고 전한다." ◀출처: 네이버

오늘의 등산코스는 치밀하였다.

"성삼재 휴게소(1,107m) → 노고단 대피소(1,443m) → 노고단 정상(1,507m) → 피앗골 삼거리 → 돼지령(1,424m) → 임걸령(1,432m) → 반야봉 정상 (1,732m)"

원점회귀코스, 총 16㎞, 7시간 코스였다.

지리산은 천왕봉(1,915m)을 중심으로 1,000m가 넘는 봉우리가 무려 20개나 된단다. 이처럼 지리산은 넓고, 또한 무근한 어머니의 산이란다. 반야봉, 노고단은 지리산 3대봉 중의 하나들로 그 존재감이 크다. 어제 더위 때문에 바래봉은 힘든 산행이었지만 오늘은 능선을 따라 평평하다고 알려진 '노고단'과 '반야봉'을 다녀올 계획으로 힘든 산행지라 계획은 한 달 전부터 치밀하게 수립했다. 어젯밤 숙소 주변을 살펴보았더니 지리산 온천단지는 해발고도가 높은 '성삼재주차장'의 서쪽 가장자리에 있었다. 직선거리로는 가깝게 보였지만 해발고도가 있어 그곳까지 가려면 시골길, 산길로 굽이굽이 돌아서 가야 할 것 같아 보였다.

아침 5시 반 알람이 울렸다. 7시 등산시작을 기준으로 다섯 시 반의 알람은 아내가 결정해 주었다. 어제 더위 때문에 피곤했던 아내가 걱정이 되었고, 미안하였는데 남편 기 살린다고 피곤도 마다하지 않고 벌떡 일어나 등산 채비를 해 주었다. 기상하고 한 시간도 채 안 되어 숙소를 나서기는 처음이었다. 한낮 더위 때문에 출발을 서둘러야 한다는 압박감도 있었지만 그보다도 '삼위일체의 성공'이었다.

첫 번째는 어제의 피곤함, 오늘 등산걱정을 안고 할 일들을 잘 정리하여

둔 것이었고, 둘째로는 아침은 호텔에서, 세 번째는 호텔 사장이 이른 아침에도 불구하고 1층의 식당 문을 열어 주면서 전자레인지를 사용토록 해 주었다. 든든하게 아침을 먹고, 예쁘게 꾸미고 즐겁게 호텔을 나설 수 있었다.

올려다보면 목전에 있는 '성삼재주차장'은 U자 형태로 시골길, 산길을 따라 가야만 했다. 그런 길을 따라 영상 10도의 아침공기를 가르며 산 입구로 들어갔더니 가까이에서 본 산천은 너무나 깨끗하고 푸르렀다. 일교차를 말하는 듯 산허리까지 안개가 자욱하였다. 통상적으로 아침에 짙은 안개를 보면 그날의 더위를 짐작할 수 있었다. 더위에 약한 아내는 어제보다는 2~3도 낮다고 하니 그런대로 괜찮을 것 같다고 안심을 시켜 주었다.

꼬불꼬불한 차도를 30여분 달려 정상 부근 '시암휴게소'를 지나 아침 7시에 주차장 게이트를 통과하였다. 주차료는 일정 금액이 아니라 시간제로 계산을 한다고 입구 bar에서 알려 주었다. 직감으로 '오늘 엉한신 주차료를 내겠구나!' 마음속으로만 짐작하고 제1주차장에 주차를 하였다. 층층으로 제4주차장까지 있었다. 높은 곳의 공기는 차갑고 선선했다. 등산거리나 시간을 감안하여 GPS 등 만반의 준비를 하고, 천천히 등산을 시작하였다.

첫 번째 목적지는 '노고단 대피소(2.4km)'와 '노고단 고개(정상)(2.8km)'였다. 예전에 한 번 와본 곳이었지만 오래되어 초행길이나 다름 없었다. 그래서 난이도는 몰라 거리만 생각하고 걸었다. 차 두 대가 다닐 정도로 넓게 조성된 흙길은 자연미가 가미된 등산로라기보다는 오히려 인위적으로 조성되었던 서울 둘레길 정도였다. 처음에는 경사를 느끼지 못할 정도로 길게 이어진 흙길에는 산객들이 많아 동지애를 느꼈다. 노고단 대피소가 가까워지니 숨소리는 거칠어졌고, 돌계단의 직선거리와 돌아가는 편안한 흙길로 선택은 당신의 몫이었다. 아가씨들, 젊은 여인들, 젊은 가족들은 편안한 길로, 우리는 젊으니 직선 계단을 따라 올랐다. 더위를 식히기엔 참 좋은 곳으로 한쪽에서는 물소리가 요란하였다. 지리산이 산천초목으로 울창한 이유는 이런 혜택 때문이 아니었을까?

도로 사정으로 보아 차량은 노고단대피소를 거쳐 최종적으로 노고단까지 올라갈 수 있을 것 같았다. 그만큼 자연을 훼손하면서 도로를 넓게 만들어 두었다는 얘기였다. 곧 노고단대피소에 도착을 하였고, 생각 외로 연휴에 가족 단위로 찾아온 사람들이 많았고, 우리보다 빨리 온 사람도 있었다. 시끌벅적한 가운데 빈 의자를 찾아 커피타임을 가진 후, 진달래꽃이 화려하게 반겨준 시야가 탁 트인 곳에서 잠시 여유를 가져 보았다.

이제 직선거리 0.4km나 편안한 거리 1.0km중을 선택하여 '노고단 고개(1,507m)'로 올라야 했다. 우리는 생생하니 빠른 돌계단을 선택하여 좌로는 노고단 돌 봉우리가, 우로는 노고단 정상이 있는 두 번째 목적지에 도착하였다. 숨고를 여유도 없이 천왕봉까지 종주하는 입산을 통제하는 문을 통과하였다.

다음 목표는 '피앗골 삼거리(3.1km)'였다. 노고단 고개에서 확인한 바로는 반야봉, 삼도봉(三道峰)까지 똑같이 남은 거리는 5.5km였다. 인터넷에서는 삼도봉을 거쳐서 반야봉에 가야 된다고 표시되어 있었는데 노고단 고개의 이정표에는 둘이 같은 거리에 있어 궁금해졌다.(나중에 현장을 확인해 보았더니 반야봉과 삼도봉의 갈림길에서 좌로는 반야봉(1.0km), 우로는 '삼도봉(1.0km) 이었다. 삼도봉을 거치지 않고 반야봉에 갈 수 있다.)

우리는 아무런 걸림돌 없이 노고단 게이트를 통과 후 잠시 자연 속에 만들어진 등산로에 푹 빠졌다.

길은 좁았지만 푹신푹신한 흙길이라 좋았다. 그 이후도 자연 그대로의 편편한 등산로였으나 곳곳에 솟아 있는 나무뿌리가 옥에 티여서 땅을 보면서 조심스럽게 걸어야 했다. 간혹 이들 때문에 주춤한 적도 있어 조심하라고 귀띔을 해 주었다. 정선군의 백운산 하산로에서 아내가 나무뿌리 쐐기에 걸려 넘어질 뻔한 아찔한 장면을 연상하면 소름이 끼칠 정도였으니 단단히 일러 주었다.

얼마 안가서 앞서 가던 어린 아들과 딸을 데리고 등산하는 가족을 만났다. 등산을 많이 해본 사람으로서 걱정되었다. 등산은 가는 것만 생각하면 안 되고 돌아오는 것까지 감안하여 계획을 잡아야 한다는 사실을 망각하고 남편의 체력만 믿고 전 가족을 동원해서 계속 가고 있는 것처럼 여겨졌다. 얼마 안되어 그들을 추월하였고, 응원의 메시지도 전했다. 딸은 저 멀리 훨훨 날아서 갔다. 더 앞서가던 딸은 부모님이 늦으니 가다 서다 반복하면서 결국 우리에게 잡혔으며, 어디까지 가느냐고 물어 보았더니 '반야봉'에 간다고 하였다. 내일이 어린이 날인데 오늘 저렇게 혹사시켜도 되는지 아이들의 동의를 충분히 얻었는지 등산에 대한 상식이 풍부한지 정말로 그 가족이 걱정되었다. 올라가면서 내려오면서 계속 그들이 걱정되었고 아이들을 계속 지켜보기로 하였다.

　두 종류의 이정표가 곳곳에서 알려 주었다. 땅에 박힌 것에는 해발고도까지 나타나 있었고, 땅위에 서 있는 이정표에서는 거리나 위치가 정확했다. 이것을 아내에게 얘기를 했더니 아내는 산악회 리본이 하나도 안 보인다고 예리하게 말을 덧붙여 주었다. 이정표가 정확한 위치에서 정확한 거리를 알려주는 역할을 한다면 나무가 싫어하는 형형색색의 산악회 리본을 굳이 가지에 주렁주렁 묶어두고, 걸어둘 필요가 없지 않는가? 곰곰이 생각해 보니 어제 바래봉에서도 산악회 리본은 전혀 볼 수가 없었던 것 같았다.

　국립공원이라 이정표는 정확히 그 자리에 있었고, 거리도 정확하였다. 그 어느 산보다도 국립공원 관리가 잘 되고 있는 것 같았다. 해발고도가 높아서 일몰 전에 하산을 마쳐야 하는 출입통제도 엄격하였다. 해가 뜬 지 2시간여 지났는데 기온이 13도였으니 밤새 더 낮을 것을 감안하면 관리가 엄격한 것은 당연하였다.

　천왕봉까지 종주하는 듯한 배낭을 멘 외국인 여자 한 명이 우리 앞에 보였다. 가느다란 다리에 반소매를 입고, 자기 몸무게보다 훨씬 더 나갈 것 같은 배낭을 메고 씩씩하게 걸어가고 있었다. 가다 쉬고, 가다 쉬고 토끼와 거북이의 경주처럼 우리에게 결국은 쳐졌지만 대단한 용기를 가졌다. 안전하게 산행을 잘 마치기를 빌었다. 같은 코스였으면 대화라도 해 보고 싶었는데 기회가 주어지지 않아 아쉬웠다.

　또 한 가지 재밌는 사례가 있었다. 삼도봉과의 갈림길에서 우리는 반야봉을 택하였다. 반야봉 정상으로 가는 길 중간쯤에 주인 없는 배낭 두 개가 길과는 조금 떨어져 놓여 있는 것을 발견하였다. 정상부근에서 급히 내려오고 있는 남녀 외국인 두 명을 만났다. 아내가 말했다. "분명 그 배낭은 외국인 것이 맞다. 배낭이 무거우니 놓고 올라간 것이다" 그들은 스마트했다. 한국인 같았으면 혹여 누가 훔쳐갈까 절대로 그렇게 못할 것인데 외국인들은 한국 사람을 믿고 사는가 보다. 한국은 전혀 그렇지 않지만 산악인들은 절대로 남의 물건에 손을 대지 않는 양심인 뿐이다. 정상까지 얼마 남지 않은 길은 위험한 바위로 되어 있으니 굳이 무거운 배낭을 짊어지고 올라갈 이유가 없다고 판단한 것 같아 보였다. 앞서 보았던 외국인 여자도 레깅스 차림으로 바윗길을 뛰어서 내려오고 있었다. 참으로 놀라운 광경이었다. 동양인이 생각하기엔 등산에 대한 상식이 너무 없다고 해야겠지만 그들은 개의치 않고 비타민 D를 적극 흡입하고 있는 것이 아니었을지? 추측을 해 보았다.

반야봉 정상의 마지막 약 500m는 제법 힘이 들었다. 급경사 바위의 울퉁불퉁한 길에서 금방이라도 바위가 굴러 떨어질 것 같은 그 길을 그들은 뛰어내려왔다. 오전 10시 30분, 출발 세 시간 반 만에 반야봉 정상석과 마주했다.

고도 1,732m에 설치된 정상석은 큼직하고 화끈하고 선명하여 끌어안기라도 하면 피로가 금방 풀릴 정도로 맘에 들었다. 주변 경관을 감상하기에 충분히 공간도 확보되어 있어 좋았다. 사람들이 몰리기 전에 인증샷을 확보하였다.

따뜻한 양지를 넓게 제공하고 있어 간식을 먹기에도 좋았다. 미세먼지가 없어, 노고단 고개는 가까이 있는 것처럼 잘보였고, 천왕봉도 가시권에 들어왔다. 먼 길을 우리가 걸어서 왔다고 생각하니 대견스러웠다. 하늘에는 두 대의 전투기가 소음을 내며 축하 비행도 해 주었다. 어릴 적 꿈이 전투기 조종사였으니 굉음을 내며 치닫는 소리에 더욱 정감이 갔다.

조금 전에 만났던 그 아이들이 무슨 목적인지 반야봉 정상으로 오고 있었다. 내려오는 길에 정상 부근에서 그들을 또 만났다. 대견스러웠지만 아이들이 걱정되어 갖고 있던 방울토마토 전부를 주었다. 등산에서는 물이 제일 필요할 텐데 물과 계란을 주지 못했던 게 못내 아쉬움으로 남았다. 집에 왔

어도 걱정이 되었고, 간식을 주고 오지 못했던 것이 내내 마음에 걸렸다. 이처럼 산행에서는 각인각색의 인생들을 보고 느낄 수 있으며 전혀 모르는 사람들과의 만남과 그들과의 대화에서도 한 수 두 수를 배울 수 있어 등산이 좋다. 높이만큼이나 조망도 좋았다. 천왕봉이 가까이에 있는 듯 보였고, 능선을 따라 제법 걷는 동안 지겹지 않게 진달래꽃이 활짝 피어 있어 좋았다. 다른 것에 오염된 우중충한 그런 꽃도 아니었다. 새빨간 색 등 다양한 색깔로 화려하게 장식하여 즐겁고, 재미있게 쉬어 가도록 산객들의 발걸음을 잡았다. 해발 1400m의 능선에는 온통 화려한 진달래꽃으로 뒤덮였고, 그 이상에서는 아직 봉우리도 나오지 않아 일교차를 대변해 주는 것 같았다.

'따따따따~~' 나무를 두드리는 딱따구리 소리가 요란하였다. 딱딱한 나무를 저렇게 두드리면 머리가 얼마나 아플까? 그들의 뇌는 아무리 나무를 두들겨도 괜찮다는 기록이 있긴 하였지만 괜히 그들의 소리에 걱정이 되었다. 저렇게 열심히 나무를 두드리면 벌레 몇 마리나 잡을 수 있을까? 나무를 두드리는 것이 그들의 일이니 열심히 사는 모습이 사랑스럽게 느껴졌다. 아무튼 그들의 소리에 취해 자연의 조화를 느끼면서 등산을 하게 되어 지겨움이 적어졌다. 추운 곳의 상징인 높은 나무에는 겨우살이가 까치집처럼 돋아나 있었다.

하산 길에는 '임걸령샘'에서 준비해 간 컵라면으로 허기를 채웠다. 원점회귀의 등산코스는 아내와의 거리가 벌어지는 것을 방지하기 위해서 등산하면서 사진을 찍지 않는다. 오를 때 점찍어 두었다가 하산하면서 사진에 담는다는 것을 철칙으로 사진을 찍으면서 감상한다.

끝없이 이어졌던 산속 오솔길도 노력과 함께 노고단 고개에 도착하게 만들어 주었고, 그곳에는 사람들로 인산인해를 이루고 있어 주저 없이 직진하산을 하였다. 노고단대피소를 거치고 나니 편안한 길에는 항상 아이들도 많았다.

주차장까지 2.8㎞는 넓어 약간 내리막이긴 하였지만 아이들을 데리고 나들이 오기엔 괜찮은 곳이라 삼삼오오 가족단위의 사람들이 많았다. 엿들은 이야기로는 "아빠! 반달곰은 어디에 있어?" "곧 나올거야! 빨리 가자!" 이렇게 해서 아이들을 데리고 나온 사람들처럼 보였다.

연휴라서 성삼재주차장엔 아침보다 사람들이 훨씬 많았다. 주차장이 미어져 나갔고, 재빨리 차를 뽑아 출구로 나갔더니 최대값(13,000원)이 아닌 최대치에 가까운 12,200원을 지불하였다. 2차선 도로의 한쪽은 완전 주차장으로 주차비를 아끼려는 사람도 있었겠지만 근본적으로 주차장이 모자랐다.

반야봉 등산은 안전하고, 편안하고, 즐겁게 마무리 되었다. 아침 7시에 시작하여 오후 2시에 마무리가 되었다. 왕복 16㎞, 7시간 만에 끝난 셈이었다.

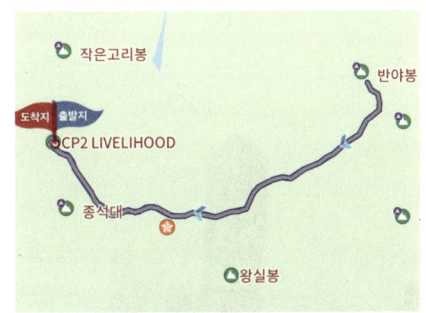

안전하게 즐산을 해준 아내에게 감사했다.

산행 중 이런 저런 상황도 많이 확인할 수 있었던 점도 좋았다.

내일 산행지 '지리산 천왕봉'의 들머리인 '중산리주차장'으로 향하던 중 메기탕을 맛있게 먹고 생각을 바꾸었다.

내일 비가 온다고 하여 중산리에서 2박을 하고 모레 천왕봉을 다녀

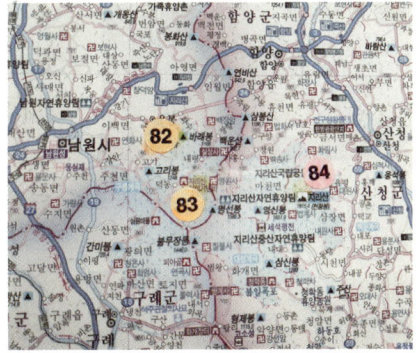

오기로 하였으나 집에서 1시간 거리에 있는 곳에서 잔다는 것이 낭비라는 생각이 들어 안온한 집으로 방향을 바꾸었다.

이야기의 연결은 지리산 천왕봉에서 이어진다.

83번째의 '반야봉 탐방'은 성공적으로 마무리가 되어 다름 '지리산 탐방'에도 속도가 붙게 되었다.

세상은 밖에도 있었네!
# 명산 100, 56번째 '방장산' 완등 이야기!

▲ 방장산(方丈山, 734m) | 2016년 11월 27일 일요일

전라남도 장성군에 위치한 방장산을 산악회와 다녀왔다.

'방장산'은 지리적으로 멀리 있어 산악회와 두 번 다녀왔다. 첫 번째 다녀온 산행기를 올려둔다.

방장산 주변에는 명산 100 중 여섯 개의 명산(변산, 선운산, 내장산, 백암산, 축령산)이 있었다.

'방장산'은 지난 10월 아내랑 변산 주변 3박 4일 다녀올 때 제외되었던 곳이라 등산거리 10km, 4.5시간, 28인승 리무진을 타고 먼 길마다 하지 않고 편안하게 선택하게 되었다. 등산은 최소 2명이 되어야 하는데 방장산에는 혼자 그리고 일요일에 먼 길을 다녀온다는 것에 미안함과 설렘, 외로움과 불안함을 간직한 채 나서 보았다.

방장산은 이렇게 소개되어 있다.

"방장산(方丈山, 734m)은 전북 정읍시와 고창, 전남 장성의 경계에 솟아 있다. 내장산의 서쪽 줄기를 따라 뻗친 능선 중 가장 높이 솟은 봉우리이다. 지리산 무등산과 함께 호남의 삼신산으로 추앙받아 왔으며, 주위의 이름난 내장산, 선운산, 백암산에 둘러싸여 있으면서도 기세가 눌리지 않는 당당함을 자랑하고 있다. 창을 지켜주는 영산으로서 신라 말에는 산림이 울창하고

산이 넓고 높아 부녀자들이 도적 떼들에게 산중으로 납치되어 지아비를 애타게 그리워하는 망부가나 다름 아닌 방등산가로 전해 오고 있다. 옛 문헌에 의하면 방등산은 그 이후 세월이 흘러 반등산으로 변하여 부르게 되었으며, 근래에 와서 '산이 크고 넓어 모든 백성을 포용한다'는 의미에서 다시 방장산으로 고쳐서 부른 것으로 전해오고 있다. 일설에는 모화사상에서 비롯된 것이라고도 한다. 방장산에는 천년고찰인 상원사와 방장사가 있으며 근처에 세운 미륵암이 있다. 또한 수심이 깊어 용이 승천하였다는 용추폭포가 흐른다. 정상에 오르면 신선지경에 이르며 고창읍을 비롯하여 광활한 야산개발지와 멀리는 서해바다가 보이며 동쪽으로는 광주 무등산까지 보인다." ◂출처:네이버

새벽 5시 기상. 6시에 집을 나섰다. 산악회 등산은 항상 이 시간에 집을 나서는 것이 표준처럼 되어 버렸다. 지하철로 사당역에 나갔다. 휴일이라 사당역에는 여느 때처럼 등산 배낭을 한 사람들이 제법 있어 약간 위로는 되었지만 그들의 연령대가 높게 보여 벌써 그런 나이의 사람들이 즐기는 생활 속으로 들어가고 있구나를 생각하면 아쉬움이 많았고 순간적이나마 만감이 교차하였다.

아침 일곱 시도 안 되어 어두컴컴한 인도를 따라 나갔더니 여러 대의 버스가 대기를 하고 있었다. 단풍시즌이고 등산객이 많이 늘어난다는 것을 실감하였고, 리무진 28인승을 찾았다. 버스의 이동거리 등으로 갈까 말까를 망설이다 나중에 겨우 한 좌석을 확보하다 보니 맨 뒷좌석을 배정 받았다. 우연의 일치였든지 불행의 일치였든지 옆에는 '태화산 등산'에서 만났던 회원이 있었.

버스는 정확히 아침 7시 사당역을 출발하였다.

어둠을 가르며 서울 시내를 빠져나가갔던 느낌이 달랐다. 어느 때는 출근하는 사람들로 버스 정류장마다 줄지어 서 있었지만 먼 길 마다하지 않고 등산을 가는 마음은 결코 편하지는 않았다. 언제까지 이런 생각과 느낌으로 등산을 가져야 할지 내 마음을 잘 몰랐다.

버스는 양재역과 죽전역, 신갈휴게소에서 회원들을 태우고 '장안 휴게소'에서 잠시 쉬도록 시간을 주었다. 안개가 자욱했던 그곳은 온통 인간 단풍으로 물들었고, 휴일 등산객의 파워를 알 수 있게 되었다. 집 나와서부터 줄곧 차속에만 있다가 잠시 밖을 나가는 순간 '오늘 힘들겠지.' 생각도 하면서 감기가 걱정이 되었다. 휴일 등산은 회원들과는 처음이라 걱정이 내내 함께 하였다

겨울철 아침 안개가 많기로 소문난 서해안고속도로를 세 시간 이상을 달려 방장산의 들머리인 '장성 길재'에 10시 20분에 도착하였다. 도착하기 몇 분 전 등반대장은 오늘 등산의 유의점과 거리 및 시간을 알려 주었다. 9.7㎞/5시간을 주었고, 오후 3시 20분까지 날머리에 도착하라는 것이었다. 혹시 회원들과 뒤처지지나 않을까 걱정을 해 가면서 차에서 단단히 준비를 하고 내렸더니 고도가 있는 관계로 제법 쌀쌀하였다. 그래도 다행이었던 것은 햇볕이 있었고 추위와 안개는 점점 사라져 주었다.

산길 2차선의 좁은 도로에는 부산 발, 대구 발 등산객을 실은 버스가 동시에 도착하였다. 사람들이 섞여 소속을 구분하기 힘든 순간 먼저 오르는 대구 산객들과 합류하여 뒤를 따라 보았다. 오후 3시 20분까지 날머리에 도착을 해야 한다는 것에 혼자라는 부담을 많이 느끼게 되어 그들을 선택하게 되었다. 계속 이어지는 오르막길에도 굴하지 않고 그들과 속도를 맞춰 걸었다. 며칠 동안 산에 가지 않았고, 휘트니스에도 가지 않은 것이 발목에서 조금 느껴졌을 뿐 전혀 이상없이 그들과 함께 하였다. 좁은 외길이라 함께 갈 수밖에 없는 상황이긴 하여 오히려 같이 등산하기에는 편했다. 약 한 시간가량 같은 속도로 오르니 점점 뒤처지는 사람이 나타났고, 비켜주고 전진하고 따라가고 재미가 있었다. 오히려 말없이 따라 가는 등산이 좋았다. 매일 앞장서서 끌어야 하는 조직에서보다 줄지어 함께 하는 등산이 훨씬 좋았다.

서서히 정상권에 진입하면서 조망이 좋아지기 시작했고, 정오에 가까워 에너지 보충의 시간이 절대적으로 필요하여 초크통에 담아둔 간식을 먹으니 전혀 이상이 없었다. 오늘은 봉우리만 13개를 거쳐야 하고 그 중에 제일 높은 봉우리가 방장산이므로 어디가 어딘지 분간을 할 수가 없었다. 그리 높지 않은 봉우리지만 다섯 시간 동안 봉우리 13개를 지속적으로 등산을 하는 것은 좋아하지 않는 코스였지만 지치지 말고 목표지점까지 이겨내어야 했다. 등산로가 좁아 초입에서 한 번 줄을 서게 되면 다음 목표지점까지 그대로 가야 하는 대단히 불편한 코스였다. 등산을 좀 아는 사람은 뒤처지면 비켜서고 해야 하는데 늦게 가면서도 길을 안 비켜주고 계속 가는 양식도 없는 사람이 있어 짜증스러웠다. 높이가 거의 비슷한 봉우리라 갈수록 조망이 펼쳐졌고 하나 둘 전망대로 빠져 나가 첫 번째 목표지점 방장산 정상석까지 안정적으로 전진할 수 있었다.

열두시 조금 지나서 드디어 바위 사이에 세워진 '방장산 표지목'이 발견되니 사람들이 한꺼번에 몰렸다. 혼자 힘으로 인증샷을 확보해야 했기에 다행스럽게도 셀카봉과 며칠 전에 구입한 티셔츠가 일품이

었다. 정상을 확인하고 나니 구름이 축제를 해 주는 양이리저리 몰려다니면서 숨겨 두었던 경관들을 만들어 주기도 하였다. 축구를 하다가 어디를 다쳐도 경기 중에는 어디가 아픈지를 모르다가 경기가 끝난다든지 휴식시간에 느낌이 오듯이 정상석을 확보하고 나니 배가 고파졌다.

등산할 때 "점심은 정상석 탈환하기 전에는 하면 안 된다."는 원칙에 입각하여 그 원칙을 지켰다. 정상 주변에는 울긋불긋 인간 단풍들이 즐비하였고, 앉을 곳이 없어 한참을 걸어가다 멋진 바위 위에 자리 잡고 아내가 준비해 준 김밥을 맛있게 먹었다. 함께 못한 아내가 생각났고 고마웠다.

산 정상 부근에는 누가 누구인지 어디에서 온 사람인지 구분이 안되었다. 홀로가 더 마음 편했다. 이제 등반대장이 자랑했던 두 번째이자 마지막 관광거리인 페러글라이딩하는 장소를 찾아 가는 것이었다. 멀찍이 그들이 이륙하는 모습이 보였다. 아직도 4㎞나 내려가야 한다기에 서둘렀다. 경관이야 앙상한 나무들뿐이라 그들을 구경할 시간도 아까웠다. 한걸음에 그들의 이륙 장면을 가까이에서 지켜볼 수 있었고, 저들처럼 날아보고 싶어졌다. 언제나 새들처럼 날고 싶다는 생각은 변함이 없었고, "맞다! 페러글라이딩을 배우면 되겠구나!" 엉뚱한 생각도 해 보았다. 어릴 때 꿈이 전투기 조종사였는데 하늘을 나는 것이 왜 그리도 어려울까? 그래서 더 높은 곳에 위치한 산 정상을 자꾸 찾는 것이 아닌가 싶기도 하였다.

이제 날머리까지 약 3㎞ 내리막길만 남았다. 시간적으로도 충분했다. 넓게 펼쳐진 잔디 위에서 그들의 즐기는 모습에 덩달아 즐거워졌다. 머리 위에서 맴돌다 바람을 잘 이용해서 이리 저리 날아다니던 모습을 보면서 어느 영화의 한 대사가 생각났다. "바람은 계산하는 것이 아니라 이겨내야 한다."

짧은 시간 그들과 함께 하면서 많은 것은 보고 느꼈다. 아무런 인기척이

없는 하산로를 따라 홀로 걸었다. 누드차림의 나무들이라 멀리까지 자연을 음미하면서 홀로 외로움을 달래면서 뚜벅뚜벅 걸었다.

오후 2시 20분 하산을 완료하였다. 부여된 시간보다 한 시간 일찍 도착하게 되었다. 앞에는 겨우 세 명만이 도착해 있었다. 실컷 놀고도 한 시간이나 일찍 왔다. 시간이 경과되니 한 명 한 명 나타나기 시작하였고, 저마다 서울 갈 옷차림 단장에 여념이 없었다.

귀경 시간이 되었는데 네 명의 낙오자가 생겼다. 두 명은 10분 늦게 도착할 수 있겠다니 회원들의 양해를 받아 기다려 주었다. 2명은 합류를 하였고, 나머지 2명은 길을 잘못 들어 아직 만고강산이었다. '늦는 사람은 항상 늦는다'는 교훈을 확인한 후 버스는 10분 늦은 오후 3시 30분에 서울로 향하였다. 두 명을 남겨두고 와야 하는 마음은 아팠지만 항상 정시에 출발하는 산악회 규정이 맘에 들었다.

모두 지친 듯 버스 안은 쥐죽은 듯 조용한 가운데 달리고 달려 다시 장안 휴게소에 도착했다. 안개정국처럼 자욱한 안개와 더불어 날씨도 쌀쌀하였다.

각자 허기를 달래면서 하루를 정리하는 시간을 가졌다. 하루가 참 빠르구나를 실감하면서 며칠 전부터 산행시간 때문에 걱정을 하였던 것이 실제 경험을 통해서 아직은 체력이 그들처럼 아무 이상이 없음을 확인하니 마음이 후련해졌다. 처음 홀로 나서 본 주말 등산이었지만 걱정과 우려 속에 시작되었던 만큼 체험을 하고 나니 속이 오히려 후련하였고, 오늘을 계기로 주말 등산이 더 이어질까 걱정까지 되기도 하였다.

일요일 홀로 산악회 회원들과의 등산이 성공적으로 마무리가 되었으니 그들과 명산 100 등산이 시작되었음을 알리는 계기가 되었다. 일요일 저녁이라 고속도로는 귀경 차들로 가득했다. 한편으로는 도로 막힘 때문에 휴일에 등산 가는 것은 자제를 해야겠다는 생각도 들었다. 처음에는 사당역까지 가서 하차를 하였지만 서울 시내를 통과해야 하니 막힘을 감안하여 양재역에 하차하여 지하철로 21시 10분경 휴일 집을 나간 지 15시간 만에 무사히 집에 도착하였다. 그래도 산악회와 먼 길을 무탈하게 다녀온 것에 감사와 격려를 보냈다.

세상은 밖에도 있었네!
# 명산 100, 44번째 '방태산' 완등 이야기!

▲ 방태산 (芳台山, 주억봉 1,430m)  |  2016년 9월 26일 월요일

방태산은 강원도 인제군 벽지에 있어 대중교통이나 자차로는 하루 만에 무척 힘들 것 같아 가을바람과 함께 산악회를 따라 후배와 다녀왔다.

방태산은 이렇게 소개되어 있다.

"방태산(芳台山)은 사방으로 긴 능선과 깊은 골짜기를 뻗고 있는강원도 인제군의 육산이다. 특히 조경동(아침 가리골), 적가리골,대록, 골안골 등 골짜기 풍광이 뛰어나 설악산의 유명 골짜기들간에는 서로 우열을 가리기 어렵지만 그중 조경동과 적가리를 꼽을 수 있다. 정상인 주억봉 서남쪽 아래엔 청정한 자연림 사이로개인약수가 자리 잡고 있다. 톡 쏘는 물맛으로 유명한 개인약수는 1891년 지덕삼(함북인)이 수도 생활을 하던 중 발견하였다고 전해진다. 여름철에는 하늘이 보이지 않을 정도로 울창한 수림과 차가운 계곡물 때문에 계곡 피서지로 적격이고 가을이면 방태산의 비경인 적가리골과 골안골, 용늪골, 개인동 계곡은 단풍이 만발한다. 정상에 서면 구룡덕봉(1388), 연석산(1321), 응복산(1156), 가칠봉(1240)등이 한 눈에 들어온다. 대형 암반과 폭포(이폭포와 저폭포), 그리고 소 등은 설악산 가야동 계곡과 견줄만한 뛰어난 풍광을 지녔으며 해발 1400 고지에는 눈을 의심케 하는 눈부신 대초원이 전개된다." ◀출처 : 네이버

이제 소개된 내용들을 하나하나 현장에서 확인해 봐야 할 차례가 되었다.

산악회에 가입하고 두 번째로 산악회 회원들과 등산을 하게 되어 무척 긴장되는 순간으로 기대 반 두려움 반이었다. 아내는 남편 혼자 전문 산악회원들을 따라 보내는 높은 산의 등산이 불안했던지 새벽에 일어나 아침을 차려 주는 등 도와주었다. 아내의 고마운 마음과는 대조적으로 처음 만나게 되는 산악회원들의 낯선 모습들에 다소 긴장감은 예상되었지만 6시에 집을 나섰다.

오랜만에 먼 길 등산 채비를 하고 나가니 하늘이 시샘이라도 하는 듯 높은 구름으로 가득 덮여 있었지만, 그래도 아주 먼 곳까지 잘 보였다. 출근하는 시간이 아니라도 사람들로 북적였던 거리는 늘 그런 모습 그대로였고, 그 속에 등산 배낭을 메고 회사는 아니더라도 정해진 목적지를 향해 힘차게 걸었다. 驛舍 내에는 등산 배낭을 한 사람들이 있었다. 두 번째로 산악회 회원들과 가는 자리라 어눌하긴 여전하였다.

길게 호흡 한번 가다듬으면서 4번 출구로 나갔더니 약 50m 전방에 버스가 대기를 하고 있어 방태산 행임을 확인하고 지정된 좌석에 앉았다.

1차 미션은 성공하였다. 버스 내부는 예전 모습 그대로였다. 앞뒤 좌석의 간격은 우등버스보다는 좁고 일반석보다는 넓게 하여 바닥에는 발을 편하게 할 수 있는 받침대가 있었다. 이동 때나 등산 후의 피로를 잘 반영한 등산 전용 버스인 것 같았다. 모두가 모자를 눌러 쓰고 있어 나이를 구분하기는 쉽지 않았다. 알 필요도 없겠지만 그렇게 관심이 갔다.

등반대장이 탑승 인원을 체크 후 정확히 아침 7시에 사당역을 출발하였다.

잠시 후 '가평휴게소'에서 몸을 풀었다. 가는 길이 멀 텐데 무려 20분이나 여유를 주었다. 왠지 아침이면 그냥 습관처럼 머리와 가슴을 따뜻하게 해주는 커피 한잔으로 아침을 활짝 깨워 주었다.

다시 마음을 가다듬고 버스에 몸을 싣고 방태산 들머리로 향했다. 등반대장이 일어나 몇 가지를 안내해 주었다. "오늘 산행은 두 개의 코스가 있으니 수준에 맞게 선택하여 안전하고 즐겁게 산행을 해 주시기 바란다. 그리고 돌아오는 길에 막국수를 먹고 싶다면 준비하겠다." 좋은 말씀이었다. 창문 너머로 보이는 하늘은 잔뜩 찌푸려 있었지만 서울 시내를 떠나 맑은 공기와 녹음이 우거진 푸른 산이 있으니 이 시간만큼은 부자가 된 마음으로 충만하였다. 낮은 산들과 높은 산들이 촘촘히 어우러져 대자연을 이루고 있는 강원도의 산촌은 시골에서 자랄 때처럼 향수병을 느끼기에 충분하였다.

대형 버스는 좁은 시골 아스팔트길을 지나 거침없이 산골로 들어가기를 한참 만에 '방태산 자연휴양림'에 도착했다. 이 깊은 산속에도 휴양을 오는 사람이 있을까 하는 의문이 들 정도로 한적하고 깊은 골짜기였다. 그래도 매표소는 있었고, 입장료를 받았다. 설악산 국립공원의 일부로서 수많은 휴양시설들이 있었지만 아무도 없을 것 같은 그곳에는 역시 사람은 살지 않았다. 휴양을 하기에 충분한 계곡물이 흐르고 자연이 있었지만 너무 깊은 곳이라 왜 저기에 저렇게 국고를 들여 설치를 해 두었을까?

매표소를 조금 지나 너무나 한적하고 깊은 골짜기 주차장에 버스가 멈췄을 때 오전 10시 30분이었다. 사당역에서 이곳 들머리까지 오는데 벌써 오전의 반이 지나가 버렸다. 차 안에서 주섬주섬 간식을 먹는 사람이 보였는데 이래서 그렇게 해야 하는구나 하는 느낌을 받았다. 우리도 뒤질세라 그들을 따라 간간이 간식을 먹으면서 도착하여 다행이었다. '각자도생'.

버스가 종점에 멈추기 전 등반대장은 두 번째 안내를 해 주었다.

"오늘 10.2km의 등산시간은 6시간으로 오후 4시 30분까지 이곳에 도착해 달라"는 부탁이었다. 등산시간은 충분하다고 생각되었는데 회원들은 먹이를 찾아나서는 맹수들처럼 하차를 서둘렀고, 하차 후에는 제각각 등산 준비상태를 체크 후 보다 빠른 걸음으로 등산로를 오르기 시작하였다.

우리는 정상석에 가서 인증샷을 확보하는 짧은 코스를 선택하여 다소 여유롭게 뒤를 따라 걸었다.

등산로는 점점 계곡의 물과 가까워졌고, 계곡의 물소리는 더욱 요란하게 들렸다.

맨 처음 마주친 이정표는 '이단폭포'였다. 우선 기운이 빠지기 전에 정상에 도착하는 것이 중요하므로 볼 것은 뒤로 제쳐두고 계곡의 물소리를 벗 삼아 오로지 걷는 일만이 최고의 만족이었다. 오랜만에 등산을 하는 일이라 큰 나무 숲을 지날 때면 여느 날처럼 가슴이 쿵쿵 뛰었다. 피가 거꾸로 솟구쳐 걷는 것이 아니라 오히려 날아가고 있었다. 한참을 걷다가도 뒤돌아보면 후배가 저만치 뒤에서 지척지척 따라오고 있었다.

그러면 쉬어 가는 척 걸음을 멈추고 따라 붙기만을 기다렸고, 등산을 통해 대자연과 함께하면 지체할 수 없는 희열을 그렇게 해서라도 멈추어 가라앉혀야 했다. 산에는 길과 나무 밖에 없다. 길 위에는 직위도 신분도 없고 걷는 사람밖에 없다. 오로지 걷는 자만이 목적지에 도착할 수 있는 대자연의 섭리를 따를 뿐이다.

깊은 골짜기에는 이정표와 간판 하나 뿐이었다. 한참 만에 오늘 산악회원의 갈림길 이정표를 만났다. 오른쪽 정상으로 가는 길을 신택하여 큰 나무 숲을 한참 걸었다. 구름이 하늘을 덮어서인지 큰 나무가 그들을 가려줘서인지는 모르겠으나 시원한 계곡이 하염없이 이어졌다.

등산로 주변에는 이상야릇한 생물들이 많았지만 하산할 때 보기로 하고 오르는 일에만 집중하였다. 잠시 쉰다고 해도 Stand 휴식 뿐이었다.

오르고 또 오르면 못 오를리 없겠지만 드디어 지도상의 급경사 지점에 도착하였다. "고통은 지금부터 시작이다."

주변의 경관은 자꾸 눈과 마음을 끌게 만들었다. 키 큰 나무는 저쪽 산에서 혹은 머리 위 하늘에서 작은 나무는 바로 옆에서 가을을 알리는 표현들이 경이로웠다.

저들은 아무것도 하지 않는 것처럼 보이지만 대한민국 사계절의 전령들이다. 앙상했던 가지에서도 봄이 되면 싹이 돋아나서 봄이라고 알려주고, 그 싹이 자라 무성한 숲을 이루면 여름임을 또 알려주고, 추운 겨울 물 소모량을 줄이기 위해 나뭇잎부터 떨어내는 과학적이고 현명한 지혜는 어디에서 배웠는지 아무도 모르게 가을의 깊이를 색깔로 알려주고 있었다. 또 겨울에는 앙상한 가지만으로 힘든 겨울을 이겨내고… 그래서 대자연의 선순환이 인간에게는 더욱 경종을 울리고 그들에게 오히려 경의를 표해지기까지 했다.

정상이 어디인지도 모르고 오르고 또 올랐지만 큰 나무들에 가려서 끝은 보이지 않았다. 그러나 자연의 색깔은 확연히 달랐다. 특히 아름드리 도토리나무들이 많았고, 등산로에는 그들이 떨어뜨린 도토리로 가득하였다. 그렇게 많은 도토리가 떨어져 있는 것은 처음이었다. 모진 세파에 견디기 힘들었던 나무들은 넘어져 앙상한 가지만 남았고, 그래도 세월의 흔적은 비켜 갈 수 없어 넘어져 말라버린 나무들은 자연의 섭리를 보여 주었다.

정상 부근에 있는 세 번째 갈림길에 도착하였다. "휴우~ 이제 다 왔구나!" 하고 한숨을 내뱉으면서도 약 400m의 정상을 향해 또 걸었다. 정상 가까운 곳에서 펼쳐졌던 울긋불긋한 단풍들은 그 어느 것보다 색깔이 선명하여 마치 불이라도 난 것처럼 보였지만 우선 허기진 배를 채우기 위해서는 정상부터 접수해야겠다는 일념으로 주변의 유혹을 뿌리치고 중단없이 걸어 출발 2시간만인 12시 30분에 방태산의 최고봉인 '주억봉'에 도착하게 되었다. 감격스러웠고 터질 것 같은 가슴을 억누를 길이 없었다. 44좌가 또 완성된 것이었다.

배는 많이 고팠지만 최우선적으로 인증샷부터 확보하였다. 정신을 차려 여기저기를 살펴보았더니 높은 산들은 벌써 옷을 갈아입을 채비를 하는 것이 눈에 확 보였다. 일주일 내로 저 푸른 산들도 자연의 섭리를 외면하지 못하고 겨울 채비를 서두를 것이다. 밑에서는 보이지 않았던 산객들이 정상에 많이 도착하였다. 각자의 할 일을 마치고, 하산 하는 길에는 자연의 변화에 완전히 도취되고 말았다. 단풍들은 왜 그리도 빨갛게 혹은 노랗게 물들었는지? 자세히 들여다보면 볼수록 신비로움만 더했다. 언제 다시 찾아 와서 볼지 모를 그 순간을 놓치지 않으려고 카메라를 바쁘게 돌렸다. 때가 전혀 묻지 않은 정말로 아름다운 자연 그대로의 모습이었다.

언제까지 자연과 있을 수 없는 일이기에 아쉬움만 남긴 채 짧은 만남 긴 이별을 예약하고 하산을 이어갔다. 추분도 지났으니 제때에 내려가지 않으면 계곡은 곧 어두워진다는 사실을 알기라도 한 듯 사람들이 몰려 내려가는 모습이 또 아름다웠다. 여성 산객들이 많아 등산복의 화려함은 자연의 단풍 못지 않게 또 한 장면을 연출하였다.

올라갈 때는 힘이 들어 경사도를 느끼지 못하였는데 하산할때 보았더니 경사도는 약 70도 가까이는 되는 것 같아 참 큰일을 해내었다는 뿌듯함도 재삼 느끼게 되었다. 스틱이 없으면 무릎에 많은 충격을 입히겠다는 생각도 들어 아찔하였다. 강원도의 높은 산은 그 나름내로 위력을 충분히 갖고 있어 준비를 단단히 하고 가야할 것이다.

정상에서 8부 능선까지는 여전히 아름다운 단풍으로 매료시켰다.

경사가 급하여 멀리 보고 걸을 필요도 없었다.

오를 때 지겨웠던 느낌과는 달리 편안하게 한걸음에 계곡까지 내려갔다. 이제 둘레길 걷듯이 가면 되는 곳이었다. 길이는 약 4km여지만 너무나 울창한 숲속을 걸을 때면 머리가 오히려 맑아지는 기분이 들었다.

울창한 숲속에는 습기가 많아 모든 생물들이 공평하게 잘 자라고 있다는 느낌을 받게 되어 자연의 순리에 고마움을 느꼈다.

부여된 시간과는 아직 두 시간 이상 남았다. 길이 너무 좋고 시원하였지만 가던 속도를 줄이는 것이 아니라 빨리 내려가서 쉬는 시간을 늘려 물 좋은 곳에서 제일 고생하는 발에게 행복을 주려고 다리 가까운 곳에 자리잡고 발을 적셨다. 발을 오래 넣어 둘 수가 없을 정도로 차가운 물이었다. 발 닦고 몸 닦고 나니 이 세상을 다 얻은 것 같은 기분이었다. 갖고 간 옷이 없어 알탕을 하지 못해서 아쉽기는 하였지만 비록 짧았지만 최고로 행복했던 그 순간만큼은 오래 기억해 두고 싶어졌다.

키가 그렇게 큰 붉은 색의 소나무는 처음 보았고, 눈에 익숙한 메타세쿼이아, 아름드리 도토리나무, 가늘고 길게 쏟아 오른 느티나무까지 누가 더 높이 올라가는지 키 재기를 하는 것처럼 속 시원하게 잘 빠진 그들의 모습에 연신 감탄사를 쏟아내었다. 인간의 손이 닿지 않은 자연 속에서 스스로 자란 그들의 위용에 감탄이 절로 나왔다. 합천의 가야산에도 비슷하긴 하였지만 쭉쭉 뻗은 키에는 당할 수가 없었다. 물이 너무 맑고 차가워서 물고기라고는 찾아 볼 수가 없었다. 내려갈수록 계곡의 물소리는 더 요란하게 귓전을 유혹하였다. 이단폭포에도 물이 떨어지면서 바위와 부딪히며 내는 물소리는 시끄럽다 못해 악기의 소리를 듣는 것처럼 매료시켰다.

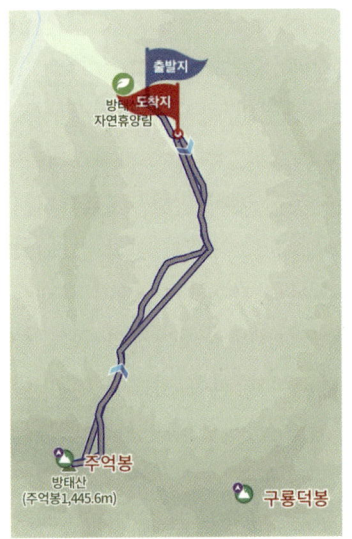

귀경 출발 1시간 전인 오후 3시 반쯤에 모든 행동을 마치고 버스 주차장으로 돌아왔다. 버스는 정확히 4시 반에 출발하여 산속 식당에서 산악회 회원들과 간단하게 막국수 한 그릇을 먹었다.

'가평휴게소'에서 잠시 쉬었다가 다시 '복정역'에 내려 지하철을타고 집으로 가는 길에 하루 종일 집에서 고독과 함께 했을 아내를 생각하며 '소미미(小美味)' 빵을 샀다.

집에 도착하니 밤 9시였다.

먼 곳 등산을 허락해준 아내와 함께해준 후배에게 감사했다.

세상은 밖에도 있었네!
# 명산 100, 58번째 '백덕산' 완등 이야기!

▲ 백덕산 (白德山, 1,350m) | 2016년 12월 13일 화요일

올해 2월에 만들어진 '두달회' 멤버들과 두 번째로 강원도 평창에 있는 '백덕산(白德山, 1350m)'을 친구의 차로 다녀왔다. 오래전부터 언제, 언제 하다가 밀어붙인 끝에 '두달회'의 목적(한달은 골프, 한 달은 등산)을 실행하게 되었다.

'백석산'은 이렇게 소개되어 있다.

"백덕산은 태백산맥의 줄기인 내지산맥(內地山脈)에 딸린 산으로, 주위에 사자산(獅子山:1,120m)·샷갓봉(1,020m)·솟대봉(884m) 등이 솟아 있다. 예로부터 4가지 재물, 즉 동칠(東漆:동쪽의 옻나무), 서삼(西蔘:서쪽의 산삼) 그리고 남토(南土)와 북토(北土)에 흉년에 먹는다는 흙이 각각 있다고 해서 사재산(四財山)이라고도 불렀다. 4km 길이의 능선에 함께 있는 사자산과 함께 합쳐 백덕산이라고 부르기도 하며, 불가(佛家)에서는 남서쪽 기슭에 있는 법흥사(法興寺)가 신라 불교의 구문선산(九門禪山)의 하나인 사자산파의 본산이라고 보기 때문에 사자산이라고 부른다.

산세는 험한 편이어서 능선의 곳곳마다 절벽을 이룬다. 북쪽 비탈면에서 발원하는 수계(水系)는 평창강(平昌江)으로 흘러들고, 남서쪽 비탈면을 흐르는 수계는 주천강(酒泉江)으로 흘러든다. 바위봉으로 이루어진 정상에서는 가리왕산과 오대산의 산군(山群)과 함께 남쪽으로 소백산, 서쪽으로 치

악산맥이 보인다. 크고 작은 폭포와 소(沼)와 담(潭)이 수없이 이어진 법흥리계곡 일대는 원시림이 잘 보존되어 있으며, 주목 단지가 있다. 북쪽 계곡에는 서울~강릉 간 국도가 지나며, 남서쪽 기슭에는 영월흥녕사징효대사탑비(寧越興寧寺澄曉大師塔碑:보물 612)와 법흥사가 있다." ◀출처: 네이버 지식백과

영동고속도로와 판교 주변의 퇴근시간에 막히는 곳을 피하기 위해 출발시간, 이동시간, 등산시간, 휴식시간, 귀가시간 등 구체적인 시간표를 철저히 만들어 회원들에게 보내고 그렇게 움직이도록 했다. 그럭저럭 세월이 지나는 동안 우여곡절도 많았지만 멤버들은 이른 아침 정확한 시간에 판교역에 모였다. 친구의 차로 유유히 남으로 그리고 동으로 달렸다. 이른 새벽에 지하철로 판교역까지 가는 것이 조금은 짜증스러웠지만 고속도로를 달릴 때면 기분전환이 되어 상쾌한 아침으로 바뀌었다. 항상 함께 등산을 해 주었으면 더 좋겠지만 하루라도 같이 해 주는 것만으로도 충분히 고마웠다. 휴게소에 들러 식사와 따뜻한 커피로 확실히 아침을 깨웠다.

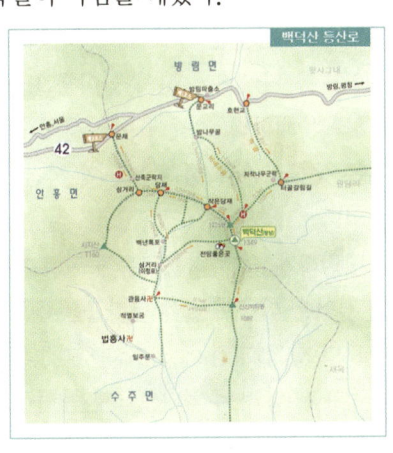

세 사람을 태운 차는 고속도로와 강원도 산길을 달리고 달려 평창군의 제2등산코스인 '문재터널 출구'에 도착하였다. 이곳으로 등산을 하면 제일 긴 코스라고(약 13㎞, 6.5시간) 우리가 정했던 들머리는 아니었는데 지나는 길에 눈에 익은 산악회 버스가 있어 급히 주차장에 차를 세우고 등산 장비를 착용하고 그들의 뒤를 따라 가는 찰라 한 친구는 따라오지 않고 현지에 설치된 등산로 지도를 보더니 "이 길은 너무 멀겠다"는 의견을 주어 가던 길을 급히 멈추고 미리 공지한 제1코스의 들머리 '운교리'로 내려가기로 했다. 모두 초행길이라 정확히 아는 사람도 없어 필자가 공부했던 것이 등산정보의 전부였다. 그러나 현장에서 필자의 말을 못 믿는 듯 등산로 지도를 보고 다시 고민했던 적도 있었지만 결국은 필자가 공지한 길로 갔다.

'문재터널'에서 '운교리 들머리'가 가까이에 있는 제1코스 등산 들머리인 운교리 입구에 주차를 시켰다.

등산로 안내도는 있었고, 제1코스 운교리라는 안내판은 없었지만 위치상 짐작으로 아이젠을 다시 가다듬어 눈 덮인 시골길로 걸어 올라갔다. 왕복 약 10.5㎞, 5.5시간이 소요되는 코스였다.

약 1㎞의 시멘트로 된 시골길 '밤나무 골' 마을에 아이젠을 차고 뚜벅뚜벅 조심스럽게 거쳐 '비네소골'을 따라 등산은 시작되었다. 겨울 이때면 등산로에는 눈이나 마른 나뭇잎으로 덮여 있어 보색인 돌멩이들과 바닥의 얼은 상태를 볼 수가 없으니 초보자들에게 아이젠은 더욱 좋은 역할을 해 주고 있었다. 이번 코스는 힘든 경사로보다는 꾸준한 경사로가 길다는 것이 특징인데 친구들은 중간중간에 쉬려고 하는 기색이 역력해 초크통에 담아 온 간식으로 서서 쉬게 해 가면서 겨우 임도에 도착하였다. 첫 번째 휴식처가 헬기장이었는데 임도 주변에서 편히 쉬고 가려는 요구가 있었지만 이러다간 해가 지기 전에 하산을 마칠 수 없을 것으로 판단하고 '헬기장'까지 갔다.

임도를 지나서는 눈의 깊이를 느꼈고, 따사로운 햇살에 녹기까지 하여 발을 옮길 때마다 그들이 아이젠에 붙어 등산을 힘들게 만들었다. 길게 이어지는 등산로는 오히려 지침의 시간이 길어져 더 많은 인내력이 요구되는 것이었다.

평범하게 오래 지속되는 등산코스를 싫어하는데 헬기장이 가까워질수록 눈의 깊이는 더해져 발에 달라붙는 정도가 더 심해 에너지가 더 소모되었다.

드디어 '헬기장'에 도착하였다. 800m만 더 가면 정상석을 볼 수 있다고 이정표가 알려 주었다. 이제 능선을 따라 가면 되는 길이라 잠시 앉아서 편안한 자세로 휴식시간을 가졌다. 조망이 괜찮아 친구들도 좋아해줘서 다행이었다. 충분한 휴식과 각자의 생리현상을 해결하고 또다시 정상을 향해 전진하였다. 약간의 오르막과 내리막, 간혹 바위산도 있었고, 보호수종인 주목이 삭막한 겨울 산을 조금이나마 위로해 주었다.

정상 부근의 음지에는 발이 푹푹 빠질 정도로 눈이 많이 쌓여있었다. 한 친구는 눈 덮인 높은 산의 등산은 평생 처음이라고 굉장히 감동스럽게 이야기를 해 주었다. 온 몸에 땀이 날 정도로 30분 정도 걸었더니 바람 한 점 없

는 정상 부근이었다.

따스한 햇볕이 내리쬐는 쪽에는 그냥 나뭇가지였고, 그 반대편 나뭇가지에는 상고대가 그대로 있어 나뭇가지에 나타난 두 가지의 자연현상을 보면서 눈은 즐거웠지만, 어젯밤의 강추위를 짐작할 수 있었다. 정상에는 오히려 외투를 벗어야 할 이상하리만큼 바람 한 점 없었다. 신기하게도 상고대가 선물을 안겨주었다. 한 친구는 또 감탄사를 주저리주저리 뱉어냈다.

"평생에 이렇게 높은 산에서 이런 광경은 처음 본다." 고마움의 표현이 술술 이어졌다. 따가운 태양의 기운과 추위에 얼어붙은 상고대가 어울려 자주 못 본 광경이었다.

정상 부근에서 갖고 간 점심으로 푸짐하게 배를 채웠다.

친구는 밥과 국, 반찬까지 잔뜩 준비를 해 왔다. 항상 그렇게 준비를 해줘서 무척 고마웠다. 약 30분에 걸쳐 배를 채우고, 충분히 감상을 하면서 즐기다 보니 시간이 얼마 남지 않아 하산을 서둘러야했다. 초보자들의 힘든 점이 하산인데 천천히 내려간다고 생각을 하고 평지에서는 좀 다그쳐서라도 빨리 남은 거리를 줄이도록 노력해야겠다는 계산으로 짐을 빨리 챙기도록 종용하였다. 그래도 내려가는 길은 힘들게 느껴지지 않았던지 술술 잘 따라줬다. 잠시 시간을 멈추게 하고 기념사진도 남기도록 여유를 가져 주었다. 강원도 산에는 보호 수종인 주목이 많았다. 키가 큰 앙상한 나무 사이에 돋보이게 자란 푸른 나무들이 높은 산의 주인공처럼 황폐한 산야를 그런대로 보완해 주는 것처럼 보였다.

계속 이어지는 하산로가 지겨울 때면 잠시 주변을 배경으로 기념사

진도 찍었다. 등산과 하산이 크게 힘들다고 느껴지지는 않았지만 걷는 거리가 있어 지겹게 느껴질 만한 코스였다. 충분히 이해를 하면서도 하산완료 시간을 염두에 두고 코치를 해야 했기에 좀 더 서둘러 걸어 보았다.

마지막 근처에서는 다리가 떨리는 모습도 보였지만 빠른 걸음이 안 되는 것도 보였다.

두달회 친구들과 안전하고 즐겁게 출발 5시간 30분 만에 원점에 회귀하였다. 대성공이었다고 평가해 주었다. 초보사 친구는 엄청히 뿌듯하게 받아들여줬다. 이처럼 등산에 취미를 가진다면 더 넓은 세상에 나가 그동안 S사에서 힘들었던 생활을 뒷전으로 하고 새로운 인생을 꿈꿔보면서 멋진 세상을 함께 열어가 보고 싶었는데 등산에는 그다지 관심이 없는 친구들이라 아쉬웠다.

이제 무사히 귀가하는 일만 남았다. 힘들게 등산 후 자차를 운전하여 귀가하는 것은 안전상 잘 안하는 편인데 친구는 운전하는 것을 취미 삼아 재미가 있다니 다행이었다. 아침에 미션을 준대로 퇴근시간 밀리지 않는 시간에 판교역에 도착하여야 한다는 것을 또 성공하였다. 판교에서 같이 저녁을 먹고 다음 함백산을 예약하면서 헤어졌다. 함께해 준 친구들이 고마웠다. 특히 산행으로 힘들었을 텐데 안전 운전을 해 준 친구에게는 더 고마웠다.

세상은 밖에도 있었네!
# 명산 100, 51번째 '백암산' 완등 이야기!

▲ 백암산 (白巖山, 상왕봉 741m) | 2016년 10월 29일 토요일

　　　　　　　　1일 2산행에 도전했던 날. 오전에는 '내장산 신선봉'을 다녀왔고 이어서 '백암산 상왕봉'에 갈 차례였다.
　　　　　　　　새벽 6시부터 시작되었던 내장산의 최고봉인 '신선봉'은 최단코스를 잘 선택한 덕분에 1일 2탐방 중 첫 번째 탐방 신선봉 등산을 시작 2시간 만에 마치고, 두 번째 탐방코스인 '백암산 상왕봉(741m)' 들머리로 가기 위해 곧장 차를 운전하였다. '백암산'은 이렇게 소개되어 있다.

"백암산은 내장산 국립공원에 속해 있으며 상왕봉을 최고봉으로 내장산 입안산 줄기와 맞닿아 있다. 옛부터 봄이면 백양, 가을이면 내장이라 했듯이 산하면 내장, 고적 하면 백암이라 할 정도로 백암산의 절경은 내장산에 뒤지지 않는다. 백학봉과 상왕봉, 사자봉 등의 기암괴석이 곳곳에 있으며, 산세가 험준한 편이다. 백암산은 사시사철 철따라 변하는 산색은 금강산을 축소해 놓았다 할 정도로 아름답다. 백암산의 으뜸은 단풍이라 할 수 있다. 산 전체와 조화를 이루며 서서히 타오르는 장작불처럼 산을 물들이는 모습은 가히 절경이다. 이곳의 단풍은 바위가 희다는 데서 유래한 백학봉의 회백색 바위와 어울려 독특하기도 하다. 그리고 백양산에는 학바위, 백양산 12경, 영천굴 등 볼거리가 많다. 천연기념물인 비자나무와 굴거리 나무도 산 입구에 집단서식하고 있다. 동쪽으로 약수천을 따라 올라가면 남룡폭포가 있다.

백양사 또는 정토사로 불리었던 대사찰 백양사는 내장산 가인봉과 백학봉 사이 골짜기에 위치하고 있다. 백제 무왕33년에 창건되었다고 전해지는

데. 숙종에 이르러 백양사로 이름이 바뀌었다 한다. 전설에 따르면 숙종 때 환양선사라는 고승이 백양사에서 설법을 하고 있는데 백양 한 마리가 하늘에서 내려와 설법을 듣고는 본래 자신은 하늘의 신선이었는데 죄를 짓고 쫓겨 왔다며 죄를 뉘우치고 감동의 눈물을 흘렸다 하여 이름을 백양사로 고쳐 부르게 되었다고 한다. 백양사는 31본산의 하나로 오랜 연원과 함께 수많은 문화유산들을 간직하고 있다. 소요대사부도, 대웅전, 극락보전, 사천왕문을 포함하여 청류암의 관음전, 경관이 아름다운 쌍계루 등이 바로 그것이다. 백양사 오른쪽 뒷 편에는 선조36년인 1603년과 현종3년인 1662년에 나라의 평화와 안녕을 위해 특별히 제사를 올렸다는 국기단이 있다. ◀출처:네이버

　내장산 등산을 두 시간에 마친 후 대가마을 회관에서 약 11㎞ 떨어진 백양사 입구의 한 식당 앞에 주차를 하였다. 아침도 먹어야 했고, 주차도 해야 하니 식당 앞 주차 결정을 빠르게 하였다. 편안하고 여유롭게 소머리국밥으로 아침을 든든하게 먹을 수 있었다.

　몸을 충분히 가다듬고 외투도 든든하게 입고 10시 40분쯤에 식당을 나섰다. 두 번째 산행을 위해 관광객들 사이를 비켜 빠른 걸음으로 매표소에 도착하였다. 여느 국립공원처럼 입장료를 내었지만 주차비는 별도로 내지 않아 다행이었다. 매표소에서 등산지도를 받아 걸으면서 또 탐색을 해 보았다. 경내까지 가는 길은 그야말로 장관이었다.

　'변산'으로 가는 '내소사'도 그랬고, '선운산'으로 가는 '선운사'에도 그랬듯이 '백암산'으로 가는 '백양사' 경내까지 걸어가는 길에는 애기 단풍나무들로 가득했다. 단풍이 제대로 물들었을 때 왔어야 했는데 하는 아쉬움이 나왔지만 사람들의 옷단풍이 애기단풍을 대신해 주었다.

　백암산 상왕봉 정상까지 거리가 만만찮아 우선 등산이 중요하니 경내는 그냥 지나갔다. 매표소에서 받았던 지도와 인터넷으로 공부했던 코스를 비교해 보았다. 왜냐하면 현장이 다른 경우가 많았기 때문에 중요한 난이도가 있는 곳에서는 반드시 이런 절차를 밟아야했다.

　등산코스를 확실히 결정했다.

"백양사 → 묘지입구 → 능선사거리 → 정상(상왕봉) → 헬기장→ 백학봉 → 백석암 → 백양사"

원점회귀 코스, 총 6.4㎞ (등산 2.8㎞, 하산 3.6㎞)

바위틈으로 흘러내리던 물소리는 거친 숨소리를 차단하였고, 이따금씩 나타났던 다람쥐도 힘든 우리를 쉬면서 가게 만들어 주었다. 그리고 '묘지입구'까지는 콘크리트 포장길이라 딱딱한 오르막길을 오래 걸으니 발목도 아팠다. 주변 경관의 변화가 별로 없는 끝없이 이어지는 오르막길이 지겨움을 더해 주었다. 형형색색의 단풍이라도 있었으면 그들에 빠져 힘듦을 잊을 수도 있었을 텐데 아직은 이른 시기에 산행을 선택한 탓으로 생각하고 거칠어진 숨소리만 더해져 머리박고 등산로만 따라 걸었다. 한편으로 생각해 보면 형님, 누님도 다녀오는데 우리 젊은이가 힘들어서야 되겠는가 하는 자존심도 작용하였다.

'묘지입구'를 지나서는 야산으로 걸어야 했다.

다음 목표는 '능선사거리'였다.

정상에 가까워질수록 단풍들이 가끔씩 보여줬을 뿐 생각했던 것만큼은 아니었다. 아내를 앞세워 끙끙하면서 혹시나 주저앉기라도 하면 어쩌나 하는 우려 속에 차분히 천천히 오르기를 유도하였다.

참 이상하게도 젊은 사람들보다는 노인네들이 많았다. 울긋불긋 단풍을 대신이라도 하듯 신기하게 여겨졌다. 그럭저럭 두 번째 목표지점에 도착하였더니 휴일이라 우리가 쉴 곳은 없었다.

이제 능선을 따라 500m만 더 가면 최종 목적지인 '백암산 상왕봉'에 도착하게 되는 셈이었다. 고삐를 늦추지 않고 차분하게 또박또박 전진을 해 주어 오히려 따라가기가 버거울 정도로 속도를 내었다. 능선을 따라 걷는 일은 오히려 쉬우니 약간의 오르막과 내리막을 조금 갔더니 '상왕봉 표지석'이 눈에 들어왔다.

하늘을 향해 표효하고 싶었지만 억누르고 가까이 다가가 표지석을 잠시 쳐다보면서 "이게 뭔데?" 내심 웃음이 나왔다. 잠시 주변을 둘러보고 경관을 감상을 하면서 또 약간 실망이 되었다.

배너를 들고 인증샷을 찍는 사람도 제법 있었다. 같은 회사에서온 직원처럼 느껴져 서로 사진을 찍어 주면서 소통도 잠시 있었다.

올라왔던 길이 일직선상의 오르막이라 지겨워서 다른 길로 하산을 변경하였다. 정상(상왕봉) → 백학봉 → 백석암 → 백양사로 약 3.6㎞였다.

정상에서 백학봉까지는 1.6㎞로 다소 완만한 경사로였다. 단풍은 여전히 보기 어려웠고 낙엽으로 덮인 산길을 걷는 것으로 만족했으나 돌멩이들이 낙엽과 뒤섞여 있어 하산할 때는 속도가 있으니 더더욱 조심해야 했다. 두 눈은 두 발로부터 벗어나지 않도록 해야 했기에 대화도 줄었다. 이렇게 조심스러워 하면서도 뒤에서 넘어지면 앞에 가던 아내는 뒤를 보면서 또 서로가 조심해야 한다고 까지 일러 주었다.

30분 단위로 에너지를 보충하고, 30분 단위로 "조심해야 한다."는 말을 강조해 가면서 낙엽과 돌이 섞인 등산로는 벌써 헬기장을 지났다. '백학봉'으로 가는 길은 또 바위와 경사가 심하여 추락을 조심해야 했다. 경사가 심해서 안전로프와 나무 계단이 많았다. 바위가 많다 보니 서서히 하늘도 열렸고, 비경도 있어 침묵을 깨고 셀카봉이 포문을 열었다. 사진 담으랴 안전하게 하산하랴 바빴지만 안전을 더욱 중요하게 여겼다. 잠시 비경에 취해 사진을 담을 때면 아내는 저만치 가 있어 또 따라붙고, 그렇게 10여분 지나 '백학봉'을 만나게 되었다.

이제는 하산로의 마지막 지점인 '백석암'을 통과해야했다.

백학봉에서 백석암까지 0.9㎞, 백석암에서 다시 백양사까지 0.4㎞ 총 1.3㎞는 그야말로 위태로움의 극치였다. 헬기장을 지날 때 쯤에 어느 노부부는 우리에게 "이 쪽 길은 무시무시한 계단이 있어 내려가기가 힘이 드니 다른 길이 어디에 있느냐?"고 길을 물었다. 길을 충분히 파악하고 있었던 터라 자신있게 묘지입구 쪽으로 내려가는 길을 권해 주었다. 그러나 우리는 이 길을 가고 싶어 했다. 노부부의 말처럼 깎아 지르는 듯한 경사로에 설치된 나무 계단은 거의 90도를 방불케 하였고, 그길로 등산을 하는 사람도 제법 있었다. 보통은 등산하는 사람이 목적지까지 얼마나 남았느냐고 질문을 하는데 이 길에서는 하산하는 사람이 어디가 끝인지를 물었다. 암릉 사이로 전개 되었던 계단은 끝없이 이어졌고, 하산이 부담으로 작용되었으니 얼마나 힘이 들었는지는 짐작이 될 것이다. 다행스러웠던 것은 중간중간에 휴식 공간을 만들어 쉬어 가도록 해 주었으나 쉬는 사람은 한 명도 없었다. 오히려 청바지 차림의 외국인들이 더 잘하였다. 외국에서는 "한국 사람은 등산복 한 벌이면 모든 것이 해결된다."고 하지만 한국에 있는 외국인을 보면 또 "외국인들은 청바지 하나면 모든 일이 해결된다."고 말해 주어도 괜찮을 것 같았다. 그들이 청바지를 즐겨 입는 것이나 한국인이 등산복을 즐겨 입는 것이나 다를 바가 없다.

거리는 그리 멀지 않았지만 한참 만에 '백석암'까지 하산하였다.

특이한 것은 백석암 바로 옆 바위 절벽에 수도원이 있었다. 수도원 밑 그 절벽 바위틈에는 '영천굴 영천수(靈泉水)'가 있어 효험이 있다기에 우리도 그냥 지나칠 수가 없어 한 모금을 마셨다. 이렇게 소개되어 있었다.

"조선후기 호남 지역에 대 유행병이 돌아서 전라감사 홍락인(洪樂仁)이라는 사람이 영조(1724~1776) 왕에게 상소를 올리니 "영지(靈地)를 찾아 크게 기도를 올리도록 하라."고 명하자 백양사 바위에 국제기(國際基)라 새기고, 영천굴 바위굴에서 솟아나오는 영천수를 제단에 올리고 사람

들로 하여금 약수를 마시게 하니 신기하게도 병이 나았다고 합니다. 이에 전라감사 홍락인이 보은의 의미로 그곳에 암자를 짓고 영천암(靈泉庵)이라 하였는데, 그 후로도 많은 사람들이 영천수를 마시고 고질병을 낫는 의지처가 되었으나 화재로 소실되었던 것을 2013년에 다시 복원하여 지금에 이르고 있습니다. 이곳에 오신 여러분도 영천수를 마시고 무병장수 하십시오."

이제 영천굴, 백석암을 지나 마지막 '백양사'까지 원점회귀만 남았다.

이 길은 특징적으로 인도의 소금장수 길 '차마 고지'와 같은 느낌이 들었다. 중간중간에는 돌탑 쌓기 경진대회를 하듯이 아름답게 쌓아둔 돌탑도 많았다. 36계의 길처럼 꼬부랑꼬부랑 길을 한참 내려가서 백석암 입구 임도를 만나게 되었다. 등산할 때 여기서 이쪽저쪽 방향의 결정을 잘 하게 되어 가장 힘든 코스를 하산 길에 만나게 되어 다시 한번 두 갈래의 길을 쳐다보았다. "만약 백석암을 구경삼아 그 쪽을 등산로로 선택하였다면 어찌 되었을

까?" 하는 비교가 되어 안도의 한숨을 쉬었다.

  이제 내장산과 백암산의 힘든 명산 탐방은 끝났고 피로를 푸는데 도움이 되는 마음을 차분하게 해 줄 것 같은 백양사 경내를 둘러보았다.

  4시간 등산과 1시간가량 백양사를 둘러보고, 주차한 식당으로 복귀하였다.

  예전에도 그렇게 생각하여 왔지만 오늘따라 아내가 더 대단했다. 여자로써 1일 2산행을 무난히 완수해 내었으니 오히려 존경스러워지기까지 했다.

  산채비빔밥과 파전으로 에너지를 보충하면서 피로를 떨쳐버렸다. 이제 하루를 정리하고 내일의 목적지인 '축령산'을 탐방할 수 있는 가까운 곳을 찾아 나서야 했다. 숙소는 사전 예약 없이 목적지 가까운 곳 주변에 발길이 닿는 곳에서 정하기로 하였으니 축령산과 백양사에서 가장 가까운 '도암저수지' 근처를 향했다. 도암저수지 안쪽에는 펜션들이 많았다. 특별히 도로가에 주차장도 괜찮은데 황토라는 말이 적혀 있어 전화를 해 보았다.

  산속이라 겨울철에는 해가 빨리 지는 경향이 있어 해가 가물가물 저물어 가는 가운데 조마조마한 마음으로 전화를 해 보았더니 다행히 방이 있었다. 그 다음은 가격 협상이었다. 숙소의 위치를 확인하고 주차장으로 들어갔다. 방을 보여 주어 아내가 마음에 들어야 합격이니 주인과 함께 방으로 들어가 주방이랑 화장실, 샤워장, 보일러 시스템까지 꼼꼼히 체크하고 고개를 끄떡끄떡 신호를 보내왔다. 카드는 안 된다기에 지갑을 열어 보았더니 현금이 부족했다. 다시 숙소를 찾아 간다면 날이 어두워질 텐데 싶어 지갑에서 현금을 꺼내 주인에게 건네면서 "하룻밤만 자고 갑시다."고 일방적으로 협상을 끝내고자 하였더니 주인은 얼른 받아주었다. 정말 고마워서 인사를 건네고 약 5분간의 숨 막히는 숙소 협상은 끝이 났다.

  숙소는 목적했던 등산로 입구 근처에서 호텔, 펜션 등을 대상으로 전화하여 값이 맞으면 협상하여 정하는 것으로 하였기에 값도 싸고 좋은 곳을 선택할 수 있었다. 예약을 해 두었더라면 높았을 텐데 현장에서 직접 밀당을 잘 하여 좋은 집과 좋은 가격으로 일석이조의 효과를 보게 된 셈이었다. "온도와 습도가 인간에게 최적인 듯 이래서 황토집이 사람에게 좋구나"를 직접 체험해 보는 기회가 되었다. 반바지, 반소매차림으로 있어도 전혀 한기를 느끼지 못하였으니 황토집 선택하기를 잘했다. 훈훈하고 조용한 황토방에서 편안하게 푹 잠을 청하게 되었다.

세상은 밖에도 있었네!
# 명산 100, 43번째 '백운산' 완등 이야기!

▲ 백운산 (白雲山, 상봉 1,218m)(광양) | 2016년 9월 6일 화요일

전라남도 광양에 있는 "조망이 너무 좋아 지나가던 구름도 쉬어 간다."는 '백운산'을 후배와 거제도에서 자차로 다녀왔다.

"백운산은 대한민국에 네 곳(전남 광양, 강원도 정선과 영월, 경기도 포천)에 있는 산이라 이름이 좋아서 그렇겠지 하고 기대를 많이 하고 갔다. 반야봉(般若峰)·노고단(老姑壇)·왕증봉(王甑峰)·도솔봉(兜率峰:1,053m)·만복대(萬福臺)등과 함께 소백산맥(小白山脈)의 고봉(高峰)으로 꼽히며, 전라남도에 지리산 노고단 다음으로 높다. 서쪽으로 도솔봉·형제봉(1,125m), 동쪽으로 매봉(867m)을 중심으로, 남쪽으로 뻗치는 4개의 지맥을 가지고 있다. 섬진강(蟾津江) 하류를 사이에 두고 지리산(智異山)과 남북으로 마주보고 있다. 다압면 금천리로 흐르는 금천계곡과 진상면 수어저수지로 흐르는 어치계곡, 도솔봉 남쪽 봉강면으로 흐르는 성불계곡, 옥룡면의 젖줄이라고 할 수 있으며 광양읍 동천을 거쳐 광양만으로 흘러드는 동곡계곡 등의 백운산 4대 계곡을 품고 있다. 동곡계곡은 실제 길이가 10㎞에 이르며 학사대, 용소, 장수바위, 선유대, 병암폭포 등의 명소가 있다. 학사대는 호남 3걸로 일컫는 조선 중종 때의 유학자 신재(新齋) 최산두(崔山斗)가 소년시절 10년 동안 학문을 닦았던 곳이다." ◀출처: 네이버

다녀온 코스를 정리하면 아래와 같다.

거제도 ↔ 진틀 마을 ↔ 백운산 정상 ↔ 원점회귀.
등산 7.0㎞, 총 9시간 소요(이동 4.0시간, 등산 5.0시간, 휴식시간 포함)
귀가 시간까지 감안하여 이른 아침 집을 나섰다. 후배는 이른 시간 출발에 의아했을 수도 있었겠지만 필자의 등산의 원칙인 오전 10시전에는 시작되어야 한다는 것이 적용되었던 것이다. 여러 번 후배와 등산을 가고 싶었는데 각자의 사정으로 오늘이 되었다. 가벼운 마음으로 집을 벗어나니 짙은 안개가 아침을 상쾌하게 만들었다.
통영 → 진주 → 광양 → 진틀 마을까지 원만하게 한 숨에 달려갔지만 인터넷에 나왔던 그 길목을 찾을 수가 없었다. 막다른 골목까지 들락거리는 시행착오를 몇 번을 거친 후 민박과 펜션이 숨어 있는 산속으로 소로를 따라 약 600m를 들어갔더니 큼직한 민박집 주차장이 있었다. '등산객 주차금지'라는 푯말이 있었지만 시간을 많이 지체되어 무시하고 주차를 해 두고 등산을 서두르는데 주인이 나와서 주차를 못하게 하였다. 사정을 설명하였더니 "주차만 제대로 해 놓고 다녀오라"는 것이었다. 천군만마를 얻은 듯 하였다. 주인의 배려로 주차와 들머리는 제대로 찾게 되었다. 여전히 이정표는 손바닥만 하였고 정상까지는 2.7㎞였다. 민박집 주변 환경만 확인하고 수많은 단풍나무와 바위 사이로 등산로가 있었다.
어디에선가 예초기 소리가 들렸고, 그들이 깎아낸 풀냄새가 코를 자극하는 자연의 향기를 마셔가면서 우렁차게 흘러내리는 계곡의 물소리와 함께 산속으로 빨려 들었다. 이곳은 깊은 계곡과 울창한 숲으로 유명한 곳이라고 소문이 나 있었는데 현장을 확인해 보았더니 소문대로 멋졌다. 어디에서 쏟아져 내렸던지 집채만 한 바위와 함께 산속에는 온통 바위들의 천국이었고, 그들 사이로 흘러내리는 물은 또 한 폭의 그림을 그려주었다. 등산로도 온통 바윗덩어리라 미끄럼이 걱정되었는데 자세히 보았더니 까칠까칠한 표면에 그럴 가능성은 없어 보였지만 후배에게 미끄럼 주의를 강조해 주었다.
산세에 비해 이정표는 손바닥만 하였고, 색깔도 주변과 비슷하여 자세히 살피지 않으면 그냥 지나치기 십상이었다. 정상까지는 1.4㎞, 계곡을 따라 1.3㎞를 걸어 올라왔다는 계산이었다. 울창한 숲속에서 흘러내리던 물소리는 선명하고 힘있게 들렸고, 도토리가 많아 술래잡기 하는 다람쥐의 모습,

울창한 숲속에서 불어오는 시원한 바람은 바위로 이루어진 등산로라도 지겨움을 주지는 않았다.

정상까지는 가파른 길이었다. 에너지를 보충하고, 계곡물에 손을 담그니 시원함 보다는 차가움을 가슴에 넣을 수 있었다. 등산은 많이 쉬면 안 되며 또 앉아서 쉬면 더더욱 안 되는 것이지만 후배를 위해서 편안하게 앉아서 에너지를 보충하였다.

정상부근에는 466개의 나무계단이 있었다. 정상에 도착할 때까지는 아무런 조망이

없었다. 등산 때의 계곡과 울창한 숲과는 달리 정상석 주변은 우뚝 선 바위로 덮여 있었다.

'구름도 쉬어간다'는 백운산의 이름처럼 여러 폭의 그림을 보는듯한 풍광이었다. 사방이 순식간에 다른 장면을 연출하여 주었다. 인증샷을 잊은 채 순간순간 변화되는 자연의 위력에 푹 빠지고 말았다. 이렇게 조망이 좋은 산은 처음이었다.

정상에서 우연히 혼자 왔다는 서울 산객을 만났다. 쉼터에 가서 식사 하자고 청을 해 보았더니 따라 왔다.

100m쯤 아래에 있는 나무 식탁 쉼터에 둘러 앉아 각자 준비해 간 음식물을 꺼내 놓았다. 산객은 막걸리 한 병이 전부였다. 산객들은 막걸리 마시는 재미로 산에 다닌다더니 '막걸리를 무척 좋아하구나'라고 생각하였는데 수전증이 있어 보였다. 왜 저러면서까지 높은 산에서 술을 마셔야 하는 걸까? 필자 자신에게 물어 보았다.

산객은 서울 도봉구에서 왔단다. 어제는 순천의 '조계산', 오늘은 광양의 '백운산'에 왔단다. 왜 혼자 다닐까? 많은 대화를 나누어 보았다. 등산의 의미 중의 하나가 바로 이런 소통이었다. "등산은 이해관계가 얽힌 도시를 일탈하여 아는 사람, 모르는 사람과 즐겁게 산행을 하며 자연스럽게 차오르는 고운 생각과 감정을 서로 주고받을 수 있는 치유의 산실이다."

깊고 높은 산에 혼자 다닌다는 것이 쉽지만은 않을 텐데 괜히 부럽기도 하였다. '혼자 다니면서 정상에서 막걸리 마시는 기분도 있다.'길래 '그렇겠구나' 하였지만 손을 떨면서까지 정상에서 막걸리를 마셔야 되었는지 물음표만 남았다. 혼자 마시면 많을 것 같아 후배가 지원을 해 주었다. 정상에서 너무 오래 쉬어 귀가하는 시간에 차질이 예상되어 하산을 서둘렀다. 친분을 쌓은 서울 사람은 중간에 자리를 잡고 앞에서 이끌었다. 중간에서 자꾸 소리가 들려와 막걸리 때문은 아니었는지 불안하기도 하였다.

계곡을 가로질러 경사가 약간 있는 돌길로 접어들었다. 올라갈 때는 없었는데 '도토리 거위벌레'의 짓으로 도토리 나뭇가지가 수없이 등산로에 떨어져 있었다. 이런 생태를 너무 잘 알고 있어 장황하게 설명을 해 주었다.

자연의 생태가 얼마나 재밌는지를 알게 될 것이라고 등산의 의미를 또 강조해 주었다.

"'참매미'와 '말매미'가 여름밤에 왜 우는지?"에 대한 상식도 말해 주었다. '개미'에 대한 상식도 많이 이야기 해주면서 민박집이 있는 주차장에 도착하였다.

계곡 물웅덩이에 가서 시원하게 머리 마사지를 하였다. '알탕'이 아쉬웠지만 준비해 간 옷이 없어 간단하게 씻고 말았다.

주차를 안전하게 하도록 허락해 준 주인에게 감사의 인사와 함께 귀가를 하였다.

'백운산'으로 가면서, 등산을 하면서, 귀가하면서 후배와 그동안 하지 못했던 이야기를 깊고 넓게 나누어 보았다.

"인생은 역시 개구리와 같다"는 말을 던져 주었다.

함께해 준 후배가 고마웠다. 전남 광양의 백운산을 다시 가 보고 싶은 명산으로 추천한다.

세상은 밖에도 있었네!
# 명산 100, 78번째 '백운산' 완등 이야기!

▲ 백운산 (白雲山, 883m)(정선) | 2016년 4월 25일 화요일

　　　　　　　　　강원도 정선군에 위치한 '백운산'을 아내랑 자차로 다녀왔다.
　　　　　　　　　산악회와 다녀오려고 여러 번 시도를 하였으나 다음 또 다음으로 미루다 4월 동해안 여행 일정 중 첫 번째 등산 장소로 선택해 보았다. 산행을 하면서 백운산의 유래에 맞는 느낌을 가져 보는 것도 좋을 것 같아 소개해 둔다.

　"강원도 정선군에 위치한 백운산은 51㎞에 이르는 동강의 중간지점에 동강을 따라 6개의 봉우리가 이어져 있다. 동강은 강원도 정선, 평창 일대의 깊은 산골에서 흘러내린 물줄기들이 오대천, 골지천, 임계천, 송천 등이 모여 정선읍 내에 이르면 조양강(朝陽江)이라 부르고 이 조양강에 동남천 물줄기가 합해지는 정선읍 남쪽 가수리 수미마을에서부터 영월에 이르기까지의 51㎞ 구간을 동강이라고 따로 이름 했다. 이 동강은 영월읍에 이르러 서강(西江)과 합해지며, 여기서 이윽고 강물은 남한강이란 이름으로 멀리 여주, 서울을 거쳐 황해 바다까지 흘러간다. 동강에서 바라보는 백운산은 정상에서 서쪽으로 마치 삼각형을 여러 개 겹쳐 놓은 듯한 여섯 개의 봉우리가 동강을 따라 이어져 있고 동강 쪽으로는 칼로 자른 듯한 급경사의 단애로 이루어져 있다.

　백운산은 2003년 동강의 가운데에 위치하고 있어 경관이 아름답고 조망이 좋으며 생태계보존지역으로 지정되어 있는 점 등을 고려하여 한국의 100대 명산으로 지정되어 있다. 점재나루에서 정상을 올라 제장나루까지 여섯 개의 봉우리를 오르내린다.

백운산 산행의 진미는 뱀이 또아리를 튼 것 같은 굽이굽이 돌고 돌아가는 동강의 강줄기를 능선 따라 계속 조망 할 수 있는데 있다. 등산로는 6개의 봉우리를 가파르게 오르고 가파르게 하산하며 주로 참나무 군락으로 이루어져 있다. 능선 왼쪽 동강 쪽은 낭떠러지 같은 급경사 단애이다." ◀출처 : 네이버

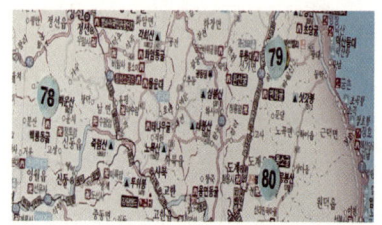

2016년 새해 우리 부부는 매월 마지막 주에는 명산을 찾아 떠나는 여행으로 전국을 여행해 보기로 하였다.

4월에는 동해안의 "명산 따라, 맛 따라, 명소 따라"였다. 4/25일(화): 백운산(정선, 78좌), 4/26일(수):두타산(삼척, 79좌), 4/27일(목):덕항산(삼척, 80좌), 4/28일(금):응봉산(삼척, 81좌), 4/29일(토): 내연산(포항, 82좌)으로 다소 무리한 명신 등의 등산여행이있지만 진행을 해 가면서 조정하기로 했다.

삼척에서 좀 쉬면서 삼척시를 감싸고 있는 세 개의 명산을 다녀오는 것이 이번 명산 여행의 핵심이었고, 가다 힘들고 지치면 쉬어가고, 산에 가기가 싫으면 맛 찾아 혹은 명소 찾아가면 되는 것이었다. 강원도의 산은 남부지방의 산들과는 산세나 높이가 크게 달라 매일 등산을 한다는 것이 힘들 것으로 예상을 하면서도 내친김에 주변의 집중된 산을 다녀보기로 했다.

어제부터 일주일간의 여행준비에 여념이 없었다. 아침이 되니 현관에는 마치 이사를 가는 듯 실어야 할 짐들로 가득했다. 두 공주 출근 후 집안을 정리하고 '룰루 랄라' 아침 8시 40분경 집을 나섰다. 아내는 즐거운 듯 무척 밝은 표정이었다. 덩달아 기분이 좋아졌고, 평소 막히던 서부간선도로도 예전의 지겨운 일상과는 다르게 느껴졌다.

'여주휴게소'에서 점심으로 충무김밥을 준비하고, 원주를 거쳐 중앙고속도로를 달리고 제천 IC를 나가 강원도 산길을 약 3시간 달리고 또 달려 들머리인 '점재 나루터 등산로'에 오전 11시 20분경 도착했다. 얕은 물이었지만 큰 소리를 내며 흐르는 동강 한 측면의 주차장에는 인기척 하나 없이 바람만 쌩쌩 불었다. 따사한 햇살과는 달리 골바람이 거세게 불어와 오히려 추위를 느낄 정도였다. 지형지물이라고는 아무것도 없는 그곳에 주차를 하고 등산장비를 챙겨 등산을 시작하였다. 인터넷에 표기된 길로 조금 올랐더니 반가운 이정표가

눈에 들어왔다. 아무것도 없을 것 같아 걱정이었는데 산객을 안내해준 '백운산 정상 2.0㎞' 이정표가 고마웠다. 칼바위 넘어 백운산 정상이 눈앞에 보였다.

등산코스는 "점재나루터 등산로 입구 ↔ 점재2지점(30분) ↔ 정상(1.5시간)"으로 원점회귀를 하는 것이었다. 이 정도면 아내와 쉬어가면서 네 시간이면 충분하겠다는 계산을 하였고, 아내는 씩씩하게 앞에서 걸었다. 인터넷에 나오는 내용과 같아 다행이었다. 수평 흙길과 급경사로 800m를 30분간 걸었다.

계획대로 점재 갈림길까지 정상적으로 올랐다. 잠시 휴식을 취하였고, 골바람은 더욱 거세졌다. 공룡 등줄기를 걷는 것처럼 칼바위로 위험하기 짝이 없었다. 아내는 이런 길을 잘 올랐지만 내려올 때가 또 걱정이 되었다. 등산을 하면서 편안한 하산로가 따로 있는지 점점 체크의 시간이 많아졌다.

이곳에는 강원도의 다른 산과는 달리 나뭇잎 색깔이 연두색이었다. 아마도 동강을 따라 불어오는 골바람에 먼저 떨어진 것 같아 보였다. 골바람은 추위를 느낄 정도로 우리를 뒤에서 밀어 주었다.

골바람에 밀려 칼바위 길을 오르기 두시간만에 사진으로만 보았던 '백운산 정상석'이 눈에 들어왔다. "이게 뭔데? 이게 뭐라꼬!" 아내는 한마디 또 던졌다. 잠시 인증샷을 확보하고 주변의 경관은 별로였다. 허기진 배를 채우고 하산을 시작하였다.

올라가는 내내 아내의 내려가는 일이 더 걱정이었는데 그것이 이제 눈앞에 놓이게 되었다.

천천히 안전하게 잘 내려가는 것 같지만 혹시나 긴장을 풀까 해서 뒤에서 계속 "안전산행, 안전, 보폭을 줄여라" 잔소리 아닌 잔소리를 곁들여 가면서 따라 내려왔다. 중간쯤에 왔을 때 큰일 날 뻔하였다. 바위틈을 따라 내려가다 보일 듯 말 듯 바닥에서 솟아 있던 나무 쐐기에 발이 걸려 옆으로 넘어질 뻔하였다. 순간적으로 아내는 180도 회전하면서 두 손으로 바위를 짚고 푸시업 하는 자세로 만들어 큰일 날 뻔하는 순간을 모면하게 되었다. 그 순간 아내는 "평소 운동 신경이 있어서 잘 대처했다"면서 잘 받아넘겨 주었지만 생각하면 할수록 아찔했던 순간이었다. 그런 후 하산하면서 뒤에서 "안전하게!, 안전하게!, 보폭은 좁게!"라고 외쳤더니 "보폭이 좁아지겠는가? 계단이 복잡하고, 다단계 돌덩어리인데?"라면서 투덜투덜하기도 하였다. 스틱도 받아주면서 조용히 뒤를 따라 내려왔다.

  백운산 정상은 시야에서 점점 멀어졌고, 날머리와는 점점 가까워졌다. 드디어 칼바위 길은 끝이 났고, 첫 번째 휴식처였던 '점재 갈림길'에 도착하였다. 백운산에 있는 참나무들의 잎사귀를 보니 아직 초봄의 상태로 골바람의 세기도, 골바람의 차가움도 봄은 왔으나 봄 같지 않게 느껴졌기 때문이다.

  이제 수평 흙길 20분만 내려가면 백운산 명산의 완등은 끝나는 것이었다.

  잠시 호흡을 가다듬고 왔던 길로 내려가기를 20여 분 만에 외로이 있는 두 채의 민가를 지났을 즈음, 봄의 햇살은 따가웠으나 칼바위에서의 송곳 바람이나 두릅이나 가죽나무 등의 잎 크기를 보아 아직 봄 같은 봄이 오지 않았음을 느끼기에 충분하였다. 잰 걸음으로 우리를 기다리고 있는 우리의 보배에게로 무탈하게 돌아왔다. 시계를 보았더니 오후 3시였다. 등산 2시간(휴식포함), 하산 1시간 20분으로 총 3시간 20분이 소요되었다. 계획보다 40여분 빨리 하산하게 되었다. 내려올 때 휴식보다는 칼바람을 피해 조심조심 꾸준히 내려 온 결과였다.

  6시까지 삼척시에 잡은 숙소에 도착하여 저녁 식사를 하면 되는 것이라 식사시간을 제외하고도 1시간 반의 여유가 생기게 되었다. 아내가 '스카이워크'에서 한반도 지도를 보고 가자기에 한번 둘러보기로 하였다.

  약 50㎞, 1시간을 달려갔더니 동강의 어느 산꼭대기라 바람의 세기는 여전하였다. 주차장에는 승용차와 중국인 관광버스가 있었고, 재밌는 전망대와 짚 와이어 등 많았지만 바람 때문에 힘들었다. 그래도 왔으니 입장료를 내고 한반도의 지도 모양을 볼 수 있는 전망대에 덧신을 신고 들어갔다. 까마득한 높이에 바닥은 투명 유리로 되어 오금이 저릴 정도로 아찔하게 느껴지는 그곳에서 한반도의 지도를 직접 보게 되어 무척 즐거웠다.

  "왜 한반도의 지형이 여기에 생기게 되었을까?" 이렇게 설명되어 있었다. "왜 이러한 모양의 지형이 만들어졌는지 알아보기 위해서는 한반도 모양을 둘러싸고 있는 강이 어떻게 흘러가는 지를 이해하는 것이 필요하다. 앞에 흐르는 동강은

우리나라에서 감입곡류(嵌入曲流)의 형태로 흐르는 대표적인 하천이다. 감입곡류란 하천이 흐르는 지역이 융기되거나 하천이 계속 아래로 깎으면서 흐를 때 자유로운 방향으로 구불구불한 형태를 보이면서 아래를 깊게 파서 만들어진 하천을 말한다. 앞에 보이는 한반도 지형을 유심히 보면 하천이 흐르는 바깥쪽은 하천이 빠르게 흐르기 때문에 주변의 암석을 깎아서 절벽이 생기는 곳이며, 하천의 안쪽에는 물이 천천히 흘러서 모래가 쌓인 것이 보인다.

하천이 점점 옆쪽으로 암석을 깎아서 넓어지면서 이와같은 한반도의 모양이 가운데서 생기게 된 것이다. 앞으로 먼 미래, 한반도의 지형이 어떤 모습으로 변할지 각자 상상해 보자."

주차장에서 1타 2피의 피로를 풀어줄 칡차로 오늘의 일정을 모두 마쳤다.

이제 삼척시에 있는 숙소까지 약 80여 ㎞, 1,5시간을 달려가야 했다. 이상하게도 강원도에는 도시와 도시를 잇는 도로는 옛길 그대로였다. 아직은 강원도 산간지방에는 정부의 손길이 부족함을 느끼게 되었고, 산속에서의 꼬불꼬불 운전은 계속되었다. 해발 780m인 '백봉령'을 넘었더니 삼척시가 눈에 들어왔다. 그래도 한참은 더 산길을 운전해야만 했다.

아내는 멀미가 난다면서 눈을 감고 평지길 만을 기다리는 듯하였고, 구불구불한 오르막 산길에는 저속차량용 차선이 갓길에 있는 전형적인 시골 도로 형태였다. 숙소로 들어가는 중에도 머릿속에는 저녁이 또 걱정되었다.

저녁 6시 숙소 근처에서 삼척시에서 자랑하는 전복뚝배기 해물탕으로 피로를 잘 풀었다. 저녁이 있는 삶, 맛있는 식사, 숙소에서 편히 쉬면서 동해안 여행 첫날 일정을 잘 마무리 하였다.

오늘의 결언은 "시작도 중요하지만 마무리는 더 중요했다."

세상은 밖에도 있었네!
# 명산 100, 48번째 '변산' 완등 이야기!

▲ 변산 (邊山, 관음봉 424m) | 2016년 10월 27일 목요일

작년 말 '명산 100 등산'을 시작하면서 대한민국 지도에 명산들을 표기해 보았더니 명산들이 여러 곳에서 그들이 군집해 있었다. 강원도 오대산국립공원에 3곳, 영남알프스, 전라남도의 강진부근의 6곳, 지리산 부근의 3곳, 전라남북도 경계선에 5곳의 명산이었다.

지난주 제주도 여행에 이어 이번 주에는 전라남북도를 넘나들면서 즐길 수 있는 변산반도와 내장산 주위에 있는 명산 5곳(변산, 선운산, 백암산, 내장산, 축령산)을 다녀보기로 하였다.

명산 주변에는 명소와 맛집도 있어 이번 여행을 '1일 3탐방(명산, 명소, 맛집)'이라고 정하였다. 군집된 명산의 탐방은 처음 시작해 보는 것으로 첫 번째로 변산반도의 변산(424m)을 찾아가 보기로 했다.

"변산의 최고봉은 '의상봉(508m)'이다. 예로부터 능가산, 영주산, 봉래산이라 불렸으며 호남의 5대 명산 중 하나로 꼽혀왔다. 서해와 인접해 있고 호남평야를 사이에 두고 호남정맥 줄기에서 떨어져 독립된 산군을 형성하고 있다. 변산반도 내부의 남서부 산악지를 내변산, 그 바깥쪽 바다를 끼고 도는 지역을 외변산이라고 할 정도로 안과 밖이 매우 다른 산이다. 최고봉의 높이는 낮으나 쌍선봉, 옥녀봉, 관음봉, 선인봉 등 400m 높이의 봉우리들이 계속 이어지고 골도 깊다. 울창한 산과 계곡, 모래해안과 암석해안 및

사찰 등이 어우러지면서 뛰어난 경관을 이루고 있어 일찍이 한국 8경의 하나로 꼽혀왔으며, 산이면서 바다와 직접 닿아 있는 것이 특징이다.

'내변산'에는 높이 20m의 직소폭포, 높이 30m와 40m의 2개 바위로 된 울금바위, 이를 중심으로 뻗은 우금산성 외에 가마소, 봉래구곡, 분옥담, 선녀당, 가마소, 용소, 옥수담 등 명소가 있다. 또 내소사, 개암사 등 사찰이 있고 호랑가시나무, 꽝꽝나무, 후박나무 등 희귀식물들의 군락이 서식하고 있다. 서해를 붉게 물들이는 '월명낙조'로 이름난 낙조대의 월명암도 유명하다.

'외변산'에는 해식단애의 절경이 이루는 채석강(전북기념물 28), 적벽강(전북기념물 29)이 있고 그 밑 해안에는 경사가 완만한 변산해수욕장을 비롯해 소사포해수욕장, 격포해수욕장 등 여름철 휴양지가 많다. 1971년 12월에 변산반도 서부의 변산산괴를 중심으로 도립공원으로 지정되었으며, 1988년 6월 11일에 국립공원으로 승격되었다."

서울에서 들머리까지의 이동시간과 등산시간, 일몰시간을 감안하면 '변산'이 첫 시작지로서 적당할 것 같아 기준점으로 잡았고, 특별히 이곳에는 자주 이용하는 대명리조트도 있었다. 갑자기 결정하여 대기를 걸어두었지만 잡히지 않아 첫 날의 숙소는 채석강 근처에 있는 '커피프린스 펜션'을 잡아 두었다.

마치 피난이라도 가는 것처럼 차에 짐을 가득 싣고 서울에서 아침 9시경에 출발하여 약 300km, 3시간 거리에 있는 변산을 향하였다. 서해안고속도로 중 서평택까지는 거제도 집에 갈 때 자주 타본 도로였지만 그 밑으로는 처음 가보는 도로라 낯설었다. 내일 또 비가 온다고 예보되어 구름과 해무가 겹쳐 바다 가까이의 도로를 달릴 때면 그들로 인해 속도를 내지 못하였지만 초행길에 오히려 다행이었다.

군산을 지나 솔포 IC를 통과하여 약 15km를 해안으로 들어갔다. 점심이 숙제였는데 식당이 간간이 있어 다소 걱정을 해 가면서 유유히 내소사 쪽으로 들어갔다. 오전 11시 경 내소사 입구 근처에 도착하였더니, 내소사는 관광지로 워낙 유명한 곳이라 입구 저만치에 식당들이 제법 있어 다행이었다. 점심 먹기에는 어중간하였지만, 간단한 휴식과 함께 보리밥으로 한 숟갈을 했다.

배를 든든히 채운 후 12시쯤 내소사 주차장에 들어갔다. 국립공원이라 주차료와 입장료가 각각 있었다. 이곳은 육지 쪽의 '내변산'과 바다 쪽의 '외변산'으로 관광명소로 이름 나있는 곳이라 기대가 컸다. 국립공원이라 주차장은 잘 되어 있었고, 주차는 1시간 이후 10분 단위로 시간 병산제였다. 일주문에서 약 1.5㎞ 안으로 '내소사'로 들어가는 길부터 달랐다.

"내소사는 능가산 관음봉 기슭에 위치하여 백제 무왕 34년(633)에 혜구두타 스님이 이 곳에 절을 세워 '소래사'라 하였는데 창건 당시에는 대소래사, 소소래사가 있었으나 대소래사는 소실되었고, 지금의 내소사는 소소래사가 남아 전하는 것이라고 한다. 현존 사찰은 조선조 인조 11년(1633)에 청민 선사에 의하여 중건 되었으며 고종2년(1865년)에 관해선사에 의해 중수되었고 그 후 만허선사가 보수 하였다.

당초의 소래사를 내소사로 부르게 된 연유는 알 수 없으나 임진왜란을 전후해서 내소사로 불러온 것으로 추정된다. 본 사찰에는 보물 제 291호 대웅보전, 보물 제277호 고려동종이 있고, 보물 제 278호 법화경절본사본은 전주시립 박물관에 위탁 보관되어 있다. 부속 암자로는 청련암과 지장암이 있다." ◀출처:네이버

시간관계상 내소사 경내는 하산 후에 둘러보기로 하고 등산로를 택하여 줄행랑을 쳤다. 멀리서 봐도 한눈에 알 수 있었던 관음봉이 어쩌면 마이봉과 같은 형태의 암릉이 아닐까 짐작이 되기도 하였다. 등산 지도를 봤더니 '왕복 4㎞, 2시간 밖에 안 걸린다.' 되어 있고, 눈앞에 봉우리가 보이기에 자신만만하게 올랐으나 거리가 짧은 만큼 처음부터 오르막이 심했다.

첫 번째 목적지는 '관음봉삼거리'였다. 오후 시간이라 하선하는 사람이 대부분이었다. 관음봉삼거리까지는 가뿐히 통과하였다. 관음봉은 눈앞에 나타났건만 능선을 따라 가는 직선로는 아니었다. 삼거리에서 작은 봉우리 뒤를 돌아서 또 관음봉 봉우리를 돌아서 약 0.6㎞를 더 올라야 했다. 이 길이 제일 난코스였다. 바위에 세워진 안전 시설물들은 오래되어 흔들거렸고, 바의 굵기가 커서 손으로는 꽉 잡을 수 없게 되어 위험하기 짝이 없어 보였다. 수차례에 걸쳐 '안전하게'를 외치면서 등산을 계속하였다.

일주문에서 정상까지 1.5㎞ 거리를 정확히 1시간 만에 접수하였다. 아직은 단풍을 구경하기에는 이른 것 같아 등산에만 집중하면서 올랐더니 그렇게 되었다. 정상에는 조망을 자랑이라도 하듯 쉼터가 잘 조성되어 있었고, 정상에는 국립공원다운 설비들로 잘 갖추어 놓았다. 사방을 둘러보면서 '정

상에 오르면 주변이 보인다.'는 것을 확인할 수 있었다.

오늘 때는 볼품없는 산이라고 여겼고, 하늘까지 우중충하게 구름으로 덮여 불안하기까지 하였다만 정상에 갖추어 놓은 쉼터랑 멋진 조망으로 잘못 인식된 것들이 모두 용서가 되었다.

정상에는 우리를 포함하여 중년들 네 팀의 등산객이 함께 있었다. 그들도 조망에 취해 이리 저리 사진을 확보하였다. 우리는 빨간 배너를 꺼내 하늘 높이 들고 인증샷을 확보하였다. 그들에게 우리의 모습이 궁금증을 자아내게 만들었다. 뾰족한 봉우리에 평평하게 만든 쉼터가 좋아 잠시 머무르면서 갖고 간 커피로 행복을 나누었다. 강원도 원주에 있는 치악산 정상에도 이와 같이 되어 있어 한참을 머물다가 내려왔던 기억이 났다.

이제 하산을 해야 할 시간이 되었다. 곳곳이 암릉의 길뿐인 0.6km를 내려가야 관음봉 삼거리에 도착할 수 있었다. 비가 온 뒤라 미끄럼에 조심해야 한다는 생각뿐이었다. 천천히 쉬지 않고 큰 봉우리와 작은 봉우리는 돌아서 안전하게 삼거리에 도착하게 되었다. 위태위태한 암릉의 구조가 경남 고성 '사량도'에 있는 '지리망산'의 것과 같은 구조여서 돌이 깨져서 생길 수 있는 안전사고를 조심해야 한다고 강조하였다.

암릉 등산로는 위험하기 짝이 없었고, 쉴 틈도 없이 하산은 계속 이어졌다. 등산 때나 하산 때는 구경할 단풍이 없어 걷는 일에만 집중할 수 있어 등산 시작한 지 두시간만인 오후 3시 내소사에 안전하게 도착하였다.

등산에 쫓겨 보지 못하였던 내소사를 자세히 살펴볼 차례였다. 등산배낭을 한 사람은 우리가 유일하였다. 경내에는 드문드문 사찰들이 여유롭게 자리를 하고 있어 숲속에서의 답답한 마음이 확 뚫리게 되는 느낌을 받았다. 보물들이 많다기에 그들을 찾아보았다. 특히 천년 나이의 곰나무도 자리하고 있어 더욱 엄숙해졌다. 조용한 가운데 풍겨오는 엄숙함이 굳이 유명세를 자랑하지 않더라도 자연스럽게 느껴졌다.

보물인 대웅전을 뒤로 하고 깨끗하고 널찍하게 조성된 길을 따라 밖으로 나왔다. 등산에 팔려 느껴보지 못하였던 것들을 느끼면서 고향 경주 불국사에도, 석굴암에 들어가는 길은 이와 비슷했지만 비교가 안 될 정도로 인상적이었다. 그래서 사진으로 많이 담았다. '대장금' 촬영했던 장소에서 기념으로 한 장면을 담아 보기도 하였다. 계속 좋은 길로 이어져 매표소에서 내소사까지 거리를 물어 보았더니 약 0.7㎞였다.

전나무는 내소사를 찾는 이들에게 주인이 된 모습으로 든든하게 일렬로 잘 자라고 있었고, 평일인데 빼곡히 들어선 관광객들은 그 길을 즐기면서 표출하는 훈훈한 모습들이 아름다웠다. 넓고 길게 조성된 길 만큼 관광객들로 가득했다. 단풍은 아직 아니었지만 그들의 옷에서 보여준 색깔이 단풍을 대신해 인간단풍의 아름다움을 연출해 주었다. 매표소에서 경내까지 이어졌던 피톤치드의 길은 정말로 아름다웠다. 등산에 1시간, 하산에 1시간, 경내를 둘러보는데 30분하여 총 2시간 반 만에 48번째 명산을 완등하게 되었다.

주차료가 너무 비쌌지만 충분히 즐겼으니 그냥 넘어갔다.

장거리 운전에다 변산의 등산까지 마쳤으니 이제 피로를 달래줄 숙소를 찾아가는 시간이 되었다. 변산 내소사에서 제법 북쪽으로 떨어져 있어 어둠이 찾아오기 전에 숙소에 도착해야 한다는 강박관념 때문에 조심스럽게 느린 운전으로 찾아갔다. 숙소에 가서 보았더니 주변은 온통 펜션 마을이었고, 아직은 조금 이른 시간이라 그런지 우리 밖에 없는 것 같았지만 다음날 보니 주차장은 승용차들로 가득하였다. 서울에서 3시간 운전, 등산 3.5시간. 오늘 시간을 더 연장하여 돌아다니기엔 무리인 것 같아 곧장 숙소에서 편히 쉬었다.

내일은 또 내일 걱정하기로 하고 보일러부터 가동시켜 방의 온도를 높였다. 이내 훈훈해졌고, 땀으로 젖었던 옷을 갈아입고 준비해 간 재료들로 반찬을 만들고 맛있게 저녁을 먹고 전라도 여정의 첫날을 성공적으로 마치고 긴 휴식의 시간을 가졌다.

'세상은 밖에도 있었네!' 프로젝트 중 '나를 찾아 떠나는 새로운 도전, 명산 100'은 계속될 것이다. 수고해 준 아내에게 감사했다.

세상은 밖에도 있었네!
# 명산 100, 8번째 '북한산' 완등 이야기!

▲ 북한산 (北漢山, 백운대 836m) | 2016년 2월 1일 월요일

왕복 8㎞, 북한산 백운대를 후배와 대중교통으로 다녀온 이야기. 북한산은 세 번 다녀왔다.

"북한산은 백두대간에서 뻗어 나온 한북정맥은 추가령(586m)에서 남서 방향으로 굽이쳐 내려오다 경기도 양주군 서남쪽에 이르러 도봉산을 만든다. 이곳에서 우이령을 넘어 남서 방향으로 한강에 이르러 다시 솟구쳐 일어난 산이 북한산이다. 서울의 진산인 북한산은 서울시 은평구, 성북구, 강북구, 도봉구와 경기도 의정부시, 양주시, 고양시에 걸쳐 있다.

북한산은 예로부터 한산(漢山), 삼각산(三角山) 등으로 불려 왔으며, 북한산이라는 명칭은 북한산성을 축조한 뒤부터 사용된 것으로 추정된다. 최고봉인 백운대(白雲臺; 835.6m)와 그 동쪽의 인수봉(仁壽峰; 810m), 남쪽의 만경대(萬景臺; 779m) 등 세 봉우리로 이루어졌기 때문에 삼각산(三角山)이라고도 부른다. 정상부의 거대한 세 봉우리가 남북으로 빚어 내린 북한산의 비봉능선과 산성주능선, 도봉산의 포대능선과 사패능선에는 오랜 세월을 거쳐 비바람에 의해 다양하게 형성된 크고 작은 암봉, 암벽, 암석들이 저마다의 특색을 자랑한다. 종주능선에서 산 아래로 뻗어 내린 가지능선도 석산의 매력을 흠뻑 담고 있으며, 특히 원효봉 능선, 의상능선, 칼바위능선, 우이암 능선, 오봉능선은 대표적인 암릉으로 이루어진 능선이다. 산지의 정상부와 능선에서는 북한산의 아름다운 장관과 산 아래의 서울시와 경기도 지역을 널리 조망할 수 있다.

북한산국립공원은 세계적으로 드문 도심 속의 자연공원으로, 수려한 자

연경관과 다양한 문화자원이 있어 우리나라의 15번째 국립공원으로 지정되었다. 면적은 약 79.916㎢이며, 우이령을 중심으로 남쪽의 북한산 지역과 북쪽의 도봉산 지역으로 구분된다. 북한산은 산지 전체가 도시지역으로 둘러싸여 생태적으로는 고립된 '섬'이지만, 도시지역에 대한 '녹색허파'로서의 역할을 훌륭히 수행하며, 수도권 주민들의 자연 휴식처로 크게 이용되고 있다. 수도권 어디에서도 접근이 용이한 교통체계와 거대한 배후도시로 연평균 탐방객이 500만에 이르고 있어, '단위 면적당 가장 많은 탐방객이 찾는 국립공원'으로 기네스북에 기록되어 있다. ◀출처 : [네이버 지식백과] 북한산

등산 코스는 많았지만 우리는 원점회귀 코스로 이렇게 선택하였다.
"구파발역 1번 출구 ↔ 34번 버스 ↔ 북한산 국립공원 관리사무소 ↔ 용암사 ↔ 무량사 ↔ 동운각 ↔ 대동사 ↔ 약수암 ↔ 백운대 정상"

영하 9도, 체감 온도 영하 15도, 낮 최고 영하 2도였다.

한파주의보가 내릴 정도로 추운 날씨였다. 추위에 대해선 오래전부터 익숙해진 일이라 개의치 않고 아침 10시 구파발역에서 후배를 만나기로 하였으니 지하철 이동 시간을 고려하여 집을 나섰다.

서울 지하철은 아직 익숙하지 않아 천천히 지도를 보노라니 시간을 잘 지켜주는 지하철은 구파발역에 정시에 도착하였다. 오랜만에 만난 후배는 멀리서 봐도 모습이 표가 났다. 무척 반가웠다. 서울에서 유일하게 몇 안 되는 지인들 중의 한명이라 더욱 반가웠다. 최근에 희망퇴직을 하고 살아갈 일이 막막할 텐데 필자가 한 번씩 호출하여 비타민이 되어 주고 있는 후배였다. 초행길이라 34번 버스를 타고 5분 정도 가서 북한산성 입구에서 내렸다. 후배도 서울에 오래 살았지만 북한산은 처음이었다. 낯선 곳이었지만 북한산 쪽으로만 걸어갔더니 작년 11월에 친구 차를 타고 갔던 그 자리가 기억나 안도의 한숨을 쉬면서 길을 조금 아는 것처럼 속보로 걸었다.

산속 계곡에서 불어오는 바람은 관악산의 한기보다 훨씬 차갑게 느껴졌다. 이러다 심장마비라도 오는 게 아닐까 하고 내심 걱정도 되었다. 체온을 유지하기 위해서는 적당히 걷는 것이 중요

하므로 조금 속보로 걸어 보았다. 아침도 조금 허술하게 먹었던 터라 중간 휴식처에서 준비해 간 따끈한 커피랑 빵으로 요기를 하였다. 햇볕이 잘 들어오는 의자를 선택하여 그나마 햇볕도 체온을 유지하는데 도움이 되었다.

그러나 반대편 등에선 여전히 한기(寒氣)가 옷속까지 파고들었다. 영하 9도의 날씨였지만 체감은 영하 15도였다.

따뜻한 커피로 몸을 조금 녹이고 더 이상 머물다가는 동상이라도 걸릴 것 같아 곧 출발하였다. 북한산 계곡은 산 높이만큼이나 계곡에서 불어내는 찬바람은 가히 짐작이 가고도 남았다.

북한산성 입구에서 약 4km(계곡 3km, 깔딱고개 1km)를 걸어야 산 정상이 있다는 것과 지겹고 힘든 길이었던 지난번 친구와 왔던 때가 연상되었다. 특히 울퉁불퉁 돌멩이 계곡길을 오래 밟는다는 것은 발을 피곤하게 만들었다.

특히 계곡길은 등산로를 구분하기 어려워 잠시만 생각을 하고 걸으면 길을 잃기가 십상인데 여기도 그런 상황이었다.

지난번 갔던 길이 정확히 기억에 없었다. 어렴풋이 그 길인 것 같아 따라 올랐더니 깔딱고개 직전에서 길을 잘못 들어 경사가 심한 계곡 돌멩이길 약 300m, 30분을 헛수고하고 말았다. 그들을 믿고 따라간 것이 화근이 되었다. 계곡 오르막 길 약 600m 손해를 본다는 것은 여러모로 어려움을 가중시켰다.

"리더는 항상 멀리 봐야한다" 등산의 개통철학을 깜빡 잊었던 것이라 여러 사람이 손해를 보게 되었다. 뒤를 따라 왔던 모든 사람들에게 피해를 주게 되었다. 선두를 믿고 맡긴 필자가 잘못이었다.

백운대 정상에 가까워질수록 햇살은 더 강렬했지만 차가운 바람은 옷을 뚫고 들어왔다. 외국인도 제법 있었다. 큰 키에다 육중한 체구로 좋은 공기 마시려고 저 힘든 산에 오르는 것을 보면 한국 사람 다 되었구나. 45도 이상 가파른 등산로는 돌계단이 전부였다.

정상부근에서는 온통 바위뿐이었다. 추위에 강하게 버티는 나무들과 차갑게 느껴졌던 바위는 잘 조화를 이루어 산을 찾는 이들에게 강인함과 각자도생이 무엇인지를 잘 암시해 주는 듯 느껴졌다. '시간이 지난다고 누구나 정상에 설 수 있는 것이 아니라, 수많은 고통과 역경을 이겨낸 자만이 누릴 수 있는 것이로다.'

백운대의 옆에는 대머리 '인수봉'도 있었다.

안전난간을 잡고 암릉을 타고 수백m를 올라 최고봉인 '백운대'를 접수하게 되었다.

'청계산'을 제외한 서울 근교의 명산들은 모두 정상의 위용을 과시하고 있었고, 그들 중 '북한산'의 '백운대'가 가장 장엄하게 느껴졌다.

휴일이라 정상석 주변에는 산객이 많았고, 특히 외국인도 있었다. 정상석 주변은 좁고 위치가 높아 위험한 곳인데 사람들은 자꾸 올라왔다. 볼이 얼 정도의 강추위도 아랑곳하지 않고 차례차례로 사진을 찍

고 자리를 바꿔줘야 했는데 어떤 이들은 정상석 위에 올라가 내려 올 생각도 하지 않았다. 줄은 계속 이어졌고 눈치도 백치였다. 지루하길래 외국인에게 영어 쓴 지도 오래되어 입이 근질근질하여 이때다 싶어 영어를 발사해 보았다.

추운 날씨에 바람까지 부는 정상에서 줄지어 서 있던 사람들은 큰 눈으로 필자를 힐끗 쳐다보기도 하였다. 잠시 우리의 차례가 돌아왔다.

바람에 펄럭이던 태극기를 배경으로 '명산 100' 인증샷용 배너를 높이 들고 인증샷을 확보하였다. 붉은색의 배너와 파란색의 하늘이 잘 어울

렸다. 주변에 있던 사람들도 부러운듯 배너에 대해 물어 오기도 하였다. 장황하게 설명을 해 주었더니 외국인들도 함께 기념사진을 찍어 가기도 하였다. 바람까지 불어 너무 추웠다. 빨리 내려가야 하는데 외길이라 사람들은 내려갈 생각을 하지 않았다.

우리는 바위를 내려가 양지바른 곳에 자리를 잡고 간식을 먹었다. 역시 고양이들이 많았다. 심지어는 집비둘기까지 있었다. 밤이면 엄청 추울 텐데 어찌 버틸지가 걱정이 조금되었다. 지상에서 영하 9도였으니 정상에서는 아마도 영하 20도? 사람들은 해가 지기 전에 각자의 집으로 돌아가겠지만 저 동물들은 어디에서 이 추운 겨울을 보낼까? 걱정이 앞섰지만 도와줄 방법이 없어 안타까웠다.

다시 한 번 먼 곳을 쳐다보았다. 미세먼지는 여전하였지만 농도는 예전보다 낮아서 다행이었다. 배기가스가 정말로 대기오염의 주범이라는 것이 심각하게 느껴졌다. 세차를 해보면 수건에 묻어 나왔던 것은 새까만 매연이었다. 서울에서부터 오래된 경유차부터 빨리 정리해야 된다고 생각되었다.

정상 부근의 무리 속에서 새로운 풍광에 취해 내려가야 하는 시간을 잊고 있었다. 점심시간을 훌쩍 넘겨 버렸으니 배에서는 꼬르륵 꼬르륵 소리가 났다. 등산할 때는 힘든 것이 필자를 지배하였는데 하산은 지겹게만 느껴졌다. '나를 찾아 떠나는 새로운 도전, 명산 100'은 아무리 어렵고 힘들더라도 즐겁고 행복한데 정상이라는 목표지점에 도달하고 나서 원위치로 돌아가는 것은 재미를 반감했다. 매순간 새로운 일이 있었으면 하는 기분으로 살아왔으니 등산과 하산은 항상 다른 길을 선택하여 그렇게 기분을 달래 왔지만 오늘은 예외적으로 올라갔던 길로 내려왔다.

북한산 입구에서 소머리국밥으로 점심을 먹었다.

필자를 위해 그대를 위해 여가시간을 함께 하는 것은 항상 신선하고 즐거운 일이었다. 춥고 힘든 산행이었지만 즐겁고 안전하게 명산을 또 다녀오게 되어 고마웠다.

왕복 8km, 총 4시간 30분(등산 2.5시간, 하산 2.0시간)만에 북한산 백운대 등산을 마쳤다.

세상은 밖에도 있었네!
# 명산 100, 71번째 '불갑산' 완등 이야기!

▲ 불갑산 (佛甲山, 연실봉 516m) | 2017년 3월 27일 월요일

전라남도 영광군에 있는 불갑산을 아내랑 자차로 다녀왔다.

이곳은 2017년 연초에 세웠던 매월 말 일주일은 국내여행을 다녀보기로 한 것의 일환으로 3월에는 전라남도 남해안에 있는 '맛따라, 명산따라' 첫 날이었다.

광주 '무등산', 전라남도 영광군의 '불갑산', 영암군의 '월출산', 해남군의 '두륜산', '달마산', '덕룡산', 장흥군의 '천관산' 등 7개의 명산이 있었고, 새발낙지 등도 유명하여 서울에서 먼 길 마다하지 않고 아내랑 찾아 나섰다.

일주일 동안 등산이 이어지니 옷가지 준비가 제일 문제였다. 몇 달 전부터 치밀하게 세워진 계획이라 한 치의 오차도 없을 거라 확신하며 오늘을 기다렸다.

"불갑산(모악산)은 '모든 산의 어머니가 되는 산'이라는 의미에서 예부터 모악산(母岳山)이라고 하였으며, 요즈음 불갑산(佛甲山)으로 더 알려져 있다. 정상은 연실봉(蓮實峰, 해발 516m)으로서 연 열매 모양을 뜻하며, 주변 산들이 연 꽃잎처럼 싸고 있으므로, 불갑산 전체는 한 송이 연꽃과 연 열매를 나타내는 연화형국(蓮花形局)을 이루는 산이다. 불갑산은 일출과 일몰이 모두 장관을 이루는 호남의 명산이다"

아침 8시 20분 서울을 출발했다. 전라남도 영광군 불갑사주차장까지는 300km, 3시간 30분 걸린다는 네비의 가이드가 있었다. 거제도가 400km였

으니 100㎞가 가까운 거리라고 위로하며 막힘이 심하기로 유명한 익숙한 서부간선도로를 따라 서해안고속도로에 차를 올렸다. 일기예보 상에는 오후에 비가 온다고 하여 오늘은 계획대로 되지 않겠다는 걱정 속에 미세먼지에다 안개까지 낀 서해안 고속도로를 부드럽게 달렸다. 작년에 변산반도, 내장산 국립공원에 다녀간 길이라 낯선 도로는 아니었지만 지형상 계절마다 바뀌는 도로의 사정이 조금은 걱정이 되긴 하였다. 오후에는 꼭 불갑산에 올라야 계획에 차질이 없겠다는 생각에 휴게소는 한번만 쉬게 되었다

예정대로 '불갑사 주차장'에 정확히 도착하였고, 눈에 익은 산악회 버스가 주차장에 대기를 하고 있어 친근감이 느껴지기도 하였다. 먼저 주변 식당에서 에너지 확보에 도움이 되는 '보리밥'을 먹었다. 반찬이랑 밥이랑 별로였지만 등산에는 에너지가 많이 필요한 것 때문에 그런대로 맛있게 먹어주었다. 영광에 왔으니 영광 굴비를 먹고 싶었지만 식당마다 인기척이 없어 기대는 하지 않았다.

점심을 먹자마자 12시 30분 등산은 시작되었다. 아내는 오랜만에 하는 등산이라 걸음걸이가 활기찼다. 먼저 등산 안내도를 보고 등산코스에 대해 자세히 설명을 해 주었다. 준비했던 지도가 있어 마치 다녀온 사람처럼 설명이 되었다. 믿음이 갔을 것이다.

불갑사 입구까지 좌우에는 상사화 새싹들이 즐비했다. 오늘의 one point lesson으로 '상사화'를 선택하였다. "상사화(피안화)는 꽃과 잎이 서로 보지 못하고 그리워만 한다고 해서 상사화(相思花)라고 한다. 잎이 시들어 없어지면 외줄기 미끈한 꽃대가 올라와 화사한 꽃이 피는데, 이것이 마치 번뇌 망념이 사라진 뒤에 해탈열반경(解脫涅槃境)의 깨달음이 열리는 것과 같다고 하여 불교에서는 해탈열반의 세계, 불국세계를 뜻하는 피안화(彼岸花)라고 한다. 9월 중순경이 산은 붉은 상사화로 장엄된 별유선경(別有仙境)을 이룬다. 상사화는 영광군화이다. 상사화는 수선화과 상사화속으로 분류되는 종을 말한다. 우리나라에 자생하는 상사화 종류는 7종으로 상사화, 석산(꽃무릇), 백양꽃, 붉노랑 상사화, 진노랑상사화, 위도상사화, 제주상사화가 있다. 불갑산에는 8월초에 진노랑 상사화, 8월중하순에 상사화와 붉노랑상사화, 9월 중순에 석산(꽃무릇)을 감상할 수 있다."

상사화의 전설은 또 이렇게 적혀 있었다.

"옛날 금슬이 좋은 부부에게 늦게 얻은 딸이 있었는데 아버지가 병환 중에 돌아가시자 아버지의 극락왕생을 빌며 백일동안 탑돌이를 시작하였다.

이 절의 큰스님 수발승이 여인에게 연모의 정을 품었으나 스님의 신분으로 이를 표현하지 못하고, 여인이 불공을 마치고 집으로 돌아가자 스님은 그리움에 사무쳐 시름시름 앓다가 숨을 거두었다. 이듬해 봄 스님의 무덤에 잎이 진 후 꽃이 피어나니 세속의 여인을 사랑하여 말 한 마디 건네 보지 못한 스님의 모습을 닮았다 하여 꽃의 이름을 상사화라 하였다고 전해진다.

등치만 크고 아무런 이름도 붙여지지 않은 일주문을 지나 평지길을 걷기 시작하였다. 상사화는 아직 새싹들뿐이었다. 그들이 한꺼번에 꽃을 피운다면 장관이겠다고 생각하면서 힘차게 나란히 걸어갔다. 평지는 잘 걷는다는 자신감을 내보이며 멈추지 않고 걸어주었다. 평소에 무릎이 아프다고 큰 공주는 약까지 사나 주었는데 또 아프면 어쩌나 걱정이 되어 무리는 금물이라고 조언을 해 주었지만 아랑곳하지 않고 오랜만이라 그런지 쉬워서 그런지는 모르겠으나 즐겁게 걸어주어 감사했다. 대로의 오른쪽에는 커다란 플래카드가 눈에 띄었다. '천(千)년의 빛 영광, 만(卍)년의 숲 불갑산' 영광으로 빛나게 불갑산을 푸르게 도립공원으로 지정되었다는 것이었다.

등쪽에선 쌀쌀한 바람이 여전히 불어 다소 마음이 움츠려들긴 했지만 빠른 걸음으로 불갑사를 지나고 나니 등쪽에는 오히려 땀이 났다. 이럴 때는 체온조절을 잘해야 한다. '등산 때 더우면 옷을 벗고, 쉴 때는 또 입어 체온관리를 잘해야 감기에 걸리지 않는 법이다'는 것을 일깨워 주었다.

불갑사 → 불갑사저수지 → 동백골 → 해불암 → 연실봉(정상, 516m)에서 인증샷을 확보하고, 주변 양지바른 곳을 찾아 간식을 먹으며 조망을 기대하였지만 미세먼지와 안개로 조금 실망스러웠다. 찬바람이 여전해 곧 하산으로 이어졌다.

하산로는 등산로의 급경사보다는 다소 거리가 있더라도 아내의 무릎을 고려해서 경사가 완만한 봉우리의 능선을 따라 가기로 결정하였다.

노루목 → 장군봉 → 투구봉 → 법성봉 → 노적봉 → 호랑이 굴 → 덫고 개 → 불갑사 → 삼소정 → 탑원 → 일주문 → 불갑사주차장, 약 7㎞를 4시간에 원점회귀를 하였다.

옛날 호랑이가 살았다던 동굴이 있었고, 그때와 똑같은 호랑이 모델도 있어 여러 모델로 사진을 확보하였다.

'불갑산 호랑이의 유래'를 읽어 보았다.

"불갑산에서 서식하는 호랑이를 1908년 2월 한 농부에 의해 잡힌 것을 일본인 하라구찌가 당시 논 50마지기 값에 해당하는 200원에 사들여 동경 시마쓰제작소에서 표본 박제하여 목포 유달초등학교에 기증 현재까지 보관하고 있음. 이곳 '덫 고개'는 실제 호랑이가 덫에 의해 포획된 지역으로 포획된 이후부터 '덫 고개'라고 유래되었고, 이 동굴은 실제 호랑이가 서식했던 자연동굴로 알려져 있으며 남한지역에서 잡힌 야생호랑이 중 실물박제로 보관되고 있는 호랑이는 이곳 불갑산 덫 고개에서 잡힌 호랑이 하나밖에 없어 포획 100년을 맞아 관광객들에게 볼거리를 제공하고자 제작설치 하였다."

등산에 미쳐 찍어두지 못하였던 장소에서 사진도 남기면서 여유롭게 안전산행을 마쳤다. 서울에서 먼 길을 운전하였고, 운전의 피곤을 마다하지 않고 연이어 등산도 하였으니 빨리 숙소로 들어가서 쉬는 게 좋을 것 같아 내일 '월출산'으로 가는 길목인 광주시내 남구 쪽에 있는 숙소를 찾아 약 33㎞를 더 운전하여 시내에 있는 숙소에 투숙하게 되었다.

오후 5시쯤 되었다. 빨리 등산을 마무리하게 되어 감사했다.

짐만 들여다 놓고 곧장 밖에 나가 맛있는 소고기로 에너지를 보충하였고 내일을 준비하였다. 오늘도 미(美월)친 명산 산행과 상사화 구경 등 멋진 하루였다. 아내가 고마웠다.

세상은 밖에도 있었네!
# 명산 100, 45번째 '비슬산' 완등 이야기!

▲ 비슬산 (琵瑟山, 천왕봉 1,083m) | 2016년 10월 07일 금요일

시원한 가을 새벽을 가르며 경상북도 대구광역시 달성군에 있는 비슬산을 아내랑 자차로 다녀왔다.

거제도에서 당일로 다녀올 수 있는 마지막 명산이라 여러 번 외치다 드디어 다녀오게 되었다.

"비슬산은 산 정상부의 바위 생김새가 신선이 앉아 비파를 타는형상이어서 비슬(琵瑟)로 불리고 있으며, 대구광역시 달성군과 경상북도 청도군, 경상남도 창녕군에 걸쳐 위치한 산으로 北팔공 南비슬로 지칭되고 있고, 북쪽의 팔공산은 남자의 산, 남쪽의 비슬산은 여성의 산으로 비유되며 최고봉은 천왕봉(天王峯)이다.

비슬산에 관한 지명이 처음으로 등장하는 고문헌은 일연스님의 삼국유사에 여상우 포산(子嘗寓包山: 내가 일찍이 포산에 살 때)이란 기록으로, 현재 테크노폴리스 입구에 위치한 지역 명문고인 포산고등학교도 이 지명과 무관하지 않다. 2014년 3월 1일, 대견사 개산일에 비슬산 최고봉 지명이 대견봉에서 천왕봉으로 변경되었다. 이는 최고봉 지명에 대한 착오를 바로 잡은 것으로 일부 유림들이 1997년 명확한 역사적 근거와 행정 절차를 결여하고 비슬산 최고봉에 대견봉으로 표지석을 설치하였으나, 역사적 자료와 지명

전문가 및 교수들로 구성된 지명심의 위원회의 심의, 의결을 거쳐 비슬산의 최고봉 지명을 천왕봉으로 변경하고 대견봉 표지석을 당초의 대견봉으로 이설하고, 현재의 천왕봉표지석을 새로이 설치하였다. 또한 주민들도 오랫동안 천왕봉 등으로 불러왔고, 비슬산의 산신은 정성천왕(靜聖天王)으로 한 가지 소원은 꼭 들어 주신다고 믿고 있으며, 정상부 능선 북쪽 200m 부근에는 천왕샘도 있다. 지명착오의 원인은 측량술이 발달하지 않았던 시절 불과 49m높이차를 인지하지 못한 것으로 추측이 되며, 또한 현풍면에서 보면 천왕봉이 원거리에 있어 대견봉이 천왕봉보다 높아 보이는 착시 현상도 기인한 것으로 판단이 된다."라고 천왕봉 표지석 앞에 설명되어 있었다.

오랜만에 가는 명산이었다. 저녁부터 비가 많이 온다는 예보도 있어 예상보다 한 시간 가량 일찍 아침 6시 40분경 집을 나섰다. 어디에든 나간다는 기분에 가슴은 쿵쾅쿵쾅 거렸고 콧노래도 절로 나왔다. 32년간의 정들었던 직장의 모습이 눈에 들어왔지만 애써 눈길을 돌려가면서 아침 식사가 되는 유통 장터 국밥집에 들렀다.

가벼운 마음으로 대전통영고속도를 타고 고성IC를 나갔다. 거가대로가 만들어지기 전에 오래 다녔던 고성 - 마산 간 국도를 오랜만에 달려보는 것이었다. 도루 주변의 지형지물은 여전히 눈에 익어 조금 속도를 내면서 갔더니 진동 근처에는 완전히 달라진 도로를 만들어 가슴이 확 트이는 느낌도 들었다. '산천은 의구한데 인걸은 간데없네.' 잘 뚫린 도로는 안전운전에 더 집중해야 하므로 주변의 경관을 감상할 수 없어 요즈음의 국도는 예전처럼 여유롭지 못하였다. 마산 - 내서 - 구마고속도로를 경유하여 현풍IC를 나가서 '유가사 주차장'까지 총 147km를 2시간 반 만인 9시 20분경에 도착하였다.

이른 아침이라 깊은 산속에는 물소리만 요란했을 뿐 인기척은 전혀 없었다. 넓은 주차장에 편안하게 주차를 하고 계곡에서 불어오는 시원한 바람을 느끼면서 둘은 기분 좋게 몇 달 만에 등산을 시작하였다. 광양에 있는 백운산과 달성에 있는 비슬산은 언제부터 가려고 노래를 불러왔는데 드디어 그 기분은 하늘을 찌르고도 남았다.

비슬산 등산로 안내도 앞에서 4시간 최단코스를 선택하였다.

'유가사 주차장 → 유가사 → 병풍바위 → 천왕봉(정상) → 도성암 → 유가사 → 유가사 주차장, 원점 회귀코스"였다. 정상을 기준으로 우측으로 올라 정상, 다시 좌측으로 하산하는 부채꼴 모양(가오리 모양)의 등산로로 경기도 파주에 있는 '소요산 의상대'를 친구와 등산하였을 때와 비슷한 등산로 모양이었다.

두 번째로 마주친 곳은 '유가사(儒加寺)'였다. 더 확장 중에 있어 조용한 이미지 외에는 절간 같은 분위기는 아니었다. 그냥 조용한 것 뿐 이었지만, 돌탑이 무려 108개나 되었다. 마이산 주변의 탑사를 연상케 하였다. 바위를 잘라서 그 면에 좋은 글귀도 많이 담겨져 있었다. 산에 가면 항상 절이 있게 마련이었는데 이런 글을 통해서 마음도 수양이 되어 왔지만 그 글을 다 읽고서 등산을 하려면 오후 비라는 악재를 피할 수가 없으니 그냥 대로(大路) 좌우에 있는 몇 개만으로 만족하여야만 했다. 그 중에 인상이 깊었던 한 가지를 옮겨둔다.

비슬산 가는 길

비슬산 구비 길을 누가 돌아가는 걸까
나무들 세월 벗고 구름 비켜 섰는 골을
푸드득 하늘 가르며 까투리가 나는 걸까

거문고 줄 아니어도 밟고 가면 들릴까
끊일 듯 이어진 길 이어질 듯 끊인 연(緣)을
싸락눈 매운 향기가 옷자락에 지는 걸까

심심풀이 땅콩처럼 지나가는 산행 길에 잠시 읽어보면 머리와 마음을 맑게 하는 데 충분히 도움이 되었다. 유가사는 탑사처럼 특이한 절로 각인되었다.

절 입구의 이정표에는 절을 통과해서 가도록 되어 있었다. 절은 여전히 확장중이어서 어수선한 분위기였다. 경내에서는 이정표가 없어 등산로를 찾아 가기가 그리 쉽지만은 않았다. 길 따라 산으로 조금 들어갔더니 대로가 이어졌고, 절 가장자리에 이정표가 있어 다행이었다.

습기를 가득 머금은 지면에선 눅눅한 느낌이 올라왔고, 그저께 태풍 '차바'로 밤이랑 도토리는 죄다 떨어진 듯 등산로를 어지럽게 만들어 버렸다. 그러나 밤알은 사람의 짓인지 동물들의 짓인지 어디에도 보이지 않았다. 다람쥐들이 노닐고 있는 것을 보면 그들은 먹을 것이 많아 행복해 보였다.

산속 깊을수록 등산로에는 물까지 흘러 불편한 평지길을 계속 걸어야 했다. 강원도의 산속과는 달리 비슬산에는 아기자기한 소나무들이 숲을 이루었고, 계곡의 주변에는 얼마 안 있으면 앙상한 가지만 남을 나무들은 태풍으로 상처가 안타까워 보였다. 올해는 가뭄도 있었지만 이렇게 물 좋은 산에는 멋진 단풍을 볼 수도 있었을 텐데 그들의 아름다움을 보기가 어렵겠다는 생각이 들어 왜 하필 이때 태풍이라는 놈이 닥쳐 원망스럽기도 하였다.

비슬산 등산로 주변에는 비슬산의 매력 덩어리들을 하나하나 설명해 주어 비슬산의 역사와 비경들을 이해하는데 도움이 되었다. 그리고 갈림길 마다 이정표와 등산로 안내도까지 있어 각자에게 맞는 등산로를 선택하는데 도움을 주었다. 산속에 이런 안내도가 있는 곳은 처음이 아닌가 싶어 달성군에 감사했다. 급경사로와 평지 길은 거리가 500m나 길어 아내는 급경사의 길을 선택하였다.

어차피 등산은 오르는데 힘들게 마련이고 그 속에 즐거움을 누리는 것이라면서 과감하게 급경사로를 선택하였다. 아내는 오랜만에 등산을 하는 것이라 약 2.5km의 급경사가 조금 걱정이 되기도 하였지만 자신이 선택한 일의 즐거움은 자신이 찾아야 한다는 평소 지론대로 아내의 의견에 따랐다.

항상 그랬듯이 앞에는 아내가 섰다.

아내의 속도에 맞춰야 하니 항상 등산 순서는 그렇게 된다. 습기와 이끼를 품은 산속의 돌들은 무척 미끄러웠다. 그리고 산속 나무 밑에는 왜 그리도 크고 작은 돌들이 많은지 부산 금정산 등산로의 초입 모습과 유사했다. 토질로 봐서는 송이버섯도 있을 법하였는데 시간에 맞춰 오르기에 바빠서 주변을 둘러볼 겨를도 없었다.

인공 계단을 준비하는 인부들은 지게에 재료들을 가득 담아 경사진 길을 오르고 있었다. 그리 위험한 길도 아닌데 저렇게 힘들게 운반하여 설치하니 한편으로는 고마운 일이겠다고 생각되었지만 다른 한편으로는 자연 그대로 두면 어떨까 하는 생각도 들었다.

폭우에 따른 등산로의 유실로 인한 산사태를 염두에 둔 작업일 것이라는 생각도 들었다. 아무튼 고생이 많았다. 2.5km를 올라가야 했으니 초크통이 에너지 보충을 잘 해줘 유용하게 사용되어 에너지 부족 염려는 하지 않아도 되었다.

정상 부근은 암릉으로 되어 있었지만 정상 가까이까지 물이 흘러 내렸다. 그래서인지 나무들은 잘 자라고 있었다. 겨울에는 이 길이 전부 얼어버려 상당히 위험하겠다는 생각도 들었다. 정상 가까이에 만들어진 급경사부의 인공계단은 등산객들에게 편리함을 더해 주어 인부들에게 고마움을 느꼈다.

드디어 하늘이 보였고 주변의 세상이 한 눈에 들어왔나. 하늘이 흐려서 저 멀리까지는 보이지 않았지만 주변의 도시들과 비슬산 능선들이 한 줄로 늘어선 모습은 장관이었다. 가을 단풍이 들 때쯤에는 더욱 멋진 등산이 되겠구나 싶었지만 이번 태풍으로 많은 나뭇잎이 떨어져 별로겠다는 느낌도 받게 되어 안타까웠다.

정상 주변의 나무들도 물을 많이 공급받고 있었던지 키는 작았지만 정원수처럼 생긴 것들이 무성하게 잘 자라고 있었다. 어느 정상 주변보다도 나무 그늘 휴식공간이 많은 것 같았다.

햇볕은 없었지만 아늑한 숲속에서 잠시 쉬어 보고 싶은 충동은 저리가고 정상석 만을 찾아 숨바꼭질을 하듯 암릉을 돌아 또 올라야만 했다.

정상석은 느낌상 저쯤에 있을 것 같았는데 올라보면 또 저만치 멀리 있어 아내는 약간 짜증도 부렸다. 암릉 위에서 주변을 배경으로 갖가지 포즈를 취해 가면서 현재의 짜증으로부터 해방을 시켜주었다.

산 정상 주변이 그처럼 평원 같은 곳은 몇 군데 없었다. 비록 나무 그늘은 없었지만 대신하여 육각정을 두 곳이나 만들어 놓았었다. 남부지방에 주로 이런 곳이 있었고, 주로 영남알프스 산이 그랬던 것 같았다. 넓은 평원은 억새로 가득하였다.

아직 만개는 안되었지만 미풍에도 흔들리는 모습은 서울의 하늘공원보다는 못하였지만 충분히 억새밭으로는 가치가 있어 보였다. 사람들이 가꾸지 않아서 그렇지 자연산으로는 충분히 잘 자랐다고 인정해 주고 싶었다.

드디어 찾았다. 우뚝 솟아 있던 '비슬산 천왕봉'이라고 세로로 새겨진 정상석은 크기나 글씨가 마음에 쏙 들어 약 2시간가량 급경사를 오르면서 있었던 고통과 바꾸기에 충분한 가치가 있었고, 바람과 함께 완전히 날려 버렸다.

정상에는 햇볕도 없었지만 예상했던 만큼 춥지가 않아서 다행이었다. 아직 가을은 저 멀리 있는 듯 하였다. 정상석과 잠시 스킨십을 하면서 인증샷을 확보하고 다음 시간표를 맞추기 위해 쉴 새도 없이 계획했던 대로 '도성암' 방향으로 하산을 시작하였다. 유가사에서 정상까지의 등산거리와 정상에서 도성암까지의 하산거리는 똑같이 3.5km였다. 내리막 골짜기 2.5km는 정말로 지겨웠다. 마치 경기도 명성산의 그 악몽 같았던 돌길 산길이었다. 습기로 인해 미끄러운 곳도 많았다.

나뭇잎 밑에는 돌멩이와 솔방울이 숨어 있어 발을 옮겨갈 곳을 제대로 보고 걸어야 했다. 하산이 등산보다 에너지 소모도 많고 위험하여 아내도 점점 지치기도 지겨워했다. 하산길 중에 위험한 곳에는 인공 계단을 설치하려고 자재들을 많이 쌓아 두었다. 설치를 하려면 빨리 했으면 하는 생각도 들었다.

그 긴 길에는 이정표도 없었다. 지겨움을 달래줄 다람쥐만 있었을 뿐 그 흔한 산새들도 소풍을 갔던지 보이지 않았다. 다람쥐들은 이따금씩 나타나 먹이활동을 하면서 가까이 나타났을 때 잠시 피곤함을 잊을 수 있었다.

"시작이 있었으면 끝도 있는 게 당연하다"는 진리를 생각하면서 하염없이 내려오기 1시간 반 만에 등산의 시작지점이었던 유가사에 도착하였다. 이로써 또 한 개의 명산이 손안에 들어왔다는 기쁨과 함께 등산의 마지막 휴게소인 정자에 앉아 준비해 간 마지막 커피 한잔으로 등산과 하산의 고통과 기쁨을 나누면서 네 시간 반 동안의 비슬산 천왕봉 완등에 대해 정리하였다.

　최종 목적지인 유가사 주차장까지는 300m를 더 걸어내려 가야했다. 이게 웬일인가? 내려가는 길에 빗방울이 떨어지기 시작하였고, 절묘하게 등산을 마치게 되어 다행스러웠다.

　이제 마지막 미션으로 오후 4시까지 집에 도착하여 4시 20분에 영어 공부를 하는 것이었다. 즐거운 마음으로 갔던 길을 익숙하게 운전하여 점심 먹을 곳을 찾아 남으로 달려 영산휴게소에서 잔치국수 한 그릇씩 먹었다. 맛은 왜 그리도 없었는지? 맹물에 그냥 국수만 넣어 준 것처럼 아무 맛도 없었다.

　성의는 출장을 갔던지 집에서 국수 만들어 먹을 때도 저렇게 만들지는 않을게 아닌가? 간단하게 간식으로 국수 한 그릇을 먹으려고 했다가 실망이 컸다. 잠시 머물렀던 휴게소는 엉망 기억으로 남게 되었다.

　여러 가지 미션들이 달성되었고, 영어 공부도 무사히 할 수 있었다.

　오늘 정해진 일정을 시간표대로 모두 소화하여 명산 45좌를 알차게 마무리 한 것 같아 기분이 상쾌하였다. 저녁에는 고현에서 저녁이 있는 삶 속으로 또 내 몸을 던졌다.

세상은 밖에도 있었네!
# 명산 100, 15번째 '삼악산' 완등 이야기!

▲ 삼악산 (三嶽山, 용화봉 654m) | 2016년 3월 3일 목요일

강원도의 명산 중 첫 번째로 '삼악산'을 완등했다.

대한민국 100대 명산 중 강원도 지역의 첫 탐방으로 춘천시에 속해 있는 삼악산의 주봉인 '용화봉'을 아내랑 대중교통으로 다녀왔다.

"등산도 여행이다. 여행 간다"는 마음으로 "여행은 집을 나오면서부터 시작되어 여행일지는 집을 나서면서부터 기록된다."는 평소 지론대로 자세히 후기를 남겨둔다.

먼저 등산에 참고가 될 '삼악산의 유래'부터 정리해 둔다.

"삼악산은 소양강, 의암호를 지나 북한강으로 흘러드는 푸른 강변을 끼고 남쪽의 검봉, 봉화산과 마주하여 솟은 산이다. 주봉이 용화봉(645m), 청운봉(546m), 등선봉(632m) 셋이라 해서 삼악산이라 하는데 악산답게 제법 험하고 거칠다. 산 곳곳에 갖가지 모양을 한, 크고 작은 기이한 바위가 많단다. 봉우리 사이의 주능선은 바위로 되어 있고 계곡이 뚜렷하며, 산세는 작지만 단조롭지 않아 아기자기한 산행을 즐길 수 있었다.

삼악산 남쪽의 골짜기 초입은 마치 동굴 속을 들어가는 것 같은 깊은 협곡을 이루고 있다. 여기에 유명한 등선폭포(일명 경주폭포)를 위시하여 크고 작은 폭포가 5개나 있고 그 외 오래된 사찰들이 절벽 위에 위치하여 아름다운 경관을 자랑하고 있다하여 이곳을 첫 번째 탐방지로 결정을 하게 되었는지도 모르겠다.

산중에는 등선폭포와 상원사, 흥국사가 있으며 등산로를 따라가면서 발

아래 펼쳐지는 춘천시 전경과 봉의산, 중도와 붕어섬, 의암댐 등이 같이 어우러진 경치가 일품이었다. 봄철이면 군락을 이뤄 등산로 주변과 능선 일대에 흐드러지게 핀단다. 고고시대에 형성된 등선계곡과 맥국시대의 산성터가 있는 유서 깊은 산으로 기암괴석의 경관이 아름답고, 의암호와 북한강을 굽어보는 조망이 좋은 점 등을 고려하여 선정되었다. 남쪽 골짜기 초입의 협곡과 등선폭포(登仙瀑布)가 특히 유명하고, 흥국사(興國寺), 금선사(金仙寺), 상원사(上院寺) 등 7개 사찰이 있단다. ◀출처 : 네이버

  삼악산 여행은 경험하지 못한 사연들이 많아 자세히 남겨둔다.

  결론부터 얘기하면 서울에서 대중교통을 이용한 삼악산까지 이동, 등산 및 하산, 귀가는 계획한 대로 완벽하게 실행되었다.

  등산에만 집중을 하다 보니 화려한 사진은 별로 담아오지 못하여 글이라도 자세히 남겨둔다.

  '인증을 또 얻게 된다.'는 설레는 마음으로 등산 갈 채비를 하였다. 몇 주 전에 계획된 일이라 놀라고 걱정할 일도 아니었다. 마치 직장으로 출근 하듯 우리 부부는 정성껏 등산준비를 하여 강원도의 산으로 출근을 하였다. 멀리 강원도 춘천까지 대중교통으로 가기로 했으니 다람쥐 쳇바퀴돌 듯 직장과 집 위주로 34년을 다녔으니 새로운 환경에 설레고, 두려워지기까지 했다.

  지하철, 청춘열차 등 이동시간만 왕복 4시간이 걸리는 곳이었다. 결국 귀가 시간까지를 고려하면 최대한 아침 출발 시간을 당기는 것이 상책이었다. 서울 시민들의 출근시간까지 고려하면 최대 출발시간을 늦추는 것도 고려대상이었다. 이처럼 서울에서 지하철을 이용하는 등산, 둘레길을 갈 때는 배낭 때문에 북적이는 출근 시간대를 피해야 했다. 그리고 들머리까지 가는 과정도 복잡하여 아침 출근시간대를 최대한 고려하여 08:30분 용산역 발 청춘열차(ITX)를 선택하였다.

  용산역 ITX청춘열차를 타러갔다. 1호선은 언제나 인산인해. 파도가 밀려오듯 출구에는 넓은 계단을 꽉 매울 정도로 복잡하였다. 생애 처음 타보는 ITX 청춘열차에 대

해 궁금한 게 많았다. 예매가 되어 있어 30분 일찍 도착하여 편안하게 들어갔다.

'하루는 아침에 달려 있다'고 하는 것처럼 기분 좋게 하루가 시작된다는 느낌을 갖게 되어 기분이 좋았다.

이른 아침 용산역에는 천태만상의 모습을 볼 수 있었다.

08:30분 용산역 발 청춘열차는 '강촌역'을 향했다. 지하를 다니는 두더지 같은 전철보다 지상에서 고속으로 달리는 차창 너머 풍경이 가슴을 확 터이게 만들어 주었다.

"야! 쉰다는 게 이런 재미도 있구나!" 마음속으로 환호성을 치면서 잠시나마 여유로움 속에서 자연을 만끽할 수 있었다.

강원도 명산 제1호 등산, 청춘열차를 처음 타게 되었고, 산세가 험하고 둘은 처음 가는 곳이고, 평일이라 등산객이 없어 만약 다치기라도 한다면, 산짐승이라도 나타난다면, 온갖 가능성을 염두에 두고 등산을 해야 했기에 설렘보다는 두려움에 대한 대비책이 우선이었다.

한편으로는 이런 선택을 할 수 있다는 것에 감사했다. 종착역 쪽으로 갈수록 고향에서나 볼 수 있는 시골풍경에 정감이 갔다. 시골에서 사는 것처럼 지금까지 누렸던 모든 것을 내려놓고 포기하고, 체념하고 현실을 받아들여야하는데 경쟁 속에서 34년이란 세월이 말해주듯 앞으로의 일은 한꺼번에 이뤄지지 않는다.

아무도 보이지 않고, 아무것에도 욕심이 없어지는 그곳이기를 바랐다. 고향이 좋을 것 같지만 그곳은 너무 조용하고, 너무 심심해서 하루라도 더 있으면 숨이 막힐 것 같았다. 아직 직장에서만큼 사회에 대한 열정이 부족했다.

시골 풍경을 감상하는 것도 잠시 서울에서 약 100㎞떨어진 강촌역은 모든 게 낯설었다. 평일이라서 넓게 잘 단장된 강촌역사는 너무 한적하고, 한가한 분위기였다. 코끝에 와 닿는 신선한 공기로 심호흡을 크게 해 보았다.

강촌역사 앞의 광장은 텅 비어 어디든 역사(驛舍)의 손님은 비둘기들로부터 환영을 받았는데 그들도 여행을 가고 안 보였다. 의암매표소까지 어떻게 가는지를 여쭈어 볼 사람도 없는 광장 측면에 설치된 춘천시 관광안내도를 자세히 살펴보면서 현장의 상황을 숙지하였다.

버스 승강장에서는 버스 운행 모니터만 외롭게 돌아가고 있었다. 잠시 뒤

50번 시내버스가 도착하였다. 버스 안은 텅 비어 있었고 정거장 안내 소리만 요란하였을 뿐 전혀 불편함은 느끼지 못하였다. 익숙함 때문이었을까?

버스는 춘천호를 지나 약 10분을 달려 '의암댐 승강장'에서 내렸다. 산과 산 사이를 가로막은 의암댐의 위엄이 느껴졌다. 좌측 도로를 따라 걷기를 5분 만에 '의암매표소'에 도착하였다. 오른쪽으로는 의암호의 위엄이, 왼쪽의 바위들은 '낙석을 조심하라'는 위험을 알리기에 충분하였다.

계획대로 오전 10시경 등산을 시작할 수 있었다. 코스를 재차 설명을 해주면서 안심을 시켰다. 등산 원칙에 따라 '등산은 짧고, 힘든 코스였고, 하산은 길고, 쉬운 코스'를 선택하였다. 등산과 하산은 다른 길을 선택하였다.

등산은 "의암매표소 → 상원사 → 깔딱 고개 → 전망대 → 정상(용화봉)"으로 약 2km, 2시간(깔딱 고개는 약 800m 정도 예상)

하산은 "정상(용화봉) → 紅松 숲 → 333 돌계단 → 흥국사 → 주전폭포 → 등선1폭포, 등선2폭포 → 등선 매표소"로 약 3.2km, 1.5시간.

평소대로 각자의 배낭을 확인하고 언제나처럼 아내를 앞세워 오르기 시작하였다. 아직 눈이 녹지 않아 눈 위에는 발자국이 선명하여 어릴 때가 생각났다. 비교적 짧은 등산로는 '세 번의 악소리가 나서 삼악산'이라는 소문도 있다더니 경사면은 물론 부서진 바위와 자갈 위로 등산로가 있었으니 역시 초입부터 힘들게 만들었다. 조금 오르니 색이 바랜 산장 하나가 의암호를 바라보며 있었다. 천해의 자리에 누가 살고 있을까? 산언저리부터 부서진 바윗돌이 경사면에 즐비하였고, '낙석주의'라는 간판을 여기저기에 세워둔 것을 보면 분명 낙석의 위험이 많겠다는 것을 알 수 있었다.

그렇게 추웠던 북쪽 산에도 봄을 알리는 소리인지 나무 위에는 청설모가 재주 시합을 하느라 유연한 몸 놀림이 돋보였고, 땅 위에는 주

변과 보호색을 잘 갖춘 다람쥐가 몸통만한 꼬리를 달고 마냥 즐겁게 바윗돌 사이에서 즐기고 있었다. 숨을 곳이 많고, 먹이가 많은지 다람쥐가 정말로 눈에 많이 띄었다. 수많은 바위 틈 속에서 아름드리나무들이 살아있는 장면은 감 탄사를 쏟아 내기에 충분하였다.

다른 어떤 산보다도 키 큰 나무가 자연의 생존경쟁에서 이겨내며 자연을 잘 유지하고 있다는점에 또 고마웠다.

그리고 자연과 조화롭게 살아가는 생물들도 대견스러웠다.

첫 번째 '악'소리가 나는 코스는 눈 밟는 재미로 그냥 지나간 것 같았고, 소나무도 등산객들의 지친 모습을 보면서 자라서 그런지 세월을 이기지 못하고 지쳐버렸다. 앙상한 가지만이 모진 세월을 넌지시 암시해 주었다.

'신라 때 창건 되었다'는 위태로운 계곡의 끝에 암자 같은 오래된 사찰인 '상원사(上院寺)'에 도착하였다. 해빙기라 조금은 걱정이 되었지만 지금까지 아무런 문제없이 잘 보존하고 있어 기우였기를 바래졌다. 절간처럼 조용했다. 고도가 높아질수록 눈과 얼음이 두꺼워졌다.

특히 음지의 등산로에는 산객들이 다져놓은 눈이 얼음으로 변해 더욱 미끄러웠지만 영상의 날씨라 얼음이 녹기 시작했다. 계속되는 바윗길은 서서히 지치게 만들었지만 두 번째 깔딱고개도 무사히 통과하게 되었다. 들머리에서 1.2km까지는 바위와 자갈길이었지만 정상석까지 0.8km는 암릉으로 된 그야말로 제대로 된 깔딱고개였다.

칼바위에 펼쳐진 등산로는 아내에게는 두려움의 길이 되고 말았다. 로프나 가드레일, 철근 발받침대도 모두 안전하게 보였지만 추위 때문에 바위에는 약간 얼어 있었다. 이런 길을 800m 올라야 했으니 '악 소리가 세 번 난다'는 삼악산다운 등산로였다.

"생명과 전쟁을 하고 있다", "사투를 벌이고 있다.", "이런 암벽 등산에는 앞으로 데리고 오지 말라."는 등 아내는 어려움과 두려운 마음을 쏟아 내었다.

인터넷에서는 이런 등산로가
아니었는데 현장에서의 너무나
다름에 당황스러웠다.
 험한 등산로와 사투를 벌인지
약 1시간 만에 정산 부근 '전망
대'에 도착했다. 영상의 날씨에

미세먼지로 뒤덮인 춘천시와 '의암호'를 한눈으로 볼 수 있어 고생해서 올라
온 보상이었지만 날씨가 더 좋았더라면 하는 아쉬움도 남았다.
 잠시 자연과 눈으로 소통을 하고 가까이에 있는 정상석 쪽으로 갔다.

'인증샷'을 남기며 허기를 채우기 위해 곧장 하
산 길로 들어갔다.
 하산은 총 3.2km로 흥국사 , 등선폭포 방향이
었다. GPS를 켜 뒀으니 걱정은 되지 않았다.
 양지바른 길이라 바닥은 질퍽질퍽하여 미끄러
질까봐 조심스럽게 내려와 홍송(紅松) 가득한 쉼
터 벤치에 앉아 준비해간 간식 모두를 꺼내어 먹었
다. 눈 덮인 겨울과 금방 새싹이 돋아 날 것 같은
따뜻함이 공존했다.
 아름드리나무가 하늘을 향해 뻗어있는 모습은
그들의 강인함을 과시하였다.
 지금도 멋있고, 아름답지만 여름에는 더욱 좋은
휴식처를 제공해줄 것 같아 그런 자연이 고맙게
여겨졌다.
 계속 이어지는 편안한 길에서 속도를 내어 갔더
니 돌로 된 333계단을 만났다. 미끄러짐을 방지할
수 있어 괜찮았지만 무척 지겹게 느껴졌다.
 1.2km를 내려와 오래된 사찰임을 증명이라도 하
듯 천년은 되어 보이는 나무가 있는 '흥국사'를 만
났다.

이제 날머리까지 완전 돌로 된 계곡 길 2.0km를 더 내려가야 했다. 산에는 굴러 내려온 바위들이 얽히고설킨 바위 천국이었다. 높이가 없어 물이 떨어지는 위력은 없었지만 '등선1폭포', '등선2폭포'가 이어졌다.

'낙석을 조심하라'는 경고판이 많은 계곡 길을 무사히 통과하였지만 해빙기라 낙석이 염려되었다. 여느 등산과는 다르게 많은 사연을 남긴 채 약 4시간 반 만에 삼악산 등산은 끝이 났다.

집으로 돌아갈 대중교통이 고민이었다. 등산매표소 앞 버스 정류장에서 강촌역까지는 5km거리라 걸어서 가기엔 무리였다. 20여분을 기다려 5번 버스를 타고 '강촌 유원지'에 도착하였다.

막국수 한 그릇으로 허기를 달래고 15분 거리에 있는 강촌역까지 걸었다.

아침에 보았던 강촌역과는 사뭇 다른 분위기였다. 햇볕이 나오고 저 멀리 주변의 산들이 온통바위 덩어리인 삼악산이 흐릿하게 보였다. 전용포즈인 "더 높은 곳을 향하여!!"로 '삼악산 등산'을 마무리 하였다.

'상봉역'으로 가는 전철에 몸을 싣고, 힘들었던 등산과 맛있게 먹었던 막국수가 마무리를 해 주었다.

저녁 6시가 조금 지나 무사히 귀가하였다.

총 11시간 동안 아내랑 힘들면서 즐겁고 스릴있는 여행이었다.

어느 해 3월 3일의 삼겹살데이 하루 여행은 이렇게 마무리 되었다.

'나를 찾아 새로운 도전'은 계속 될 것이며 아내에게 고마웠다.


"오늘의 결언"

"No pain, No gain"

"No risk, No return"

"There is no such a free lunch"

세상은 밖에도 있었네!
# 명산 100, 29번째 '서대산' 완등 이야기!

▲ 서대산 (西臺山, 904m) | 2016년 5월 11일 금요일

거제도에서 서울로 가는 날이었다.

어제 우천으로 도로에는 아직도 물기가 촉촉하였고, 애써 닦였던 차가 도로 주행으로 먼지에 더러워질까 걱정은 되었지만 새 기분으로 집을 나섰다.

서대산 등산의 등산 일정은 이렇게 계획되었다.

"거제 집 → 서대산 드림 주차장 → 등산(서대산 정상, 904m), 6㎞/4시간, 원점회귀 → 서울 집"

'서대산'에 대해서는 이렇게 소개되어 있다.

"서대산은 충남 금산군 추부면 (秋富面) 서대리 (西臺里)와 군북면 (郡北面) 보광리(寶光里)의 경계에 있는 산이다.

충청남도 남동부의 금강분지를 둘러싸고 있는 금산고원에 속해 있으며, 노령산맥을 이루는 정수이자 충청남도의 최고봉이다.

옥천에서 서남쪽으로 직선거리 10㎞ 지점에 있다. 남서쪽의 대둔산(大屯山:878m), 남쪽의 국사봉(國師峰:668m)과 함께 동쪽은 충청북도, 남쪽은 전라북도와의 경계를 이룬다. 또한 동북~남서 방향으로 뻗어 있어 면의 경

계를 이룬다. 주위에 방화봉, 장룡산 등이 있다. 산마루는 비교적 급경사이며 남쪽으로 갈수록 점차 완만해진다.

서쪽 사면은 넓고 경사가 완만하며 이곳에서 흐르는 계류들이 서대천(西臺川)을 만든다. 동쪽도 완만한 사면이 발달해 있는데 이들 100~400m 사이의 완만한 사면은 한반도 중부 이남에 발달한 사면 지형의 하나로, 금산 인삼 재배에 이용된다. 서쪽 기슭의 추부면 요광리에는 행정은행나무(천연기념물 84)가 있다.

정상 바로 아래에 있는 옥녀탄금대에는 샘이 있는데, 이 영수(靈水)를 7번 이상 마시면 아름다운 미녀가 되어 혼인길이 열리고 첫아들을 낳는다는 전설이 있다. 정상에서 북쪽 546봉으로 이어지는 능선 주변에는 장면대, 북두칠성바위, 사자굴, 쌀바위 등이 산재해 있다. 협곡을 가로질러 높게 설치된 약 50m의 구름다리 주변은 기암절벽들이 어울려 장관을 이룬다.

구름다리에서는 다리 밑 계곡으로 내려가는 길과 능선으로 내려가는 길이 있는데, 다리 밑으로 내려가서 유원지 쪽으로 가는 길이 경관이 좋다. 서쪽 사면 중턱에는 원흥사(元興寺), 개덕사(開德寺) 등이 있으며, 서쪽산 기슭에는 신라 문성왕 때 무양 국사가 창건하였다는 서대사(西臺寺)가 있었다고 한다.

옛날 서대사에서 출판하였던 《화엄경》이 국내의 여러 절에 있는 것으로 보아 서대사는 규모가 크고 불사도 활발하였던 사찰이었음을 짐작할 수 있다.

이 산의 이름은 '서대사'에서 유래한다. 전체적으로 산세가 온후하면서도 웅장 하고 경치가 좋으며 용바위·신선바위·장군바위·마당바위·노적봉·서대폭포 등의 관광자원이 산재해 있고, 화강암으로 이루어진 산꼭대기에서는 대전 시가와 옥천·금산 일대가 시원하게 내려다보여 주요관광지로 꼽힌다. 또한 산세가 원뿔형이며 암산(巖山)으로 이루어져 있어 암벽등반을 즐기는 산악인들이 많이 찾는다.

서대산에 오르는 길은 휴양단지의 주차장을 기점으로 하여 마당바위-신선바위-구름다리-장군바위-정상-돌탑지대-개덕사-휴양단지 주차장 코스를 이용하는 방법이 있다. ◀출처: [네이버 지식백과] 서대산 [西臺山]

서울, 거제도를 자주 다녔더니 꾸려야 할 짐도 작고 세련되었다.

모두가 출근한 상황이라 도로는 다소 한가했다. 주변의 경관은 초록색으로 뒤덮인지가 오래되어 태양이 이글거릴 여름 대비를 마친 셈이었다.

공룡휴게소에서 한우국밥과 해물순두부로 각각 다른 것을 주문하여 나누어 먹었다. 대진고속도로를 타고 올라가면서 도로 좌우에는 아카시아꽃과 이팝나무꽃이 조화를 이루어 도로가는 온통 백색잔치였지만 하얗게 되어 있어야 할 꽃들이 매연 때문에 생기는 초미세먼지로 지저분하게 오염이 되었다. 사람들이 편리를 위해 사용되고 있는 자동차에서 내뿜는 배기가스가 자연에게 큰 고통을 주고 있는 것이었다.

소나무가 환경의 변화로 우리나라에는 점점 맞지 않다고 지적을 하고 있듯이 아카시아꽃도 점점 이런 형국을 맞고 있는 것이 아닐지 조심스럽게 걱정이 되어졌다. 꿀벌의 역할이 줄어든다면 자연은 고목만 있지 않을지? 어제의 비 때문에 초미세먼지 등을 걷어내어 맑고 깨끗한 하늘과 자연은 우리를 유혹하기에 충분했다.

고속도로에서 가까운 곳에 있는 명산 중 충남의 최고봉 '서대산(904m)'을 찾아 가 그 유래에서 알아보았던 내용을 확인하는 기회가 되었다.

입장료와 주차료 내고 안전하고 편안하게 주차를 하였다. 서대산 드림리조트 주차장은 널찍하게 되어 있어 주차 차량에 대한 불안은 없어 다행이었다. 드림리조트는 사유지였고, 오래된 굴참나무 숲에 다양한 공간을 제공하고 있었다. 따갑게 내리쬐는 태양과 함께 등산은 즐겁게 시작되었다. 거제도에서 잦은 우천으로 등산을 제대로 하지 못했는데 몸 가볍게 마음은 벌써 정상에 가 있었다. 사진에서 보았던 정상석이 다소 실망스럽다는 점을 빨리 확인해 보고 싶어졌다.

리조트 단지답게 하늘을 찌르고 있던 나무들이 시원하게 그늘을 만들어 주면서 습지에서 불어주

던 맑고 시원했던 공기가 인상적이었지만 들머리에서 정상석까지 급경사는 힘들게 했다.

인터넷에서는 전혀 그런 이야기는 없었는데 904m 높이만큼 급경사는 더욱 괴로웠다.

다행스럽게도 열려있지 않는 하늘이 더위를 도와주었고 등산로가 나뭇잎과 흙으로 되어 있어 발목의 피곤함을 덜어주었다. 집채만 한 바위가 많았던 것도 인상적이었다.

'용바위', '마당바위', '사자봉', '장군바위' 등은 이정표 역할을 잘 해 주었다. 다만 바위들의 설명과 거리들이 없었던 것이 아쉬웠다.

구름다리도 제1코스와 제2코스를 연결해 주었는데 무슨 연유인지 폐쇄되어 버렸다.

지상에서 보면 우주관측소(沼)같은 것을 가까이에서 보았더니 한강홍수관측소였다. 그래도 정상에서 본 경관은 충분히 보상이 되었다.

등산 내내 자연으로 하늘이 차단되어 무더운 초여름 날 햇볕으로부터 보호를 받을 수 있었던 것도 괜찮았다.

GPS를 초입부터 작동시키지 않아 출발점이 용굴부터 찍히게 되었다.

전체적으로 서대산 등산을 무난하게 마치고 서울 집으로 안전하고 편안하게 이동할 수 있었다. 아내에게 감사했다.

세상은 밖에도 있었네!
# 명산 100, 49번째 '선운산' 완등 이야기!

▲ 선운산 (禪雲山, 수리봉 336m) | 2016년 10월 28일 금요일

　서해안 여행 둘째 날, 두 번째 장소로 '선운산 수리봉'을 아내와 자차로 다녀왔다. 지금 정상석의 모습은 달라졌다.
　"본래는 도솔산이었으나 백제 때 창건한 선운사가 있어 선운산이라 널리 불리게 되었다. '선운(禪雲)'이란 '구름 속에서 참선한다.'는 뜻이고, '도솔'이란 '미륵불이 있는 도솔천궁을 가리킨다.'" ◀출처 : 네이버

　서울에서도 계속 일기예보를 체크해 왔지만 며칠 전 일기예보에 의하면 오전에는 비가 온다고 하였기에 오후에 쉽게 다녀올 수 있는 낮은 산 선운산을 계획하였던 것이다. 필자는 새벽부터 분주해지기 시작했다. 커튼 너머 하늘을 수없이 쳐보면서 하루라도 집에 쉬면 몸에 가시가 돋기라도 하듯 안절부절 하는 마음이었다. 어젯밤 밖의 주차장에는 아무도 없었는데 자고 일어났더니 여러 대의 승용차가 와 있었다. 평일인데도 놀러 다니는 사람도 제법 있구나! 일하는 사람도 많아야겠지만 그에 못지않게 노는 사람도 많아야 이게 바로 선진국으로 가는 한 모습이라고 평소에 주장해 왔다.
　이게 웬일인가? 밖은 구름만 끼었을 뿐 비는 아직 내리지 않았다. 비가 안 오고 있으니 서둘러서 선운산에 가자고 아내에게 권해보고 싶었지만 또 아내에게 잔소리를 들을까 봐 입이 안 떨어져 계획했던 시간에 따라 진행해야만 했다. 변화무쌍한 서해안의 바닷가라 이곳에는 유별나게 해무와 비와 바람이 많은 곳이라는 것을 잘 알고 있는 터라 자연환경은 그런 모습을 그대로 보여줬다.
　아내는 한수 더 떴다. "산에만 다니지 말고 우리는 서해안 여행을 왔으니

이곳 근처 명소에도 가 보자"면서 "'격포항'과 '서해안 방조제'가 그리 좋다던데 그리 둘렀다가 산에 가자"는 제안이었다. 오전 9시부터 오후 3시까지 비가 올 것이라는 예보가 있었으니 선운산에 가는 일은 포기라도 하려는 듯 아무 소리도 않고 아내의 의견에 동의를 하였다.

그러나 필자의 속은 부글부글 거렸다. 말도 못하고, 말 한다고 산에 갈 수 있는 날씨도 안 되었고, 어찌 생각해 보면 산에만 빠져 명소는 안중에도 없고 아내의 말처럼 돌아서고 나면 언제 다시 올지도 모를 기회인데 아내의 말이 백번 맞았다.

다섯 평 남짓 되는 '커피프린스 펜션'에서 다소 여유롭게 아침을 거든하게 챙겨 먹고 이슬비가 내리는 가운데 짐을 정리하여 차에 싣고 아침 9시 경 숙소를 나서 가까운 '격포항'으로 향했다. 하늘이 원수처럼 여겨져 좀처럼 울분이 가라앉지 않았다.

그래도 차는 북쪽을 향해 달렸다. 거제도의 학동 가는 길처럼 꼬불꼬불 해안길을 달려 '격포항'에 도착했다. 비바람에다 추위까지 겹쳐 여행 시작도 하기 전에 감기라도 걸리면 어쩌나 하고 걱정이 되어 준비된 옷으로 막아 보려고 하였지만 워낙 바람이 세차게 불어 추위를 이길 수 없어 조금만 걷다가 나와 버렸다. 격포항에는 바닷가 바닥에 깔려 있는 돌이 제주도 서귀포시의 주상절리대처럼 신기한 '채석강'이 있었다.

추울 때 몸을 녹여줄 수 있는 곳이 커피숍이었다. 주변에는 커피숍이 몇 개 있었다. 모닝커피도 필요했는데 전망 좋은 'Caffe bene'에 들어갔다. 제2의 인생 때 34년간 보아왔던 바닷가는 항상 바람과 함께 하는 곳이라 새로울 것은 없었다.

그러나 둘이서 이른 아침에 그것도 평일에 한가하게 커피숍에 앉아 다정하게 커피를 마실 때면 진짜로 여행 다닌다는 기분이 들어 따뜻한 행복을 느꼈다. 항상 곁에서 최선을 다해 살아온 아내가 사랑스럽고 또 자랑스러웠다. 이때 남편이 할 수 있는 일은 아내가 좋아하는 대로 하면 되는데 이게 잘 안되고 필자 욕심만 채우려고 산에 빨리 가야한다는 본인의 기분만 생각하는 필자가 얄미워지기도 했다.

필자의 욕심은 필자 스스로 내려놓아야 할 텐데 너무나 오랫동안 경쟁사회에서 살아오다 보니 "생각한 것은 해야 하고, 빨리 해야 하고, 제때에 해야 하고" 하는 그런 틀을 쉽게 벗어나지 못하고 있었다.

갑자기 추워진 날씨는 우리 부부를 집 안으로 들어가게 만들었다. 물론 해가 돋기 전인 아침에만 그럴 것으로 믿고 또 발걸음을 '새만금 방조제' 쪽으로 옮겼다. 그림과 뉴스에서만 보아왔던 고 정주영 회장의 거북선이 담긴 동전으로 유럽에서 유조선을 수주하여 오늘날의 현대중공업을 탄생시켰듯이 새만금 방조제에도 그분의 창조적 신화가 숨어 있는 곳이라 궁금증이 많은 가운데 북쪽으로 차를 몰았다. 역시 대단하였다. 방조제 중앙쯤에는 자가 발전용 풍력 발전기 두 대가 열심히 돌아가고 있었고, 방조제의 끝은 보이지 않았다.

그때의 성공일화가 생각났다. 한 곳은 북쪽에서 시작하고, 한 곳은 남쪽에서 시작하여 중간지점에서 만나 물꼬를 막아야 했는데 마지막 연결지점에서 밀물과 썰물, 조류가 워낙 심하여 수많은 바위들을 바다 속에 넣었으나 계속 떠 내려 가서 중고 초대형유조선(VLCC)을 구입하여 남북을 연결하여 물을 막고 바윗돌을 퍼부어 물꼬를 막았다는 것이다.

하고 나면 아무것도 아니었다고 생각할 수 있겠지만 어찌 그런 발상을 했을까 존경스러웠다. 창조는 멀리 있는 것이 아니고 우리 곁에 늘 존재하고 있는 것이다. 바람이 너무 세차게 불어 차에서 내릴 수 조차도 없었다. 차로 활주로 같은 방조제를 달려 보았다.

돌아오는 곳도 한참 만에 찾았다. 돌아오는 길에 방파제 둑에 내려 왔다 갔다는 기념으로 바람을 피해 사진 몇 장을 남겼다.

관광지 두 곳을 가뿐하게 둘러 본 후 오늘의 하이라이트 목적지 선운산 등산로 입구인 '선운사'로 가야했다. 방조제에서는 서쪽으로 내려가는 길에 맑은 곳도 있었지만 잠시였을 뿐 점점 구름이 짙어지더니 비까지 거세게 내렸다. 크게 실망을 하면서도 차는 변경 없이 선운사로 향하였다. 아직은 오전 시간이라 등산할 수 있다는 희망을 가지고 목적지로 가는데 아내는 "비가 오면 혼자 다녀오라"는 것이었다.

겉으로는 즉답을 회피하면서도 속으로는 "아니 된다. 함께 비옷을 입고 산행을 해 보는 것이 추억으로 남을 진데!"라면서 실망은 하지 않았다. 산 속으로 들어갈수록 빗줄기는 굵어졌고, 필자의 마음은 타 들어갔다. 주차장 근처까지 갔다. 자세히 보았더니 입장료를 받았다. 등산을 못할 바에야 입장료를 내고 들어가야 할 이유가 없다고 생각하고 차를 돌렸다.

오후에 비가 멈춘다고 했으니 한 가닥 희망을 갖고 밖에서 대책을 논의해 보았다. 아직은 11시도 안되었으니 막막했다. 아내는 "혼자 다녀오라"는 뜻이었지만 필자 마음이 선뜻 내키지가 않았다. "비도 오는데 뭐 그리 대단한 일을 한다고 혼자서 가느냐? 가려면 같이 가야 한다." 내심 이렇게 원칙을 정하고 비가 멈추기만을 학수고대하면서 차도 옆 인도 위에서 막연하게 기다렸다.

비는 잦아들기는커녕 더 많이 내렸다. 확실히 등산이 어렵다는 신호였던가?

하늘이 점점 원망스러워졌다. 서울에서 내려올 때도 둘째 날은 비가 온다는 예보를 알고 왔으나 그래도 현장에서 포기하고 싶지 않은 아쉬움이 더해졌다.

선운산의 등산은 아내와 하늘의 만류로 일단 접고, 내일의 목적지인 내장산 근처의 숙소를 잡으러 가려고 차를 도로 위에 세웠다. 얼마쯤 갔을까 후회할 것이라는 미련이 뇌리를 때렸다. "이번이 아니면 절대로 올 수 없을 것이다. 비가 오더라도 가야 한다." 이런 메시지가 지배하고 말았다. "그래 가는 거야!" 신호등 앞에서 하늘에 기대를 하고, 비를 맞더라도 혼자 갈 것인가로 한 시간 이상을 대기하면서 고민하였다. 아내도 적극 협조적이었다.

대기 한 시간이 지날 쯤에 아내가 용기를 내었다. "그래 같이 가자!"

차는 급히 돌려지게 되었고, 비가 조금씩 잦아들고 있으니 조금 이른 감은 있으나 점심을 먹고 시간이 지나면 예보자의 말처럼 안 올 수도 있겠다는 기대에 풍천장어구이 전문 식당으로 들어갔다. 손님이 많은 곳보다는 깨끗하고 웅장한 다른 식당으로 들어갔다. 1인분에 32천원. 대단히 비쌌다. 그래도 2인분을 시켜서 맛있게 먹었다.

약 한 시간 가량을 식당에서 머무는 동안 하늘은 '비 멈춤'이라는 큰 선물을 우리 부부에게 안겨주는 듯하였다. 급히 밖으로 나갔더니 야산에는 구름이 또 드리워졌고, 잠시 또 이슬비가 오락가락하였다. 이슬비는 아직 내리고 있었지만 "가기로 하였으니 들어가자"는 아내의 권유로 차를 주차장 안쪽으로 모셨다. 잠시였는데 비는 멈추어 버렸다.

그래도 모르니 우의를 잘 챙겨 입고 배낭을 차에 남겨둔 채로 배너와 물만을 갖고 선운산을 향하였다. 주차료는 최대 13천원으로 시간 병산제였다. 주차장이 좁아 보이지는 않았는데 관광객이 워낙 많다 보니 그런 방법을 쓸 수 있겠다는 생각도 들어 그냥 넘어갔다. 밖에 주차할 곳도 마땅히 없었다. 또 입장료를 인당

3천원을 지불하였다. 입장료를 지불하고 우측을 보았더니 호텔 같은 숙박 시설들이 많았다. 이건 또 무슨 특혜란 말인가? 의아해졌다만 상관할 바는 아니었다.

변산의 '내소사'도 그랬고, '선운사'도 매표소에서 경내까지는 한참을 걸어가야 했다. 주변 경관은 그야말로 고목들로 장관이었다. 정신수양이 충분히 되었다.

"선운사(禪雲寺)는 백제 위덕왕 24년(577) 검단선사와 의운국사께서 창건하여 조선 성종3년(1472) 행호선사께서 중건하였으나 정유재란(1597년) 때 피해를 입어 광해군 5년(1613년)에 재건하였다. 선운사에 보존되어 있는 사적기에 의하면 선운사는 창건당시 한때 89암자에 3000승려가 상주하는 국내 제일의 대찰이었다고 한다. 5천여 평에 산재한 3천여 그루의 동백나무(4월 중순 개화) 숲은 사계절 푸르름을 이루고 여름의 10만여 평의 녹차 밭과 녹음은 더위를 식혀준다. 9월 중순경에 꽃무릇과 11월초의 단풍은 선운산을 붉게 물드는 장관을 연출하며 겨울의 설경은 고즈닉한 산사의 풍광을 보여주어 사계절 아름다움을 선사한다. 주요 문화재로는 보물 290호 선운사 대웅보전, 보물 280호 도솔암 금동지장보살좌상, 보물 803호 참당암 대웅전, 보물 1200호 도솔암 마애불상, 지방유형문화재 만세루 외 8점과 천년기념물 제 184호 동백나무숲, 제345호 장사송, 367호 송악이 있다."

오후 1시가 되어서야 등산이 시작되었다. 안내도를 보니 총 2.1km였다.

매표소에서 선운사 입구까지는 0.7km, 입구에서 마이재까지는 0.7km, 마이재에서 정상까지는 또 0.7km로 3단계로 나누어졌다.

인터넷으로 공부를 하고 왔으니 현장에서도 그림들이 눈에 선하였다. 선운사를 곁으로 인도를 따라 쭈욱 오르니 두 번째 지점인 '마이재'가 나왔다. 나무 숲속이라 이따금씩 빗방울이 아닌 물방울이 떨어지긴 하였지만 그다지 지장은없었다. 조용한 나무 숲속을 걸을 때면 힐링은 그야말로 천국처럼 느껴졌다.

키가 큰 나무 밑에서 또 가을을 수놓을 애기단풍나무들이 즐비하였다. 저들이 단풍을 선사할 때면 온 산천은 마치 불난 것처럼 되겠구나 하고 멋진 상상만 해 보았다. 이따금씩 아내에게 상상의 그림도 설명을 해 주었다.

이제 마지막 0.7㎞만 가면 선운산 정상과 만나게 되는 것이었다. "달려가듯 가 보자."

능선을 따라 걷는 것으로 되어 있었지만 모두가 난이도가 높은 오르막이었다. 그래서였던지 '마이재'까지 올라가는데 힘이 들지는 않았다. 올랐다 내렸다를 몇 번하고 났더니 336m의 정상 표지판이 눈에 들어왔다.

정상석은 가로든 세로든 눈에 띄게 세워져 있다는 고정관념에서 탈피하지 않으면 이곳은 놓칠 수 있도록 땅에 박혀 있었다. 호흡을 고르면서 안도의 한숨을 쉬었다. 비는 우리를 도와주지 않았고, 산행을 할 것인가 말 것인가를 두고 무려 두 시간 가량을 대기하였고, 숨 막혔던 순간들이 뇌리를 스쳤다. 표고가 다소 낮은 정상이라 할지라도 사방이 뻥 뚫린 곳이라 세차게 불어오는 바람에 한기를 느끼면서도 기쁨은 이루 말 할 수 없었다.

정상에서 인증샷과 주변을 배경으로 한 기념 사진도 몇 장을 확보하고 곧장 하산을 시작하였다. 하늘은 언제 그랬냐는 듯 점점 맑아져 갔다.

등산에 1시간, 하산에 1시간 하여 총 두시간 만에 49좌를 완등하게 되었다.

오후 4시 10분에 영어 수업을 해야 하니 그 시간에 맞추어 선운사 경내를 한 바퀴 돌아보았다. 보물이 있다기에 그들 위주로 둘러보았다. 그리고 깊은 산속이라 그런지 아니면 유명해서인지는 모르겠으나 내소사와 마찬가지로 템플스테이가 많았다.

이곳에는 특별히 외국인들의 템플스테이를 목격하였다. 서둘러 등산을 하다 보니 일주문에서 경내로 진입하는 주변을 볼 겨를도 없었는데 차분하게 그들과 함께 할 시간도 가져 보면서 기념사진도 많이 확보했다. 완전한 단풍은 아직 멀었지만 사계절의 모습을 하고 있는 지금이 오히려 볼품이 더 있는 게 아니겠는가 자기만족을 해 보았다.

나무들이 선사해 주는 그런 자연의 단풍이 아니라 인간들이 만들어 내는 형형색색의 옷들이 오히려 볼 만한 광경이 되고 말았다.

그럭저럭 알차게 등반을 마치고 오후 3시 반경에 주차장에 도착을 하였다.

4시 10분에 BCM 영어공부를 할 때까지는 시간적인 여유가 있어 아침에 삶아온 고구마로 간식을 먹었다. 10분간 공부를 마쳤다. 바쁘더라도 할 것은 다 하고 다녔다.

오늘의 목표는 달성하였고, 내일의 목적지인 내장산 근처의 숙소를 찾으러 가기 위해서는 약 50㎞를 달려가야 했다. 근처의 숙소들을 뒤져서 전화도 몇 군데 해 두었다. 가장 솔깃하게 들어왔던 숙소는 내장산 언저리에 자리 잡고 있다던 숙소를 찾아가기로 했다.

구름이 있어 어둠이 더 빨리 찾아들지도 모르니 서둘러 숙소가 있는 곳으로 갔다. 몇 개의 평범한 읍내를 지나고, 꼬불꼬불한 산길을 넘었더니 언저리에는 예상로 숙소들이 많았다. "숙소는 미리 예약을 하지 않고, 발길이 닿는 곳에서 잔다."는 원칙에 따라 그렇게 그곳을 찾아간 것이었다.

날이 어두워질 무렵 숙소 앞에 주차를 하였더니 취기가 가득한 주인장이 곧장 나타났다. 2층 특실을 주어, 고마움의 댓가로 현금으로 숙소 값을 계산해 주었다. 신선한 부부가 왔고, 아무도 찾아들지 않은 그곳에 손님 스스로 찾아왔으니 얼마나 좋은 일이였던가? 짐은 2층에 올려두고 하루를 마감하기 위해 맛있는 저녁을 먹어야 했는데 근처 먹을 장소는 찾아 두었지만 주인장은 자차로 우리 부부를 태워 산장의 어느 식당으로 안내해 주었다.

참 고마운 분이었지만 음주를 하고 운전대를 잡는 것은 살인행위와 같으니 그러지 말았으면 했다. 산장 주변에는 숙소와 식당에는 주말인데도 많이 한산하였다. 해가 지고 어둠이 찾아오니 인기척이 없어 귀곡 산장과 같은 느낌마저 들었다.

언덕 위 식당에 들어가도 손님은 우리 둘 뿐이었다.

새로 개시했다는 소머리국밥을 주문하고 맛있게 먹었고, 값도 16천원인데 14천원으로 차감해 주었다. 쌀쌀한 날씨와 함께 어둠 속을 걸어 숙소에 들어갔다. 조금 좁은 숙소였지만 주인장의 고마움 덕분에 뜨끈뜨끈하게 방을 데워서 하루의 피로를 충분히 풀 수 있었다.

내일은 특별하게 1일 2탐방을 해야 하니깐 멋진 산행을 다짐하면서 일찍 곤히 잠에 빠졌다. 오늘도 함께해 준 아내에게 감사했다.

세상은 밖에도 있었네!
# 명산 100, 86번째 '설악산' 완등 이야기!

▲ 설악산 (雪嶽山, 대청봉 1,708m) | 2017년 5월 20일 토요일

    몇 주 전에 갑자기 순서를 바꿔 '명산 100 등산'은 순서가 없어지고 시간이 되는대로 다녀오기로 변경하였다.
    설악산에 대한 공부도 안 된 상태에서 남한에서 세 번째로 높은 설악산 대청봉을 산악회와 다녀왔다.
    100번째 완등행사를 설악산에서 아내랑 하려고 계획을 하였는데 여러 가지 때문에 산악회에서 일정이 나오는 대로 필자 홀로 다녀오기로 마음을 바꿔 먹게 되었다.
    "설악산 대청봉은 해발고도 1,707.9m이다. 태백산맥에서 가장 높고, 남한에서는 한라산(1,950m), 지리산(1,915m)에 이어 세 번째로 높다. 예전에는 청봉 (靑峰), 봉정(鳳頂)이라 했는데, 청봉은 창산(昌山) 성해응(成海應)이 지은 《동 국명산기(東國名山記)》에서 유래되었다고도 하고, '봉우리가 푸르게 보인다'는 데에서 유래되었다고도 한다. 공룡릉, 화채릉, 서북릉 등 설악산의 주요 능선의 출발점으로 내설악과 외설악의 분기점이 되며, 천불동계곡, 가야동계곡 등 설악산에 있는 대부분의 계곡이 이 곳에서 발원한다. 인근에 중청봉, 소청봉이 있다.
    정상은 일출과 낙조로 유명하며, 기상 변화가 심하고 강한 바람과 낮은 온도 때문에 눈잣나무 군락이 융단처럼 낮게 자라 국립공원 전체와 동해가

한눈에 내려다보인다. 늦가을부터 늦봄까지 눈으로 덮여 있고, 6, 7월이면 진달래, 철쭉, 벚꽃으로 뒤덮이며, '요산요수'라는 글귀가 새겨진 바위와 대청봉 표지석이 있다.

정상까지 오색 방면, 백담사 방면, 설악동 방면, 한계령 방면의 코스가 있는데, 오색약수터에서 설악폭포를 거쳐 정상에 오르는 5.3㎞(약 4시간 소요)가 최단거리 코스이다.

속초시내에서 설악동까지 시내버스가 운행되며, 승용차로 가려면 양양에서 7번 국도를 타고 가다가 낙산을 지나 설악동 입구인 물치 삼거리에서 좌회전하면 설악산 입구 주차장까지 갈 수 있다." ◀출처:네이버

평소처럼 하루 전부터 등산 준비에 들어갔다. 아내가 이것저것을 챙겨 주었다.

산악회 등산은 언제나 아침 5시에 기상, 아내도 따라 일어나 밥을 챙겨 주었다. 지하철로 사당역에 도착했다. 토요일 휴일인데 사당역 김밥집의 문이 열려 있어 기분이 좋았다. 김밥 한 줄과 컵라면 한 개가 오늘 점심의 전부였다.

사당역 출발 5분전 등반대장이 탑승을 하였고, 구면이라 서로 목례로 인사를 하였다. 아침 7시면 해가 뜬지 2시간 30분이 지났으니 대낮처럼 훤하였다. 아침이 열리고 한참이 지났는데 출발부터 삐걱거렸다. 늦게 오는 젊은이들, 3명 불참 등 마음씨 좋은 등산대장은 한명이라도 더 태워가려고 복잡한 사당역에서 젊은이 일행 중 한명을 태워 주었다. 예전 같았으면 가차 없이 떠나갔지만 휴일 함께 쉬려고 한 그를 태워 33명이 함께 등산을 하게 되었다.

도로 주변에는 아카시아꽃이 누렇게 물들어 있었다. 황사에, 미세먼지에 대한민국이 온통 먼지투성이가 되고 있다는 증거였다. 하얗게 피었던 아카시아꽃도 며칠 지나면 누렇게 물들어 버릴 만큼 환경오염이 심각했다.

등반대장은 도착지점 근처에서 천천히 설명해 줘도 될 일을 급하게 등산 지도를 나누어 주면서 코스 설명을 해 주었다. 1코스, 2코스를 주었고, 필자는 안전하게 2코스를 선택하였다. 상세한 설명보다는 알아서 선택하도록 했다.

귀경 버스는 오후 6시 '오색주차장'에서 출발한다고 공지하였다.

- 1코스 : 한계령 → 한계삼거리(2.3㎞, 귀때귀청삼거리) → 끝청(5.4㎞) → 소청, 중청 삼거리 → 중청대피소 → 대청봉(0.6㎞) → 제2쉼터(1.2㎞)

→ 설악폭포(1.3km) → 제1쉼터(1.2km) → 설악오색분소(1.3km) → 오색 주차장(2.0km) ,총 15.3km/7시간 30분, 28명 선택.
- 2코스 : 설악오색분소 ↔ 제1쉼터(1.3km) ↔ 설악폭포(1.2km) → 제2쉼터(1.3km) ↔ 대청봉(1.2km), 총 10km/6시간, 5명 선택.

휴일이라 휴게소에는 초만원이었고, 여느 때처럼 토요일 이른 아침에는 휴게소가 온통 관광객, 등산객들로 가득하였다.

곧장 1코스 들머리 '한계령(해발 920m)'에 도착하였다. 주차장에는 버스랑 승용차들로 가득했다. 우리 산악회 버스에서 28명이 내렸다. 날씨가 있어 장시간 등산은 힘들 텐데 하는 걱정도 되었다. 등산시간은 7시간 30분을 주었다. 마치 백두대간 코스를 가는 듯한 시간이라는 느낌이 들었다.

10분 뒤 2코스 들머리인 '남설악탐방지원센터(해발 430m)' 앞 10시 40분경에 내려 주었다. 오색주차장은 여기서도 2km/15분을 더 걸어 내려간단다. 여기에서 기다리면 우리 버스가 온다고 했으니 등산을 마치고 지친 몸으로 위험한 도로를 15분 더 내려가느니 여기서 기다리면 되겠다고 생각했다.

초입에서는 시원한 나무그늘 평지에다 나무계단이 있어 '룰루랄라' 하면서 정상까지 5km, 2.5시간쯤이야, 정상에서 점심을 먹는 것으로 목표를 정했다. 곧 돌계단, 돌길, 흙길은 어디에도 없는 급경사가 시작되었다. 해가 뜬지 5시간이나 지났으니 숲속에는 벌써 더운 열기가 뿜어져 나왔다.

설악산은 높이와 깊이가 있어 마냥 시원할 줄만 알았는데 바람 한 점 없었다. 앞서가던 회원의 나이는 72세였다. 풍이 와서 등산을 하기 시작했다면서 등산 속도가 젊은이들 보다 더 좋았다. 날씬한 몸으로 멀리 앞서 가 버렸다. 필자는 평균속도로 올라갔더니 그 분은 쉼터에서 쉬고 있었고, 물 한모금을 권하고선 당신께서는 또 앞서 가 버렸다. 마치 토끼와 거북이의 경주를 연상케 했던 순간들이었다.

이런 순간들이 계속 이어졌고, 급경사 오르막길은 끝날 줄 몰랐다. 나무계단, 돌계단, 바윗길의 급경사는 계속 이어졌고, 기온까지도 높아 (나중에 확인한 바로는 양양의 낮 최고 기온이 33도) 물의 소모량이 자꾸만 늘어갔다.

등산 중에는 나무들로 가려져 조망을 볼 공간을 주지 않았고, 쉴 공간도 있지 않았다. 줄곧 머리박고 등산만을 해야 했다. 전망대라는 것이 있을 법한데 코스가 그런 듯 아무런 구경거리도 제공되지 않았다. 오로지 정상석만을 생각하면서 한 걸음 한 걸음 있는 힘을 다해 올랐다. 너무 기력이 떨어져 점심을 할까 말까 망설여지기를 여러 번 반복하였다.

물, 사과와 오렌지만으로는 등산에 필요한 에너지를 커버하기에는 부족한 듯하였다. 그래도 물 3병, 사과 2개, 오렌지 3개를 준비해 간 것은 잘 한 것 같았다. 어젯밤에는 월요일 후배랑 '노인봉'에 갈 것을 생각해서 생수 두 병을 남겨두었다가 아침에 나오면서 한 병을 더 챙겨 넣었다. 이론적인 필요한 양을 가지도록 하였다.

정상까지 마지막 500m에서는 키 작은 나무들 뿐 쉴 공간도 없을 뿐더러 너무 더워 쉼 없이 걸어야만 했다. 필자가 얼마나 힘들어 보였던지 학생들도 "800보만 걸으면 정상이다"라고 응원까지 해 주었다. "좀 쉬고 싶다. 그러면 안 돼. 기온은 자꾸 올라만 가고 있는데, 쉬기 시작하면 자꾸 가기가 싫어지는 거야." 영혼과 정신을 싸움 붙여 드디어 분리를 시켰다. 영혼은 정상석에 가 있게 하고, 정신력으로 계속 움직였다. 정상까지는 이제 100m만 남았다. 이때부터 조망도 있었으나 희미한 무언가 때문에 제대로 보여지지 않았다.

그러나 정상 주변에는 진달래랑 키 작은 나무들이 있었고 광활하게 펼쳐진 대자연은 젊음의 상징인 푸른색이 눈앞에 펼쳐졌다. 부드러운 스펀지 위에 푹 쉬고 싶은 생각에 대자연의 푸른 나무 위에 풀썩 내려앉아 쉬고 싶은 마음 꿀떡 같았다.

출발 3시간만인 오후 1시 40분 드디어 정상에 도착하였다.

높이(1,708m) 만큼이나 주변의 경관이 좋았고, 아주 옛날에 '흔들바위', '봉정암'에 다녀갔을 때가 새록새록 생각났다.

그때는 북쪽에서 올라갔는데 이번에는 남쪽에서 올랐다. 저 멀리 까마득히 보이는 산이 그곳일까? 상상만 해 보았다. 주저 없이 인증샷을 확보하였다. 휴일에는 정상석에서 기념사진을 찍으려면 줄지어 십분 이상을 기다려야 한다는 것에 사람이 없을 때 빨리 확보하여 다행이었다. 산악회

한 팀이 반대방향에서 올라와 무더운 날씨에 10m는 되어 보이는 줄이 만들어졌다.

360도 주변을 사진에 담고 재빨리 하산을 하였다. 왜냐면 주변에는 쉴 곳이 없었고, 날파리들의 보금자리였고, 기온도 올라 숨이 막힐 지경이기 때문이었다.

한계를 지나면 멘붕 상태가 오듯이 점심 전인데도 먹어야겠다는 집념이 없어졌다.

그래도 3시간 이상을 내려가야 하니 시원한 곳을 찾아 점심을 먹어야 했다. 다음 미션은 좋은 자리를 찾아 점심을 먹는 것이었다. 내려오면서 생각을 해 보았더니 이정표는 띄엄띄엄 있었고 또 정확했지만 있어야 할 곳에는 있지 않았고, 특별한 곳은 '설악폭포' 한 곳 뿐이었다.

그러니 해 지기 전에 안전한 하산을 하려면 쉬지 말고 또 걸어야 한다는 뜻으로 서운함을 달래면서 하산이 이어졌다. 20분 정도 내려와 시원한 그늘 아래에 널찍하게 자리를 잡고 준비해 간 컵라면, 김밥으로 맛있게 먹고 있는데 옆에 있던 사람이 맛있는 김치 한 봉지를 주었다. 필자가 컵라면을 먹고 있으니 라면 먹을 때 김치 맛을 아는지 김치를 건네주었다. 천군만마를 얻었다는 느낌을 받았다.

이제 든든하게 에너지를 보충하였으니 "5시까지 하산완료, 입구에 있던 계곡에서 시원한 물로 발마시지를 해 주는 것"을 하산 두 번째 미션으로 잡았다.

돌계단, 나무계단, 바윗길, 자갈길로 이어지는 하산로는 그야말로 깎아지른 듯한 내리막길이었다. 설악폭포 지점에 시원한 물이 흐르고 있었고, 많은 사람들이 휴식을 취하고 있었지만 유혹에 빠지지 않고 쉼 없이 내려왔다.

잠시 호흡을 가다듬고 아래로, 위로, 뒤로 쳐다보면서 필자가 이런 험한 길 마다하지 않고 걸어 놀랐던가? "이게 뭐라고!" 아내가 자주하던 말이 생각났다. "시작이 있었으면 끝도 있는 법이니라!" 다리가 아파서 쉬더라도 잠시 서서 쉬었고, 그때마다 앞에 차고 있던 초크통에서는 사과와 오렌지가 계속 공급되었다. 등산할 때마다 초크통은 사용되었지만 오늘처럼 그 역할이 빛났던 순간은 처음이었다. 더위 때문인지 먹이 활동 때문인지 개미가 너무 많이 기어 나와 등산로를 다니고 있었다. 바닥이 고르지 못해 바닥만 보고 걸어서 개미가 밟혀 죽는 경우는 적었을 것으로 생각되어 다행이었다.

앞서가던 사람들은 깎아지른 듯한 돌계단에 앉아 한숨을 쉬면서 쉬고 있었다. 제주도 한라산 백록담의 하산길도 지겨웠지만 이곳의 하산 길은 급경사의 돌계단에 오랜 산행이라 피로감과 지겨움의 강도는 제주도의 그것보다 몇 배나 세어 피로감도 몇 배나 되는 듯하였다.

그들과 같이 쉬고 싶었지만 한번 쉬게 되면 자꾸 쉬고 싶어지니 쉬지 않고 계속 한 계단 한 계단을 내려왔다.

드디어 끝은 있었다. 출발 세 시간 만인 오후 4시 40분경에 발마사지를 하고픈 계곡에 도착하였다. 남설악탐방지원센터(해발 430m) 입구까지는 100m남았다. 위치를 확인하고 얼른 계곡으로들어가서 차디찬 얼음물에 발마사지를 해 주었다. 발이 얼 정도로 차가웠다. "바로 이 맛이야". 하루의 피로를 확 가시게 만들어 주는 최고의 선물이었다. 1급수에만 산다는 도롱뇽도 있었고, 까만 올챙이도 와글와글하였다.

오후 다섯 시가 가까워졌으니 등산객들도 단체로 하산이 이어졌다. 여유가 있어 보였던 몇몇은 같은 계곡에서 잠시 휴식을 취하였고, 대부분 통과였다. 등산관련 장비들을 모두 정리하고, 간단하게 땀 옷도 갈아입고 가볍게 입구를 향했다.

입구에는 타 산악회 회원들도 많았고, 우리 산악회 화원들은 아무도 보이지 않았다. 9.5㎞, 6시간의 설악산 대청봉 등산은 마무리 되었다. 너무 피곤해서 15분, 2㎞를 걸어서 주차장까지 내려가고 싶지가 않았다. 여섯시가 넘어서 우리 버스가 입구에 도착하였다.

그런데 인원을 세어보던 대장이 걱정거리를 전해 주었다. "한계령 도착 전에 오늘 등산은 날씨 때문에 7시간 30분으로는 힘들 것으로 예상이 되니 2코스 선택을 유도하지 못한 게 아쉽다"면서 "6명이 탑승하지 않았다"고 하

였다. 약 25분을 더 주어도 그들은 우리가 준 혜택을 누리지 못하고 탈락자가 되고 말았다. 설악산 등산시간은 여유롭게 잡아야 할 것이다.

필자는 그래도 쉽다고 하는 2코스 등산을 했는데 이렇게 힘든 산행은 난생처음이었다.

입구에 도착하자마자 분명히 탈락자가 많이 나올 것이라고 예측이 되었고, 결과도 그랬다.

계획보다 무려 30분이나 늦은 오후 6시 30분에 귀경이 시작되었다.

이런 저런 이유로 평소와는 다르게 사당역 도착시간이 40분이나 지연되고 말았다. 화가 났지만 이미 지나간 과거였다.

집에는 밤 열시 반 가까이 도착하게 되어 무척 피곤했던 하루로 기억 남게 되었다. 정성스럽게 차려놓은 밥상을 보고 하루를 마무리 하는 마음이 짠하게 맘속에 울려 퍼졌다.

다시는 가보고 싶지 않은 산으로 기억 속에 남게 되었지만 힘든 산행 속에서 "해야 한다"는 개념과 "해도 되고 안 해도 된다."는 개념의 차이를 알게 되었다. 지금까지 강의를 하면서 타인에게 강조해 준 "지금 한다.", "포기하지 않는다." "끝까지 한다."는 정신은 필자에게도 계속될 것이다. '명산 100'을 시작한지 16개월째인데 시작을 했으니 끝까지 한다.

설악산은 필자에게 좋은 추억거리를 만들어 주었고, 고생 끝에 남은 것도 참 많았다.

산악회에 감사를 드렸다.

세상은 밖에도 있었네!
# 명산 100, 98번째 '소백산' 완등 이야기!

▲ 소백산 (小白山, 毘盧峯 1,439m) | 2017년 6월 23일 금요일

"명산 100 완등" 카운트다운이 시작되었고, 여름철 높은 기온과 서울에서의 거리, 등산 난이도가 높은 나머지 명산(소백산, 월악산, 두타산)들을 다녀올 수 있는 방법으로 고민이 많았다.

산악회에서는 남은 세 곳을 자꾸 피해가는 듯 6월 말 명산완등에 속을 태우고 있는 중이었다.

7월부터는 폭염 등으로 여름 날씨고, 대학교 합류 및 조선기술사 교재 편찬 위원장의 임무에 충실하고자 "6월 말에는 반드시 100대 명산의 완등을 해야겠다"는 압박감이 작용하고 있는 중 거제도에 가야 할 일이 자꾸 생기고 말았다.

서울에서는 산악회와 함께 할 수 있으니 거제도에 있는 일정만큼 완등은 자꾸 늦어진다는 압박은 가중되었다. 그러는 찰나 아이디어가 떠올랐다. 거제도에 내려갈 때 여러 가지 생각을 가져보았지만 아내의 동의가 필요한 일이었고, 날씨까지 더웠고, 산의 높이 등등 아내의 도움을 받아 낼 생각을 하면 가능성이 없을 것 같아 많이 망설여졌지만 밝혀 보았다.

산악회에서 7월 4일 계획된 두타산을 "명산 100 완등목표"로 조정하고 서울에 가는 날을 이용하여 충북과 경북의 경계인 죽령휴게소 주변의 명소를 하루 전에 둘러보고, 그 주변에서 자고 다음 날 소백산을 등산하는 1박 2일로 아내의 동의를 얻었다.

소백산의 유래를 찾아보았다.

　"소백산의 '백산'은 '희다', '높다', '거룩하다' 등을 뜻하는 '붉'에서 유래한 것인데, 소백산은 여러 백산 가운데 작은 백산이라는 의미다. 예로부터 신성시되어 온 산으로 삼국시대에는 신라, 백제, 고구려 3국의 국경을 이루어 수많은 역사적 애환과 문화유산을 지니고 있다. 소백산에서 남서쪽으로는 완만한 능선이 이어지는데, 이 길을 따라 내려가면 연화봉이 있고 이곳에서 약 4킬로미터 정도 더 내려가면 제2연화봉(1,357m)에 이른다.

　이 산의 남쪽 4㎞ 정도에 죽령이 있으며, 5번 국도와 중앙선 철도가 통과한다. 제2연화봉 동남쪽 기슭에는 643년(선덕여왕 12)에 두운조사가 창건했다는 유명한 희방사와 내륙에서 가장 큰 폭포인 희방폭포가 있다.

　소백산은 장엄하나 완만한 산등성이와 끝없이 펼쳐지는 운해 그리고 울창한 산림이 수려한 계곡과 어울려 장관을 이루어 많은 등산객이 찾아든다. 주요 등산로는 죽령의 가운데에 있는 희방사역을 기점으로 하여 희방폭포와 제2 연화봉을 거쳐 올라가는 코스와 북쪽의 국망천, 남쪽의 죽계천 골짜기를 따라 올라가는 코스 등이 있다.

　소백산 일대는 예로부터 산삼을 비롯하여 많은 약초가 자라 지금도 약초 채취가 활발하며, 풍기는 이들 약초의 집산지이자 풍기 인삼으로 이름난 곳이다. 죽령과 제2연화봉 사이의 산기슭에는 우리나라 제일의 우주 관측소인 국립천문대가 있다.

　소백산 일대는 웅장한 산악 경관과 천연의 삼림, 사찰, 폭포가 많으며 주변에 부석사나 온달산성 등의 명승고적이 많아 1987년 12월에 소백산국립공원으로 지정되었다. 공원 면적이 320.5㎢로 경상북도 영주시, 봉화군, 충청북도 단양군에 걸쳐 있다. 공원 내에는 희방사, 부석사, 보국사, 초암사, 구인사, 비로사, 성혈사 등 여러 사찰과 암자가 있다.

　특히 나라 안에 제일가는 절로 평가받는 부석사를 비롯한 수많은 문화유산들이 산재하고, 소백산 기슭에 자리한 희방폭포는 소백산의 정봉인 비로봉으로 등정하는 길목에 위치한다. 높이 28미터로 내륙에서는 가장 큰 규모인 희방폭포가 떨어지는 계곡에는 숲과 그늘과 괴암이 한데 어우러져 절경을 이루고 폭포 바로 위에는 선덕여왕 12년에 두문스님이 창건한 희방사가

자리한다. ◀출처 : [네이버 지식백과]

소백산 등산은 이렇게 진행되었다.

6/22일(목): 거제도 → 죽령휴게소(백두대간 인증 장소) → 고수동굴 → 숙소

6/23일(금): 숙소 → 소백산 등산 → 서울로 이동을 목표로 잡고 아내가 도와주기만을 기다렸는데 말이 떨어지기도 무섭게 동의해 주었다. '명산 100 완등을 빨리 마치게 해야 된다'는 강박관념을 아내와 두 공주가 느끼고 있는 듯 아내도 성큼 동의해 주어 다행이었다. 이 사업을 필자에게 소개해 준 친구와 완등 마무리 행사를 할 수 있어 완등 카운트다운 마무리 일정을 변경하게 되었다.

당초에는 "두타산(98좌) → 월악산(99좌) → 소백산(100좌)"였는데, 수정하여 "소백산(98좌) → 월악산(99좌) → 두타산(100좌)"으로 완등 명산을 두타산으로 변경하게 되었다. 두타산의 유래를 보았더니 두타산(頭陀山)의 산 이름인 두타(頭陀)는 불교용어로서 '속세의 번뇌를 버리고 불도(佛道) 수행을 닦는다.'는 뜻이라 그 내용이 필자의 그동안 상황과 맞는 것 같아 괜찮아 보였다.

그리고 6월 22일 목요일 서울집에 도착한다는 계획을 거제도에 내려갈 때 두 공주에게 알려주었다. 계획을 변경하여 더운 날씨에 무리하게 등산을 시도한다는 것에 두 공주의 원성이 뇌리를 자극하였지만 아내만이 내편이라 생각하고 결행하게 되었다. 두 공주가 이해를 해 주리라 기대는 하지 않았다.

이처럼 가족의 원성을 의식하면서도 1박 2일의 명산, 명소 여행 일정을 잡게 되었다. 동의를 해 준 아내에게 감사를 전하면서도 34년간의 직장생활에서 앞만 보고 살아온 그 자세에서 전혀 변함이 없는 필자 자신이 부담스러웠다.

아내와 여행과 등산을 할 때는 항상 3박자를 염두에 두니 걱정은 하지 않아도 된다. "안전하게! 즐겁게! 행복하게!" 결국 필자 자신을 건강하게 만든다.

"안전하지 않은 여행과 등산은 즐겁지 않을 것이고, 안전한 여행과 등산은 즐겁고 또 행복하지 않는가? 안전하더라도 즐겁고 행복하지 않는 여행과 등산이라면 왜 하겠는가?" 아내도 이제 남편을 믿고, 따라나서는 것이 즐거워 보여 다행이었지만 "곧 100명산 완등을 하게 되면 또 무엇으로 즐거움을 이어갈까? 걱정 아닌 걱정도 되었다"마는 100명산 완등의 시계는 멈추지 않을 것이다.

소백산 탐방 첫날은 등산을 하지 않고 명소를 보러 다니므로 서두를 필요 없이 거제도에서 여유롭게 출발할 수 있어 아내의 표정도 괜찮아 보였다.

한편으로는 "명산 100 완등이 뭔데 소백산 하나 때문에 이렇게 호들갑을 떨어야 하나?" 싶기도 하였다. "그래, 시작을 하였으니 유종의 미를 거두자!" 그러나 누구나 할 수 있는 사업이 아니라는 생각도 할 수 있겠다는 자부심에 힘을 얻어 1박 2일 일정이 시작되었다.

 1일차의 죽령휴게소, 고수동굴을 즐겁게 마무리하고, 오늘의 마지막 미션은 내일 소백산 등산 들머리 근처에 숙소를 잡는 일이었다.

 들머리인 '어의곡 새밭 주차장'까지는 약 30분 거리였다. 아무래도 산속 깊숙이 들어가면 아무것도 없을 것 같아 굉장히 피곤해서 일찍 가는 길에 있는 단양읍에 숙소를 정하기로 하였다. 마침 호텔이 있어 다행이었고, 소백산 들머리까지는 30분 거리라 고민할 것 없이 가벼운 마음으로 조금 일찍 진을 치게 되었다. 5만원, 물은 공짜, 아침 토스트까지 공짜였다. 방에 들어가자 내일 시간 계획을 아내가 알려 주었다.

 아내가 좋아하는 시간대에 맞춰야 더위 때문에 머리 아파하는 불상사가 안 일어나기 때문이었다. 5시 반 기상하여 식사, 6시 반 이동, 7시 등산 시작까지는 아내의 권한이었고, 편도 5.1km/2.5시간의 보통 등산객의 시간보다 30분을 더하여 10시 하산 시작, 13시 서울 이동, 16시 서울 집 도착은 필자의 몫으로 내일의 시간 계획까지 마무리 하였다.

 다음 날. 아내의 50좌 목표 달성이 되는 날이었다. 아내는 긴장 탓인지 4시 반에 일어났다. 필자도 덩달아 눈은 떠졌지만 몸은 아직 수면상태였다. 한 시간 가량 더 지났다. 아침 5시 반에 아내가 불을 켰고, 등산준비 하느라 둘은 누가 뭐라고 하지 않아도 16개월 동안 같이 다녔던 터라 각자 알아서 척척 잘 해 나갔다.

 아무도 일어나지 않았던 시간대라 필자는 더부룩한 머리를 하고 1층 생수대에 내려갔다. 어제 입실 때 보았던 "생수는 공짜"라고 적혀 있었으니 아내는 3병을 희망하였지만 한 병을 더해 4병을 갖고 오는데 지배인의 잔소리에 그만 한 병은 두고 세 병만 들고 왔다. 지배인은 우리가 등산용으로 사용하려는지 착각을 한 것 같아 "아침을 먹어야 하니 필요하다"는 설명과 함께 조용히 넘어갔다.

 누룽지는 따뜻한 물에 익히고, 햇반에, 갖고 간 반찬까지 맛나게 배불리 아침을 먹었다. 이제 숙달이 되어 아침 걱정은 식당이 없는 곳에서도 기우가 되었다. 맛있게, 배불리 아침을 먹고 숙소를 나섰다. 시골마을 아침은 한

가했고, 공기도 맑고 깨끗했다.

  오늘 산행의 들머리인 '새밭 주차장'까지는 30분 거리였다. 아침 6시 30분 경에 도착하였다. 옆에는 SUV 차량 한 대가 주차되어 있었고, '우리보다 빠른 산객도 있었구나.'를 생각하면서 어젯밤에 걱정이 되었던 일은 모두 안심하게 되었다.

  날이 더워지기 전에 빨리 다녀와야 한다는 일념에 빠르게 등산 장비를 챙겨서 등산을 시작하였다. 바람 한 점 없었지만 상쾌하였다.

  도로는 돌멩이 길, 경사에는 나무계단, 높이가 적당, 자연도 보호하고 산짐승의 접근을 막는데도 도움이 될 것 같았다. 국립공원이라 잘 관리가 되어 있었다. 국립공원 어디를 가나 나무에 달린 산악회 리본이 없어 깨끗해 보였다.

  각자도생의 현장을 정확히 보았다. 키가 작아 살아남지 못한 나무들은 도태되어 있었다. 산 높이에 따라 자라고 있는 나무의 종류도 달랐다. 능선을 따라 왼쪽에는 참나무 군락지, 오른쪽에는 잣나무 군락지수종갱신에 성공을 한 것 같았다. 분명히 같이 심었는데 경쟁에서 진 키 작은 나무들은 이미 말랐고, 키가 큰 나무들도 굵기가 서로 달랐다.

  각자도생의 한 장면이었다. 그들이 여기까지 자라면서 보이지 않는 생존의 전쟁을 치뤘다는 것을 새삼 느끼게 되었고, 정상 부근의 추운 곳의 참나무들은 덩치는 큰데 나뭇잎이 적었다는 것을 볼 수 있었다. 살아남는 방법을 알려주는 듯 물을 많이 필요치 않는 형태로 생존의 비법을 간직한 채 필자에게 주는 메시지는 분명히 강렬하였다. 산짐승들이 잣나무 열매를 찾았던지 수북이 쌓인 나뭇잎 속을 뒤집어 놓았다.

  그런 흔적들을 볼 때면 머리가 쭈뼛쭈뼛해지기도 하였다. 보이는 것이라곤 자연 뿐, 들리는 것이라곤 자연의 소리인 새소리, 물소리, 바람소리 뿐, 악의적인 인간의 소리는 들리지 않았다. 새소리만 요란하게 들렸다. '일찍 일어난 새가 좋은 먹이를 먹는다.'는 말이 생각났다. 그러면 우리도 좋은 벌레를….

  정상까지 800m지점부터는 온통 하늘이 열렸고, 이글거리는 태양을 직접 안으며 올라야 했다. 다행이었던 점은 그리 경사는 없었고, 더위를 잊고 주변을 감상하기에 딱 좋은 풍광이 우리를 자주 멈추게 만들었다. 등산로 좌우에는 이름 모를 야생화가 즐비했고, 풀밭 속에서는 때 이른 여치 소리가 귓전을 때려 옛날 고향 생각이 절로 났다.

드디어 백두대간의 장엄한 대로와 마주쳤다. 1400m가 넘는 고지에는 키 큰 나무는 하나도 없었고, 풀만 가득하여 좀 특이한 정상이라는 것에 아내도 감탄사를 자아냈다. 목장 같다는 느낌을 받았다. 소백산의 유래를 기억에서 더듬어 보았더니 정상에서 느끼는 분위기가 충분히 이해되었다.

겨울에는 하얗게 덮인 눈을 떠올리며 설산의 깨끗함과 순수함, 그리고 주변을 덮어주는 치마와 같은 소백산 정상에서 잠시 호흡을 가다듬으며 "세상은 이리도 화려한데 가정이라는 조그마한 울타리 속에서 아웅다웅 왜 그리도 세상을 모르고 살았을까?"며 과거 속으로 타임머신은 움직여 주었다. 나무 한그루 없는 초원 같은 그리고 말과 소는 없지만 목장 같은 그 풀 위에 드러누워 하늘을 벗 삼아 속세의 허탈함과 비교하면서 필자의 마음을 다시 추슬러 보고 싶어졌다. 계곡에 갔을 때는 그 속에서 필자의 생각을 정리해 보았고, 정상이 이렇게 다른 곳에서 또 필자의 생각을 정리해 보았다. 힘들 줄 알았던 산행을 즐거움으로 포장해 주었다. 눈앞에 펼쳐진 소백산의 산행길에서 백두대간의 외로움과 고독함이 가득 있어 보였다.

동쪽으로는 '국망봉'이 서쪽으로는 '연화봉', '제1연화봉', '제2연화봉'이 엎어지면 코가 닿을 위치에 있어 소백산 백두대간 코스를 한번 걸어보고 싶다는 필자의 제안에 아내는 아예 생각도 하지 말라고 말문을 막아버렸.

아름다운 정상의 장면은 기온의 변화로 그 면적이 줄어들고 있다고 하였다.

큼직하게 서 있던 비로봉의 정상석은 등산으로 인한 피곤함을 지우기에 충분했다. 잠시 배낭을 내려놓았다. 자연을 감상할 시간을 가졌다. 아내도 연신 카메라를 눌렀다. 얼마나 좋으면 저렇게까지 사진을 찍을 수 있을까? 지금까지 50번째였는데 사진을 저렇게 많이 찍기는 처음인 것 같았다. 어젯밤까지 갈까 말까로 고민이 많았는데 정상에서 바라본 필자의 마음이 다 잡아지는 계기가 되었다. "하면 된다. 해 보지도 않고 걱정만 하고 있다."고 걱정이 없어지는 것도 아니고 풀리는 거도 아닌데 현장에서 해결하면 된다. 정답은 현장에 있다는 평소 소신대로 살면 되는 것이다.

한참동안 각자 자연과 동화되는 시간을 가졌다. 전라북도 전주에서 왔다는 한 부부를 만났다. 조금 전 주차장에 세워둔 SUV 차량의 주인이었다. 부부는 수줍은 듯 멈칫멈칫하여 필자가 먼저 다가가 "사진을 찍어드릴까요?" 부부는 수줍음이 많은 것 같았다. 정상석은 하늘을 찌르고도 남았는데 "옆에 앉아 찍겠다"기에 "사람이 너무 작아 보이니 서서 찍으면 어떠냐?"고 권했더니 일어서 주었다. 정상석 좌우에 세우고 촬영 들어가기 전에 파이팅을 외치라고 하였더니 따라해 주었고, 그 다음 포즈로 하트 마크를 팔로 그려 보라고 하였더니 남자는 "우리는 그런 거 못해요"라고 대답하였다. 나이를 먹어도 아직 그런 권위주의는 버리지 못하고 있는 것 같았다. 나이가 들면 좀 부드러운 남자로 변해 보길 마음속으로 빌어보았다. 그 연세에 부끄러운 게 뭐가 있을까?

무겁게 지고 올라간 배낭 속에서 컵라면이 나왔고, 참외랑 생강 등 한참동안 먹으면서 자연을 감상하면서 휴식을 취해 보았다. 춥지도 않은 시원한 바람도 마음에 들었다. 아내도 덩달아 좋아했다. 감탄사를 연신 뱉어 주니 준비하면서 이런 저런 일도 걱정이 많았던 필자도 힘이 났다.

아내는 명산 100 중의 50좌 목표를 달성하게 되었다.

아내는 목표달성에 대해 이렇게 마무리를 해 주었다.

"'시작이 반이다'로 남편을 믿고 시작했는데 '시작이 있으니 끝도 있더라.'였다." 축하의 의미로 플래카드라도 준비를 해 가야했는데 그 생각을 했으면서도 시간이 없어 놓친 게 아쉬웠다.

필자도 아내의 덕분으로 98좌를 마무리하게 되었다. 이제 두 번만 더 다

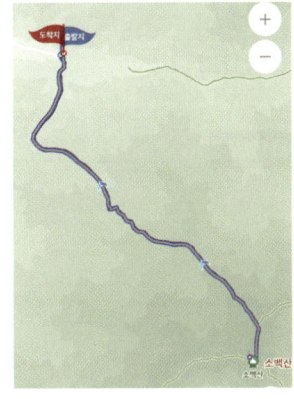
녀오면 명산 100은 완등하게 되었고, 산악회와 함께 하면 되는 것이라 조금은 걱정을 덜게 되었다.

예상대로 등산 시작 3시간 만에 아침에는 이슬을 말리고 대지를 달구는 시간이 한참 지난 10시 30분 정확히 하산을 시작하였다. 아내의 무릎이 걱정되어 우선 무릎보호대를 착용했다.

등산에서는 급경사로 인한, 혹은 바위로 인한 어려움은 없었는데 거리가 5.5km로 만만찮아서 걱정이었다. 그래도 두 시간이면 충분히 내려갈 수 있을 것으로 예상을 하며 천천히 주변을 감상하면서 하산하였다.

역시 각자도생의 현장을 다시 한번 살펴보았다. 잣나무 속에서 살아남으려고 하는 참나무도 대단하게 여겨졌다.

쉬엄쉬엄 내려오면서 비슷한 길이라 지겨움은 조금 있었지만, 결국은 2시간만인 12시 30분 '새밭주차장'에 정확히 도착하였다. 약 11km, 6시간 등산은 마무리 되었다.

좋은 풍광을 선물해준 소백산에 감사를, 함께해 준 아내가 고마웠다.

세상은 밖에도 있었네!
# 명산 100, 14번째 '소요산' 완등 이야기!

▲ 소요산 (逍遙山, 의상대 588m) | 2016년 2월 25일 목요일

경기도 동두천시와 포천시 신북면(新北面)의 경계에 있는 '소요산'을 두달회 회원들과 대중교통을 이용한 등산을 가게 되었다. 두달회는 경상도 출신으로 건장하고 산을 잘 타는 중년 신사들로 구성되어, 언제까지 갈지는 모르겠으나 골프, 등산을 번갈아 가면서 최소한 두 달까지는 잘 가 보자는 뜻에서 친구가 지은 이름이었다.

소요산에 가자고 한 것은 많은 이유가 있었다. 초기에는 관악산이었다.

무엇보다도 B사 인증샷을 확보해 나가기 위해서였고, 다른 한 가지는 기차 타고 서울에서 외곽으로 빠져서 서울 근교를 감상하고 싶었던 것과 사연이 많은 소요산이라 거닐면서 나를 되돌아보는 곳으로도 괜찮을 것 같았다.

조선을 개국한 태조가 왕자의 난으로 실각한 후 소요산 아래 행궁을 짓고 머물며 불교수행에 힘썼는데 그는 자주 백운대에 올라 경치를 즐기며 동시에 자신의 회환을 달랜 곳이었다. 두달회 멤버들도 이런 마음으로 유유자적 산행을 해 주었으면 하는 기대를 하며 소요산 등산을 필자가 추천을 하였다.

"소요산은 경기도 동두천시와 포천시의 경계에 있으면서 현자들이 소요 하는 산이라 하여 '경기의 금강산'이다. 화담 서경덕, 양사언, 매월당 김시습 등 수많은 문인들이 이 산을 찾아 유람하며 마음을 다스리고 나누었다.

산세는 별로였는데 원효폭포, 옥류폭포가 있었고, 원효가 창건한 '자재암'을 기점으로 상/중/하 백운대, 나한대, 의상대 등 5개의 봉으로 이루어져 있었다. '현인들의 산', '죽기 전에 꼭 가봐야 할 명산'이라고 한다. 원효

가 '자재암'을 창건하였고, 974년(광종25)에 소요산이라 부르게 되었다. 서화담 양달래와 매월당 김시습이 자주 소요(逍遙)하였다 하여 소요산이라 부르게 되었다. 원효대사와 요석공주의 러브스토리가 펼쳐진 곳이었다.

푸른 산과 붉은 단풍 그리고 흰 구름이 어우러지는 명승이기에 '백운대'라고 불렀다. 위치에 따라서 상, 중, 하 백운대라고 지었다. 신라29대 무열왕녀 요석공주가 원효대사를 사모하여 공주궁을 짓고, '설총'을 길렀다는 흔적이 남아있다. 그래서 정상인 의상대 옆에는 원효대사가 요석공주를 두고 '공주봉'이란 이름을 지었다. 특히 자재암은 신라 중엽 원효대사가 개산(開山)하였으며, 고려 광종 25년(974)에 곽규대사가 왕명을 받아 정사를 세웠으나 고려 의종 7년(1153)에 소실되었고 이후 여러 차례 재건과 소실을 되풀이하다 한국 전쟁 때 소실되었던 것을 1961년에 재건되었다.

'일주문'에서 등산의 시작을 알려 주었다. 등산로 주변에는 유서 깊은 명승지답게 여러 가지 단장을 해두었고, 평일인데도 어르신들이 특히 많았다. 조금씩 골짜기 쪽으로 갈수록 노인네들이 많았는데 '자재암'에 도착하여 보니 그 이유를 알 수 있었다. '자재암'에는 이들이 경내 대웅전에 들어 앉아 스님의 설법을 듣고 있는 것이었다. 노인네들의 행로는 '자재암'까지였다.

부채꼴 모양, 말발굽 모양을 한 소요산은 등산을 한다면 모두를 걸어보지 않을 수 없게 되어 있었다. '자재암'에서 왼쪽 등산로를 따라 오르면 '하백운대', '중백운대', '상백운대'가 순서대로 봉우리를 형성하고 있다. '백운대'는 '산세의 웅장함과 화려함의 극치를 이루는 단풍과 청량한 하늘 전체에 유유히 흐르는 흰구름이 어우러져 '백운대'라는 이름을 붙여 문자 그대로 '작은 금강산'이라고도 했다.

조선을 개국한 태조가 왕자의 난으로 실각한 후 이곳에서 행궁을 짓고 머물며 불교 수행에 힘썼는데 그는 자주 백운대에 올라 경치를 즐기며 동시에 자신의 회환을 달랬다는 곳이라고 하기엔 너무나 초라하게 느껴졌다. 소요산에 지어진 이름의 유래는 태조 이성계가 이곳에 머물며 '자재암'을 크게 일으킨 후 자재암을 둘러싼 소요산의 여러 봉우리들이 불교와 관련된 이름으로 불렸단다. 소요산의 최고봉을 의상대라고 부르게 된 것도 원효의 수행 동반자인 의상을 기려 지었단다. ◀출처 : [네이버 지식백과] 소요산

한 달 전에 약속된 일정이 벌써 오늘이 되었다. 사실 많이 기다려졌다.

회원 모두 사는 곳이 다르니 각자 알아서 10시까지 '소요산역'에 도착하라고 하였더니, 모여서 함께 가자는 제안을 해 거절할 수 없었다. 문제는 소요산 전철이 30분 간격으로 있어 한번 놓치면 30분을 기다려야 하는 일이 벌어지게 되는 것이었다. 회장은 소요산행 지하철에 각자 위치에서 승차하는 시간표를 짜서 주었다. 한 사람이라도 늦으면 30분이 늦어지게 되니 제일 멀리 사는 친구 도착시간에 맞춰 30분 늦게 가는 것으로 결정을 해 주었다.

결과적으로 대전에서 30분을 당기고, 소요산 도착시간을 30분 늦추는 것으로 시간계획이 진행되었다. 대전 신탄진역에서 ktx로 6시 40분에 출발하여 영등포역에서 지하철로 환승을 하면 만날 수 있게 되었다.

각자 주어진 역에서 시간을 잘 지켜 승차하여 각각 2시간여 만인 10시 25분 소요산역에 모두 도착하였다. 단체 움직임에는 행동 통일을 위해 나서는 사람이 있어야 했다. 소요산을 선택한 배경도 모르면서 집을 나서기 전에 아내로부터 잔소리를 들었다는 친구도 있었다. "가까운 관악산도 있는데 왜 멀리까지 가려고 하는지 이해가 안 간다." 맞는 말이었지만 필자가 결정하고 그 결정에 따르기로 한 이상 반대의견을 내면 필자가 잘 이해시켜야 하는 것이다.

정거장을 지날 때마다 남은 역 숫자를 세어보는 것도 무척 지겨워졌다. 혼자 갈 때는 몰랐는데 여러 명 같이 가니까 더 지겨워졌다. 이런 걸 대비하기 위하여 역에서 아침용으로 빵을 준비했다. 영등포역에서 정확한 시간에 한 친구를 만났다. 서로 할 얘기가 없다 보니 필자가 준비해 간 빵으로 긴 시간을 보냈다.

이제 친구들에게 미션을 줘야 했는데 카톡으로 커피를 주문하였다. 서울에 오고 아침에 커피를 마신지는 참 오래되어서 아침에 커피가 땡겼다. 두 사람 중에 누군가는 한 잔쯤 서비스를 해줄 것이라고 믿었는데 청량리역에서 절친이 사 들고 승차를 하였다. 역마다 친구들과 도킹이 되었다. 담소는 다정하게 이어졌고, 곧장 4호선을 타고 온 창동역에서 또 한 친구가 환승을 하였다. 지하철은 정시 소요산역에 도착하여 날씨가 쌀쌀하여 옷가지를 재점검하였다.

타 지하철역에서 마을버스를 타고 등산로 입구까지 들어가야 했지만 소요산 등산로 입구는 대로(大路)에 있었다. 새로운 산을 찾을 때마다 느낌이 달라 등산에 매력을 느끼는 이유 중 하나였는데 소요산은 입구부터 그 느낌이 다르게 와 닿았다. 소요산에 대한 내용은 사전에 공부를 많이 하고 왔으니 현장 확인을 다시 해보면 마음속에 오래 남을 수 있는 것이다. "나를 찾아 떠나는 새로운 도전, 명산 100 이벤트가 상당히 좋은 것이다"며 자랑을 하였다.

'상백운대'에서 잠시 쉬면서 간식을 먹었다. 갖고 올 간식의 guide line을 안 줬으니 각자가 알아서 갖고 왔다. 다행스럽게도 서로가 약속이라도 한 듯 같은 간식은 없었다. 이후 간식을 준비하는 가이드라인이 복사되었다. 결론은 "내가 먹을 것만 챙긴다."였다. 회장 친구의 평소 지론이 먹혀 들어갔다.

경사가 심하여 땀을 많이 흘렸으니 너무 오래 머물고 있으면 감기라도 걸릴 것 같아 간식들을 집어 놓고 또 걸었다. 오랜만에 만났으니 그동안 밀렸던 이야기는 하루 종일 해도 다 못할 지경이었다. 그동안 카톡으로 많이 주고 받았지만 긴 이야기는 이럴 때 풀어 놓게 되는 것이다. 산행 초보자가 있어 처음이 중요하니 필자가 선두에 서서 속도조절을 하였다. 마지막에는 절친 회장이 맡게 되어 순조롭게 잘 진행되었다.

무엇이든지 처음이 중요한 것이니라. "등산을 좋아하지 않으면서 함께 등산을 하고 있는데 필자가 잘 한다고 필자 스타일대로 해 버리면 처음부터 재미를 잃게 되어 무조건적으로 다음 등산은 없어지게 되는 것이다."는 것을 여러 번 겪었으니 잘 이끌어 보려고 노력하였다.

하백운대 → 중백운대 → 상백운대 → 나한대를 거쳐 최고봉인 의상대까지 갔다.

우리가 목표로 한 인증샷은 남겼지만 여느 정상과는 다르게 바윗돌만 쭈뼛쭈뼛 하였고, 그 사이에 정상석이 누워 있었다. 인터넷상으로도 느꼈지만 실제의 현장은 더욱 비좁았고, 보잘 것 없었다.

또 한번 실망을 했다.

잠시 동안 모두의 인증샷을 확보하고 곧장 하산길에 올랐다. 낮은 위치에 '공주봉'이 보였다. 능선을 타고 가는 길은 만만찮았다. 경사가 심하고 올랐다 내렸다를 반복하였다.

이윽고 마지막 공주봉에 도착했다. 휴식을 하기 좋도록 데크가 잘 정비되어 있었다. 아무런 표지석이나 상징물도 없이 평평한 봉우리가 '공주봉'이었다. 마지막으로 남은 간식을 모두 소진시켰다. 이제 1.2㎞만 내려가면 오늘 등산은 끝나는 것이었다.

공부봉 → 구절터 코스로 완전히 급경사로였다. 게시판에는 눈이나 비가 올 때 미끄럼이 심하니 등·하산을 삼가 달라는 내용이 적혀 있었다. 경사가 얼마나 심하길래…. 그런데도 다리가 불편하신 두 어르신이 등산을 하고 있었다. 무릎이 안 좋아 다리를 절고 있었는데 등산도 문제였지만 하산이 더 걱정되었다. 지루한 시간을 달래려고 체력이 요구되는 등산을 선택한 것도 이해는 되었지만 등산에 대한 지식은 좀 가졌으면 하는 바람이었다.

드디어 구절터를 지나 자재암 입구에 도착하였다.

안내도 상에는 우리가 등산할 거리가 8.13㎞, 4시간이라고 적혀 있었는데 결과는 9.86㎞, 5시간 30분(휴식시간 45분 포함)으로 나왔다. 역사와 교훈이 있는 소요산이라고 생각하고 찾았는데 완전 실망이었지만 그 역사와 교훈만 간직하기로 하였다. 필자가 생각하는 경치와 그 역사는 잘 매칭이 안 되었다. 오늘의 등산코스를 정리하면 "일주문 → 자재암 → 하/중/상백운대 → 나한대 → 의상대 → 공주봉 → 구절터 → 일주문"이었다.

자재암 입구까지는 아스팔트였다. 일주문까지는 또 한참을 걸어나가야 했다. 못다 한 이야기가 이어졌다. 등산을 마치면 으레히 하산주 막걸리가 하이라이트였다. 입구에서 굴뚝에 연기를 날리던 '넓은 공간'에서 잠시 배낭을 내리고 하산주와 도토리묵, 더덕과 함께 가평 초천 막걸리를 번갈아 가면서 마셨다. 인당 한 병은 마셔야 한단다. 작은 나무 테이블에 마주 앉아 이야기꽃을 피웠다. 이어지는 대화 속에서 회원 간의 친밀감을 확인하는 계기도 되었다.

서울 두 친구는 죽이 잘 맞는 것 같았고, 그 외는 조용했다.

밖에는 함박눈이 쏟아졌다. 이렇게 많이 내리는 눈은 두 번째였다. 잠시 등산할 때 스틱 사용법에 대해서 공부를 시켰다. 등산로 입구에는 절이 많은데 절을 지날 때는 정숙을 유지해야 하니 스틱 사용을 해서는 안 된다. 딱, 딱 소리를 내면 정숙해야 할 절에 방해가 되는 것이니라. "스틱은 등산과 하산 때에 길이를 달리해야 하고 필히 L자로 수평이 되도록 높이를 만들어 사용해야 한다. 스틱 높이 조절을 또 게을리해서는 안 된다. 두 손을 한꺼번에 움직여라. 걸을 때 흔드는 것처럼 하면 몸의 무게를 스틱이 지탱해 주질 못해 스틱 사용효과가 반감된다. 손잡이에 있는 벨트를 꼭 손목에 감아서 사용해라. 혹시 넘어졌을 때 지팡이 역할을 해서 안전에 도움을 주게 된다." 더 많은 기본기가 있는데 그냥 힘이 있으니 등산을 하게 되는 것 같아 안타까웠다.

생각한대로 음식을 잘 먹고 눈 내리는 밖을 나왔다.

눈은 갈수록 짙어졌다. 기온이 내려가는 가운데 알콜은 늘 사람들을 신나게 만들어 주었다. 너무 신기해서 필자는 동영상을 몇 장 담아 가족에게 보내주었다.

하염없이 정처 없이 걸어 등산 때 거론하였던 그 국수집을 찾아 나섰지만 보이지는 않았다. 함박눈을 피해서 점심을 먹어야겠기에 손님이 많은 식당으로 들어갔다. 곰탕과 막걸리를 또 비웠다. 혀가 꼬이는 현상도 있었다. 18시 03분 소요산발 지하철을 타야 하니 아직은 30분이 남았다. 더욱더 우정은 깊어졌다.

"술 한 잔에 인생을 즐기고, 담배 한 대에 인생을 논한다" 했듯이 막걸리에 인생을 즐겼다.

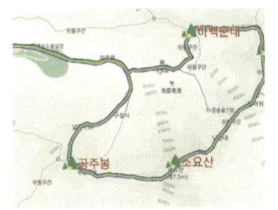

안전하고 즐겁게 두달회 산행을 마쳤다. 두달회 창립도 제대로 마무리 되었다.

아침에 모였던 반대의 길로 각자는 집으로 돌아갔다. 짧은 만남 긴 이별을 약속하면서 마음만 무거워졌다. 창립비 기금을 조성해 두었다.

저녁 8시 경 무사히 귀가했다. 두달회가 창립되긴 했지만 제대로 우정을 나눌 수 있기를 기대했다. 태조 이성계가 소요산에서 회환을 달랬다길래 인터넷에 찾아보았다. "회환의 세월"

9.31㎞, 5시간 26분의 소요산 등산은 무사히 마무리 되었다.

두달회 회원들 모두 만족했으며 모두에게 감사했다.

세상은 밖에도 있었네!
# 명산 100, 68번째 '속리산' 완등 이야기!

▲ 속리산 (俗離山, 천왕봉 1,058m) | 2017년 3월 17일 금요일

"속세를 떠난다."라는 뜻으로 불리는 속리산 천왕봉을 후배와 산악회를 따라 다녀왔다. "속세를 떠난다."는 개념에서였던지 산악회에서 주어신 산행거리는 14㎞, 6.5시간으로 만만찮았고, 혼자 다녀오기엔 많은 부담이 있을 것 같아 한 달에 한번씩 같이 등산 가기로 했던 후배와 함께 했다.

"속리산 충북 보은군과 경북 상주군 화북면에 걸쳐 있는 속리산(俗離山, 1,058m)은 우리나라 대찰 가운데 하나인 법주사를 품고 있다. 정상인 천황봉(1,058m), 비로봉(1,032m), 문장대(1,033m), 관음봉(982m), 입석대 등 아홉 개의 봉우리로 이루어진 능선이 장쾌하다. 봉우리가 아홉 개 있는 산이라고 해서 신라시대 이전에는 구봉산이라고도 불렸다. 속리산은 산세가 수려하여 한국 8경 중의 하나로 예로부터 많은 사람들의 사랑을 받아왔다. 봄에는 산벚꽃, 여름에는 푸른 소나무가 숲을 이루고, 가을 엔 만상홍엽의 단풍이 기암괴석과 어우러지고, 겨울의 설경은 마치 묵향기 그윽한 한 폭의 동양화를 방불케 하는 등 4계절 경관이 모두 수려하다." ◀출처 : 네이버

필자는 사당역, 후배는 양재역에서 산악회 버스를 타기로 하였다. 여느 때와 다름없이 새벽 5시에 자동적으로 기상을 하여 이것저것 챙기는 중에 두 가지 이상한 일이 생기고 말았다. 골프용 시곗줄이 끊어졌고, 필자가 좋아하는 티셔츠의 지퍼가 고장이 나 버렸다. 필자는 이상한 징후로 여기고 오늘 매사에 조심해야겠다는 생각을 하게 되었다. 새벽 공기는 별로였

지만 지하철역까지 걸어 보았다. 날이 밝아지면서 출근하는 사람들이 분주히 움직이고 있는 가운데 산사랑 남자는 배낭을 메고 사당역을 거쳐 속리산으로 출근하는 마음으로 그들 속에서 "나는 뭔가? 그래 괜찮아, 필자가 좋아하는 것을 하면서 사는 거야!" 하면서 즐거운 모드로 바꾸며 걸었다.

지하철역 입구에는 어김없이 김밥 파는 여사장이 모자를 눌러쓰고 기다리는 듯 반가이 맞아 주었다. 김밥을 사서 배낭에 넣는 순간 등산준비는 끝났다.

지하철은 한가해서 자리에 앉을 수 있어 마음이 편안해졌다. 주변을 둘러보니 등산 배낭족이 많아 위로가 되었고, 힘이 되어 주었다. 동질성을 느낀다는 것이 외로운 한 남자에게 얼마나 귀한 일인지는 당해보지 않는 사람은 모를 것이다. "등산 시즌이 또 왔는가 보다. 서울에서 벌써 3년차다." 사당역에서 버스는 회원들을 기다리고 있었다. 등반대장은 구면이었다.

오늘의 말씀을 여기에서 얻었다.

"조직과 같은 단체에서의 리더는 일 잘하는 똑순이보다 전체를 잘 이끌어 가는 융통성 있는 사람이 맞다." 그냥 못 하던 습관이 결정적인 순간에 곧바로 튀어 나온다. 대장의 모습이 그런 투로 보였고, 기사는 연륜이 있어 조용조용 잘 받아 넘겼다. 연륜에서 나오는 것인지 경험에서 나오는 것인지는 모르겠으나 승리자는 운전기사였다고 생각되었다.

들머리와 날머리가 많이 떨어져 있어 운전사 편의에 따라 그렇게 선택을 한 것으로 나중에 알게 되었다. 운전기사는 늘어나는 등산 회원들 때문에 그들의 요구를 충족시킨다고 혹사를 당하고 있다는 게 운전기사의 증언이었다. 꼭 이번과 연계하여 그런 대답이 아니라 대장과 운전기사의 이야기 속에서 그런 느낌을 갖게 되어 운전기사의 선택을 이해하게 되었다.

등산지도를 나누어 주면서 설명이 있었다.

"화북탐방지원센터 → 오송폭포 → 문장대 → 문수봉 → 신선대 → 입석대 → 비로봉 → 천왕봉 → 세심정→ 법주사 → 속리산대형주차장", 13㎞, 7시간 코스.

2시간 반 가량을 달려 버스는 들머리 '화북탐방지원센터'에 도착하였다. 들머리까지는 한참을 올라야 했고, 주차장에 화장실이 있다 했던 말도 거짓말이었고, 한참을 걸어 올라가서야 화장실에 갈 수 있었다. 앞다퉈 화장실을 다녀오고는 일렬로 줄지어 등산은 시작되었다. 가뭄으로 물이 말라 있는

'오송폭포'는 그냥 지나쳤다.

첫 번째 목표로는 3.3km 떨어져 있는 '문장대'였다.

"문장대(文藏臺)는 원래 큰 암봉(岩峯)이 하늘 높이 치솟아 구름 속에 감추어져 있다하여 운장대(雲藏臺)라 하였으나, 세조가 속리산에서 요양을 하고 있을 때 꿈속에서 어느 귀공자가 나타나 '인근의 영봉에 올라가 기도를 하면 신상에 밝음이 있을 것'이라는 말을 듣고 찾았는데 정상에 오륜삼강(五倫三綱)을 명시한 책 한권이 있어 세조가 그 자리에서 하루 종일 글을 읽었다 하여 문장대라 불리게 되었다 한다."

돌로 자연스럽게 만들어진 등산로를 걸었다. 보름 만에 하는 등산이었고, 후배가 있으니 힘이 더 났다. 등산로는 그렇게 가파르지도 않았고, 험하지도 않았지만 꾸준히 양지기 있는 방향이라 봄기운이 가득하여, 온 몸에 젖어드는 것은 땀 뿐이었지만 웃옷을 벗을 수 없었던 건 정상 쪽으로 갈수록 결빙과 눈이 있어 여전히 겨울의 끝자락의 찬 공기 때문이었다. 어젯밤에 속리산 정상의 기온이 영하 11도였고, 오늘 들머리의 게시판에도 영하 4도의 날씨였다. 이 정도면 두 시간 후 도착할 것 같아 조금은 걱정이 되었다. 쉬지 않고 계속 걸었더니 후배는 지친 기색이 역력했고, 예전과는 다른 모습을 보였다. 지겹다고, 피곤하다고 퍼지고 앉아 쉬기 시작하면 더 가기가 싫어지는 것이 등산이니 앉아 쉬는 것은 지양을 하고 서서 간단하게 간식을 먹었다. 정상 부근에 갈수록 이상한 기암 기석들이 목격되었다.

아슬아슬하게 얹히고, 걸쳐져 있던 큰 바윗덩어리가 오히려 자연스러웠다. 아슬아슬하게 보였지만 자세히 들여다보면 과학적인 요소들로 얹혔고, 걸쳐져 있어 절대로 불안해 할 필요까지는 없었다. 산마다 지니는 모습들이 달라 해석을 잘하고 등산을 해야 그 진가를 갖고 온다는 것이었는데 문장대를 오를 때만도 산세나 계곡의 깊이로 속세를 떠난다는 느낌이 충분하였다.

'안전하게!', '안전하게!', 또 '안전하게!'

예상했던 대로 오전 11시경 '문장대'에 도착하였다. 그야말로 주변은 기암괴석으로 장관이었다. 설악산의 흔들바위를 제외하고는 처음 보는 기이한 모습에 한동안 반해 버렸다.

치솟은 바위 덩어리는 아파트 높이만큼 웅장하였다. 특히 문장대가 그런 모습을 하고 있었다. 능선에서 오른쪽으로 300m를 더 올라야 문장대를 직접 눈으로 볼 수 있었다. 갈림길 능선에는 무허가 쉼터도 있었는데 1974년에 철거가 되고 쉼터용 벤치만 줄지어 있었다. 우뚝 솟은 문장대는 조망이 좋아 힘들게 오른 보람을 느낄 수 있었다.

다시 방향을 서쪽으로 잡았다. 이제는 인증샷을 할 '속리산 천왕봉'이 목표였다. 1000m가 넘는 문수봉 → 신선대 → 입석대 → 비로봉 → 천왕봉 순으로 봉우리 여섯 개나 거쳐야 했다. 가는 길에는 오르막과 내리막이 연속이었고, 음지와 양지의 길을 번갈아 가면서 길의 상태도 확연히 달랐다.

3월에는 해빙기라 아직은 구석구석이 결빙이었고, 양지에는 곳곳에 얼음이 녹으면서 미끄러웠고, 양지바른 곳에는 땅이 질퍽질퍽하면서 또 미끄러웠다. 진흙탕이라 바지 가랑이는 흙으로 도배를 해 버렸다. 후배는 해빙기에는 등산을 하면 안되겠다고 짜증을 내었다. 특이했던 것 중의 하나는 능선을 따라 가는 길 중간 봉우리에 장사하는 민간인 두 집이 있어 여기에서 점심을 먹었고 회원들은 파전과 막걸리를 팔아 주었다. 1000m가 넘는 봉우리에서 막걸리를 마시다니? 의아해졌다. 단독 주택만한 바위들이 얽히고 설켜 마치 큰 아파트 크기의 바위산이 되어 여기저기를 이어가고 있어 다른 산과는 또 대조적이었다. 에너지가 많이 소모되었던 능선길이 왜 그리도 짜증스러웠던지 "그래 가는 거야! 등산은 쉬지 않고 꾸준히 가는 것이라면 꿈은 이루어지는 것이야!" 마음속으로 위로를 해 가면서 '안전! 안전! 안전!'을 새기면서 천천히 가야 할 곳을 향해 걸은 지 약 1시간이 지나서야 천왕봉에 도착했다.

말투로 보아 독일인처럼 보이는 세 명이 있어 요즘 공부하고 있는 영어가 외출 중에 벗이 되고 싶어 이야기를 했는데 인증샷 회원들이 아우성이었다. 영어가 하고 싶어 입이 근질근질 했는데 잘 되었다 싶어 마음껏 구사를 하였더니 제법 이어졌다. 그래, 공부는 여전히 힘들지만 쓸 때만은 재미가 있는 거야!!

잠시 주변을 감상한 후 하산 길로 이었다.

다음은 '세심정'으로 하산하였다.

여전히 질퍽한 하산 길은 짜증으로 이어졌고, 정상이 높은 만큼 계곡도 길고 험했다. 한참을 내려갔더니 에너지가 고갈되는 느낌이었다. 잠시 계곡에 들어가 간식시간을 가지면서 살아가는 이야기로 이어졌다. 한없이 이어졌던 그 길은 다시는 가보고 싶지 않을 정도로 길었고 험했지만 그래도 끝은 있었다. 세심정을 지나고, 각종 사찰을 지났더니 멋진 호수가 나왔고, 사람들은 호수 주변을 삼삼오오 걷고 있어 그들을 따라 걸었다. 힐링하기에 좋은 소나무 숲속에 자리 잡고 있었다.

드디어 '법주사' 입구에 도착하였나. 좌우가 산으로 막혀있는 넓은 계곡 같은 곳에 자리 잡은 법주사는 인기척이 드문 천하의 명소였다. 입구에서도 크게 보이는 33m나 되는 청동 불상이 중생들에게 뭔가를 이루게 해 줄 정도의 위엄을 과시했다. 얼른 들어가서 소원을 빌었고, 그림으로만 보아왔던 불상의 위력 앞에 잠시 넋을 잃어 머뭇거렸다.

"속리산의 일원은 법주사를 중심으로 속리산의 천왕봉과 관음봉을 연결한다. 한반도의 중심부를 지나는 소백산맥의 줄기에 위치하고 있고, 최고봉인 천왕봉과 문장대 등 우뚝 솟은 봉우리와 수려한 계곡들은 낙동강, 금강, 남한강의 발원지가 되고 있으며, 울창한 숲과 기암괴석이 맑은 계곡물과 어우러져 절경을 이루고 있다.

속리산 국립공원은 충북 보은군과 괴산군, 경북 상주시와 문경시에 걸쳐 총면적이 283.4㎢이며, 속리산을 중심으로 구병산, 백악산, 도명산 등의 산과 화양동, 선유동, 쌍곡동의 계곡으로 이루어져 있다. 특히 서기 553년에 창건된 법주사에는 수많은 국보와 보물이 소장되어 있고, 높이 33m에 이르는 청동 불상은 속리산 입구의 정이품송과 더불어 많은 사람들이 즐겨 찾는 명소이다.

속리산은 천왕봉을 비롯해 9개의 봉우리(천왕봉(1,057m), 비로봉(1,032m),

문수봉(1,031m), 보현봉(690m), 관음봉(985m), 묘봉(874m), 태봉(540m), 수정봉(580m), 길상봉이 있어 원래는 '구봉산'이라 불렸으나 신라 때부터 '속리산'이라고 부르게 되었단다.

속리산 일원은 대한 8경중의 하나로 제2금강 또는 소금강으로 불리는데 4계절의 변화에 따른 경치와 기암, 기석은 절경을 이루고 있고, 대소 사찰이 곳곳에 있어 많은 문화유산을 간직하고 있다. 속리산의 대표사찰인 법주사는 553년 의신조사가 서역에서 불경을 가져와 산세 험준함을 보고 큰 절을 세워 법주사라고 하였다고 전해진다. 혜공왕 12년(776년)에 진표율사가 대규모로 중창하였으며, 고려시대를 거치며 현재의 규모를 갖추었으나 정유재란으로 전소되었다. 조선 인조 2년(1624)에 사명대사 및 벽암대사에 의해 다시 중건되고, 보수 증축되어 현재에 이르고 있다. 산중에는 복천암, 탈골암 등 11개의 전총사찰이 산재하고 있다."

법주사에서 수 킬로미터를 더 내려가야만 대형버스 주차장이 있는 것도 특이했다. 소형 주차장은 법주사 입구 쪽에 있었는데 대형버스는 한참 떨어진 입구에 배치하여 법주사로 들어가는 좌우로 있는 가게나 식당의 영업에 도움이 되도록 배치한 게 아닌지 착각을 할 정도로 멀리 있어 에너지는 더욱 고갈되었다. 중국집에 들어가 간단하게 자장면으로 허기를 달랬다.

오늘의 one point lesson은 '정이품송'이었다.

"속리산을 대표하는 소나무는 '정이품송'이었다. 소나무는 우리 민족을 상징하는 나무입니다. 속리산에는 조선 7대 임금인 세조가 속리산에 행차하는데 나뭇가지가 스스로 올라가 임금이 탄 가마가 무사히 통과할 수 있었다 하여 정이품이라는 벼슬을 받았다는 정이품송이 있다.

인근에는 정이품송의 부인이라는 '정부인송'이 있다. 정이품송은 천년기념물 103호, 정부인송은 천년기념물 352호로 지정되었다."

GPS기준 14.81㎞, 6시간 20분의 속리산 종주 등산은 안전하고 즐겁게 마무리 되었다.

함께해 준 후배에게 감사했다.

세상은 밖에도 있었네!
# 명산 100, 3번째 '수락산' 완등 이야기!

▲ 수락산 (水落山, 주봉 637m) | 2015년 12월 22일 화요일

한 해가 가기 전에 될 수 있으면 더 많이 등산을 하려고 추운 날씨에도 불구하고 아내가 도와주었다.

서울의 5대 명산 중 '거대한 화강암 암벽에서 물이 굴러 떨어지는 모습'에서 따온 곳으로 '수락산'을 선택하였다.

등산 순서가 정해진 것은 아니었지만 매일매일 가까운 곳부터 인터넷에서 공부를 해 나가기 때문에 등산지를 당일에 정해도 되었다.

"수락산은 서울의 북쪽 노원구 상계동과 경기도 남양주시 그리고 의정부시와 경계를 이룬다. 서쪽에는 도봉산을 마주보며 남쪽에는 불암산(佛岩山, 508m)이 위치한다.

수락산(水落山)이라는 이름은 '거대한 화강암 암벽에서 물이 굴러 떨어지는 모습'에서 따온 것이다. 암벽이 많이 노출되어 있으나 산세는 그리 험하지 않다. 주말이면 도심에서 몰려온 산악인들로 항상 붐비는 산이며 북한산(北漢山), 도봉산(道峰山), 관악산(冠岳山)과 함께 서울 근교의 4대 명산으로 불린다. 수락산 정상에서 남쪽에 있는 불암산(佛岩山)으로 능선이 이어지며 동쪽에 금류계곡(金流溪谷)이 있다.

서쪽 비탈면에 쌍암사(雙岩寺), 석림사(石林寺), 남쪽 비탈면에 계림암(鷄林庵)·흥국사(興國寺), 동쪽 비탈면에 내원암(內院庵)이 있고, 내원암의 법당 뒤에는 고려시대 이전의 것으로 추정되는 높이 2m의 석조미륵입상이 있다. 조선시대 수양대군이 계유정난(癸酉靖難)을 일으켜 조카인 단종을 죽이고 왕이 되자, 매월당 김시습(梅月堂 金時習)이 속세와 인연을 끊고 이곳 석림사 계곡에서 은거하였다고 전해진다. 김시습을 존경하던 박세당(朴世堂)은 석림사계곡에 김시습을 기리는 청절사(淸節寺)를 세웠는데 청절사는 없어지고 그 자리에 노강서원(鷺江書院)이 세워 졌다.

노강서원은 숙종의 계비인 인현왕후 폐위를 반대하다 죽은 박태보를 기리는 서원이며 박태보는 박세당의 둘째아들이다.

남쪽 불암산과 사이에는 선조의 부친인 덕흥대원군(德興大院君)의 묘가 있다.

사찰로는 흥국사(興國寺), 학림사(鶴林寺), 내원암(內院庵), 도안사가 있다. 수락산의 식물상은 신갈나무가 많고 소나무 상수리나무 아까시나무가 자란다. 1977년 도시자연공원으로 지정되었으며 1989년 수락산이 시민의 휴식공간으로 본격 개발되기 시작했다. 계곡유원지가 지정되고 체육시설과 삼림욕장이 조성되었다.

등산코스는 경기도 남양주시 별내면 청학리에서 올라가는 코스가 가장 경치가 좋고 수락산의 진면목을 감상할 수 있다. 사기막 버스정류소에서 매표소를 지나 약 1.3km를 올라가면 '은류폭포'를 만나고 우측으로 거대한 암벽의 소리 바위가 나온다.

은류폭포에서 다시 300m를 올라가면 '금류폭포'를 만나고 약 100m를 더 가면 '내원암'이 나온다. 다시 서쪽으로 오르며 약 650m를 더 가면 수락산 정상부에 이른다. 사기막에서 오르는 또 다른 길은 향로봉을 지나 영락대, 칠성대, 기차바위를 지나는 등산로가 있는데 가파른 암벽능선을 타고 가는 험로이기 때문에 초보자는 위험한 길이다.

그 외 상계동 은빛아파트에서 물개바위를 지나 정상으로 오르는 등산로가 있고 의정부시 장암동에서 시작해서 노강서원과 석림사를 거쳐 오르는 등산로가 있다. ◀출처:[네이버 지식백과] 수락산

수락산 등산코스는 이렇게 하였다. 총 5.4km, 약 4시간 소요 예상하였다.
등산은 "장암역 → 석림사 → 사진촬영소 → 전망대 → 주봉(2.6km)"
하산은 "주봉 → 도솔암 → 철모바위 → 벽운계곡 → 수락산역(2.8km)"
지하철로 '장암역'에 무사히 정시에 도착하였다.

이렇듯 지하철로 들머리까지 이동하는데만 1시간 반이 걸렸다. 왕복 세 시간 걸린다는 계산이었다.

등산 준비 상태를 간단하게 점검 후 정오 가까이에 등산을 시작하였다.
장암역에서 석림사를 거쳐 빙판길, 바윗길을 거쳐서 정상을 향했다.
서울에서의 첫 등산이므로 모든 것이 낯설었다. 오로지 등산로만 따라 오르면서 서울 풍광도 즐길 수 있어 좋았다. 바윗길에는 물에 젖은 낙엽들이 덮고 있어 그 속의 얼음까지 투시경을 하고 조심해야 했다.

그다음 등산로에는 마사토 모래 길이어서 이 또한 미끄럼을 주의해야 했다. 역시 유기묘는 빼놓을 수 없는 존재로 보였다. 어슬렁 어슬렁 뒤를 따라 올랐다.

최단 등산코스를 선택하였으니 암릉의 오르막 등산로는 위험하기 짝이 없었다. 더군다나 칼바람 추위 속에서 손까지 굳어

있었으니 아내에게는 더없이 위험한 등산이 되고 말았다.

오후 시간대에 등산을 선택하게 되었지만 북풍한설은 누구도 막을 수가 없었다. 양지 바른 곳에서 잠시 쉬어 가기도 하였지만 칼바람은 피할 방법이 없었다. 그래도 햇볕이 있어 좋았다. 점점 쉬는 시간도 늘어갔고, 물을 마시는 횟수도 늘어났다. 지칠 때면 뒤돌아보는 서울 풍경이 있어 그래도 피곤함을 잊게 해 주었다.

정상에 가까워지니 온 천지가 등산로였다. 멀리

보고 암릉의 외길 등산로를 찾아가야만 갔다 왔다 하는 이중 등산이 없을 것 같았다.

정상 부근에는 모진 풍파를 겪은 흔적들이 바위에 고스란히 남아 멋진 작품들을 만들어 주었다.

정상석은 암릉 밑에 위치하고 있었다. 태극기가 꽂혀 있는 바위 위에는 올라갈 수 없게 되어 있었다. 그래도 '수락산 주봉'이라는 표지석은 처량하게 보일 정도로 너무 왜소했다. 그래도 인증샷을 멋지게 남겼다.

너무 추워서 지체할 마음도 없었다.

그래도 양지바른 곳을 찾아 따끈한 커피로 마음을 녹이고는 하산을 서둘렀다.

귀가하는 지하철을 '수락산역'으로 변경을 하였으니 그쪽 방향으로 하산하였다. 초행길 하산길이라 더 조심을 하며 천천히 내려왔다. 안전하게 귀가를 하였다.

필자도 현장의 환경을 모르고 등산을 하였지만 아내도 그럴 것이라 짐작을 하면서 더 편한 등산이 되도록 노력해야 겠다고 다짐을 해 보며 어려운 산행을 함께해 준 아내에게 감사했다.

세상은 밖에도 있었었네!
# 명산 100, 9번째 '신불산' 완등 이야기!

▲ 신불산 (神佛山, 1,159m) | 2016년 2월 6일 토요일

    영남 알프스 중 울주군에 있는 '신불산'을 아내와 자차로 다녀왔다.
    '신불산(神佛山)의 유래'는 세 가지 설이 있었다.
    신불산의 유래는 정확한 정설은 없지만 '신령이 불도를 닦는다'는 설과 '14세기 중엽 1371년경 고려 말의 공민왕과 함께 개혁을 주도했던 신돈이 신불산 일대에서 수행 중에 깨달음을 얻고 '내가 곧 부처다' 라고 외쳤다고 해서 신돈의 신과 불가의 불이 합쳐서 신불산이 되었다'는 설이 있고 '사람이 곤경에 처했을 때 도와주는 산'이라고도 했다.
    영남 알프스의 명산 '신불산'을 다녀온 산행 이야기가 자세히 소개된다.
    명산을 다녀온 스토리가 있는 산행 이야기, 인간이 자연을 통해서 경험한 솔직하고 현실감 넘치는 느낌과 정성이 담긴 '세상은 밖에도 있었네!' 이야기, 누구나 희망해 보지만 아무나 할 수 없는 대한민국 100대 명산 중 일년 사계절에서 필자가 좋아하는 색채의 신비로운 자연을 찾아다니며 추억으로만 간직하기에 아까운 경남 울주군에 위치한 영남 알프스 중의 하나인 신불산(神佛山) 등산을 다녀온 이야기, 영남 알프스로 지정된 9개의 산 중에 B사에서는 3개(가지산, 재약산, 신불산)가 대한민국 100대 명산에 포함되어 네 번째 마지막으로 신불산 산행 이야기다. 사진보다는 글이 많아도

지루하지 않을 것 같은 신불산의 이야기를 단편 포스팅에 이어 속편으로 옮겨둔다.

대한민국 100대 명산으로는 아홉 번째, 영남 알프스로는 네 번째로 다녀온 이야기다.

신불산을 등산하는 코스는 여러 방면에서 찾을 수가 있지만 우리는 경부고속도로 좌측에 위치한 '간월산장주차장'을 들머리로 계획하였다. 짧은 직선거리를 즐겨했으니 오늘도 꼬불꼬불 임도를 따라 오르기로 하였다.

"간월산장주차장 ↔ 임도 ↔ 간월재 ↔ 간월재 휴게소 ↔ 정상석"으로 원점회귀코스.

산행은 2016년 구정 설 명절 하루 전인 토요일에 이루어졌다. 구정 설 명절 하루 전 고향으로 가는 길에 아내랑 자차로 찾아가 보았다.

신불산은 양산에서 경부고속도로 상행선을 달리다 보면 좌측에 우뚝 솟아 있는 모습을 쉽게 볼 수 있는 산이다. '언제 가 볼까?' 망설여 왔는데 상고대가 있을까 하며 그 날을 잡아서 다녀오게 되었다. 1,000m 이상인 명산의 완등은 지금까지 한라산 백록담(1,950m), 지리산 천왕봉(1,915m) 두 곳뿐. 이번이 세 번째였다. 이른 아침 계획대로 '간월산장주차장'에 도착하였다. 주차장, 안내소 등이 상당히 괜찮았다. 설 연휴 하루 전인데 이른 아침부터 주차장엔 차들이 많아 보였다. 그 사정을 알아보니 '등억 온천장(대중탕)'이 있어 가족 단위로 온천을 즐기러 온 사람들이었다. 우리도 온천을 찜해 놓고 들머리를 찾아 나섰다.

주차장에서 올려다 본 신불산 꼭대기 근처는 눈으로 덮여 있었고, 등산로 입구에는 차가운 골바람이 노출된 피부를 얼게 만들고 있었으니, 히말라야는 사진으로만 보았지만 마치 산악인들이 히말라야를 오르는 것 같다는 느낌을 받았다. 그런 느낌으로 약간은 흥분되었다.

아내에게도 그런 느낌을 얘기했더니 그런 느낌으로 다녀오자며 동조를 해 주었다.

등산로 안내가 잘 되어 있었고, 드디어 첫 번째 이정표를 만났다.

좌측 등산로는 신불산 정상 向 직진 5.4km, 우측 등산로는 간월재 3.9km → 신불산 정상 向이었다. 그런데 우측 등산로에는 '간월재 → 신불산 정상'

간의 거리가 없었지만, 좌측 코스에는 칼바위 등 위험한 길도 있어 사전에 인터넷으로부터 얻은 정보로 계획한 우측 등산로를 선택하였다.

예전 이른 아침 울주군에 있는 응봉산에 등산을 갔을 때 정상 가까이에서 멧돼지 가족을 만나 약간은 겁이 났던 적이 있어 이른 아침 둘만 산 속에 들어가니 산짐승의 출현에 대한 두려움이 항상 뇌리를 자극했다. 평지를 조금 지나니 산 높이가 말해주듯 곧장 가파른 경사로를 만나게 되었다. 아내는 힘들어 하지도 않고 잘 걸어주었다. 건강검진 때에도 폐활량 체크하면 우수한 여인으로 기록되고 있으니 필자의 걱정은 "너나 잘해" 기우였다.

뭇 남자도 싫어하는 등산을 힘든 표정 하나 없이 잘 소화해 내는 아내에게 이런 사실을 전했더니 무척 기뻐했다. 재직 때에도 주말이면 함께 했던 등산을 은퇴 후에도 같은 취미로 함께 해줘 무척 고마웠다.

오르막길 걷기 약 1시간 쯤 이정표가 있는 갈림길이 나타났다.

옛날 TV에서 "이제 결심했어"처럼 리더가 결정을 해야 했고, 그 결과에 승복해야 하는 순간을 맞이하게 되었다. 모르는 길은 무조건 여쭈어 왔던 아내와는 달리 감각과 추측만으로 결정을 하려는 남편의 마음을 파악한 듯 쉬고 있던 산객님에게 아내는 또 여쭈어 보았다.

첫 번째 산객님도 초행길이라 멀리서 앉아 쉬고 있던 산객님에게 또 여쭈어 보았다. "어느 길로 가시든 임도에서 만나게 된다."는 것이었다. 신불산의 위치는 짐작을 하고 있었으니 그쪽 방향으로 직진하는 게 맞겠다는 판단에 선택하였다. 돌길 오르막은 계속되었다.

10분 정도 걸었을까 예상대로 임도를 만났다. 지금부터는 두말할 것도 없이 임도를 따라 지그재그로 오르면 되었다. '간월재'까지 임도는 1.1km였다. 임도는 온통 눈과 얼음으로 뒤덮여 등산로의 난이도는 최상이었다. 산객들도 모두 그 앞에 멈춰 섰다. 아이젠 없이는 전진할 수 없을 것 같아 보였다. 불행스럽게도 아이젠은 하나 밖에 없었지만 하나라도 갖고 왔으니 다행이었다. 필자는 이런 길을 많이 다녀본 경험이 있으니 아내만 착용을 하였다. 이런 길을 1.1km를 걸어 올라야 했다. 직선으로 가려고 해도 조릿대 높이까지 눈이 쌓여 있어 갈 수가 없었다.

아이젠은 빙판길을 걷는데 최고의 무기인 것은 확실했다. 아내가 아이젠의 착용으로 아무런 장애도 없이 뚜벅뚜벅 잘 걸어가는 모습이 대단히 안정적으로 보였고, 필자는 가장자리로 요리 조리 피해가면서 잘 따라 갔으니 아이젠이 없는 필자에게는 아무런 문제가 없었지만 하산할 때가 문제였다.

꼬부랑임도 빙판길을 걸은 지 한참 만에 첫 번째 목표 '간월재'에 도착했다.

간월재 휴게소와 화장실은 떨어져 있어 많이 불편했다. 한라산 등산길에서 보았던 대피소처럼 매서운 추위를 피해 휴게소 안에서 따뜻한 간식으로 몸을 녹이는 산객들이 많았다.

컵라면 등 판매가 활발하였지만 휴식과 조망 감상은 모두 뒤로 미루고 정상석을 향했다.

간월재에서 정상석까지는 1.6㎞였다. 만만찮은 거리였고 또 빙판길이었다. 등산로는 그다지 경사는 심하지 않았으나 눈과 얼음으로 덮여있어 조금은 걱정이 되었다. 억새축제에 사용되었던 무대 같은 것도 있었고, 약간의 경사로는 나무계단으로 잘 단장되어 있었지만 그 길이는 짧았다. 북향의 도로에는 상고대가 밀가루를 덮어 쓰고 있었다. 등산로는 눈으로 눈이 부셨다. 눈으로 덮여 있었지만 그 밑에는 얼어 있어 이동에 조심해야 했다. 겨울의 끝자락일지라도 등산에는 아이젠은 필수품임을 새삼 느꼈다.

설산(雪山)인 줄 모르고 올랐는데 너무 눈이 부셔 선글라스까지 필요했다. 태양에서 반사되는 열이 얼굴을 화끈거리게 만들었다.

아이젠은 또 200% 이상 발휘했다. 아이젠의 위력을 더욱 실감나게 했다.

화왕산 등산 때는 눈 속에서 아이젠 없이도 오르고 내려왔는데 신불산에서의 등산은 더욱 힘들었다.

정상 부근의 이곳저곳에는 상고대가 더욱 열광하게 만들

었다. 상고대를 자주 보았지만 수정처럼 맑아 햇빛에 반사되어 LED에 전기가 들어오는 양 반짝거렸지만 그런 반짝임이 사진에는 담기지 않아 아쉬웠다. 그냥 상고대의 모습을 보는 것만으로도 충분하였다. 멀리서 찍었던 사진을 보았더니 마치 밀가루를 뒤집어 쓴 것처럼 보였다. 화왕산의 억새 상고대와 대조가 되었다. 또 한 가지는 그들을 보는 순간만큼은 오히려 따뜻하게 느껴졌다. 반사되어 다가왔던 직사광선 때문이었을까? 결빙된 길은 벌써 녹아서 질퍽이기 시작했다.

그리고 바람도 잦아들었다. 그러다 보니 높은 산꼭대기에도 봄은 어김없이 찾아오고 있음을 느낄 수 있었던 순간이었다. 버들강아지는 새싹이 나오다가도 기온의 변화로 만들어내는 '상고대'에 밀려 마치 올챙이 알처럼 되어버렸다. 역시 등산에서만 이런 결과들을 볼 수 있기 때문에 등산이 좋은 취미활동인지도 모르겠다. 답답했던 어느 산처럼 아니고 사방을 한 눈에 들여다 볼 수 있어 좋았고, "세상은 넓고 할 일은 많다."는 어느 회장님의 말씀도 실감할 수 있었고, "세상은 밖에도 있었네!"라는 필자의 주제에도 잘 어울리는 명산인 것 같았다.

한참 만에 영남의 알프스 중의 하나인 신불산 정상에 도착했다. B사에서 인증하는 정상석과 함께 인증샷을 멋지게 찍었다.

사진 속에 보였던 파란색의 하늘과 하얀색의 정상석, 필자가 입었던 빨간색의 등산복과 빨간색의 명산 100 배너, 땅위의 백색 눈이 어우러져 아주 멋진 작품을 안겨주었다.

그리고 사진 찍은 장소도 넓어 마음에 들었다. 서로 사진을 찍어 주고 부탁도 하면서 산객들끼리 하나가 되기도 하였다.

우리는 붉은 색으로 된 명산 100 수건을 들고 찍었더니 한편으로는 부러워하는 산객님, 의아해 물어 오는 산객님 등 다양하게 우리에게 관심을 가지는 듯해서 자세히 설명도 해 주었다. 명산을 찾아다니면서 이런 경우가 여러 번 있었는데 홍보담당이 되었던 것이다.

필자의 전용 포즈는 멈출 줄 몰랐다. 세찬 북풍은 산객들을 정상에서 오래 머무는 것을 허락하지 않았다. 정오를 조금 넘긴 시간이었으니 등산하느라 바빠서 즐기지 못하였던 것들을 즐기면서 원점회귀의 길로 하산을 시작하였다. 간월재 휴게소까지 1.6㎞의 결빙구간을 하산하면서 아름다운 장면들을 사진에 많이 담았고, 아이젠을 착용하지 않았던 나는 안전을 최우선으로 사진도 담아가며 천천히 쉬어가면서 내려갔다.

'간월재 휴게소'에 들어가 탐색을 하였다.

그래도 갖고 간 음식으로 밖의 의자에 앉아 낭만을 즐기면서 따뜻한 커피랑 한적하게 시간을 가져 보았다. 친구단위의 무리들 속에서 우리도 그렇게 즐겨보았다.

겨울을 보내기가 아쉬운 듯 7부 이상의 길에는 여전히 눈과 얼음으로 덮여 있어 하산길이 조금은 걱정이 되었다.

겨울철 등산 초보자로서 미숙했던 점이 드러나게 되었다. 익히 알고 있는 대로 겨울철 등산에는 '아이젠과 방한복, 방한 장갑은 필수'이지만 '겨울과 봄의 경계 시기에도 겨울철과 같은 채비를 해야 된다'는 것을 절실히 느꼈다.

'간원재 휴게소에서 간월산장 주차장'까지는 결빙구간을 조심스럽게 하산하여 안전산행 즐거운 산행을 마치게 되었다. 거리에 비해 비교적 쉬운 코스였는데 예측치 못한 임도의 결빙구간에 다소 시간이 더 걸리게 되어 약 12.2㎞, 5시간 만에 산행을 마치게 되었다.

다녀 온 신불산 주변을 다시 한번 올려다 보았더니 그림에서나 볼 수 있던 히말라야 같은 산을 다녀온 듯 자신감보다는 무탈하게 안전산행, 즐거운 산행을 하게 해준 아내에게 감사했다. 정말이지 아침에 산행을 시작했을 때 평소에 경부고속도로에서 보았던 산보다 턱밑에서 보았을 때는 그 높이가 두 배로 되어 보일 정도로 까마득하게 보여서 히말라야를 연상케 하기에 충분하였는데, 시간을 투자하여 노력한 결과로 다녀오게 되었던 게 아니었던가?

또 하나의 인증샷을 획득하게 되었지만 100대 명산 완등이 갈수록 힘들어진다는 것을 느끼면서도 '시작하기를 잘했다'는 생각을 다시 한번 다지게 되는 계기가 되었다. 이런 즐거움도 없이 집에만 있었다면 갑갑해서 병이 났을지도 모를 일이다. 건강해지고 취미 생활도 하면서 그곳은 늘 미지의 세계처럼 다르게 필자를 새롭게 해 주는 것 같아 좋았다. 항상 감사하게 생각하며 즐겁고 안전하게 명산 산행을 이어가려고 했다.

여유롭게(?) 마무리를 하였으니 배도 출출하였다.

하산 후 주변을 둘러보았더니 식당은 몇 없었고, 숙박시설은 많았다. 겨우 구석진 곳에 있던 식당을 찾아 순두부 김치찌개를 주문하였다. 식당을 찾은 이유는 허기를 채운다는 생각이 우선이었지만 등산 후의 피로를 풀어줄 온천을 선택하기 위한 목적이 더 컸던 것이었다. 주문을 하고 세 번째 목표였던 온천에 대해 식당 주인이 상세하게 설명을 해 주었다.

그는 정년 퇴직을 하고 이곳에 자리를 잡았나면서 온전 두 곳을 소개 해 주었다. 간월산 온천이 좁기는 하지만 좋단다. 그곳에 입주한 사람들은 재산이 많은 사람들이 대부분이란다. 그래서 어떤 목적을 위해 함께 한다는 게 무척 어려웠다며 3년간의 그 곳 생활 체험담도 이야기해 주었다. 등억온천단지에 있는 물은 암반수란다. 신불산 계곡에 흐르던 물에서도 얼음이 안 보였다. 얼굴을 스쳤던 계곡의 바람은 매서웠지만 어느 심산계곡의 그것처럼 얼지 않았던 이유도 다 이런 것 때문이란다. 식당에서 너무 맛있게 점심을 먹었다. 김치찌개가 너무 고급스럽게 보였고, 반찬은 모두 맛났다.

마지막으로 간월산 온천(대중탕)에 들어갔다. 주차장엔 온천하러 온 가족 단위의 사람들이 등산할 때보다 더 많아졌다 했는데 그들이 모두 그곳에 있었다. 그 당시에 목욕료는 인당 6천원이었다. 주로 애기를 데리고 온 젊은 이들이 많았고, 혼자 온 손님은 아마도 등산을 다녀온 후 피로를 풀기 위해서 들어온 것 같았다. 물은 온천수라 그런지 느낌이 좋았다. 말끔하게 씻어내고 피로도 회복되었다. 옛날 명절 전에 목욕탕을 다녀온 기분으로 우리는 그렇게 명절 맞을 목욕을 하였다. 신불산 등산 코스는 여러 곳 있겠지만 등억온천단지에서 온천수와 함께 피로 회복과 건강한 몸도 만들기를 추천해 본다.

세상은 밖에도 있었네!
# 명산 100, 19번째 '연인산' 완등 이야기!

▲ 연인산 (戀人山, 1,068m) | 2016년 3월 28일 금요일

경기도 가평군의 '연인산'을 친구들과 대중교통으로 다녀왔다.

집에서 용산역까지 지하철, 가평역까지는 전철로 2시간 정도 되는 거리를 청춘열차로 편안하게 1시간 반 만에 갈 수 있었다.

경기도 동북부, 강원도 쪽의 명산에는 청춘열차를 이용하는 것이 좋아 '감악산', '유명산', '연인산' 세 번째였다.

'연인산'은 이렇게 소개되어 있다.

"1999년 3월 15일 가평군에서 '연인산'으로 이름 짓고 매년 5월에 철쭉제를 지낸다. 906m봉은 우정봉으로, 우정봉 아래 전패고개는 우정고개로, 879m봉은 장수봉으로, 구나무산으로 부르던 859m봉은 노적봉으로 이름지었다. 5월이면 열리는 철쭉제에서는 800m봉이 넘는 장수봉, 매봉, 칼봉, 노적봉 등을 따라 2m 이상의 철쭉 터널이 이어져 자생철쭉을 볼 수 있다.

등산에는 여러 코스가 있다. 승안리에서 용추구곡을 지나 청풍능선을 타고 정상에 오르는 길과 백둔리에서 장수고개를 넘어 장수능선을 타고 엘레지샘터를 지나 정상에 오르는 길이 있다. 정상에 오르면 아재비고개 위로 명지산과 귀목봉이 한 눈에 보인다. 하산할 때는 우정능선을 타고 우정골을 지나 용추구곡으로 해서 승안리로 내려오는 방법과 남쪽 샘터로 방향을 잡

아 장수능선을 타고 장수고개를 넘어 백둔리로 내려오는 길이 있다.
 등산시간은 6시간 정도 걸린다. 백둔리에서 오르려면 장수고개로 정상에 오른 뒤청풍 능선을 타고 백둔리로 내려오는 길과 자연학교 갈림길로 내려오는 길, 우정능선을 타고 우정고개에서 마일리로 내려오는 길도 있다." ◀출처 : 네이버

 등산코스는 이렇게 진행키로 하였다.
 "경기도 가평군 북리 버스 정류장 → 소망능선→ 연인산 정상(1,068m) → 장수능선 → 송악산 → 원점회귀", 12km, 5시간 산행코스.

 등산지도에서 알 수 있듯이 연인산에는 여러 개의 능선이 있었다. 백둔리 코스는 '소망능선(편도 3.4km)'으로 가는 2코스와 '장수능선(편도 4.8km)'으로 가는 1코스로 나뉘는데 등산은 소망능선으로, 하산은 장수능선으로 하기로 하였다. 그렇다고 소망이 있어서가 아니고 장수하고 싶어 장수능선을 선택하였다.
 등산로 입구에는 매트로 잘 단장되어 기분이 괜찮았다.
 소망능선 코스 중에는 밥 먹고 쉴 만한 곳은 딱히 없어 정상까지 고고. 산이 정말 처음부터 끝까지 계속 오르막길이라 안 쉬고 올라가니 정말 힘들었다. '소망능선'은 조망이나 풍광이 그다지 좋지는 않았다. 딱 하나 '동굴'에 대한 전설만 있었다. "동굴 위로 하늘이 보이는 커다란 구멍이 있었는데 이는 이무기가 용이 되어 하늘로 올라갈 때 생긴 구멍이라는 설과 굴 주위로 커다란 소나무가 용이 올라가는 하늘 길을 향해 높이 솟아 길을 만들어 주었다고 전해진다. 지금은 지형의 변화로 흔적만 남아있다."

 특별한 이슈도 없이 가볍게 '소망능선'을 오르기 시작한지 약 1시간여 만에 '연인산 정상'에 도착하였다.
 '사랑과 소망이 이루어지는 산'이라는 세로 글씨

가 돋보였다. 가로로 된 연인산 정상석이 특이하게 보였다.

　정상 주변에서 잠시 허기를 채운 후 진달래 터널을 만들고 있는 '장수봉', '송악산 송학봉'을 거쳐 원점으로 하산 하였다.

　대체적으로 다녀온 연인산 등산코스는 어려운 길은 없고 잘 닦인 흙길을 올라가는 코스였지만 경사는 엄청났다. 스틱은 꼭 챙겨야 하고 겨울철에는 아이젠은 필수. 안전하고, 즐겁게 산행을 함께해 준 친구들에게 감사했다.

　산을 좋아하는 사람이라면
"봄꽃을 안 보면 1년을 잘못 보낸 듯 하고,
여름 계곡에 풍덩하지 않으면 1년을 의미 없이 보낸 듯 하고,
가을단풍 터널을 지나지 않으면 1년 내내 우울하고,
겨울 설산을 걷지 못하면 1년이 통째로 사라진 듯하다"

세상은 밖에도 있었었네!
# 명산 100, 46번째 '오대산' 완등 이야기!

▲ 오대산 (五臺山, 1,583m) | 2016년 10월 14일 금요일

'밤이 길어져 가고 있구나!' 하는 느낌을 처음 받으면서 선선한 새벽 가을바람을 안고 강원도 평창군에 있는 오대산(五臺山, 1,583m)을 지인, 후배와 산악회를 따라 다녀왔다.

언제부터 외치고 다녔던 오대산 국립공원에서 1일 3산행까지 가능한 명산 중에 하나라도 다녀오게 되어 마음이 후련하였다.

새벽 6시에 집을 나서 저녁 9시 반에 귀가를 하게 되었다. 등산하는데 4시간, 하산 후 휴식 1시간, 이동 8시간(가는데 3시간, 오는데 5시간)이 걸렸다.

"오대산은 비로봉(1,583m)을 주봉으로 동대산(1,434m), 두로봉(1,422m), 상왕봉(1,491m), 호령봉(1,561m) 등 1,000m가 넘는 다섯 봉우리가 병풍처럼 늘어서 있고, 동쪽으로는 따로 떨어져 나온 노인봉(1,338m)이 자리 잡고 있는 산이다.

오대산은 중국 산서성 청량산의 별칭이라고도 한다. 청량산은 신라시대 자장율사가 당나라 유학 당시 공부했던 곳이며 귀국하여 전국을 순례하던 중 백두대간의 한가운데 있는 산의 형세를 보고 중국 오대산과 너무나 흡사하다 하여 이산을 오대산이라 이름 붙였다고 옛 문헌에 전해지고 있다. 이때 자장율사가 귀국하면서 석가의 진신사리를 가져와 봉안한 곳이 적멸보궁이다. 적멸보궁은 석가모니의 진신사리를 봉안한 사찰의 법당을 일컫는다.

태백산 정암사, 설악산 봉정암, 사자산 법흥사, 오대산 월정사, 통도사 적멸보궁을 합하여 5대 적멸보궁이라 한다. 신라 자장율사에 의해 '1만 문수보살이 상주하는 산'으로 개산된 것이 가장 오랜 기록이며 8세기 들어서는 보천과 효명 태자에 의해 오류성중(五類聖衆)이 머무는 곳으로 발전되었다.

동대에 관음보살 진신 1만, 서대에 대세지보살 1만, 1만, 남대에 지장보살 1만, 북대에 500 대아라한, 중대에 1만 문수보살이 머 무른다 해서 5대가 형성됐고, 부처의 정골 사리를 모신 적멸보궁이 중대 위에 자리 잡아 동,서,남,북 중 오대가 있어 오대산이라 불리게 됐다고도 한다." ◀출처 : 네이버

시원한 아침 공기를 느낄 겸 빼곡한 지하철 보다 역까지는 걸어갔다. 역 입구에는 필자를 위한 양 항상 친절한 김밥 사장님이 있었다. 점심용으로 주먹밥 두 개를 샀더니 또 "행복한 하루 되세요."라고 인사를 해 주셨다. "하루의 시작은 아침에 있다"고 했는데 기분 좋게 하루를 시작할 수 있었다.

산악회 버스는 사당역을 출발하여 중간에 휴게소를 들렀다가 오대산국립공원 입구에서 약 40분을 계곡 안으로 들어갔더니 월정사, 상원사 주차장은 벌써 만차였다.

월정사에서 입장료를 내고, 상원사 입구 오대산탐방지원센터에 오전 10시경 도착하였다.

월정사 스님 중 한 분은 족구를 잘 하시기로 메스컴을 탔단다.

등반 대장은 등산코스를 설명해 주었다.

"상원탐방지원센터 → 상원사 → 적멸보궁 → 오대산 정상(비로봉) → 상왕봉 → 갈림길 → 북대사미륵암 → 상원사. 원점회귀, 약 12km, 6시간 코스"

상원사는 해발 800m 지점에 있었다.

해발 1000m 지점에 '적멸보궁'이라는 곳은 '부처님의 전신사리를 모신 곳'으로 통도사, 해인사 등 전국 다섯 곳의 유명한 사찰에 보관 중이란다.

상원사 입구부터 상원사 경내까지는 어마어마하게 잘 조성된 길이었다. 상원사에서 적멸보궁까지

는 또 약 700m로 제주도에서나 볼 수 있는 폭 2m의 현무암으로 잘 정돈되어 있었다.

적멸보궁을 지나 등산로 오르막길 1.1㎞가 시작되었다. 벌써 정상은 까마득히 눈앞에 나타났다. 주변의 단풍들도 그다지 즐길만하지 않았다. 잠시 휴식을 하는 장소에서 노인 산악회 사람들을 만났다. 74세, 77세였다. 한 달에 7개 정도는 등산을 하신단다. 이제 무릎도 아파오고, 숨도 차단다. 좀 더 낮은 산을 찾으시는 게 어떠시냐고 권고를 해 드렸다.

용문산, 치악산에 이어 70대 중반의 남자 등산마니아를 만나게 된 셈이었다. 늘 강조해 왔지만 '우리도 75세까지는 등산을 해야 되지 않겠는가?'고 했더니 후배는 80세까지 한단다. 친구는 무릎 때문에 안 될 것이란다. 평소 무리하지 말고 건강관리 잘해야지.

끝없이 이어졌던 오르막길에는 이따금씩 계단을 만들어 놓아 잠시 쉴 수 있게 되어 좋았다. 둘은 즐길 시간도 안 갖고 계속 오르기만 하였다. 등산은 저렇게 하지 말라고 하였는데 오로지 정상에만 가겠다는 마음으로 쉬지 않고 오르기만 하였다. 쉬게 되면 오르지 못한단다.

덥지 않아서 다행이었다. 주변의 경치는 별로였지만 언제 또 여기 올 것인가를 생각하면 억지로라도 괜찮아 보이는 자연을 사진에 담았다. 눈치도 없이 그들은 오로지 정상만을 향해 올랐다. 정상 근처에도 아름드리나무들이 많았다. 추운 겨울에도 눈바람과 싸워서 살아남으려면 단단하게 자라야 하는지 자그마한 키에 가지도 엄청 굵게 자랐다.

등산 시작 1시간 30분만인 12시 경 정상에 도착하였다. 남한에서 다섯 번째로 높은 산이라서인지 상원사가 유명해서인지 오대산 정상 비로봉이 유명해서인지 휴일 등산객들이 많이 찾았다.

정상석 주변이 넓어 사진 찍기에도 편하여 마음에 들었다. 잠시 숨을 돌리고 주변을 살펴보았더니 풍광은 별로였다.

단풍들도 한 가지 색뿐이었지만 마치 한라산에 올랐다는 느낌을 받았다. 그래도 언제 또 올 수 있을까? 줄지어 사진을 찍어댔다.

원점회귀 12㎞의 체력이 되는지 체크해 보았다.

등산은 한 번만 하고 마는 것이 아니므로 천천히 오래 할 수 있도록 건강관리를 잘해야 한다. 정오를 넘겼으니 양지바른 곳에 자리를 잡고 점심을 먹었다. 각자에게 필요한 음식만을 갖고 오라고 해 두었는데 지인은 필자의 김밥과 간식까지 챙겨 왔다.

"상대방의 것을 생각하지 말고 자기 먹을 것만 챙겨서 오라"고 다시 한번 강조해 주었다. 지인은 김밥을 한 줄씩 추가로 갖고 왔고, 후배는 달걀과 귤을 가득 갖고 왔지만 필자에게 딱 맞는 것들만 갖고 왔다. 베품의 문화가 강한 국민성으로 이해하고 넘어갔다.

점심을 먹고 상왕봉으로 가는 길은 능선이었고, 아름드리 키 작은 나무들이 즐비하였다.

단풍은 내년을 기약하였고 앙상한 자태는 너무 강건해 보였다. 모진 풍파를 이겨내지 못해 벌써 고목이 된 나무들도 제법 있었고, 키는 작지만 고지대에서 살아가는 나무들은 자랑스럽게 보였다. 색다른 풍경이라 사진에, 마음에 담아왔다. 임도에는 그런대로 단풍을 즐길 수 있어 행복했다.

구불구불 임도를 걷다 등산통제구간을 뚫고 계곡으로 내려가 발을 담그는 순간 얼어 버릴 정도로 차가웠다.

주변을 둘러보았지만 절 앞이라 향기나는 차 뿐이었다.

분위기는 좋았지만 비싸서 돌아서야 했다. 드디어 하산을 완료하였다. 아무것도 갖춰지지 않은 절 입구에서 무려 한 시간 이상을 기다린다는 것이 곤욕이었다. 버스 차 문이라도 열려 있는 줄 알았다면 차에 가서 잠이라도 청할 것을 나중에 알게 되었다.

그렇게 46좌를 무탈하고 즐겁게 완등하고 오후 4시 30분경 귀경을 하였다. 휴일이라 오대산 국립공원 계곡을 빠져 나오는데 무려 40분가량 걸렸다.

석양이 너무 멋져 버스 창문을 통해 포착하려고 해도 좀처럼 기회를 잡지 못했다.

여주 휴게소에서 잠시 휴식, 영동고속도로는 사고와 도로 보수까지 있어 막힘이 심했다.

가능하면 주말에는 등산을 피해야 했다. 회원들은 죽전, 양재, 사당에서 내려줄텐데 언제는 지하철 갈아타는 것이 귀찮아서 사당역까지 갔더니 시내가 너무 막혀 오히려 지하철을 미리 타는 것보다 훨씬 늦어졌다는 경험이 있어 양재냐, 죽전이냐로 고민 하다가 친구의 아내가 차를 갖고 오니 지하철역까지 태워주겠다고 하여 죽전정류장에 내렸다. 걸어서 1.4㎞ 떨어져 있었던 죽전역을 찾았다.

이제 영동고속도로를 경유하여 서울 시내로 들어오는 산악회 버스에서는 죽전정류장에 내리는 것이 좋을 것 같겠다는 느낌을 받았다. 단, 지하철을 네 번이나 타야 한다는 것이 좀 길게 느껴지겠지만 그래도 이런 선택이 맞는지는 다음에 한 번 더 체크를 해야 했다. 그래도 지하철에서 1시간 이상을 소진하여 21시 30분 무사히 귀가를 하였다.

함께해 준 지인과 후배에게 감사했다.

세상은 밖에도 있었네!
# 명산 100, 36번째 '오봉산' 완등 이야기!

▲ 오봉산 (五峰山, 778m) | 2016년 4월 14일 금요일

　　　　　　　　　　며칠 전도 아니고 느닷없이 어제 결정하여 초행길인 강원도 춘천에 위치한 '오봉산(五峰山)'을 아내랑 대중교통을 이용하여 다녀왔다.
　　　　　　　　　'오봉산'은 오래전부터 공부하여 두었기에 혼란스러울 것은 전혀 없었다. 간단하게 소개하자면 '오봉'은 '비로봉', '보현봉', '문수봉', '관음봉', '나한봉'으로 봉우리가 다섯 개 있어 그렇게 불리게 되었다고 한다. 소양강댐에서 보았을 때 편리하게 좌에서 '1봉', '2봉', '3봉', '4봉', '5봉'으로 불리기도 한다. '명산 100'에서 인증샷으로 정한 곳은 제일 높은 '제 5봉(779m)'이었다.
　'오봉산'의 자세한 소개는 이렇게 되어 있다.
　"강원도 춘천시 북산면과 화천군 간동면에 있는 산으로 소양강댐 건너 청평사 뒤에 솟은 비로봉, 보현봉, 문수봉, 관음봉, 나한봉의 다섯 봉우리를 말한다.
　옛 이름은 '경운산'이었고 오봉산, 경수산, 청평산으로도 부르다가 등산객에게 알려지면서 오봉산이 되었다. 기차와 배를 타고 가는 철도 산행지, 산과 호수를 동시에 즐길 수 있는 호반 산행지로 알려져 있다.
　1,000년이 넘은 고찰 청평사(강원기념물 55), 청평사 회전문(보물 164), 구송폭포(九松瀑布), 중국 원(元) 순제의 공주와 상삿뱀의 전설이 얽힌 삼층석탑(공주탑:강원문화재자료 8), 공주굴, 공주탕, 연못의 시조라는 영지(남지) 등을 둘러볼 수 있다.
　등산은 배후령에서 시작해 정상에 오른 뒤 구송폭포로 하산하는 4km, 2시

간 걸리는 코스와 배후령에서 시작해 정상에서 청평사를 지나 구송폭포로 하산 하는 6㎞, 3시간 걸리는 코스, 배후령에서 시작해 정상에 오른 뒤 부용 계곡으로 하산하는 7㎞, 3시간 30분 걸리는 코스,

　소양강댐에서 배를 타고 강을 건너 청평사 선착장에서 시작해 구송폭포, 청평사를 지나 정상에 오른 뒤 청평사로 내려와 선착장으로 하산. 7㎞, 3시간 30분 걸리는 코스 등이 있다.

　대중교통편은 춘천-배후령행 시외버스를 타거나, 춘천 시내에서 소양강 댐이나 배후령으로 운행하는 시내버스를 탄다. 소양강댐에서 배를 타면 청평사까지 20분 걸린다. 승용차로 찾아가려면 46번 국도로 청평, 가평, 춘천시를 거쳐 배후령까지 간다." ◀출처: [네이버 지식백과] 오봉산 [五峰山]

　이른 아침 7시에 아내랑 집을 나섰다. 출근시간에 등산 배낭을 메고 복잡한 지하철을 타고 있는 모습이 꼴불견 중의 하나라 출근시간대에 아주 복잡한 지하철은 걸어갔다. 화려한 등산복에 오렌지색 등산 배낭을 메고 걸었으니 출근하는 뭇 사람들에게는 관심거리가 된 것도 사실이었다.

　나이가 들어서인지는 모르겠으나 화려한 색을 좋아하는 터라 그럴 수밖에 없었다. 특히 대로의 횡단보도에서 신호등에 걸려 있을 때 눈에 확 띄게 되었다. 사람들은 무관심인데 필자 혼자만 그런 마음과 느낌으로 아내와 오봉산으로 출근을 하게 되었다. 좀 이른 시간이어서 그런지 역사 내에는 북적거리지 않아서 다행이었다.

　아내는 며칠 전에 산 오렌지색 모자가 더욱 눈에 띄었다. 어두운 색 계통보다는 훨씬 좋은 인상을 받았다. 그래서 필자도 화려한 색상을 좋아하게 되었다. 다른 목적과 이유가 있긴 하지만 선명성을 확보하기 위한 시도도 깔려 있었다.

　용산역에서 여유를 더 갖고 싶어 열차시간보다 30분 정도 일찍 도착하였다. 용산역은 만물상 거리와도 같은 곳이었다. 제각각 갈 길이 다르고 바쁘게 움직였다. 항상 해 왔던 스타일대로 롯데리아에서 따뜻한 커피 한잔 사들고 여유롭게 청춘열차 플랫폼으로 내려갔다.

　플랫폼은 항상 사람들이 북적대는 곳이라 등산을 가는 모습이 그들에게는

부러움의 대상이 되고 있다는 느낌을 받았다. 젊은 부부가 이른 아침에 등산을 하고 있으니 더욱 그렇지 않았을까? 출근을 산으로 하게 된 것이었다.

08시 정확한 시간에 청춘열차는 첫 번째 정차역인 청량리로 향하였다.

청춘열차에도 2층 칸이 있다기에 4호차 2층의 좌석을 사용해 전망이 좋을 것으로 예상되는 동쪽으로 자리를 잡아 보았다. 단층 칸의 낮은 일반 좌석보다는 괜찮을 것으로 생각되었지만 하늘은 우리를 도와주지 않았다.

용산역 발 청춘열차는 09:13분 춘천역에 정확히 도착하였다. 주변을 살펴볼 겨를도 없이 다음 목적지 춘천역 발 '12번 마을버스'로 20분 후 '소양강댐 주차장'에 도착하여 소양강 댐에 설치된 조형물들과 소양강 댐의 위력을 느끼고 즐기면서 약 10분 정도 걸어 소양호 한 곳에 설치된 '보트 선착장'으로 이동하였다. 그런대로 서울에서 이곳까지는 순조롭게 잘 진행되어 다행이었다.

오늘 귀가를 해야 했기에 조금의 흐트러짐도 없이 깔끔하게 주변을 즐겼다. 소양호 선착장에는 관광객도 없어 보트가 제대로 운항을 하는지 걱정이 되었는데 청평사에서 나오는 손님이 있을 수가 있으니 무조건 운항을 해야 한단다.

우리 둘만 태운 보트는 정시에 출발했다.

선착장에서 약 10분 동안 보트를 타고 '청평사(清平寺) 선착장'에 도착했다.

청평사까지는 아스팔트길로 제법 걸어 들어가야 했다. 역시 손님은 한 명도 없었고 우리를 내려준 보트는 즉시 귀항을 하였고, 청평사 선착장은 구조물도 없이 항상 휑하였다.

등산은 10시 40분 '청평사 선착장'에서 시작되어 메마른 산길을 따라 힘들게 진행되어 오후 3시에 등산은 마무리가 되었다.

왕복 8km, 4시간에 마치고 선착장에 들어오는 보트 시간에 맞추었다. 소양호를 통한 오봉산의 등산은 처음부터 보트 시간표에 맞추어 완전한 등산을 진행해야 할 것이다.

클린 산행에도 동참하였다. 오봉산의 유래에서 밝혔듯이 오봉산은 그 유래만을 음미해도 충분히 이해를 할 수가 있기에 산행 중의 특이사항은 없어 그것으로 대신했다.

오후 3시 청평사 선착장 발 보트를 타고 10분 만에 '소양호 선착장'에 돌아왔다.

소양강 댐 주차장에서

춘천역 향 11번 마을버스를 타고 40여분 만에 춘천역에 도착하여 그토록 바랐던 '춘천 막국수' 한 그릇으로 피로와 허기를 달랬다.

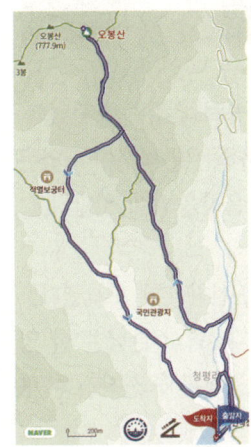

춘천역 발 청춘열차를 타고 19시에 귀가를 안전하게 마쳤다. 함께해 준 아내에게 감사했다.

다녀온 시간을 정리 해 보면 다음과 같았다.

지하철로 용산역, 용산역에서 ITX 청춘열차를 타고 춘천역까지 이동(약 2시간), 춘천역에서 12번 마을버스로 소양강댐 주차장(버스 종점)까지 이동(20분), 보트 선착장까지 도보로 이동(10분), 보트를 타고 청평사 입구까지 이동(10분), 오봉산 등산 왕복 7.74km, 4시간 20분,

집을 나선지 12시간 만에 무사히 귀가하였다.

다음에는 시간적인 여유를 충분히 갖고 '춘천호', '의암호'를 다시 찾아 갈 것을 약속하며 '오봉산 산행'을 마무리하였다.

세상은 밖에도 있었네!
# 명산 100, 42번째 '오서산' 완등 이야기!

▲ 오서산 (烏棲山, 791m) | 2016년 8월 11일 목요일

연일 계속되는 폭염 속에 지인들과 자차로 '까마귀의 보금자리,서해의 등대산'이라 소문난 충남 보령에 있는 '오서산(烏棲山)'을 친구들과 자차로 다녀왔다.

'오서산의 유래'는 이렇게 소개하고 있다.

"충남 제3의 고봉인 오서산(790.7m)은 천수만 일대를 항해하는배들에게 나침반 혹은 등대 구실을 하기에 예로부터 '서해의 등대산'으로 불려왔다.

정상을 중심으로 약 2㎞의 주능선은 온통 억새밭으로 이루어져 억새산행지의 명소이기도 하다. 또, 오서산은 장항선 광천역에서 불과 4㎞의 거리에 위치, 열차를 이용한 산행 대상지로도 인기가 높다. 오서산은 까마귀와 까치들이 많이 서식해 산 이름도 '까마귀 보금자리'로 불리어 왔으며 차령산맥이 서쪽으로 달려간 금북정맥의 최고봉. 그 안에 명찰인 정암사가 자리하고 있어 참배객 들이 끊이지 않는다.

한편 산 아래로는 질펀한 해안평야와 푸른 서해바다가 한 눈에 들어와 언제나 한적하고 조용한 분위기를 느낄 수 있다. 특히, 오서산 등산의 최고 백미는 7부 능선 안부터 서해바다를 조망하는 상쾌함과 후련함이다. 정암사에서 정상까지 구간은 가파르면서 군데군데 바윗길이 자리해 약 1시간 동안 산행 기분을 제대로 만끽할 수 있어 동호인들이나 가족 등반 객들에게 인기가 높다.

산 정상에서는 수채화처럼 펼쳐진 서해의 망망대해 수평선과 섬 자락들을 관망할 수 있다. 정암사는 고려 때 대운대사가 창건한 고찰로 주변은 온

통 수 백년생 느티나무가 숲을 이루고 있다."◀출처:네이버

　지인의 차로 다녀오기로 하여 구로, 송파, 판교에 각각 집이 있어 세 명이 한곳에서 만나서 가는 방법을 선택하였다. 필자는 지하철과 무궁화호 기차를 타고 수원역으로 이동하고, 후배는 지하철로 판교역에 가서 지인의 차를 타고 수원역에서 필자를 만나 세 명이 함께 갔다.

　기차를 타고 가면서 광활한 대지와 함께 여유를 갖고 가는 것이 필자가 생각하는 명산 탐방의 취지와 목적에 맞는데 지인이 차를 갖고 간다기에 필자가 생각했던 기차여행은 접어야 했다.

　서해안 쪽으로 제법 내려가야 되고 폭염이 지속되는 날씨라 아침 일찍 서둘러 출발하였다. 에어컨을 틀어서 이동하여 밖의 더위는 체감을 못했지만 오서산 국립자연휴양림에 도착하여 내리는 순간 숨이 막힐 지경이었다.

　오전 8시 40분경 오서산 국립자연휴양림에 도착하였더니 가족단위의 캠핑족이 많았다.

　오래전부터 희망했지만 캠핑을 해 보고 싶은 충동을 강하게 느꼈다. 간단하게 등산 준비를 마치고 곧 등산은 시작되었다. 산행 계획을 간단하게 설명해 주었다. 왕복 거리가 3.6㎞, 가파르지 않아 부담이 적은 코스라 그렇게 서두르지는 않았다.

　산행은 항상 필자가 기획을 하니 함께 한 분들이 어떻게 생각할까로 항상 조마조마한데 예상대로 초입에서는 키 큰 참나무들이 제법 그늘을 만들어 주어 다행이었다.

　조금 지나니 산행 때마다 익숙한 '거위벌레'들이 아직 익지 않은 도토리가 달린 가지를 잘라 바닥에 많이 떨어트려 놓았다. 함께 한 그들에게 이들의 문제점을 잘 설명해 주었더니 새로운 사실을 알게 되었다면서 신기해 하였다.

　우선 1.6㎞를 올라야 하는 코스라 약간 가파르다는 느낌이 들 정도의 급경사도 있었지만 전체 거리가 짧다는 것에 안심이 되었다. 오랜만에 등산을 해서였던지 지쳐 보이면 멈춰 서게 하여 행동식을 먹게 해 가면서 안전하게 등산을 유도하였다.

　산의 고도가 높아질수록 낮은 나무들로부터 뿜어져 나오는 열기와 밖의 기온 때문에 숨은 더 가빠졌다. 그럴 때면 더 자주 쉬어 가도록 유도하였다.

중계탑이 있는 능선에 가까워지니 어른들의 키만 한 나무들도 벌써부터 폭염에 지친 듯 나뭇잎들을 축 늘어트리고 있었다. 우리들도 숨이 막혀 견디기가 어려울 정도의 열기였다.

등산을 시작한지 한 시간도 채 못 되어 정상에 도착했다.

정상석은 시원하게 하늘을 찌르면서 우리를 반겨 주었다.

억새군락지여서 자연으로부터는 아무런 그늘도 제공받을 수 없었다. 앞에서 설명한 대로 멀리 서쪽에는 해무가 가득하였고, 육지쪽으로는 아지랑이가 무르익어 있어 얼마나 더운지를 짐작케 해주었다.

바람 한 점 없고 그늘 한곳 없는 정상에서 간단하게 인증샷을 남기고 하산을 서둘렀다.

'서해의 등대산' 답게 동서남북 모든 방향으로 시원하게 바라 보였던 멋진 조망을 감상하였다. 석양이 멋진 곳이었는데 볼 수 없어 아쉽기는 하였다.

폭염 때문에 서둘러 하산을 하였다.

계곡에서 알탕도 해 보려고 옷도 여분을 갖고 갔지만 그다지 들어가 볼 만한 곳을 찾지 못하여 아쉬웠다. 그래도 고생한 발 마사지라도 해 보려고 물 가까이에 들어갔더니 해충들이 너무많아 얼른 밖으로 나와야했다.

습기가 많은 곳이라 그런지 여름철 관리가 제대로 되어 주었으면 하는 바람도 가져 보았다.

왕복 3.6km, 2시간 15분 만에 등산은 마쳤다. 찌는 듯한 폭염 속에서 지인과 후배의 협조로 정오 전에 안전하게 등산을 마칠 수 있어 다행이었다.

정상에서의 석양과 억새가 없는 시간에는 등산의 맛을 찾아보기 어려운 곳으로 자평을 하며 안전하게 귀가하였다.

아침 5시부터 시작된 하루는 오후 3시 반 귀가까지 이동에만 7시간이 걸렸던 '오서산' 등산은 총 9시간 반에 마무리가 되었다.

세상은 밖에도 있었네!
# 명산 100, 17번째 '용문산' 완등 이야기!

▲ 용문산 (龍門山, 1,157m) | 2016년 3월 14일 월요일

　　경기도 양평군에 있는 '용문산(1,157m)'을 대중교통을 이용하여 후배랑 다녀왔다.
　　난생처음 강원도 빙산을 다녀오면서 드라마틱한 산행 이야기로 가득했다. "나를 찾아 떠나는 대한민국 100대 명산도전" 열일곱 번째였으니 명산의 완등 맛을 서서히 만끽하며 중독이 되어가고 있을 때였다.
　　산을 좋아한다면 전국을 여행한다는 마음으로 대한민국 100대 명산을 찾아 나서 볼 것을 권해드리고 싶다.
　　용문산의 완등 이야기는 엄청 길다. 인내심을 갖고 끝까지 읽는 자만이 명산의 완등을 제대로 즐길 수 있을 것이다.
　　보따리를 풀어 독자가 읽으면서 현장에 있는 듯 상상의 나래를 펼 수 있도록 했다. 그리고 등산에 빠져 주변의 경관은 잠시 외면하였고, 하산 때도 눈과 머리로만 담아오게 되어 등산의 길잡이가 되어줄 사진이 많이 없었다는 것도 사실임을 솔직히 고백한다. 필자 위주의 사진이라도 올려두었다.
　　3월 중에 20좌 완등을 하고 싶었기에 서두른다는 느낌은 들었지만, 이제부터는 '산이 나를 부르고 있는 게 아닌가' 싶을 정도로 산에 가는 것에 더욱 익숙해졌고, 또 흥미를 더했다. 집을 나설 때의 설렘과 완등을 했다는 성취감이 등산 중의 힘듦을 커버하기엔 충분했다.

1산 1산 증가되는 명산 100 도전에 도취되어가는 것도 사실이었다. 여러 가지 의미를 갖고 출발한 '나를 찾아 떠나는 새로운 도전'은 시작을 잘한 것 같았고, 명산을 계속 찾게 한 자극제와 흥미 유발은 10개 단위로 완등시마다 주는 형형색색의 패치였다.

　토요일은 친구의 등산모임인 싱글벙글 산악회에 합류하여 10km이상의 산행, 일요일에는 아내랑 '북한산 둘레길 8-1코스, 구파발 역에서 불광역' 10km완주. 월요일인 오늘은 후배와 경기도 양평군에 있는 '용문산(1,157m)' 10km 등산. 3일 연속 10km 이상의 등산과 둘레길을 걸어 무리했다는 생각이 들곤 하였지만 '유럽 순례의 길을 가려면 이 정도는 고통은 감내해야한다'는 생각에 가벼운 마음으로 진행되었다.

　먼저 '용문산의 유래'는 이렇게 소개되어 있었다.

　"경기도 영산인 용문산은 고산다운 풍모와 기암괴석을 고루 갖추고 있는 산으로 관련된 속담도 많이 회자되고 있다. 용문산 안개 두르듯 옷을 치렁치렁 걸친 모양을 비유한 말이며 용문산에 안개 모이듯 '여기저기서 한 곳으로 집결하는 모양을 이르는 말이다. 자욱한 안개 속에서 용이 승천하는 모습이 연상되는 속담이다. '용이 드나드는 산' '용이 머무는 산'이 연상되는 것이다.

　'용문산'의 원래 이름은 '미지산(彌智山)'이라고 전해온다. '미지(彌智)'는 '미리(彌里)의 옛 형태'고, '미리'는 경상도, 제주도 지방의 '용'의 방언이고 보면 용과 연관이 있다. '용'의 옛말인 '미르'와도 음운이 비슷하다. 즉 미지산이나 용문산이나 뜻에서 별 차이가 없다는 얘기다. 그런데 '미지산'에서 '용문산'으로 언제 바뀌어 불렸는지는 정확치 않으나 조선 태조 이성계가 용이 날개를 달고 드나드는 산이라 하여 '용문산'이라고 칭해졌다는 설화가 전해오고 있다. 입구에는 '용문사'가 있었다.

　'용문산의 최고봉인 가섭봉'은 예로부터 용문산내 '석가봉' '아난봉' 등과 함께 '용문산불교 3봉'으로 일컬어지고 있으며 '가섭'은 부처님에게 염화시중의 미소를 보낸 '마하가섭'을 '가섭존자로 칭하는 것으로 알려져 있다.

　또한 용문산은 제1봉 가섭봉(1157m)에 이어 석문(1127m) 제2봉 장군봉(1056m), 제3봉 백운봉(940m), 함왕봉(887m), 도일봉(864m), 중미산(801m) 순으로 준령들이 펼쳐있다. 지질은 전체적으로 호상편마암과 편암, 그리고 충적층이 분포돼 있다. 1786년 조선 정조 10년 병오년 전남 무안군에서 태어난 초의선사(숙명 홍중부)는 26세 되던 1831년(순조 31년) 용문산을 여행하며 남긴 일기에 "수월암(지금의 백운봉 밑 세수골)에서 하루를 자고 가섭봉에 올라서 운필암과 상원암을 거쳐 용문사에 이르렀다."라고 기록하고 있는 것으로 보아, 19세기 용문산 정상이 가섭봉으로 통칭되고 있었음을 알 수 있다. ◀출처 : 네이버

산행 중 예기치 못한 드라마틱한 상황이 여러 번 일어나 등산 중에 유사한 일이 일어나지 않기를 바라는 마음에 있는 그대로 정리하다 보니 등산 후기가 길어졌다.

서울에서 후배랑 각자의 집에서 전철을 타고 10시 30분 경기도 용문역에서 만나기로 하였다. 필자는 아침 8시에 집을 나섰다. 출근 시간대에 등산 배낭을 메고 지하철을 타는 것이 불편하였지만 하루 만에 귀가를 하여야 하니 어쩔 수가 없었다.

배낭을 부러워 할 듯, 시기할 듯 등등 많은 시각이 느껴지는 아침이었다. 주로 출근시간대를 피하든지 산악회 버스나 자차를 이용하는 것이 모범답안이었지만 가야할 길이 멀어 이런 저런 현장 상황을 고려할 겨를도 없이 앞만 보고 목적지를 향하였다.

09:20분 용문역행 기차에 몸을 실은 지 1시간 30분 후 10시 50분에 용문역에 도착하였다. 1시간 반가량 혼자 기차를 타고 가면서 여러 가지를 정리해 보았다. 첫 번째는 기차 종류별 최고 속도를 알아보았다. 원리를 알고, 근본을 찾아 이해하는 게 오래가며 또 흥미로웠다.

기본과 원칙을 알고 중시하고 실천하는 것도 중요하다는 것을 느끼는 계기가 되었다.

창밖을 즐길 시간이라 강원도 쪽으로 가니 터널이 많고 역간의 거리가 길어 달리는 기차 여행의 맛도 즐길 수 있겠다고 생각했지만 철로 좌우 소음 차단막으로 경관을 막아버리는 것이라 감점요인이 되었다.

용문역은 난생처음 첫 발을 내딛는 곳이었다. 옛날 기차역과는 대조적으로 깨끗하고 웅장하게 잘 지어진 용문역사가 마음에 들었다. 용문역 1번 출구를 나갔다. 30분 먼저 도착한 후배가 손을 흔들어 반갑게 맞아주었다. 용문역 역사 앞 광장 한 쪽에는 역과 연계된 용문산 등산로를 잘 표시해 두었다.

사실 한 달 전 용문산 등산이 계획된 일이라 용문역에서 용문사까지 가는 방법으로 세 가지를 생각해 두었다. 버스로 가는 방법(시간은 아무도 모른다?), 택시로 가는 방법(좀 비싸다), 특별 시스템을 이용하는 방법이었다. 필자가 도착하기 전에 후배가 먼저 도착했다는 소식을 듣고 용문사까지 가는 방법을 찾아보라고 얘기해 두었다.

이곳에는 식당차가 자기 식당에서 식사를 하면 용문사 입구까지 태워주는 셔틀봉사 시스템이 있었다. 벌써 한 명과는 약속이 된 듯 서로 만나서 인사할 틈도 없이 셔틀로 안내를 해 주었다. 시간이 많이 지체되어 서둘렀다. 다행스러웠던 점은 등산을 마치고 용문사에서 용문역까지 태워 준다는 것이었다. 왕복 책임을 맡아준다는 것이었다. 물론 조건은 있었다. 운전기사는 용문사 입구에 있는 식당의 주인이었으며, 그 지역의 자치회장임을 알려 주었다. 그래서인지 이동 중에 온갖 정보를 주었다.

용문역에서 12.5km(왕복 25km, 택시로는 엄청 비싸겠다)를 들어가야 용문사(용문산의 들머리)가 있단다. 식당 주인 차를 타고 들어가면서 셔틀 선택하기를 잘 했구나, 필자 자신에게 칭찬을 해 주었다. 엔돌핀이 솟았다. 원래는 버스나 택시를 타고 가려 했는데 역 앞에는 영업용 택시가 줄지어 서 있었고, 손님이 나오니 택시는 마치 약속이라도 한 듯 손님을 싣고 떠났다. 이동 시스템이 버스가 아닌 택시가 주인이었다. 경기도, 강원도는 택시 이용 시스템이 잘 되어 있구나를 느꼈다.

용문사로 들어가면서 운전기사는 용문산, 용문사에 대해 자세히 설명 해 주었다. 첫 번째로 용문산은 험한 산이고 등산로가 명확하지 않으니 잘 찾아 올라가야 한다. 특히 '용문봉'을 통해서 정상가는 길은 상당히 위험하니 피해라는 코멘트였다. 그래서 우리는 용문사 → 마당바위 → 정상(가섭봉) → 능선길 → 용문사를 선택하였다고 하였더니 무난하겠다고 평가해 주었다.

두 번째로는 1300년 된 은행나무에 대한 이야기였다. 대한민국에서 가장 오래된 은행나무이고, 높이가 65m, 둘레가 16m. 나라에 좋지 않는 일이 있을 때는 이 은행나무도 함께 슬퍼했단다. 그래서 주민들은 영목이라 여겨 1년에 한번 제를 지내고 있단다. 이 나무는 용문사에서 관리 중이며 경기도의 명산 중 명성산의 그것과 유사한 전설을 갖고 있었다.

불행스럽게도 많은 전란으로 용문사는 여러 번 피해를 입었지만 특히 정미의 변이 일어났을 때 의병의 본거지라 일본군이 사찰을 불태워 버렸다. 그러나 이 나무만은 불타지 않고 살아남았던 나무라 하여 '천왕목(天王木)' 이라고도 불렀고 조선 세종 때에는 정3품의 벼슬인 당상직첩을 하사 받기도 한 名木이다. 이 은행나무에는 전설이 있단다.

"옛날 어떤 사람이 이 나무를 자르려고 톱을 대었을 때 톱 자리에서 피가 쏟아지고 맑던 하늘이 흐려지면서 천둥이 일어났기 때문에 중지하였다 하며 또한 나라에 큰 일이 있을 때 소리를 내었다 한다. 고종이 승하하였을 때에는 커다란 가지가 1개 부러졌고, 8·15해방과 6·25사변 때에도 이 나무에서 이상한 소리가 났었다고 한다.

이 나무는 신라 마지막 임금 경순왕의 세자 마의태자가 나라를 잃은 설움을 안고 금강산으로 가던 중에 심었다는 전설과 신라의 의상대사가 짚고 다니던 지팡이를 꽂아 놓은 것이 이처럼 성장하였다는 전설이 있단다."

세 번째는 등산 중의 추가적인 주의 사항도 꼼꼼히 알려 주어 굉장히 도움이 되었다.

10분 정도 달려 '용문사 관광안내소' 근처에 도착했더니 여느 유명사찰 입구처럼 식당들이 즐비하였다. 산행 난이도를 고려하여 더덕구이 정식으로 점심을 당겨서 먹었다. 왕복 택시비를 감안하면 태워주는 차주의 식당에서 밥을 먹는 조건도 밥값만 내면 되었으니 괜찮았다. 배도 채웠고, 후배도 한 달 만에 만났으니 의기양양해졌다.

용문사 입장료 때문에 논란이 되었다. '등산하는 사람들에게 입장료를 받다니' 용문사 뿐 아니라 전국의 명산 들머리에는 좋은 사찰이 많은데 절에는 들어가지 않더라도 중요한 보물이 보관되어 있어 관리비 명목으로 입장료를 받고 있단다.

어느 사찰처럼 우회도로를 내어 입장료에 대한 불만이 해소되어지기를 간절히 바랐다. 매표소를 통과하자마자 어떤 큰 형님(나중에 안 사실 74세, 짧은 머리카락이라 젊어 보였음)이 우리에게 적극적으로 다가왔다. "어디까지 가느냐?" '74세가 왜 혼자서 다니느냐?'며 중얼거리면서도 멤버로 받아들였다. "현재 시간이 12시 가까이 되었으니 오후 4시 정도면 내려올 수 있을 것이다"며 자신감을 보였더니 "가능할까요?"라며 되물어 왔다. "혼자라서 용문산 정상에는 한 번도 가본 적이 없으니 함께 다녀올 수 있어 기쁘다"면서 부담을 주었다. 이것이 첫 번째 사연이었다.

결과는 악연이 될지 행운이 될지는 아무도 모를 일이었다. 초면인 분과 등산코스가 어렵다는 용문산 등산 동지로 받아 들였다. 형님의 소망을 함께 풀어줄 동지가 되어 행복했고, 충분히 잘 걸어 주었다. 용문사 가는 길을 같이 걸으면서 인생사도 많이 들었다.

일주문에서 1㎞, 10분 정도 걸었더니 '용문사'가 나왔다. 절 입구에는 소문대로 1300년 은행나무에는 온갖 소원들이 걸려있었다. 우리도 하나 달아두고 싶었지만 시간적인 여유가 없어 산행에 집중했다. 저 멀리 골짜기 끝에 보이는 것이 '용문산'이라고 하였지만 산 높이에 벌써 질려 버렸다. 용문산과 용문사, 은행나무 내력까지 자세히 들었으니 시간 절약에도 도움이 되었다. 용문사 입장료도 내었으니 더 궁금한 점은 하산 후에 둘러보기로 하였다.

돌덩이로만 된 계곡의 등산로를 따라 좌우측으로 번갈아 가며 계속 산 속 깊숙이 들어갔다. 등산로가 계곡의 돌덩이를 따라 있게 되니 이정표도 드물게 있었고, 등산로는 온통 바윗길로 불편함이 이만저만 아니었다. 이런 길을 오래 걷다 보니 발바닥과 발목이 아파오는 것을 느꼈다. 정상까지 함께 하기로 했던 형님은 너무 잘 올라 주었다.

첫 번째 이정표를 들머리에서 1.8㎞ 위치에 있는 '마당바위'로 잡았다.

입구에서 보았던 등산로를 생각해 가면서 돌계단도 아닌 자연스러운 돌밭을 걸어야 했다. 계곡의 깊이가 용문산의 높이를 짐작케 해 주기엔 충분하였다. 뛰엄뛰엄 있는 이정표를 따라 걷기를 약 1시간 지났을 때 모두가 피곤했던지 말이 없어졌고, 맨 앞에 선 필자만 믿고 머리 숙여 따라 왔다. 45도 경사로에서 흐릿하게 나타난 길목에 접어들었다. 기억으로 마당바위는 등산로 우측에 있다는 것만 믿고 우측으로 방향을 돌려 자갈길로 올랐다.

세 갈래의 갈림길에서 무조건 우측을 선택하여 이리 넘어지고 또 저리 넘어지면서 올랐다.

가도 가도 봉우리는 보이지 않았다. 꼭대기 같이 보였던 그 곳은 용문봉이 아니었다. 용문봉은 더 멀리 있었다. "여기까지 힘들게 올라왔으니 다시 내려가는 것보다 더 가면 '용문봉'을 만날 수 있겠지, '용문봉'으로는 위험하니 가지 말라고 했는데?" 그럼에도 불구하고 계속 전진을 하였다. 300m나 올랐을까? 낭떠러지 암벽이 나타났다. 급히 잘못을 인정하며 전진을 포기하고 올랐던 길로 내려가기로 결정하였다. 올라갈 때보다 내려갈 때가 더 위험하니 천천히 자갈에 미끄러지며, 쌓인 낙엽으로 무릎까지 오는 길이 아닌 길을 만들며 내려갔다. 약 300m를 올랐다가 내려왔으니 온몸은 만신창이 되었다. 다행스러웠던 것은 날이 따뜻해서 얼어붙은 곳은 없었다. 헷갈리게 만들었던 그 지점에 내려와서 보니 분명히 바위 위에 누군가가 붉은 화살표 글씨로 방향을 표시해 두었고, 5m 전방에는 가드레일까지 확실하게 있었다. '한 명이라도 머리를 들어 좌측으로 돌려보았더라면…' 후회도 막심하였고, 분명히 3명은 누구에게 홀렸다. 함께 한 큰 형님에게는 너무 미안했다. "리더는 멀리 봐야 한다."는 평소 필자의 철학을 실감하게 되었다.

　산 속에서 이런 일을 방지하려고 친구의 조언으로 갖게 된 GPS를 작동시켜 올라왔건만 그 순간에는 왜 아무도 다르게 생각을 하지 못하였을까? 특히 필자는 왜 GPS를 확인해 보지 않았을까? 그 순간 3명은 분명히 미쳐 버렸다.

　경사도가 있는 왕복 600m를 약 1시간 30분(12:00-13:30)가량 헛고생을 한 것이었다. 모두는 기진맥진하였다.

　화살표와 가드레일, GPS를 총 동원하여 마당바위를 찾아보았다. 정오를 훌쩍 넘겼으니 허기는 극에 달해 개울 옆에서 잠시 쉬면서 간식을 먹었다. 여기에 앉아서 먹는 시간도 아까우니 정상을 최우선 정복하고 나서 충분히 즐기자고 약속하며 낭비한 시간을 만회하자며 정상을 향해 또 발걸음을 옮겼다. 천근만근 다리에게 미안해졌다. 약 10분정도 올랐더니 큰 바위가 마당바위였다. 계곡의 가장자리에 마당처럼 평평한 바위가 누워있으면서 이정표 역할을 한 것이었다. 너무 심하게 등산로를 개척하였으니 무릎 위의 근육질에 무리가 오고 있음을 직감했다. 평일이라 아무도 도와줄 사람도 없었고 산객은 보이지 않았다. 마당바위 위에서 부부가 희망의 메시지를 던져 주었다.

　형님에게는 더할 나위 없이 미안했다. "죄송하다"며 사과를 하였더니 "긍정의 마인드를 갖자면서 물론 힘은 들었지만 이런 기회가 아니었더라면 언제 또 다시 올라 와 볼 수 있었을까? 좋은 경험을 했다고 생각합시다." 역시 형님다웠다. 새롭게 시작하는 일에는 무엇이든 완벽한 게 없으니 그렇게 공감을 하고 정상 공격으로 다시 이어졌다.

Limit time을 정했다. "오후 4시까지 정상석에 가지 못하면 하산한다."

마당바위 위에 쉬고 있던 부부가 "정상까지는 2.12㎞, 1시간이 더 걸린다"고 하였으니 지칠 대로 지친 몸으로 완전 오르막 돌길을 오른다는 것은 무리라고 생각되어 모두의 안전한 귀가를 위해서 limit time을 정했던 것이다. "오후 4시가 되면 정상에 가지 못하더라도 하산한다." 높은 산의 깊은 계곡에는 어둠이 빨리 오니 어쩔 수 없는 결정이었다. 형님은 예상로 지친 기색은 전혀 보이지 않았다. 젊은 우리가 오히려 지쳤다. 형님은 긍정의 에너지가 넘쳤다.

어젯밤에 눈까지 내려 등산로는 언 길과 녹은 길이 반복적으로 이어졌다. 등산을 시작한지는 세 시간 밖에 안 되었지만 육체는 열 시간이 지난 것 같이 조금은 흔들렸다. "포기란 없다", "'두 번 다시 한다.'도 없다", "형님을 위해서라도 반드시 정상까지 간다."라는 강한 정신력으로 대원들을 이끌며 올랐다. 아니나 다를까 조금 지났더니 개인차가 나타나기 시작했다. 지금까지 고생한 보람이 헛되지 않게 하기 위하여 후배는 앞장서서 오르기로 하였다. 필자는 중간에서 형님을 모시며 따라 전진을 하였다. 조그마한 이정표가 땅 바닥에서 1.5㎞ 남았다고 박혀 있었다. 이제 정상에 높이 서 있는 안테나가 훨씬 가까이에 와 있지만 1.5시간 개고생을 한 터라 포기하고 싶다는 생각이 전혀 없었다면 거짓말이었다. 능선을 따라 칼바위, 나무계단, 높은 바위가 나타나면 옆을 비켜서 내리막 오르막길을 수차례 반복해서 걸어야 했다. 정말이지 몸은 천근만근 녹초가 되어있었다. 다리는 그런대로 괜찮아서 다행이었다.

정상석까지 600m가 남았을 때 뒤따라 오던 형님이 보이지 않았다. 무한정 기다릴 수없는 사정이라 필자도 후배를 위해서 길을 재촉하였다. 저만치 갔을 때 형님이 또 따라왔다. 필자가 그를 기다리는 모습을 보고서는 "먼저 가세요. 사장님"을 외치면서 "자신은 정상 도전을 포기한다."는 것이었다. 너무 미안했지만 후배가 먼저 가 있으니 지금부터는 필자의 속도를 내어 보았다. 후배는 필자의 시야를 벗어났다. 항상 강조해 왔던 말이 생각났다. "등산은 멀리 가야하니 함께 가야된다." "인생은 등산처럼 마라톤과 같다."고 얘기를 많이 하여왔는데 지금이 딱 그런 순간이었다. 필자 자신과의 싸움이 시작되었다. 나무계단은 경사가 심해졌고, 칼바위는 더욱 날카롭게 느껴졌다. 필자 혼자 올라가고 있을 때 한 산객이 난이도를 감안해서였던지(현지시간 오후 2시 40분) "산 속의 해는 금방 지고 어둠이 빨리 찾아오니 정상까지 다녀오려면 빨리 가셔야 합니다."라며 걱정도 해 주었다. 마음속으로는 "나도 그 정도는 알고 등산 한단다." 그래도 고마웠다. 산객끼리만 소통할 수 있는 용기였다.

'0.35㎞ 정상'이라는 이정표는 누가 작살을 내 버렸고, '3.5㎞ 정상'으로 수정을 해 둘 정도로 실제 오르는 느낌은 10배 힘들었다.

다음은 '0.25㎞ 정상' 아직도 이런가? 엄청 올랐다고 생각했는데 겨우 100m만 올랐다니? 아마도 직선거리를 얘기한 게 아닐지? 정상이 눈앞인데 '110m 정상'으로 되어 있었다.

이런 이정표가 계곡에도 있었더라면 이 고생을 안했을 텐데. 실제로는 200m는 넘어 보였다. 간간이 내려다보이는 용문사는 아주 멀리 있어 보였다. 이렇게까지 이겨낼 수 있었던 것은 초입 전 더덕구

이 점심을 하였기 때문이 아니었을까? 순간의 선택이 중요하게 느껴졌다.

"식당 사장님 마음속의 욕은 잊어 주세요."

정상석 부근은 더욱 꼬불꼬불 돌아 돌아서 겨우 정상석에 도착하였다. "새처럼 날아라, 이게 뭐라꼬?" 하던 아내의 외침이 떠올랐다. 짧은 거리였지만 3시간 30분 만에 용문산 정상을 품에 안았다.

와우! 사방에 보이는 것은 온통 산뿐이었다. 날씨가 맑았으면 저멀리 북한지방도 보였을지 모르게 높았다. 발아래에 펼쳐진 대자연의 모습은 웅장하였다. 강원도의 산은 거의가 바위산이라 모습이 더욱 장엄하게 느껴졌다.

4시까지 있다가 내려가면 되는 것이니 후배는 필자가 지쳐보였던지 오이를 입에 물려주었다. 무척 고마웠다.

땀이 식기 전에 에너지부터 보충하였다. 쉴 틈도 없었다. 인증샷은 물론 기념사진만 몇 장 남기며 하산을 서둘러야 했다. 조금 여유 있게 움직이는 것이 좋을 것 같아 내려가다 쉬면서 남겨둔 간식을 먹을 장소도 찾았다. 내려오면서 간간이 뒤를 올려다보며 앞을 가늠하며 "필자가 이 어려운 길을 올랐단 말인가?" 대견하게 느껴졌다.

300m정도 내려왔을 때 조금은 여유를 갖자며 큰 바위에 걸터앉아 마지막 간식을 먹어치우며 가방을 가볍게 만들었다. 후배는 손수 만든 떡과 꿀, 한라봉, 커피까지 아내의 정성어린 손길이 담겨져 있었다. 그동안 힘들었던 점을 이야기 하며 잠시 뒤돌아보았다.

그러나 후배는 긍정적으로 생각하며 "갈 수 없는 곳에 가서 구경 잘 하고 왔다"며 오히려 필자를 위로해 주었다. 멋진 후배였다. "리더는 멀리 봐야 한다."는 명언을 다시 상기시켜 주었다. 부하들은 리더만 믿고 따라 달린다. 리더가 길을 잘못 들면 부하들도 같은 고통을 받게 된다. 그러니 "리더는 멀리 보고 걸어야 한다."

경사가 심한 바위 길을 계속 내려왔다. 깊은 산중 계곡에는 벌써 그림자가 드리워지기 시작하였고, 건너편 용문봉에는 여전히 햇볕이 있었다. 가다 서다를 반복해 가며 같은 바윗길의 지루함을 달래기도 하였다. 이런 저런 이야기를 하며, 들으며 하산을 안전하게 하였다. 드디어 용문사까지 500m가 남았다는 이정표가 나타났다. 휴우, 수고했다는 한숨과 격려가 용솟았다.

잠시 개울에 들어가 엉망이 된 바지가랑이를 물로 깨끗이 씻었다. 신발과 바지를 깨끗이 하고 새 사람처럼 되어 마음이 홀가분해졌고, 쌓였던 피로가 없어지는 것을 느꼈다. 깨끗한 물과 맑은 물소리에 잠시 취해보니 우리 인간도 부처님처럼 깨끗하고 맑은 세상을 만들도록 노력해야겠다는 생각도 해 보았다.

등산했던 길을 그대로 하산을 하였으니 익숙한 용문사에 도착하였다.
오늘 계획된 거리는 9km, 5시간을 예상하였는데 11.16km, 6시간(11시 40분

부터 17시 40분, 휴식시간 1시간 포함)이 걸렸다.

참으로 무리한 등산이 되고 말았다. 한순간의 잘못된 선택이 이처럼 힘든 산행을 만들고 한 사람의 꿈을 실현시켜 드리지 못하게 되어 하루 내내 미안한 마음 수그러들지 않았다.

"리더는 멀리 봐야 한다"는 점을 다시 한번 되새겨 보는 계기가 되었다.

용문사에 도착하니 붉은 석양이 누드 산의 바위와 오늘의 고통을 표현해 주며 아쉬운 오늘을 작별하려는 듯 밤의 차가운 기운을 이겨 내라고 마지막 힘을 주었다.

악전고투 끝에 용문산의 산행은 마무리 되었다 "후유… 그럼에도 불구하고 완등했다."는 기분에 피로기 날아갔다.

자체 실수로 뒤돌아보기가 두려울 정도로 힘든 산행이었다.

저 멀리 보이는 용문산 정상을 우리가 다녀왔다고 생각하면 끔찍해질 정도로 가슴이 뛰었다. '명산 100'에 길이 남을 강력한 추억거리를 간직한 채 식당차에 지친 몸을 실었다. 점심 한 그릇에 용문역까지 왕복 25㎞를 공짜로 태워주는 시스템은 괜찮았다. 용문역으로 이동하는 중 주민자치회장님과 2차 토론회가 열렸다.

용문역에 내리니 벌써 저녁 6시가 넘었다. 날은 저녁으로 치닫고 있었다. 막국수 정도로 저녁을 먹으려고 했는데 어느 곳에도 식당이 없었다. 선지해장국(특)을 주문하였더니 거의 우동사발 같은 뚝배기에 가득 주었다.

18시 50분 전철을 타고 서울로 향했다. 집 도착 예정 시간은 21시 정도였다. 귀가 열차에는 역마다 등산 배낭족이 많이 탔다. 운길산(610m)에서도 승차를 하였다. 먹걸리 한잔이 그리웠다. 너무 바빴던 하루였다. 후배는 아직도 에너지가 넘쳐났다. 좋은 경험과 멋진 추억거리를 만들어 버린 용문산 등산은 영영 잊혀지지 않을 것이다. 안전산행이 되어 다행이었고, 끝까지 책임을 완수하지 못해 형님에게는 내내 죄송했다. 끝까지 소설 같은 이야기를 읽어 주신 분에게도 감사를 드립니다.

'오늘의 결언'은 이렇게 정리해 보았다.

깨끗한 물이 고여 있는 길가에 수레가 지나간다.
수레바퀴가 지날 때마다 물은 점점 탁해진다.
본래의 맑고 깨끗했던 물은 사라지고 더럽고,
질퍽한 구정물만 웅덩이에 남는다.
바퀴가 물을 탁하게 했다고 여기는가?
수레가 모두 지나가고 나면 물은 점점 깨끗해진다.
품었던 흙과 먼지와 부유물을 내려놓고
천천히 본래의 모습으로 되돌아간다.
물을 탁하게 한 것은 아무것도 없다.
그래서 물은 수레를 탓하지 않는다.
당신은 어떠한가?
마음이 어지러울 때 무슨 생각을 하는가?

세상은 밖에도 있었네!
# 명산 100, 26번째 '용봉산' 완등 이야기!

▲ 용봉산 (龍鳳山, 381m) | 2016년 4월 25일 금요일

충남 홍성군에 있는 '제2의 금강산'이라 불리는 '용봉산'을 아내와 대중교통으로 다녀왔다.

'용봉산의 유래'는 이렇게 소개되어 있다.

"충남 홍성에 위치한 용봉산은 높이는 낮지만 주변 전경이 수려하고 기암괴석이 수석처 같다. 미륵불이 있는 미륵암을 지나 능선에 오르면 5형제 바위, 공룡바위, 칼바위 등 즐비한 기암들이 조화를 이루고 바위군을 지나 20여분 내려가면 마애석불이 있는 용봉사가 있다. 가을철 단풍도 볼만하다.

바위산답게 기암괴석이 기기묘묘한 형상을 빚어 여느 명산에 비해 뒤떨어지지 않는다.

홍성을 방문하는 사람들에게 가장 먼저 용봉산을 내세울 만큼 고장 사람들은 큰 자랑으로 여기고 있는 산이다.

용봉산을 낀 홍성 일대는 충절의 고향이라는 얘기답게 만해 한용운 선사, 백야 김좌진 장군, 최영 장군, 사육신의 한 분인 성삼문 등의 생가와 9백의총 등 위인들의 삶의 흔적과 백제 부흥의 마지막 보루였던 임존성 등 역사 유적지가 도처에 남아있다.

용봉산의 좌우 중턱에는 고려시대의 고찰 용봉사와 마애석불, 미륵석불이 있다. 옛 문헌에는 영봉사라고 기록되어 있는 용봉사는 지금은 대웅전과 요사체 등 2동밖에 남아있지 않다. 하지만 고려시대에는 절 크기가 아흔 아홉 간에 불도를 닦는 승려수가 천 여명에 이를 만큼 큰 절이었다고 한다. 용

봉산은 산세가 수려해 등산길로도 그만이다.

용봉초등학교 뒷편을 따라 올라 상하리 미륵불을 구경하고 크고 작은 봉우리를 휘휘 돌아 정상에 오른 뒤 용봉사 쪽으로 내려오면 두 시간쯤 걸리는데 산 아래 펼쳐지는 경관이 일품이다. 수덕사를 품고 있는 용봉산은 산세는 수려하지만 산이 낮아 산행지라기보다 나들이 코스 같아 특정 계절에 치우치지 않고 사계절 두루 인기 있는 산이다." ◀출처 : 네이버

오래전부터 계획했던 용봉산이 드디어 손에 잡혔다.

'뱀과 지네가 싸웠는데 지네가 이겨서 용이 되어 승천하였다'하여 지어졌다는 유래가 있어 등산하기 전에 그런 재미있는 유래에 대해 꼭 읽어보고 찾아간다. 숙지하고 현장에 가 보면 그런 형태가 그려지곤 하여 더욱 재미를 붙여줬다. 그래야만 그 산의 이름과 유래가 오래도록 기억에 남아 잊지 않을 뿐 아니라 산을 찾는 재미가 붙게 되었다.

요즘은 아침이 일찍 시작되기 때문에 일찍 집을 나서는 계획을 세울 수밖에 없었다. 정오에서 오후 3시까지는 너무 더워서 등산하는 게 힘들기 때문이었다.

새벽 5시 20분에 일어났다. 소문만 무성했던 용봉산이 도대체 어떤 산이기에 그럴까 빨리 가서 확인하고 싶어졌다. 어제는 서울 둘레길을 10㎞이상 걸었으니 피곤할 만도 한데 오늘 또 저 멀리 있는 산을 가게 된 것에는 분명 이유가 있었을 것이다.

용산역까지 익숙하게 일사천리로 가 버렸다. 돈을 벌기 위해 가는 출근은 아니었지만 일찍 집을 나와 산으로 출근을 하는 것이었다. 퇴직 후에는 눈으로 보고, 생각을 하고, 해석을 하여 필자의 삶에 보탬이 되게 하는 것이고, 어떤 면에서는 필자의 미래 모습이라 더 관심이 많아졌다. 용산역에는 청춘열차를 많이 탔던 곳이라 편안한 곳이 되어 있었다. 용산역에서는 백태 인생을 보며 우리처럼 배낭을 메고 등산가는 사람도 제법 있었다. 그곳에서의 한 시간은 그들의 인생을 보노라면 금방 시간이 흘러갔다.

무궁화호 07:35분발 익산 행 장항선 열차가 보드에 떴다.

서울에서 무궁화호 열차 첫 탑승이라 기대가 되었다. 따닥따닥 붙어 있는 의자는 좌우 각각 두 개씩 한 량에 의자가 72개, 숨이 막힐 정도로 빼곡했다. 남쪽으로 내려가다가 서쪽으로 진입하여 충남의 대평원을 가로질러갈 때

마치 영화에서나 있을 법한 일이라고 생각했건만 평원을 보면서 드론이라도 있다면 상공에서 동영상을 한번 찍어 보고 싶기도 했다. 푸르른 들판을 가로질러 아침의 풍경은 남달랐는데 황사로 먹칠을 한 부분도 있었다.

계획보다 10분 늦은 9시 40분에 낯선 홍성역에 도착하였다. 칙칙폭폭 연기를 내며 열심히 달리는 속도는 자전거 타고 가는 정도의 것이었는데 멋지게 현대화된 역사와 주변이 어마어마하게 달라져 있었다. 지금까지는 성공적으로 잘 내려갔다.

다음 단계는 버스를 타고 등산로 입구를 찾아가는 일이었다.

우선 역사 앞 버스 승강장에는 모니터가 없고 홍성군 전역의 지도만 있어 실망스러웠다. 용봉산은 인기가 없었던지 조그맣게 들어 있었다. 필자가 공부했던 900번 버스는 없었다. 들머리는 '구룡대 매표소', 날머리는 '용봉초등학교'였으니 우선 '구룡대 매표소'를 찾아가기로 하였다. 산은 저 멀리에 보여 가깝겠다 싶어 걱정은 안 되었다. 지도를 보면서 잠시 둘의 대화를 듣고 있던 아주머니가 안내를 해 주셨다.

용봉산 입구에 가는 버스는 걸어서 5분 거리에 있는 '종합터미널'로 갔다. 900번 버스가 있었고 출발 2분전. 버스에 타자 곧 출발하였다. 나이가 들면 많은 경험으로 더 많은 것을 알고 있을 것 같지만 경험이 없으면 모르는 경우가 더 많았다. 회사라는 한 곳에만 집중하면서 살아왔으니 그런 현상이 많은 것 같았다. 그래서 궁금한 것은 검색을 하기도, 여쭈어 보기도, 소통을 해 보기도 하면서 부족한 분야를 채우려고 노력해야 하는 것이다.

시내를 거쳐 20여분 후 '용봉산 입구' 버스 승강장에서 내렸다. 차안에서도 운전기사에게 여러 번 여쭈어 보았다. 충청도 홍성 주민들로부터 여유로움을 느꼈다. 친절함도 높은 것 같았다. 매표소에서 입장료를 주었다. 유물이나 보물이 있는 경우 그것을 보호하기 위해 입장료를 받는 경우가 있었지만 무슨 그런 것들이 있어 입장료를 받는단 말인가? 따져보고 싶었지만 점잖게 지나갔다. 입구에서 바라본 용봉산 정상은 너무 싱겁게 느껴졌다. 산세는 모르겠으나 높이가 너무 낮아서였던 것 같았다. 먼저 등산 안내도를 살펴보았다. 안내도 하단에는 등산로가 상세히 적혀있었다. 세 코스 모두 4시간이 넘는 것은 없었다.

아내는 자신감이 넘치는 듯 한 바퀴 돌자는 것이었다. 오후 5시에 기차가 예약되어 있으니 이제 10시 30분인데 시간상으로는 충분하여 "그렇게 하자"고 동의를 해 주었다.

"구룡매표소 → 거북바위 → 병풍바위 → 용바위(전망대) → 악귀봉 → 노적봉 → 정상(381m) → 투석봉 → 용봉초등학교"로 정하였다. 총 3시간 30분이 소요되어 4시간이 걸린다고 해도 충분히 여유로운 코스였다.

먼저 키 작은 나무 사이를 걸었다. 따가운 햇살은 대책이 없었다. 풍화작용을 많이 받은 바위들이 처음부터 갈 길을 막았다. 마사토로 덮인 등산로는 상 히 미끄러웠다. "조심 또 조심"을 외치면서 아내를 따라 걸어 올랐다. '거북바위', '병풍바위', '용바위'는 각자의 위치에선 도무지 그 이름의 그림이 그려지지 않았다.

그리고 특이한 점은 이정표 상에는 거리가 1km를 넘는 곳이 없었다. 이정표 간에 길어야 700m가 전부였다. 워낙 산 높이가 낮다보니 그럴 수밖에 없겠지만 바위 이름이 있는 곳에서는 제법 난이도가 보였다.

'악귀봉'에서 그들 세 곳의 바위들을 보면서 이름처럼 그림이 나와 다행이었다.

항상 강조해 온 "등산코스는 어려운 곳으로, 하산코스는 쉬운 곳으로" 정하고 올라왔는데 오르고 보니 여기는 반대 의미의 코스가 되었다.

'용봉초등학교'가 들머리가 되는 것이겠지. 그러면 그들의 그림을 제대로 보고 하산할 수 있는 것이 아닐지? 바윗덩이가 형성된 봉우리를 보면 마치 인위적으로 쌓아놓은 것처럼 그들끼리 만들어낸 안정된 조화감이 우리를 압도하였다. 바위끼리 어떻게 저리도 완벽하게 쌓였을까? 지구가 생길 때에는 온 산천이 빙하였을 텐데 인간이 저렇게 쌓으려고 해도 어려울 텐데 어찌 자연스럽게 저렇게도 야무지게 쌓았을까?

'노적봉'과 '악귀봉'은 워낙 낭떠러지가 많아 아내의 바위 타는 점을 감안하여 우회도로를 선택하여 안전산행을 최우선적으로 하였다. 가드레일도 충분히 쳐

놓았지만 워낙 불안전한 상황이라 쉬운 길로 전진해 보았다. 오르막과 내리막을 몇 번 거듭하였더니 "용봉산도 결코 쉬운 산이 아니구나"를 인정하게 되었다.

오르면 한 번에 마쳐야지 오늘처럼 오르락 내리락 하는 것에는 짜증이 날 만도 하였다. 그런데다 나무계단도 많았다. 등산을 즐기는 사람들은 대체로 딱딱하고 일정한 높이의 나무계단보다 자연산 흙길을 좋아하지요. 발목이나 무릎에 딱딱한 무게를 전하는 것보다 스폰지 같진 않겠지만 발목과 발 그리고 무게중심을 유연하게 대처할 수 있어 흙길을 좋아하지요.

"마지막 오름길이 끝나면 정상석이 나오겠지?" 하면서 목까지 차오른 가쁜 숨이 더위와 함께 찾아와 초여름을 연상케 하였지만 희망을 잃지는 않았다. 그러나 앞에 보였던 그곳은 정상이 아니었고, 최영장군
쉼터로 내려가는 갈림길이었다. 이정표에는 100m를 더 가야 정상이었다. 잘 못했으면 정상석을 그냥 지나칠뻔 했다. 바위 봉우리를 몇 개 지나다 보니 그 바위 봉우리도 그 중에 하나겠지 하고 지나치면서 혹시나 해서 뒤돌아보았더니 '용봉산(381m)'라는 정상석이 보여 너무 기뻤다. 우뚝 솟은 바위 덩어리 위에 정상석이 얹혀 있어 멋있게 보였다. 차례로 인증샷을 확보하고 따가운 햇살을 피해 준비해간 음식을 먹기 위해 최영장군 활터까지 300m를 내려갔다. 불행스럽게도 정자는출입금지 수리 중이라 근처 그늘에서 먹었다. 시간적인 여유가 있었으니 '투석봉'이 있는 코스로 하산로를 잡고 GPS로 확인하였다.

여러 갈래의 길이 있지 않아서 일사천리로 내려갈 수 있어 다행이었다.

잠시 후 '용두사'가 나타났고 옆에는 집채만한 '미륵불'도 있었다.

이윽고 도로 옆에 있는 '용봉초등학교'가 나왔다. 현지시간 13:45분. GPS기준 5.21km, 3시간 30분 만에 오늘의 산행을 안전하고 즐겁게 마치게 되었다. 이쪽이 들머리였다면 등산하는데 무척 힘이 들었겠구나 생각되었다. 안전하고 즐거운 산행을 해준 아내가 고마웠다.
 다음 단계로 버스를 타고 '홍성역'까지 이동이었다.
 초등학교 교문 앞에 버스 승강장에서 버스시간을 확인해 보니 40여분을 기다려야했다.
 지나가는 택시도 없었고 사람들 보기가 하늘에 별따기처럼 어려웠다. 반신반의로 기다렸는데 정확히 버스가 도착하였다. 버스회사에 감사한 마음을 전하고 버스는 홍성역으로 갔다. 홍성이라면 한우가 유명하다는데 샤브샤브 칼국수 집에 들어갔다.
 예매한 무궁화호는 시간이 너무 넉넉하여 다시 '새마을호' 좌석으로 바꾸어 두었다.
 맛도 좋았고, 서비스도 좋아서 나올 때는 기분 좋게 GOOD!! 엄지손가락으로 인사를 드렸다.
 열차시간을 1시간 이상 당기고도 여유가 생겼다. 홍성역에는 언제 다시 올지는 모르겠지만 오늘 산행을 했던 용봉산을 다시 떠올리며 역 앞에 설치된 안내도를 유심히 쳐다보았다. 비경 8경 중에 제1경이 용봉산이었다. 예정된 시간에 새마을호를 탑승하였다.
 값이 비싼 만큼 자리도 약간 넓었고 의자도 좋아 보였다. 의자 양쪽에 팔걸이도 있었고, 무엇보다도 테이블이 있다는 게 눈에 띄었다. 약간은 지친 듯 피로를 해소하기 위해 취침을 하였다.
 해는 대낮처럼 밝았는데 정시에 영등포역에 도착하였다. 순간의 판단이 이렇게 다른 세상을 느끼게 만들어 주었다. 등산만이 목적이 아니라 기차여행을 병행해서 잡았는데 다음에는 더욱 재밌는 여행과 등산이 되도록 할 것이다'에 자신감이 붙게 되었다.
 이처럼 마음먹었던 일을 행동으로 옮길 때 비로소 새로운 세상이 열린다는 것을 항상 염두에 둘 것이며, 낮이 있는 삶을 제대로 실천했던 하루였다.
 '나를 찾아 떠나는 도전'은 계속 될 것이다.
 오늘의 결언은 "인터넷에서 아무리 공부를 한다 해도 현장과는 다른 경우가 많으니 현장에서 현지 주민들과 소통도 중요한 방법 중의 하나였다.
 모르면 무조건 여쭈어라!"

세상은 밖에도 있었네!
# 명산 100, 33번째 '용화산' 완등 이야기!

▲ 용화산 (龍華山, 875m) | 2016년 5월 27일 금요일

　　　　　　　　　　　　　강원도 춘천시에 위치한 '용화산 (龍華山,875m)'과 이미 아내와 다녀왔던 '오봉산(五峰山, 779m)'을 친구의 차로 1일 2산행으로 다녀왔다. '용화산'은 대중교통으로도 다녀올 수 있는 곳이라 아내와 가려고 뒤로 미뤄 놓았는데 아내가 명성산을 등산 후 여름철 등산은 무더위 때문에 힘들겠다고 선언하여 친구와 다녀오기로 방향을 바꾸어 다녀오게 되었다.

'용화산의 유래'는 이렇게 소개되어 있다.

"용화산의 주봉(主峰)은 '만장봉'이다. 이 산에서 '지네와 뱀이 서로 싸우다 이긴 쪽이 용이 되어서 하늘로 올라갔다' 하여 '용화산(龍華山)'이라는 이름이 생겨났다는 전설이 전해진다.

산중에 용화산성이 있으며 산 밑에는 용화사와 용흥사(龍興寺), 준령 북쪽의 성불령에 성불사터가 있다. 용마굴(龍馬窟), 장수굴(將帥窟), 백운대(白雲臺), 은선암(隱仙岩), 현선암(顯仙岩), 득남(得男)바위, 층계바위, 하늘벽, 만장봉, 주전자바위, 마귀할멈바위, 새남바위, 한빛벽, 광바위, 바둑판바위, 작은 비선대 등 각종 전설을 간직한 기암이 많고 폭포도 6개나 되어 경치가 아름답다. 정상에서는 남쪽으로 춘천시를 에워싼 대룡산, 금병산, 삼악산이 보이고 그 사이로 인근의 파로호, 춘천호, 의암호, 소양호 등이 보인

다. 인근 주민의 정신적 영산(靈山)이자 명산으로서, 옛날에는 가뭄이 들면 화천군에서 군수가 제주(祭主)가 되어 기우제를 지내기도 하였고, 요즘도 해마다 열리는 용화축전 때 산신제를 지낸다. 용화산의 안개와 구름은 예로부터 성불사의 저녁 종소리, 기괴한 돌, 원천리 계곡의 맑은 물 등과 함께 화천팔경(華川八景)이라 불렸다." ◀출처 : 네이버

1일 2산행이라 바쁘게 움직여야 했다. 이동 및 등산은 이렇게 진행되었다.

필자는 지하철로 '복정역'에 나가 친구의 차를 타고 용화산 등산의 들머리로 잡은 '큰 고개'까지 약 2시간 가량 이동하였다.

등산코스는 "큰 고개(들머리) ↔ 용화산 정상", 2.12㎞, 원점회귀, 1.5시간 예정이었다.

언제부터 인터넷을 통해 '용화산'에 대해 많은 공부를 해 두었는데, 대중교통을 이용하면 등산코스나 등산거리가 만만찮아(왕복 11㎞) 등산 일정을 뒤로 밀어 두었던 명산이었다.

등산도 그리 좋아하지 않는 친구가 자차로 가자고 하니 친구를 생각해서 가장 짧은 코스를 선택하여 다녀오기로 하였다. 어찌되었건 편안하게 등산을 가게 되었으니 기분 좋은 마음으로 하루를 시작하였다.

간식을 가득 채운 배낭을 메고 새벽 출근 시간에 집을 나섰다. 여느 때처럼 지하철에서 출근길 방해가 될까봐 집에서 걸어서, 또 지하철로 복정역까지 나갔다. 복정역 주변에는 예상대로 차들이 많았고, 매연 냄새는 극에 달했다.

아침부터 목도리로 마스크를 굳게 하고 친구가 오기만을 기다렸다. 특이하게 퀵보드로 출근하는 젊은이가 눈에 띄었다.

자차로는 처음 가는 곳이라 네비에 의존하는 수밖에 없어 약 2시간을 달리고 달려 용화산의 들머리인 '큰 고개 주차장'에 도착하였다.

인터넷에서는 큰 고개에서 정상까지 약 0.7㎞라니 가볍게 생각하고 등산을 시작하였다.

산에는 나무들이 무성하게 자라 그늘이 많아 덥지 않게 등산을 할 수 있었지만 거리가

짧은 만큼 난이도는 있을 것이라는 예측을 하면서 서서히 올랐지만 그다지 난이도는 보이지 않았고 잠시 후 조망이 좋은 암릉에 도착하였다.

풍파에 깎여진 암릉의 흔적이 모나게 살아가는 인간에게 던지는 메시지가 있었다.

암릉과 멋지게 공존하는 모습을 보여준 자연 경관을 그냥 지나칠 수 없어 기념사진도 몇 장 남겼다.

특히 마사토 같은 바윗돌에서 자란 소나무는 언제 보아도 일품이었다. 미끄럽게 느껴지는 마사토의 등산로를 따라 오르기를 한 시간도 못되어 '용화산 정상'에 도착하였다.

정상 주변에는 우리보다 조금 먼저 도착한 부부도 있었다.

0.7㎞의 명산 등산이 싱겁게 끝나버렸다.

주위를 의식할 필요도 없이 둘은 인증샷을 남겼고 높은 나무 그늘

아래서 정상에서의 기쁨을 만끽하면서 준비해 간 간식을 먹었다.

시간상으로는 아직 정오도 되지 않았다.

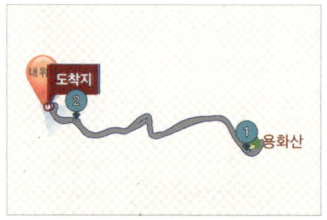

함께 했던 친구는 시간이 충분하니 명산 한 개 더 등산을 하고자 하는 욕심이 생기고 말았다. 주변에는 '팔봉산', '오봉산', '유명산', '삼악산' 등이 있었는데 모두 갔다 온 명산이라 우선 T-map으로 이동거리를 체크해 가면서 빨리 도착하여 짧은 거리로 등산할 수 있는 '오봉산'을 추천했다.

'오봉산'은 이미 다녀온 명산이긴 하였지만 기억으로는 필자가 다녀온 길 외에 '배후령 고개'에서 시작한다면 왕복 약 3.0㎞로 충분히 갈 수 있겠다고 확신을 심어 주었다.

급히 결정을 내리고 하산을 서둘렀다.

'용화산 등산'은 왕복 2.12km로 최단거리 등산이 되었다. 무엇에 끌렸던지 점심은 다음 목표인 '오봉산'에서 먹기로 하고 차를 타고 이동하였다. 차를 갖고 간다면 이런 면에서 유리하겠지만 자칫 등산으로 피로감 때문에 졸음운전이 염려되기 때문에 대중교통을 이용하게 되는 편이다.

친구는 운전에 자신이 있다고 하니 이동에는 문제가 없었지만 혹시나 필자는 이동 중에 내내 졸음과 싸워야했다.

용화산과 오봉산 두 명산 모두 들머리가 해발 600m 지점에서 시작하였다는 점에서 하루 만에 올랐지만 그다지 힘들지는 않았다. 그래도 필자가 다녀온 명산이라 추

천을 쉽게 해서 갔다 올 수가 있었다. 차를 태워 갔으니 그 정도는 배려해야 했다. 1일 2산행 무사히 마치고 안전하게 귀가하였다. 함께해 준 친구가 고마웠다.

세상은 밖에도 있었네!
# 명산 100, 33번째 '운악산' 완등 이야기!

▲ 운악산 (雲岳山, 938m) | 2016년 5월 13일 금요일

경기(京畿) 5악(岳)산(화악산, 관악산, 감악산, 송악산, 운악산) 중 가장 수려한 산으로 '경기 소금강'이라고 불리울 만큼 뛰어난 모습을 지니고 있는 '운악산(雲岳山)'을 친구의 차로 다녀왔다.

운악산 등산은 이렇게 진행되었다.

"운악산 자연휴양림, 매표소 → 운악사 → 소꼬리폭포 → 사부자바위, 두꺼비 바위 → 망경대 → 서봉, 동봉 → 치마바위 → 무지치폭포 → 운악사→ 매표소" 약 5.5㎞, 5시간, 원점회귀 코스.

출근하는 일도 아닌데 좋아하는 등산을 한다는 즐거움에 아침 8시에 집을 나섰다. 오랜만에 친구와 함께 한다는 즐거움에 발걸음도 가볍고 활기찼다. 거제도에서는 항상 같은 산을 가면서도 등산을 한다고 자랑하였으나 명산 100을 시작한 후로는 항상 새로운 산을 찾아 나서니 새롭게 필자를 만드는 데 크게 도움이 되고 있었다.

새로운 운악산의 등산 궁금증이 더욱 가중된 가운데 서울의 사람들처럼 주변의 시선을 아랑곳하지 않고 싶었지만 피할 수 없는 그들의 시선은 아직 따갑게 느껴졌다.

특히 신호등에서 파란불을 기다릴 때가 더욱 시선이 불편하게 느껴졌다.

출근길에 등산 배낭을 메고 지하철을 타는 것이 눈총을 받는다고 하지만 위풍당당 정정당당하게 즐기면서 지하철을 탔으나 역시 붐볐다. 크게 부담스러워 할 것까지는 없었다. 약 1시간을 달려 '복정역'에서 지체 없이 친구 차를 타고 운악산 등산로를 찾아가는 것이었다.

인터넷에서 운악산 등산로에 대해 공부 할 때는 가평군에서 올라가는 네 가지 코스 중 제 2코스로(3.06km)로 등산을, 제 1코스(3.35km)로 하산을 잡았으나 친구는 그냥 쉽게 '운악산 자연휴양림'으로 네비를 설정하였다. 공부를 하고 왔겠지 하고 믿고 있었지만 은근히 걱정이 되었던 것도 사실이었다. '운악산 자연휴양림'은 경기도 포천에 있는 곳인데 포천에서 등산하는 경우 어떤 이유에서인지는 모르겠으나 인터넷에서 별로 소개가 없어 걱정이 되었다.

인터넷의 설명이 부족하여 등산로 입구에 도착하기까지 걱정도 많이 한 경우도 있었지만 일단 가보니 현장에 답이 있더라는 평소 필자의 등산해법대로 그냥 내버려 두었다. 빼곡히 줄지어서 거북이처럼 느리게 가던 차량과 함께 4차선 도로를 한 시간여 달려 '운악산 자연휴양림 매표소'에 도착하였다. 휴양림이라 입장료가 있을 줄 알았는데 불행 중 다행으로 주차장에는 자리가 없다면서 주차장 밖에 주차를 하도록 안내해 주었다.

어느 산이든 등산로 입구에는 등산로에 대한 조감도가 친절할 정도로 잘 되어 있어 왔는데, 여기에도 등산코스별 소요시간이 잘 기록되어 있었다. 이곳에도 예외 없이 그런 내용이 잘 표현되어 있어 등산로 결정에 대한 걱정은 기우에 불과 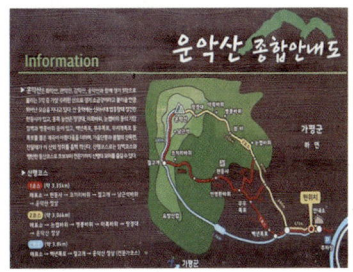 하였다. 완벽하다 싶을 정도로 그날의 등산코스에 대해 인터넷으로 공부를 하고 갔을 때 더 자세한 답이 현장에 있을 때 철저한 준비가 무색해 질 때도 있었는데 오늘도 그런 상황이었다.

등산로 조감도를 보면서 코스를 선택하는 평소 필자의 원칙을 설명하면서 공감을 이끌어냈다. "어려운 코스로 올라가서, 쉬운 코스로 내려와야 한다." 이것이 필자의 등산, 하산 원칙이며, 이렇게 하는 이유는 올라갈 때는 에너지가 있으니 어려운 코스를 극복하면서 희열을 느끼는 것이며, 내려올 때는 등산으로 힘들었던 육체를 풀어줘야 하니 쉬운 코스를 선택하게 되는 것이었다.

그래서 포천에서 2코스는 들머리, 1코스는 날머리로 하는 것이 정석이었다.

코스에 대한 의사결정을 하기가 무섭게 필자의 영혼은 벌써 인터넷에서 보았던 그 정상석에 가 있었다. 그 영혼을 빨리 만나러 야무지게 등산 준비상태를 재 점검하고 친구를 앞세워 함께 산에 오르기 시작하였다.

산에 오를 때도 나름대로 원칙이 있다. "등산 초보자를 앞장세운다."는 것인데 이는 함께 정상까지 가야하니 그 사람의 속도에 맞춰줘야 가능한 것이다. 각자의 속도에 맞춰서 올라가 버리면 결국 초보자는 뒤에 쳐지면서 등산을 포기해 버리는 경우를 많이 보아왔기 때문에 이런 원칙을 항상 적용했다. 그래서 아내와 등산할 때도 아내를 항상 앞장세운다. "빨리 가려면 혼자 가고, 멀리 가려면 함께 가야 한다."는 것과도 일맥상통하는 것이다.

東峰이 있는 정상까지는 높이 937.5m(西峰은 935.5m), 2코스의 거리는 2.5㎞로 능선을 따라 직선으로 오르는데 2시간이 걸리는 코스라고 표기되어 있었다. 세 개의 코스 중에 '운악산'이라는 이름의 유래(구름 위에 하늘을 찌를 듯이 높이 솟아 있는 바위 봉우리가 많은 산)에 맞게 힘든 코스가 분명히 있을 것이라는 짐작은 갔는데 아마도 2코스가 그럴 것 같다는 느낌이 들었다.

길 바닥은 마사토로 특별히 미끄럼에 주의가 필요했다. 나무뿌리가 경사진 길을 잘 보호하고 있었고, 서울대 뒤로 올라가는 관악산 등산로와 비슷한 상황이었다. 바둑이도 우리의 산행 소식을 들었던지 아래까지 마중을 나왔다. 30분가량 그리 힘들지 않은 약 1.0㎞를 오르니 코스 중간쯤에 '운악사'가 나왔다.

지금까지 다녀온 산에는 유명한 절이 많았는데 포천에서 바라본 운악산에는 운악사 뿐이었다. 특이한 점은 운악사는 상식적으로 생각하는 절이 있는 곳의 상식을 벗어난 완전 깊은 오지 같은 사방이 절벽으로 쌓인 별세계 같은 곳에 있었다. 운악사를 보려면 계곡 쪽으로 약 50m를 내려가야 되니 내려올 때 둘러보기로 하고 등산을 계속하였다.

운악사를 지나서부터는 제대로 된 바위길 급경사로가 시작되었다.

다행이었던 점은 경사가 심한 바위 길에는 나무계단으로 안전하게 잘 되어 있었다.

나무 계단의 길이도 50m는 족히 되어 보였다. 한 계단 한 계단 오를 때 마다 힘은 들었지만 한 계단을 오르면 약 30cm씩 내 위치가 상승한다는 것에 계산적으로 만족을 하였다.

"등산할 때는 머리를 들지 말라. 앞 사람의 뒷 발꿈치만을 보고 올라라. 머리를 드는 순간 그 높이에 질려 더 가기를 포기하는 경우가 있다."고 하여 등산이 무척 힘들 때는 걸음을 잠시 멈추고 올라왔던 뒤를 보면서 힘을 얻곤 했다. "저 힘든 길을 내가 여기까지 올라왔는데…" 그 반면 힘들 때마다 머릿속은 계산으로 복잡했다. GPS에서 알려줬던 이동거리에 잔여 거리를 계산하여 얼마를 올라왔고, 얼마를 더 가야한다는 계산이 되고 있는 것이었다.

이렇게 계산하여 중간 지점이 지났으면 올라온 거리 vs 잔여거리를 비교하여 올라온 거리에 숫자가 증가하고 잔여거리에 점점 숫자가 줄어드니 심리적으로 힘이 났던 반면 아직도 중간지점을 통과하지 못하였으면 올라온 거리가 점점 많아지긴 하지만 잔여 거리를 추월하지 못하여 심리적으로 힘이 빠지곤 하였다. 힘들게 나무 계단을 오르고 나면 끝나는 곳에는 항상 전망이 좋은 곳을 만들어 놓았다. 저 멀리 바라다보면 마음속으로 '이런 맛에 등산을 하지' 하면서 탄성도 질러졌다.

'궁예성 초소'가 나왔다. 산 아래가 잘 보이는 곳에서 궁예가 운악 산성을 쌓고 왕건군에게 대항할 때 초소로 쓰인 곳이란다. 성곽은 많이 훼손되어 알아보기 힘든데 무지치 폭포 상단 쪽에 비교적 잘 보존된 곳이 있다고 한다.

암릉은 계속되었다. 커다란 아빠 바위 아래 3형제 바위가 나란히 있는 '사부자 바위'가 나왔다. 정상까지 이어지는 '두꺼비 바위', 마지막 암릉으로 '망경대'가 나왔다. 이곳은 위험하여 바위를 타지 않고 우회도로를 택하였다. 포천시를 한눈에 볼 수 있는 곳이었다. 쉬었다 가라고 벤치도 여러 개 있었다.

고도가 높아질수록 바위를 타고 오르는 길이 많아졌다. 앞에서도 언급하였지만 '관악산'을 오를 때 '토끼바위' 코스와 같았다.

정상에 가까워 질수록 로프 잡고 바위 타는 길 뿐이었고, 그리고 상당히 위험했다. 산 정상을 포기하고 싶지 않다면 힘들고 위험하더라도 전진을 해야 했다.

마사토의 길 → 나무 계단 → 바위
길까지 힘든곳은 통과 되었다는 생각을 할 찰라 정상까지 160m 남았다는 이정표가 나왔다. 같이 갔던 친구는 "이게 마지막이 맞나?" 라고 물어볼 정도로 온 몸이 지쳤다. 필자의 GPS로 확인해 주었다. "여기 GPS상의 정상이라 함은 '서봉(청학대)'을 이야기하는 것이고, 우리의 인증샷을 확보하기 위해 '동봉(비로봉)'으로 가야 한다." GPS를 보여 주면서 "서봉에서 능선을 타고 조금만 가면 동봉이 되는 것이니 이제 힘든 곳은 모두 지났다."는 격려를 마치고 이정표대로 철계단을 오르니 곧장 '서봉'이라는 표지석이 있었고, 그 곳에서 얼마 떨어지지 않는 곳에 '동봉'의 정상석이 눈으로 확인 되었다. 남아있던 힘을 모아 채 5분도 안 되는 거리에 있던 동봉으로 또 걸었다. 동봉은 서봉보다 2.0m 더 높아 이곳이 운악산의 정상이었다.

인생의 정상에서도 마찬가지였지만 산 정상에서도 항상 그랬듯이 하늘을 가릴 것이 아무것도 없어 따가운 햇볕이 쏟아졌던 그 곳을 빨리 피하고 싶다는 사람의 심리가 급하게 작동하였다. '서봉'을 피해 곧장 '동봉'으로 이동하였다. 정오를 넘겨 도착했던 운악산의 정상에는 인터넷에서 봤던 사진 그대로였고 경기도 포천시와 가평군의 경계에 있는 산으로 정상인 동봉(東峰)에는 두 개의 정상석이 있었다. 정상석도 포천시와 가평군 쪽으로 각각 바라보고 있었다. 특이하게 포천시에서 세운 정상석에는 '雲岳山', 가평군에서 세운 정상석에는 '雲嶽山毘盧峯'이라 '악'의 한자와 '비로봉'이라는 것도 다르게 표현되어 있었다. 각자 운악산의 유래를 다르게 해석하고 있었.

운악산의 유래는 그냥 쉽고 편하게 '구름 위에 솟아 있는 바위 봉우리가 많은 산'으로만 이해하련다. 정상에서 요즘 보기 힘든 아이스케키 아저씨도 있었다.

날씨가 더운 탓도 있었지만 등산객만 바라보면서

하루 종일 몇천 원을 팔아주기만을 기다리는 그를 위해 사서 입에 물었다.
아이스크림 한 개를 입에 문다고 시원함이야 얼마 되겠냐마는 그를 위해 봉사한다고 생각하고 사 주었더니 운악산에 대해 이야기를 건네주면서, 전망이 좋은 곳은 가평군 쪽이라면서 전망대를 소개해 주었다.
인증샷을 서로 찍어주면서 서른 번째 인증은 확보 되었고, 운악산의 궁금증도 이렇게 해소되었다. 친구는 최초의 인증샷이라 무척 기뻐했을 것이다.
등산에 방해가 되지 않도록 배가 고파도 배가 고프다고 말하지 않고, 등산이 힘들어도 등산이 힘들다고 표내지 않고, 더워도 덥다고 말하지 않고, 목이 말라도 목이 마르다고 말하지 않고 오로지 정상에 가겠다는 일념만으로 시작한지 두 시간 반 만에 운악산 정상 동봉을 밟게 된 것이었다. 등산에 방해가 될까봐 참아왔던 욕구를 채우기 위해 그늘진 곳에 자리를 잡았다.
무거웠지만 이 시간을 위해 참아왔던 음식들이 하나 둘 세상 밖으로 나왔다. 친구는 지난번처럼 김밥 네 줄과 커피를, 필자는 주먹밥 두 개와 삶은 계란 먹다 남은 두 개가 전부였다. 행동식은 등산 중 힘들 때마다 쉬면서 먹었으니 초크통은 이미 바닥났다. 점심을 정상에서 먹으면 온통 내 세상 같은 느낌을 받은지 오래되었고, 추가로 정상에서 라면 끓여 먹기는 이번에 없어 서운하기도 하였지만 좋은 친구와 등산을 하고 있다는 것만으로도 충분히 만족스러웠다.
약 30분가량 충분히 쉬면서 먹으면서 이런 저런 이야기로 꽃을 피웠다. 인생을 즐겁고 유익하게 만드는데 필요한 새로운 이야기가 있어 흥미로웠다. 그리고 등산을 계속 하려면 기본적인 것 스틱, 모자, 장갑 등등을 우선 갖추기를 권유하였다.
하산은 1코스로 하기로 했다.
서봉의 정상 석에서 1,2코스의 갈림길이 있었다. 처음에는 만만찮은 급경사로였다. 그 다음에는 평범하게 이어지는 길이었고, 중간중간에 전망 좋은 곳도 있어 지루함을 달래 줄 수 있었다. '대궐터'가 나왔다. 대궐터라고 해서 커다란 부지가 있는 곳이 아니라 급경사 비탈에 자그마한 평지가 있을 뿐이었다. 궁예가 최후를 맞을 준비를 하던 곳이란다.
대궐터의 암장에는 암벽 등반객들의 훈련장인 듯 바위에는 핀들이 많이 박혀 있었다. 대궐터 근처에는 궁예의 기도터와 용굴도 있었다.

마지막으로 궁예가 최후를 맞았다는 전설로만 전해지는 '무지치 폭포'(무지개폭포, 虹瀑)가 있었다. 약 200m의 높이에서 비가 오면 수백필의 백포를 드리운 것 같고 폭포의 소리도 태산중복이 뒤흔들린 듯 싶으며 겨울에는 얼어서 송림속의 백 폭이 그림 같고 아름답다고 했다.

운악산에는 옛날 궁예가 태봉국을 세우고 왕건에게 패해 최후를 맞을 때까지 그 흔적이 곳곳에 산재해 있었다. 험하기로 소문난 포천의 운악산은 산 중턱에 운악산성의 유적이 남아 있었는데 전설에 의하면 왕건에게 쫓겨 궁예가 보개산과 명성산을 거쳐 백운산, 도마치봉, 강씨봉을 지나 이곳 운악산에서 성을 구축하고 반년동안 항전을 했다고 한다. 또 그 최후에 대해서 말이 많지만 무지치폭포 위에서 죽음을 맞이했다고 한다. 그래서 2코스가 무척 험하였다. 산 곳곳에 치솟은 기암괴석이 구름을 뚫을 듯 하여 운악산이라 붙여졌단다.

왕복 5.34km, 4시간 40분만에 끝났다.

매표소 밖에 세워둔 차에 등산 배낭을 실어두고 등산으로 지친 피로를 풀어줘야 귀가 운전을 하는데 도움이 되겠다고 생각하여 근처에 있던 커피숍으로 들어갔더니 손님은 우리뿐이었다. 시원하고 넓은 홀에서 아이스아메리카노 한잔과 함께 힘든 등산으로 지친 몸의 피로를 말끔히 씻어 내렸다.

아직 집까지는 가야할 길이 많이 남았으니 서둘러 커피숍을 나왔다. 낮 동안의 따가운 햇살로 차 속은 여름을 연상케 하기에 충분하였고, 벌써 여름이 왔나 싶을 정도로 안팎은 더웠다. 시내에 가까워지니 도로는 더욱 복잡해졌고, 평소 운전하는 습관이 그대로 나왔다. 힘든 운악산 등산을 마다하지 않고 기꺼이 하루를 내어준 친구에게 감사했다. "세상은 말이 아닌 행동하는 사람이 바꾸는 것이며, 침묵은 결코 세상을 바꾸지 못한다."

"인생은 짧고, 예술은 길다."라지만 좀 더 긴 인생여정을 꿈꾼다면 "인생은 길고, 예술은 짧다"로 바꿀 수 있을 정도로 주변의 아름다운 인생에도 관심의 대상이 된다면 도움이 될 것이다. 친구는 여럿을 만들 수 있으나 좋은 친구를 한 명 만든다는 것은 정말 힘든 것이다. 그리고 좋은 친구와 함께 같은 취미 생활을 할 수 있다면 금상첨화가 따로 없을 것이다. 좋은 친구는 바로 당신의 아내가 되어야 한다. 아내가 아니어도 좋다. 진정으로 좋은 친구라도 괜찮다. 좋은 친구가 바로 당신이 되고 있음을 느껴본 하루였다.
　어디에서 읽은 글이 생각나서 옮겨 둔다.

　　푸른 잎도 언젠가는 낙엽이 되고,
　　예쁜 꽃도 언젠가는 떨어진다.
　　이 세상에는 영원한 것은 없다.
　　오늘 이 시간도 다시 오지 않는다.
　　영웅호걸 절세가인도 세월 따라 덧없이 가는데,
　　우리에게 그 무엇이 안타깝고 미련이 남을까!

　영국의 한 신문사에서 "영국 끝에서 런던까지 가장 빨리 가는 방법?"이란 질문을 현상 공모했다. 독자들로부터 비행기, 기차, 도보 등 여러 가지 수단과 방법들이 나왔다. 과연 1등으로 당선된 답은 무엇이었을까? 의외의 답이 1등으로 뽑혔다. 바로 "좋은 친구와 함께 가는 것"이다.
　좋은 친구들과 함께라면 아무리 먼 길이라도 재미있고 즐겁게 갈 수 있으니 지루하지 않다는 의미에서 1등이 되었을 것이다. 누구나 그러하듯이 세월이 갈수록 곁에 있는 사람들이 하나둘씩 떠나가고, 남은 사람들마저 세상과 점점 격리되어 외로워진다.
　이별이 점점 많아져 가는 고적한 인생길에 서로 서로 안부라도 전하며, 마음 함께 하는 동행자로 인하여 쓸쓸하지 않은 나날이 되어야 한다. 나이 들어 외롭지 않은 행복한 삶을 사는데 활력적이고 적극적인 활동이 대안이다. 세월 앞에 그 누구도 예외는 없다. 하루하루를 즐겁고 보람 있게 사는 데는 좋은 친구가 몇 겹의 보약보다 백배 천배나 좋은 것이다.
　등산 중에 여러 부부와 여성 산악회 한 무리를 만났다. 서로가 반가운 듯 누가 먼저라고 할 것 없이 인사도 잘 주고 받았다. 산에서 인사를 잘 하는 내 아내처럼 앞다투어 인사를 건넸다. 부부가 등산하는 모습을 보면서 친구에게도 멋지게 한 쿠션을 넣어 주었다. "나이가 들수록 나이가 친구를 만들어 주지 않고 말이 통하는 사람이 친구가 되는 것이다"고 강조를 해 주었다.

세상은 밖에도 있었었네!
# 명산 100, 89번째 '운장산' 완등 이야기!

▲ 운장산 (雲長山, 1,126m) | 2017년 5월 26일 금요일

"역사는 인간이 만들어 가는 것이다."
오전 운장산 정상을 밟는 순간 아내가 제안을 하였다.
"오후에는 '구봉산' 다녀오고, 내일 아침에 편안하게 거제도에 내려가자." 처음에 필자가 생각해서 아내에게 의견을 물었더니 낮 기온이 높아지는 요즘 날씨로는 오후에 등산이 어렵겠다는 것과 육체적으로도 1일 2산행은 '불가'라는 의견을 주었던 일이었는데 갑자기 그런 생각을 하게 되었던 것에는 이유가 있었다. 결국은 필자가 처음 계획했던 대로 1일 2산행을 하게 되었다.
'운장산의 유래'는 이렇게 소개되어 있다.
"운장산(雲長山) 이름은 산중(山中) 오성대에서 은거하던 조선 중종 때의 성리학자 운장 송익필(宋翼弼)의 이름에서 유래하였다고 전해지며, 19세기 중엽까지는 주줄산으로 불렀다. 중생대 백악기의 퇴적암 및 응회암으로 된 지질로 이루어졌고, 노령산맥의 주능선을 이루는 최고봉이다. 완주군과 진안군의 접경과, 금강(錦江)과 만경강(萬頃江)의 분수령을 이룬다.
남한의 대표적 고원지대인 진안고원의 서북방에 자리하고 있으며, 정상에는 상봉, 동봉, 서봉의 3개 봉우리가 거의 비슷한 높이로 있다. 동쪽 10㎞ 부근에는 같은 능선에 속하는 구봉산(九峰山:1,000m)이 있다. 서봉은 일명 독재봉이라고도 하며 큰 암봉(巖峰)으로 되어 있고, 서봉 아래에 오성대가

있으며, 부근에는 북두칠성의 전설이 담겨 있는 칠성대가 있다.

운일암(雲日岩), 반일암(半日岩)으로 유명한 대불천(大佛川) 계곡이 운장산에서 발원하는 주자천(朱子川)의 상류지역에 있다. 주변이 높은 산이 없는 평야지대 이기 때문에 정상에 오르면 전망이 좋고, 물이 맑으며 암벽과 숲으로 둘러싸여 있어 여름철 피서지로 인기 있다.

능선에는 기암괴석과 산죽(山竹)이 많으며, 북쪽 비탈면에서는 인삼과 버섯이 많이 생산되고 산허리에서는 감나무가 많이 자란다. 서쪽으로 동상저수지를 둘러싸고 있다." ◀출처:네이버

아침 7시 기분 좋게 숙소를 나섰다. 바깥의 기온은 7도였다. 반팔의 옷을 입었더니 서늘하게 느껴질 정도였고, 아주 약하게 입김이 보이는 그런 날씨였다. 아내가 걱정이 되었지만 말로는 회복이 되었단다. 그래도 더 많은 에너지원을 필요로 하였으니 어제 보아두었던 식당과 슈퍼를 찾았지만 이른 아침이라 문이 열리지 않았다. 실망감에 오늘의 산행지 8㎞ 정도 떨어져 있는 '내처사동'으로 향했다. 기온은 13도 였다. 아주 최적의 기온이었다. 이곳은 여름이라도 30도를 넘는 경우가 없고, 여름 더위 피서지로 유명하다는 숙소 사장의 말이 생각났다.

'내처사동', '내처사길', '내처사주차장' 같은 곳이었다.

'내처사'라는 절이 있었다. 그쪽 마을 이름이 '내처사동'이었고, 그 쪽으로 가는 길이 '내처사길'이었고, 버스 종점이 '내처사 주차장'이었다. 주차장에는 사람은 없었지만 친절하게 주변의 지도가 설치되어 있었고 초행길이라 필자의 길잡이 GPS를 켰다.

'내처사로 열린 큰 길을 따라 가면 되겠지' 하고 가면서도 조금 전 지도의 방향과 맞지 않아 의심스러워 GPS를 보았더니 반대방향의 다른 길을 가고 있었다. 원점으로 돌아와 다시 시작하고 들머리 이정표를 찾게 되었다.

운장산 정상까지는 3.3㎞라고 적혀 있었다.

아내는 안심을 하는 듯 보였다. 왕복 8㎞, 4시간이라고 남편이 사전에 이야기를 해 주었으니 비슷한 거리라 자신감이 보였다.

아침 7시 30분. 새벽 공기를 가르며 나무 숲속으로 들어갔다. 선선한 공기는 힘을 생기게 해 주었고, 조용한 산속은 무념의 경지를 갖게 해 주었다. 둘은 말없이 오르막길을 헐떡이며 걸었다. 수종을 갱신하여 자연을 잘 가꾸어 놓은 것 같았다. 조릿대가 수없이 늘어져 있었고, 키 큰 소나무와 참나무들은 경쟁이라도 하듯 하늘을 향해 키 재기 경쟁을 하고 있는 것처럼 하늘을 찌르고도 남았다. 아무것도 움직이는 생물이 없는 그곳은 절간처럼 조용했다.

공짜인 깨끗한 공기를 수없이 먹었다 뱉었다를 반복하면서 둘은 말없이 걷기만 하였다. 이른 아침이라 멧돼지가 출현할 가능성이 있다고 판단하고 앞으로 멀리, 뒤로 멀리 한 번씩 살피면서 조용하게 따라 갔다.

조릿대는 아내의 키만큼 자라 대나무 숲속을 지나가는 느낌이었고, 바람도 살랑살랑 불어줘 가슴은 더욱 벌렁거렸다. 더위의 등산에 약한 아내 때문에 일찍 산에 들어간 것이 괜찮았다. 완만하게 또는 급하게 경사로를 따라 올랐다.

지겨우면 서서 간식과 물을 삼켰고, 답답함이 찾아오면 경치로 달랬다.

드디어 첫 번째 이정표에서 0.6km 남았단다. 능선을 따라 가기만 하면 되는 코스였다. 동봉(1,133m)이 나왔다. 운장산의 정상이라는 운장대(1,126m)보다 높았다. 동봉(삼장봉), 중봉(운장대), 서봉(칠성대)이 'C 자형'으로 정상을 잇고 있었다. 주변의 경관은 감탄 그 자체였다. 짙푸른 녹음과 함께 갈비뼈처럼 산줄기가 확연하게 드러났으며, 하늘도 더 없이 맑아 저 멀리에 있는 '마이산'도 보였다. 페러글라이딩에 몸을 싣고 저 위를 둥둥 떠다니면서 자연과 함께 벗 삼아 다녀보았으면 좋겠다는 느낌도 들었다. 녹음이 우거진 산의 정상에 서면 항상 그런 느낌은 똑같았다. 침대처럼 푹신푹신하게 느껴지는 녹음 위를 걷고 싶기도 하였다.

'동봉'과 '운장대'는 정상의 자태를 경쟁하고 있어 U자형으로 연결되어 있었지만 내려갔다 올라가야 하는 길이었다. 약간 피곤에 지쳤을 법도 하였는데 아내는 활기가 넘쳐났다. 다행스러웠던 점은 들머리에서 정상까지 등산로는 거의가 나무 그늘로 덮여 햇볕을 직선으로 받는 곳은 없었다. 기온 때문에 피곤해 하던 아내의 모습은 보이지 않았다. 오히려 힘이 솟아나는 그런 분위기였다.

정상에서 인증샷을 확보하고, 나무들로 가려 주변 경치를 볼 수가 없었다.

곧장 간식을 먹을 곳으로 정한 동봉으로 향했다. 아내는 힘든 기색 없이 쉽게 달려가듯 했다. 드디어 동봉에 도착하였다. 컵라면이랑 햇반으로 에너지를 보충할 시간이 되었다.

여러 가지 산행조건이 좋아서였던지 아내가 제안을 하였다.

"오후에 '구봉산'을 다녀오고, 내일 아침 일찍 거제도로 내려가자" 이쯤이면 컨디션이 최고라는 뜻이었다. 필자가 처음에 기획했다가 실행불가로 승인을 받지 못한 것이라 아내가 괜찮다는데 천군만마를 얻은 듯 기꺼이 동의를 해 주었던 것이 생각나 밥맛도 더 있었다.

점심 먹고, "구봉산은 오후 1시경에 등산 시작을 하면 오후 5시경에는 하산이 마무리 되겠다"고 계산을 해 주었다.

등산을 시작한지 4시간 만인 오전 11시 30분에 하산이 종료되었다. 인터넷 기록상에도 8km, 4시간 코스라고 하였는데 아내도 4시간 만에 마쳤으니 산악회 회원처럼 등산을 즐겨도 되겠다고 칭찬을 해 주었다.

1시간 만에 주차장에 도착하게 되었다. 사실은 등산이나 하산 중에는 하늘이 열렸던 곳이 없어 경치를 구경할 곳도 없어 풍광은 꽝이었다.

다음 산행지인 '구봉산 주차장'으로 이동하기로 하였다.

우선 점심부터 먹어야하니 숙소 근처에 있었던 그 식당을 찾아갔다. 다행히도 점심은 영업을 하고 있어 '청국장'으로 해결하였다.

'운장산' 산행은 잘 마무리가 되었다.

세상은 밖에도 있었네!
# 명산 100, 99번째 '월악산' 완등 이야기!

▲ 월악산 (月岳山, 영봉 1,097m) | 2016년 6월 27일 화요일

'월악산'은 이렇게 소개되어 있다.
"월악산은 충북 제천과 충주에 걸쳐 있는 산으로 삼국시대에 영봉 위로 달이 떠오르는 모습이 너무 아름다워 월형산(月兄山)이라 불리웠고, 고려 초기에는 와락산이라 불리기도 했다고 전해지는데, 이는 왕건이 고려를 건국하고 도읍을 정하려 할 때 개성의 송악산과 중원의 월형산이 경쟁하다 개성으로 도읍이 확정되는 바람에 '도읍의 꿈이 와락 무너졌다' 하여 붙여진 이름이다.

월악산의 주봉인 영봉은 험준하고 가파르며 높이 150m, 둘레 4km나 되는 거대한 암반으로 형성되어 있으며 신령스러운 봉우리라 하여 영봉(靈峰) 또는 나라의 큰 스님이 나온다고 하여 국사봉(國師峯)이라 불리었으며 옛날 나라의 중요한 제사인 소사(小祀)를 지내던 산이기도 하다.

우리나라 산중에서 정상을 영봉이라 부르는 곳은 백두산과 월악산 둘뿐이다. 영봉에서 보여 지는 전경은 충주호와 남산, 계명산 등이 어우러져 웅장하고 수려한 경관을 감상할 수 있고, 맑은 날에는 차악산과 소백산도 조망할 수 있다.

월악산(月岳山)주봉인 영봉(靈峰)의 높이는 1,097m이다. '달이 뜨면 영봉에 걸린다.' 하여 '월악'이라는 이름이 붙었다. 삼국시대에는 월형산(月兄山)이라 일컬어졌고, 후백제의 견훤(甄萱)이 이곳에 궁궐을 지으려다 무산되어 와락산이라고 하였다는 이야기도 전해진다. 월악산국립공원의 가장 남쪽에 있는 포암산(布岩山:962m) 부근에서 북쪽으로 갈라져 나온 지맥의 끝부분

에 솟아 있으며, 만수봉(萬壽峰:983m)을 비롯해 많은 고봉들이 있다.

정상의 영봉은 암벽 높이만도 150m나 되며, 이 영봉을 중심으로 깎아지른 듯한 산줄기가 길게 뻗어 있다. 청송(靑松)과 기암괴석으로 이루어진 바위능선을 타고 영봉에 오르면 충주호의 잔잔한 물결과 산야가 한눈에 들어온다.

봄에는 다양한 봄꽃과 함께하는 산행, 여름에는 깊은 계곡과 울창한 수림을 즐기는 계곡 산행, 가을에는 충주호와 연계한 단풍 및 호반 산행, 겨울에는 설경 산행으로 인기가 높다. 특히 동서로 8km에 이르는 송계계곡의 월광폭포(月光瀑布), 자연대(自然臺), 청벽대(靑壁臺), 팔랑소(八浪沼), 망폭대(望瀑臺), 수경대(水境臺), 학소대(鶴巢臺) 등 송계팔경과 16km에 달하는 용하구곡(用夏九曲)의 폭포, 천연수림 등은 여름 피서지 가운데서도 명승으로 꼽힌다. 한국의 5대 악산(嶽山) 가운데 하나로, 1984년 12월 31일 월악산과 주변 일대가 국립공원으로 지정되었다." ◀출처 : 네이버

월악산을 다녀오면 명산 100 완등까지는 '-1'이라는 설레는 마음과 함께 아침이 밝았다. 안전산행, 즐겁고, 행복한 산행이 되기를 바라면서 산악회와 필자 홀로 다녀오기로 했다. 새벽밥을 먹고 사당역까지 지하철로 가뿐하게 도착했다. 예상대로 다른 때 평일보다 지하철 출근자가 많았다. 일찍 나가기를 잘 한 것 같았다. 사당역에서 시간적으로 여유가 있어 한숨을 돌릴 수가 있었다. 여기저기에서 모여든 배낭족은 모두 산악회 표찰을 단 사람들뿐 이었고, 함께 할 가족이라는 생각에 외로움이 없어졌다. 필자는 출근하는 무리들과는 반대방향으로 걸어야 했다. 언제는 출근하고 싶다는 생각은 내려지지 않았다. 반대방향으로 가야하는 필자의 마음을 고독하게 만들었지만 벌써 2년이 지났으니 덤덤하게 받아들여졌다.

그 길을 걸을 때면 늘 그들과 같은 방향이기를 바랐던 내가 "그래, 이 길은 이제 한번만 더 걸으면 되는 거야. 필자도 7월부터는 출근할 곳이 생겼다. 끝까지 힘내자!" 필자가 평소 강조해 왔던 말을 마음속으로 외쳤다.

"Do it now!, Do it without failed!, Do it until completed!

드디어 명산 100 완등이 세 번째 단계인 "끝까지 해낸다"까지 왔다.

사당역 앞 도로에는 평소와는 달리 큼지막하게 붉은 글씨로 쓰인 '남산(경주)'향', '월악산(충북 영동)향' 두 대의 버스만 나란히 있었다. 여유롭게 버스

에 올랐는데 아무도 없었다.

등반대장의 출발 신호도 없이 운전기사는 정확히 7시에 출발하였다.

북적이는 8차선 대로를 가로질러 거침없이 유턴을 하여 익숙해 보였다. 등반대장을 따라 70, 80대 정도 되어 보이는 회원들이 버스에 올랐다. 충주 휴게소에서 그들의 거동을 봐서는 분명히 등산은 하지 못할 것 같아 보였다.

들머리가 가까워지니 등반대장이 칼라로 된 등산지도 한 장씩 나누어 주었다. 회원들이 거의 B코스를 선택하였으니 등반대장은 불안한 듯 B코스를 타야했다. 정상코스인 A코스(12.2㎞, 6시간 30분) 참가자는 7명 뿐, 나머지는 B코스(10.3㎞, 6시간)를 선택하였다.

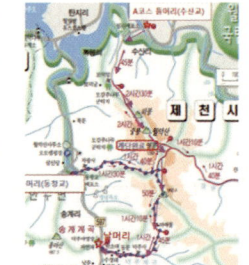

필자가 선택한 B코스에 사람이 많아 안심이 되었다. 등반대장은 코스에 대해 이렇다 저렇다 말이 적은 편이었다. 각자가 알아서 선택해야 했다. 마지막으로 귀경 시간은 16시라고 일러주었다.

A코스 들머리인 '수산교' 앞에 버스는 멈췄 고, 7명이 아니라 절반 이상이 내렸다. "수산교 → 보덕암 → 하봉 → 중봉 → 영봉(정상) → 송계삼거리 → 마애불 → 덕주사 → 덕주휴게소 주차장" 날씨도 더웠고, 바위산이라 미끄럽다고 하였는데 예상외로 많이 내렸다. 등반대장이 따라가지 못하니 별도의 등반대장을 정해주었다.

다음은 버스로 이동하여 B코스의 들머리에 도착했다. 하차한 사람은 거의가 노인들 뿐이었다. 어떤 노인은 절구경이나 하면서 쉬겠다고 하였고, 그렇다 보니 등산에 동참한 사람은 몇 명에 불과하였다. '동창교탐방지원센터 → 송계삼거리 → 영봉(정상) → 마애불 → 덕주사 → 덕주사유게소 주차장'이었다.

입구에서 할머니들은 주저주저하며 분위기를 다른 데로 이끄는 것 같아 필자가 앞장서서 그들을 산으로 유도하였고 모두 그의 뒤를 따랐다.

초행길이라 궁금한 게 많은 가운데 약간 경사가 있는 숲속으로 들어갔다. 저녁에 내린 비로 나무와 풀은 물을 머금고 있어 생기가 도는 것 같았고, 필자에게도 힘이 되어 주었다. 그 때문에 숲속은 시원하였지만 돌계단은 미끄러웠다. 제일 싫어하는 돌계단은 계속 이어졌다. 다행인 것은 이 길로 하산을 하지 않는다는 것이었다. 하늘은 구름이 햇볕을 가려주어 등산하는데 도와주었다.

등산거리가 꽤 있는 것 같아 자세히 보았더니 들머리가 해발 184m였다.

첫 번째 미션은 송계삼거리(2.8㎞), 중간 간식을 먹는 곳으로 정하였다. 급경사로는 하염없이 이어졌다. 약간 지칠 쯤에 정상까지 계산을 해 보았다. 해발 184m 지점에서 출발하여 해발 1100m까지 약 1000m를 올라야했다. 거리는 2.8㎞까지가 급경사로였고, turning하는 지점까지 800m, 또 700m를 올라야 정상이 되는 것이었다. 2.8㎞+1.5㎞=4.3㎞ 등산거리였다. 급경사는 계속 이어졌고, 정상까지 약 1100m 높이를 상행거리 4.3㎞, 1.5시간에 도착할 수 있다는 것이 오늘 등반대장이 알려준 정보였다. '송계삼거리'까지 1.0시간에 그 다음 1.5㎞는 30분에 간다는 목표로 점심은 하산하면서 송계삼거리로 잡았다.

그들은 빨리 올라가서 한참을 쉬고, 필자는 천천히 가면서 쉬지도 않고, 초크통에 넣어 온 간식을 먹으면서 그들을 추월하였고, 앞서거니 뒤서거니 마치 토끼와 거북이의 경주처럼 반복되었다. 회원들과의 산행은 언제나 그랬다. 지금까지 직장에서 쉬지 않고 앞만 보고 달려 왔는데 등산에서도 그런 인생의 연장선에 있는 것처럼 쉬지 않고 정한 미션을 향해 걷고 있는 것이었다. 쉬지 않고 주변을 둘러볼 겨를도 없이(사실은 나무로 덮여 볼 수도 없었고, 볼거리도 없었다) 머리 박고 계속 올랐더니 끝이 보였다. "시작이 있으면 반드시 끝도 있다."는 것이 아니었던가.

좌측을 쳐다보니 고개가 아플 정도의 큰 바위 덩어리가 가리고 있었다. 저것이 '영봉'이로다고 생각하니 경이로운 생각마저 들었다. 영봉이 '신비로운 산'이라고 붙여진 이름이라고 했던가? 바로 그런 느낌이 충분히 들었다. 송계삼거리에 있는 벤치에 앉아서 잠시 편안하게 휴식시간을 가졌다. 아직도 뒷사람들이 오려면 시간이 많을 것이다. 오든 말든 필자 페이스대로 가면 될 터인데 왜 이렇게 자꾸 경쟁구도로 생각하게 될까?

이제 영봉 언저리를 0.8㎞ 걸어서 직선거리 0.7㎞를 올라야했다. 결국은 1.5㎞를 더 가야했다. 숲에 가려 정확히 볼 수 있는 곳이 없어 또 하염없이 내리막길을 걸었다. 2.8㎞의 급경사를 1.5.시간 만에 걸어 올랐으니 내리막은 지옥 같았다. 어차피 등산할 때 내리막길은 하산할 때 또 오르막이 되고, 이런 게 인생과 비유되는 것인데 이처럼 힘들 때는 천천히! 안전하게! 즐겁게! 행복하게! 를 염두에 두고 걸었다. '낙석주의'라는 푯말과 철망으로 덮인 계단을 오르내리기를 20여분 만에 마지막 모서리를 돌게 되었다. 먼저 올라온 등산객들이 놀랐다. "혼자 오셨냐?"고. "산악회와 왔다"고. 안심을 시키고 마지막 계단을 또 올랐다. 깎아지른 계단을 걸으려니 약간은 두려움 같은 게 있을 수 있겠다는 느낌을 가졌다.

마지막 계단은 거의 90도 경사로였고, 첫 계단 좌측에는 필자 생각처럼 경고문이 그렇게 적혀 있었다. 그러나 워낙 튼튼하게 만들어진 철제 계단이라 그런 걱정은 기우였다.

월악산은 전체가 하나의 암릉으로 되어 있는 듯 마치 마이산의 봉우리처럼 우뚝 솟은 영봉을 오르는 길은 그야말로 장관이었다. 틈 사이로 자란 아름드리나무들이 신비롭게 보였다. 정보 없이 찾기긴 월악산은 깅인함을 보여주었다.

B코스 산행 두 번째 회원으로 정상을 밟았다. 앞서간 회원은 40분전에 올라왔다고 자랑을 했다. 마음속으로는 그게 뭐 그리 중요하다고, 등산은 절대로 경쟁구도가 되어서는 안된다. 하산까지를 고려해서 체력을 관리해야 한다. 좁은 공간에 '영봉'이라는 표지석이 조용하게 자리를 잡고 있었다. 정상(영봉)에서 내려다 본 A코스에는 두개의 바위 봉우리 하봉과 중봉이 영봉의 기세에 눌려 저아래서만 대장 노릇을 하고 있었다. 구름인지 안개인지는 모르겠으나 뿌연 무엇인가에 저 멀리 자연은 가려져다. 산은 아무에게나 허락하지 않는다는 말이 생각났다.

한라산 백록담의 물을 아무에게나 보여주지 않듯이 영봉에서도 멋진 전경은 보일 듯 말 듯 애간장을 태웠다. 첨탑처럼 우뚝 솟아 있던 정상에서의 대자연은 푸르름 자체뿐이었다. 그렇게 힘들게 올랐는데 뿌옇게 다가온 대자연을 감당하기 어려웠다. 언제 다시 오겠냐면서 사진을 많이 담아 두었다.

다음 미션은 점심 먹을 장소였다. 1.5km를 내려가 송계삼거리에서 점심을 먹기로 하였다. 바위 덩어리를 돌며 올라온 길을 뒤돌아보았다. 힘들 때는 뒤를 돌아보면서 위로를 받는다. 계단을 잘 만들어 준 그분들에게 감사했다. 점심을 먹어야겠기에 서둘러 하산을 시작하였다. 얼마나 계단이 힘들던지 만나는 사람마다 정상이 어디에 있냐고 물어 올 정도로 신비스럽게 우뚝 솟은 아주 높은 곳에 있었다. 내려오면서 위, 아래를 보았더니 가파른 계단을 돌아 돌아서 세 번 올라야만 정상을 볼 수 있었다. 삼거리에는 평일인데 남녀노소, 가족 단위의 등산객이 제법 있었다. 예상했던 시간표대로 척척 진행되어 최대한 편하게 자리를 잡고 점심을 하였다. 이럴 땐 여럿이 보다는 혼자가 더 편했다.

 새로운 길로 하산이 시작되었다. 대장의 말에 의하면 바위산의 멋을 제대로 느끼는 곳이라고 했으니 기대가 되었다. 먼저 960.4m의 월악봉 주변의 나무들이 신비롭게 보였고, 바위 덩어리의 틈새에 뿌리를 내려 자란 나무들의 덩치는 어마어마하였다. 그들의 각자도생 방법은 아주 지혜롭게도 물을 많이 필요로 하지 않아도 되는 나뭇잎을 적게 갖고 있는 것이었다. 한참을 지켜보면서 그들의 지혜로움에 또 한번 놀랐다. 올려다 본 월악산이나 옆으로 본 월악산은 하나 같이 큰 암릉 위의 아름드리나무들이 한 폭의 그림처럼 잘 어울렸다.

 '마애불'까지는 급경사로 2.9km를 내려가야 했다. 주변의 경관이 너무 좋아 이곳저곳을 사진으로 많이 남겼다. 풍경에 취해 전망대 데크에서 얕은 턱을 보지 못해 넘어지고 말았다. 데크 위에 rubber met가 깔려 있어 다행이었다. 또 한번 외쳤다. "안전하게! 안전하게! 그래야만 즐겁고, 행복한거야!"

 산객은 서두르지 않고 혼자서도 잘 내려갔다. 내려가는 뒷모습은 아기 같았지만 가까이에서 보면 역시 노련했던 그 모습이 그랬다. 한참 만에 '마애불'에 도착하였다. 마애불의 역사 스토리가 있었다.

 "월악산 중턱 '마애불'엔 덕주공주가 오빠 마의태자와 함께 망국의 한을 달래며 덕주사를 짓고 아버지 경순왕을 그리워했다는 전설이 담겨져 있다. 경순왕이 왕건에게 나라를 넘기자 경주를 떠난 마의태자 일행은 신라의 국권 회복을 위해 병사를 양병하고자 금강산으로 길을 가던 중 문경군 마성면 (하늘재)에 이르러, 마의태자의 꿈속에서 관세음보살이 말하기를 '이곳에서 서쪽으로 고개를 넘으면 서천(西天)에 이르는 큰 터가 있을 것이다. 그곳에 불사를 하고 석불을 세우고, 북두칠성이 마주 보이는 영봉을 골라 마애불을 조성하여 만백성에게 자비를 베푸는 것을 잊지 말라.'고 하였다. 일행은 그 장소를 찾아 석불 입상을 세우고 북두칠성의 별빛이 한껏 비추는 최고봉 아래에 마애불을 조각하며 8년이라는 세월을 보내게 되었으니 그 곳이 바로 덕주사 마애불이다."

총 4.9km를 내려오는데 길 동무도 없으니 그냥 철벅철벅 걸으면서 자연을 벗 삼아 나그네처럼 몸은 천근만근이 되어 지겹게만 느껴졌다. 이럴 때일수록 안전산행에 신경을 써야했다. 숲속에 가려진 '덕주사'는 날머리에서 무려 2.0km 깊숙이 있었다. 그러니 2.0km를 걸어 나가야 주차장이 있다는 계산이었다. 돌멩이로 길은 야무지게 되어 있었지만 힘 빠진 필자에게는 결코 도움을 주는 상황은 아니었다. 물소리는 더욱 요란하였고, 새소리까지 어우러져 자연과는 더욱 동화되었다. 지루함을 잊게 해 주었고, 피곤함을 씻어주기에 충분한 분위기였다. 동문, 학소대, 자연대, 덕주휴게소 주차장에 도착하였다. 많은 가게들로 보아 '덕주계곡'이 유명한 곳이라는 것을 느낄 수 있었다.

오후 2시 40분경 목적지에 도착하여 귀경시간까지는 1시간 20분 남았다. 물소리 요란한 계곡에 풍덩 빠져 보고 싶은 충동을 느낄 정도로 땀과 피로는 극에 달했다. 대신 발 마사지와 상반신 마사지를 하면서 상의를 모두 갈아입어 굉장히 상쾌한 기분이었다.

귀경시간 오후 4시경 사람들은 어디에서 나왔는지 속속 모여 들었다. 운전기사는 대장과 통화를 하고 있었다. 9명이 B코스에 있으니 26명만 확인하고 그쪽으로 오라는 것이었다. 키가 있고 덩치가 큰 어르신들은 낮술에 취해 흥겹게 노래로 인생을 달래보기도 하였다. A코스도 힘들었지만 B코스도 힘들었다. 이제 한 곳만 다녀오면 명산 100은 완료되는 것이다. 이루 말할 수 없을 정도로 뿌듯하였다.

GPS상 9.35km, 4시간 50분의 '월악산 영봉'의 등산은 마무리 되었다.

정확히 오후 4시 귀경이 시작되었다. '덕평휴게소'에서 20분간 쉬었다가 퇴근길 초만원의 사당역 지하철을 겨우 타고 오후 7시 20분에 귀가하였다.

아침 5시에 기상하여 오후 7시 20분까지 멋지게 99번째 산행을 안전하게 마치게 되어 산악회에 감사한 마음을 전했다.

월악산 영봉에서 바라본 풍광은 그야말로 장관이었다. 다시 한번 가보고 싶은 명산으로 남겨둔다.

세상은 밖에도 있었네!
# 명산 100, 72번째 '월출산' 완등 이야기!

▲ 월출산(月出山, 천황봉 809m) | 2017년 3월 28일 화요일

　　　　　　　　　　　남해여행 2일차로 전남 영암군에 있는 '월출산'을 아내와 자차로 다녀왔다.
　　　　　　　　　　　'월출산'은 이렇게 소개되어 있다. "전라남도의 남단이며 육지와 바다를 구분하는 것처럼 우뚝 선 월출산은 서해에 인접해 있고 달을 가장 먼저 맞이하는 곳이라고 하여 월출산이라 한다. 정상인 천황봉을 비롯 구정봉, 향로봉, 장군봉, 매봉, 시루봉, 주지봉, 죽순봉 등 기기묘묘한 암봉으로 거대한 수석 전시장 같다.
　정상에 오르면 동시에 300여명이 앉을 수 있는 평평한 암반이 있다. 지리산, 무등산, 조계산 등 남도의 산들이 대부분 완만한 흙산인데 비해 월출산은 숲을 찾아보기 힘들 정도의 바위산에다 깎아지른 산세가 차라리 설악산과 비슷하다. 뾰족뾰족 성곽모양 바위능선, 원추형 또는 돔형으로 된 갖가지 바위나 바위표면이 둥그렇게 팬 나마 등은 설악산보다도 더 기이해 호남의 소금강이라 한다. 바람폭포 옆의 시루봉과 매봉을 연결하는 구름다리는 지상 120m 높이에 건설된 길이 52m, 폭 0.6m의 한국에서 가장 긴 구름다리로 월출산의 명물이다. 사자봉 왼쪽 산 중턱 계곡에서는 폭포수가 무려 일곱 차례나 연거푸 떨어지는 칠치폭포의 장관을 볼 수 있다.
　월출산은 서해를 배경으로 펼쳐지는 일몰풍경이 장관이고, 봄에는 진달래와 철쭉꽃, 여름에는 시원한 폭포수와 천황봉에 항상 걸려있는 운해, 가

을에는 단풍이 아름답다. 월출산은 동백꽃과 기암괴석이 한창 절묘하게 어우러져 해빙기의 등산로로도 압권이다. 천황사에서 계곡에 이르는 1㎞ 남짓한 초입부 부터 동백꽃으로 곱게 단장하고 있다. 하산길에서 만나게 되는 도갑사 부근에는 3월 중순 경부터 피기 시작한 동백꽃이 3월말이나 4월초까지 절정을 이룬다. 월출산의 운해는 평야의 들바람과 영산강 강바람이 맞부딪쳐 천황봉 정상에서 만들어내는 구름바다가 볼 만하다.

"달이 뜬다 달이 뜬다 월출산 천황봉에 보름달이 뜬다." 영암아리랑 노랫말이 말해주듯 월출산은 산 봉우리와 달 뜨는 광경의 어울림이 빼어난 산이다. 구름을 걸친 채 갑자기 우뚝 솟아 눈앞에 다가서는 천황봉의 신령스러운 모습, 그 위로 떠오른 보름달의 자태는 달맞이 산행의 명산이기도하다. 월출산 일대인 영암, 강진, 해남은 "남도 문화유산답사의 1번지"로 꼽을 만큼 문화유산이 많이 남아 있는 곳이다.

천황봉을 중심으로 남쪽으로는 단아한 모습의 무위사, 서쪽에는 통일신라 말 도선국사에 의해 창건됐다는 도갑사가, 구정봉 아래 암벽에는 조각한 높이 8.5m의 마애여래좌상(국보 144호) 등 많은 문화재가 있다. 무위사 극락보전은 국보 13호, 도갑사 해탈문은 국보 50호다. 또한 도갑사 서쪽 성기동에는 백제의 학자로 일본에 논어와 천자문을 전해 아스카문화의 원조가 된 왕인 박사의 유적지가 국민관광단지로 조성돼 있다. 기기묘묘한 암봉으로 거대한 수석 전시장 같은 월출산은 산행코스가 만만치 않지만 3월의 봄맞이 동백산행, 4월의 도갑사에 이르는 도로에 벚꽃이 만발하는 벚꽃산행, 가을산행 순으로 인기 있다. 천황봉을 중심으로 무위사 극락보전(국보 제13호), 도갑사 해탈문(국보 제50호)가 있음. 구정봉 밑 용암사터 근처에는 우리나라에서 가장 높은 곳에 위치한 국보 제144호인 마애여래좌상이 유명하다" ◀출처 : 네이버

광주시의 한 호텔에서 간편식으로 아침을 먹고, 53㎞ 떨어져 있는 월출산 들머리인 '천황탐방지원센터'로 달려갔다. 난생처음 가보는 곳이라 모두가 낯설었다. 주차료를 비싸게 준 만큼 300m를 더 들어가

들머리에서 최대한 가까운 곳에 주차를 하였다.

'천황사지', '바람폭포 사거리', '구름다리', '바람폭포', '책 바위', '육형제 장군바위' 등등이 있었지만 묵묵히 등산만 하였다. 정상으로 갈수록 기암괴석들이 놀라웠다. '속리산', '북한산', '도봉산'이 최고로 아름답고 웅장한 줄 알았는데 저리가라는 수준으로 놀라게 만들었다.

'통천문 삼거리'가 나왔고 정상으로 가는 길에 '통천문'은 이렇게 소개되어 있었다.

"통천문(通天門)은 월출산(月出山) 정상인 천황봉(天皇峯)에서 동북쪽으로 약 100m 아래에 있다. 천황사(天皇寺)쪽에서 바람폭포 또는 구름다리를 지나 천황봉 쪽으로 오를 때 만나는 마지막 관문의 바위로서, 이 굴(窟)을 지나야 천황봉에 오를 수 있다. 천황봉에 이르는 문(門)의 역할 때문에 통천문이란 이름이 생긴 것인데 이는 월출산 최고봉을 지나 하늘로 통하는 높은 문이라는 데서 비롯된 것이다. 이 바위굴에 들어서면 시원한 바람과 함께 월출산의 북서쪽 능선이 펼쳐지며, 멀리 내려다보이는 영암 고을과 영산강 물줄기가 한눈에 들어온다."

통천문 삼거리에서 천황봉 정상까지는 아직 300m를 더 올라야 했다. 얼마나 기진맥진하였던지 이정표가 얄미워지기까지 하였다. 머리 박고 꼬불꼬불 계단을 따라, 또는 돌계단을 따라 또 한참을 올랐다. 뛰어난 주변의 경관은 계속 눈에 들어왔고, 정상석은 눈에 아른거렸다.

들머리 시작 2시간만인 오전 11시 반에 '천황봉'이라는 한자로 된 정상석을 눈앞에 두게 되었고, 주변이 넓어 수려한 경관을 360도 즐길 수 있어 기분이 좋았다.

그래도 익숙한 원점회귀 코스를 선택하여 천천히 안전 하산을 외치면서 한발 한발 내렸더니 오후 1시

40분, 등산거리 4.45㎞, 4시간 30분여 만에 월출산 등산은 안전하고 즐겁게 마무리 되었다.

숙소로 가서 푹 쉬고 싶은 마음에 3일차 산행지인 '두륜산 케이블카 탑승장소'로 이동하였다.

역시 낯선 국도 4차선, 대체적으로 한가한 도로를 따라 24㎞, 30분을 달렸다. 아침도 부실하게 먹었고, 등산에서 에너지도 많이 소진하여 배가 많이 고팠지만 주변에는 식당을 찾아볼 수가 없었다. 일단은 먹는 것을 포기하고 안전 운전 생각하며 목적지까지 달려가는 것을 최우선으로 마음먹고 달렸다. 국도를 따라 조금 들어갔더니 두륜산 케이블카와 대승사의 유명세 덕분인지 식당과 숙박시설이 즐비하였다. 지난번에도 그런 교훈을 얻었지만 이번에도 숙소는 미리 잡을 필요는 없겠다는 것을 경험했다. 현장에서도 충분히 싸게도 가능하였고, 선택의 폭도 있어 더욱 좋았다.

'대승각'에 찾아가 2박을 예약하였더니 좋아했다. 걱정되었던 숙소가 해결되었으니 먹을 것을 좀 챙겨야 했다. 숙소 바로 앞에 있는 슈퍼에 가서 먹을 것을 사긴 하였는데 과일가게도 커피숍도 없었다.

편안하게 이른 시간부터 쉴 수가 있어 다행이었다.

내일은 1일 2산행이 있어 코스와 이동방법을 점검해 두었다. 피곤함을 마다하지 않고 남편과 함께 해 준 아내에게 감사했다.

내일은 편안한 코스이긴 하지만 무리해서 필자를 따르지 말도록 해야겠다.

세상은 밖에도 있었네!
# 명산 100, 72번째 '유명산' 완등 이야기!

▲ 유명산 (有明山, 862m) | 2017년 3월 23일 금요일

경기도 가평군에 있는 '유명산'을 아내와 대중교통으로 다녀왔다.

'유명산'은 이렇게 소개되어 있다.

"유명산은 경기도 양평군 옥천면과 가평군 설악면 사이에 있는 산으로 높이 862m이다.

《동국여지승람》에는 산 정상에서 말을 길렀다고 해서 마유산이라고 부른다는 기록이 있다. 지금의 이름은 1973년 엠포르산악회가 국토 자오선 종주를 하던 중 당시 알려지지 않았던 이 산을 발견하고 산악회 대원 중 진유명이라는 여성의 이름을 따서 붙인 것이라고 한다.

동쪽으로 용문산(1,157m)과 이웃해 있고 약 5km에 이르는 계곡을 거느리고 있다. 산줄기가 사방으로 이어져 있어 얼핏 험해 보이나 능선이 완만해서 가족 산행지로도 적합하다.

가일리에서 선어치 고개 쪽으로 가는 도중에는 산림욕장을 비롯하여 체력단련장·캠프장 등을 갖춘 자연휴양림이 있다.

산행은 설악면 가일리나 옥천면 신복리에서 시작하는데, 가일리에서 출발하여 곧장 능선을 타고 정상에 오른 뒤 유명계곡으로 내려가는 코스가 가장 빠른 지름길이다. 산행 시간은 3시간 30분 정도 걸린다. 관광 명소로 용이 하늘로 올라갔다는 전설을 지닌 용소와 용문산에서 흘러내린 물줄기와 합쳐져 생긴 유명계곡(입구지계곡)이 유명하다. ◀출처: [네이버 지식백과] 유명산 [有明山]

대한민국 100대 명산 중 서울에서 대중교통을 이용해서 하루 만에 다녀올 수 있는 산을 찾아 다녀보기로 했고, 유명산은 그 중에 하나였다. '자연과 사람이 함께 하는 산'으로 유명하다 하여 진짜 그런지, 그리고 유명산의 자연휴양림과 캠핑장도 유명세를 타고 있다기에 현장에서 직접 확인해 보기기 위해 아내와 여행 삼아 다녀오기로 하였다.

들머리로 설정된 '유명산 자연휴양림'까지 대중교통 수단은 사전에 충분히 점검을 하여 문제는 없겠으나, 들머리까지의 버스 운행 시간까지는 장담할 수 없었다. 현장에 맞게 따라 갈 수밖에 없는 상황이 많아 여유를 갖고 출발하기로 하였다.

이른 아침 용산역 발 춘천행 ITX 청춘열차를 타고 세 번째 역인 '청평역'에 내렸다. 시간적인 여유가 있어 화창한 날씨와 함께 봄 냄새 가득한 청평역에서 10분 거리에 있는 청평터미널까지 걸어갔다. 터미
널에는 시내/외 버스와 택시가 각자의 위치에서 조용히 멈춰 있었고, 빨리 찾아온 봄날 같이 나른한 가운데 한산하고 오히려 한가하게 느껴졌다.

가려는 유명산 자연휴양림 행 버스는 1시간 후에 출발하는 것으로 시간표 상 확인하였다.

"혹시나 했는데 역시나" 였다.

커피숍에서 커피랑 빵으로 여유롭게 시간을 즐겼다. 오전 10시 40분이 되었다.

둘만을 태운 버스는 정시에 출발하였다. 시간표대로 운영을 해줘서 너무 고마웠다. 자연휴양림에 가는 버스는 평일이나 휴일이나 손님이 있든 없든 언제나 정시에 출발한단다. 잠시 후 자연휴양림에 도착했다. 역시 산속은 절간처럼 조용했다. 잣 파는 조그마한 가게와 숙박시설들이 많이 보였고 저쪽 큰 나무 숲에는 캠핑족이 여럿 자리 잡고 있었다. 역시 소문대로 자연휴양림과 캠핑은 잘 어울리는 것 같았다.

얼어붙은 분수대는 멋진 얼음 조각상이 되어 백색 옷을 입을 듯 아름다움을 선사해 주었고, 이내 잣나무로 가득한 숲으로 들어갔다. '자연과 사람이 함께 사는 산'이라 붙여진 명소가 자연스레 느껴져 유명세를 타기에 충분해 보였다.

잣나무, 특별한 나무들이 등산로 주변을 에워싸고 있었고, 나무숲 가꾸기의 성공사례를 눈으로 직접 보는 것도 마음 흐뭇했다.

현장에서 유명산 등산로부터 확인해 보았다.

숲을 잘 가꾸어서 그런지 등산로는 모두 흙길이었고 계절적으로는 봄과 겨울의 경계 시점이라 땅은 질퍽질퍽하여 등산화에

붙은 무거운 흙을 제거하면서 오르려니 짜증스러웠다. 중간중간에 벤치가 있어 무거운 신발을 정비해 가면서 충분히 즐기면서 올랐다.

정상까지 제일 짧은 등산로를 선택하였으니 그 정도는 감수하더라도 처음부터 경사는 심하였다. 한 시간도 채 못 되어 정상석과 마주하게 되었다.

횡으로 누워 있던 정상석은 다른 명산의 정상석 모습과는 대조적으로 위엄이 있어 보였다. 힘들게 올라왔으니 저 정도 크기의 정상석을 필자는 늘 기대하면서 등산을 즐기고 있었기에 당연히 기쁘고 즐거웠다.

산 아래에는 봄기운이 산 정상에는 아직도 눈발이 날렸다. 겨울과 봄의 경계선이라 바람은 여전히 차가웠다. 부부 산객들도 제법 있었다.

저 멀리의 풍광은 눈보라 때문에 충분히 즐기지는 못하였다.

준비해 간 음식으로 바람을 피해 점심을 맛있게 먹었다. 차가운 바람이 있는 정상에서는 역시 뜨끈뜨끈한 국물과 커피가 최고였다.

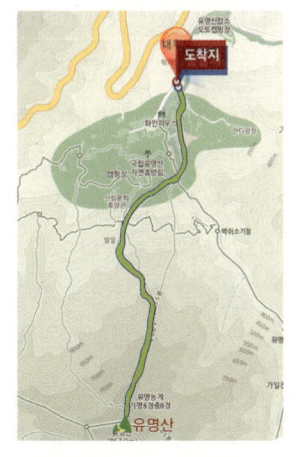

왕복 5.7㎞. 안전한 마무리를 위해 아이젠과 패츠를 착용하고 미끄러짐 없이 일사천리로 약 3시간 만에 하산을 완료했다.

지금까지 대중교통으로 다녀온 명산 중에 대중교통 시스템이 가장 잘 되어 있는 곳으로 기억에 남게 되었다.

경기도 가평하면 잣으로 유명한데 군데군데 잣을 딴 흔적들이 있었고, 여기저기 잣 가게가 많았다. 기웃거리다가 아무 것도 손에 넣지 못하고 돌아섰다.

들머리 근처 식당에서 들어오는 버스 시간표에 맞춰 짓 칼국수 한 그릇으로 유명산 등산을 안전하고 즐겁게 마칠 수 있었다. 아내에게 감사했다.

세상은 밖에도 있었네!
# 명산 100, 80번째 '응봉산' 완등 이야기!

▲ 응봉산 (鷹峯山, 998m) | 2017년 4월 28일 금요일

　　　　　　　　　　　동해안 여행 4일 차에는 경상북도 봉화군, 울진군과 강원도 삼척시의 경계 산인 '응봉산'을 자차로 아내와 다녀왔다. '응봉산'은 이렇게 소개되어 있다.
　"응봉산은 백두대간 낙동정맥으로 동해를 굽어보며 우뚝 솟아 있어 산세가 험준하고 변화스럽다. 전설에 의하면 옛날 조씨(趙氏)가 매사냥을 하다가 매를 잃어버렸는데 산봉우리에서 매를 쫓아 이곳을 '응봉(鷹峯)'이라 부르고 그래서 속칭 '매봉산'이라 부른다. 산맥이 남서쪽 통고산으로 흐르고, 동쪽 기슭에는 덕구 계곡이 있고 그 너머 남동쪽에는 구수곡 계곡이 있어 맑은 물이 항상 흐르고 있다. 특히 덕구 및 구수곡 계곡의 상단부에는 울진 금강송 천연림이 있으며 동남쪽 계곡절벽 등에는 천년기념물인 산양이 서식한다. 서북쪽은 강원도 삼척시 원덕읍 가곡리에 면해 있다. 응봉산 정상에서 동해바다가 보이며 등산로가 있어 등산을 즐길 수 있고 주변 관광지로 덕구계곡, 덕구온천, 구수곡 자연휴양림이 있으며 가까운 거리에 죽변항구가 있어 산림욕, 온천욕, 해수욕을 고루 즐길 수 있는 천혜의 웰빙 관광지이다.
　응봉산에서 가장 각광받는 코스는 용소골 계곡산행이다. 수많은 폭포와 깊은 소들이 산재한 이 계곡은 아마추어 등산인들에게는 매우 모험적인 산행지로 알려져 있다. 용소골은 무인지경의 원시림 속에 꼭꼭 숨겨져 있는

우리나라 최후의 비경지대다. 몇몇 전문 산악인들만 끼리끼리로 찾을 만큼 잘 알려져 있지 않지만 그곳의 자연은 전인미답의 표현이 어울릴 정도로 잘 보존되어 있다. 한 굽이를 돌면 또 한 굽이의 계곡이 열리는 장관이 장장 14 ㎞에 걸쳐 쉼 없이 펼쳐진다. 이곳 용소골은 3개의 용소가 있다. 기암괴석과 맑은 물, 그리고 원시림. 천연 수로에 썰매를 타듯 미끄러져 내려오면 마주치는 비경에 절로 감탄이 나온다. 조롱박 모양의 용소폭포는 깊이를 알 수 없을 정도로 시퍼렇다.

등산코스가 험하고 특히 비가 올 때는 들어가지 않는 것이 좋으며 산에서만도 1박 2일의 일정이 필요하니 여유 있는 일정을 짜는 게 좋다." ◀출처 : 네이버

강원도 명산의 들머리는 항상 산속 깊숙이 있어 전날 혹은 다음 날 산행과 연계하여 숙소를 잡아야 했기에 여간 어려운 일이 아니었다. 그리고 다음날 명산까지의 이동거리를 고려해야 했다.

명산의 들머리나 날머리는 통상적으로 유명세를 타서 주변에는 숙소가 많이 있어 걱정은 기우였다. 응봉산은 '덕구온천'이 유명세를 타서 편안하게 숙소를 정했던 터라 들머리 가까이에 잡은 숙소에서 아침 일찍 나왔다.

"4월말 등산할 때는 더운 기운이 기승을 부리기 전에 정상에 도착해야 한다."는 아내의 지론에 맞춰 들머리로 잡은 '덕구온천장주차장'에 도착했다. 덕구계곡의 들머리에는 응봉산 및 덕구계곡을 소개하는 안내도가 있었다. 인터넷으로 공부는 해 왔지만 들머리가 확실하지 않아 어제 오후 늦게 먼저 들머리를 대충 확인해 두었다. 아침에 가 보니 능선을 따라 가는 들머리는 지도에 있었지만 주변 공사 때문에 시작점을 찾을 수가 없어 현장에서 산행코스는 능선을 따라 가는 것으로 결정을 하고 들머리를 찾아 나섰다.

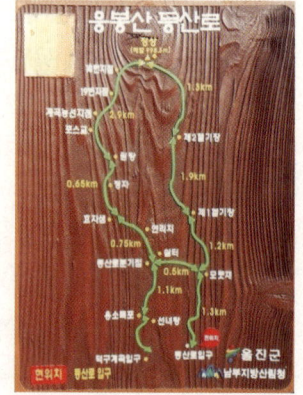

"덕구온천장주차장 → 산불 감시초소 → 모랫재 → 제1헬기장 → 제2헬기장 → 정상 → 제2헬기장 → 제1헬기장 → 덕구계곡 → 용소폭포, 선녀탕 → 원점 회귀" 13.8㎞, 6시간 코스.

완벽할 정도로 계획이 잘 맞았지만 초행길이

었고, 아내와 함께 하기 때문에 더위를 고려하여 지체 없이 능선의 들머리를 찾아야만 했다.

우선 필자의 등산 길잡이인 GPS를 켜고 능선을 따라 산행하는 코스를 찾아 나섰다. GPS 상에는 분명히 나타나 있었지만 감으로 찾아 나선 지 5분여 만에 산불화재감시초소를 발견하였다.

'산불조심 강조기간'이라 여기 저기 산불조심 플래카드가 붙어 있었지만 감시자는 보이지 않았다. 입구에 있는 입산자 명부에 자발적으로 이름을 적고 기분 좋게 등산을 시작하였다. 화창한 날씨도 한 몫을 해 주었다. 약간의 경사로를 올랐더니 차 다닐 정도로 넓게 난 등산로가 맘에 들었고, 쭉쭉 뻗은 홍송(紅松)들도 우리 부부를 힘나게 만들어 주었다. 이런 정도의 등산로라면 누워 떡먹기 보다 쉬워 보였고 나무들이 군집하며 곧게 잘 자란 것을 보며 기념사진을 찍었다.

두 번째 미션은 '모랫재' 갈림길까지 1.3km를 가는 것이었다.

오른다기 보다는 평지 흙길을 걸어가는 둘레길처럼 편안하게 여겨졌다. 한참 동안 주변경관이나 등산로는 마찬가지 컨디션이었다. 소나무들과 참나무들에게 감사했다. 키 큰 나무에서 만들어지는 그늘이며 그들을 뚫고 들어오는 시원한 바람이 둘레길처럼 편안하게 만들어 주었다. 아내의 걸음 속도는 점점 빨라졌다. 마사토처럼 생긴 작은 모래도 있었지만 안전, 안전은 늘 가슴에 새기면서 때로는 내뱉으면서 즐겁고 안전하게 산행이 이어졌다.

이 정도의 난이도면 거리에는 상관을 두지 않아도 될 정도였다. 간단하게 2차 미션도 성공하였다.

세 번째 미션은 모랫재에서 1.2km만 가면 되는 '제1헬기장'이었다. 가면 갈수록 소나무와 참나무들이 우리를 놀라게 하기에 충분하였다. 계속 펼쳐진 넓은 등산로 또한 마음에 들었다. 간식은 제1헬기장에서 먹기로 하고 좀 무리를 해서 목표를 잡아 보았다. 아내도 자신이 있어 동의해 주었다. 한 번에 닿을 수 있을 정도의 거리에 이정표가 있어 비록 정상까지는 먼 거리라 할지라도 지금까지라도 편안하게 갈 수 있어 다행이었다. 여유롭게 제1헬기장에 도착했다. 아내도 힘이 들어 보이지는 않았다. 커피, 과일로 편안하게 자연과 함께 여유를 가져보았다.

 네 번째 미션은 1.9㎞ 떨어진 '제2헬기장'으로 이정표 간 거리가 제일 멀었다. 정상 쪽으로 가도 자연의 변화는 전혀 없었고, 오히려 더 건강한 아름드리 소나무들이 자라고 있어 더욱 감사했다. 깎아지른 경사면에서도 소나무와 참나무는 마치 키 재기라도 하려는 듯 하늘을 찌르고도 남을 정도로 훌쩍 자라 있었다. 이들 밑으로는 아무런 생물도 존재하지 않아 문제처럼 보였지만 이상하게도 산사태가 난 곳은 없었다. 그 만큼 뿌리가 튼튼하다는 것과 모래로 된 산이라 물 흡수력이 빠르다는 것이 아니겠는지? 그래서 덕구계곡에는 항상 맑은 물이 흐를 수 있게 되었고, 이 물이 덕구온천을 가동하게 만든 원동력이 되지 않았을까 짐작도 해 보았다. 아무튼 사이좋게 자연을 지키고 있는 그들에게 감사했다. 제2헬기장도 거뜬히 돌파했다.

 다섯 번째 미션은 마지막 1.3㎞, '응봉산 정상'이었다.

 이 구간은 지금까지와는 확연히 달랐다. 물론 소나무나 참나무는 여전히 하늘을 찌르고도 남았고, 어느 한 구간에는 동쪽에서 불어오는 바람은 우리 부부가 밀릴 정도로 세찼다. 그래서인지 작은 나무에는 아직 새싹도 보이지 않았다. "살아서 천년, 죽어서 천년을 산다"는 소나무만 푸름의 위용을 드러내고 있을 뿐이었다. 그 소나무들도 세찬 바람과 추위에 견딜 만큼의 나뭇가지와 잎만을 갖고 있는 것 같았다. 같은 능선인데도 그렇게 차이가 나는 구간이 있어 신기했다. 나무들도 모래땅에서 살아남기에 적합하도록 적당한 나뭇가지만이, 아름드리 몸통에 비해 부족해 보이는 나뭇가지가 그들의 생존 방식임을 알게 되었다.

 정상 부근에서는 이상하게도 오히려 바람이 잔잔했다.

 GPS에서는 '정상은 30m 전방'이라는 뱃지 획득 소리가 우렁차게 났다. 이제 정상에 다 왔노라고 아내에게 알려 주는 찰나 10여 미터 전방에 새끼 멧돼지 한 마리가 여유 있게 지나가고 있었다. 비록 새끼 멧돼지였지만 등산 중에 난생처음 보게 되었다. '마주친다면 어쩌나?' 하는 생각으로 매번 등산을 하고 있지만 갑자기 멧돼지를 보게 되니 신기했을 뿐 아무런 두려움도 나지 않았다.

"등산 중 멧돼지와 마주칠 때 등을 보이면 절대로 안되고 무조건 눈을 마주 보아라"고 하지만 "막상 부닥치면 그렇게 되겠는지"는 의문스러웠다. 새끼였으니 주변에 어미도 있겠다는 생각에 우리 둘 뿐인 정상에서 빨리 내려가고 싶은 마음뿐이었다. 다행스럽게도 반대편 등산로에서 부부가 올라왔다. 우리는 아무런 일 없었던 것처럼 여유롭게 조망을 즐길 수 있었다. 4~6월은 멧돼지들의 발정기라 많이 마주칠 수 있는 기간이니 조심해서 다녀야겠다.

정상의 풍광은 미세먼지로 선명하지는 않았지만 그나마 가까이에 있는 동해안과 삼척시, 정선군의 산들이 한 눈에 들어왔다. 조망이 정말 좋았는데 미세먼지로 선명하지 않아 아쉬웠지만 흐릿하게라도 볼 수 있는 것에 만족했다.

출발 두 시간 반 만에 정상석과 마주하게 되었다.

정상석은 여느 명산의 것과는 달리 웅장하고, 세로로 화끈하게 세워져 있었다. 서로 인증샷을 확보하였다. 필자는 '80좌'에 올랐다. 3월에는 '70좌'를, 4월에는 '80좌'를 했으니 아내는 진담 반 농담 반으로 말을 붙였다. "또 90좌를 한다고 껄떡거리겠네?" 그렇다. 내친김에 5월에는 '90좌'를 올라타서 6월에는 '명산 100'을 마칠 수 있다.'로 응수해 줬다.

멋진 상상의 나래를 한번 펼쳐 보았다. 아무려면 어떤가? 늦어도 7월까지는 명산 100 완등을 달성해야 한다.

얼마나 많은 산객들이 다녀갔던지 정상석 주변에는 산악회 리본이 형형색색 휘날리고 있었다. 멧돼지의 공포는 여전하였지만 '그래도 즐길 것은 즐긴다.'라며 주변의 멋진 경관을 배경삼아 아름답게 사진 몇 장 남겼다. 남는 건 사진뿐. 반대편에서 올라온 부부에게 정상석을 인계하고 우리는 하산

을 시작하였다. 아름드리 소나무는 더 멋있게 보였고, 그리고 많아서 좋았다. 점점 그들의 숭고함에 넋을 잃게 되었고, 간간이 사진도 남겨 두었다. 하산길은 올라갔던 길이라 내려갔고, 점심은 제2헬기장에서 먹기로 했다. 하산할 때는 반대편에서 더 많은 나무들을 볼 수 있어 좋았다. 제2헬기장의 그늘진 곳에서 아내랑 맛나게 점심을 먹었다. 배가 무거워서 움직이기 싫을 정도였다면 거짓말이라고 하겠지만 그만큼 아름다운 경관에 취해 일어나기가 싫어진 것이었다. 정오가 되니 사람들이 하나둘 올라왔다.

히산로는 모랫재에서 계곡 쪽으로 방향을 틀어 덕구계곡으로 내려가 보기로 하였다. 올라갈 때는 몰랐는데 정상의 고도에 맞게 등산로는 약한 경사와 심한 경사가 많았음을 알게 되었다.

"우리가 이런 경사로를 올라갔구나?" 자위를 하면서 안전을 최우선으로 해 아내는 경보 수준이었다. 아내는 뒷심이 항상 강했다. 뒤에서 필자는 "안전, 안전, 보폭은 좁게"를 외치면서 따라 내렸다.

곧 갈림길에 다다랐고 70도 이상의 경사로를 타고 계곡으로 내려가야 했다. 나무들의 키는 버드나무처럼 가늘고 커서 척박한 모래땅에 살아남는 방법을 알게 되었다. '뿌리는 튼튼하고 깊게, 가지는 적당하게! 그래서 더울 때는 물을 달라고 팔랑 대는 나뭇가지가 적도록, 추울 때는 물 필요량이 적도록' 그렇게 각자도생의 길을 걷고 있어 보였다. 아내는 무릎 때문에 급경사의 길을 싫어했지만 잘 내려가 주었다. 나무들의 생태를 감상해 가면서 조심스럽게 따라 내려갔다. 한참 만에 계곡에 도착하였다. 인공적으로 잘 조성되어 있었다. 맑은 물과 매끄러운 바위들이 풍파로부터의 몸살을 잘 이겨낸 흔적들이었고, 그들이 오히려 물살을 부드럽게 만들어 주었다.

더없이 맑은 물에 풍덩 뛰어들고 싶어졌고, 찬물에 발바닥의 무좀이라도 없애고 싶어졌지만 2.6km나 내려가야 된다기에 놀랐다. 능선을 따라 갔으면 1.8km의 편안한 길로 갈 수 있었는데 온 김에 볼 것은 다 보고 가자는 의견에 동의하여 그렇게 길고 힘든 길을 선택하게 된 것이었다. 들머리에서 읽은 9개의 소형 다리들을 보기 위해서 이쪽 길을 택하게 된 연유였다. 제9교부터 거꾸로 하나하나 보여 주었다.

소형 모형처럼 보였지만 이쪽저쪽 길을 이어줄때 테마 다리는 전 세계를 돌아다니는 것처럼 다리에 대한 이해를 도와주었다.

전 세계에서 온 이름난 다리들의 모양도 괜찮았다.

총 12km, 5시간 30분(휴식포함) 산행을 하였다. 먼저 아내에게 감사했다.

이제 다음 산행지인 포항시 보경사 뒷산 '내연산(삼지봉)'을 찾아 가야 했다.

119km, 2시간 거리에 있는 그곳으로 동해안에 있는 국도 4차선을 따라 남하 하였다. 제일 먼저 들머리 근처에 있는 숙소를 찾아야 했다. 항상 그랬으니 숙소 걱정은 되지 않았다. 자차가 있으니 20~30km는 쉽게 이동이 되었다.

보경사 입구 주차장 매표소까지 들어가도 주변에는 아무런 숙소도 보이지 않아 애가 탔다. 안내소 직원에게 물어 보았더니 안에 있다는 것이었다. 주차료도 주지 않고 들어갔다가 숙소가 없으면 나온다고 얘기하고 들어갔더니 제일 안쪽 일주문 바로 옆에 호텔이 있었다. 주말이라 다소 비싸긴 하였지만 천군만마를 얻은 기분으로 투숙하였다. 사찰 바로 앞에 이렇게 근사한 호텔과 온천 사우나가 있다는 게 놀라웠다. 숙소는 어렵게라도 해결되었다.

내일 일은 내일 또 걱정하자!! 아자! 아자!

세상은 밖에도 있었네!
# 명산 100, 91번째 '장안산' 완등 이야기!

▲ 장안산 (長安山, 1,237m) | 2017년 6월 1일 목요일

　　　　　　일주일 만에 전북 장수군에 위치한 '장안산'을 자차로 아내와 다녀왔다. 1박 2일, 2곳의 명산(장안산, 모악산) 산행이 이번 여행의 목표였다.
　'장안산의 유래'는 이렇게 되어 있다.
　"장안산(長安山)은 소백산맥의 서쪽 비탈면을 이루며, 동쪽에 '백운산(1,279m)', 서쪽에 '팔공산(1,151m)'이 솟아 있다.
　동쪽 비탈면에서 흘러내린 계류는 섬진강의 상류인 백운천으로 흘러들고, 북쪽 비탈면에서 흘러내린 계류는 계남면의 벽남제(壁南堤)로 흘러든다.
　동쪽은 소백산맥의 준령에 막혀 교통이 불편하지만, 북동쪽의 무령고개(1,076m)와 남쪽의 어치재를 통해 경상남도 함양군의 산록 계류지역과 연결 된다.
　서쪽 비탈면은 경사가 완만하며 장수읍의 낮은 분지로 이어진다.
　남서쪽 비탈면에서 발원해 용림천으로 흘러드는 덕산계곡(德山溪谷)은 윗용소, 아랫용소 등 2개의 용소와 크고 작은 10여 개의 소(沼), 20여 개의 기암괴석으로 유명하다. 또 가을철 동쪽 능선을 타고 펼쳐지는 넓은 억새밭이 명물로 꼽힌다. 인근에 국민관광지인 방화동 가족휴양촌이 있다. 1986년 부근 일대와 함께 장안산 군립공원으로 지정되었다." ◀출처:네이버
　간단한 준비로 아침 일찍 거제도 집을 나섰다.

아침은 '산청휴게소'에서 소문난 흑돼지 김치찌개, 소고기국밥이었다. 이동거리는 약 180㎞, 아침도 먹으면서 여유롭게 갔는데 2시간 30분 걸려 들머리로 계획했던 '무릉고개 주차장'에 도착하였더니 아침 9시 30분경이었다.

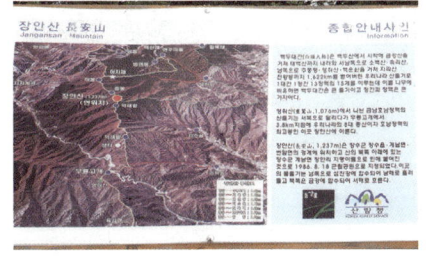

'장안산의 등산거리'는 왕복 6㎞, 3시간 코스라고 알고 갔다. 도로 좌측에는 진달래꽃으로 유명한 '영취산'이 있었다.

인기척이 하나도 없었고, 산속에서는 온갖 새들이 아름다운 노래를 불러 새들의 천국이었다.

3㎞를 오르는 동안 볼거리는 아무것도 없었다. 등산로는 쿠션이 있는 매트로 잘 단장되었고, 샘터가 딱 중간 쉼터였다.

우리가 선택한 최단코스 등산로가 너무 쉬워 등산만 할 줄 아는 필자에게 아내는 강제적으로 샘터 근처 벤치에 쉬도록 명령하였다.

간식을 먹으면서 즐겼던 것은 억새밭이 전부였고 들머리를 잘못 선택했나 싶기도 했다.

그러나 장거리 운전했다고 봐 주는 건지 능선을 따라 걷는 기분은 굉장히 좋았다.

허리까지 잘 자란 조릿대는 등산로를 확연하게 구분해 주었다. 새해에 불우이웃돕기 한답시고 조릿대로 만든 복조리를 샀던 때가 생각났다. 억새밭에서 한 명을 만났다. 그는 혼자 등산하기가 무서웠는데 우리를 만나 안심이 되었다고 하였다. 산의 높이만큼이나 오르막도 제법 있었으나 쿠션이 잘되는 매트로 되어 있어 무릎이나 발목에는 그리 무리가 되지는 않았던 것 같았다. 등산로 좌우에는 녹음이 우거져 주변의 경치를 볼 수도 없었다.

출발 1시간 반 만에 정상에 도착하였다.

정상석은 한자로 세로로 표시되어 있었고, 큰 것이 또 마음에 들었다. 무인 산불감시 카메라가 설치되어 있어 눈을 의심하면서 다시 쳐다 보았다.

오르는 일만큼 내려가는 일도 쉬웠다. 정오 가까이에 원점 회귀가 되면 남는 시간이 너무 많다는 생각에 아내에게 지난번에 못 갔던

'모악산(794m)'에 다녀오면 어떨까 하자 아내는 같이 가는 것은 허락을 하였으나 1일 2 산행은 날씨 때문에 불가능하다는 의견을 주어 점심 먹는 장소를 주차장 근처 평상으로 정하고 부지런히 내려 갔더니 12시 10분에 91좌를 완등하게 되었다.

"장안산 등산은 거저 먹었다."고 아내에게 얘기했더니 피식 웃어주었다. 지난번 거저 먹었던 강원도 덕항산 산행보다도 더 거저 먹었던 셈이었다.

왕복 약 6km, 2시간 30분에 장안산 산행을 마무리 하였다.

내일 모악산 등산가는 것은 정해졌으니 빨리 점심을 먹고 가야 하는데 등산 중에 만났던 그 사람이 가지 않고 정자에서 기다리고 있었다. 희망퇴직을 망설이고 있다는 그 남자는 우리를 붙잡고 끝없는 대화를 이어가서 출발이 늦어졌다.

우리는 모악산에 가야 했는데 그분은 갈 생각도 하지 않고 자신의 이야기를 늘어놓았다. 집 나온지 한 달이 되었단다.

장안산 산행 중에 만났던 그분과의 이야기를 남겨둔다.

장안산 산행 중 정상 근처 억새밭에서 하산 중인 한 남자를 만났다. 아내가 공손하게 인사를 하였더니 "이른 아침 혼자 산행을 하게 되어 많이 무서웠는데 만나게 되어 반갑습니다."로 화답해 주었다. 지나가는 찰나 인사를 하였기에 얼굴을 확인할 겨를도 없이 우리는 정상 쪽으로 올라갔고, 그 사람은 주차장 쪽으로 하산을 하여 주차장 평상에서 점심을 먹고 있었다. 조금 전

산행 중에 만났던 그 남자가 근처로 와서 자리를 잡았다. 우리하고는 1시간 이상 차이가 났는데 우리 앞에 또 나타났다. 필자가 먼저 말을 걸면서 "어디에 갔다 왔느냐?"고 물어 보았더니 반대편에 있는 '영취산'에 갔다 왔단다. 필자가 말을 붙이기가 무섭게 자신의 신분과 처지에 대해 스스럼없이 쏟아 내었다.

5월 첫 주 연휴 때 가족과 동해안을 거슬러 올라 통일전망대까지 갔다가 노는 게 너무 재미있어 가족들은 버스로 돌아가게 하고, 휴가를 연장하여 혼자서 한 달 째 전국의 '악'자가 들어 있는 산을 다니고 있다고 했다. 공무원인데 희망퇴직을 해야 하나 말아야 하나로 결정을 못하여 정신적으로 많이 혼란을 겪고 있다가 의사에게 상담을 해보니 "육체를 괴롭히는 운동을 지속적으로 해 보라."고 했다고 한다. 필자가 하고 있는 방법과 이유가 비슷해 공감되었다.

SUV 자동차 한 대, 자전거 한 대와 카드 하나 들고 전국을 한 달 째 누비고 다닌단다. 내일 출근을 해야 한단다. 회사 다닐 때는 앞만 보고, 진급도 욕심 부려 봤고, 그러다 보니 주변 사람들과 동료와의 사이가 안 좋아졌고, 정년이 가까워지니 그런 것이 악재가 되어 본인를 괴롭히면서 혼란스럽게 만들고 있단다. 그래서 내려놓으려고, 의사의 권고대로 돌아다니고 있단다. 많은 것을 느끼는 계기가 되었단다. 숙소와 먹는 것은 군대있을 때 친하게 지냈던 동료와 선배, 후배들에게 부탁을 하면서 해결한다고 했다.

그런 후 자신을 알게 되었고, 그런 일 들을 하나 둘 잊게 되어 엄청 홀가분하게 되었단다. 등산, 자전거 타기가 이렇게 좋은 취미활동인 것을 한 달 전에 알게 되었다고. 괴롭고, 힘들었던 사람들에게 미안하다는 반성도 많이 하게 되었단다. 의사의 조언대로 육체를 괴롭히니 아무런 괴로움도 곁에 있지 않게 되더라며, 퇴직 후에도 등산, 자전거 취미활동에 매진하여 새로운 삶을 살아볼까 하기에 요즈음 힘들어 하는 사람이 많은데 그 사람들을 대상으로 희망과 용기라는 내용으로 특강을 해 주면 좋겠다고 조언을 해 주고, 약 80km 떨어져 있던 모악산 관광단지로 향했다.

세상은 밖에도 있었네!
# 명산 100, 11번째 '재약산' 완등 이야기!

▲ 재약산 (載藥山, 수미봉 1,108m) | 2016년 2월 16일 토요일

　　어제는 아내와 영남 알프스 산 중의 하나인 '가지산'을 자차로 다녀왔고, 오늘은 서울 친구와 경남 밀양에 있는 '재약산'에 다녀왔다.
　　친구는 서울에서 자차로 내려오고 필자는 거제도에서 대중교통으로 이동하여 '밀양 시외 버스 터미널'에서 만나 '재약산 등산'을 하기로 하였다.
　　'재약산의 유래'는 이렇게 소개되어 있다.
"천년고찰 표충사 뒤에 우뚝 솟은 재약산(주봉: 수미봉)은 영남 알프스 산군 중 하나로 사자평 억새와 습지를 한 눈에 볼 수 있으며, 산세가 부드러워 가족 및 친구들과 가볍게 산행 할 수 있는 아름다운 명산이다.
　　인근에 얼음골, 호박소, 표충사, 층층폭포, 금강폭포 등 수많은 명소를 지니고 있으며, 수미봉, 사자봉, 능동산, 신불산, 취서산으로 이어지는 억새 능선길은 가을 산행의 멋을 느낄 수 있는 최고의 힐링 길이다." ◀출처 : [네이버 지식백과] 재약산

　　아침 7시 20분 거제도 고현 종합버스터미널에서 부산 사상종합터미널로 가는 버스를 탔다. 사상역에서 다시 밀양터미널로 가는 버스를 타고 그곳에서 10시에 만났다. 친구의 차로 들머리로 잡았던 '밀양 표충사 주차장'으로 이동했다. 평일이고 절 앞이라 적적하였다.

여유롭게 주차를 하고 표충사 우측 등산로를 선택했다. '재약산' 정상 부근이 습지라 계곡에는 물이 넘쳐났다. 최근에 비가 많이 왔으니 더더욱 물이 넘쳐났다.

첫 번째로 불어난 계곡의 물을 건너야 했다. 자세히 보면 물속에서 물 위로 솟은 바위에는 튀어나온 물이 분별이 안 될 정도로 살짝 얼어 있었다. 스틱으로 하나하나 제거해 가면서 건넜지만 시멘트로 된 도로 위를 뛰어 건너려다 그만 미끄러져 넘어지고 말았다. 물이 조금 흐르고 있어 물이거니 하고 뛰었더니 물속에 얼어 있던 것이 화근이 되고 말았다. 배낭이 도와주어 다친 곳은 없었지만 겨울철에 배낭은 보온과 안전에도 도움이 되니 잘 착용하여야 한다.

시작부터 불길한 징조로 받아들이고 안전산행을 외치면서 뚜벅이가 되었다.

계곡 깊이 들어갈수록 인기척이 없어 혹시나 멧돼지라도 출현하면어쩌나 싶어 머리카락이 쭈뼛쭈뼛해지기도 하였다.

계곡에는 여전히 물소리가 요란하였고, 폭포는 장관이었다.

투어코스로 나무계단이 잘 되어 있으니 추천한다. 방심하다 당할 수도 있으니 멀리까지 보면서 친구 따라 계속 뚜벅이가 되었다.

계곡 입구에서도 느꼈지만 계곡에는 물이 많았다. 바위에는 엄청난 크기의 고드름이 마치 동굴 속의 석순처럼 바위와 한 덩어리가 되어 장관을 이루었다.

이렇게 신기한 산야를 친구는 그냥 지나쳤다. 필자는 자연이 보여준 순간순간이 너무 값진 선물인데 그냥 걸어가 버리는 친구를 잠시 세웠다.

경주 남산에는 돌 보석이 많듯이 이곳 '재약산'에는 얼음 보석이 곳곳을 장식해 산야를 백색으로 수놓았다. 마치 바닷가의 높이 솟은 바위에 갈매기의 배설물로 수놓아진 것처럼 온 산야를 하얗게 만들어 놓았다.

등산로 주변의 서릿발도 무려 10㎝정도 자라 어

젯밤 계곡의 추위를 감히 짐작할 수 있었다. 친구는 역시 무관심이었다. 깊은 계곡답게 깜짝 놀랄 장면이 너무 많았다.

자연이 만들어 놓은 그림에 푹 빠지면서 약 4km를 올랐더니 '층층폭포'가 있었다. 정상 가까이였는데 몇 층으로 만들어낸 얼음덩어리는 피로를 풀어주기에 충분하였다. 저런 물줄기는 어디에서 시작되었을까?

정상 부근이 습지대라는 것은 알고 있었으니 짐작은 되었다.

해빙기가 되어 가니 무게를 이기지 못한 고드름 얼음 덩어리는 굉음을 내며 무너져 잠에서 모두를 깨어나게 만들었다. 정말로 자연이 만들어낸 경이로운 장면이었다. 임도(작전도로라고 명기되어 있었다) 근처가 '고사리 분교'였다. 아직 정상까지는 2km를 더 가야했다. 오르막은 아니었지만 약한 경사에 끝없이 걸어가야 하는 제일 싫어하는 구간에 들어간 셈이었다. 예상대로 습지가 크게 펼쳐진 가운데 물이 흥건히 고여있는 '사자평'이었다.

계곡의 폭포는 여기에서 시작된다는 것을 확인하였다.

'고사리 분교'라는 이름으로 봐서는 사람 살기에는 충분한 환경으로 화전민들이 많이 살았단다. 억새풀 가득한 소로를 따라 또 한참을 걸었다.

어제 '가지산'에 다녀와서 피로가 쌓였는데 고도가 1000m이상 되니 기진맥진해졌다. 친구를 위해 표출도 못하고 머리박고 묵묵히 따라 걸었다.

더더욱 지겨움을 가중시켰던 것은 인공계단이었다. 지그재그로 피로감을 줄여주려고 하였지만 똑같은 계단을 직선거리로 약 200m 올라야 했으니 지겹고 짜증이 제대로 난 것은 당연했다. 평소 같은 반찬 오래 못 먹고, 같은 일 오래 못하는 버릇이 여기에서도 그대로 나타났다.

예상대로 2시간 반 만에 재약산 정상에 도착했다.

시작이 중요하지 "시작이 있으면 끝이 있다"는 진리 앞에 인간의 무한도전 정신이 돋보였던 순간이었다.

고통을 감내하면서 자신과의 싸움, 얼마나 내려놓았느냐에 따라 고통만큼 멋진 정상으로 보상을 또 받게 되었다. 추위와 함께 바람에 흩날리던 눈도 구경하면서 경남 알프스의 9대 산 중에서 '가지산', '신불산', '재약산'을 완등하게 되었다.

오랜 시간 산행으로 허기는 바닥을 치게 만들었고, 친구가 평소 강조해왔던 그 라면을 먹을 시간이 되었다. 힘들게 고생하고 난 후 정상에서 먹는 라면은 그야말로 꿀맛이었다. 다음을 기약하면서 추위 때문에 접었다.

'천황재 갈림길'을 통해 내려가던 중 그 추위에 텐트를 치고 숙박을 하는 사람을 만났다.

얼굴에 자란 수염으로 봐서는 며칠은 여기서 지낸 것처럼 보였다. 남은 가스를 달라기에 조금 남은 가스통을 얼른 건네주었다. 시간만 있었다면 이 사람과 깊이 있는 인생담화를 나누어 보고 싶었지만 여의치가 않고 또 추워서 두고 내려와야 했다.

높은 산의 짧은 하산거리는 역시 경사가 심했고, 얼었다가 녹고 있는 길은 질퍽질퍽하기도 했다.

약 10km, 5시간 30분 동안 안전하고 즐겁게 산행을 마쳤다.

표충사 경내에서 오래 살고 싶었던지 '영정 약수' 한 모금을 마셨다.

그 유명한 '재약산'을 굽이굽이 살펴보았고 함께해 준 친구에게 감사했다.

세상은 밖에도 있었네!
# 명산 100, 34번째 '조계산' 완등 이야기!

▲ 조계산 (曹溪山, 장군봉 887m) | 2016년 6월 5일 일요일

아내와 자차로 전남 순천 '조계산'을 다녀왔다. '조계산의 유래'는 이렇게 되어 있다.

"조계산은 전라남도 순천시 송광면(松光面), 주암면(住岩面) 일대에 걸쳐 있는 산으로 소백산맥 끝자락에 솟아 있다. 고온 다습한 해양성 기후의 영향을 받아 예로부터 소강남(小江南)이라 불렸으며, '송광산(松廣山)'이라고도 한다. 피아골, 홍골등의 깊은 계곡과 울창한숲, 폭포, 약수 등 자연경관이 아름다워 1979년 12월 도립공원으로 지정되었다.

동쪽의 계곡 물은 이사천(伊沙川), 서쪽의 계곡 물은 송광천으로 흘러드는데, 특히 비룡폭포가 유명하다. 서쪽 기슭에는 삼보사찰 가운데 승보사찰(僧寶寺刹)인 송광사(松廣寺)가 자리한다. 이 곳에는 목조삼존불감(국보 42), 고려고종제서(高麗高宗制書:국보 43), 국사전(국보 56) 등의 국보와 12점의 보물, 8점의 지방문화재가 있다.

동쪽 기슭에는 선암사(仙巖寺)가 있다. 이 곳에도 선암사 삼층석탑(보물 395), 아치형 승선교(昇仙橋:보물 400) 등 문화재가 많다. 그 밖에 송광사의 곱향 나무(일명 쌍향수:천연기념물 88), 승주읍 평중리의 이팝나무(천연기념물 36) 등이 유명하고, 선암사의 고로쇠나무 수액과 송광사 입구의 산채정식 등이 먹을거리로 꼽힌다.

산 일대의 수종이 다양해 산 전체가 전라남도 채종림(採種林)으로 지정되기

도 하였다. ◀출처: [네이버 지식백과] 조계산 [曹溪山]

등산코스는 "선암사매표소 ↔ 선암사 ↔ 소장군봉 ↔ 조계산 정상"
원점회귀, 7.5㎞, 5시간 예상.

산행 들머리 전남 순천시 승주읍 죽학리 '선암사 매표소'에 도착했다.

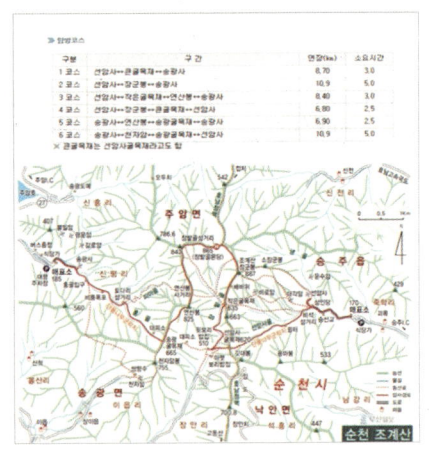

보물 제400호이며 돌로 짜 맞춘 우리나라에서 가장 아름답다는 아치형 승선교를 건너 542년 백제 아도화상이 창건했다는 설과 875년 신라 도선국사가 창건했다는 두 가지 설을 간직하며 중요 문화재를 보유한 선암사를 옆에 끼고 산행은 진행되었다.

고즈넉한 비탈 도로를 잠시 올라가면 대각암 가는 길과 갈라지는 지점에서 왼쪽의 장군봉과 작은 굴목재를 가리키는 이정표를 따라 본격적으로 산행이 시작되었으며, 맑고 울창한 대나무 숲으로 이어지는 길에 삼삼오오 모여 가는 사람들과 홀로 혹은 부부가 가는 사람 등 다양한 형태로 산행이 이어졌다.

산악회와는 달리 필자가 정한 코스를 정해지지 않은 시간에 오르고 내리고를 하여 소기의 목적을 달성하는 형태의 산행이라 모든 것이 낯설었다.

선암사로부터 출발하여 1시간여 만에 '향로암 터'라는 안내판 앞에 도착했다.

'향로암'은 '적멸암'에 이어 선암사의 산 암자 중 두 번째로 높은 곳에 있는 암자 터란다.

산을 안내하는 책에는 절터로만 표시되어 있으며 인근 마을 사람들은 '행남 절터'라고 부른단다. 창건에 관한 기록을 찾지 못해 정확한 연대는 알 수가 없지만, 절터 옆에서 암자의 식수원을 공급하며 오랜 세월 말없이 자리한 조그마한 약수터는 그 내력을 알 수 있을 것이다.

해발 884m 조계산 정상에 도착했다.

지금까지 힘들게 올라온 수고가 다 보상 받는 듯 기분이 후련하였고 정상에서 바라보면 멀리 '무등산'까지 크고 작은 산봉들이 수없이 멋을 부리며

펼쳐져 있었다.

그리 넓지 않은 정상에서 돌무덤과 함께 아이스케이크 파는 모습이 관심을 끌기에 충분하였다.

맨몸으로 정상까지 올라오는 것도 벅찬데 무거운 아이스케이크 통을 지고 와 장사하는 모습에서 다들 대단하다는 찬사를 아끼지 않았다.

쾌청한 날씨에 살랑살랑 불어오는 바람을 타면서 가슴으로 스며드는 흙내음과 우거진 숲은 나무랄 데가 없는 환경이었다.

숲속에서 들려오는 자연의 소리에 귀를 기울이며 의미 있는 흔적들을 남기며 기억 속에 쉽게 차곡차곡 쌓아 나갔다. 산행하는 동안 찌들었던 심신이 다 누그러지고 다음 산행을 그리워하는 여유가 생겼다.

더운 날씨임에도 불구하고 안전 산행, 즐거운 산행을 함께해 준 아내에게 감사했다.

왕복 약 8km, 4시간 20분여 만에 마무리가 되었다.

정규 full 코스 산행은 하지 않았지만 "송광사-조계산-선암사 종주코스"의 산행을 추천해 둔다.

세상은 밖에도 있었네!
# 명산 100, 95번째 '조령산' 완등 이야기!

▲ 조령산(鳥嶺山, 1,017m) | 2017년 6월 13일 화요일

'명산 100 완등' 카운트다운 -5좌.

충북 괴산군과 경북 문경시의 경계인 '조령산(鳥嶺山, 1,017m)'을 자차로 아내와 다녀왔다.

'조령산'은 이렇게 소개되어 있다. 등산하기 전에 '조령산의 유래'를 알고 가면 산행에 많은 즐거움이 있을 것이다.

"조령산(鳥嶺山: 1,017m)은 전체적으로는 산림이 울창하며 대암벽지대가 많고 기암, 괴봉이 노송과 어울려 마치 그림 같다. 능선 남쪽 백화산과의 경계에는 이화령이 있고 능선 북쪽 마역봉과의 경계가 되는 구 새재에는 조령 제3관문(조령관)이 있으며, 관문 서편에는 조령산 자연휴양림이 조성되어 있다.

제3관문이 위치한 곳은 해발 642m로서 예로부터 문경새재라 일컬어지고 있다. 이를 통해 영남지방과 중부지방이 연결되어 교통의 요지였을 뿐 아니라, 험난한 지세를 이용할 수 있어 군사상의 요충지이기도 하였다. 주능선 상에는 정상 북쪽으로 '신선봉'과 '치마바위봉'을 비롯하여 대소 암봉과 암벽지대가 많다. 능선 서편으로는 수옥폭포와 용송골, 절골, 심기골 등 아름다운 계곡이 발달되어 있다.

능선 동쪽을 흐르는 조령천 곁을 따라 만들어진 길은 조선조 제3대 태종이 국도로 지정한 간선도로였으며, 주흘관(제1관문), 조곡관(제2관문), 원터, 교구정터 등의 사적지가 있고 완만하게 흐르는 계곡에는 와폭과 담이

산재하여 있다. 이 일대는 문경새재도립공원으로 지정되어 있으며 수안보 온천, 월악산 국립공원과 가깝다." ◀출처:네이버

서울에서 두 공주를 편안하게 출근시키고 집안 정리를 마치고 아침 8시경에 아내와 자차로 집을 나섰다. 이번에는 지난 주 토요일 서울에서 '구병산' 산악회 등산을 다녀와서 조금은 피로가 쌓여 있었고, 이번 주 금요일에는 또 '태백산' 산악회 등산이 잡혀 있어 일주일 정도 서울에 있으면서 혼자 취미활동을 하는 것이 미안하였다. 그래서 1박 2일 산행을 갈까 말까로 마음이 조금은 흔들리고 있었다.

또 아내는 무릎이 아프고, 발등도 아파서 몇 주 전 1박 2일 산행 계획을 공유하였을 때부터 따라는 가겠지만 등산은 하지 않겠다는 의지가 강했으나, 어젯밤에는 슬그머니 필자를 도와주려고 산행준비를 시작하여 필자도 모르게 1박 2일 산행의 결정을 굳히도록 도와주었다.

등산을 자주 다녀서 등산 준비는 기간에 따라 각자가 알아서 척척 잘 준비했다. 햇반, 컵라면, 소시지, 간단한 반찬, 등산 장비 등등 일사천리로 한 시간 만에 등산 준비는 끝나 버렸다.

하루 종일 막혀 짜증이 폭증하는 서부간선도로를 거쳐 안산IC 빠져 나가 영동고속도로를 타고 여주 JC, 중부내륙고속도로를 타고 연풍 IC를 빠져 나갔다. 약 8km를 더 달려 총 거리는 175km, 오전 10시 30분경에 '이화령휴게소(해발 548m)'에 도착하였다.

이동 중에는 아내에게 오늘과 내일의 산행내용을 자세히 설명 해 주어 안심을 시키면서도 동참을 바랐던 것이었다.

"오늘 산행지는 '조령산'으로 왕복 6km, 등산 1.5시간, 하산 1시간 10분으로 총 3시간 정도 걸린다. 내일 '청화산'은 왕복 5km, 4시간이 걸린다." 인터넷의 내용만으로 설명을 해 주니 현장에 가 보면 다른 경우가 많아 아내는 항상 믿지 않았다. 오전 늦은 시간에 산행을 하게 되어 아내의 동참 여부에 신경이 많이 쓰였는데 아무 말 없이 등산장비를 챙

기며 함께 해 주었다. 최고의 등산코스로 다녀오는 것을 목표로 하고 싶었으나 동서남북 분간이 안 되어 우선 GPS를 켜고 현장을 살펴보았더니 등산 시작점은 '백두대간이화령 터널' 앞과 뒤 두 곳이었다.

"모를 때는 물어본다."는 평소 신념에 따라 주위에 있던 사람에게 물어 보니 "터널 앞에서 등산을 시작하나, 터널 뒤에서 등산을 시작하나 조령산 정상에는 갈 수 있다."고 하여 가까운 앞길을 산행코스를 선택하였다.

인터넷에서 공부한 대로 오늘의 산행코스는 "이화령휴게소(해발 548m) ↔ 헬리포터 ↔ 조령샘터 ↔ 조령산 정상" 원점회귀 코스로 정해져 있었다. 차를 갖고 가면 이처럼 최단 등산코스와 최고의 주차장을 사용할 수 있어 등산 전후의 맛이 더 좋았다. 넓은 주차장과 깨끗하고 큰 휴게소가 맘에 들었다.

해발 548m에서 등산은 시작되었고, 그만큼 먹고 등산을 하니 기분은 좋았는데 좋은 기분은 잠시였을 뿐 처음부터 가파른 등산로가 나왔다. "등산 중에는 머리를 들지 말라"는 것이 필자의 등산 소신인데 아내 때문에 머리를 들어보니 까마득하게 가파른 등산로가 이어져 있었다. 이를 잠시라도 잊게 하려고 땅에는 줄기 딸기가 울긋불긋 천지에 널려 있어 그것을 따 먹게 하고, 따 주기도 하면서 지루함을 잊게 하면서 등산은 계속 되었다. 전주에서 도착한 산악회 회원들도 왁자지껄 뒤를 따라 올라오고 있었다. 딸기를 따 먹으면서 천천히 오르려고 하다가도 그들이 바로 뒤까지 따라오면 왠지 불편하여 계속 등산만 할 수 밖에 없었다.

우리가 선택한 조령산 등산코스에는 땅에 깔린 산딸기가 많았다. 길은 반지르르한데 딸기는 그대로 남아 있었다. "등산한다고 곁에 있는 생물들에 관심이 없었나? 아니면 자연의 생물에도 생명이 있어 두고 갔나?" 알 수는 없었지만 어릴 때 간식대용으로 많이 따 먹었던 추억을 되새기며 잠시 걸음을 멈춰 한 송이 두 송이 따 먹어가면서 힘든 등산의 피로를 풀어주었다.

첫 번째 도착 목표였던 '헬리포터'에 도착하였다. 뒤 따라오던 산악회 회원들도 모두 한 자리에 모였다. 그들은 전주에서 왔단다. 어떤 노인은 "서울에서 오는 사람은 자가용을 타고 오고, 밑에서 오는 사람들은 버스를 타고 온다."라고 쫑코?? 그들이 먼저 가기를 기다렸다가 뒤에 천천히 갔다. 이정표 하나 없었지만 외길이라 엉뚱한 길로 갈 가능성은 없으므로 줄곧 한길로

만 오르락 내리락 하였더니 드디어 이정표가 나왔다.

특이한 사항은 능선을 따라 가고 있는 등산로는 GPS 상에 나오지 않았다. GPS상에 나오는 등산로는 우측에 있었으나 나중에 그들과 만났다. 쉽게 설명을 하면 봉우리를 따라 간 길은 원의 지름방향으로 간 것이고, 측면의 정상적인 등산로는 원주를 따라 가는 길이었다.

200m 정도 차이가 났다. 봉우리는 1.0㎞, 측면의 길은 1.2㎞였다. 하산로는 측면으로 가기로 하고 또 정상을 향해 올랐다. 이제 정상적인 등산로를 따라 가니 봉우리의 측면을 이용하게 되어 훨씬 쉽고 편했다. 이렇게 편하게 측면으로 가기만 하면 지금은 편하겠지만 정상까지는 멀어지니 어느 시점엔가는 가파른 경사가 있겠다는 짐작은 했지만 그래도 지금 편한 길이 좋았다.

두 번째 목표 지점인 '조령샘'에 도착하였다.

들머리에서 2.2㎞지점이었다. 장기간의 가뭄으로 땅이 갈라지는 등 물난리를 겪고 있는 반면 약 900m 이상의 산중에 샘물이 쫄쫄쫄 흘러나오고 있어 신기하여 한 모금씩 마셨다.

세 번째 목표지점은 '조령산 정상'이었다. 남은 거리는 800m였다.

1차 능선까지는 특이하게 긴 나무계단으로 편하게 조성되어 있었다. '주흘산'을 등산하였을 때 정상 부근에 있었던 나무계단과 같은 맥락이었다. 지그재그로 잘 만들어져 있었고, 높이도 잘 맞았고, 방향을 바꿀 때는 플랫폼을 만들어서 잠시 쉬어 가도록 해 주었다.

그리 가파르지도 않았고, 바닥도 흙으로 되어 북쪽에서 불어오는 시원한 바람이 더운 날씨에 특효약이 되어 주었다.

편안하게 약간의 경사로를 따라 오르기를 잠시만에 GPS에서 정상 30m 지점까지 왔음을 알려주었다. 이 소리만 들으면 "이제 완등이로다." 힘이 절로 났다.

드디어 조령산 정상석이 화끈하게 앞에 나타났다.

경상북도 방향으로는 한글로 '조령산'과 오른쪽으로는 '백두대간'을(백두대간의 마크가 탐이 났다) 충청북도 방향으로는 한자로 '鳥嶺山'이라는 산 이름과 우측에는 세로로 '새도 쉬어가는'이라는 글씨가 선명하였다.

'새들도 쉬어간다'는 그 조망이 어떤지 보고 싶었는데 많이 커버린 정상 주변의 나무들 때문에 아무런 감상도 할 수 없었다. 먼저 올라간 전주 산악회 회원들은 벌써 좋은 곳에 자리를 잡고 도시락을 먹고 있었다.

산악회 회원들이 모여들기 전에 최우선적으로 인증샷을 확보하였다.

평일이라 인증샷을 확보하는데 별 어려움은 없었다. 평일 명산을 찾는 이유 중에 하나가 인증샷을 편하게, 그리고 맘대로 사진을 확보토록 하는 것도 있다. 가능만 하다면 평일에 명산을 다녀오는 것이 괜찮다고 생각한다. 요즈음은 남은 명산을 평일에는 갈 수 없어 토, 일요일에 자주 가게 되는데 인증샷을 확보하는데 불편함이 많았다.

참나무 사이로 불어오는 시원한 바람과 햇볕을 잘 가려 그늘을 만들어준 나무들 덕분에 정상까지 무사히 목표를 달성하게 되었다.

전주 산악회 회원들로 정상 부근에는 인간 단풍이 피었다. 우리도 점심을 먹어야 하는데 빈틈이 없었다. 하는 수 없이 하산을 하면서 적당한 곳에서 먹기로 하고 하산을 시작하였다.

시원하게 불어오는 바람에 고마워하면서 편안하고, 안전하게 하산하기 얼마 후 멋진 점심 식사 자리를 찾게 되었다. 준비해 간 컵라면, 밥이랑, 커피 등으로 고갈된 에너지를 충분히 보충하였다. 조령산에는 나무가 잘 자랐다고 하였는데 소나무 개량 사업이 잘 된 것 같기도 하였지만 가뭄 탓인지 나뭇잎이 그리 무성하지는 않아 안타까웠다. 800m를 단숨에 내려와 '조령샘'에서 다시 신비로운 약수를 한잔 마셨다. 물은 적게 흘러 나왔지만 산 중턱에서의 샘이라 신비로움 때문에 들이켰다.

이제 봉우리의 허리를 따라 잘 조성된 길을 따라 하산이 이어졌다.

휴게소까지 1.2㎞가 남았다는 이정표가 나왔다. 등산 때와는 달리 봉우리의 허리를 따라 조성된 길을 선택하여 안전하게 하산을 이어가는데 들머리 근처에

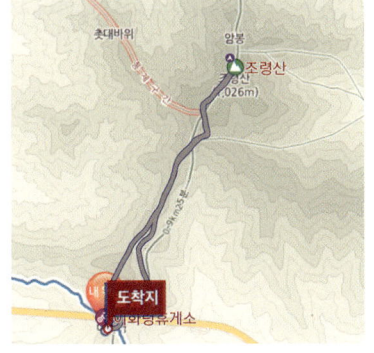

선 바스락 소리를 내면서 낙엽을 심하게 빨리 밟는 멧돼지 소리가 들렸다.

아내는 갑자기 멈춰 섰고, 필자는 미확인 물체인 그들과 싸워 보겠다는 자신감에 돌멩이를 던졌더니 아무런 기척이 없었다. 1인 시위는 싱겁게 끝났다.

드디어 등산 시작 세 시간 반(왕복 약 6km)만인 오후 2:20분 경 '이화령휴게소' 원점으로 안전하게 복귀하였다. 내일 산행 장소인 '청화산'까지는 40km정도, 1시간이면 도착할 수 있으니 휴게소에서 쉬면서 누릴 수 있는 모든 것을 점검해 보았다.

잠시 휴식과 함께 감자전, 아이스크림으로 피로를 풀어 주었고, 4대강 자전거 길을 돌고 있는 젊은이에게 물어 보았더니 4박 5일 동안 하고 있단다.

은근과 끈기는 최고 수준일 것 같은 저런 젊은이들을 회사에 고용하게 해 줘야 한다.

"세상에는 참 특이한 사람들도 많구나!" 하는 느낌을 받았다. 자전거로 4대강을 누빈다고 하니 필자가 전국 100대 명산을 다니는 것과 유사한 집중력과 정신력이었다.

내일 산행 들머리로 가는 중에 조금 일찍 숙소를 정하고 쉬도록 하였다. 저녁은 묵은지찜으로 하였다.

안전하고 즐거운 하루 일과에 적극 협조해 준 아내에게 감사했다.

세상은 밖에도 있었었네!
# 명산 100, 61번째 '주왕산' 완등 이야기!

▲ 주왕산 (周王山, 721m) | 2017년 1월 7일 토요일

경북 청송군에 위치한 주왕산을 산악회와 다녀왔다. 어느 덧 육십을 훌쩍 넘겼지만 올해도 힘차게 명산 산행을 열심히 다녀야겠다는 다짐을 새해에 또 했다.

새해 산악회와 첫 산행지로 오대산 국립공원에 있는 '노인봉'을 가려다 산이 높고, 산행거리도 있어 혼자 따라가기에는 아무래도 부담스러워 이동 거리는 있었지만 등산코스가 적절하고 안전한 곳 그리고 관광거리가 많은 '주왕산'으로 바꾸었다.

'주왕산'은 이렇게 소개되어 있다.

"주왕산(周王山, 721m)은 주왕과 장군의 전설이 곳곳에 배어 있는 유서 깊은 곳으로 경북 청송군과 영덕군에 걸쳐 있는 국립공원이다. 산은 그리 높지 않으나 거대한 암벽이 병풍처럼 둘러선 산세 때문에 예부터 석병산, 대둔산 등 여러 이름으로 불려왔다. 주왕산은 대전사에서 제 3 폭포에 이르는 4㎞의 주방천계곡이 볼 만하다.

청학과 백학이 다정하게 살았다는 학소대, 넘어질 듯 솟아오른 급수대, 주왕이 숨어 있다가 숨졌다는 주왕암, 만개한 연꽃모양 같다는 연화봉, 그리고 제 1, 2, 3 폭포 등 명소가 즐비하게 자리 잡고 있다. 학소대부터 1폭포에 이르는 길이 주방천에서 가장 아름답다. 2폭포와 3폭포가 있지만 규모나 폭포를 감싼 바위들의 형국으로 보나 1폭포와는 비교가 되지 않는다.

1폭포는 폭포의 규모가 작은 편이다. 그러나 이 폭포를 감싸고 돌아나간

바위 들이 예술이다. 마치 바위들이 비밀의 문처럼 우뚝 버티고 서 있다. 그 사이로 선녀탕과 구룡소를 돌아 나온 계곡물이 새하얀 포말을 내뿜으며 바위 허리를 껴안고 쏟아져 내려온다. 주방천 계류와 폭포, 소, 담, 그리고 죽순처럼 솟아 오른 암봉 및 기암괴석, 여기에 울창한 송림이 한데 어우러져 한 폭의 산수화 같은 절경을 빚어낸다.

주왕산은 태행산, 관음봉, 촛대봉 등 여러 산봉들 외에도 주왕굴, 무장굴, 등의 굴과 월외폭포, 주산폭포, 내원계곡, 월외계곡, 봉산못, 구룡소, 아침 햇살이 바위에 비치면 마치 거울처럼 빛을 반사하는 병풍바위 등도 명소이다.

주왕산의 11경은 기암, 자하성, 백련암, 주 왕굴, 시루봉, 급수대, 학소대, 연화 굴, 향로봉, 복암폭포, 좌암 등이다.

주왕산에는 대전사와 광암사 등 유서 깊은 사찰을 비롯해서 주왕암과 백련암 등이 있다. 대전사에는 사명대사의 진영과 당나라 장군 이여송이 사명대사에게 보낸 친필 목판 등이 문화재로 지정되어 있다.

인근에 있는 달기약수는 예부터 널리 알려져 있다. 청송읍 내에서 주왕산 쪽으로 가는 길가에 있는 이 약수는 설탕을 뺀 사이다 맛이 느껴지는 탄산수인데 위장병, 만성부인병, 빈혈 등에 효험이 있다고 해 찾는 사람의 발길이 끊이지 않는다. 이 약수로 지은 밥은 파르스름한 빛깔을 띠며 영계에다 옻나무껍질을 넣고 이 약수로 삶은 옻닭요리는 이 고장의 별미이다." ◀출처 : 네이버

몇 주 만에 가게 되는 산행이라 며칠 전부터 설레었다. 그 마음은 아무도 이해하지 못할 것이다. 필자가 즐거운 것을 하고, 가고 싶은 곳을 가는 것이 힐링에도 도움이 되는 것이라 취미생활로 등산하는 것을 제일 좋아하고 등산을 할 때면 왠지 모르게 가슴도 탁 트인다.

휴일에 가족과 함께 하지 않고 혼자 등산을 택한 이유도 여러 가지가 있었지만 제일 중요한 것은 답답한 가슴을 시원하게 만들어 주기 때문이었다. 길 위에는 같은 계통의 옷을 입은 사람들 뿐이지만 아무도 그들의 신분을 모르고 계급도 없다. 그냥 산이 좋아 찾아온 같은 취미의 사람들 뿐이고 무욕의 자연을 즐기는 자연인들과 만나 산에서 먹는 커피랑 간식은 그 이상도

그 이하도 없는 인생 최고의 기쁨처럼 느껴진다.

등산갈 때 표준기상 시간인 아침 5시에 기상하여 지하철로 사당역에 나갔다.

아침 7시 사당을 출발한 버스는 4시간 후 산행 들머리인 경북 청송군 부동면 상의리 '상의주차장'에 도착하였다.

여장을 정리 한 다음 도로를 따라 올라가면 신라 문무왕 12년(672년) 의상대사가 건립하였다고 전하는 대한불교조계종 은해사의 말사인 '대전사'가 나타났다.

'대전사'는 규모는 작지만 단아하고 기품이 넘치는 사찰이다. 산행하기 전이지만 대전사 뒤편에 하늘을 찌를 듯이 우뚝 솟은 기암을 보자 산행에 대해 한껏 부풀어지고 발걸음보다 마음이 앞섰다.

가느다랗게 졸졸 흐르는 개울물 소리마저 듣고 느낄 수 있는 고요 속에 편안한 산행이 이어졌다. 목제 데크 탐방로를 지나 오름길이 시작되었고 완만하지만 계속되는 계단의 연속이었다. 조금은 지루하다고 느껴질 때 뒤를 돌아보니 산 아래로 펼쳐지는 풍경이 무료함을 달래줬다.

오르막과 평지를 오가며 이마에 땀이 송글송글 땀이 맺힐 무렵 조망이 좋은 전망대가 나타났다. 전망대에서 쉬는 동안 울창한 산림 속에서 불어오는 시원한 바람으로 꿀맛 같은 여유를 가져봤다. 그야말로 산행의 참맛이 느껴졌다.

대전사를 출발한 지 1시간 남짓 걸려 주왕산 주봉에 섰다. 주왕산의 많고 거대한 바위에 비교해 사람 키보다 더 작은 정상석은 너무나 왜소해 보였다.

정상에서 쳐다보는 파란 하늘과 하얀 구름이 너무나도 멋지게 어우러진 청명한 날씨라서 그 아래 펼쳐지는 풍경 또한 손에 잡힐 듯 투명하고 깨끗했다.

준비가 많고 적음을 떠나 산행에서 먹는 시간만큼은 또 다른 즐거움을 가져다준다.

정상에서 느끼는 뿌듯함을 뒤로 하고 칼등고개와 후미 메기 방향으로 하산을 하였다.

곳곳의 소나무에서 송진을 채취한 흔적들이 역력하게 드러났다. 합천 해

인사의 홍류동 계곡의 소리길처럼 그렇게 흉하게 보였다. 아름드리 노송일수록 할퀸 상처가 깊어 보는 이로 하여금 너무나 안타깝게 만들었다. 산림청 자료에 의하면 일제 강점기 말기에 전쟁물자인 송탄유를 만들기 위해 한반도 전역의 소나무에서 송진을 채취하면서 남긴 아픈 상처라 한다.

계속된 내리막으로 칼등고개를 지나면서 정도가 더 심하고 계단이 더 많아졌다. 자칫 미끄럼 사고에 유의해야 하며 무릎이나 발목 관절에 주의가 필요했다.

낙뢰로 인해 고사한 한 그루 나무가 오랜 세월의 무게를 짊어지고 외롭고 처연하게 주왕산을 버티고 있었다. 지금은 볼품없는 고목에 불과하지만, 한때는 주왕산에서 위풍당당하게 사랑 받으며 잘 나갔던 시절이 있었던 것으로 짐작이 갔다.

다리가 제법 뻐근할 무렵 그늘에 무거운 몸과 짐을 잠시 내려놓고 큰 바위 사이로 은하수처럼 흐르는 옥녀탕에 발을 담궜다. 생김새가 측면에서 보면 마치 사람의 옆모습처럼 보였지만 정면에서 보면 떡을 찌는 시루 같다 하여 이름 붙여진 '시루봉'과의 만남이었다.

'시루봉'은 옛날 어느 겨울 한 도사가 이 바위 위에서 도를 닦고 있을 때 신선이 와서 불을 지펴주었다는 전설이 있는데, 바위 밑에서 불을 피우면 그 연기가 바위 전체를 감싸면서 봉우리 위로 치솟는다 하였다.

마지막 흙길 탐방로와 원점으로 회귀한 뒤 주왕산의 참맛은 울창한 숲과 폭포 및 바위와의 어우러짐이 너무나 환상적이었다. 보통 멋진 경치 뒤에 쉬운 등반이라는 공식은 따르지 않지만, 주왕산의 경우 자그마한 산이 품고 있는 놀라운 풍광에다 어렵지 않은 산행이 가능하여 산행 초보자라 할지라도 무난하게 완주할 수 있는곳으로 생각되었다.

산행을 거의 마칠 무렵 뒤돌아보면 6~8개의 봉우리가 연봉을 이루며 우뚝 버티고 있는 기암괴석의 모습을 보여주고 있어 여기에서 주왕산 산행의 깊은 맛을 느낄 수 있다.

주왕산 산행 약 10km, 3시간 30분의 산행은 안전하고 즐겁게 마무리 되었다.

세상은 밖에도 있었네!
# 명산 100, 67번째 '주흘산' 완등 이야기!

▲ 주흘산 (主屹山, 주봉 1,079m) | 2017년 3월 14일 화요일

경상북도 문경시에 위치한 '주흘산의 주봉(1,079m)'에 산악회를 따라 다녀왔다. 2월 25일 대구 '금오산'에 다녀온 지 보름 만이었다.

어젯밤 잠들기 전에 알람을 맞춰 놓으니 출근도 아닌데 마치 중요한 일이라도 하는 양 마냥 즐거웠다.

'주흘산'은 이렇게 소개되어 있다.

"경상북도 문경의 진산(鎭山)인 주흘산(主屹山, 주봉 1,079m)은 '우두머리 의연한 산'이란 한자 뜻 그대로 문경새재의 주산이다. 남쪽의 중부내륙고속도로나 3번 국도를 타고 진남교반을 지나 마성면 너른 들판에 들어서면 앞쪽으로 기세당당한 산이 하나 버티고 있다. 양쪽 귀를 치켜세우고 조화롭게 균형미를 갖춘 산세이다.

영남 지방이라 할 때 '영남'이란 '충청도와 경상도를 나누는 조령(鳥嶺)을 기준으로 영(嶺)의 남쪽에 있다'하여 '영남'이라 불렀다. 주흘산은 10m 높이의 여궁폭포와 혜국사, 팔왕폭포, 문경1,2,3관문 등이 있다. 비구니의 수도 도량인 혜국사는 신라 문성왕 8년 846년 보조국사가 창건하였으며 창건 시 법흥사라고 하였으나 고려 공민왕이 난을 피해 행재 (行在)하여 국은(國恩)을 입어 혜국사로 개칭, 주흘산 등산로 변에 있다.

'주흘산'과 '조령산'의 사이로 흐르는 조곡천 동쪽 면에는 '주흘관(조령 제1관문)', '조곡관(조령 제2관문)', '조령관(조령 제3관문)'의 세 관문과 원터, 성터 등 문화재가 많으며 주막도 있고 관광지로 유명하다. 새재계곡은 문경

새재 도립공원으로 지정되어 있다." ◀출처:네이버

사당역에서 산악회 버스는 회원들이 오든 말든 묻지도 않고 아침 7시 정확히 출발했다.

산악회는 단체 행동이니 시간관념이 철저해야 함께 다닐 수 있어 절도 있는 생활을 좋아하는 필자에게 잘 맞았다.

아침 7시는 여름에는 너무 늦고, 겨울에는 너무 빠르고, 봄과 가을에는 적당한 시간이었다. 버스는 1년 내내 아침 7시 사당역에서 출발한다. '양재역', '죽전역'에서 회원들을 태우니 36개의 좌석이 가득 찼다. 모두는 아침 꿀잠을 청하였다. '충주휴게소'에 도착한 후 20분간의 휴식을 취하고 남으로 달려 9시 30분 '문경도립공원 주차장'에 도착하였다.

모두가 일사분란하게 버스에서 내리는 것을 보니 먹이가 등산인 하이에나처럼 보였다. 새로운 환경에 대한 설렘과 궁금증이 마음을 들뜨게 하였다. 그 반면 계곡에서 불어오는 쌀쌀한 바람은 몸을 약간 움츠리게 만들었다. 요즈음은 산 정상의 날씨 전망이 안 되어 파카를 갖고 가야하나 망설이다 적어서 어려움을 겪는 것보다 차라리 많은 것은 괜찮으니 갖고 갔더니 도움이 되었다. '도립공원주차장'이 넓어 등산로를 찾기가 쉽지 않았다.

새로운 곳이라 구면인 등반대장에게 여쭙고 도로를 따라 약 1㎞를 걸어갔더니 한양에 과거 시험 보러 가는 '제1관문'이 나타났다. '문경새재'를 넘으려면 '제2관문', '제3관문'까지 약 7.5㎞를 더 가야 했다.

아쉽게도 주흘산 등산로는 '제1관문'을 나서 우회전으로 시작되었다.

'제1관문'에서 4.4㎞ 지점에 '주흘산 주봉이 있다'는 이정표가 나왔다. '정상까지는 족히 2시간은 가야겠다.'는 것과 '정상에서 점심을 먹겠다.'는 목표를 세우고 스틱 준비 등등 산모드로 전환하였다.

첫 번째 볼거리 목표는 0.8㎞ 떨어진 곳에있는 '여궁폭포(女宮瀑布)'였다.

오랜만에 하는 등산이었고, 그것도 산악회 베테랑 회원들과 하는 등산이라 처음부터 뒤처지지 않으려고 숨 가쁘게 따라 올랐다. 곧 폭포에 도착하였고, 이름처럼 그런 모양을 하고서 시원하게 물을 쏟아 내렸다.

"높이 20m의 장엄한 '여궁폭포'는 수정같이 맑은 물이 노송의 멋, 기암절벽의 풍치 등과 조화를 이루어 그 경관이 수려하며 옛날 7선녀가 구름을 타고와 여기서 목욕을 했다는 곳으로 밑에서 쳐다보면 마치 형상이 여인의 하반신과 같이 생겼다 하여 여궁 또는 여심폭포라 불리고 있다."

다음은 '여궁폭포'에서 1.2㎞떨어진 산 중턱에 있는 '혜국사(惠國寺)'였다.

누드로 이어진 산세는 사람들을 지루하게 만들었다. 듬성듬성 자리 잡고 있는 생물들이 안타까울 정도로 피폐하게 보였다. 도립공원인데 산을 가꾸는 일에는 소홀히 하는 것이 아닌가 하는 의문이 들기까지 했다. 두 번째 목표까지는 해발 약 720m에 위치해 경사가 심하고 바닥이 불편하여 힘이 들었다.

"혜국사는 신라 문성왕(文聖王) 8년(847, AD) 보조국사(普照國師)가 창건하여 법흥사(法興寺)라 하였으며, 고려 공민왕이 홍건적의 난을 피해 이곳에 행재하였을 때 국운을 많이 입었다고 해서 그 후 혜국사로 개명한 고찰이다" 여기 또한 확장 공사를 한다고 주변이 너저분하여 짜증스럽게 만들었다.

약 보름동안 땅위에서만 지내 늘어난 몸무게가 숨을 더욱 거칠게 만들었다. 등산이 힘들 때는 정상에서 두 손을 번쩍 들고 "나도 했노라!"고 외치는 모습과 정상에 있는 정상석 만을 떠올리며 쉼 없이 발걸음을 옮겼다. 쉬면 쉴수록 가기 힘든 것이 등산이라는 의미를 새기면 힘이 나야 했는데 누드산천이라 등산로가 훤히 보여 제일 힘들게 했던 그길로 뚜벅뚜벅 걸었다.

이제 등산의 마지막 목표지점인 '주흘산의 주봉'이었다.

혜국사에서 약 2.5㎞를 더 올라야했다. 점점 숨이 거칠어졌고, 몸은 천근만근이었다. 또 마지막 단계에서는 나무 계단이 쭈욱 이어진다고 버스에서 대장이 알려주어 그 길 또한 힘들게 할 게 분명하였지만 그 입구가 빨리 나오길 바라면서 묵묵히 한참을 올랐더니 샘이 있었다. 정상 가까이에 샘터가 있다는 것이 신기하여 생명수처럼 한 모금 들이마셨다.

생명수의 힘을 얻어 굽이를 돌면 쉬운 길이 나오겠지 하는 바람으로 몇 번을 속고 속아 드디어 첫 계단을 밟게 되었다. "다 왔겠지!" 하는 바람으로 한 계단 한 계단 올랐다.

다행스러웠던 점은 계단의 높이가 등산 때 딱 좋은 높이로 되어 있었다.

다른 곳에는 설치비용을 절감 혹은 아무런 생각도 없이 높이를 높게 해두어 더욱 힘들게 하곤 하여 계단하면 제일 싫은 이미지를 갖게 되었는지도 모른다. 잠이 안 올 때는 숫자를 세다 보면 자기도 모르는 사이 최면에 걸려 잠을 잘 수 있듯이 계단을 하나 둘 세면서 한 걸음 한 걸음 오르면 힘이 덜 드는 것처럼 느껴진다. 100, 200~903 계단이었다. 정말로 대단한 계단이었다.

주변을 둘러보았더니 나무도 없고 지반도 약해 산사태가 날 가능성이 있어 산객들의 발자국이 닿지 않도록 하기 위해 이 계단의 설치는 잘 된 것 같았다.

드디어 능선에 도착하였다. 첫 번째 정상인 셈이었다.

전열을 가다듬고 정상을 향해 쉬지 않고 걸었다. 정상은 논 앞에 보였는데 뒤로 돌아서 또 한참을 가는 길이었다. 또 계단이었다. 주흘산 정상으로 가는 길에서 느낌이 다른 하나를 발견하였다. 지금까지 명산에 가면 정상에는 바위들이 주변을 차지하고 있었는데 이곳에는 반대였다. 지상부근에 바위가 많았고, 정상 부근에는 흙더미였다. 산사태가 날 가능성이 많아 보이는 불안한 모습을 보았다.

수 백 개의 계단을 밟으며 돌고 돌아 드디어 정상에 발을 올렸다.

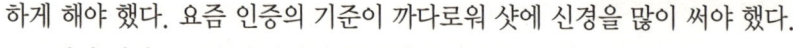

출발 2시간 만인 오전 11시 30분쯤 되었다.

목표 달성이 정확했다. 생각보단 작게 설치된 정상석에 약간은 실망했지만 아내가 잘 쓰는 "무슨 상관이랴?" 한마디로 가라 앉혔다. 인증샷 만큼은 확실하게 해야 했다. 요즘 인증의 기준이 까다로워 샷에 신경을 많이 써야 했다.

드디어 명산 100의 67번째를 완등하게 되었다.

잠시 배낭을 내려놓고 주변을 둘러보았다. 미세먼지가 심해서 멀리까지는 자세히 보이지는 않았지만 해발고도가 있는 만큼 운치가 있었다.

정상 주변에는 삼삼오오 점심 먹기 좋도록 자리들이 많이 만들어져 있었다. 필자는 평소처럼 서서 김밥 한 줄과 커피 한잔으로 간단하게 마무리 하였지만 그들은 멍석 깔고 자리 잡고 막걸리 파티라도 하는 양 시끌시끌하였다.

가야할 길이 아직은 10㎞ 정도 남았으니 정상에서의 흥분과 휴식은 잠시뿐 또 하산을 해야 했다. 주흘산을 '문경 지방의 진산'이라 하더니 전설보다는 가까운 옛날의 발자취가 그대로 남아 있는 곳으로 역사를 뒤돌아 볼 수 있는 기회가 되었다. 먼저 옛 문화의 터전으로 유서 깊은 3개의 관문 중 제2관문까지 '조곡골'을 따라 약 5㎞를 내려 가야했다.

아직 음지에는 두꺼운 얼음과 눈으로 아이젠은 필수였다. 봄철 등산 미끄러짐을 예방하고 금년 2월 말 산행 중 왼쪽 발목 안전사고를 교훈삼아 안전하게! 안전하게! 를 마음속으로 자주 외치면서 아이젠을 하고도 조심스럽게 하산을 이어갔다.

하산로는 두꺼운 얼음과 눈으로 쌓여 미끄러웠다.

"화요일에는 등산객이 적다"는 등반대장의 말처럼 그 넓은 산에는 우리 산악회 회원들 36명뿐이었고 조곡골에는 인기척이 없어 마음 졸여가면서 천천히 하산을 하였다. 아무도 보이지 않아 조급한 마음도 들었지만 한편으로는 멀리까지 보이는 누드산이라 오히려 마음을 놓이게 해 주었다. 먼 계곡길인데 어디에도 이정표는 없었고, 영봉과 마주치는 지점에 있다는 작은 돌탑의 집합체인 '꽃밭서들' 만을 염두에 두고 꾸준히 내려왔다. 내려올수록 오솔길은 대로가 되었고, 아이젠을 벗어도 될 정도로 편안한 길이었다.

'영봉'에서 내려오는 길과 마주쳤던 개울가에는 물소리가 요란하였고, 진흙으로 더러워진 신발이나 옷을 정리하는 사람도 있었다. 마치 겨울 속에서 봄으로 들어가는 느낌이랄까 훈훈한 봄바람이 볼을 스치며 움츠렸던 잠에서 깨워주는 듯 하였다. 오솔길은 천해의 멋진 등산로였다.

왼쪽 비탈에는 작은 돌멩이들로 가득하였고, 위에서 아래까지 수없는 돌탑들이 만들어져 있었는데 이를 '꽃밭서들'이라고 하였다. '꽃밭서들'이란 이름은 정확하게 알 수는 없지만 이곳에서 참꽃, 벚꽃, 개나리 같은 꽃이 많이 피는 곳이라서 붙여진 유래와 바위언덕을 가리키는 '서들'이란 말을 합친 곳이라는 설과 예전에 기자치성을 위한 연등을 많이 달았는데 그 장면이 꽃으로 만발한 듯 했다고 해서 '꽃밭서들'이라 했다는 설이 있다.

이곳에는 오가는 사람들이 소원성취를 위해 서들을 이용해 많은 탑을 쌓아 놓았는데 아들을 못 낳은 여인이 이곳에서 빌면 아들을 낳을 수 있다는 이야기가 전해지고 있다. 영험이 있는 곳이라 하여 많은 무당들이 찾기도 한단다.

한편 이 골짜기에는 일본인들이 만든 철도 흔적을 찾아 볼 수 있는데 철광을 캐기 위한 목적으로 일제 강점기 때 만든 것이 아직도 그 형태를 유지하고 있다. 이 골짜기에도 화전민이 살고 있었으나 1970년경 대성산업이 국가로부터 땅을 사들이면서 모두 떠났다고 전해지고 있다.

이제 대로를 찾았으니 '제2관문'까지 볼품이 없는 흙길을 걸어 내려가기만 하면 되는 곳이었다. 이곳에는 이상하게도 지상부근에 기암괴석이 많았다. 정상에서 제2관문까지 조곡골을 따라 약 5km를 내려왔다. 볼품도 없었던 하산로라 순식간에 내려왔던 것이었다. 제2관문에서 북쪽으로 3.5km를 가면 제3관문이 있었고, 주차장에서 왕복 15km를 전동 차량으로 관광객들을 싣고 분주하게 움직이는 시스템도 있었다. 나는 이제 주차장까지 4.5km를 더 걸어가야 했다. 깔끔하게 황토 흙으로 다져진 정리 정돈된 그 길은 산책과 힐링을 하기에 딱 좋은 길이었다. 한쪽에선 '군주"라는 영화촬영도 하고 있었고, 많은 역사 이야기거리가 여기저기에 있었지만 오늘의 총 시간과 거리를 측정하고 있어 그냥 지나쳐야만 했다.

등산할 때마다 한 가지씩 공부하기로 한 아이템이 보였다.

"문경새재에 사는 참나무들"에 대해 공부해 보기로 하였다.

참나무과는 참나무과(科)의 식물을 통칭하는 말로 동서양 모두 '진짜나무'라는 의미를 갖는다.

도토리가 달리는 참나무는 우리나라를 포함한 동북아시아 산림을 대표한다.

참나무는 크게 상록수와 낙엽수로 구분되는데 문경지역에는 낙엽수만 자생하며 주로 4종류가 관찰된다.

한양으로 과거보러 가는 길 주변에는 많은 역사 이야기거리가 있었지만 그냥 지나친 게 아쉬움이 남았다. 한 가지 기억에 남는 곳은 먼 길을 걸어왔으니 쉬면서 하룻밤을 보낼 수 있는 여인숙 같은 집도 있었다.

    대충 대충 간간이 사진으로 몇 장만 남기고 훌쩍 주차장에 도착하였다. 버스 출발 1시간 반이나 남았다.

    한 시간 전 정도에 도착할 줄 알았는데 30분을 당기게 된 것이었다.

    아무도 없었고, 버스 문도 열어져 있지않았다.

    얼룩진 몸을 씻고 주변에 있는 커피숍에서 따끈따끈한 카페라떼 한잔으로 피로를 풀었다.

    13.5㎞, 4시간 30분 만에 마무리가 되었다. 앞서거니 뒤서거니 서둘렀던 아침과는 달리 등산으로 지친 회원들은 하나둘 버스로 모여 들었고, 등산의 이야기로 피로를 점차 잊게 해 주었다.

    버스는 정시 오후 3시 반에 정확히 문경새재주차장을 출발하여, '덕평휴게소'에서 잠시 휴식을 취한 후 17시 30분경 '양재역'에 도착하였다. 서울에서 가까운 곳에 있는 명산이라 집에 도착하는 시간도 한결 가벼웠다.

    오늘은 등산을 하면서 '배운다는 것'에 대해 많이 생각해 보았다.

    "태어나자마자 옹알이를 하면서 부모님으로부터 눈을 뜨기 시작하여 학교에서 한국인으로의 기본과 살아가는데 필요한 지식을 배웠고, 대학에서는 학문을 배웠고, 회사에서는 산업일꾼으로서 일을 잘하는 법을 배웠다. 이러는 동안 내 나이 오십 중반을 넘겼다.

    이제 후반부 인생에서는 인생과 삶에 대해 배울 것이며 특히 등산을 통해 자연에 대한 배움의 길을 열어 볼 것이다. 자연은 각자가 사장인 '각자도생'을 통해 숲을 이루어 주고 있고 인간은 그 숲과 호흡을 하며 조화를 이루며 살아가고 있다. 기업도 마찬가지가 아닐지?

    각자 위치에서 최선을 다하고, 최선이 모여 견실한 회사가 되고 그로 인해 회사는 성장과 발전을 하게 되는 것이 아닐는지. 이런 면에서는 자연과 기업의 생리는 같은 것이라고 감히 말한다."

세상은 밖에도 있었네!
# 명산 100, 84번째 '지리산' 완등 이야기!

▲ 지리산 (智異山, 천왕봉 1,915m) | 2017년 5월 7일 일요일

연초에 세운 계획의 일환으로 지리산 국립공원 내에 있는 명산탐방 마지막으로 산청군에 있는 '천왕봉'을 자차로 아내와 다녀왔다.

'지리산(智異山)'은 "어리석은 사람이 머물면 지혜로운 사람으로 달라진다."하여 지리산이라 불렀단다. 이번에 지리산 산행을 하고 나면 저절로 지혜로운 사람으로 달라지기를 기대해 봤다. 그렇다고 우리 부부가 어리석다는 이야기는 절대로 아니올시다. 더 현명해지기를 기대했다.

3월 말에는 전라남도 명산 탐방 4박 5일(6좌 완등: 불갑산, 월출산, 달마산, 두륜산, 덕룡산, 천관산), 4월 말에는 동해안을 따라 명산 탐방 4박 5일(4좌 완등: 백운산, 덕항산, 응봉산, 내연산)에 이어 이번에는 지리산 국립공원 내 명산 탐방으로 1박 3일(3좌 완등: 바래봉, 반야봉, 천왕봉)으로 마지막 '지리산 탐방' 일정이었다.

왜 1박 3일이냐면 '반야봉'을 완등하고 나니 비가 온다기에 중산리에서 숙소를 이틀 잡고 숙소에서 하루를 쉬고 그 다음 날에 천왕봉을 다녀오기로 하였는데 지리산은 집에서 1시간 남짓 거리에 있는 곳에서 잔다는 것이 낭비라고 생각되어 거제도 집으로 돌아갔다. 집에서 이틀 쉬고 자차로 하루만에 천왕봉을 다녀오게 되었다.

지리산은 이렇게 소개되어 있었으며, 경험상 명산의 유래 및 특징 등을 사전에 알고 등산하면 한결 좋았다.

"지리산 천왕봉은 신라 5악의 남악으로 '어리석은 사람이 머물면 지혜로운 사람으로 달라진다.' 하여 지리산(智異山)이라 불렀고, 또 '멀리 백두대간이 흘러왔다'하여 두류산(頭流山)이라고도 하며, 옛 삼신산의 하나인 방장산(方丈山)으로도 알려져 있다.

남한 내륙의 최고봉인 천왕봉(1,916.77m)을 주봉으로 하는 지리산은 서쪽 끝의 노고단(1,507m), 서쪽 중앙의 반야봉(1,751m) 등 3봉을 중심으로 하여 동서로 100여 리의 거대한 산악군을 형성한다. 천왕봉에서 노고단에 이르는 주능선을 중심으로 해서 각각 남북으로 큰 강이 흘러내리는데, 하나는 낙동강 지류인 남강의 상류로서 함양·산청을 거쳐 흐르고, 또 하나는 멀리 마이산과 봉황산에서 흘러온 섬진강이다.

이들 강으로 화개천, 연곡천, 동천, 경호강, 덕천강 등 10여 개의 하천이 흘러들며 맑은 물과 아름다운 경치로 '지리산 12동천'을 이루고 있다.

지형은 융기작용 및 침식·삭박에 의해 산간분지와 고원·평탄면이 형성되어 있고 계곡은 깊은 협곡으로 되어 있다. 최고봉은 섬록암(閃綠岩)으로 되어 있고 주변은 화강암·화강편마암의 지질이 넓게 분포되어 있다.

화엄사, 천은사, 연곡사, 쌍계사 등 유서 깊은 사찰과 국보·보물 등의 문화재가 많으며, 800여 종의 식물과 400여 종의 동물 등 동식물상 또한 풍부하다. 1967년 국립공원 제1호로 지정되었다." 출처: 네이버

지리산 주변의 명산 등산은 이렇게 진행하였다.

5/3일(수) 거제도 → 바래봉(남원시) → 이동(구례군 지리산 온천단지에서 1박)

5/4일(목) 숙소 → 반야봉(구례군) → 거제도 집

5/7일(일) 거제도 집 → 천왕봉 → 집 이런 일정으로 1박 3일을 한 셈이었다.

이틀간 집에서 푹 쉬었다가 남한에서 두 번째로 높은 지리산 천왕봉을 도전하게 된 것이다. 이곳은 회사에서 workshop 하면서 법계사까지 한번을 다녀왔고, 아내랑 여름휴가 때 천왕봉 정상까지 다녀와서 이번이 세 번째이기에 낯선 초행길은 아니었다.

'높다', '거칠다', '산행거리도 멀다', '그래서 무척 힘들다.' 라는 강한 이미지만 남아 있던 그 곳을 다시는 안 가겠다고 그때 큰소리로 외쳤는데 또 찾게 되었다. 아내랑 똑같이 한마디를 하였다. "인증샷이 뭐 길래" 한라산에도

아내는 세 번, 필자는 두 번이나 다녀왔다.

끌리는 이벤트가 이처럼 사람을 두 번 웃기게 만들었다. 그래도 목적과 목표가 있는 이벤트는 좋다. 그때는 너무 힘들어 "두 번 다시 오지 않는다."고 공개적으로 큰소리를 쳤건만 필자는 "명산 100 완등"이라는 하고 싶은 일이 곧 해야 하는 일로 변질되어 스스로에게 주어진 미션이라 생각하고 열정을 불태우게 된 것 같다.

옛날에는 없던 법계사행 셔틀버스가 생겨서 3.2km, 1.5~2.0시간의 등산 거리를 도와준다고 하니 예전의 칼바위 코스가 아닌 편안한 코스로 또 한 번 도전을 하기로 한 것이었다. 어젯밤에는 최고봉의 하나를 또 등산하기에 만반의 준비를 해 두고 잠이 들었다.

첫 번째 중요한 미션은 "중산리 탐방안내소 주차장 앞에서 아침 7시 30분에 출발하는 버스를 탑승해야 한다."는 것이었다. 휴일이라 6시 30분부터 30분 간격으로 오후 4시 30분까지 운행을 하고 있었다. 예전에는 없었다. 아내의 말로는 법계사에 가는 보살님이 힘들다고 건의하여 한 대가 운행되었는데 등산객들에게 알려지고부터 탑승자가 늘어 한 대를 더 투입하게 되었단다.(나중에 타 보니 보살님은 몇 없었고 등산객 만으로 만차가 되었다.)

이것을 놓치게 되면 중요한 아침 등산시간 30분을 기다리면서 버려야 한다는 것이 너무 아깝게 생각되었고, 또한 등산하는 시간이 정오에 가까워 힘들까 봐 그렇게 정했던 것이다. 등산을 시작하기 전 모든 것은 아내의 동의를 받고 결정해야 하고 또 그렇게 한다.

잘 아는 곳이니 크게 걱정은 되지 않았고, 중산리주차장까지 이동에 1.5시간, 아침을 먹는데 0.5시간 하여 총 2시간을 염두에 두고 새벽 5시에 기상을 하였다. 밖은 새벽 4시가 조금 넘으니 날이 밝아진 것 같았다. 5시가 결코 이른 시간은 아니었다.

기상 후 30분 내에 모든 준비를 마치고 출발해야 했다. 아침잠이 많은 아내가 더 적극적이었다. 고속도로 휴게소에 밥이 특별한 게 없다면서 아침밥까지 준비를 해두었더라. 갖고 갈 음식들을 메모지에 남겨두고 하나하나 챙기니 또 그렇게 되었다.

그렇게 둘은 일사분란하게 움직여 아침 5시 30분에 집을 나섰다.

네비에서는 7시경에 도착한다고 되어 있어 조금은 불안하였다. 가는 시간,

밥 먹는 시간을 계산하면 모자랄 것 같은 느낌이었다. 버스 출발 10분 전에 도착만 할 수 있다면 완벽할 텐데 엔테베 작전과도 같은 시간과의 싸움이었다.

새벽이니 차도 없어 빨리 달려 공룡휴게소에 도착하였다. 밖은 쌀쌀하였다. "쌀쌀해서 나가기가 싫으면 차에서 밥 먹자"고 발 빠르게 결정을 해 주었다. 많은 반찬도, 맛있게 담아 온 밥도 그렇게 맛이 있었다. 이제 마지막 승부수를 기대하면서 네비를 쳐다보았더니 07:28분에 주차장 도착이었다.

시골길은 시간이 많이 단축되니 한번 기대를 해 보았다. 단성IC에서 30㎞를 안으로 들어가야 했다. 30㎞면 5분 정도는 단축될 것으로 기대를 하면서 안전하게 운전을 하였다. 27, 25, 24, 23분까지 내려갔다. 드디어 7시 22분에 목적했던 '중산리탐방안내소'에 도착하였다.

이제 여유롭겠다고 생각을 하고 주차장 매표소에서 주차료를 지불하였다. 버스 앞에는 등산객들이 줄지어 서 있었다. 첫 번째 미션을 정확히 맞출 수 있어 아내에게 감사했다. 인당 2천원을 내고 마지막 손님으로 탑승하였더니 버스는 출발하였다.

버스는 굽이굽이 외길을 따라 8분 정도 올라 '순두류 자연학습원 입구'에서 내려주었다. 해발 900m 지점이라 그런지 바람이 강하게 몰아쳐 초겨울처럼 느껴졌다. 모두가 춥다면서 겉옷을 꺼내 입었지만 필자는 겉옷이 없었다. 그저께까지는 잘 갖고 다녔던 외투가 오늘은 간식이 많아 빼고 왔는데 혹시 감기라도 걸리면 어쩌나 걱정도 되었다. 아내는 괜찮다고 위로를 해 주었다.

그들은 앞다투어 등산로를 따라 올랐고, 이내 시야에서 사라졌다. 산악회를 따라 등산 갔을 때와 똑같은 상황이었다. 그 행동이 익숙한 장면이라 그들을 따라가지 않고 아내랑 여유 있게 맨 나중에 걸어 올랐다.

아침 7시 40분, GPS를 켜고 본격적으로 등산을 시작하였다. 두 번째 미션은 '로터리 대피소까지 1시간 반 만에 도착하는 것'으로 정했다. 정보 상으로 2.8㎞거리에 1.0~1.3시간으로 예상을 하였으니 그렇게 정했다. 강한 바람은 뒤에서 밀어주었고, 땀이 많이 났고 쉴 때면 오히려 한기를 느껴 쉬지 않고 올라야만 했다. 계곡 이쪽저쪽으로 넘나들 때 흔들다리도 두 개나 있었다. 아내는 "망가지기 전에 찍어두자"면서 한 컷을 하였다. 위로 오를수록 새싹들은 연두색과 초록색의 조합이었다. 봄은 왔으나 봄 같지가 않았다는 말이 맞았다.

높은 산에서의 느낌은 마찬가지였다.

그래서 사계절 자연이 변해가는 모습이 보고 싶어 등산을 자주 하는지도 모르겠다. 산사태를 방지하고, 땅을 비옥하게 만들어 키 큰 나무들과 서로 다른 높이에서 공생을 잘하여 자연을 풍요롭게 만드는데 중요한 역할을 하고 있는 '조릿대' 나무가 풍성하였고 내가 제일 싫어하는 돌계단과 돌길, 자갈길 뿐이었다.

천왕봉 등산코스에는 모두가 그러니 어찌할 방법이 없었다. 땅을 쳐다보지 않고 경치를 본다면서 먼 산을 보다가, 혹은 딴 생각을 하다가 돌멩이에 발목이 접혀지는 경우가 발생하니 조심한다고 하지만 혹 그런 경우가 발생하여 싫어지게 되었다.

그렇다고 조심을 하지 않는 것은 아니올시다. 돌넝이로 능산로를 정비해 두면 유지관리나 등산으로 인해 망가지는 경우가 적으니 그들에게는 좋을지 몰라도 등산객의 안전산행에는 그다지 도움을 주지 못한다고 생각한다.

물소리, 새소리, 바람소리를 들으면서 말없이, 쉬지 않고 한 걸음 한 걸음 올랐다. 문득 이런 말이 생각나서 아내에게 들려주었다. "새는 울어도 눈물이 없고, 바람은 불어도 보이지 않고, 꽃은 피어도 소리가 없다." 잠시 시인이 되어 보았다.

GPS는 중간중간 등산거리와 시간, 속도를 알려 주어 남은 거리를 계산해 볼 수도 있어 괜찮았고, 이정표 상의 거리가 맞는지도 체크해 볼 수 있어 좋았다. 이곳은 이정표 상의 거리도 정확했고, 산악회 리본은 볼 수가 없었다. 그래서 산 전체가 오히려 자연 그대로의 모습을 볼 수 있는 것 같았다.

출발 1시간 10분이 지난 오전 8시 50분에 '로터리 대피소'에 도착했다.

50m만 올라가면 '법계사'가 있었다. 두 번째 미션도 성공적으로 완수하였다. 이른 시간이었지만 대피소 주변 식탁에는 형형색색의 등산객들이 와글와글 하였다. 등산을 즐기는 여자들은 골프를 좋아하는 여자들처럼 등산복 구입에 돈이 들겠구나 하는 생각도 들었다.

나이가 들면서 좋은 취미가 있다는 게 아름다운 인생을 즐기는데 큰 도움이 되고 있다고 생각했다. 거센 바람은 오히려 더했다. 땀이 식어가면서 한기를 느꼈지만, 한쪽은 햇볕으로, 다른 한쪽은 바람으로 강온양면이 온몸에 스며들었다.

　간단하게 간식을 먹고 다시 세 번째 미션 '천왕봉 정상까지 2.0㎞, 1.5시간 내 도착' 목표로 산행을 시작하였다. 언제나 숫자 뒤에는 '목표'라는 수식어가 붙어 잠시 내가 싫어졌다. "언제쯤 내려놓을 수 있을지?"

　잠시 후 법계사 일주문 앞에는 샘이 있었다. 쫄쫄 나오는 물 한 모금이 먹고 싶었지만 나오는 물이 적어 줄서서 기다리는 시간이 아까워 내려와서 마시기로 하고 지나쳐야만 했다.

　해발 약 1400m의 높이에서도 샘이 있는 것을 보면 "지리산은 역시 어머니와 같은 산"이라는 것을 어렴풋이나마 짐작해 볼 수 있었다. 흙길이라고는 찾아볼 수 없었고, 돌계단이 자연스럽게 이어졌고, 급경사로에는 나무계단도 잠깐잠깐 있어 다행이었다.

　북서쪽의 면을 지날 때 나뭇가지가 부러질 정도로 바람이 세차게 불었다. 폭 2~3m 정도의 돌길은 계속 되었고, 간간이 진달래꽃도 있어 어느 쪽에는 봄이 찾아 온 것 같기도 하였다. 약 500m의 높이를 2.0㎞로 올라야 했으니 경사로는 짐작이 되었을 것이다.

　예전에 한번 와본 길이었지만 주변의 모습은 전혀 기억에 없었고, 정상 부근에서 아내가 화장실을 찾았던 그 정도였는데 그 길은 보이지 않았다. 벌써 내려오는 사람도 있었다. 앞서 가던 부부 중 아내의 허술한 등산차림을 보고 "천왕봉 정상까지 가려면 아직 엄청 남았고, 길도 험한데 갈 수 있겠어요? 어찌 가시려나?" 놀려 주었다.

　어차피 시작된 일이고 언제 가도 가겠지 하는 마음으로 꾸준히 발걸음을 내디뎠다. 등산은 최고속도가 중요한 게 아니고 평균속도가 중요하다는 것을 아내에게 또 되풀이해 주었다. 아내는 "토끼와 거북이 경주 같다"면서 필자의 과거 경험을 되살리게 했다.

　끊임없이 이어지는 급경사로의 돌계단이 위험하기 짝이 없었다. 뒤에서

"안전 산행", "안전 산행"을 외치
면서 안전을 환기시켜 주었다.
정상이 눈앞에 보이면서 주변의
나무들이 자세하게 보였다.

 3.2km를 8분 만에 도착한 버
스에 비하면 비할 바 안되었지만
그래도 우리는 빠른 편이었다.
앞서갔던 사람들은 지쳐서 쉼터 여기저기에 앉아 한숨만 거칠게 내 몰아 쉬
고 있었다. 우리는 평균속도가 중요하다는 인식 하에 쉬지 않고 올랐다.

 이따금씩 먼 곳을 쳐다봐도 황사 때문에 한숨밖에 안 나왔다. 차라리 안
보는 게 낫겠다는 생각에 머리박고 등산만을 하였다. 그 대신 물은 상당히
자주 마셔 먼지의 몸 안 유입을 씻어 내렸다. 목이 칼칼하게 느껴질 정도였
으니 그 수준은 짐작이 가고도 남았을 것이다.

 바람은 거칠게 불어 마치 황사를 더 끌어와 등산객들에게 먹여주고 있는
것 같이 느껴지기도 하여 얄미워졌다.

 드디어 잔여거리 300m까지 갔다. 해발 1,890m의 위치였다.

 놀랍게도 바위 틈에서 물이 흘러나왔고, 어느 등산객은 시키지도 않았는데
'그 물을 마시고 몸의 기생충을 없앴다'는 이야기가 있었다면서 등산객에게
마시기를 권했다. 쫄쫄쫄 흘러나오는 물맛은 좀 특이하게 느껴져 충분히 그
럴 것 같기도 하였다. 이제 정상까지는 급경사로의 나무계단이었다.

모두가 근처에서 쉬었고, 그래서 쉴 자리도 여
유롭지 않았다. 물 한 모금만 하고, 계속 전진하
였다. 정상이 보이는 마지막 급경사 나무계단에
서는 헉헉하면서도 걷는 사람, 앉아 쉬는 사람,
서서 쉬는 사람으로 계단이 복잡하였고, 최고의
고비점이 되고 있었다.

 출발 약 3시간만인 오전 10시 30분 '천왕봉
정상'에 도착하였다.

 정보로는 3.0~3.5시간 정도 걸린다고 알려

448

졌으니 우리는 빠른 쪽에 실적을 내어 이제 등산에 프로가 되었다는 자부심도 갖게 되었다.

정상은 전혀 변함이 없었다. 큰 암릉 위에 시커멓게 세로로 세워진 정상석이 눈에 들어 왔고, 휴일이라 사람들이 크게 붐볐으며, 불행스럽게도 북서풍이 강하게 불어 정상석 주변의 양지바른 쪽 50%만 사용할 수 있어 위험한 남쪽에는 열매가 열리듯 옹기종기 위험한 곳에 엎드리고, 또 걸터앉아 사진을 찍고 있었고, 반대 편에서는 강풍 때문에 몸을 가눌 수가 없었다.

강추위의 '가리왕산', '가지산'은 경험을 하였지만, 이처럼 강하게 바람 부는 정상은 처음이었다. 그래도 물러나서 피해 있을 수만은 없었다. "언제 또 오려나?"를 생각해 보면 "강풍 때문에"라고 피해서 기다릴 수는 없었다. "바람은 계산하는 것이 아니라 극복하는 것이다"는 영화의 한 장면이 생각났다. 순식간에 날려버릴 것 같은 모자는 턱 끈을 꽉 조여매고 극복하는 자만이 누릴 수 있다는 것을 보여주면서 사진을 멋지게 찍을 수 있었다. 때마침 산악회 회원이 왕창 몰려오는 순간을 피해서 인증샷을 확보할 수 있었다.

"오후 1시 40분 버스를 탄다."는 이야기를 버스에서 내릴 때 해두었으니 그 시간대에 내려간다는 강박관념에 잠시 휴식을 갖고 다시 정상석으로 가서 사진을 더 확보하였다. 강풍 때문에 가만히 서 있기도 어려웠고, 체중이 없으면 날아갈 정도였지만 아내는 체중이 있어 다행이었다.

이제 여운도 없이 새로운 경험과 익숙한 천왕봉이 되었다고 확신을 하며 정상에서 동서남북을 바라보며 황사와 함께 멋지게 사진을 넘기고, 황사 때문에 사진은 선명하지 않았지만 정상에서의 사진 촬영을 성공적으로 마치게 되었다. 정상석의 앞면(남쪽면)으로는 "智異山 天王峰"이, 뒷면(북쪽면)에는 "韓國人의 氣像 여기서 發源되다"가 선명하게 박혀 있어 이들을 놓치지 않고 모두 사진으로 담아 두었다. "지리산에 다녀간 사람은 멍청한 사람이 똑똑해진다"고 하니 더 똑똑해지기보다는 더 멍청해지지 않기를 기대하면서 정상석 주변에서 하고 싶은 일을 모두 마쳤다.

이제 하산에 필요한 에너지를 보충하기 위해 간식을 먹어야 할 시간이었다.

다행스럽게도 남쪽 면은 양지가 되었다. 따뜻한 양지에서 그리 걱정했던 겉옷 걱정도 없이 편안하고 맛있게 간식을 먹을 수 있었다.

이제 급경사 돌계단을 걸어 원점으로 돌아가야 할 시간이 되었다.

내려가는 일은 더 힘이 든다. 특히 돌계단으로부터 받는 무릎 충격 때문이었다.

다음으로 먹어야 할 것은 점심용으로 준비해 간 컵라면이었고, 앞서가는 아내가 어느 시점에 결정을 하면 그 자리에서 먹는 것이라고 아내가 결정을 하도록 했다. 내려오는 길의 휴식처에는 등산으로 지친 사람들이 자리를 모두 잡고 있어 아예 로터리 대피소에서 먹기로 결정을 해 버리고, 쉼 없이 내려갔다. 다른 이유로는 황사가 너무 심해 먼지를 더 오래 먹고 싶지가 않아서였다.

삼삼오오 올라오는 사람은 계속 늘었고, 그들은 우리를 부러워하는 눈치였다. 내려가는 사람은 별로 눈에 띄지 않았다. 내려가는 길은 장터목 대피소를 통해서 가면 편하겠지만 지난번에 갔던 길이라 시간상 올라왔던 길로 내려가기로 결정하였다. 돌계단이 싫었지만 내려갈 때 돌계단과 돌길은 발목을 조심해야했다.

이런 길을 정말로 싫어했다. 몸무게를 무릎에 실어야 하니 무릎에 계속 충격을 주어 안 좋은 코스였다. 내려올 때 올라갔던 경사를 보면서 '우리가 대단한 일을 하였구나!'라면서 아내에게도 아래를 길게 쳐다 볼 것을 권했다.

내려오는 길에 필자가 메고 있던 배낭에 새겨진 S사의 로고 마크를 보고 뒤에선 "거제도에서 오셨어요?"하고 물어 왔다. 깜짝 놀라 뒤돌아 보았더니 잘 아는 그 사람이었다. 정말로 반가운 얼굴이었고, 필자도 그도 처음부터 알아보았다. 가까이에서 재미있게 일을 하였으니 충분히 그럴 만도 하였다.

그의 버킷리스트는 "죽을 때까지 천왕봉을 100번을 다녀오는 것이다."라고 하였다.

한 번도 어려운데 100번을 하겠다고 시작한 것이 이번에 73번째 오르는 것이라고 하여 더욱 우리를 놀라게 만들었다. 필자는 "전국 100대 명산"을 다니고 있고, 오늘로써 84번째라고 말했더니 그도 또한 놀라워했다. 어쩌면 그렇게 비슷한 취미를 갖고 있는지 얘기가 통했다. 서서 잠시 얘기를 나눈 후 그는 먼저 내려갔다.

그 후 나무계단을 내려오면서 오른발이 약간 접혀지는 일이 발생하고 말았다. 나무계단에는 미끄러짐을 방지할 목적으로 rubber mat를 깔아두었는데 좌우를 모두 커버해 두어야 충분히 미끄럼으로부터 모두가 보호를 받을 수 있을 텐데 몇 개의 계단에는 중앙에만 해 두고 양 가장자리에는 덮지 않았다. 그런 방식에 불만이 있었지만 안심하고 아무 거부감 없이 내려오는 순간 등산하는 사람과 교행해야 하는 순간이 있었다.

내려왔던 느낌만을 갖고 밑을 보지 않고 그냥 내려오던 나는 그런 불량을 의식하지 않아 에지로 오른발을 먼저 옮기는 순간 오른발이 약간 접혀지는 일이 벌어져 잠시 계단에 주저앉았다.

순식간에 일어난 일이라 충격을 완화할 목적으로 무조건적으로 계단에 앉았다. 아내와는 거리가 벌어졌고, 아내는 의심스럽게 쳐다보았지만 아무 말도 하지 않았다. 의심스러운 눈으로 자꾸 위아래를 훑어보고 있어 잠시 후 이실직고를 했더니 "내려갈 때가 훨씬 위험하다"고 또 지적을 해 주었다. 누구에게나 같은 상황이 닥칠 수 있으니 조심해야 한다는 측면에서 거짓없이 상황을 설명해 주었다.

정상에서 약 1시간 30분을 내려와 '로터리 대피소'에 도착했다.

대피소의 숙소 옆에 있는 따뜻하게 데워진 공간 속으로 들어가 철저하게 바람을 피했다. 땀도 식어 감기 걸리기 딱 좋은 그런 시간대여서 최대한 조심하였다. 오늘의 하이라이트인 컵라면을 먹을 시간이었다. 온수는 제대로 열기를 지켜 주었을지 궁금하였는데 시간이 너무 경과하여 미지근하게만 유지되었다. 컵라면 두 개에 각각 1개씩 보온통의 물을 비웠다. 기대는 사치였다. 그냥 불려서 먹는다는 생각이 맞았는데 맘에 안드는 듯 억지로 먹어야 할 생각을 하니 화가 난 듯 일부만 먹고 말았다. 오렌지, 참외, 토마토로 충분히 배를 채웠다.

이제 마지막으로 2.8㎞를 내려가 셔틀버스를 타야 했다.

대나무 숲길을 따라 하염없이 내렸다. 고도가 1,400 → 1,101m → 930m → 900m 정말로 길고도 멀게 느껴졌다. 돌길이 싫으니 그런 느낌이 강하게 들었는지도 모르겠다. 1,400m의 고지에서 900m 고지의 셔틀버스 승강장으로 내려가야 하니 얼마나 가파른지는 짐작이 될 것이다. 내리막은 끝없이 이어졌고, 필자가 싫어하는 돌계단과 돌길 뿐이었다. 무릎에 충격을 계속 주게 되면 오랫동안 등산을 하지 못하게 될지도 모르니 돌에게 받는 무릎의 충격이 싫었기 때문이었다.

무심히 가다 보니 아침에 공약했던 오후 1시 40분 버스 탑승시간에 가까워졌다. 1시 35분쯤에 게이트를 통과하였다. 괜히 욕심이 생겨 뛰어 가듯이 내려갔다. 달리듯이 빨리 내려갔더니 마침 버스가 들어오고 있었다. 여유를 갖자던 아내도 버스를 보고선 달렸다. 겨우 40분 버스를 또 타게되었다. 오늘은 오전, 오후 버스 승차시간을 멋지게 맞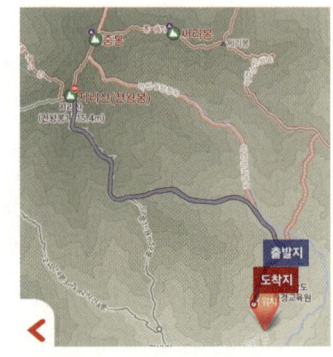춰서 대기시간 하나 없이 깔끔하게 완성하였다. 이것도 대단한 성공이었다. 아슬아슬하게 놓치면 30분을 기다려야 했다.

천왕봉 산행에 대한 모든 일정을 마치고 자차로 조금 내려와 계곡 물가로 들어갔다. 얼음 같이 차가운 물에 발을 담그고 조금 전 하산 중에 접혔던 발목과 오늘 고생한 발에게 얼음 발마사지를 해 주었다. 양말을 하나 더 가지고 가서 발 마사지를 하자는 아이디어는 아내가 내었다.

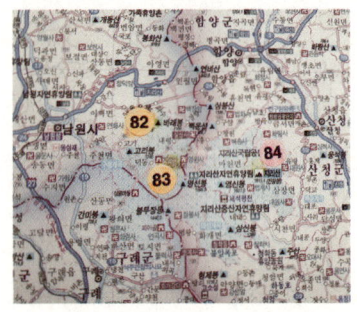약 10km, 6시간 동안 완등하게 되었다. 이제 약 130km를 달려 거제도 집에 왔다. 모든 일이 완벽히 성공하였다. 버스 두 번의 시간 맞춤은 기록적이었다. 몇 분의 대기도 없이 착착 탑승하게 되었다. 준비해 간 간식도 깨끗하게 남김없이 먹어 치웠다.

이로서 지리산 명산 세 곳을 완등했다. 또 다른 명산 탐방을 기대해도 될 것이다.

100좌 완등기념은 설악산 대청봉에서 하는 것으로 아내와 결정해 두었다.

세상은 밖에도 있었네!
# 명산 100, 76번째 '천관산' 완등 이야기!

▲ 천관산 (天冠山, 煙帶峯 723m) | 2017년 3월 31일 금요일

남해 여행 5일 차 마지막 날엔 '천관산 연대봉'을 혼자서 다녀왔다.

'천관산'은 이렇게 소개되어 있다.

"천관산은 장흥군 관산읍과 대덕읍의 경계에 위치한 산으로 옛날에는 지제산(支提山) 또는 천풍산(天風山)이라 했으나 지금은 천관산이라 하며 가끔 흰 연기 같은 이상한 기운이 서린다하여 신산(神山)이라 고도하였다.

지리산, 월출산, 내장산, 변산과 함께 호남의 5대 명산 가운데 하나로 기암괴석이 빼어나고 억새가 일품이며 다도해의 그림 같은 풍경을 한눈에 바라다 볼 수 있다.

고려초기까지만 해도 숲이 울창하였고 천관사, 옥용사, 보현사 등 89암자가 있었다 하나 전란 중 불타고 지금은 천관사, 탑산사, 장안사 등 3개사의 사찰과 몇 개의 옛 절터 그리고 석탑석불이 남아있을 뿐이며, 매년 10월에는 전국 규모의 억새제가 열리고 있다." ◀출처:네이버

필자는 계획대로 매일 한 개의 명산을 등산하였다.

특별히 2일차를 마치고 3일차에는 두륜산 도립공원 입구에 2박으로 숙소를 잡고 오전과 오후로 나누어 2개의 명산을 등산하려고 하였는데 아내는 월, 화요일에 무리한 등산을 하여 좀 쉬게 하고 홀로 오전과 오후로 나누어 1일 2명산을 다녀올 계획이었다. 아내는 "이게 뭐 하는 짓이고?"까지 할 정

도로 등산에 미(美)친 사람처럼 하루도 쉬지 않고 계획대로 움직이는 남편에게 이따금씩 볼멘소리를 던졌다.

글로벌 대기업에서 고위경영자로 퇴직을 하였으니 이 정도는 회사 일에 비하면 놀고먹는다는 표현이 맞을 정도로 등산이라는 취미 활동에 미쳐서 회사의 일처럼 재미를 붙였다. 체력과 시간이 되니 매일 등산을 하는 것도 중요한 일이였다. 아무리 시간이 있다 해도 체력과 건강이 안 되면 불가능 일이니 건강관리를 게을리해서는 안되는 것이라고 재삼 생각하는 계기가 되었다.

어제 일기예보로는 오늘 오전에는 비가 온다고 했는데 명산 여행 마지막 날 마무리가 안 좋을 것 같아 마음이 울적한 채로 일찍 잠자리에 들었다. 걱정이 되었던지 새벽 5시에 일어나게 되었다. 창문 너머에는 예보대로 비가 내렸고, 빗방울 떨어지는 소리를 들은 아내는 오늘 포기하고 남에 산악회와 다녀오라고 조언을 해 주었지만 비를 맞고서라도 마무리를 해야겠다는 생각에 집 밖으로 나가 보았다. 가랑비에 옷 젖을 정도로만 비가 내리고 있어 갈까 말까 더욱 망설이게 만들었다.

방에 올라와 일기 상태를 상세히 설명해 주었고, 전라남도 지도를 폰으로부터 열어서 보여 주면서 "여기는 구석진 곳이라 다시 오기도 무척 힘든 곳이라 비는 오지만 꼭 마무리를 하고 싶다"는 마음을 담아 설명을 해 주었더니 아내는 비옷 입고 다녀오라면서 필자의 성격을 잘 아는 듯 급히 아침을 챙겨 주었다. 햇반이랑 라면이었지만 든든하게 먹여 주었다. 필자의 마음을 알아주니 힘이 났다. 30년 내조의 내공이 돋보였던 순간이었다.

하고 싶은 것(일)을 못하고 지나치면 많이 후회를 하는 남편의 스타일을 꿰뚫고 있는 것이었다. 30년 이상 내조자의 위력 앞에 두 무릎을 치고도 남을 순간이었다.

옷 입는 것까지 챙겨 주었다. "어제 입었던 옷을 한 번 더 입고 갔다가, 숙소에 들어와 샤워하고 갈아입고 집에 가면 된다."는 조언까지 절대자의 위력 같았다. 얼른 옷 갈아입고 차를 운전해 집을 나섰다. 아내는 어제 험준한 '덕룡산'의 등산으로 숙소에서 쉬게 하고 이른 아침 7시 조금 지나 5분도 채 안 걸려 어제 답사했던 숙소 바로 앞 '천관산 도립공원 주차장'으로 이동했다. 이른 시간이라 매표소에도 주차장에도 인기척 하나 없었다.

날씨는 점점 맑아져 다행스럽게도 비는 오지 않았다. 미세먼지가 씻겨서 그런지 가시거리도 괜찮았다.

등산코스는 산악회가 가는 코스를 선택하였다.

"도립공원주차장 → 담소원 → 등진암→ 양근암 → 정원암 → 정상(연대봉)"하여 원점 회귀코스. 무슨 岩이 이렇게도 많은가 참으로 궁금하였다.

'연대봉 정상'까지 등산거리는 3.2km.

산의 높이와 거리를 고려하면 이 정도면 충분하겠다는 자신감을 갖게 되었다.

들머리를 지나 '담소원' 앞에 있는 '도립공원 천관산' 소개 내용을 자세히 읽어 보았다.

공부를 많이 하여 머리를 채운 다음 조망이 나오기 시작하는 지점까지는 가파르게 오르막으로 이어졌고, 길도 그리 험하지는 않았지만 빗물을 머금은 돌들이라 미끄럼에 특별히 주의하면서 첫 번째 목표지점인 '등진암'에 도착했다. 아무런 해석서도 없었다. 등산 후 거제도 집까지 가야하는 시간을 고려하여 올라갈 때는 찜만 해 두고 사진은 내려오면서 찍기로 하고 지나쳤다. 가파른 경사로를 어느 정도 올랐더니 약한 경사로가 이어졌고, 사진으로만 보았던 남자의 자존심 심벌인 '양근암'이 눈에 들어왔다.

"양근암(陽根岩)은 등잔바위 등을 올라 봉황암과의 갈림길 못 미친 곳에 높이 15척(尺)정도의 깎아 세운 듯 남성을 닮은 큰 돌이 오른쪽 건너편 여성을 연상케 하는 금수굴과 서로 마주보고 서 있으니 자연의 조화에 놀라지 않을 수 없었다."라고

설명이 되어 있었다. 양기가 부족한지 편히 쉬고 있는 중년은 지나 보이는 부부를 그곳에서 만났다. 인사만 하고 난 바쁜 걸음을 재촉하였다.

정상 쪽으로 갈수록 바위들의 모습이 마치 사람들이 쌓아 놓은 듯한 모양들을 하고 있어 설명서에서 읽었던 것들이 눈앞에 하나 둘 나타났으니 신비롭다고 얘기를 충분히 할 수도 있겠다는 생각이 들었다.

등산로 바로 옆에는 예쁜 모양의 또 다른 제주도에서 본 용두암처럼 생긴 바위가 있어 설명판을 읽어 보았더니 '정원암'이라고 되어 있었다.

"정원암(庭園岩)은 사모봉(沙帽峯) 동쪽 삼십보거리(三十步距離)에 있어 흡사 정원석을 방불케 하는 경관을 이루고 있다."

정상 쪽으로 갈수록 구름으로 덮여 멀리까지는 볼 수 없었지만 가시거리 내에서는 경사가 완만한 흙길을 따라 오르기만 하면 되어 힘이 더 생겼다. 비도 오지 않았고, 5일차 여섯 번째 명산의 마무리를 할 수 있겠다는 마음에 길도 평평하여 힘든 줄도 모르고 이동 속도는 더 났다. 바위 사진들을 모두 올려둘 수 없어 아쉬웠다.

출발 1시간 30분 만인 목표시간 오전 9시 정상에 도착했다.

정상은 구름으로 덮여 가시거리는 10m도 안되어 안타까웠고, 바람도 세차게 불어 준비해간 외투를 입고 혹시나 해서 주변을 살펴보았지만 구름은 질투라도 하는 듯 떠날 생각을 하지도 않았다.

얼른 인증샷만 찍고 추위를 피해 하산을 서둘게 되어 정말 아쉬웠다.

한참동안 구름 속으로 걸어 내려가야만 했다. '다음'이라는 말을 남겨두면서 혼자 있는 아내를 생각하고, 거제도까지 가야하는 시간을 고려하여 걸음을 재촉하였다.

원점회귀하는 코스라 시간에 쫓겨 자세히 보지 않았던 각종 기암괴석을 조금 더 가까이에서 자세히 보면서 사진도 남기고 발걸음도 가볍게 안전하고 즐겁게 산행을 마쳤다.

왕복 약 6km, 2.5시간에 완등을 하였다.

한려해상공원의 화려한 조망을 남겨두면서 아내랑 꼭 한번 다시 가고 싶은 곳으로 점 찍어 두었다.

10시경 숙소에 도착하여 아내에게 이 약속을 전했다. 샤워하고 옷 갈아입고 다음 목적지인 '정남진 전망대'로 향했다.

아내에게 고마웠고 미안했다.

아내가 한 말이 자꾸 생각났다. "이게 뭐라꼬?"

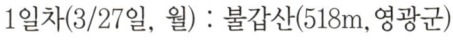

4박 5일 동안 6개의 명산을 성공리에 완등을 할 수 있도록 도와준 아내에게 감사했다.

1일차(3/27일, 월) : 불갑산(518m, 영광군)
2일차(3/28일, 화) : 월출산(809m, 영암군)
3일차(3/29일, 수) : 달마산(489m, 해남군)과 두륜산(703m, 해남군)
4일차(3/30일, 목) : 덕룡산(432m, 강진군)
5일차(3/31일, 금) : 천관산(723m, 장흥군)

재직 때 일하던 것처럼 계획대로 미(美)친 듯이 달려가 마침내 모든 명산의 완등을 완벽하게 이루어 낸 것이었다.

세상은 밖에도 있었었네!
# 명산 100, 12번째 '천성산' 완등 이야기!

▲ 천성산 (天聖山, 원효봉 922m) | 2016년 2월 20일 토요일

영남 알프스 중 '재약산', '가지산'에 이어 세 번째로 양산 → 서울 향 경부고속도로 우측 경남 양산시에 위치한 '천성산'을 자자로 아내와 여행 삼아 찾아갔다.

'소금강산'이라 불리는 '천성산'은 이렇게 소개되어 있다.

"가지산도립공원 구역 내에 있는 해발 922m인 '천성산'은 예로부터 깊은 계곡과 폭포가 많고 또한 경치가 빼어나 금강산의 축소판이라고 불리었다. '천성산의 유래'는 원효대사가 천명 대중을 이끌고 이곳에 이르러 89암자를 건립하고 화엄경을 설법하여 천명 대중을 모두 득도하게 한 곳이므로 그 이름을 '천성산(千聖, 천명의 성인)'이라 전해진다.

동쪽으로는 양산시 웅상읍, 서쪽으로는 양산시 상북면에 접해 있으며 산 아래 서북쪽에 내원사가 위치해 있다. 또한 '천성산'에는 '화엄늪'과 '밀밭늪'이 있다.

이곳은 희귀한 꽃과 식물(끈끈이 주걱)등 곤충들의 생태가 아직 잘 보존되어 있어 생태계의 보고를 이루고 있다. 또한, 봄이면 진달래와 철쭉꽃이 만산홍을 이루고, 가을이면 긴 억새가 온 산을 뒤덮어 환상의 등산코스로 각광받고 있다.

그리고 이곳 정상은 한반도에서 동해의 일출을 가장 먼저 볼 수 있는 곳으로 유명하여, 전국에서도 해돋이 광경을 보기 위해 많은 관광객이 찾고 있는 곳이기도 하다. ◀출처: [네이버 지식백과] 천성산

휴일이었지만 대중교통을 이용할 때와는 달리 들머리로 잡은 '흥룡사주차

장'까지는 별 어려움이 없었다. 주차장이 넓어 주차에는 전혀 문제가 없었다. 휴일에는 어디를 가나 주차가 항상 걸림돌이었건만 첫 관문은 잘 통과되었다.

이후 소개되는 천성산 등산 이야기에 대한 이해도와 흥미를 높이기 위해서 '경부고속도로에서 홍룡사주차장까지 들어간 길'과 '홍룡사주차장(들머리)에서 천성산 등산/하산을 마친 길'을 미리 올려둔다.

점심 가득 배낭에 넣고 등산로 입구에 있던 안내지도를 살펴보았더니 인터넷 상으로 공부하며 생각했던 그것과는 차이가 있어 현장의 지도를 따르기로 계획을 바꾸었다. 변경된 등산로는 아래와 같았다.

"홍룡사 우측 등산로 → 임도 → 원효암 → 화엄늪 → 정상(1봉, 원효봉)"

그래도 잠시 '홍룡사와 홍룡폭포에 대한 이야기'는 정독을 하고 지나갔다.

제일 먼저 만난 곳은 편백나무 숲이었다. 그 숲속에는 장기 체류자인 듯 텐트가 몇 개 보였다. 필자가 생각하던 그런 사람들이 아닐까? 편백나무 하면 '피톤치드'가 그들을 도와줄 수 있겠다고 생각을 하니 조용한 곳에서 지내면서 당신께서 바랐던 일들이 모두 성취되기를 기원하며 곧이어 계곡의 물소리에 심취되었다.

다녀본 명산마다 느낌과 분위기가 달라 지치지 않고 등산을 할 수 있었던 이유 중의 하나였는데 우리가 선택했던 '천성산' 등산로에는 맑은 물이 흘러 내려가면서 내는 시원한 물소리도 매력적이었지만, 하늘을 찌르고 있던 송곳 같이 잘 자란 편백나무와 참나무, 도토리나무가 굉장히 좋았다. 땅이 비옥해서인지 등산로는 계절의 변화를 느끼도록 질퍽질퍽했다.

누드를 하고 있던 나무들도 하늘을 가려줄 수 없는 계절이 지겨워 보였다. 계곡의 물소리는 그동안 쌓였던 피로와 스트레스를 모두 씻어주는 비타민 같았다.

"정신이 육체를 이겨낸다."는 말처럼 등산은 정신력과의 싸움이다.

단, 육체가 뒷받침이 된 상태에서만의 이야기다. 그러기에 제대로 등산을 하려면 평소 육체적인 건강도 지속적으로 유지되어야 하는 것이다.

숲을 지났더니 멀리까지 속이 훤히 들여다보이는 누드 차림을 한 나무들만 있어 등산 중의 생리적인 문제 해결은 어렵지만 오히려 멧돼지나 무서운 산짐승들을 쉽게 피할 수가 있을 거 같아 괜찮았다.

그리고 필자가 다녀온 겨울철 영남 알프스 산은 모두가 누드산이라 북풍은 그대로 통과되어 무척 추웠다. 이곳의 겨울철 산행 역시 두꺼운 외투는 필수였다.

약 800m 전방에는 '원효암'이 명당자리에 경건하게 자리를 잡고 있었다. 이정표를 따라 임도 끝에 자리 잡은 '원효암'에 들어갔더니 더 전진할 수 있는 이정표는 찾아 볼 수가 없었다. 저 멀리 원효봉 정상석이 우뚝 솟아 있는 것이 보였지만 곧장 가는 길이 없어 아쉬웠다.

더 늦기 전에 후퇴를 하였다.

여기서 길을 잘 찾아가야 할 것이다. GPS상에도 한참을 내려가서 돌아가는 길밖에 나타나지 않아 짜증스러웠는데 곧장 가로질러서 가는 길도 있었으니 걱정은 크게 안해도 될 것이다.

원효암에서 보았던 우뚝 솟아 있던 '원효봉' 정상석의 방향으로 전진을 하였다. 정상 쪽으로 가는 길에는 '지뢰 조심'이라는 푯말이 많이 걸려 있는 것을 보면서 이것 때문에 제대로 가꾸지를 못하는 게 아닌지는 알 수가 없었지만 합리적인 의심으로는 충분하였다.

드디어 정상석을 찾았다.

이곳은 매년 해돋이 행사 장소로도 유명하단다.

그 옛날에는 원효대사가 천여 명의 승려에게 '화엄경'을 설파할 때 광활한 이 곳을 사용하였다 하여 '화엄늪'이라고 이름을 붙였단다.

'원효봉'에서 탁트인 사방을 살펴보는 순간 등산을 하면서 쌓였던 피로가 한 번에 날아가 버렸다.

정상에는 여전히 바람이 쌩쌩 불었다.

인증샷 몇 장과 필자의 전용포즈 '더 높은 곳을 향하여!!' 쏘아 올려 멋지게 추억을 남기며 추워서 곧장 하산을 시작하였다.

인터넷에서 준비한 등산/하산로가 반대로 되어 동행한 아내에게 미안했다.

필자가 평소 실행해 왔던 "등산은 짧은 코스로 힘들게, 하산은 긴 코스로 편안하게"가 반대로 되어 버렸다.

하산은 원점회귀였지만 더 많은 자

연을 감상하기 위해 다른 길을 선택하였던 것도 있었다.

"원효봉 → 화엄늪 → 홍룡사/홍룡폭포 → 주차장"순으로 하산을 하게 되었다.

낯선 길이었고 급경사도 많았으니 안전이 최우선이었다. 우선 편한 길에 현혹이 되어 현장에서 등산로를 선택했던 것이 화근이 되어 고생길이 되고 말았다. '공부 실컷 잘하고, 시험지 답안은 엉뚱하게 적은 꼴'이 되었다.

'화엄늪'은 왜 그리도 넓었을까? 그리고 억새는 난장이?? 대평원 위에서는 바람을 피할 방법도 없어 바람이 그대로 몸에 와 닿았다.

영남 알프스 산에 속하는 필자가 다녀온 정상에는 특이하게도 넓은 습지가 항상 있었다.

원래 그런지, 잘 가꾸지 않아서인지 억새는 그리 좋아 보이지 않았다.

쉴 곳도 없었다. 토요일이라 울긋불긋 등산복 차림의 사람들이 더 아름답게 보이기까지 했다.

한참만에야 '화엄 늪의 길'을 지루하게나마 마치게 되었다.

다음은 마지막으로 산속의 길을 내려가야했다. 산객들이 올라오는 길을 내려가야 했다. 짧은 거리였지만 잘못 선택된 등산로 때문임을 다시 한번 후회스러워 잊혀지지가 않았다.

거의 내려와서 '홍룡사'를 만났다.

제법 깊은 산속에 위치하고 있었고, 그 옆에는 '홍룡폭포'가 나름대로 물을 내려주어 시원함으로 마음을 달래 줄 수 있어 고마웠다. 그럼에도 불구하고 천성산 산행은 하산주와 함께 잘 마무리가 되었다.

천성산을 등산하시려는 분은 등산, 하산코스를 잘 계산해서 다녀오기를 조언해 둔다.

세상은 밖에도 있었었네!
# 명산 100, 88번째 '천태산' 완등 이야기!

▲ 천태산 (天台山, 715m) | 2017년 5월 25일 목요일

충북 영동군에 있는 '천태산'을 자차로 아내와 다녀왔다.

'천태산'은 이렇게 소개되어 있다.

"천태산(天台山)의 주변에 '영국사(寧國寺)'를 비롯하여 양산 8경의 대부분이 있을 만큼 산세가 빼어나 충청북도의 설악산이라 불린다.

'영국사'는 고려시대 대각국사 의천이 창건한 절로 원래 이름은 '국청사'였는데 고려 공민왕이 홍건적의 난을 피해 이곳에서 국난을 극복했다 하여 '영국사' 라고 이름을 고쳤다. '영국사'에는 수령이 약 천년 된 은행나무(천연기념물 223)와 3층 석탑(보물 533), 원각국사비(보물 534), 망탑봉 3층 석탑(보물 535), 부도(보물 532) 등 문화재가 많다.

등산코스는 영국사에서 바라볼 때 오른쪽으로부터 A·B·C·D 4개가 있다.

미륵길이라 불리는 A코스는 최북단에서 능선을 따라 정상까지 이어지는 최단코스이고, 관음길이라 불리는 B코스는 영국사로 직접 이어지는 가파른 코스로 최근 폐쇄되었다. 원각국사길이라 불리는

C코스는 영국사 남쪽 '원각국사비'에서 구멍바위를 지나 주능선으로 이어지는 길이며, '남고갯길'로 불리는 D코스는 남고개로 이어지는 길로 하산할 때 많이 이용한다.

정상에서는 서쪽으로 '서대산', 남쪽으로 '성주산'과 멀리 '덕유산', '계룡산', '속리산'이 보인다.

하산은 남쪽 주능선을 따라 남 고개를 향해 내려온다. 갈림길에서 오른쪽은 암릉 구간이고, 왼쪽은 우회 등산로이다."

더위가 오기 전에 좀 앞당겨 내려가면서 경부, 대진고속도로 주변에 있는 몇 개의 명산(천태산, 운장산, 구봉산)을 2박 3일간 다녀보고 내려가기로 계획을 세워 보았다. 7월까지 "명산 100 완등", 8월부터는 Job에 중점을 두기로 했다.

거실에 등산 배낭이 있으면 혼자 취미를 즐긴다는 느낌이 들지 않게 하기 위하여 공주들이 퇴근 전에 배낭을 차에 실어 두었다. 아내에게는 몇 주 전에 허락을 받아 두었으니 특별한 문제는 없었다. 거제도에 내려가는 짐과 등산가는 짐을 챙기느라 어젯밤부터 바빴지만 즐거웠다.

두 공주를 즐겁게 출근시키고, 집안 정리까지 마쳤더니 8시가 되었다.

예상을 하고, 출발 목표시간을 그렇게 잡았지만 해가 뜬지 2.5시간이 지났으니 대지의 열기는 오르고 있었고, 등산지에 도착하면 오전 11시나 정오 가까이 될 터이니 전라북도의 '모악산'보다는 좀 더 가까운 충북 영동군에 있는 '천태산'으로 아내가 결정해 주었다.

부자가 된 듯 이것 저것으로 큰 차에는 언제나 짐으로 가득했다.

서울에서 '영국사주차장'까지 240km, '오전 11시경에 도착한다.'는 네비의 알림이 있었다. 등산은 왕복 6.0km, 4시간을 고려하면 더위의 절정시간에 등산이 진행될 것으로 예상되어 조금은 걱정되었다. 아내는 기온이 높을 때 등산을 하면 머리 아픈 증세를 갖고 있어 걱정은 되었지만 바람이 많이 분다고 하였으니 다소 걱정이 가라앉는 듯 하였다.

이런 상황을 감안하여 휴게소에 잠깐 주유를 하였을 뿐 쉬지 않고 달려 목적지 '영국사주차장'에는 20분 당겨진 10시 40분에 도착했다. 주차장은 벌써 열기가 후끈했다. 등산에 필요한 간식 등을 챙겨서 등산은 곧장 시작되었다.

군립공원이라 주차료, 입장료를 받을 것으로 예상이 되었는데 매표소는 보이지 않았다.

'영국사'까지는 깊은 절간으로 가는 다른 절의 길과 다를 바 없이 시원한 그늘로 되어 있었다. 가뭄의 탓인지 계곡에는 물소리가 약하게 들렸고, 이따금씩 물고기 노닐던 모습이 보여 다행이었다. GPS를 켜고, 초행길에 길잡이가 되어 주길 바랐다.

첫 번째 갈림길부터 GPS는 역할을 해 주었다. 무조건 영국사 쪽을 향했다. 낮은 산이라 아담하게 이어졌던 사찰로 가는 길은 너무나 조용했고, 인기척은 어디에도 들리지 않았다. 약 1km를 올랐더니 매표소가 있었다. 이것 또한 예외였다. 매표소 입구 플래카드에는 "군립공원 천태산으로 들어가는 사람에게는 입장료를 받는다."는 내용이었는데 나중에 알아보니 영국사에는 보물이 많이 있는 사찰로 나와 있었다. 입장료는 인당 천원이었다.

절 같지 않은 절간에는 인기척이 없었고, 그러나 짓고 있는 절도 보였다.

천년이 되었다는 은행나무도 인상적이었다. "높이가 31m, 가슴높이의 둘레는 11m, 나이는 천살 정도로 추정된다. 가지는 2m 높이에서 갈라졌으며, 동서 방향으로 25m, 남북 방향으로 22m 정도 퍼져 있다. 서쪽 가지 중 하나는 밑으로 자라서 끝이 땅에 닿았는데, 여기서 자라난 새로운 나뭇가지는 높이가 5m 이상이나 되고, 가슴 높이의 지름이 20cm가 넘는다.

이 나무는 국가에 큰 어려움이 있을 때마다 소리를 내어 운다고 하며, 가을에는 이 나무와 주변의 경관이 하나로 어우러져 절경을 이룬다."고 적혀 있었다.

인터넷의 공부 사항과 현지에서의 기온을 감안하여 'C코스'를 선택했다. 등산코스는 영국사 우측에서부터 A, B ,C, D 코스로 되어 있었다. A코스에는 75m 수직에 가까운 암벽 로프 타기가 있었고, C코스는 무난할 줄 알았는데 실제
는 경사가 심한 구간도 있었다. 인터넷의 설명과는 많이 달랐다.

아내는 로프 타기를 잘했다.

로프를 다리 사이에 넣고 두 손으로는 로프를 단단히 잡고 사뿐사뿐 잘 올라 주었지만 사토로 된 바윗길이 더 힘들게 만들었다.

능선에서 시원한 북서풍을 가슴에 안으며 걸을 수있었다.

헬기장 → 쉼터 → 정상에 도착하였다.

정상에는 다른 명산과는 달리 이런 글귀가 있었고 오래된 듯 설명판은 변색이 심하게 되어 있었다. 이곳 등산로를 개설하고 오랫동안 시설관리를 하면서 혼자 힘들고 외로울 때 바람같이 물같이 시를 애송하면서 자신을 위로 받은 관계로 이 곳에 옮겨봤다.

바람같이 물같이

청산은 나를 보고 말없이 살라하고,
창공은 나를 보고 티 없이 살라하네!
탐욕도 벗어놓고 성냄도 벗어놓고,
물같이 바람같이 살다가 가라하네!

인증샷을 확보하고 기온 때문에 곧장 하산을 시작했다. 또 한 가지는 음식이 부족했다. 탄수화물이 들어 있는 음식을 준비해야 했는데 커피와 과일뿐이었다. 기껏해야 컵라면 한 개 정도였으니 큰 실수를 한 것이었다.

아내는 아침도 부실했는데 이번에는 물 부족이 아니라 음식의 준비 부족으로 큰 어려움을 이겨내어야 했다. 심지어 쉼터에서는 혹시 옆에 쉬고 음식을 먹고 있는 사람들 곁에서 쉬게 되면 그들이 음식을 주지 않을까 기대도 되었다.

하산은 이런 사정을 고려하여 길긴 했지만 안전하고 쉬운 D코스를 선택했다.

등산할 때 우리가 만났던 그들이 친절하게 조언을 해준 영향도 있었다. 마사토라 미끄러웠고, 암릉이라 위험하긴 마찬가지였다.

천안시에 있는 '광덕산'의 산세와 암릉으로 된 명산의 모습이 비슷했다.

L자형의 D코스의 거리는 C코스의 그것보다 1.5배 길었다. 안전산행이 무엇보다 중요하므로 그렇게 선택을 잘 한 것 같았다. 평일이라도 등산객은 하나 둘 있었다. 출발 후 3시간을 조금 넘겨 '영국사주차장'에 도착하였다.

GPS상 왕복 6.3㎞, 3시간 51분에 마무리가 되었다.

내일 산행지 '운장산' 근처로 약 1시간 이동 할 사례였나. 국도를 따라 금산시를 지나 산골로 들어갔다. 배가 고파서 배에서는 꼬르르 난리였다. 배를 채울 수 있는 식당은 보이지 않았고, 숙소 찾는 일이 더 난감하게 보였다. 간신히 자장면 집에 들어가게 되었다. 아내는 속에서 받아주지 않는다며 전혀 먹지를 못하였다. 시간은 오후 4시를 조금 넘겼다.

갈등이 머리를 복잡하게 만들었다. "거제도로 가야 하는가? 산으로 돌아가야 하는가? 그냥 계획대로 산행지 쪽으로 가야 하는가?" 시간도 있고, 기름도 있으니 계획대로 산행지로 향했다. 절실함의 결과였다.

내일 산행지 8㎞ 전 쯤에 펜션형 숙소가 있는 게 아니었던가? 푹 쉬면서 회복을 기대하면서 2박을 잡았다.

내일은 '운장산(1,126m)'을, 모레는 '구봉산(1,002m)'을 산행하기로 하고, 들어왔으나 아내가 걱정이 되었다. 일찍 들어왔으니 저녁도 먹고 충분히 쉬면 괜찮을 것으로 기대를 하면서 오늘 하루를 마무리하였다.

세상은 밖에도 있었었네!
# 명산 100, 2번째 '청계산' 완등 이야기!

▲ 청계산 (淸溪山, 매봉 618m) | 2015년 12월 13일 일요일

　서울을 에워싸고 있는 산 중에서 남쪽에 위치한 '청계산'을 자차로 아내, 큰 공주와 다녀왔다. 여러 번 다녀온 명산으로 '청계산'은 이렇게 소개되어 있다.
　"청계산은 성남시와 과천시, 의왕시를 경계로 하는 산이다. 산에서 흘러내리는 물이 맑아 '청계(淸溪)'라고 불렀단다. 조선시대에는 '푸른색의 용이 승천하였다'는 전설을 두고 '청룡산'이라고도 불렀다는 기록이 있단다." ◀출처 : 네이버

　초행길이라 지하철로 가는 것이 가성비가 안 좋을 것 같아 자차로 갔다. 휴일이라 산을 찾은 사람들이 너무 많았다. 청계산은 등산로가 잘 되어 있고 오르기가 쉬워 남녀노소 누구나 간다고 소문이 났는데 직접 가서 보니 정말 그랬다. 우리도 그 중 한 그룹이었다.
　입구에는 식당과 등산복 shop이 많았고, 식당에서 음식을 먹을 경우 해당 식당 주차장에 주차를 할 수 있어 주차를 하는 데는 문제가 없었다. 일찍 도착한 것도 식당과 주차장을 선택하는데 주효했다.
　우선 먹고 싶은 메뉴가 있는 식당에 주차를 해 두었다. 등산 장비를 재점검하고 쉬엄쉬엄 등산을 시작했다. 초입부터 사람들로 와글와글했다. 큰 공주가 함께 하고 있기 때문에 신경이 많이 쓰였는데 우선 속도를 잘 맞춰야 했다.
　목탁 두드리는 스님도 휴일 찾은 산객들의 마음을 쓰다듬어 주었다.
　구청 공무원들은 패인 등산로에 모래를 보충하고 있었다. 옮겨야 할 모래가

너무 많아 올라가는 사람들에게 한 봉지씩 옮겨 주기를 바래 우리도 도와주었다. 등산객들에게 모래봉지 옮겨 주기를 바랐던 것이 그들의 아이디어였는지 게으름을 피웠던 것인지는 그들만의 마음이었지만 괜찮은 아이디어 같았다.

등산로의 좌우에는 도토리를 주워 가지 못하도록 경고 메시지가 많았다.

도토리가 산짐승들의 먹이로 많이 부족한가 보다며 자연의 불균형이 결국 인간에게까지 영향을 미친다고 생각하면 잘 지켜줘야 한다.

우측에는 '옥녀봉'이, 좌측에는 '매봉'이 있었다.

우선 우측의 옥녀봉으로 가는 길을 선택했다.

중간쯤에는 돌로 예쁘게 쌓은 '소망탑'도 있었다.

쉬어가기 좋도록 널찍하게 주변 장소를 만들어 찾아온 사람들에게 편안한 휴식공간도 제공하였다. 소망의 기도를 하며 함께 기념사진도 찍었다.

등산은 자신과의 싸움이라 가장 인내심이 적은 사람을 제일 앞장을 세워 함께 끝까지 가도록 하는 것이 필자의 평소 철학이었다. 이런 철학을 바탕으로 큰 공주를 제일 앞장 세워 그 페이스를 우리가 따라 가도록 해 주었다.

주변에는 쭉쭉 뻗은 도토리나무들이 사람들의 시선을 독차지 하였다.

여름이면 또 그늘로써 역할을 한다고 생각하니 자연이 사계절 인간에게 주는 혜택을 생각하면 자연을 절대로 훼손시켜서는 안 된다는 점을 잘 인식해야 할 것이다.

지게에 뭔가를 가득 짊어지고 올라가는 사람도 보았다. 등산을 많이 하면서도 보기 힘든 장면이라 무척 궁금하였다. '옥녀봉'에 갔더니 막걸리와 음료수를 판매하고 있었다. 그들의 삶이었다.

서울시가 한 눈에 내려다보이는 그 곳에서 큰 공주는 연신 사진을 담아내었다.

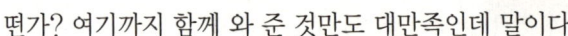

휴일에 산에 오기를 잘했구나 하는 말이 나오기만을 학수고대해 봤다. 아무려면 어떤가? 여기까지 함께 와 준 것만도 대만족인데 말이다.

숨을 가다듬고 오늘의 인증샷의 주봉인 '매봉'으로 향했다.

경사가 심해지기 시작하였다. 모두가 나무 계단으로 되어 있어 안전상 문제는 없었으나 계단의 높이가 신체 구조와 잘 안 맞아 육체적으로 조금 피곤하고 힘든 등산이 될 것으로 예상이 되었다. 중간중간의 휴식 장소마다 쉬어가면서 간식으로 에너지를 보충해 갔는데 정상 가까이에서 큰 일이 발생하고 말았다.

갑자기 화장실이 필요했다. 산 중턱에 화장실이 있을 리는 만무한 일이라 급한 김에 사람들 눈에 잘 안 뛰는 곳에서 해결하였다. 산에 가면 자주 거름을 주고 왔던 터라 당황하거나 이상할 게 하나도 없는 생리적인 현상의 하나로 받아들이고 즉시 현장에서 해결해 주었다.

평소 운동을 적게 하는 사람이 운동을 하게 되면 장운동이 활발해져서 이런 생리현상은 자연적으로 받아들이고 대처능력도 생기게 되었다.

드디어 '매봉'이라고 새겨진 정상석에 도착하였다. "정상에 오른다는 것이 이런 느낌이구나!" 하는 것을 오래 느끼도록 주변을 서성이면서 인증샷과 함께 기념사진도 많이 남겼다. 서울 시내는 더욱 멀리까지 보였다. 언제 또 등산을 하고 서울 시내를 한 눈으로 볼 수 있는 기회가 큰 공주에게 있을까 싶기도 하였다. 잠시 머문 자리가 영원히 아름답기를 기대하면서도 어느 순간에는 내려가야 한다는 압박감에 몸부림을 칠 때가 있었고, 그때가 제일 좋았다고 외치고 싶어질 것이다. 그래서 등산을 하는 것이 아닐지? 그런 느낌으로 등산이 이어지길 바랐다.

올라올 때와는 달리 더 많은 곳을 보여 주기 위해 다른 곳으로 하산길을 선택하였다.

인터넷에서 공부를 충분히 하고 왔으니 낯선 곳이라도 길을 잃는다든지 하는 일은 없을 것이라는 것을 확신하며 급경사가 아주 많은 곳으로 내려갔다. 급경사는 많았지만 계단이 있어 안전에는 걱정이 없었다.

큰 공주와 함께 '명산 100'에서는 두 번째로, 서울 근교 명산에서의 공식 인증샷으로는 첫 번째로 '청계산' 등산을 안전하고 즐겁게 마치게 되었다.

함께해 준 아내와 큰 공주에게 감사를 드렸다.

'청계산'에는 여러 차례 다녀왔지만 남녀노소 가릴 것 없이 누구나 편하게 다녀올 수 있는 산으로 추천해 둔다.

세상은 밖에도 있었네!
# 명산 100, 69번째 '청량산' 완등 이야기!

▲ 청량산 (淸凉山, 장인봉, 870m) | 2017년 3월 19일 일요일

경상북도 봉화군과 안동시의 경계에 있는 '청량산'을 산악회와 다녀왔다.

청량사 입구에는 '청량산'을 이렇게 설명하고 있었다. "청량산은 해발 800m 내외의 12개의 바위 봉우리와 기암괴석이 아름다운 것으로 유명하다. 중생대 백악기에 퇴적된 역암, 사암, 이암층이 융기, 풍화, 차별침식 등을 거치면서 다양한 지형이 형성되어 경관이 아름답다. 조선 후기 실학자 이중환은 '택리지'에서 청량산을 백두대간의 8개 명산 이외에 대간을 벗어난 4대 명산 중 하나로 보았다.

또한 퇴계 이황이 이곳의 경치를 사랑했다 하여 유교와 퇴계를 숭상하는 선비들이 즐겨 찾는 유교의 순례지이기도 했다. 청량산에는 고려 말 공민왕이 난리를 피하여 머물렀다고 하는 궁궐의 터와 원효, 의상, 김생, 최치원 등과 관련된 장소 등이 남아 있으며, 경관이 아름답고 학술적, 역사적 가치로 높아 한국의 대표적 명승지로 평가된다."

"휴일에 등산 혼자 간다"고 그리고 "일주일에 세 번이나 등산을 무리하게 한다"는 가족의 원성을 안고 여느 때처럼 새벽 5시에 일어났다. 휴일에는 김밥 파는 여사장이 없어 편의점에서 삼각김밥을 사 가면 된다고 어제 이야기를 했더니 아내표 유부초밥을 정성스럽게 만들어 주었다. 어제 있었던 가족의 원성이 녹아 내렸고, 마음도 안정이 되었지만 휴일에는 오랜만에 가는 것이라 기분도 좀 그랬는데 가족까지 원망을 하니 기분이 언짢았다. 4월

부터 빨리 더워지고 3월은 해빙기라 안전에 유의를 해야 하는 시기지만 서울에 있을 때 2주 동안 산악회를 따라 최대한 많이 가 보려고 안 가 본 곳을 휴일에도 신청을 하였더니 그만 일주일에 세 번이나 이어지게 되어 가족들의 원성은 당연한 것이었다.

발걸음은 가볍게 마음은 무겁게 새벽 6시경 집을 나섰다.

김밥도 아내가 준비해 주었으니 지하철을 타고 일사천리로 사당역에 도착했다. 사당역에는 배낭을 하고 휴일 산을 벗 삼아 등산가는 사람이 대부분이었다. 그 속에서 필자도 여유만만 즐기러 가는 마음 가득했다. 자연을 즐기러 간다는 기분은 언제나 상쾌하고 항상 그런 기분으로 모험을 즐기러 가는 것이다.

설레는 마음으로 산악회 버스에 탑승했다. 사당역 앞 10차선 대로는 한적했다.

사당역 → 영재 → 동천 → 죽전을 거쳐 '천등산휴게소'에서 잠시 휴식을 갖고, 청량산 안내소를 통과하여 '청량폭포' 들머리에 계획보다 30분 이른 10시 30분경에 도착했다.

등반대장은 귀경시간도 30분 당겨 주었다. 등반대장이 준 등산코스 두 개 중 필자는 이렇게 선택했다.

"들머리(청량폭포) → 장인봉(정상) → 선학봉 → 하늘다리 → 자란봉 → 뒷실고개 → 청량사 → 선학정 → 청량폭포→ 공원안내소 → 주차장. 7km, 4.5시간."

산길 중앙쯤 '청량폭포' 입구에 내려주었다.

정상인 '장인봉(丈人峯)'까지는 1.9km라는 이정표가 눈에 들어왔고, 이 정도라면 거제도의 '국사봉'의 등산거리라 1시간이면 충분하겠다는 생각에 자신감이 생기게 되었다.

그러나 등산 시작시간이 더워지고 있는 오전 11시에 가까워진 것이 부담으로 작용은 되었다. 가장 짧은 코스를 선택하여 약 7km, 4시간 30분 정도의 길을 혼자서 즐기는 것이라 긴 코스의 회원들과는 2시간의 여유가 있어 아무런 장애나 부담도 없이 등산을 시작하였다.

등반대장의 계속 오르막길이라는 설명처럼 70~80도의 경사로를 줄기차게 올라야만 했다. 일렬로 줄지어 거친 숨을 내쉬더니 처지는 회원도 늘어났다.

양지바른 얕은 계곡을 오르는 것이라 외투를 잠시 벗고 쉬면 뒤처지는 것이라 쉬지 않고 걸었다. 다리는 쉼 없이 움직였고 초크통에 담아 온 사과로 에너지를 계속 채웠다. 1.6㎞를 올랐더니 갈림길 능선이 나왔고 이제 300m를 더 올라야 정상석이 나온다는 이정표였다.

계속 오르막이었다. 들머리에서 1.9㎞ 모두가 급경사로 된 등산로였다. 거리가 짧다고 얕잡아 보다간 큰일 나겠다는 느낌을 받게 되었다. 그림에서 보았던 '丈人峯' 정상석의 표시가 눈에 아른거렸다. 벌써 정상의 인증샷을 마치고 내려오는 회원들도 있어 부러웠다. GPS에서도 뱃지 획득을 축하한다는 울림이 왔다. 이제 30m 남았다는 소리였다.

출발 1시간 10분여 만인 오전 11시 40분경 정상에 도착했다. 휴일이라 단체 회원도 있었고, 우리 회원도 있어 북적거렸다. 인증샷을 확보하려면 줄 서야 할 상황이었고, 휴일 등산이 싫은 이유 중에 하나였다. 간신히 인증샷을 확보하니 '69좌'를 완성하게 되었다. 이제 '70좌'가 눈앞에 보였다. '50좌', '60좌'가 달성되었을 때보다 '100좌'에 기꺼이 가는 '70좌'가 훨씬 감명이었다. '80좌', '90좌', '100좌'는 더 심하게 느껴질 것이라 쉼 없이 진행하여 빨리 도달하고 싶은 욕심도 생겼다. 그래서 쉬지도 못하고 등산에 계속 빠지게 되는구나!!

청량산의 정상석 뒷면에는 "정상에 올라"라는 시가 새겨져 있었다.

청량산 꼭대기에 올라 두 손으로 푸른 하늘을 떠받치니 햇빛은 머리위에 비추고 별빛은 귓전에 흐르네. 아래로 구름바다를 굽어보니 감회가 끝이 없구나. 다시 황학을 타고 신선세계로 가고 싶네.

다음 목표는 봉화군의 자랑거리인 국내 최장 산악현수교인 '하늘다리(sky bridge)'를 보고, 그 근처에서 점심(유부초밥)을 먹는 일이었다. 청량산에는 열두 개의 봉우리가 불교식으로 이름이 지어졌다고 했다. '장인봉'을 거쳐 '선학봉'과 '자란봉'을 연결한 것이 하늘다리였다.

기록물을 보니 "하늘다리는 해발 800m지점에 위치하며, '선학봉'과 '자란봉'을 잇는 길이 90m, 높이 70m, 바닥폭 1.2m로 산안에 설치된 '현수교량'으로는 국내에서 가장 길고 높은 곳에 위치한다.

2008년 5월 봉화군에서 유교문화권 관광개발 사업의 일환으로 설치하였다. 주요 자재는 최첨단신소재인 PC 강연 케이블과 복합 유리섬유 바닥재를 사용하여 탐방객들의 안전을 도모하였으며, 통과 하중이 340kg/㎡으로 최대 100명이 동시에 지나갈 수 있도록 설계, 시공되었다."

정상을 다녀온 후로는 오르막이 없기를 바라는 것이 모든 회원들이 바라는 바겠지만 이곳에는 봉우리를 넘나들어야만 하산이 진행되니 '선학봉'에 계단을 걸어 올라야만 했다.

앞에는 '자란봉'이 보였고, 옛날에는 그 계곡 70m를 내렸다. 올랐으나 하늘다리로 관광객이 많아졌단다. 잠시 호흡을 가다듬고 양지바른 곳에 자리를 잡고 점심을 먹었다. 대체로 경사가 심한 코스였는데 예상보다 나이가 있는 분들이 많았다. 기온은 더 올라 여름의 시작점에 와 있는 듯 착각할 정도였다.

자란봉에서 우측으로 꺾어 '뒷실고개'를 타고 '청량사', '선학정'을 하산로로 선택하였다.

경사가 또 만만찮았다. 하늘다리 관광객들은 큰모험을 하고 있는 듯 보였다. 다리가 아픈 노인부터 학생들까지 90m 뿐인 하늘다리를 보려고 안간힘을 쏟고 있었다.

스틱도 없이 오르긴 하지만 하산할 때 무릎이 더 고장날 텐데 필자가 오히려 걱정이 되었다. 한참을 내려왔더니 '청량사'가 옛날 흔적 그대로였다. 산중에 계단처럼 층층마다 조그맣게 절을 지었던 것을 보고 깜짝 놀랐다.

"청량사(淸凉寺)는 신라 문무왕 3년(663년)에 창건된 고찰로 한때는 연대사를 비롯하여 20여개의 암자가 있어서 불교의 요람을 형성했다고 한다. 청량사의 중심 전각은 유리보전(琉璃寶殿)으로 경상북도 유형문화재 제47호로 지정되어 있으며 현판은 고려 공민왕이 홍건적의 난을 피해 피난 왔을 때 쓴 친필이라고 전해 온다."

'청량사'를 한 바퀴 둘러 본 후 다음 목적지인 '선학정'으로 가는 길은 계속 경사가 이어졌다. '선학정'이 있는 도로에 도착한 후 청량산으로 뒤돌아보았더니 불교식으로 이름을 지었다는 열두 개의 봉우리마다 작은 나무들을 머리 위에 가득 이고 있어 자연의 조화로움을 보게 되었다. 뿌리가 돌 속에 깊이 박혀 돌을 부수는 정도의 나무도 아닌 작은 나무들과 참으로 공생하는 모습으로 비춰졌다.

바위면 바위, 나무면 나무로 따로 생존하는 산이 대부분인데 청량산에는 공생의 관계를 볼 수 있어 또 다른 자연의 현상을 볼 수 있었다.

들머리에서 날머리까지 산행거리는 약 4km로 대체적으로 짧았지만 산속에는 비밀들이 많았던 것 같았다. 도로를 따라 한참을 내려왔더니 들머리였던 '청량폭포'를 만날 수 있었고, 조금 더 내려갔더니 도립공원 안내소가 나왔다. 청량산의 안내서를 찾았다. 12개의 봉우리에 대한 설명이 담겨져 있었다.

"청량산은 예부터 불교의 흔적이 산 전체에 남아있던 곳으로 산의 봉우리들도 그 명칭이 보살봉, 의상봉, 반야봉, 문수봉, 원효봉 등과 같이 불교식 명칭을 가지고 있었다.

1544년(조선 중종 39년) 당시 풍기 군수이던 주세붕이 청량산을 유람 후 열두 봉우리의 이름을 일부 고치고 새로 짓기도 하였는데 그 명칭이 지금의 열두 봉우리의 이름으로 명명하게 되었으며 6.6봉이라고도 한다. 이후 퇴계 이황은 이를 '청량산 육육봉'이라 부르며 주자의 중국 무이산 육육봉과 연결시켜 조선의 무이산으로 삼았다. 이때부터 청량산은 불가의 산에서 유가의 산으로 바뀌게 되었다.

'장인봉(丈人峯)'은 청량산에서 가장 크고 긴 봉우리다. 옛날 명칭은 대봉(大峯) 주세붕이 중국 태산(泰山)의 장악(丈岳)을 모방하여 명명함. '선학봉(仙鶴峯)'은 옛날에 학의 집이 있었다 하여 선학(仙鶴)이라 함. '자란봉(紫鸞峯)'은 난새가 춤추는 형상을 본떠 명명함. '향로봉(香爐峯)'은 향로와 같다 하여 명명함. '연화봉(連花峯)'은 형상이 연꽃 같다하여 연화봉이며, 옛 이름은 의상봉. '연적봉(硯滴峯)'은 형상이 연적과 같다고 하여 붙여진 이름. '탁필봉(卓筆峯)'은 형상이 붓끝을 모아놓은 것 같다.

옛 이름은 필봉임. '자소봉(紫霄峯)'은 옛 이름은 보살봉임. '경일봉(擎日峯)'은 매년 춘분과 추분에 연대에서 보면 해가 봉우리 정상에 뜸으로 경일봉이라함. '탁립봉(卓

立峯)'은 자소봉에서 볼 때 동쪽 끝에 높이 솟아 있는 봉우리. '금탑봉(金塔峯)'은 3층의 층암절벽으로 형상됨. 5개의 암자터와 어풍대, 풍혈대가 있다. '축융봉(祝融峯)'은 중국 오악의 하나인 남악 형상을 모방하여 명명하였다."

이제 다리 건너 대형 주차장으로 가기만 하면 청량산 산행은 모두 끝나게 되는 것이었다.

귀경 예정보다 2시간 30분이나 일찍 하산을 마치게 되었다.

폭이 넓은 낙동강 상류의 지점으로 앞산은 마치 홍천에 있는 팔봉산을 연상케 하였다. 바닥에는 물과 바위들이 기초를 하고 그 위에 작은 나무들이 풍성하게 자라고 있어 자연의 조화로움이 여기에도 있구나 하면서 대한민국의 산야는 서로 다른 기질을 보유하고 있어 그 아름다움은 어디에 내놓아도 뒤지지 않을 것 같았다. 이런 모습 때문에 산을 찾게 되는지 모른다.

잠시 쉴 곳을 찾았지만 식당만 몇몇 있을 뿐 어디에도 볼 수가 없어 아쉬웠다. 잘 지어놓은 정자 밑에서 여름 볕을 피하듯 시원하게 불어오는 바람과 함께 피로함을 날려 버렸다. 땀이 식으니 온 몸에 한기를 느껴 차 안으로 들어갔다. 차 안은 또 한증막이었다. 벌써 여름의 문턱에 바짝 다가왔다.

청량산 등산코스에서 도로 걷는 약 3km는 없어졌으면 하는 바람을 가져봤다.

아무런 도움이 되지 않았고, 중간쯤에 대형 버스 주차장이 있었는데 왜 이렇게 불필요한 동선을 포함시켰을까 궁금했는데 가만히 생각해 보니 등산을 마치고 막걸리 마시는 장소를 배려한 것 같아 보

였다. 그 동네의 식당에도 도움을 주면서 그렇게 동선을 잡았구나 생각하며 이해를 하게 되었다. 필자가 막걸리를 좋아하지 않는다는 착각에서 그렇게 불편한 생각을 하게 된 것 같았다.

세상은 밖에도 있었네!
# 명산 100, 96번째 '청화산' 완등 이야기!

▲ 청화산 (靑華山, 984m) | 2017년 6월 14일 수요일

　아내와 '명산 찾아 프로젝트' 1박 2일의 둘째 날 경상북도 문경시와 충청북도 괴산군의 경계산인 '청화산'을 자차로 다녀왔다.
　사실은 무더운 집에 갇혀 하루 종일 있으니 즐거움이 있는 등산을 다니면서 명산 100도 빨리 완성해 보자는 뜻도 있었다. 여름철에는 일주일보다는 1박 2일 혹은 2박 3일이 좋은 것 같아 그렇게 했다. '청화산'은 이렇게 소개되어 있다.
　"청화산(靑華山, 984m)은 경상북도와 충청북도 3개 시군의 경계를 이루며 괴산군 중앙에 솟아 있다. 산죽군락과 소나무가 많아 겨울에도 푸르게 보인다. 조선시대 실학자 이중환이《택리지》에서 '청화산은 뒤에 내외의 선유동을 두고 앞에는 용유동에 임해 있다. 앞뒷면의 경치가 지극히 좋음은 속리산보다 낫다'고 할 정도로 경관이 뛰어나다. 산기슭의 농암면 비치마을 입구에는 같은 뿌리에서 6그루의 소나무가 자라 육송정(六松亭)이라 불리는 반송(천연기념물 292)이 있고, 청천면 삼송리에는 용송이라 불리는 소나무(천연기념물 290)가 있다.
　괴산군 쪽에서 산행을 하려면 옥양동 버스종점에서 하차하여 의상저수지를 지나 왼쪽 능선으로 갓바위재에 오른다. 남쪽 능선을 타고 871m봉을 지나 정상에 오른 뒤 서북 능선으로 641m봉을 지나 의상저수지 쪽으로 내려와 옥양동으로 하산한다. 정상에서는 속리산 문장대와 군자산 · 조항산이

바라보이고, 화양동계곡과 용유동계곡이 내려다보인다. ◀출처 : 네이버

"나를 찾아 떠나는 도전, 명산 100"

2015년 12월 처음 시작할 때 명산 100은 2년의 목표로 금년(2017년) 말까지 완등하는 것으로 하고 즐기는 마음으로 여유 있게 진행하여 왔는데 필자가 7월부터 2학기 수업 준비로 시간이 많지 않을 것 같아 서두르게 되었고 아내는 낮 더위가 기승을 부리는 시간대에 등산을 하게 되면 땀을 많이 흘려 머리가 아프다는 것을 감안하여, 아내와 함께하는 명산은 이른 아침에 할 수 있는 최단 등산코스를 찾아 1일 1산행으로 여러 날을 등산하여 왔다. 그런데 최단코스에는 전문가들이 하는 짧은 거리의 코스로 굉장히 힘이 들었다.

어젯밤의 갑작스런 소나기로 아침 7시 30분경 문경시 가은읍은 16도였다. 어제 좀 일찍 숙소를 잡은 덕분에 마음은 더욱 가벼웠고 엔돌핀도 넘쳐났다. 그래도 시간이 지남에 따라 기온이 점점 올라가 더워지니 옷을 가볍게 입으라는 아내의 지적에 평소 위에 입던 티셔츠는 입지 않아 조금은 춥다는 느낌을 받아 윗도리를 배낭에 준비하길 잘 하였다. 숙소 밖은 그야말로 시골 마을 특유의 상큼한 풀 내음과 깨끗한 공기 맛은 서울의 그것과 비교가 되어 일품이었다.

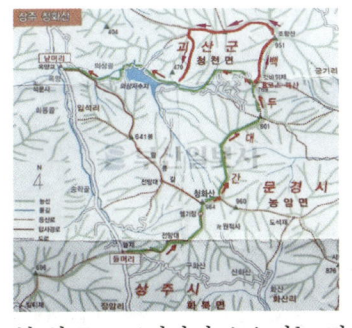

좌측코스는 산악회에서 제공에서 제공한 코스였다.

친구와 100번째 명산을 함께 할 때 받은 지도였다. 우리는 인터넷을 보고 익힌 대로 최단코스를 선택하였다.

"늘재 ↔ 정국기원단 ↔ 전망대 ↔ 헬기장 ↔ 정상"으로 원점 회귀하는 코스로 왕복 약 5km, 4시간이 소요되는 것으로 해 두었다.

들머리를 찾아 나섰다. 깊이 들어갈수록 이상한 길임을 느낄 수 있었다. 이럴 때는 GPS가 정답을 말해 준다. 엉뚱한 길로 가고 있었다.

청화산 등산로는 왼쪽 능선인데 청화산과는 점점 멀어지는 길로 올라가고 있었다. '황석산'과 같은 일이 되풀이 되지 않도록 차를 돌릴 수 있는 곳까지만 가기로 했다. 다행스럽게도 중간쯤에는 차를 돌릴 수 있는 공터가 있었다. 지난번 황석산 산중에 가서 주차하고, 거제도에서 세차를 해 보니 외부

의 도장 데미지가 다수 발견되었는데 이번에도 그런 현상이 되고 말았다. 조심스럽게 내려온다고 해도 도로가 좁아 나무에 긁히게 되면 차량 외부에 도색된 곳에 흠집을 내게 마련이었다. 다시는 정상 쪽으로 더 가까이 라는 욕심을 부리지 말 것이며, 산행을 조금 더 하면 될 것으로 정리하였다.

즉시 또 차를 돌려 들머리와는 650m 떨어져 있는 '정암버스정류장'에 주차를 했다. 주차할 곳과 들머리를 찾는데 약 10분을 소진하였다.

(등산을 마치고 버스정류장에서 귀경하는 방향이 들머리를 지나게 되었는데 들머리 반대편 50m 지점에 '어머니 사랑동산(늘티재)'가 있었고, 등산객들이나 관광객들의 승용차가 많이 주차되어 있었다. 담에 온다면 실수는 없겠지?)

위험한 2차선 국도를 따라 들머리까지 빠른 걸음으로 약 5분은 걸었다.

아침 8시 그늘로 덮인 산속은 더없이 시원하였고, 나무 사이로 불어오는 바람까지 합세하여 오히려 춥다는 느낌이 들 정도로 시원하였다. 분위기와 환경이 좋아서였던지 등산을 시작하자마자 생리현상이 작동했다. 백두대간이라 등산로 공사가 한창이었다. 일부 구간에 깔린 매트는 쿠션이 너무 좋아 그 위를 걷노라니 무릎과 발목에 충격이 없어 너무 좋았다.

마사토가 있는 길은 매우 미끄러웠다.

조심! 또 조심!!

가파른 바윗길을 오를 때면 꼭 로프를 잡아야 했다. 그때 아내의 스틱은 항상 필자에게 맡겨졌고, 아내는 로프를 잡고 잘 올라갔다.

많이 숙달되었던 것 같아 여군 특전사에 지원해도 되겠다고 칭찬

을 해 주기도 하였다. 조금 전부터 우리 앞에는 인기척이 분명히 있었는데 한참을 올라서야 그들과 마주쳤다. 등산로를 작업하는 지게를 진 젊은 남자 두 명이었다. 안쓰럽게 보였다. 그리고 등산을 즐기는 사람들을 위해 수고를 해 주니 고마웠다. 소시지 두 개를 꺼내 주었다. 두 명이 언제 다 하려는지? 둘이서 필요한 재료를 지게로 지고 가서 일하고, 점심 먹으러 내려갔다가 다시 올라가서 일하고…. 약 3km 모두의 정비가 꼭 필요해 보였는데 언

제 끝내려는고? 걱정과 안쓰러움이 교차했다.

그런 후 한참 만에 이른 아침 정상 부근에서 하산을 하고 있는 3명의 노인들을 만났다. 그들은 너무나 행복해 보였다. 서로가 서로에게 관심이 많았다.

그들도 명산 100을 하고 있단다. 이게 유명해지긴 했나 보다. 그들의 여유 있는 삶을 배워야 한다. '유유자적'인가? 필자는 그들에게 주차 장소를 여쭤어 보았다. 그들은 들머리 입구에서 50m를 지나 개인이 경영하는 막사 앞에 주차를 해 두었다고 했다. 우리는 인터넷을 보니 '장암버스정류장'이라고 하여 그곳에 주차했다고 했더니 '시골에는 아무 곳에나 주차하면 된다.'고 일러 주셨다.

정상으로 갈수록 험한 바윗길이 많았고, 또 가팔랐다. 그러나 로프가 있어 미끄러질 염려는 없었다. 아내의 또 한마디가 나왔다.

"거리만 갖고 등산시간을 생각하는 것은 안맞다. 코스의 난이도가 있고, 최단코스는 항상 그런 어려움이 있다는 것을 감안해야 된다." 최단코스에 나와 있는 거리와 예상시간을 아내에게 직접 설명 할 필요가 없어지게 되었다. 본인이 직접 인터넷으로 공부를 하고 있으니 예전처럼 최단코스라고 쉽게 생각하고 전달해서는 안 되는 일이 되고 말았다. 최단코스라는 것에는 그만큼 힘이 들어 시간이 더 걸린다는 뜻이었다. 남편만 믿고 함께 하면서 여러 번 사전 설명과 현장이 다르다는 것을 실제로 경험을 하였기 때문이다.

'정상석이 정상 근처에 숨어 있어 지나치기 쉽다'는 현장 경험 이야기를 염두에 두고, 들머리 출발 2시간쯤에 GPS가 울렸다. 정상석 30m 전방이라는 뜻이었다. 이정표가 많았다.

어떤 이는 아크릴 판에 '정상 0m'로 정상석 찾기 힘듦을 나타내 주었다. 인터넷으로 보았던 정상석은 너무나 작고 아담하였다. 따라서 찾기도 힘들 것이라는 말은 맞는 것 같았다.

"청화산, 백두대간"이라고 적혀 있는 작은 아담한 세로로 된 색 바랜 푸른색의 정상석 앞에서 오전 시간 아무도 없는 상태라 충분히 인증샷을 확보 할 수 있었다. 따뜻한 그늘을 찾아 준비해간 간식을 먹었다. "이 순간이 가장 행복하다."고 하였더니 아내는 "그렇게 살면 된다."는 대답이었다.

등산을 하면서 봐 두었던 곳에서 조망도 구경하고, 사진도 찍고, 유연하게 즐겼다. 또 하산할 때 안전이 중요하니 뒤따라 하산하면서 항상 안전을 강조하여 주었다. '급경사의 바윗길을 내려갈 때는 로프를 반드시 잡는다. 서두르지 말라. 마사 길을 내려갈 때는 두 스틱을 야무지게 짚는다. 등등' 조금 아쉬웠던 것은 최단코스라서 그런지 속리산이 보이는 조망 외에는 특이한 것이 없었고, 나무들이 무성하여 나뭇잎에 기려서 디디욱 보이는 장면은 적었다.

한 가지 특이했던 곳은 날머리 가까이에 있던 '정국기원단'이 인상적이었다. 정면이 훤하게 터 있었고, 정면으로는 멀리 '속리산'이 보였다.

청화산 등산로는 백두대간의 한 길이라 다른 산으로 가려면 도로를 가로질러야 했다.

이제 그 도로에서 약 650m를 따라 내려가 주차가 된 장소로 가야만 했다. 앞뒤에서는 차들이 쌩쌩 달려 불안하기도 하였다. 주차를 잘못하다 보니 위험한 도로를 따라 가야만 했다.

약 세 시간 반 만에 '청화산' 등산을 어렵지만 무탈하게 마치게 되었다.

집까지는 2시간 반이 걸린다는 네비의 표시였다. 음성 IC로 들어가 휴게소에서 점심을 맛있게 먹고, 안전하게 오후 3시경 집에 도착하였다.

1박 2일 동안 함께해 준 아내가 고마웠다.

세상은 밖에도 있었네!
# 명산 100, 52번째 '축령산' 완등 이야기!

▲ 축령산 (祝靈山, 621m) | 2016년 10월 30일 일요일

3박 4일간 전라도 명산 탐방의 마지막 날이었다.

오늘 등산할 축령산의 들머리에서 가까운 모암저수지 안쪽에 위치한 황토방에서 잠을 잘 잤으니 전라남도 장성군에 위치한 '축령산'을 자차로 아내와 다녀왔다.

이곳은 축령산 정상보다 자연휴양림의 삼나무와 편백나무 숲길로 더 유명한 곳이었다. 네 개의 숲길 중 모암저수지 안쪽에 있는 제3주차장이 들머리였다.

이 숲은 '임종국'이라는 사람이 일본에 가서 피톤치드가 강한 편백나무와 피톤치드가 약한 삼나무를 조화롭게 야산에 심어 인체에 더 좋은 피톤치드를 생산하는 것을 연구하여 이렇게 조성이 되었고, 돌아가신 후에는 산림청에 기증하여 현재는 산림청이 관리를 하고 있단다.

'축령산'은 이렇게 소개되어 있다.

"축령산은 전라남도 장성군 서삼면과 북일면에 걸쳐 있는 산으로, 울창한 편백나무 숲으로 유명하다. 노령산맥의 지맥으로 높이 620.5m. 옛 이름은 '취령산(鷲靈山)'이며, '문수산'이라고도 부른다. 북서 사면에는 문수사(文殊

寺)가 있는데 이 절의 대웅전(大雄殿)과 문수전(文殊殿)은 각각 전라북도 유형문화재 제51호와 제52호로 지정되어 있으며, 부근에 그 말사(末寺)인 양진암(養眞庵)과 내원암(內院庵)등이 있다. 남쪽 사면에는 관불암(灌佛庵)이 있으며 부근에는 불당골(佛堂洞), 취암(鷲巖), 승계(僧溪) 등의 불교에 관계되는 지명이 많다. '문수산'이라는 지명은 문수사가 창건되면서 붙여진 것이다.

이 산지는 북서 계절풍에 의하여 운반되는 황해의 습기가 부딪쳐 우리나라에서 가장 많은 적설량을 나타내고 있다. 문수산으로부터 남쪽으로 약 5km 지점에 고창과 장성을 연결하는 살우치(殺牛峙)가 있다. 조선시대는 산성이 축성되어 인근 전라남도와 전라북도지역 주민의 피난처로 이용되었으며 지금도 산정에 성터가 남아 있다.

축령산의 명물은 편백나무 숲으로, 이로 인해 축령산은 삼림욕의 명소로 각광받고 있다. 한국의 조림왕이라고 불리는 춘원 임종국(林種國 1915~1987)이 1956년부터 1987년까지 사재를 털어 숲을 가꾸었다. 축령산 남서쪽 산록에 숲이 조성되어 있으며, 조성면적은 약 2.9㎢에 이른다.

이 숲은 산림청과 유한킴벌리(주), 생명의 숲 국민운동이 주최한 제1회 아름다운 숲 전국대회(2000년)의 '22세기를 위해 보전해야 할 숲' 부문에서 우수상을 수상하였다. 숲을 가로지르며 조성된 약 6km의 길은 건설교통부(국토해양부)에 의해 '한국의 아름다운 길 100선'에 선정되기도 하였다. 서삼면 추암리 괴정마을 또는 북일면 문암리 금산마을이 등산 기점으로, 약 3개의 등산로(8.8km, 6.5km, 5.5km 코스)가 있다.

전라남도와 전라북도의 경계를 이루는 노령산맥 중의 산으로 북쪽의 방장산(方丈山, 734m)과 남쪽의 고성산(古城山, 546m), 태청산(太淸山, 593m) 등과 함께 북동에서 남서방향으로 뻗어 있다." ◀출처:네이버

등산 전 해당 산에 얽힌 내용을 미리 알고 산행을 하면 더 재미가 있다.

아내는 어제 2개의 명산 탐방으로 피곤할 줄 알았는데 아침 6시에 일어나 어제 마트에서 준비한 것으로 아침을 준비하였다. 든든히 챙겨 먹고, 모암저수지 제3주차장으로 갔더니 주차장은 텅 비어 있어 마치 우리가 위치를 잘못 찾아 온 것 같은 낯선 느낌까지 들었다. 자갈로 된 주차장에는 장사꾼의 차량 두 대만 있을 뿐 차가운 아침 바람이 맞아 주었다. 충분히 외투를

입고 갔으니 문제는 없었고, 숲길을 따라 축령산 산행을 시작했다.

이곳은 숲길이 유명하여 축령산 정상으로 가는 이정표는 찾아볼 수가 없었다. 부득이 GPS를 작동시켰더니 축령산 정상은 오른쪽에 위치하고 있었다. 그 쪽으로 방향만 잡고 숲길을 따라 피톤치드를 마시는 즐거움으로 지루함을 달랬다. 조용한 숲길에는 다람쥐도 새소리도 없었고, 잔잔한 물소리와 가족 단위로 산책 나온 사람뿐이었다. 그리 깊지 않은 계곡의 가장자리에는 폭우로 나무들이 뿌리째 드러나 있어 안타까웠는데 복구 작업이 진행 중이라 고맙고 다행스럽게 생각되었다.

끝없이 이어질 것 같던 나무 숲길도 한 시간을 걷다보니 불행인지 다행인지 임도를 경계로 갈라놓았다. 숲길은 사람들이 반질반질하게 만들어버렸고, 워낙 무성하게 자란 나무 그늘 밑에는 어떠한 잡초도 용납이 안 되는 듯 대머리 상태였으니 혹시라도 폭우 때문에 위험하겠다는 생각도 들었다. 오로지 정상석 만을 머릿속에 그리며 숲길을 빨리 지나치려는 필자에게 "언제 올지도 모르는데 이런 좋은 숲길을 걷는 것도 여행의 한 장면이 되어야 한다."고 필자를 나무랐다.  숲속에는 정상으로 가는 이정표는 어디에도 찾아 볼 수가 없어 속이 타 들어갔다. GPS상에는 분명히 축령산은 오른쪽에 있었으니 방향만 잡고 오르기를 한 시간 만에 임도를 또 만났다. 오른쪽 방향으로 걷기를 5분 만에 대형의 이정표가 있었지만 숲길의 안내도일 뿐 정상의 위치는 표기가 없어 서운했다. 축령산은 그리 유명하지 않아 보였다.

임도를 걸으면서 "나무들이 곧게 자란 모습이 어쩌면 필자의 직장 생활과도 꼭 닮았구나. 이들은 언제 생의 마지 막이 될까? 없을 수도 있겠구나! 하늘이 높으니 언제까지나 솟아오를 곳이 있어 좋겠다."고 잠시 푸념을 하였다가 아내로부터 "쓸데없는 생각을 한다"면서 또 꾸지람을 들었다. 주변이 너무 조용하다 보니 푸념을 늘어놓았을 뿐이었다. 이 숲을 강력히 추천해 둔다.

몇m 앞에 등산 배낭을 한 부부가 우리를 향해 걸어오고 있었다. 물어보면 알 수 있겠다고 생각했는데 그 분들은 어제 내장산 하산 길에서 만났던 부부였다. 오전 9시쯤 되었는데 벌써 정상을 다녀온다기에 다가가서 "정상이 어디냐?"고 여쭈었더니 GPS상 좌측에 나타났던 '문수산'이 '축령산의 정상'이라고 말해 주어 깜짝 놀랐다. 우리는 반대 방향으로 가고 있었던 게 아니었던가? GPS에 잘못 표기를 한 것이 아니었던가? 그 부부는 친구들이 "문수산이 축령산 정상이라"고 이야기를 해 주었단다. 그 부부를 만나지 않았다면 오전 내내 엄청 혼란스러웠던 상황이 되고 말았을 것 같이 천만다행이었다. 그 부부와 약 5분 정도 방향을 바꾸어 걸었더니 '임종국기념비'가 있는 곳에 정확히 이정표가 있었다.

그 속에는 인터넷에서 보았던 그런 모습이 있어 다시 한번 한 숨을 쉬면서 마음을 가다듬었다. 이제 600m만 오르면 정상이 나온다는 것이었고, 그 분들이 600m의 등산로에 대해 상세히 설명까지 해 주었다.

그들과 헤어지고 약 10분가량 오르막길을 갔더니 '축령산 정상'이라는 표지석과 전망대가 잘 조성되어 있었다. 인터넷에서 나타난 사진보다는 훨씬 작은 모습에 다소 실망스러웠지만 드디어 52좌를 완등하게 되었다는 기쁨에 모든 죄는 용서가 되는 순간이었다.

그저께 비가 온 뒤라서 겨울을 재촉이라도 한 듯 바람이 거세게 불어 정상은 벌써 방한복을 입어야 할 정도의 한기를 느낄 정도로 추웠다. 또 한 부부가 정상에 올라왔다. 먼저 말을 걸어왔다. "100대 명산을 찾아다니시나 봐요? 몇 개 하셨어요?" 정상에서 만나는 사람들은 흔히들 서로의 상황을 완등을 기준으로 질문을 하게 되어 같은 회사 직원처럼 느끼게 된다.

정상에서는 아무런 풍광도 없었으니 오래 머물

이유가 없었다. 얼른 인증샷과 부부 기념촬영을 마치고 하산하였다.

다시 임도까지 내려와 양지바른 임종국기념비 앞 정원에서 준비해 간 간식을 먹으면서 에너지를 충전하였다. 관광객들은 임도를 걸으면서 피톤치드를 마시러 온 모양이었다. 주변을 여유롭게 돌아보면서 축령산의 멋을 맘껏 느끼면서 왔던 길을 되돌아 내려왔다.

등산하면서 길 찾는다고 확보하지 못했던 사진도 담아 가면서 편백나무 사이를 가르며 긴 숨을 들이 마셔가면서 힘차게 걸었다. 계곡을 따라 흐르던 물은 점점 소리가 요란하였고, 이곳이 눈이 제일 많이 오는 곳이라고 적혀 있었으니 "비 또한 많이 오겠구나" 했는데 깊이 파인 계곡이 증명을 해 보이기라도 하듯 뿌리가 앙상하게 드러난 나무들이 제법 있었다. 군청에서는 이들의 보호를 위해서 제방 공사를 하고 있었고, 관광객을 위한 데크 공사도 한창이었다.

들머리였던 주차장에 도착했다. 축령산 등산은 싱겁게 끝나고 말았다.

예상보다 많은 차들이 주차장에 주차되어 있어, "숲길이 유명하긴 유명한 곳이구나!"를 다시 한번 생각하게 해 주었다. 이곳에는 단감이 유명하다기에 한 박스를 사서 차에 싣고 제2의 고향인 거제도를 향했다.

제주도 4박 5일간의 여행과 3박 4일간 전라남도와 전라북도를 넘나들면서 즐겁고 행복하고 안전하게 여행을 마치게 해준 아내에게 감사했다. 특히 3일 차에 하루 두 개의 명산을 다녀와 준 아내가 대견스러웠고, 존경스러웠다.

후회 없는 인생을 위해, 제2의 인생 테두리를 벗어나 세상 밖으로 나가서 "세상은 밖에도 있었네!"의 프로젝트에 맞추어 하루하루 보람 있는 것을 만들어 보람과 함께 또 달려 보았다.

세상은 밖에도 있었네!
# 명산 100, 38번째 '치악산' 완등 이야기!

▲ 치악산 (雉嶽山, 비로봉 1,288m) | 2016년 6월 29일 수요일

'6·29선언 29주년'이 되는 6월 들어 다섯 번째, '명산 100, 38번째'로 강원도 원주에 있는 '치악산 비로봉'을 친구의 차로 다녀왔다.

'치악산'은 이렇게 소개되어 있다.

"치악산(雉嶽山)은 강원도 원주시와 횡성군의 경계에 있는 산으로 주봉인 해발 1,288m의 비로봉을 중심으로 남북으로 뻗어 내린 산으로 '남대봉(1,181m)'과 '매화산(1,085m)'등 1천여 미터의 고봉들이 연이어 있고 곳곳에 가파른 계곡들과 산성(금대산성, 영원산성, 해미산성)과 사찰(구룡사·상원사·석경사·국형사·보문사·입석사), 사적지가 산재하고 있다.

주능선 서쪽이 급경사를 이루고 있으며 동쪽은 비교적 완만한 경사를 이루고 있다. 특히 구룡사에서 비로봉을 향해 뻗은 북쪽의 능선과 계곡은 가파르기로 유명하다. 태백산맥의 허리에서 남서쪽으로 내리닫는 차령산맥 남쪽 끝에 자리 잡고 있다. 치악산 일대의 수림은 대체로 활엽수와 침엽수의 혼효림으로 552종의 수목이 울창하다.

1973년 3월 15일에 도립공원으로, 1988년 6월 11일에 국립공원으로 지정되었다.

원래 지명이 가을의 단풍이 아름다워 '적악산(赤嶽山)'이라 불렸는데, 꿩을 구해준 나그네가 그 꿩의 보은으로 위기에서 목숨을 건졌다는 전설 때문

에 치악산으로 바뀌었다고 한다. 그 전설은 이러하였다. 무과시험을 보러가던 젊은이가 꿩 새끼를 노리는 구렁이를 어찌하지 못하고 지켜만 보고 있는 어미 꿩을 발견하게 된다. 그 광경을 지켜보던 젊은이는 화살로 큰 구렁이를 무찌르고 새끼 꿩을 구해 주었다. 꿩을 구하느라 시간을 지체한 젊은이는 어두워져 산속 기와집에 머무르게 되었다.

그날 밤 큰 구렁이 한 마리가 잠을 자고 있는 젊은이를 칭칭 감고, '내 남편을 죽인 젊은이에게 원수를 갚겠다.'고 하였다. 단, '저 산위 빈 절 종각에 종을 세 번 울리게 하면 살려 주겠다'고 하였다. 젊은이는 '이제 죽었구나.' 낙담하는 순간 어디선가 땡땡땡 세 번의 종소리가 들려왔고, 구렁이는 사라졌고 젊은이는 목숨을 구했다. 종각에 올라가 보니 종각 밑에 꿩 세 마리가 머리가 깨진 채 죽어 있었다. 그 절이 '상원사'이며, 그때까지 단풍색이 고와 적악산이라 불리던 지금의 치악산이 꿩 '치(雉)'자를 넣어 '雉嶽山'이 되었다." ◀출처 : 네이버

신분당선인 강남역 ↔ 판교 쪽 인파가 예상되는 출근과 퇴근 시간을 피하고, 치악산까지 왕복 이동시간(3.0hr), 등산(5.0hr)을 고려하여 "아침 8시 판교역 출발, 오후 4시 판교역 도착"이라는 미션을 친구에게 주었다. 내일 골프 행사를 고려하여 한 치의 오차도 없도록 치밀하게 일정을 잡았다. 재직 시 생산 계획을 세울 때의 방법을 그대로 적용한 것이었다.

정확히 아침 8시 판교역에서 만났다. 다소 대기 시간이 많았지만, 첫 번째 Mile stone을 맞춘 것이라 순조롭게 하루가 시작되는 기분이었다. 곤지암-양양 고속도로가 개통되었으면 더 빠르게 갈 수 있었을 텐데 부득이 영동고속도로를 타고 원주로 가야 했다. 앞의 길이 열렸을 때는 달렸고, 좌우측에 틈새가 발견되면 조금이라도 먼저 가려고 잠시도 틈을 두지 않았다. 한낮의 더위는 피해서 등산을 해야 하니 휴게소에 들어가 쉴 틈도 없이 달려 1시간 20여분 만에 첫 번째 목적지인 '치악산 황골지구(입석대)'에 도착했다.

아침 9시 반 가까이 되었지만 치악산의 깊은 산속이라 더없이 조용하고 깨끗하였고, 맑은 공기가 우리를 상쾌하게 만들었다. 입석대(立石臺) 입구에서 차량 통제를 하고 있어 바람 한 점 없이 햇살은 유난히 따갑게 내리쬐

어 약간은 짜증스러웠다. 약 300m 전방 등산로 입구에 새로운 주차장 공사를 하고 있어 부득이 차량 출입을 금지시킨다고 하였다. 공사가 빨리 완료되기를 기원하며 이번에는 이해하고 거기서부터 등산이 시작되었다.

총 4.1km가 4.4km로 300m가 늘어나게 된 셈이었다.

0.3km를 추가로 걸어 올랐더니 등산 안내도가 자세하게 나와 있었다. 그 안내도에는 원주시로부터 비로봉까지 등산로가 두 곳 있다는 것을 확인한 친구는 등산해야 할 길이 너무 길어 잠시 동안 이리 저리 따져 보기도 하였다. 구룡사에서는 5.7km, 입석대에서는 4.1km로 이 쪽이 짧다는 것을 만족해 주었다.

등산 난이도까지 자세히 비교해 가면서 살피더니 필자가 선택해서 온 입석대 등산코스에는 난이도가 높은 곳이 없어 다행이었다. 구룡사 쪽으로는 난이도가 최고인 곳도 있었다. 우신은 등산거리가 길어서 부담이 많은 것 같았다. 정상의 높이가 1,288m라 등산로가 긴 것은 당연한데 아직은 경험이 없어 별 것 아닌 것부터 부담스러워 해 높은 산의 등산은 어렵겠다는 느낌을 받았다.

등산에 대한 상세한 비교와 점검을 충분히 한 후 본격적으로 등산을 시작하였다. 첫 관문이 '입석사'까지 1.6km였다. 차가 다닐 수 있도록 모두 아스팔트로 되어 있어 딱딱한 길을 강렬한 햇볕과 걸어야 했으니 짜증이 저절로 나왔지만 전혀 내색하지 않았다. 계속되는 오르막에 친구는 긴 한숨과 흘러내리는 땀을 훔치느라 정신이 없었고, 쉬는 주기가 자꾸만 짧아졌다. 이럴 때는 힘들게 오르는 사람을 앞장세우고 뒤를 따라 가면 오기가 있어 더 잘 걷게 되는 것이라는 평소 초보자에 대한 등산 방법이 필요했다.

'입석대'와 '입석사'에 대한 전설이 담긴 이야기 설명 판을 읽으면서 잠시 숨을 돌렸다. 꽐꽐 흘러나오는 약수를 한 모금하면서 전의를 가다듬어 두 번째 목표지점 0.6km 갈림길까지의 최고 난이도 코스가 시작되어 처음부터 경사가 심하였다. 우거진 숲속의 바위에서는 이따금씩 다람쥐들이 술래잡기를 하듯 꼬리를 쫓아 다녀 즐겁게 해 주었고, 먹이를 먹을 때에는 사람들과 친해졌던지 도망칠 생각은 아예 하지도 않았다. 잠시 쉴 틈도 없이 갈림길까지 올랐다. 폰의 GPS상에는 500m마다 누적 거리와 현재와 평균속도를 알려

주었다. 등산의 평균속도는 2.2㎞가 되어야 하니 의식하게 된 것이었다. 많이 힘들었을 법도 한데 목표로 했던 갈림길에 무사히 도착했다.

설악산 대청봉의 등산코스가 이런 오르막길을 5.3㎞가 올라야 한다면서 "이것은 아무것도 아니다."면서 "이 정도로 힘들다는 소리를 하지 말라."는 식으로 서로에게 위로의 말을 해 주었다. 계속 가팔랐던 경사로에서 허리춤에 차고 있던 초크통에서 행동식으로 오이, 씨리얼, 토마토 등으로 에너지를 계속 보충해 주었다. 친구도 힘들 때 초크통의 위력에 놀랐다. 오늘 등산의 힘든 것은 어느 정도 극복이 되었지만, 내일 골프 모임에 참석하기 위하여 새벽에 차를 운전해서 가야 한다는 것이 더 문제였다.

등산을 할수록 체력이 고갈되었고, 내일 새벽 라운딩, 귀가 후 다음날 거제도 내려가야 하는 일까지 걱정이 태산 같았다. 다시 정리를 해 보면 "월요일의 공작산 등산, 수요일은 치악산 등산, 목요일은 골프, 금요일은 거제도" 무리하여 일주일을 보내도록 계획되었다는 것을 인정했다.

이제 세 번째 목표지점 '쥐너미고개'까지 1.2㎞는 능선을 타고 누워서 떡 먹기 정도라고 여겨졌다. 봉우리인데도 크고 작은 참나무들로 등산로는 숲 속 그늘을 만들어 주어 여느 정상 부근의 누드 능선과는 달랐다. 인간의 손이 닿지 않고 자연 그대로를 살려서 지친 산객들에게 좋은 환경을 제공해 주고 있어 편안하게 즐기려고 무척 애썼다. 그리고 등산로에는 약 1.5m 정도의 폭으로 나무로 계단이 만들어져 있었고, 간격 또한 걷기에 편하도록 인간공학을 반영한 것처럼 느껴져서 피곤함이 없도록 가끔씩 나무 사이로 하늘을 볼 수 있었고, 오른쪽으로는 돌탑 세 개가 눈에 들어와 이제 정상 근처까지 오게 되었구나 하면서 힘을 보태 주었다.

봉우리 몇 개를 올랐다 내렸다를 반복하다 원주시가 한눈에 보이는 전망대를 만나게 되었다. 비록 낮은 봉우리였지만 지칠 대로 지친 몸으로 몇 개를 올라야 했으니 더욱 짜증이 날 만도 했는데 앞이 탁 트인 아주 멋진 곳에 멋지게 되어 있었다. 이곳이 '쥐너미고개'였다. '쥐가

산을 넘어 절간에 갔는데 절간에 쥐가 너무 많아 절을 없애버렸단다'. '얼마나 많은 쥐들이 이 고개를 넘나들었기에 고개 이름을 '쥐너미고개'라고 까지 했을까?'

태양은 육수를 점점 더 만들어 내었다. 잠시 사진 몇 장을 남기고 전진하였다. 초크통은 혼자 먹을 수 있는 정도의 간식을 넣을 수 있는 크기라 둘이 먹었으니 금방 고갈이 되었다.

갈림길까지 또 300m를 더 가서 마지막 300m바윗길을 올라야 정상석을 볼 수 있었다. 정상에 우뚝 솟은 돌탑이 점점 가까이 다가왔다. 국립공원이라 그런지 추락사가 예상되는 곳에는 어김없이 계단으로 되어 있어 힘든 것을 잠시 잊게 해 주었다. 내리막 나무계단 300m, 또 오르막 계단 300m를 걸었더니 정상석이 눈앞에 나타났다. 마지막 600m의 계단은 쉬우면서도 힘들다고 느껴지기에 충분하였다. 자연석으로 '치악산 비로봉 1,288m'라고 새겨져 있던 정상석을 한참 쳐다보았다. "이게 뭔데?" 그리고 주변 세 개의 돌탑이 인상적이었다.

출발 2시간 30분만인 12시 4분에 정상에 도착하였다. 전망대는 360도를 편하게 볼 수 있도록 만들어져 높은 곳에서 많은 곳을 감상하기엔 그 어느 산보다 괜찮았다. 친구에게도 그런 느낌을 전해  주었다. "산 정상에 서면 그때서야 주변이 보인다."고 평소 생각했던 바가 느껴졌다. 잠시 동안 주변을 둘러보면서 많은 사진을 남겼다. 물론 인증샷도 하였다.

정상에 우뚝 서 있던 세 개의 돌탑은 역사를 갖고 있었다. 정상에는 "치악산의 유래"와 "미륵불탑"에 대한 설명판이 설치되어 있었다.

치악산의 유래는 앞에서 언급을 하였으니 '미륵불탑'에 대해서만 정리 해 둔다.

"치악산 비로봉에 세워진 돌탑은 원주에서 제과점을 운영하던 용창중(일명 용진수)이라는 사람이 꿈에 비로봉 정상에 3년 안에 3기의 돌탑을 쌓으라는

신의 계시가 있어 혼자서 탑을 쌓았던 것인데, 1962년 9월 처음 쌓기 시작하여 1964년 5층으로 된 돌탑을 모두 쌓았으나, 1967년과 1972년에 알 수 없는 이유로 무너졌던 것을 용창중씨가 각각 그 해에 복원하였다. 1994년 이후 두 차례에 걸쳐 벼락을 맞아 무너진 것을 치악산굴립공원사무소가 복원하여 현재에 이르고 있다. 미륵불탑 중 남쪽의 탑은 '용왕탑', 중앙의 탑은 '산신탑', 그리고 북쪽의 탑을 '칠성탑'이라고 한다."

그 어느 정상보다 인상적이었던 치악산 정상에서의 기쁨을 충분히 만끽하였다. 주변에는 암릉으로 나무 그늘을 찾을 수가 없어 정상에는 통나무 의자를 만들어 놓았다. 구름이 해를 가렸으니 그 곳에 앉아 점심을 해결하였다. 다람쥐들도 점심 파티에 끼어들려는지 한 집 식구처럼 보인 어미와 새끼들이 주변을 킁킁 거리면서 꼬리잡기 놀이로 우리를 즐겁게 해 주었다. 이따금씩 먹이를 던져 주었지만 후각이 없었던지 제대로 찾지를 못하여 먹이를 손안에 담고 유인하였더니 손바닥에 올라타고 손가락을 물어 보는 등 재간둥이였다. 산 정상이었지만 도토리나무가 많아 다람쥐들은 먹을 것도 많을 텐데 인간에게 먹이를 받아먹으면서 벌써 친해진 것 같았다. 사람을 겁내지 않고 어미도 새끼도 우리 주변을 떠나지 않았다.

이제 우리의 허기를 채울 차례였다. 영양이 듬뿍 담긴 삼각김밥을 맛있게 먹고서야 에너지가 충만해졌다. 약 40분가량 충분한 휴식과 조망을 감상하면서 두 노인을 만나 먼저 말을 걸어 보았다. 칭찬의 말씀을 드렸더니 연세가 72세였다. 무릎도 괜찮단다. 우리도 70이 넘어서도 저렇게 등산을 할 수 있도록 건강관리를 잘 해보자고 약속을 하였다. 아쉬웠지만 모처럼 인상 깊었던 정상을 떠나야만 했다. 언제 올지 모른다는 생각에 많이 서운하여 많은 사진을 남기게 되었다. 올랐던 길을 그대로 내려와야 했지만, 길도 좋아서 달리듯이 하산하였다. 다행스러웠던 점은 정상 부근의 봉우리 길에는 모두가 흙길이어서 달리듯이 속도를 내어도 무릎에 무리가 가지 않았다는 것이었다.

등산할 때는 초행길이라 등산로가 그려지지 않았는데 하산은 갔던 길을 되돌아오는 길이라 머리에 선하게 그려져 지루할 때쯤 어느 정도 남았는지 상상이 가능하여 지루함이 덜했는데 친구는 이정표를 볼 때마다 "아직도 1.6km나 남았네"면서 지겨움의 표현을 말과 한숨으로 대신하였다. 필자도 처음에는 그랬으니 그 심정을 느낌으로 알 수 있었다.

등산은 건강에 도움이 되게 즐겨야 하는데 정상석의 인증샷에만 눈이 멀어 안타까움을 더했다. 말도 없이 각자의 속도에 맞추어 선두를 번갈아 가면서 뚜벅뚜벅 걷다보니 주차장에 도착하였다.

총 5시간으로 예측한 그대로였다.

이제 오후 4시까지 판교역에 도착하여 퇴근시간을 피해야 한다.

그러나 조금은 여유가 필요해서 주차장 근처 커피숍에 들어갔다. 아무리 바빠도 그  렇지 향토 음식 구경도 못하고 갈 수는 없다는 의미에서 커피 한잔씩 하였다. 카드가 안 되어 현금 만원은 항상 지갑 속에 넣고 다녀서 현금 지불에는 아무런 문제가 없었다. 등산 장비만 정비하고 곧장 차에 올랐다.

후끈후끈하게 달구어진 차 속에서 또 한 번 육수를 짜내면서 다음 목표 지점을 향해 주저 없이 달렸다. "오전에는 동쪽으로 운전을 하지 말고, 오후에는 서쪽으로 운전을 하지 말라"고 하였는데 어쩔 수 없이 동쪽, 서쪽으로 운전을 할 수 밖에 없었다. 햇볕을 안고 운전을 하면 그만큼 위험하다는 이야기다.

안전 운전을 하여 예상대로 오후 4시경에 정확히 판교역에 도착했다.

오늘 미션을 모두 성공하게 되어 무척 기쁘고, 즐겁게 치악산 등산을 마무리하게 되어 친구에게 고마웠다. 치악산은 다시 가 보고 싶은 명산으로 남게 되었다.

세상은 밖에도 있었었네!
# 명산 100, 20번째 '칠갑산' 완등 이야기!

▲ 칠갑산 (七甲山, 561m) | 2016년 3월 31일 금요일

충남 청양군에 있는 '칠갑산'을 산악회를 따라 친구와 다녀왔다. '칠갑산'은 이렇게 소개되어 있다.

"칠갑산은 청양군의 중심부에 있고, 1973년에 도립공원으로 지정되었다. 차령산맥에 속하며 북쪽의 한티고개(大峙:대치)를 지나 동쪽에서 서쪽으로 대덕봉(大德峰:472m), 명덕봉(明德峰:320m), 정혜산(定惠山:355m) 등과 이어진다. 대치천(大峙川), 장곡천(長谷 川), 지천(芝川), 잉화달천 (仍火達川), 중추천(中湫川)등이 산의 능선을 따라 내려 흘러 금강으로 흘러간다. 계곡은 깊고 급하며 지천과 잉화달천이 계곡을 싸고돌아 7곳에 명당이 생겼다 하여 칠갑산이라는 이름이 붙었다. 산세가 험해 '충남의 알프스'라는 별명이 생겼으며 교통이 불편하여 울창한 숲이 그대로 남아 있다.

문화재는 신라 문성왕 때 보조(普照) 승려가 창건한 장곡사(長谷寺)에 많이 있다. 장곡사의 상대웅전, 하대웅전, 금동약사여래좌상, 철조비로자나불부석조대좌 등은 보물로 지정되어 있으며, 철조약사여래좌상부석조대좌는 국보로 지정되어 있다.

한티고개에는 최익현(崔益鉉)의 동상이 있고 공주시로 통하는 대치터널이 있어 교통이 편리하다. 계곡으로 흐르는 물은 맑고 깨끗하며 자연석과 어울려 경치 가 아름답다. 또한 자연석 주변에 자생란이 자라고 산 곳곳에서 구기자, 송이버섯, 싸리버섯, 고사리 등이 많이 난다. ◀ 출처 : [네이버 지식백과] 칠갑산 [七甲山]

돈 벌기 위해 출근하는 것도 아니고, 산악회를 따라 취미활동으로 등산을 가는데 새벽부터 도시락 준비에 아내가 더 바빴다. 주식(主食)은 유부초밥으로 고급스럽게 준비해 주었다. 간식으로는 방울토마토, 바나나, 과자 등으로 가방이 가득했고 더운 날씨로 생수 2병도 챙겼으니 배낭은 빵빵했다.

산악회 버스는 여느 때처럼 사당역 4번 출구에서 아침 7시 출발하여 양재, 죽전에서 회원들을 태우고 2시간 반을 달려 오전 9시 30분 들머리로 계획된 충남 청양군 대치면 장곡리 '칠갑산 장승공원 주차장'에 도착하였다.

칠갑산에 대한 기록을 살펴보면 산세가 거칠고 험준하여 사람들 발길이 쉽게 닿지 않아 충남의 알프스라는 별명이 있지만 실제는 해발 561m 정상

의 고도가 말해 주듯이 그렇게 높지 않고 편안한 흙산이라서 오히려 마음 편하게 먹고 하자를 하고 눈앞에 펼쳐진 공원의 모습에 그만 놀라고 말았다.

갖가지 형태의 장승과 보지 말고, 듣지 말고 말하지 말라는 해학적인 조각상들을 따라 해 보며 오랜 시간 달려온 피곤함을 풀어 주었다. 등산하기 전 공원을 둘러보면서 간단히 몸 푸는 정도의 스트레칭을 할 수 있었다.

100대 명산을 다녀보고 있지만 '대한민국에도 보고 즐길 게 많구나' 였다.

칠갑산을 유명하게 만든 일등 공신 '콩밭 매는 아낙네 상'이 인기였다. 한 줄로 서서 사진에 담기에 여념이 없었다.

줄 서서 기다리는 동안 콧노래를 불러보며 제대로 여유로운 칠갑산 산행을 시작해 보았다.

길 가던 한쪽에서는 봄의 전령사인 수선화가 너무 이쁘게 피어 담아왔다.

"수선화는 그리스 신화에 나오는 나르시스라는 청년의 이름에서 유래되었다"고 한다.

"나르시스는 목동이었대요. 양떼를 몰며 평화롭게 지내던 어느 날 물을 마시기 위해 냇가에 엎드렸는데 물속에 너무나 아름다운 요정이 자신을 바라보고 있었어요.

순간 소년은 아름다운 요정에 홀딱 반하고 그만 물속에 풍덩 뛰어들고 말았답니다. 나르시스는 연못에 비친 자신의 모습을 요정이라고 착각한 것이었답니다. 후에 냇가에 노랑수선화가 피어났다"는 전설이 있답니다.

그래서 수선화의 꽃말이 '자기사랑', '자존심', '고결', '신비'였던가요? 수선화는 가을심기 구근으로 이른 봄에 개화된답니다. 우리나라에는 화단용으로 일부 이용되고 있답니다.

다시 시작된 산길은 칠갑산의 전형적인 흙길로 부드러웠다.

겨울의 경계를 넘나들었던 겨울의 끝자락마저 찾아보기가 어려웠다. 봄기운이 완연한 따스한 날 이따금 살랑살랑 불어주는 봄바람이 이마에 젖은 땀을 연신 훔쳐갔다.

산길은 여전히 완만한 가운데 미끄럼과 등산로 침식을 방지하기 위하여 천연 야자수 껍질로 만든 매트가 깔려 있어 발바닥으로 전달되는 부드러움이 한층 편하게 느껴졌다.

'금두산'과 '삼형제봉'을 지나 '칠갑산 정상'에 오전 11시 도착하였다.

정상에는 하늘 아래 봄빛으로 가득 채워진 신선한 공기가 상큼하게 다가왔다. 그다지 높은 산은 아니었지만, 주변에 크게 높은 곳이 없어 사방이 막힘없이 웬만큼 높은 산보다 전망이 뒤지지 않았다.

드넓은 정상에는 쉼터와 헬기장이 갖추어져 있었으며 준비해 간 먹을거리를 꺼내 점심을 맛있게 먹었다.

주변의 회원들과 점심을 먹으면서 이런 생각이 떠올랐다.

"나이가 들어서는 물질적인 것에 돈을 쓰지 말고, 추억을 만드는 일에 돈을 쓰라." 결국은 인생에 스토리텔링 거리가 많아야 한다.

그러니 여행하는데 돈을 쓰라! 이런 경험들을 또 어디에 써먹어야 한다. 소위 개똥철학 말이다.

우리 부부가 유럽 여행 갔을 때 만났던 모 대학교수가 한 말씀이 생각났다. "여행은 가슴이 떨릴 때 가야지 다리가 떨릴 때 가면 안된다"

날머리인 천장호 관리사무소 앞 '칠갑산휴게서 주차장'을 향해 하산을 시작하였다.

푸근한 마음으로 내리기를 한참 만에 천장호 직전 전망대에서 천장호의 푸른 물과 출렁다리가 한눈에 들어왔다. 천장호 출렁다리에 내려가기 직전에 용과 호랑이의 전설을 담은 안내판이 있었다.

"칠갑산 아래 천장호는 천년의 세월을 기나려 승천을 하려던 황룡이 자신의 몸으로 다리를 만들어 한 아이의 생명을 구하였고, 이를 본 호랑이가 영물이 되어 칠갑산을 수호하고 있어 이곳을 건너 칠갑산을 오르면 악을 다스리고 복을 준다는 황룡의 기운과 영험한 기운을 지닌 호랑이의 기운을 받아 아이를 낳는다는 전설이 내려오고 있다"는 내용이었다.

용과 호랑이 동상 앞에 설치된 목재 데크를 내려서면 약 2시간의 산행은 마무리 되었고, 칠갑산보다 유명세가 강한 '천장호 출렁다리'를 건너는데 다리 교각에는 세계에서 가장 큰 빨간색의 고추와 구기자 형상을 자랑거리로 내놓았다.

9.5㎞, 4시간의 칠갑산 등산은 마무리 되었다.

날머리에 도착 후 약 1시간 반 정도 친구와 막걸리로 소통의 시간을 가졌고 회원들도 여기저기 모여 알든 모르든 그들만의 방법으로 막걸리와 소통의 시간을 가졌다.

자연이 주는 고귀한 혜택은 계절이 변하고 장소가 바뀌더라도 산행을 하면서 얻을 수 있으며, 아울러 산행이 아니고서는 느낄 수 없는 소중한 고마움을 무한히 선사받은 행복한 하루가 되었다.

19시 경 무사하게 귀가하였다.

세상은 밖에도 있었네!
# 명산 100, 97번째 '태백산' 완등 이야기!

▲ 태백산 (太白山, 1,567m) | 2017년 6월 16일 금요일

산악회를 따라 1일 2산행 중 '명산 100, 97번째'로 '태백산(太白山, 1,567m)'을 다녀왔다.
'태백산'은 이렇게 소개되어 있다.
"태백산(太白山: 장군봉 1,567m)은 '설악산', '오대산', '함백산' 등과 함께 태백산맥의 '영산'으로 불린다.
최고봉인 장군봉(將軍峰:1,567m)과 문수봉(文殊峰:1,517m)을 중심으로 비교적 산세가 완만해 경관이 빼어나지는 않지만 웅장하고 장중한 맛이 느껴지는 산이다.
산 정상에는 예로부터 하늘에 제사를 지내던 천제단(天祭壇)이있어 매년 개천절에 태백제를 열고 천제를 지낸다. 볼거리로는 산 정상의 고산식물과 주목 군락, 6월 초순에 피는 철쭉이 유명하다. 태백산 일출 역시 장관으로 꼽히며, 망경사(望鏡寺) 입구에 있는 용정(龍井)은 한국에서 가장 높은 곳에서 솟는 샘물로서 천제의 제사용 물로 쓰인다.
그 밖에 태백산석장승(강원민속자료 4), 낙동강의 발원지인 함백산 황지(黃池), 한강의 발원지인 대덕산(1,307m) 검룡소(儉龍沼) 등의 주변 명소도 찾아볼 만하다. 태백산 일대는 탄전이 많은데다가 주변에 철광석, 석회석, 텅스텐, 흑연 등이 풍부하여 지하자원을 개발하는 사업도 활발하다. 1989년 강원도 도립공원으로 지정된 이후 기존 면적을 확장하여 2016년 8월 22일 국립공원으로 승격하였다." ◀출처 : 네이버

오늘 등산은 갈까 말까 고민에서부터, 버스에서 필자 옆에 앉았던 어떤

산객의 인생고, 귀경시간에 대한 착오 등등으로 사연도 많았던 곳이다.

먼저 갈까 말까로 고민이 많았던 이유는 이랬다.

아침 늦은 시간부터 오후 햇볕이 내리쬐는 시간대에 1일 2산행(함백산: 10:30~13:30/3시간, 5㎞), 태백산:14:00~18:00/4시간, 9㎞)인데다가 이 중에 '함백산'에는 다녀왔고, '태백산'만 가고 싶은데 오전 3시간의 공백을 채울 방법이 없었고, 내일 거제도에서 있을 행사에 참석키 위해 장시간 운전도 해야 하니 오늘 7시간, 14㎞는 무리라고 생각했기 때문이었다. 그리고 '함백산 정상'에 올랐다 내렸다가 또 '태백산 정상'에 올랐다 내렸다 하는 연계산행도 별로 좋아하지 않았기 때문인 점도 있었다. 산악회 카페에 "버스로 가는 길에 태백산 들머리에 내려주면 안되는지?" 물어 보았더니 '만항재(해발 1,330m)'에서 자연생화를 구경하면 어떠냐고 추천을 해 주었다. 그쪽 상황을 모르니 그렇게 하겠다고 참가 회비를 출발 하루 전에 입금해 주었다. 일주일 전에 입금을 해야 하는데 출발 하루 전에 하였으니 얼마나 망설였을까를 짐작케 했다. 그런 방법도 괜찮겠다는 생각이 들어 함백산에 따라 가든지 아니면 자연생화의 선택은 현장에 가서 하면 되겠다고 생각했다.

산악회를 따라 가는 등산의 시간대는 항상 '아침 5시 기상, 6시쯤 집을 나서 7시 사당역에서 버스 출발' 정해져 있었다. 좋은 시가 있어 지인들에게 카톡으로 보내주었다.

> 덥다 덥다 하면서 여름이 가고, 춥다 춥다 하면서 겨울이 간다.
> 좋다 좋다 하면서 봄이 가고, 아쉽다 아쉽다 하면서 가을이 간다.
> 가는 건 다 같지만, 표현은 저마다 다르다.
> 지금 나는 내 인생의 어느 계절을 지나고 있는가?
> 나는 이 계절을 어떻게 표현하고 있는가?
>
> ― 정용철, 「표현」

"인생은 사계절인 것 같다"는 평가를 하며 조금 일찍 버스에 탑승했다.

직장 생활할 때는 인생의 롤 모델이 될 위인전을 많이 읽고 그렇게 따라 했고, 그러던 중 필자의 것으로 만들어 나이가 들고 보니 남의 인생에는 관심이 없고 자신이 롤 모델인양 자존심이 강해지더라.

버스는 첫 번째 휴식장소인 '치악휴게소'에 도착했다.

20분간 휴식을 취한 후 대장은 오늘의 등산에 대해 자세히 설명해 주었다. 등산코스는 두 곳을 다녀와야 하니 함백산은 30분은 단축하여 2시간 반을 주고, 그 30분을 태백산에서 사용하겠다고 하였다. 그러면 6시간 반이 산행시간이 된다. 회원들의 가는 코스를 파악하였더니 두 곳 모두 가실 분(29명), 함백산(3명), 태백산만 가실 분(5명)이었다.

태백산만 가실 분은 여기서 기다리지 말고 '만항재'를 출발하여 '화방재'를 거쳐서 가면 1~1.5시간 여유가 생긴다고 했다. 그리고 백두대간 인증샷도 이야기해 주었다. 필자는 백두대간에 대해서는 생각도 하지 않고 있었는데 옆에 앉은 분이 언젠가는 서서히 하게 될 터이고 1000포인트를 준다면서 찍어두라고 독려를 해 주었다. 같이 내려 한 컷을 남겼다.

백두대간 인증샷의 포인트가 있는지도 몰랐는데 새로운 이벤트를 알게 되었다. 백두대간 도전은 하지 않더라도 인증샷으로 포인트는 받아야겠다고 마음먹었다. 백두대간 인증샷이 있다는 새로운 사실을 알게 되었고 첫 이벤트 하나를 얻게 되어 기뻤다.

마운틴 북에 들어가 보았더니 54개 구간, 197개 포스트를 지정하여 명산 100처럼 인증샷을 확보하여 인증신청을 하게 되면 포스트 당 1000 포인트를 주게 되어 있었다. 시작하면 또 욕심이 생길까 봐 안 찍으려고 하였지만 옆에 앉은 회원이 독려를 해 주었다. 1000포인트를 주고, 산에 가더라도 목적과 목표가 있으면 재밌더라는 것이었고, 이 또한 필자가 바라던 바였던지라 못 이기는 척 따라 내려서 가볍게 인증샷을 확보하였다.

들머리 근처 '만항재'에 내려 줄지어 만항재의 백두대간 인증샷을 확보한 후에 회원들 간에 함백산, 태백산 등산 가는 방법에 대해 갈팡질팡 되어 버렸다.

서로 인증샷을 확보한 후 각자의 등산코스를 따라 흩어졌다.

필자가 선택한 태백산 산행코스는 이랬다.

"만항재(1,330m) → 수리봉(1,214m) → 화방재(인증샷)/3.3㎞ → 사길령(980m) → 유일사 쉼터/3.1㎞ → 태백산 장군봉(1,567m) → 천제단(인증샷)/4.8㎞ → 망경사 → 반재 → 당골계곡 → 당골광장/4.4㎞". 총 12.5㎞였다.

태백산만 가는 회원은 5명이었다. 도로를 따라 가는 지름길도 있지만 위험하다면서 야산을 따라 내려가는 방법을 선택했다. 첫 번째 목표지점은 백두대간 인증샷의 지점인 '화방재'였다. 3.3㎞라는 이정표가 선명하게 서 있는 지점을 통과하면서 길을 잃을까봐 등산용 GPS를 켰다. 백두대간이라고는 상상이 안 갈 정도로 야산(해발 1200m)의 등산로는 외길이었고 잡초들로 가득했다. 시원한 그늘과 이따금씩 불어오는 바람이 어우러져 상쾌한 아침을 선물해 주었다.

가뭄이라는 단어는 필요없어 보일 정도로 잡초나 나무들이 무성하게 자라고 있었다. 아마도 태백산 주변의 산은 물을 잘 보관하고 있는 듯했다.

고도 1,330m의 '만항재'에서 1,214m의 '수리봉'을 지나니 급경사로 내려가 980m의 '화방재'로 가는 길이었다. 조령산 등산 때처럼 등산로 주변에는 산딸기가 가득했다. 도시 사람들은 산딸기에 혹시 독이라도 있을까 잘 먹지 않는다는 것이 함께 한 회원의 설명이었다. 그래서 산딸기가 그대로 있단다. 한 움큼 따서 에너지를 보충하였다. 하늘을 씨를 듯 사람 키 큰 나무는 햇볕을 가려주었고, 땅위의 잡초들이 지열을 막아 주어 등산에는 일품이었다.

눈에 더 띈 것은 잘 자란 잡초들이었다. 다른 명산보다도 튼튼하게 키도 컸다. 그 사이에서 나오는 시원함은 최고였다. 간간이 산딸기가 있어 허기진 몸을 채우는데 도움도 되었다.

약 1시간 지나 도로 상부의 이정표에 '화방재'라는 글씨가 있는 곳에 도착했다. 서로 인증샷을 확보하고 다시 '태백산 천제단'까지 4.8㎞를 올라야 했다. 정오에 가까워졌으니 배도 고팠고, 태양이 이글거리는 산야는 나무그늘로 햇볕을 가려주었지만 그늘이 없는 곳을 지날 때는 숨이 막힐 지경이었다. 서울에는 폭염주의보가 내려졌으니 조심하라는 문자가 왔다.

점심때가 지났으니 3.1㎞ 떨어져 있던 '유일사 쉼터'를 점심 먹을 장소로 지정했다. 많이 늦을 것 같았지만 코스 상 그렇게 할 수 밖에 없었다. 셋은 앞서거니 뒤서거니 열심히 걸어 올랐다. 초입이라 햇볕을 가려주는 그늘도 없어 강렬한 햇살로 나무나 잡초들이 축 늘어져 있었고, 필자도 지친 기색이 역력하였다. 물로 더위를 식혀 보았지만 강렬한 햇살을 퇴치하지는 못하였다.

첫 번째 만난 표지석은 세로로 된 큰 바윗돌로 웅장한 글씨로 정면에는 '백두대간 사길령(해발 980m)'이라고 적혀 있었고, 뒷면에는 대한민국 지도에 백두대간이 표식과 '사길령의 유래'에 대한 내용이 적혀 있었다.

"사길령은 경상도에서 강원도로 들어오는 교통의 요충으로 중요한 고갯길이었다. 신라시대에 태백산 꼭대기로 통하는 고갯길이 있어 천령(天嶺)이라 했는데 높고 험하여 고려시대에 새로이 길을 낸 것이 사길령이다."

낮 더위 때문에 오래 지체할 수가 없었다. 그러나 산골 농부는 밭에서 열심히 일을 하고 있었다. 수분이 풍부한 산세라 나무들과 물, 그리고 특용작물들도 잘 자라고 있는 것 같아 다행이었다. 계속 오르막으로 이어졌지만 그늘길이라 다행이었다. 오후 1시 가까이 '유일사 쉼터'에 도착했다. 가까이 앉아 각자가 갖고 온 음식으로 약 20분간 맛나게 점심을 먹었다. 몇 번 만난 남성들은 밖에서 쉽게 준비할 수 있는 떡을 갖고 왔다. 필자도 준비하는 음식을 바꿔 볼까나 생각도 들었다. 유일사 매표소는 태백산 등산로와 마주치는 곳이어서 뚱뚱이 모녀도 산행을 하고 있었다.

오늘은 산행시간이 길어 에너지 소모가 많아 준비해 간 음식을 세 단계로 먹어야겠다고 생각했다. '1단계는 만항재에서 등산을 시작하기 전에 먹었고, 2단계는 현재 점심용으로, 3단계는 당골 광장에서 귀경하기 전에 먹어야겠다.'는 계획을 세우고 점심용으로 아내가 준비해 준 유부초밥을 먹었다. 컵라면, 햇반, 김치는 등산을 마치고 시간이 많으니 그때 먹기로 작전을 세웠다.

등산을 마치는 시간과 귀경시간에 남는 시간이 많아 먹을 것이 없었는데 오늘은 충분히 준비를 해 온 것 같아 안심이 되었다. 지금까지는 귀경시간 전에 먹을 것이 없어 전전긍긍하였는데 3단계로 나누어 먹으니 저녁 걱정을 안 해도 되었고, 배도 덜 고팠다. 배낭은 무거워도 괜찮았다. 생수는 얼린 생수 두 병과 그냥 한 병을 갖고 온 것은 잘 한 것 같았다.

이제 '장군봉(1,567m) 정상'까지는 1.7km를 더 올라야 했다. 지친 기색이 역력했지만 집에 가려면 오르지 않으면 안 되었기에 한 걸음 한 걸음 등산의 진수를 보여주며 뚜벅뚜벅 걸어 올랐다.

뚱보 모녀도 잘 오르고 있는데 약한 모습을 보여서는 안 되었기에 머리박고 계속 올랐다. 정상 부근이 되니 보호수목인 주목이라는 나무들이 거의 죽어 고목이 된 모습이 장관이었다. 나지막한 높이에 몸통은 뚱뚱하게 말라죽어 한 경치를 선물해 주었다. "나무는 살아서 천년, 죽어서도 천년동안 그 위용을 유지한다."고 하더니 꼭 그런 위용을 충분히 느끼게 되었다.

돌이 섞인 약한 경사로는 계속 이어졌다. 짧게 화끈한 경사가 아니었고, 장시간 산행에 지친 몸이라 이런 길 또한 싫어졌다. 뒤에 쳐진 두 사람은 지친 듯 자꾸 벌어졌다. 드디어 GPS가 터졌다. 그러면 '정상까지는 이제 30m만 남았다'는 뜻이었다.

하늘이 열린지도 오래되었는데 완전 누드 하늘이 눈앞에 펼쳐졌다.

잠시 후 세로로 크게 새겨진 '장군봉(1567m)'이라는 정상석이 맘에 들었고, 철쭉나무들이 키 높이만큼 자라 있어 "올 봄 철쭉도 볼만 했겠구나" 짐작하게 하였다. 자세히 보았더니 깨끗하게 자라난 잎들이 필자의 맘을 씻어주는 것 같아 맑아졌다.

천제단이 약 200m 정도 떨어져 있었다. 평평하게 보이는 정상에서 온갖 대자연의 경관을 사진으로 담아 두었다.

희뿌연 무언가 때문에 사진은 그리 깨끗하게 나오지 않았다. 특별히 담아두고 싶은 그런 전경은 없었다.

드디어 '천제단(1,514m)'에 도착하였고, 그 옆에 세로로 큰 글씨로 "太白山"이라고 세워진 표지석이 피로를 확 풀어 날려 보낸 듯 맘에 들었다.

서로 '백두대간 인증샷'과 'B사 인증샷'을 확보하였다. 하늘과 맞닿은 곳이라서 그런지 천제단과 같은 곳에서 기도를 하는 사람도 있었다. 왼쪽으로는 그때 가지 못한 게 내내 서운한 '두타산'도 보였고, 오른쪽으로는 '문수봉'이 보였다.

필자는 내일 지방으로 내려가야 한다고 곧장 하산을 선택하였고, 둘은 '문수봉' 쪽을 갔다가 하산하는 것으로 헤어졌다. 하산거리는 4.4km로 만만찮았다.

"천제단 → 망경사 → 반재 → 당골 광장"이었다.

처음에는 필자가 싫어하는 돌계단으로 이어졌다. 할머니 세 명도 천천히 지팡이를 짚고 내려가고 있어 대단하게 보였다. 할머니도 여기까지 올라 오셨으니 하산길은 쉽겠다고 짐작을 하며 여유롭게 생각하고 내려갔다.

'망경사'까지는 돌계단으로 발목이 아팠고, '반재'까지는 초급경사로 겨울에 눈이 쌓이면 썰매타기에 딱 좋은 길이어서인지 옆 나무에는 '썰매금지'라는 주의판이 많이 붙어 있었다.

이제 2.0km를 내려왔다. 아직 2.4km를 더 내려가야 했다. 구경할 것도 없어 지겹게 느껴졌다. 내려가는 길에 부부와 자매는 땀을 뻘뻘 흘리며 무척 힘들게 등산을 하고 있었다. 그들의 모습에 힘을 얻게 되었다.

400m를 내려갔더니 '당골 계곡'이었다.

어느 산에서도 볼 수도 들을 수도 없었던 물소리가 요란하였다. 나무와 잡초들도 무성하게 자라고 있었다. 그래서인지 키 큰 나무들이 통째로 넘어진 곳을 많이 목격하였다. 넘어진 나무들을 보아 하니 나무뿌리가 너무 약해 보였다. 정말 아까운 나무들이었다. 국립공원인데 산행에 방해가 되는 것들은 빨리 정리를 해 주는 것도 등산객들에게 나쁜 인상을 주지 않을 것 같기도 하였다. 이제 거의 수평이고 돌멩이도 적어 편하게 느껴졌다.

계곡에 들어가 발 마사지를 해 주고 싶었지만 안전줄로 막아두어 들어갈 수 없어 아쉬웠다. 내려가는 길 곳곳에는 '낙석주의'라는 푯말이 붙어 있었고, 최근에 낙석한 것으로 보이는 바위들이 계곡에 있어 실제 상황이 될 수도 있겠다는 생각에 조심스럽고 빠른 걸음으로 그런 구역을 통과하였다.

광주 무등산에 갔을 때는 산죽(조릿대)에 대한 설명이 있어 좋았는데 산소도시 태백에는 애추(崖錐, Talus)에 대한 설명판이 있어 한수 배웠다.

등산을 하면서 크고 작은 돌멩이나 바위들이 얽히고설켜 있는 곳이 많았고 저게 뭐지 하는 의문을 자주 하였는데 이곳에서 발견하게 되었다.

"우리나라 산악지대 사면에서 가장 흔하게 볼 수 있는 돌무더기들은 대부분 애추인데 너덜겅혹은 너덜지대, 돌서렁이라고도 한다. 주 빙하기 환경에서 기반암이 동결, 융화하면서 붕괴되어 아래로 떨어진 지형이다. 우리나라 밀양얼음골 등 곳곳에 산재되어 있다."

태백산 국립공원 당골 광장 산자락에는 "산악인의 선서"가 있었다. 등산을 하면서 가슴에 새겨두면 도움이 될 내용이라 사진에 담아 왔다.

"산악인은 무궁한 세계를 탐색한다. 목적지에 이르기까지 정열과 협동으로 온갖 고난을 극복할 뿐 언제나 절망도 포기도 없다. 산악인은 대자연에 동화되어야 한다. 아무런 속임도 꾸밈도 없이 다만 자유, 평화, 사랑의 참세계를 향한 행진이 있을 따름이다." - 노산 이은상, 태백시 산악협의회. 1994년 10월

'당골 광장'은 아내랑 겨울 눈꽃 축제할 때 다녀간 곳이라 지형지물이 익숙하게 느껴졌다. 소형차는 위쪽까지 주차가 가능하지만 대형 버스는 입구에 있다는 것을 알고 있으니 그쪽까지 내려가서 버스를 발견하였다. 필자가 일등으로 하산한 것 같았다. 광장 중앙에 우뚝서 있던 나무 그늘에서 가장 편안한 복장으로 준비해 간 컵라면, 햇반, 김치로 배를 채웠고, 배가 빵빵해지니 피로가 확 달아났다. 얼음물 한 모금은 천근만근 육체를 가볍게 만들어 주었다.

이로써 약 13㎞, 5시간의 산행을 마무리 하였다. 계곡이라 땀에 젖은 몸이 서늘하게 느껴져 따뜻한 버스에 탑승하여 몸을 달구었다.

마지막에 또 이상이 생겼다. 귀경시간이 나누어 준 지도에는 18시로 되어있는데 함백산을 등산하면서 17시로 조정을 하였다는 등반대장의 말에 두 명의 문수봉 팀이 아직 도착을 하지 않았다. 필자가 그들을 따라 가지 않기를 참 잘했다고 생각되었다.

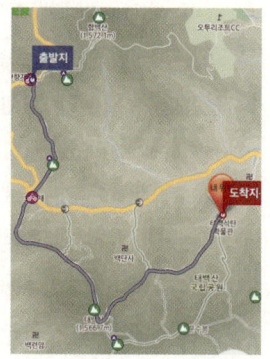

등산은 절대로 무리를 하면 안 된다는 것을 또 한번 느끼는 계기가 되었다. 씻지도 못하였고, 막걸리도 못 마시고 곧장 버스에 몸을 싣고 서울로 향했다. 나중에 등반대장이 잘못했다고 사과를 하여 일단락이 되었지만 문제는 문제였다.

귀경하는 버스에서 또 수다쟁이 할머니의 이야기가 시작되었다. 결국 "인생은 사계절이다"로 마무리 되었다.

세상은 밖에도 있었네!
# 명산 100, 55번째 '태화산' 완등 이야기!

▲ 태화산 (太華山, 1,027m)  |  2016년 11월 17일 목요일

강원도 영덕군과 충북 단양군의 경계에 있는 '크게 아름답다'라고 하여 붙여졌다는 '태화산'을 '명산 100, 55번째'로 산악회와 후배랑 다녀왔다.

산악회에서 나누어준 등산 안내도를 보니 총 13㎞, 6시간 30분 코스였다.

몇주 전 예약을 할 때 생에 가장 먼 거리와 긴 시간 때문에 갈까 말까로 망설였으나 후배가 같이 갈 수 있다기에 안심이 되어 신청하였다.

"태화산은 강원도 영월군 남면, 하동면과 충청북도 단양군 영춘면의 경계에 위치한 산이다.『신증동국여지승람』에는 대화산(大華山)이라는 기록이 있다. 영월 사람들은 화산이라고도 부른다. 강원도와 충청북도의 경계를 이루는 산으로서 태백산맥의 줄기인 내지산맥(內地山脈)에 속한다. 산세는 대체로 완만한 편이며, 정상에서 북서쪽으로 뻗은 능선 끝에는 남한강 이 U자형으로 곡류한다.『신증동국여지승람』에는 "군의 남쪽 16리에 있다."고 쓰고 있다.

『영월군읍지』에는 "군의 남쪽 15리에 있다. 읍의 안산(案山)이다." 라고 기록하고 있다. "원주 사자산 동쪽으로 부터 뻗어 나온 읍치의 안산이다." 라고 기록하고 있다.

태화산에는 고려 시대의 돌과 흙의 혼합축성법으로 쌓은 태화산성이 있는데 다음과 같은 전설이 전해진다. 옛날 어느 집안에 남매 장수가 있었다. 그 어머니는 성(城) 쌓는 내기를 시켜서 이기는 자식을 키우기로 하였다. 아

들인 왕검에게는 정양리에 돌성을 쌓게 하고 딸은 태화산의 흙성을 쌓게 했는데 어머니가 보니 딸이 아들보다 먼저 완성할 것 같으므로 흙성을 무너 뜨리자 딸은 흙더미에 깔려 죽고 말았다.

그래서 왕검성은 지금도 완벽한 상로 남아 있으나 태화산성은 무너졌다는 전설이 이 지방에 전해 온다. 산의 기슭에는 문짝처럼 생겼다 하여 '문바위'라 부르는 큰 바위가 있고 그 뒤에는 둥글고 넓은 너럭바위가 있다. 이 바위는 대여섯 사람이 비를 피할 수 있는 방 모양으로 되어 있어서 '잘바우'라 한다.『조선지지자료』에는 안산(案山)으로 나오고, 군내면 상송리에 있는 것으로 쓰고 있다." ◀출처 : 네이버

아침 6시, 등산할 거리와 시간에 맞게 무겁게 채운 등산 배낭을 짊어지고 집을 나섰다. 또 신도림역에서 김밥 네 줄을 샀더니 배낭의 무게는 가중되었다. 각자의 회사로 출근하는 이른 시간 틈에 끼어 거북이처럼 등산배낭을 매고 태화산으로 출근하기 위해 지하철에 몸을 실었다. 잠시 후 사당역에 도착하였고, 이곳은 아침 일찍부터 등산 배낭을 한 사람들이 많은 곳이라 그들을 따라 출구 전방에 대기하고 있을 버스에 탑승하기 위해 밖으로 나갔다.

밖은 벌써 겨울로 들어가고 있어 아침 7시가 되어도 주변은 어두컴컴하였고, 출근하는 사람들은 줄지어 버스를 기다리고 있었다. 왠지 그들이 부러워졌다.

사당역에서 버스는 7시에 출발하여 세 곳에서 회원들을 태운 후 모두를 잠재운 채 한 시간 반가량을 달려 '천등산휴게소'에 도착했다. 오침은 해 보았지만 아침에 잠깐 수면을 취하는 것은 처음이었는데 함께 했더니 몸은 더욱 가볍고 개운하게 되었다. 등반 대장은 "아침을 못 먹고 온 사람들은 여기서 아침을 먹어라"면서 20분간의 쉬는 시간을 주었다. 이곳 휴게소는 난생처음 와 본 곳이고, 노래가사처럼 그런 곳인가 싶어 가게에 들어가서 여쭈었더니 그렇다고 하였다. "그럼 노래에 나오는 '박달재'는 어디에 있느냐?"고 여쭈었더니 걸어서 조금만 가면 있다는 것만을 확인하였다. 둘은 따뜻한 커피로 깨웠다.

휴게소에서 잠깐의 휴식을 마친 후 버스는 목적지 들머리로 향했다. 차창 밖은 때늦은 가을이라 아무것도 볼 게 없어 아쉬웠다. 그래서인지 모두는 또 잠을 청했지만 필자는 잠이 오지 않았다. 무엇이 이토록 그립게 만들었는가? 목적지 도착 직전 등반대장은 오늘 등산코스에 대해 자세히 설명 해 주었다.

"들녁가든 → 화장암 → 갈림길 → 태화산 정상 → 태화산성 → 전망대 →

지능선 갈림길 → 전망대 → 고씨동굴 주차장" 약 13㎞, 6.5시간 코스였다.

버스는 차가운 새벽 공기를 가르며 약 세 시간을 달려 열시 조금 넘어 들머리 '들녘가든 앞'에 도착했다. 약 40명의 산악회원들은 앞 다투어 버스에서 내려 제각기 등산 채비를 하고 등산을 시작하였다. 등반대장은 회원들 앞에 가더니 현장에서 또 등산로를 상세하게 설명해 주었다. 인기척이 없는 그곳에는 특이하게 양계장이 있어 아침을 알리는 닭 울음소리에 힘입어 발걸음도 가볍게 해 주었지만 입구부터 오르막이었다. 그들은 예상대로 앞다투어 빠른 걸음으로 올랐고, 혹시 그들과 멀어질까 큰 에너지를 내어 따라 올랐다.

사람들이 별로 찾지 않는 등산로처럼 보였다. 그들과 거리를 두면 어젯밤에 떨어진 나뭇잎인지는 모르겠으나 수북이 쌓인 낙엽 때문에 등산로를 찾기가 어려울 것 같아 할 수 있는 만큼 따라 가야했다. 등산로에 수북이 쌓인 크고 작은 낙엽들을 밟으니 그 소리가 좋아 피곤함도 잠시 잊을 수 있었다. 그 깊은 산속에도 차(車)와 민가, 농사도 짓고 있었다.

정상까지는 그다지 멀지 않아 보였지만 처음부터 오르막이인데다 회원들의 속도에 맞춰 가다 보니 힘은 좀 들었다. 바싹 마른 아주 건조한 나뭇잎을 밟는 소리는 힘든 길을 오르는데 부스럭 부스럭 반주를 해 주는 듯한 소리를 내주어 지겨움과 힘겨움을 약간은 달래 주기도 했다. 새들이랑 다람쥐라도 있었으면 그들을 보면서 힘이 될 수도 있었을 텐데 아쉬웠다.

산이 크게 아름다워 '태화산'이라고 이름을 붙였다는데 그 아름다운 단풍은 떨어진지가 오래되었고, 등산로에는 여느 산처럼 도토리가 즐비하였다. 앙상한 가지를 드러낸 나무들은 겨울을 연상케 하여 추워 보였다. 그 반면에 나무 위를 쳐다보았더니 까치집처럼 둥글게 생긴 겨우살이가 나무들이 살아있음을 짐작케 해 주었다.

볼 것도 즐길 것도 없는 가운데 비슷한 길을 오래 걷는다는 것은 정말 피곤한 일이었다. 양계장을 지나 느티나무, 안무, 화장암을 지나 '899고지'까지 힘들게 따라갔다. 체력 안배를 잘못하면 마라톤처럼 나중에 힘들게 될 것 같아 그들을 따라 가는 것을 포기하고 우리들만의 페이스로 걸었다. 후배도 이렇게 가는 게 맞겠다고 거들어 주었다. 시간이 갈수록 휴식이 많아졌고, 쉬는 시간도 점점 길어졌다.

눈앞에 봉우리가 있어 정상은 곧 정복될 것처럼 보였는데 오르고 내리고 몇 번을 거듭하고 나서야 출발 두시간만인 정오 경 '태화산의 정상석'을 만날 수 있었다. 그곳에는 강원도 운악산의 정상처럼 작은 정상석 두 개가 나란히 세워져 있었다. 가로로 된 검은 색 정상석은 충북 담양군에서 세운 것이었고, 새로로 된 흰색의 정상석은 강원도 영월군에서 세운 것이었다. 그리고 정상석은 등산로를 약간 비켜서 세워져 있어 정상다운 면은 별로 없어 보였다.

너나 할 것 없이 인증샷을 확보 하느라 정신이 없었다.

혼자 온 회원들이 많아 그들을 위해 몇몇 사진을 찍어주다 보니 나무위에 걸어둔 필자의 인증용 배너가 사라지고 말았다. 아무리 그들에게 물어 보아도 묵묵부답이었다.

주변의 사람들은 모두 서울에서부터 같은 버스를 타고 왔던 사람들이었지만 그들의 비신사적인 행동에 또 한번 사람들에 대한 나쁜 인상을 갖게 해 주었다. 등반대장까지 나서서 찾아보았지만 잠시 만에 흔적도 없이 사라져 버렸다.

집에 한 개가 더 있으니 안심은 되었지만 나쁘게 버릇이 들여진 그들이 얄미워졌다. 모두가 내 탓이라고 생각하고 곧 돌아섰다. 그곳에는 같이 버스를 타고 온 회원들 뿐이었는데 어찌 인간적으로 그렇게 행동을 할 수가 있었을까? 감히 그럴 수가 가슴이 쓰리고 아팠지만 이를 악물고 참았다. 사회인으로 성숙되려면 꾹 참아야 하느니라.

정상석 주변은 나무들이 커서 주변 경관을 볼 수 있는 곳도 아니었다. 정상석 가까운 곳에 자리를 잡고 무겁게 짊어지고 간 음식들을 꺼내서 배부르게 채웠다. 먹는 것이 스트레스 해소법은 아니지만 바람이 없어 어디에서나 편하게 점심을 먹을 수 있어 다행이었다.

하산을 하는 것이 빨리 잊는 방법이라 생각하고 짐을 챙겨 잰 걸음으로 하산을 서둘렀다.

여느 산 정상에서도 그랬으니 이제 내려가기만 하면 되겠지 했는데 바윗길, 내리막길이 많아 위험하기 짝이 없었다. 그렇다고 산속에는 함께 보며 즐길 다람쥐나 새들이 있는 것도 아니었다. 벌써 앙상해진 나무들 뿐이었다. 땅에는 바싹 말라버린 나뭇잎들이 즐비하여 그들을 밟고 가는 소리와 부드러운 땅을 밟는 느낌만으로 고독함을 달래야 했다.

그런 반면 볼거리가 적으니 머리박고 오르기, 내리기에 집중하기는 좋았다.

어느 지점에서는 조용한 동강 줄기도 보였다. 사람이 많이 다니지 않는 곳인지 우리 산악회 회원들 외에는 아무도 보이지 않아 설렁한 분위기였다.

일교차가 심해서였던지 동강 위에는 옅은 안개가 있어 조망을 즐기는데 도움은 되지 않았다. 이제부터 내려가는 일이니 수월하겠지 하고 걱정을 놓고 편하게 걸어갔는데 칼바위를 지나야 했고, 급경사를 몇 번이나 내려가야만 했고, 오르막 내리막도 장난이 아니었다. 너무나 긴 급경사라 쉴 곳도 마땅히 없었다.

어쩌면 제주도 한라산을 오를 때 느꼈던 그런 느낌이었다. 가도 가도 끝이 없다는 느낌이었지만 "시작이 있으면 끝도 있는 법이다"로 위로를 하면서 스틱을 최대한 활용하여 한걸음씩 안전하게 내려갔다. 등산 때에는 낙엽이 스펀지 역할을 해 준다는 느낌이었는데 하산할 때는 오히려 귀찮고 위험하다는 느낌이 들었다.

'크게 아름다운 산'이라고 '태화산'이라고 이름을 붙였다는 유래는 어느 곳에서도 찾아볼 수 없어 아쉬웠다. 타이밍을 잘못 잡고 온 것인가? 이제 잔여거리와 평균속도를 계산해 남은 하산 시간을 계산할 수 있을 정도였다.

한 걸음 한 걸음 조심스럽게 내려오기를 세시간만에 예상대로 오후 3시 반 '고씨동굴' 앞에 도착했다.

"서당 개 3년이면 풍월을 읊는다"는 말처럼 오늘도 시간을 정확히 맞추었다.

고씨동굴을 보는데 30분이면 족하다고 하여 출발시간을 감안하여 시간 맞춰서 내려왔는데 관리인은 1시간이 걸린다고 하여 뭔가 틀어진 느낌이 들어 세수만 하고 밖으로 나갔다. 기념사진이라도 남겼다.

다리를 건너면서 그래도 돌아가기 전 최소한이라도 특산물들을 체크해 보자는 취지에서 막국수 한 그릇을 하기로 했다.

삶는데 15분이 걸린다기에 다른 식당에 옮겼더니 10분 만에 준비를 해 준다고 하지만 여기도 실제로는 15분이 걸렸다.

버스 출발시간까지는 10분 남았다.

먹는 둥 마는 둥 5분을 남기고 젓가락을 놓아야 했다. 강원도 갔을 때와 막국수의 맛은 똑같았는데 왜 무리수를 띄웠을까? 원래 칡국수를 먹으려 했건만 막국수를 먹어 빗나가고 말았다. 막걸리에 취해서 우리보다 더 늦게 도착한 회원도 있었다.

버스는 정확히 4시 30분에 귀경을 하였다. 밖은 빨리 어두워졌다.

모두는 피곤하였던지 잠이 들었다. 한 회원은 뒷좌석의 사람이 이야기를 한다며 조용했던 차 안을 공포 속으로 몰아넣었다. 버스 속은 이내 조용해지고 말았다. 잠자기 싫어도 함께 잠을 청해 줘야만 했다. '집에서 또 잘 텐데' 하면서 필자는 잠을 청하지 않았고, 밖은 어두워 아무것도 보이지 않고 저 먼 곳까지 불빛만 보였을 뿐이었다.

낮 시간이 적은 계절에 산악회 버스를 타 보니 그들만의 약속된 그라운드룰이 존재하는 것처럼 보였다. 이른 아침에 들머리 쪽으로 갈 때나 등산을 마치고 귀가하는 버스 속에서의 행동요령이 묵시적으로 흐르는 기운을 감 잡게 되었다.

조용하던 버스는 '덕평휴게소'에 잠시 들러 화장실을 다녀오게 해 주었고, 우리는 뜨거운 오뎅 두 그릇으로 한기(寒氣)를 달랬다. '덕평휴게소'에서 소문난 소고기 국밥을 먹기에는 시간이 부족하여 아쉬웠다. '죽전정류장'에서 후배가 내리고, 필자는 잔머리를 굴려 두 번째 하차지점인 양재역까지 타고 가 보았다. 죽전에 내릴까 말까를 고민하다가 양재역까지 한번 타고 가 보기로 하였다. 버스 전용도로를 달릴 수 있어 예상보다 빨리 양재역에 도착하여 다행이었다.

태화산 등산을 혼자나 지인과 함께 자차로 다녀올 수 있겠다고 남겨 두었다면 크게 힘들었을 것이라는 느낌을 받고선 "오늘 산악회를 따라 가기를 잘했구나" 안전하고, 즐겁고 바쁘게 지낸 것 같아 무척 행복했다. 그리고 함께해 준 후배가 고마웠다.

세상은 밖에도 있었네!
# 명산 100, 65번째 '팔공산' 완등 이야기!

▲ 팔공산 (八公山, 비로봉 1,193m) | 2017년 02년 13일 월요일

약 한 달여 만에 서울에서 먼 거리 경상북도 대구에 위치한 '팔공산'에 산악회를 따라 '명산 100, 65번째'로 후배와 다녀왔다.

13km, 6시간 최장의 산행거리와 시간이라 다소 걱정은 되었지만 후배와 같이 하게 되어 안심은 되었다.

"팔공산은 면적 122.1㎢(대구 30.6㎢, 칠곡군29.7㎢, 군위군 21.7㎢, 경산시 10.6㎢, 영천시 29.0㎢). 1980년 5월에 도립공원으로 지정되었다. 팔공산(1,193m)은 대구 북쪽 끝에 위치하여 군위군 부계면(缶溪面), 영천시 신녕면(新寧面)의 경계를 이루는 산으로, 최고봉인 비로봉(毘盧峰)을 중심으로 동봉(東峰:1,155m)과 서봉(西峰:1,041m)의 양 날개를 펴고 있다. 남동쪽으로는 염불봉(念佛峰), 수봉(壽峰), 인봉(印峰), 노적봉(露積峰), 관봉 (冠峰) 등이 이어져 있고, 서쪽으로는 파계봉(把溪峰)을 넘어 가산(架山)에 이른다.

대한불교 조계종의 제9교구 본산(本山)인 동화사(桐華寺)를 비롯하여 은해사 (銀海寺), 파계사, 부인사(符仁寺), 송림사(松林寺), 관암사(冠岩寺) 등이 있고, 비로, 부도(浮屠), 양진(養眞), 염불(念佛), 거조(居祖), 백흥(白興), 운부(雲浮), 묘봉(妙峰), 중암(中巖), 내원(內院) 등의 암자가 산재한다. 국보 제14호인 은해사 거조암 영산전(靈山殿), 국보 제109호인 군위 삼존석불 을 비롯하여 동화사 입구 마애불좌상, 동화사 당간지주의 금당암(金堂庵) 3층 석탑, 비로암의 석조비로자나불좌상, 운부암 청동보살좌상 등의 보물 9점,

가산산성(架山山城) 등의 사적 2점, 그 밖에 30개소의 명소가 있다.

팔공산의 북쪽 사면에서는 위천(渭川), 남천(南川) 등이 발원하고 남쪽 사면에 서는 문암천(門岩川)이 흘러 금호강(琴湖江)으로 흐른다. 동화사 근처에는 자연 공원이 있어 공중케이블카 등 위락시설을 갖추고 있다. ◀출처: [네이버 지식백과]

새벽 5시 기상, 철저한 준비를 하면서 아침을 든든히 먹고, 6시에 집을 나섰다. 지하철을 타고 일사천리로 사당역에 도착했다. 산악회 버스는 7시에 정확히 사당역 출발 표준을 맞춰 산악회와 등산 갈 때는 이런 시간표가 집에서 사당역까지 이동의 표준이 되었다.

사당역 출구로 나가는 지하 통로의 김밥집이 문을 열지 않아 깜짝 놀랐다. 출구 밖에 있는 김밥 집에 희망을 갖고 갔지만 역시 닫혀 있었다. 김밥 사장님께서 왜 이래? 푸짐한 점심은 산행에서 제일 중요하고, 즐거움을 더해 주는데 그들이 도와주지 않았다. 어안이 벙벙하였지만 바로 옆 편의점에서 삼각김밥을 살 수 있어 다행이었다. 따끈따끈해야 할 김밥이 냉장고에 있어 불안하긴 하였지만 그들을 믿기로 하였다. 휴우~~

산행거리와 시간 때문에 걱정이었는데 점심용 김밥마저 불안함은 그지없었지만 팔공산행 버스에 탑승하는 순간부터 걱정은 내려졌다. 산악회와 함께라면 그들의 일정에 차질을 주게 되면 전체 진행에 피해를 주기 때문에 강인한 정신력으로 그들 속으로 빨리 흡수되는 것이 우선이었다.

등반대장이 승차를 하자마자 버스는 정확히 7시에 출발을 하였다.

단체가 움직이는데 가장 중요한 것 중의 하나인 시간 지키기는 산악회에 100점 만점을 주어도 손색이 없을 정도로 맘에 들었다. 버스는 정해진 코스인 양재역, 동천역, 죽전역에서 회원들을 모두 태우고 출근시간대에 영동고속도로를 빠져 나간 후 방향을 바꾸어 대구 쪽으로 향했다.

출발 1시간 30분여 만인 8시 30분경 '괴산휴게소'에 아침 먹을 시간을 주어 후배와 간단하게 간식을 먹었다. "등산은 중간중간에 끊임없이 에너지를 공급해줘야 한다"는 것이 기본이라 살이 찌는 한이 있어도 안전한 산행을 위해서 먹어 두어야 했다. 이른 아침 20분간의 달콤했던 휴식시간을 마치고, 버스는 남으로 달려 오전 11시경 팔공산에서 소문난 '동화사 입구'에 정확히 도착했다. 서울에서 무려 4시간 걸려 팔공산의 동화사 입구에 도착하였지만 그곳을 통과

하면 입장료가 있으니 조금 앞 '탑골 안내소'로 들머리가 바뀌었다. 산행시간도 30분 단축되었다. 버스에서 내린 회원들은 가두리 양식장에 먹이를 던져주면 한꺼번에 몰려드는 물고기처럼 팔공산의 최고봉인 비로봉이라는 먹잇감을 향해 질주하였다. 앞다투어 가는 회원들을 보고 필자도 놀랐다.

우리도 그들에게 뒤질세라 "걸음아 날 살려라"하며 뒤를 바짝 붙었다.

왜냐하면 초기에 처지면 따라잡기가 어려우니 초기에는 최대한 그들과 함께 해야 했다. 겨울 산속은 언제 어디서나 누드차림이었다. 저 멀리까지 아무런 숨김없이 민낯을 한 나무들로 가득했다. 그들과 함께 산속으로 들어갈수록 매서운 바람이 적막함과 삭막함을 더해 주었다. 그러나 겨울의 끝자락임을 암시하는 분위기는 여기저기에서 보였다.

능선 왼쪽에는 전라도 지방에 내렸던 폭설 한파가 여기까지 몰려 왔고, 오른쪽에서는 동해안의 훈풍과 태양의 위력을 느낄 수 있어 겨울과 봄의 경계선을 따라 등산은 계속 이어졌다. 어쩌다 웃옷이 생각나서 입으면 왼쪽은 따뜻해지고, 오른쪽은 찜질방이 되어 입었다 벗었다를 반복할 수밖에 없었다. 어제와 그저께 집에서 가족에게 코감기로 걱정을 끼치다 감기가 나아서 허락을 받고 등산을 왔으니 조심스럽게 적응을 해 나갔다.

팔공산의 최고봉인 '비로봉'까지는 완전 오르막길이 3.7km임을 확인하였다.

통상 이 정도 거리라면 2시간 내 도착이 가능하다고 판단을 했고, '오후 1시경 정상에서 점심을 먹으면 되겠다'는 목표를 세우고, 머리박고 개인차를 극복해 가면서 자신과의 싸움에 집중하였다.

첫 번째 봉우리 '신림봉'에는 케이블카 승차장이 있었다. 벌써 1.6km를 올라온 셈이었다. 삭막한 팔공산 겨울 산야를 한 눈에 볼 수 있어 좋았지만 저 멀리 높이 솟은 송신소 탑까지는 2.1km를 더 올라야 했다.

두 번째 봉우리인 '낙타봉'을 지나 '오도재', '비로봉'까지는 오르막과 내리막이 제법 심하게 이어졌다. 1980년 초 대구에서 군 생활할 때 한번이라도 갔더라면 이런 고통에 조금이나마 도움이 되었을 텐데 하는 생각도 들었다. 정상까지의 등산로가 몇 개의 봉우리를 거쳐야만 된다는 일은 처음이 아니었던가? 하산로는 잡기에 따라 봉우리를 거쳐야 하지만 등산 중에 봉우리를 심하게 거치기는 이번이 처음이었다. 거리도 거리지만 굉장히 힘든 등산로에서 진을 다 쏟아버렸다.

드디어 정상 근처에 도착했다. 이제 300m만 더 가면 '비로봉' 정상이었다.

송신소의 탑들은 웅장하였고, 몇 군데나 있었다. 어떠한 외풍에도 잘 견딜 수 있도록 튼튼하게 세워져 인간들에게 정보를 제공하고 있어 마음 든든하였다. 등산 중간중간에 에너지 공급은 계속되었지만 주식(主食)이 들어가지 않은 상태라 허기는 극에 달했다. 후배는 "등산이나 마라톤은 처음 1시간이 중요하다"면서 "이제는 팔공산을 완등한 거나 다름없다"고 위로의 말을 해 주었다. 그러나 등산에서 가장 취약 시간대인 오전 11시에서 오후 1시 사이라 허기는 극에 달할 만도 했다. 등산시간대가 중요한 포인터 중에 하나인 것만은 틀림없었다. 혼자 혹은 아내와 등산할 때도 "겨울철에는 오전 10시 전에 등산을 시작하여 오후 2시 전에는 하산을 해야 하고, 여름철에는 오전 8시 전에 등산을 시작하여 정오 전까지는 하산을 마쳐야 한다"는 원칙을 갖고 있었다. 오늘은 버스로 멀리까지 이동하여 등산을 하게 되어 이런 룰과는 거리가 있었지만 극복해야 했다.

드디어 사진에서만 보아왔던 '팔공산 비로봉'의 정상석이 눈앞에 펼쳐졌다. 정확히 2시간 만에 정상을 밟게 되었다. 정상석 주변은 고생한 만큼의 보상은 그다지 주지 못하였다.

정상석은 마치 꿔다놓은 보릿자루처럼 한쪽 구석에 있는 듯한 인상을 받게 되었다. '덕유산 향적봉'의 정상석처럼 모진 비바람 속에서 인고의 세월을 이겨낸 흔적들로 새겨놓은 글씨는 풍화작용 때문인지 현무암으로 변해 있었다.

오후시간대라 정상석과는 역광으로 사진을 찍어야 했다.

바람은 그다지 없었다. 사진도 선명하지 않아 1단계 마무리는 편하지 않았다. 산악회 회원들은 줄지어 인증샷을 확보하였다.

자주 오기 어려운 만큼 자리를 잡으면 온갖 포즈로 여러 장의 사진을 확보하는 게 상식인데 회원들은 춥다면서 자리를 빨리 비키도록 종용하였다. 개의치 않고 원하는 대로 기념사진을 확보했다.

정상석 주변은 좁고, 바람이 계속 불어 점심을 먹기에는 불합격이라 약 100m를 내려가 바위로 둘러쌓인 양지바른 곳에 점심 먹을 장소를 지정했다. 사진을 확인해 보니 다리 잘라 먹고, 한쪽으로 치우치고, 비스듬히 찍어 이것으로는 만족스럽지 못해 다시 정상석으로 올라가 정상적인 사진을 확보토록 하였다. 지적을 하면 안되는데 마음 다스려지지 않았고, 성질을 내면 안되는데 성질나는 순간을 또 참지 못하고 뱉어 버렸다. 더 노력해야 했다. 데크가 있는 넓은 곳은 단체(6명)에게 양보를 하고 바람 막아 주어 태양 가득 차지할 수 있는 바위 앞에서 갖고 온 음식으로 점심을 맛있게 먹었다. 갈 길이 10㎞ 정도로 너무 많이 남아 20분만 쉬었다. 후배는 평소처럼 충분하다면서 자신만만하게 여유롭게 긍정의 마인드로 생각을 해 주었다.

하산로 첫 번째로 만난 곳은 '동봉(東峯)'이었다. 가파른 나무계단을 한참 걸어올라 간신히 동봉에 올랐지만 이미 멘붕 상태였다.

사방을 둘러보았더니 '마이봉'과 같은 모습으로 '비로봉'을 중심으로 동쪽으로는 '동봉'이, 서쪽으로는 '서봉'이 봉우리 삼총사처럼 우뚝 솟아 능선을 잇고 있었다.

'동봉'에는 큰 바위들과 암릉으로 되어 있어 이곳저곳 양지바른 곳에서는 여유를 찾고 점심을 맛있게 먹는 회원들이 있음을 뒤늦게 알게 되었다. "거제도의 계룡산에 올랐을 때 정상을 조금 지나 남쪽 넘어 절터에서 점심을 먹듯이 대구 팔공산 비로봉 코스에서는 동봉에서 점심을 먹는구나."를 알게 되었다.

오늘은 산행 거리만큼이나 봉우리가 많았다. 지도상에는 10개를 거쳐야 했는데 이제 겨우 네 번째 봉우리를 지나게 되었다. 눈앞에 보이는 봉우리 모두를 넘어야 한다는 것이었다.

다음은 암릉으로 이어진 500m 앞에 있는 음지의 길로 '염불봉'에 가야했다. 눈 위를 산객들이 워낙 많이 밟아서 깡깡 얼어붙은 하산로가 되어 자칫 사고로 이어질 수 있는 지면의 상태였다. 표면에는 옅은 흙으로 덮여 있어 충분히 위장이 되어 그 속은 또 얼어 있는 상당히 위험한 길이었다. 누구나 구경할 수 없는 비경을 바위 사이 높은 곳에서 때로는 양지로 나와 보는 산야는 더 멋있었다. 바지가랑이는 진흙으로 더럽혀 지고 있어 스패츠도 착용했다. 겨울철 아이젠과 스패츠는 필수 등산장비였다. 봉우리와 봉우리 사이에는 '○○재'라는 이름의 이정표가 거리의 지겨움을 달래주기도 하였다.

이제 다음 봉우리 '신령봉'까지는 1.8km였다. 힘들고 먼 길이었을 뿐 아니라 완전 음지였다. 흙으로 덮인 얼음 위를 아이젠으로 밟을 때면 체중만큼이나 뽀드득 뽀드득 소리를 내어 주어 어릴 때 눈 위를 밟을 때 나는 그 소리에 심취해 걷다가 그만 나무뿌리에 걸려 심하게 넘어지고 말았다. 앞, 뒤에 있던 회원들까지도 심하게 들릴 정도로 넘어졌더니 먼저 걱정을 해 주었다. 제대로 소리를 내면서 얼었던 길 위에서 넘어졌지만 온 몸을 덮고 있던 것들이 필자의 몸을 보호해 주었다.

특히 장갑을 꼈던 손이 바닥을 짚으면서 제일 힘이 모아졌지만 제일 큰 혜택을 보게 되었다. 아무 이상이 없어 다행이었다. 이런 일은 처음이었다. 다리에 힘이 풀려 낮게 가로질러 있던 나무뿌리를 넘지 못하여 넘어졌던 것이다. "등산할 때는 귀찮더라도 안전을 위해서 장구들을 제대로 착용해야 한다."는 사실을 체험해 보았다. 다친 곳이 없는지를 확인을 해 준 회원들이 고마웠다. 음지에는 얼었고, 양지에는 마사토로 되어 있어 아이젠을 벗을 수도 없었다.

이제 1.2km 떨어져 있는 '삿갓봉'까지 가야 했다.

이젠 유체이탈 상태로까지 접어들었다. 준비해 간 간식으로 가면서 계속 에너지를 공급하였다. 등산을 즐겨하는 후배도 힘이 부치는 듯 약간 짜증스런 한숨이 계속 이어졌다.

불행 중 다행스러웠던 점은 물론 곁에 후배도 있었지만 주위에 함께 했던 회원들이 있었다는 것이다. 그들과 앞서거니 뒤서거니 하면서 서로의 안전 산행을 체크해 주면서 속도와 시간을 견제해 줄 수 있었다. 어떤 회원은 몸이 제법 있었는데 오르막은 정말 힘들게 가다가도 내리막에서는 뛰었다. 건강을 과신하는 듯 보였다. 아마도 무릎 때문에 몇 달 후에는 산에서 볼 수 없지 않을까 염려가 되었다. 그런 문제를 방지하는데 도움이 되는 장비가 스틱이다. 저렇게 등산. 하산을 하는 사람이 얼마 지나지 않아 무릎 통증을 호소하며 등산을 못하는 경우를 많이 보아왔기 때문에 걱정이 되었다. 안전 산행에 대한 기본이 안되어 있었다. 남의 잘못된 행동들은 눈에 잘 띄었지만 필자의 나쁜 습관은 잘 보이지가 않는 법이라 산행에서는 항상 조심해야 한다.

거의 유체이탈 상태가 되어갔다. 회원들도 지쳐 보였다. 봉우리는 낮은 것도 아니었고, 하산로에는 바위와 로프, 마사토로 되어 있어 위험한 곳이 너무나 많았다. "병풍바위가 아름답다"고 하였는데 시간에 쫓기고 또 양지 바른 면에 있어 감상할 겨를도 없었다. 더군다나 미세먼지로 먼 곳까지는 눈이 침침하였다. 산이 높아 가시거리는 나왔지만 희뿌연 미세먼지로 선명하게 보이지 않아 사진을 담아도 재미가 없었다.

버스 탑승 종료시간 17시 40분까지는 이제 2시간 밖에 남지 않았다.

갈 길은 멀고, 체력은 자꾸 방전되어 갔다. 암릉과 바윗길, 사토로 이루어진 하산로는 오르막과 내리막의 연속이었다. 이렇게 힘들게 등산을 해 보기는 처음이었다. 모두가 지칠 대로 지쳐 서로 격려를 해 가면서 게걸음으로 차분히 걷기만 하였다. 후배는 피곤하지 않은지 자꾸 말을 걸어왔다. 반사적으로 대답만 해 주었다. 지겨움을 더해줬던 것이 산봉우리 이정표 상에는 '동봉'과 '갓바위'라는 두 방향의 글자만 있었지 거리 표시는 없었다. 폰의 GPS에서는 지나온 거리만 알려주었을 뿐 남은 거리는 알지 못했다.

'갓바위'의 방향으로 한참을 걸었더니 아직도 3.4km가 남았단다.

한 번의 위기가 닥쳤다. 회원들은 내려가는 사람들과 능선으로 계속 가는 사람들로 나누어졌다. 이럴 때는 GPS가 답을 알려준다. 능선으로 가는 방향이 맞았다. 이럴 때 길을 잘못 선택하게 되면 버스가 출발하는 제시간에 도착을 못하게 되는 것이다. 그래서 낯선 명산에서는 GPS를 켜고 다니는 것이다. 바위를 타고 계단을 타고 힘들게 내려가고 올라갔더니 관봉에 있는 갓바위까지는 또 100m 가량 돌계단을 걸어 올라가야 했다. 유체이탈이 된 지 오래여서 가도 고민 안가도 고민이 되어 교차점에서 약간 고민을 했다.

수능 때나 큰 소원을 필요로 할 때면 사람들이 소원을 빌러 많이 찾는다는 유명한 '갓바위'가 아니었던가. 몸은 파김치가 되었지만 갓바위에 있는 '갓을 쓴 석좌여래좌상'님에게 소원을 빌면 한 가지는 들어준다기에 힘들게 또 올라갔다.

'관봉'이라는 정상은 바위덩어리였다. 한쪽 면에 점잖게 갓을 쓰고 앉아 있는 거인 부처님에게 중생들은 연신 절을 하였다. 소원을 들어주기에 충분히 위력이 있어 보였다. 그 위력 앞에 선글라스와 모자를 벗고 정중히 소원을 빌었다. "우리 엄마 빨리 퇴원 시켜 주시고, 경주 집에서 편안하고 즐겁게 여생을 보낼 수 있게 해 주십시오. 우리 가족 모두 건강하고, 행복하고, 하시는 일 모두 성취하게 해 주소서!" 빌고 나니 마음이 후련해졌다.

일요일에 교회에 가서 신나게, 흥겹게 노래를 부르고 나면 그리고 절에 가서 108배 한답시고 절 많이 하고 나면 마음이 후련해지는 그런 느낌을 받았다. 올라가지 않았으면 후회할 뻔하였다. 소원이 모두 이루어 질 것을 확신하였다.

이제 마지막 2.0km를 내려가야 했다.

순수 돌계단 1,303개였다. 심한 경사각에 몸무세에 실린 부릎 위험이 걱정이 되었다. 경사가 심하여 돌에 발을 내디딜 때면 무릎에 약간의 무리가 느껴져 스틱을 이용해 최대한의 몸무게를 지탱토록 하였다. 무릎에는 이제 13km의 산행 통증이 실렸다. 필자는 한번 내려가면 언제 올지 모르겠지만 자주 오는사람들을 위해서 나무계단을 rubber mat로 바꿔주면 좋을 것 같았다.

등산할 때 이 길을 먼저 선택하였더라면 갓바위님에게 소원으로 이것의 교체를 빌었을 텐데 아쉬웠다. 누군가는 필자처럼 힘듦을 느끼고 소원을 얘기해줬으면 바랐다. 심지어 악몽 같았던 내장산 근처의 백양사 그 계단이 생각났다.그래서 계단이 더 싫어졌다. 무릎에 무리가 가는 것도 있었지만 같은 길을 오래 지속하는 것에 더 싫증을 내는 편이었다. 그래서 사람들은 계단이 있으면 옆 흙길을 선택하여 걷기를 좋아한다. 어차피 지나가야 할 길이라면 이럴 때 자주 내뱉는 말이 있다. "시작이 있으면 끝도 있다.", "이 또한 지나가리라." 그러나 시간이 지나도 움직이지 않는다면 변화는 없는 법이다.

한발 한발 내리다 보니 마지막 절로 기억이 났던 '보은사'까지 내려왔다.

이제 버스 출발시간 20분 전이었다. 조금은 여유를 부려도 될 것 같았다. 그래도 방심은 금물이었다. 버스는 약속된 시간에 정확히 출발한다는 사실을 잊어서는 안 되는 것이로다. 서울 사람들은 등산을 하고 나면 꼭 화장실에 가서 깨끗이 씻고 가는 게 습관으로 되어 있었다. 아니나 다를까 화장실에는 먼저 내려온 회원이 윗도리를 벗고 씻고 있었다. 후배도 뒤질세라 씻기 시작하였다. 집에 가면 씻을 텐데 왜 저리도 깨끗한 척 할까? 간섭할 일은 아니었지만 너무 호들갑을 떠는 게 아닌지 마음속으로 한마디를 던졌다. 후배는 씻기에 전념하느라 스틱을 두고 왔다. 곧장 달려갔지만 순식간에 없어졌다.

버스 출발 5분 전이었다. 빠른 걸음으로 주차장에 갔더니 많은 회원들이 도착을 못했고 등반대장도 오지 않았다. 정확히 5시 40분에 버스에 탑승하였다. 13㎞, 6시간 40분 만에 65좌로 팔공산 비로봉을 완등하게 되었다.

불편한 마음에 버스는 일몰 시작시간인 6시에 갓바위 주차장을 출발하였다.

'선산휴게소'에서 잠시 휴식시간을 가졌다.

눈비는 없었지만 바닥에 신발이 붙어 나오는 '딱 딱 딱' 소리가 또 신기했다.

예상대로 밤 10시에 사당역에 도착, 밤 11시에 무사히 집에 도착하였다.

왕복 17시간, 사연도 많았고, 모험심도 많았던 하루였다.

'계룡산'에서 다친 왼쪽 발목을 체크해 보는 계기가 되었는데 괜찮았다.

함께해 준 후배에게 감사했다.

세상은 밖에도 있었네!
# 명산 100, 25번째 '팔봉산' 완등 이야기!

▲ 팔봉산 (八峰山, 328m) | 2016년 4월 22일 금요일

강원도 홍천군에 있는 '팔봉산'을 아내와 대중교통으로 다녀왔다.

팔봉산은 '고만고만한 봉우리가 8개 있다'고 해서 붙여진 이름이란다.

하루의 시간을 정리해 보면 아래와 같다.

"지하철로 용산역까지 나가 8시 청춘열차를 70여분을 달려 남춘천역에 도착했다. 택시로 팔봉산매표소로 이동하여 팔봉산 매표소를 들머리로 1봉 → 2봉 → 3봉 → 하산을 하였다.

13시 10분 팔봉산매표소에서 버스를 40여분 타고 남춘천역으로 나와 춘천 닭갈비를 맛있게 먹고 남춘천역에서 다시 청춘열차를 타고 용산역으로 이동하여 서울 지하철로 귀가하였다. 총 10시간 반이 걸린 셈이었다."

대중교통을 이용한 장거리 등산은 4월에도 아직 시간상 한계에 있어 보였다.

강원도의 구석진 곳에 산이 있으므로 가는데 오는데 뿐 아니라 버스 대기시간까지 시간을 많이 필요로 했기 때문이었다. 서울에서 대중교통으로 쉽게 그곳까지 가더라도 그 곳에서 다시 마을버스를 타고 산속 깊숙이까지 들어가는 버스 시스템도 고려해야 했다. 이제 가야할 명산들이

강원도나 경기도 가평 쪽에 집중되어 있어 명산 완등이 늘어날수록 이동하는 데 시간이 더 걸리고, 버스 대기시간도 점점 더 길어져 기차 ↔ 버스(혹은 택시)이용 시스템은 한계에 달했다.

팔봉산을 다녀온 일지에도 많은 에피소드가 있어 있는 그대로를 남겨둔다.

서울에서 청춘열차로 남춘천역에는 처음이었다.

지도를 보니 종합터미널은 춘천역 보다 남춘천역이 더 가까웠다. 춘천역까지 가는 역은 '강촌역 → 김유정역 → 남춘천역 → 춘천역'으로 이어지는데 남춘천역에서 내렸다. 선택의 기회가 많으니 목적지를 고려하여 내릴 역을 잘 선택해야 한다는 의미다.

남춘천역에서 팔봉산 가는 버스는 현지에서 해결하기로 하고 정상적인 루트인 청춘열차로 우선 남춘천역까지 가 보기로 하였다.

다행스럽게도 9시 10분에 1번 시내버스가 있는 것으로 확인되었다. 대중교통이라는 것은 마음대로 할 수가 없으니 그 시간에 남춘천역에 내렸더니 1번 버스는 가고 없었다. 일찍 도착해 놓고 아까운 시간을 낭비하고 있고, 초행길이고 시간 낭비가 아까워 택시로 이동하기로 결정을 했다.

오전 10시경 '팔봉산 매표소 앞'에서 내렸다.

인터넷에서 팔봉산을 공부할 때 보았던 익숙한 그림들이 눈에 띄었다. 앞에 있는 다리는 팔봉교였고, 도로를 따라 줄지어 있던 식당도 그대로였다. 우리는 시간을 절약할 수 있어 좋았고, 당신께서는 현금을 받아 기분이 좋았다. 도로 가장자리에 있던 매표소에서는 인당 1500원의 입장료를 받았다. 헐, 무슨 좋은 곳이 있어 입장료까지 받는다는 말인가?

그 대신에 남춘천역에 나가는 버스 시간을 물었더니 창문 옆에 상세하게 되어 있었다.

나가는 일도 오늘의 중요한 변수가 되겠다는 판단에 등산하기 전에 챙겨 보니 13:10분과 15:10분에 각각 있다고 하였다. 지금 시간이 10시니 등산 시간을 감안하더라도 한 시간 이상의 많은 여유를 가질 수 있어 다행이었다. 안도의 숨소리가 터졌다. "뭔 입장료를 받느냐?"고 묻고 싶었지만 버스 시간이 제대로 맞아 버스 정보와 입장료를 바꾼 것으로 위안을 삼았다.

산 이름 '팔봉산'이라 잘도 지었다.

나지막하게 도토리 키 재기 할 정도로 올망졸망 8개의 봉우리가 있었다. 등산은 좌에서 우로 제1봉에서 제8봉까지 이어져 있었다. 운전기사의 말씀대로 8봉 쪽은 위험하니 중간에 내려오라고 하신 말씀을 거울 삼아 중간 정도에서 하산하기로 하고 등산을 시작하였다. 등산로 입구에는 남근목이 즐비하였다. 자세히 보지 않으면 그냥 지나칠 정도로 주위의 색깔에 잘 맞춰 있었다.

우선 입구에 설치된 등산 안내도를 보았더니 제8봉까지 갔다 온다고 해도 세 시간이면 충분히 다녀 올 수 있는 코스로 여겨졌다. "쉬워 보이는 산에는 항상 위험이 도사리고 있을 것이다."는 경험을 떨쳐버리지 않고 아내에게도 강조해 두었다. 여유를 갖고 흙과 나무뿌리로 된 등산로를 따라 오르기 시작했다.

약 500m를 걸었더니 특이하게도 스테인레스강으로 된 의자가 여럿 있었다. 팔봉산의 휴식 의자는 SUS 재질로 만들었다. 훼손될 염려가 없어 오래 쓸 수가 있겠구나 하고 생각도 들었지만, 한편으로는 여름에는 차갑고, 겨울에는 따뜻해서 이 재질을 선택하였던가? 여유를 갖고 벤치에 자리잡고 간식을 먹었다.

평일인데 직장인들이 자기네들의 직책으로 서로를 호칭하면서 등산을 하는 모습이 부럽기도 하였다. 그들도 등산이 쉽지만은 않은 것 같았다. 이제 겨우 500m 왔는데 누워버리는 사람(社長)도 있었고, 지친 기색이 역력한 사람도 보였다.

"등산이라는 것은 누구에게나 기회가 있지만, 아무나 할 수 있는 취미 활동이 아니다."라는 느낌을 새삼 받게 되었다. 따라서 등산이 체질에 맞지 않는데 억지로 강요해서는 안 된다. 6명이 올라오더니 2명은 여기까지가 나의 한계라면서 곧장 하산을 하고 말았다. 마치 등산의 어려움과 위험을 아는 사람처럼 자신의 처지에 맞는 등산만 하는 사람들처럼 보였다.

등산은 자신의 능력 만큼만 하는 것은 기본인데 한계를 벗어나서 하는 것은 자신을 죽이게 하는 자살행위와 같은 것이다. 등산만큼은 강요해서도 안 될 취미생활이라는 것을 직접 눈으로 체험을 하게 되었다.

 자연은 스스로 변해 가고 있었다. 훈훈한 바람도 자연을 타고 흘러나오는 공기의 냄새도, 무게도, 색깔도 완연히 초여름의 그것이었다. 냄새는 훈풍으로, 무게는 가벼움으로, 색깔은 연무같은 미세먼지로 확연히 구분이 가능하여 자연의 변화 흐름이 느껴졌는데, 인간은 세상을 지배하지만 왜 스스로 변화를 거부하는지 이해가 되지 않았고, 자연과 또 비교가 되었다.

 자연은 인간들의 범죄 행위로 파괴된 지구를 살리려고 계절에 따라 안간힘을 쏟고 있지만 인간은 자연의 노력과 희생을 외면하고 있는 게 아닌지 안타까웠다.

 팔봉산을 명산으로 인정했던 이유가 서서히 눈앞에 나타나기 시작한 것은 8부 능선 이후부터 기암의 암릉에서부터였다.

 강원도에 있었던 명산의 공통점 중의 하나가 기암괴석과 암릉이었다면 팔봉산 역시 강원도의 명산 특징답게 그 자태를 보여주었다.

 매표소의 직원의 "여기에서 안전사고가 자주 난다"는 설명이 이제는 공감되었다. 꼭대기에는 전부 암릉이었고, 그 암릉 위에 인위적으로 큰 바위들을 위태위태하게 쌓은 것처럼 모진풍파를 이겨낸 기이한 형태의 봉우리들이었다. 인위적이었다면 오히려 불안할 정도였고, 자연적으로 만들어진 기암괴석이라 다소 안심을 하게 되었지만 그래도 불안했다. 큰 바람에도 넘어질 것 같은 불안했던 모습이 여기저기에서 포착되었고, 8개의 봉우리는 모두 자연적으로 그렇게 형성되었다는 것에 안심이 되었다.

 그래서 제1봉은 측면으로 지나쳤다. 봉우리가 위험하다 보니 각 봉우리를 측면으로 지나칠 수 있도록 등산로가 형성되어 있었다. 제2봉이 최고봉으로 명산 100 인증샷으로 인증되는 곳이라 피할 수가 없었다. 바위를 타고 오르는 길도 엉성하고 위험하게 되어 있었다. 경사가 심한데도 로프나 안전 라인이 없었고 미끄럽기도 하였다. 신기하게도 정상에는 작은 한옥 두 채가 있었다. '삼부인당'이었다. 한 채는 문을 열어 두었고, 다른 한 채는 굳게 닫혀 있었다. 벽에 붙은 내용을 자세히 읽어 보았더니 이렇게 기록되어 있었다.

〈삼부인당의 유래〉

- 팔봉산 2봉 정상에 위치한 이 당집은 3婦人(李氏, 金氏, 洪氏)神을 모시는 곳으로 지금부터 400여 년 전인 조선 선조(1590년대) 때부터 팔봉산 주변 사람들이 마을의 평온을 빌고 풍년을 기원하며 액운을 예방하는 당 굿을 해오는 곳이다.
- 팔봉산 당산제는 지금까지 유일하게 전승되어 오는 부락제로서 매년 음력 3월 보름과 9월 보름에 전통적인 굿과 제사를 지내면서 나라와 백성이 평안하고 관광객이 산과 강에서 무사안녕하기를 축원한다.
- 팔봉산 굿 놀이는 七星, 山神, 3婦人神을 모시는 3마당으로 되어 있는데 팔봉산 당굿을 보면 무병장수 하고 각자의 소원이 성취된다 하여 도처에서 많은 사람들이 굿 놀이를 보러 온다.

 힘들게 제2봉 최고봉 정상에 올랐는데 정상석은 보이지 않았다.
 최고봉답게 전망대가 있었고, 태극기와 홍천군기가 바람에 펄럭이며 반갑게 맞아 주었다. 주변을 조망하기에 멋지게 잘 만들어져 있었다. 잠시 조망을 즐겼고, 주변을 살펴보던 아내가 정상석을 찾았다. 입구에 거꾸로 심어뒀던 '남근목'처럼 삼각형으로 된 '남근석'을 아내가 찾았던 것이다.
 그러나, 실망스럽게도 정상석은 정삼각형의 모양으로 손바닥 몇 개 크기 정도로 큰 바윗돌 위에 세워져 있었다. 팔봉산은 음기가 너무 세다고 해서인지 남근 모양으로 조그맣게 세워져 마치 보물찾기라도 하는 듯 하였다.
 '남근목'에 대한 이야기도 적혀 있었다.
 "홍성군 팔봉산은 봉우리가 암벽으로 이루어져 있고, 곳곳에 추락위험 요소가 있다. 20여년 전부터 이곳에는 등산사고가 빈발하여 생명을 잃은 경우도 있었다. 그러나 뚜렷한 묘책이 없었는데 어느 날 지나가는 한 노인이 이 산은 음기가 너무 세서 사고가 자주 발생하니 이를 다스려 보라는 것이었다. 이에 팔봉산 상인회 및 관광지 관리사무소에서는 남근목을 입구에 세워 음기를 중화시키고, 장승을 세워 돌아가신 혼령을 달래려고 했다.(2014.04.09.)"

명산마다 특색이 있었듯이 정상석(頂上石)의 모양도 그렇게 이해를 하였다.

잠시 휴식을 취하면서 에너지를 보충하였다. 어제 아침마당에서 들었던 "등산 이야기"를 제대로 실천해 보려고 하였다. "갖고 간 음식은 정상에서 모두 소진시켜라"의 제대로 실천! 인증샷을 확보하고 제3봉으로 이동하였다. 역시 제2봉은 최고봉답게 내려가는 길도 험악하였다. 또한 제3봉으로 오르는 길에는 철 계단이 많아서 다행이었다. 제3봉의 꼭대기에도 삼각형으로 된 표식이 세워져 있었다.

팔봉산은 모두 삼각형의 남근석으로 봉우리를 표시하였다는 것을 알게 되었다.

제3봉의 꼭대기에는 큰 바위들로 얽히고설켜 봉우리를 형성하고  있어 쉴 곳도, 사진 찍을 장소도 안전하지 못하여 몇 장만 찍고 급히 내려와야 했다. 바람이라도 거세게 불 면 어찌되지는 않을까 괜한 걱정이 되기에 충분히 엉성한 조합이었다.

그래서 제7봉까지 가려던 계획을 변경하여 제 3봉에서 하산하기로 하였다.

제4봉도 눈앞에 보였는데 가서 보는 의미보다는 위험이 도사리고 있다는 판단 하에 제2봉과 3봉 사이의 하산로를 선택하였다. 이곳에서는 아무 곳에서나 하산할 수 있는 것도 아니었다. 하산로는 2봉과 3봉 사이, 5봉과 6봉 사이, 8봉에서는 직 하산 세 곳 뿐이었다. 그래서 8봉이 위험하다는 것이라고 하는구나 짐작을 하였다. 각 봉우리에 올라가지 않을 바에야 가볼 필요가 없다고 판단을 하였고, 최고봉에서 조망을 모두 접수하였기에 더욱 그런 결정에 주저함이 없었다. 어느 산도 마찬가지겠지만 필봉산은 안전 산행이 최우선이었다.

하산로는 거의 70도쯤 되어 보이던 급경사 돌계단이었다.

내려오면서 잠시 뒤를 돌아보면 엉성하게 엮어진 바위 뭉치들이 불안하기 짝이 없었다. 급경사는 끝없이 이어졌고, 최고봉에서 홍천강까지 내려가야 했으니 지루함과 답답함 속에서도 위험을 느낄 만도 하였다. 하지만 이끼와 안개로 덮였던 그 하산로는 마치 아바타 영화에서 보았던 한 장면을 연상케 하였다.

  밑에서 불어 올리는 바람과 습기 가득 머금은 계곡의 나무사이로 비춰졌던 햇살이 어우러져 충분히 그 작품을 연상케 해 주었다. 습한 그 곳의 끝자락에는 자연산 약수터가 아무런 보살핌도 받지 않고 버려져 있었고, 물소리만 아름답게 들려주고 있었다. 습기가 있었고, 증기가 만들어지는 이유가 여기에 있었다.

  인위적으로 만들어준 돌계단 밑에는 물이 흐르고 있었다. 하산로 주변이 너무 지저분하여 클린산행도 하였다. 매표소에서 입장료를 받았으면 명산을 제대로 가꾸어야지 강가로 내려 갈수록 쓰레기는 더 많았다.

  자연과의 조화는 이렇게 해석하고 느끼기에 따라 무궁무진한 의미를 지닌다는 것을 등산을 통해서 그 묘미를 더해 주었다. 어제 모 방송사의 아침마당에서 등산의 정의를 들었는데 자연 속에서 힘듦을 통해 그것을 즐기는 것이 등산이라고 하였다. 등산 중에 해석을 붙이고 만들어 가면 즐거움은 배가 될 것이다.

  안전하게 홍천강 강가까지 내려왔다. 아내는 우와! 하면서 탄성을 질렀다. 며칠사이 비가 온 탓에 강에는 물살이 제법 있었다. 깊은 산과 깊은 계곡에서 흘러나온 물이 많은 강원도의 명산 입구에는 여지없이 자연휴양림이 만들어져 있었다. 이곳도 그런 범주에서 다를 바가 없었다. 그러나 한 가지 바람이 있었다면 대중교통 시스템이 잘 갖추어져 관광객이 언제나 쉽게 접근할 수 있도록 해 주었으면 했다. 팔봉산에는 그런 접근성이 아쉬웠다.

  제25호로 팔봉산은 너무 편하고, 쉽고, 짧은 시간에 완등을 하게 되어 시원섭섭하게 되었다. 안전이 무엇보다도 중요하므로 안전 산행을 선택하였다.

  "저 강을 거슬러 올라가는 연어들처럼"이라는 노래처럼 거칠게 흐르는 강물을 거슬러 매표소에 도착하였다. 명산 시작 후 처음으로 정오 전에 등산을 마치게 되었다. 1.6km, 약 2시간의 안전산행을 마쳤다. 버스 시간표에 이상이 없는지 관리

사무소 직원에게 다시 물어 보았더니 이상이 없었다. 그렇게 한 시간 정도 휴식을 취했다. 제일 싫어하는 대기시간이 또 생기고 말았다. 대기하는 시간이 아까워서 용문산에서처럼 '히치하이킹'이라도 벌여 보고 싶었지만 아내 앞에서 자존심이 허락하지 않았다.

주차장에 주차된 등산객에게도, 놀러와 있던 사람에게도 우리를 태워줄 기회를 주지 않아 혹시나 하고 기대를 하고 있었지만 그들의 표정은 변화가 없었다. 먼저 그들에게 다가가 도움을 요청할 수도 있었지만 직접 손짓을 보내기도 싫어졌고, 그들이 자발적으로 해 주기만을 기다렸다. 먼저 나서지 않는데 누가 자진해서 도와주려고 하겠는가? 라는 긍정의 마음도 있었다.

이런 짓 저런 짓 다 해보고 주변 경관을 다시 한번 둘러보았더니 한 시간은 쉽게 흘러갔다. 등산로 입구에 세워둔 힘 있어 보였던 남근목이 인상 깊었다. 팔봉산에 얽힌 의미를 다시 한번 되짚어 보았다.

13:10분 대명리조트에서 출발한 버스인 듯 13:13분에 정확히 매표소 앞에 나타났다. 정상적인 승강장은 아니었지만 손을 들어 세우면 태워준다기에 손을 들어 버스를 세웠다. 운전기사는 문을 열어 주었고, 가는 곳에 대한 질문을 던져 보았다. "남춘천역에 갑니까?" "갑니다." 대답에 기분이 썩 좋았. ITX 청춘열차 탑승시간과는 한 시간의 여유가 또 있게 되어 다행이었다.

첫 단추가 중요하다는 것을 재인식하게 된 하루였다. 아침에 남춘천역에서 택시를 탄 것이 잘 진행되어 남춘천역까지 돌아오는 시간까지 일사천리로 잘 마무리 되었다. 등산에 대한 또 한 구절이 생각났다. "등산을 할 때는 멀리 봐야 하고, 그렇다고 절대로 고개는 들어서도 안 된다." "하루 등산의 전체 흐름(구도)을 그리고 행동하라. 그러기 위해서는 돈을 쓸 때는 쓰고, 줄일 때는 줄이고, 늘릴 때는 늘리고 하여 집에서 나설 때부터 귀가할 때까지 전체 등산의 그림(구도)을 잘 그려야 한다"는 것이었다. 오늘이 바로 그런 상황이었다.

ITX 청춘열차 용산행 15:13분 대비 한 시간 전에 '남춘천역'에 도착했다.

버스비는 2인에 3600원 뿐이었다. 들어갈 때 택시비의 1/7수준으로 대성공이었다.

이번에도 한 시간의 여유가 있으니 반드시 '춘천 닭갈비'를 먹고 가야겠다는 열망이 강했다. 양념 닭갈비 2인분을 주문하였다. 춘천 닭갈비는 유명한 음식인데 오리지널 춘천 닭갈비를 제대로 아는가? 시중에서 쉽게 먹을 수 있는 춘천 닭갈비는 '뼈와 고기가 섞여 크기별로 잘게 잘라서 먹기 좋게 변질된 것'이라고 하였다. '오리지널 춘천 닭갈비'는 '닭 가슴살만을 삼겹살처럼 넓게 만들어 숯불에 구워 먹는 것'이라고 하였다.

홍천의 팔봉산과 남춘천에서 여유롭고, 순조로운 가운데 산행을 잘 마쳤다. 이제 집으로 돌아가야 할 시간이 되었다. 남춘천역 내에 있는 커피숍에 들어갔다. 유자차 한잔으로 번갈아 마시면서 재미있었던 하루를 정리하는 것이 피로회복제 역할을 해 주었다.

15시쯤에 게이트를 통과하여 탑승 위치의 플랫폼으로 올라갔다.

청춘열차는 여섯 번째 타는 것이었다. 객차 내부가 익숙한 듯 통로 쪽이라 괜찮았다. 아내도 처음부터 명산 등산을 같이 해 왔지만 회원 가입이 늦어져 네 번째로 명산을 완등하게 되었다. 별게 아니라면 별게 아닐 수도 있겠지만 평소 필자의 지론인 "숫자로 목표를 세워라. 그래야 달성여부가 분명해지며 그것을 통해 성취감이 달라지고 내가 바뀌고 성장할 수 있다. 남과 같아서는 남 이상 될 수 없다"는 개똥철학과 통했던 것이다. 또한 "명산 등산을 하고 둘레길을 걷더라도 의미가 없고 목표에 부합되지 않은 일에 시간을 투자하고 싶지 않다"는 집착이 강해져 벌써 명산 100중 25번째 완등을 하고 말았다.

남춘천역을 출발한 지 한 시간여 만에 용산역에 도착했다. 전동열차였다면 두 시간이상 걸렸을 거리를 편하고, 빠르게 오게 된 것이었다. 아무튼 편하고, 빠르게 해가 지기 전에 집에 도착을 했으니 하루를 정리하는데 여유가 생겼다. 아침 일찍 시작하였더니 일찍 귀가 할 수 있어 저녁에 여유시간을 많이 갖게 되어 명산 등산의 구도가 잡혀갔다. 오늘도 함께해 준 아내가 고마웠다.

세상은 밖에도 있었네!
# 명산 100, 35번째 '팔영산' 완등 이야기!

▲ 팔영산 (八影山, 608m) | 2016년 6월 6일 월요일

전남 고흥군에 있는 '팔영산 깃대봉'을 자차로 아내와 다녀왔다. 등산하기 전 '팔영산에 대한 유래'를 알고 가면 산행이 더욱 흥미로워지니 꼭 읽어주길 바라면서 올려둔다.

"팔영산은 전라남도 고흥군 점암면(占岩面) 성기리(聖基里)에 있는 국립공원이다.

1998년 7월 30일 전라남도 도립공원으로 지정되었다가 2011년에 다도해해상국립공원 팔영산지구로 승격되었다.

고흥읍에서 동쪽으로 25㎞ 떨어진 지점에 있는 팔영산과 팔영산 남동쪽 능선의 계곡에 있는 자연휴양림 등을 포함한다.

팔영산은 기암괴석이 많고 산세가 험준해 연중 등산객이 끊이지 않고, 특히 제1봉인 유영봉(儒影峰)에서 성주봉(聖主峰)·생황봉(笙簧峰)·사자봉(獅子峰)·오로봉(五老峰)·두류봉(頭流峰)·칠성봉(七星峰)을 거쳐 마지막

제8봉인 적취봉(積翠峰)까지 이어지는 바위 능선 종주 코스가 유명하다.

팔영산 정상에 오르면 멀리 일본의 쓰시마섬[對馬島]이 보이고, 다도해해상국립공원의 전경이 한눈

에 들어온다. 또 산 밑에는 화엄사(華嚴寺)·송광사(松廣寺)·대둔사(大芚寺)와 함께 호남의 4대 사찰로 꼽히는 능가사(楞伽寺)가 자리잡고 있는데, 이 곳에 능가사 대웅전(전남유형문화재 95), 능가사 범종(전남유형문화재 69), 능가사 사적비(전남유형문화재 70) 등의 문화재가 있다.

 1998년 7월에 개장한 '팔영산 자연휴양림'에는 숲속의 집과 야영장, 물놀이터 등의휴양시설과 각종 운동기구가 갖추어져 있고, 굴참나무·갈참나무·고로쇠나무 등 참나무류가주를 이루는 천연림에는 고라니·산토끼·노루·꿩 등 다양한 동식물이 서식한다.

 인근의 용바위와 남열해수욕장, 유청신(柳淸臣) 피난굴, 원효(元曉)가 창건한 금탑사(金塔寺), 여호바다, 강산호 낚시터, 고흥 내발리 백로 및 왜가리도래지(전라남도기념물 33), 나로도해수욕장 및 난대림, 다도해해상국립공원 등과도 연계할 수 있어 많은 관광객이 찾는다."

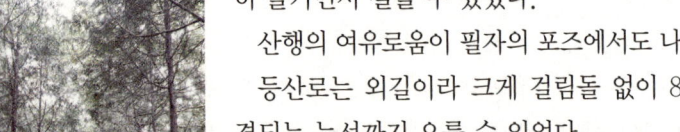
◀출처: [네이버 지식백과] 다도해해상국립공원

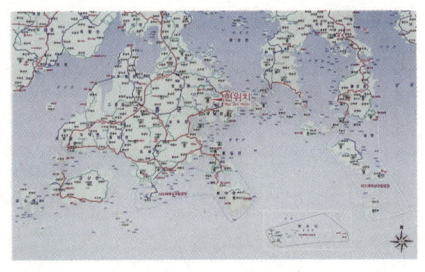

 이른 아침 '팔영산자연휴양림'에서 최단코스를 선택했다. 제1봉에서 8봉까지 연관 산행이 대수였지만 다도해해상국립공원의 풍광을 보는 것이 큰 목적이었으니 시간을 맞춰 다녀오기로 했다.

 한창 자라고 있는 편백나무 숲을 편하게 걸었다. 그리 경사는 없어 천천히 즐기면서 걸을 수 있었다.

 산행의 여유로움이 필자의 포즈에서도 나타났다.
 등산로는 외길이라 크게 걸림돌 없이 8봉과 연결되는 능선까지 오를 수 있었다.
 희뿌옇게 드리운 안개 때문에 다도해상에는 푸른 바다 위 여덟 봉우리의 그림자는 찾아보기 어려웠고 잿빛 바다만 보여 주었다.
 그래도 햇빛에 반사되어 반짝이던 바다는 잔잔한 호수처럼 느껴졌다. 능선 바윗길을 따라 걸었더니 자그마한 '깃대봉 정상석'이 나타났다. 그냥 인증샷을 확보하였다.

"팔영산에서 바라보는 다도해국립공원의 풍광을 기대하다 실망하지 않으려면 팔영산의 멋진 산행 코스인 제1봉 '유영봉'에서 제8봉 '적취봉', 그리고 마지막 '깃대봉'까지 연결되어야 된다"는 사실을 알게 되었다.

주변의 경관에 만족하며 양지바른 암릉 위에서 맛있게 점심을 먹었다. '팔영산의 유래'에서 많이 설명되었듯이 그 내용으로 충분히 만족해야 했다. 왔던 길을 되돌아 안전하게 하산을 하였다.

쉬는 시간이 많았던 왕복 2.5㎞, 약 2시간 동안의 '팔영산의 등산'은 싱겁게 마치게 되었다. 자연휴양림에서 한 동안 쉬다가 귀가를 하였다.

세상은 밖에도 있었네!
# 명산 100, 47번째 '한라산' 완등 이야기!

▲ 한라산 (漢拏山, 백록담 1,950m) | 2016년 10월 17일 월요일

결혼 30주년 기념의 일환으로 두 딸이 제주도 4박 5일(10/16~20일) 여행을 보내주었다.

그 일정 중 둘째 날은 아내와 함께 '명산 100, 47번째'로 '한라산 백록담'을 다녀왔다.

작년에 한라산을 다녀오면서 너무 지겹고 힘이 들어 "다시는 오지 않겠다."고 큰 소리를 쳤지만 '명산 100'에 들어 있어 또 찾게 되었다. 이처럼 인간에게는 "명분이 있으면 실리를 위해 물불을 가리지 않고 하게 된다"는 것을 재삼 느끼게 되었다. 어떤 연유로 다시 찾고 다시 하게 된다는 것을 생각하면 함부로 "안하겠다", "그만 둔다" 등등 쉽게만 말해서는 안 된다는 생각을 하게 되었다.

'성판악휴게소'를 기점으로 다녀온 것은 작년 11월에 이어 두 번째였다.

아내는 '관음사'를 기점으로 '성판악휴게소'를 종점으로 하는 코스까지 세 번째였다. 누구는 평생 한 번도 오르기 어렵다는 한라산을 세 번이나 올랐으니 대단하고 자랑스럽게 보였다. 처음에는 남한의 최고봉에 오른다는 기분이 좋아 아무런 저항감 없이 그냥 신비로움과 자부심에 젖어 눈 딱 감고 다녀왔지만 가는 길이 험하고, 멀고(왕복 약 20㎞, 약 9시간 소요), 주변의 우거진 나무 때문에 더 멀리까지 경관이 없어 단순한 코스라 생각되어 한번 다녀온 사람은 이구동성으로 동료들과 떠벌리면서 소감을 남긴다. "두 번

다시 오지 않겠다."

등산 후기에는 그런 외침이 대부분이었는데도 아내는 벌써 세 번째 외쳤고, 필자는 두 번째 외쳤다. 아니나 다를까 등산을 자주 다닌 것 같은 우리 뒤를 따라 오던 등산객들도 똑같이 외쳤다. 아마 처음 오신 분들 같았다. "오를 때는 처음 가는 길이라 무심코 올랐지만 하산할 때는 너무나 지겹다. 가도 가도 끝이 안 보인다. 너무 너무 지겹다." 다시 오지는 않을지 모르겠지만 우리처럼 다시는 오지 않겠다는 말은 나오지 않았다. 아마도 다시는 오지 않겠지? 라는 뒷이야기를 남기는 한라산을 두 번, 세 번이나 등산을 하였으니 얼마나 미련 곰탱이처럼 보였겠나 혹은 한라산에 얼마나 매료되었으면 그렇게 행동을 보일 수 있나 였겠지? 아님 인증샷 때문에 무식하다는 소리를 들어가면서까지 어쩔 수 없이 한 번 더 도전한 경우였든지? 어쨌든 아이러니했다.

한라산 백록담 탐방로에는 '성판악 탐방로 9.6㎞', '관음사 탐방로 8.7㎞', '돈내코 탐방로 7.0㎞', '어리목 탐방로 6.8㎞', '영실탐방로 5.8㎞'로 다섯 곳이 있었다.

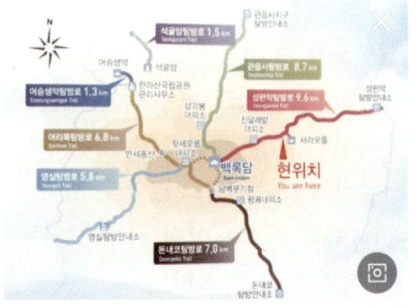

작년 한라산 백록담 등산을 성판악에서 한 후에 아내에게 "한라산을 등산하더라도 다시는 이 길로 등산을 하지 않겠다."는 약속이 있어서 다소 신중히 탐방로를 선택해야 했다.

그러나 안전을 무시한 채 새로운 탐방로를 선택하기 보다는 안전을 최우선하여 경험이 있는 익숙한 곳, 차를 갖고 갔기 때문에 원점회귀 탐방로가 되어야 하고, 오를 때는 힘이 들더라도 하산할 때는 쉬운 길이어야 한다는 평소 등산 원칙에 따라 이들 모두를 만족하는 성판악 탐방로를 선택하게 되었다.

다시는 이 길을 오지 않겠다는 약속을 한지 1년도 채 안 지났지만 이런 합리적인 선택에 아내도 별 말이 없었다.

거리는 짧지만 시간이 더 걸린다는 것은 그만큼 경사나 등산이 어렵다는 것을 뜻하는 바를 잘 알고 있다. 이런 저런 사연이 많은 가운데 이번에도 한라산 백록담은 성판악 코스였다.

아침 6시 반에 숙소를 나섰다.

약간 늦은 시간이라 주차장 때문에 걱정이 되었다. 자차로 약 30㎞를 달려 7시 15분경에 '성판악휴게소'에 도착하였더니 주차장은 벌써 만차였다. 주차 안내자의 뜻에 따라 입구 귀퉁이에 겨우 주차하게 되어 다행이었다. 등산객에 비해 주차장이 좁은 것도 있었지만 작년에 비해 약 1시간 정도 늦게 도착하게 되었다. 좁은 줄 알았으니 일찍 도착했어야 했는데 아무튼 주차 안내원의 도움으로 주차장 내에 주차를 하게 되어 다행이었다.

아침 7시 25분에 등산이 시작되었다. 경험상 "오후 3~4시경에 하산이 완료될 것이다"는 예측 하에 미련스럽게 또 등산이 시작되었다. 지난해에는 입장료만을 받았는데 이번에는 주차료(1800원)만 받았다.

돌 길, 나무 계단 길, 물 길…

초입의 4.1㎞는 둘레길 걷기처럼 정말 지겨운 길이었다. 이길 때문에 다시는 오지 않겠다는 말이 쉽게 나오게 된 곳을 통과하고 있을 때 아내는 지겨움을 달래기라도 하는 듯 만나는 사람마다 말을 걸었다. 우리는 "이 또한 지나가리!" 라는 주문을 외면서 하염없이 꾸준히 걸었다. 그렇다 보니 우리를 앞질러 가는 사람도 많았다. 앞서 가 본들 1차 쉼터인 '속밭 대피소'에서 만나게 되는 법이다. "부러워하면 지는 것"이다.

그 중에서 혼자 오르는 산객에게 이런 저런 말을 붙였더니 잘 받아 주었다. 어제 마라톤에 참가했다가 오늘 한라산을 오르게 되었다면서 그 이유를 이야기해 주었다. 인증서를 모으는 재미가 붙어 한라산을 오르게 되었다면서 인증서는 백록담 사진을 보여주고 천원을 주면 입구 매표소에서 만들어 준다는 정보였다. 인천에서 왔다는 그 산객은 인증서 모으는 재미가 쏠쏠하여, 제주도에서 마라톤과 자전거 완주 인증서를 이미 받았고, 오늘 한라산 등정 인증서를 받고, 내년에는 제주도 올레길 일주도 계획을 하고 있었다. 좋은 정보를 준 산객이 고마웠다. 한라산은 많은 산객이 다녀오는 길이라 더 많은 설명과 체험담은 필요가 없을 것이다.

속밭휴게소 도착 4.1km, 사라오름 입구 5.8km, 진달래밭 대피소 7.3km, 백록담 정상 9.6km를 순조롭게 걸어올라 드디어 한라산 정상에 두 번째로 서게 되었다.

주변의 풍광은 이루 말할 수 없이 좋았다.

하늘도 도와주어 삼대(三代)에도 보기 어렵다던 백록담의 물도 볼 수 있어 대만족이었고 행운이었다.

하산이 곧 시작되었다. "평생 다시는 오지 않을 것이라"고 또 외쳤습니다. 그 이유는 똑 같았지요.

"Never come again!"

등산, 하산할 때 요긴하게 사용되었던 도구가 "초크통"이었다. 간식을 여기에 가득 담아 걸으면서 에너지를 보충하는 데는 짱이었다. 배낭에 담아갔던 간식들을 하나하나 꺼내서 초크통에 담아 두었다가 걸으면서도 먹을 수 있다는 것에 아주 만족했다. 장거리 산행에는 간식 저장고 초크통을 권유해 둔다.

평지길 4.1km를 걸어야 했으니 지겨움에는 변함이 없었다.

키 작은 대나무와 키 작은 나무들이 빼곡히 들어서 있어 햇볕은 막아 주었지만 주변에는 단풍도 없었고, 간이 안 된 반찬처럼 경관의 맛이 없었다. 그러나 '시작을 했으니 끝도 있는 법', '이 또한 지나가리라'는 명언처럼 유체이탈, 멘붕이 온 상태에서 무념무상 걸음은 자동으로 움직여 주었다. 가도 가도 끝이 없어 하산하던 등산객들 입에서도 짜증이 담긴 신음소리가 났다. 그래도 지겹다! 지겹다! 쉬어도! 쉬어도! 끝은 보이지 않았다.

오후 네 시경에 하산을 완료한 후 탐방안내소를 방문하여 백록담에서 찍은 사진을 보여주며 '한라산등정인증서'를 한 장에 천원을 주고 아내랑 각각 받았다. 아무 것도 아닌 종이 한 장이었지만 해냈다는 뿌듯함이 밀려와 서울

둘레길 완주인증서처럼 가슴이 뭉클해졌다.

큰일을 했으면 끝이 있어야 하는데 좋은 시스템을 고안해 낸 제주시에 감사의 마음을 보냈다. 마치 학교를 열심히 다니고 졸업할 때 받았던 졸업장처럼 값진 훈장을 받은 것 같았다.

우리는 똑같이 인증서를 바라보면서 종이 한 장 뿐인 "이게 뭔데"였지만 나름 값진 등산을 마무리 하게 되어 기분은 그만이었다.

마지막으로 한라산 안내도 앞에서 기념사진을 확보하고 오늘 안전하게 성공적인 등산을 잘 마무리 해 준 아내와 산신령님께 감사의 마음을 전했다.

좋은 사진이 너무 많지만 대표적인 두 편만 실어둔다.

세상은 밖에도 있었었네!
# 명산 100, 60번째 '함백산' 완등 이야기!

▲ 함백산 (咸白山, 1,593m) | 2016년 12월 19일 월요일

산악회를 따라 강원도 태백시에 위치한 '함백산'을 '명산 100, 60번째'로 친구랑 다녀왔다.

'60'의 숫자가 담긴 패치를 받으려고 조금 욕심을 부려 본 것도 사실이었고, 내년에 필자의 나이가 '60'이 되는 해라서 그런 의미 때문에 최근 3일 단위로 3좌를 완등하게 되어 기쁘게도 60좌에 올라서게 되었다.

(12/13일: 백덕산, 12/16일: 가리왕산, 12/19일: 함백산)

'함백산'을 이렇게 소개하고 있었다.

"함백산은 강원도 태백시와 정선군 고한읍의 경계에 있는 해발 1,572.9m의 산으로 우리나라에서 6번째 높은 백두대간의 대표적인 고봉 가운데 하나다. 함백산은 조선 영조 때의 철학자 여암 신경준이 저술한 산경표에 대박산으로 기록되어 있고, 정선총쇄록에는 상함박, 중함박, 하함박 등의 지명이 나오는데 왜 함백으로 바뀌었는지에 대해서는 정확하게 알 수 없으나, 태백(太白), 대박(大朴)과 함백(咸白)이라는 말은 모두 '크게 밝다'는 뜻이다. 척주부에 보면 함백산은 봉우리가 셋이다. 상함백은 두문동재 남쪽에 솟은 은대봉을 말하고, 중함백은 은적암 뒷 봉우리 이며, 하함백은 지금의 함백산인 것이다. 허목(許穆)의 미수기인에 보면 '태백산은 신라 때 북악인데 문수, 대박의 두 봉우리가 있고 우보산, 우검산, 마읍산, 백산 등이 다 태백산이다'라고 하였으나 함백산은 현재 태백산보다 높지만 태백산의 한 봉우리였던 것이다.

삼국유사에서는 함백산은 "묘범산(妙梵山)으로 기록하였는데 묘범산은 묘고

산 (妙高山)과 같은 말로 불교에서 말하는 수미산(須彌山)과 같은 뜻으로 대산이며 신산으로 여겨 본적암, 삼적암, 묘적암, 은적암등의 절이 있었다고 한다."

함백산 북서쪽 사면에는 서기 636년 신라 선덕여왕 5년에 자장율사가 창건한 것으로 알려진 정암사(淨岩寺)가 있는데 문수보살의 계시에 따라 갈반지를 찾아 큰 구렁이를 쫓은 후 그 자리에 적멸보궁과 수마노탑을 세우고 석가모니의 정골사리를 모셨다고 하며, 적멸보궁옆 주목나무는 자장율사가 꽂아둔 지팡이가 살아난 것이라며 선장단이라 부르고 있다.

또한 이곳에는 천년기념물 제 73호인 열목어가 서식하고 있고, 일명 작약봉이라 하여 산속에는 흰 진달래 그 밖에 흰 짐승과 꽃이 많이 서식하고 있다. 특히, 함백산의 야생화는 국내 최대 규모로 군락을 이루고 계절마다 다양하고 종류가 헤아릴 수 없을 정도로 많아 몇 번 방문했던 사람도 늘 새로움을 기대하고 찾아온다. '불의 나라', '물의 나라', '천상의 화원'이다." ◀출처: 네이버

오랜만에 친구 3명이 함께 가기로 하였으니 이동거리만 멀었지 등산코스는 그리 어렵지 않아 초보자도 쉽게 갈 수 있는 곳으로 인식하고 그날만을 기다렸다. '세월이 유수 같다'는 것을 실감하면서 이른 아침 아무도 알아주지 않는 아주 먼 곳에 있는 명산 함백산에서 친구들과 하루를 보내는 즐거운 날이 되었다.

필자가 가입한 산악회 버스 코스는 항상 정해져 있었다.

사당역 버스에는 회원 중 80% 이상이 탑승을 하니 '양재', '동천', '죽전'에서 타는 회원은 몇 명 안 되니 대장이 알아서 태우겠지 하고 대장의 요청대로 단체 행동인 아침 잠자기에 들어갔다. 이른 아침에 버스 타고 잠자는 쾌감은 이루 말할 수 없이 좋은 시스템이었다. 죽전에서 승차하는 친구 한 명은 등반대장에게 맡기고 우리 둘은 한잠을 들이켰다. 한 시간 정도 아침잠을 맛있게 자고 났더니 친구 한 명이 보이지 않았다. 동천정류장에서 친구 한 명이 탑승을 못했다는 것이다.

이게 웬일인가? 가슴이 쿵쾅쿵쾅 뛰었다. 필자는 밖에 있을 때 폰을 진동으로 해 놓는 것을 예의규범처럼 실천하고 있었으니, 친구는 문자를 여러 번 보냈지만 묵묵부답이라 얼마나 속이 상했을까 생각하면 억장이 무너지고도 남을 일이었다. 친구에게 뭐라고 변명을 해야 할지 아무 생각도 떠오르지 않았다. 둘은 그냥 죄인이 되고 말았다. "미안하다", "죄송하다"고 아무리 얘기한들 결과가 이리 되었는데 무슨 의미가 있는 것일까? '아침잠에 들어가기 전에 운전

기사나 등반대장에게 동천에서 친구 한 명이 타야 한다는 말 한마디만 건넸어도 버리고 가지는 않았을 텐데' 하고 친구는 원망 섞인 문자를 보내왔다. 이 친구에게는 아내가 해 주는 맛있는 점심을 맡겼는데 얼마나 화가 났을까? 아내에게는 뭐라고 이야기할까? 원망할 것 같은 목소리가 귓전을 떠나지 않았다. 또 어제는 함께 겨울 등산을 잘 하려고 새 등산화를 샀다는 자랑도 들었는데 또 얼마나 화가 났고, 우리를 또 얼마나 원망했을까? 우리는 또 점심을 굶어야 할 지경이 되었지만 점심 쯤은 걱정에도 들지 않는 분위기였다.

한 시간 가량 달려 버스는 '평창휴게소'에 들러 잠시 휴식시간을 가졌다.

이제 등반대장에게 따지는 것은 차치하더라도 이유나 들어보자는 뜻에서 물어보았더니 운전기사와 대장의 실수였다는 말 한마디로 사건을 마무리하려 하였다. 더 크게 울화통이 터졌다. "지난 잘못으로 싸워봤자 뭐 하겠노?" 싶어 남은 시간은 등산에만 집중하기로 하고 일단은 접어 두었다. 둘이서 그 한마디를 못하고 지나쳐서 이 지경을 만들다니 친구에게는 더욱 미안해졌다.

속은 부글부글 끓었지만 그 정도에서 더 이상 말을 꺼내지 않았다.

친구는 "버스에서 기사와 대장도 박살을 내어라"는 주문을 하였지만 더 이상 소란을 피우면 남한에서 여섯 번째로 높은 명산의 등산에 집중이 안 되니 우리 스스로 입을 닫기로 했다. "아! 그런 실수를 하다니", 자꾸 어안이 벙벙해졌다. 생각하면 할수록 등산에 집중이 안 될 것 같아 빨리 등산을 시작하면 잊혀지려나 들머리가 자꾸 기다려졌다.

버스 안에서는 등반대장이 등산지도를 나누어 주면서 오늘 등산에 대한 설명을 해 주었다. 등산코스는 "등산로입구(1,330m) → 함백산(1,572.9m) → 중함백(1,505m) → 적조암사거리 → 적조암 삼거리 주차장(총 8.6㎞, 4.5시간)" 라고 강조해 주었고, 오후 3시쯤에 내려오는 대로 버스는 출발한다는 미션이 내려졌다. 괜찮은 코스라는 짐작을 하고 왔으니 대장의 설명은 귀에 안 들어왔다. 친구를 놓친 죄책감에 자꾸 사로잡혔다. 금주는 강추위로 강원도 산간에는 눈과 얼음이 뒤덮여 있었지만, 제설차량들이 곳곳에서 대중교통의 소통을 위해서 움직이고 있어 결빙에 따른 걱정은 하지 않게 되어 안심이 되었다. 대형버스가 산골길을 다니기엔 힘들게 보였지만 베테랑 운전기사는 요리조리 잘 요리해 주었다.

산속으로 깊이 들어가면서 등반대장이 지형에 대한 설명을 계속해 주었지만 어디가 어딘지도 모르고 버스는 자꾸 산속으로 깊이 들어갔다. 사당역 출발 세 시간 반이 지난 10시 30분경 산 중턱에 있는 들머리에 도착했다. 초보 친구와 같이 왔으니 걱정이 조금 되었지만 주변은 눈으로 새하얀 옷을 입혔고, 구름으로 가득하였고, 오늘 예보로는 바람이 전혀 없다고 하였으니 또 안심은 되었다. 그저께 가리왕산에서의 강추위에 놀라 오늘은 제발 그러지 말기를 그리고 초보 친구와 왔으니 예보대로 더더욱 그런 환경이 되어 주기만을 기대했다.

회원들은 버스에서 내리자마자 신속히 각자의 등산 장비를 갖추었다.

우리는 차에서 스패츠를 착용하였고, 아이젠만 착용하면 되는 정도여서 쉽게 준비를 마쳤다. 친구는 작년에 스패츠를 샀는데 한 번도 착용해 본 적이 없었고 필자도 두 번째로 착용해 보았지만 그날만큼은 선생님이 되어 주었다. 등산용 장비를 착용한 후 모두가 등산 전문가로 변신하였다. 등산이 시작되면 개인차는 나타나겠지만 그 순간만큼은 모두가 등산 전문가였다.

정상까지는 약 200m의 높이를 2.5㎞ 걸으면 되는 코스라 자신감은 넘쳐 보였다. 5분 정도 지났을까 앞에서 리더해 주는 회원이 있어 우리도 곧장 그의 뒤를 따랐다. 필자의 경험상 등산을 하면 두 가지 경우가 있는데 하나는 "오를 때 빡세게 하고, 내릴 때 편하게 하든지, 아니면 그 반대로 하든지"라고 설명을 하면 "전자가 좋겠다."라고 하여 처음에는 빨리 가고 싶다는 초보자의 솔직한 심정을 표해 주었다.

남한에서 여섯 번째로 높은 명산인데 너무 쉽게 이어진 등산로가 오히려 더 실망을 안겨 주는 것처럼 느껴진 것은 왜였을까? 함께 하지 못한 친구가 또 생각났다. 등산이 힘들었으면 오히려 등산에 집중하게 되어 조금 전의 상황에 신경 쓸 겨를이 없었을 텐데 말이다. 그러나 산 높이 때문에 구름도 쉬어 가려는 듯 가시거리가 짧아 등산의 지겨움과 힘겨움을 잊게 해 주어 조금은 여유를 부리면서 사진도 남겼다.

등산을 마친 후 지나온 시간 속으로 들어가 보면 그래도 몇 장의 사진이 그때의 피곤을 잊게 해 주고 힘듦 속에서도 등산의 즐거움을 기억해 다시 찾을 것 같아 주어진 시간이 짧긴 하였지만 잠시 멈춤이 오랜 추억으로 남도록 배려해 기념사진을 많이 남겼다. 두고 온 친구는 이

런 저런 사진에 관심이 많아 도움이 많이 되었을 텐데 여전히 아쉬움은 남았다.

정상 근처의 깔딱 고개에 접어들었다. 친구는 더욱 힘든 기색이 역력해 보였다. 필자도 힘들긴 마찬가지였지만 등산 전문가라고 소문난 필자가 친구 앞에서 그런 표정을 보이고 싶진 않았다. 뒤에서 계속해서 밀어붙이면서 쉬면 더 가기 싫어지니 쉬지 말고 천천히라도 계속 걷는 것이 힘듦을 이겨내는 방법이고 등산을 잘 하는 방법이더라는 조언을 계속 던졌다. 친구는 필자의 말에 귀 기울여 잘 따라 주었다.

정상이 가까워지자 거친 숨소리는 누구도 피할 수가 없었다. 이게 웬일인가? 정상 가까이에는 예상로 구름도 많아졌고, 한치 앞도 볼 수가 없었고, 바람도 세차게 불었다. 가리왕산의 악몽이 재현되는 듯 첫인상은 별로였지만, 바람의 세기는 강했으나 추위는 절반도 안 되는 느낌이 들어 다행이었다.

출발 한시간만인 11:45분 정상에 도착했다.

좀 힘은 들었지만 회원들의 뒤를 따라 온 덕분에 보통 사람들의 시간에 정상에 도착하게 되었다. 호호 손을 불어가면서 인증샷을 확보하기에 여념이 없었다. 추위 때문에 앞다투어 인증샷을 확보하느라 경쟁이 되어버렸다. 구름이 가득하여 조망은 전혀 없었다. 바람 또한 세게 불어 오래 서 있기가 무서웠다. 그래도 이 사람 저 사람 사진찍고 순서를 기다리다 약 20여 분을 머물렀다.

시간 찍기에 집중하느라 추위도 잠시 잊은 채 남의 사진까지 많이 찍어주게 되었다. 어떤 회원은 100좌 완등이었다. 처음 보는 인증샷이라 모두에게 부러움의 대상이 되어 그들에게 시간을 할애해 주었다. 옆의 회원은 96좌, 98좌라고 자랑삼아 말하는데 그들 또한 부러워졌다.

정상에서 자의반 타의반으로 조금 머물다 보니 앞서 가던 꼬리를 놓쳐 하산길이 혼란스러웠다. 눈 때문에 앞서간 사람들의 발자국이 선명하였지만 갈림길에서는 이쪽저쪽 선택의 귀로에 서기도 하였다. 친구는 다른 사람과 담소를 하면서 여유롭게 슬금슬금 뒤쳐져 필자를 따라오고 있었고, 눈 덮인 경관을 카메라에 담을 기회를 주지 않았다. 어디쯤 가고 있는지, 가는 속도가 맞는지 고민해 볼 시간도 없이 무조건 걷기를 계속하였다.

등산로의 방향을 전환해야 할 '적조암사거리'를 만났다.

주변에는 같은 산악회 회원들이 옹기종기 점심을 먹고 있었다. 점심과 휴식의 찬스를 놓치면 안 되니 먼저 산중의 평상위에서 정확히 등산 출발 한시간만인 12:47분에 점심을 먹을 수 있었다. 세 팀이 모여 이런 저런 등산 이야기를 나누면서 갖고 간 점심으로 허기를 채웠다. 등산대장도 같이 있었다. 이제 내려가는 데는 50분이면 된단다. 확실히 안심을 하게 되어 다행이었다.

경사가 그리 급하지 않은 오솔길 같은 하산로를 따라 약 1시간 정도 내려갔더니 오후 1시 40분에 하산을 완료하였다. 버스 귀경 시간까지는 1시간 남게 되었다. 마지막으로 사진 몇 장을 남기고 버스에서 잠을 청하기로 하였다.

오후 3시 조금 지나서까시 버스에 한 명이 없었다. 한 명은 우리가 헷갈렸던 그 갈림길 '적조암 사거리'에서 길을 몰라 다른 산악회를 따라 가게 되어 '은대봉'으로 가고 있다는 연락이 접수되었다. 등산 시작 전에 대장이 그렇게 강조를 하였던 그 갈림길에서 그만 회원들을 놓치고 말아 결국 한 명을 남겨두고 귀경을 해야 했다. 산악회를 따라 다닌지 얼마 안 되었지만 이런 광경은 여러 번 있었다.

오늘은 머피의 법칙처럼 안되는 일이 많은 하루였다.

친구를 태워 가지 못하였고, 귀경길에는 한 명을 남겨두고 와야 했다. 그렇지만 걱정했던 등산이 안전하고 순조롭게 완료되어 친구도 등산에 더욱 자신감을 가진 것 같았고, 다음 등산도 기약을 했다.

버스는 현지에서 오후 3시 조금 지나서 출발하여 쉽게 서울 시내를 진입하여 19시경 집에 무사히 도착하였다. 다른 곳에서의 등산보다 약 두 시간 정도 일찍 도착하게 되었다.

"명산은 아무에게나 내어주지 않는다. 허락된 자만이 즐길 자격이 있다. 고통을 감내한 인고의 시간을 이겨낸 사람에게만 주어지는 특권이다. 고통을 거부한 사람에게는 명산은 허락하지 않는다."

남한에서 여섯 번째로 높은 산이라기에 걱정이었는데 걱정과는 달리 고도가 높은 곳까지 버스가 갈 수 있어 산행 거리는 예상 외로 짧아 다행이었다. 함께해 준 친구에게 감사했고, 함께하지 못한 친구에게 미안했다.

세상은 밖에도 있었었네!
# 명산 100, 24번째 '화악산' 완등 이야기!

▲ 화악산 (華岳山, 중봉 1,446m) | 2016년 4월 18일 월요일

후배와 경기도 최고봉 '화악산'의 '중봉'을 '명산 100, 24번째'로 대중교통으로 다녀왔다.

화악산은 '토끼 모양 남북 지도의 중심'이었다.

가평역에서 등산로 입구까지 거리가 멀어 이리저리 대중교통을 찾아보았다. 등산로 입구까지 가는 버스는 찾아 보았는데 가평역까지 나오는 버스는 찾지를 못하여 일단은 현지에서 찾아보기로 하고 시작하였지만 에피소드가 많았던 하루였다.

첫 번째 에피소드는 '가평역에서 화악리 행 버스를 타는 것'이었다. 용산역에서 청춘열차는 정확히 출발했지만 서울로 오는 전동열차와 같은 선로 사용 문제로 지정된 역에서 자꾸 출발이 지연되니 가평역 09:00에 출발하는 화악리 행 버스 타는 시간이 걱정이 되었다. 이 버스를 놓치면 다음 버스가 오후 1시 10분에 있어 택시비로 거금을 지출해야 되기 때문이었다. 지난번 청춘열차를 탔을 때 예정되었던 시간을 정확히 지키는 것을 보아 청춘열차를 믿었다. 예정대로 국민의 신뢰를 저버리지도 않고 청춘열차는 정확히 가평역에 도착했다. 버스 타는 곳을 찾아 09시에 승차를 해야 했기에 공은 우리에게 넘어왔다.

2분 만에 화악리 행 버스를 탈 수 있었다. 춘천역, 가평역, 청평역 등을 다니다 보니 역 주변의 모습이 비슷비슷하여 헷갈리기도 했지만 물어서라도 1차 관문인 버스를 정시에 타게 되어 천만다행이었다.

두 번째 미션은 '등산로 초입을 찾는 것'이었다. 단지 알고 있는 정보는 '왕소나무 버스 승강장'에서 내려 '천도교 화악산 수련원'으로 가야된다는 것 뿐이었다. 버스는 여러 정거장을 지나 마실곳곳을 계속 달렸지만 목표지점 '왕 소나무 버스 승강장'은 좀처  럼 모니터에 나타나지 않았다. 1분이 중요한데 심지어 어느 시골 마을에 들어가서는 10분 가량 멈췄다.

 조급했던 마음을 알기라도 한 듯 버스는 다시 출발했다. 조금 더 산골로 들어갔더니 모니터에서 목표지점의 방송이 나왔다. "다음 정류장은 '왕소나무'입니다." 늘던 중 반가운 소리였다. 즉시 자리에서 일어나 하차벨을 눌렀다. 정류장의 이름처럼 왕소나무가 언덕 위에서 위용을 과시하였고, 도로 반대편에는 왕소나무집 식당이 있었고, 같은 방향으로 '천도교 수련원'으로 가는 이정표가 보여 확신할 수 있었다. 가평역에서 한 시간여 달려 등산로 입구를 찾게 되었다. "이제부터 등산이 시작되는 것이야!" 하고 기쁨을 발산하고 싶었지만 큰 호흡으로 흥분을 가라앉히면서 먼 산을 바라보았다. 산꼭대기에는 레이더와 대형 안테나, 군인 숙소가 보였다. 그런데 최근 비로 계곡에는 물이 많아 건널 수가 없는 상황이었다. 등산할 때 여유를 너무 부리면 하산할 때 바쁘게 되어 안전사고까지 유발할 수 있으니 등산을 먼저 서둘러서 하고, 하산할 때 여유를 갖는 것이 필자의 등산 원칙이었다.

걱정도 잠시, 차(車)라면 물 흘러도 지나갈 수 있겠지만 사람은 불가능했을 정도로 물이 많았고 흐름도 거칠었다. 대궐같은 전원주택의 길을 따라 등산로에 진입하였다. 인터넷에 나온 내용은 없었으

나 초입의 간판을 제대로 찾았으니 정상을 향해 오르기만 하면 되었다. 두 번째 보물찾기 미션도 성공하였다.

　세 번째 에피소드는 '가장 짧은 거리로 정상에 도착하는 것'이었다.

　차가 다닐 수 있는 비포장도로가 나왔다. 주변은 개발한다면서 벌거숭이 산으로 변해 버렸다. 용문산에서의 길 잃음 악몽이 되풀이 되지 않게 하기 위하여 GPS를 가동시켜 두었고 비포장도로를 따라 가기만 하면 되는 줄 알았는데 불행하게도 GPS상에는 도로가 나오지 않았다. GPS상에는 계곡을 따라 등산하는 길만 있었을 뿐 어차피 오르면 정상에 갈 수 있는 것이니 편안한 길로 가자는 후배의 제안대로 걷기를 한참 한 후 되돌아오는 일이 또 벌어지고 말았다. 약 30분 정도 비포장도로를 약 500m를 더 걸었던 것이다. 등산로 초입에는 개발로 인해 기존의 등산로가 없어졌으니 초입에서 등산로를 잘 찾아야 한다는 것을 경험하게 되었다. 아래로 내려갔더니 수련원에 들어가는 길이었다. 결국 등산로는 아니었다. GPS를 보았더니 등산로는 처음부터 계곡을 따라 거슬러 올라가는 것이었다. 이제 제대로 등산로를 찾았다. 경사가 완만한 계곡을 거슬러 약 4km를 걸었다. 중간중간의 이정표도 없었다. 사람을 지루하게 만들기에 딱 맞았다. 물론 하나 밖에 없었던 길이었지만 중간에 이정표라도 있었으면 같은 거리라도 지루함을 달래 줄 수 있었을 텐데 아쉬웠다. 너무 길면 또 주눅이 들 수도 있겠지만 그래도 없는 것보단 나을 것이다.

　약간 경사가 있는 계곡 길을 지루하게 걸어왔더니 드디어 오르막이 나타났다. 입구에서 정상까지 등산거리가 무려 6km였다. 4km는 계곡길, 2km는 경사가 심한 오르막이었다. 이제 오르막 2km만 걸으면 되었다. 산 높이만큼이나 길게 이어진 계곡길은 계속 오르막으로 이어져 제주도 한라산 등산 때 평지를 7km 걸었던 때를 연상케 했다. 평범한 등산로를 하염없이 걷는 것이 얼마나 지겨운 일인지 이런 길을 걸어 본 산객이라면 상상이 될 것이다.

　특이했던 점은 계곡의 물줄기는 멈추지 않았고, 정상 가까이까지 물은 흘렀고, 맑고 깨끗한 물은 지리산의 중산리 코스의 그것보다 괜찮았다고 생각되었다. 곧 할딱고개가 시작되었고, 정상까지 잘 이겨내야만 했다. 평지 길을 걷는다고 에너지를 많이 소진하여 정상까지 가려면 자신과의 싸움만 남았다. 에너지가 많이 소진되었을 때 더 지치게 만드는 급경사는 용기를 날려버렸다. 그렇다고 자꾸 쉬게 되면 더욱 힘들어 지기에 조금 속도를 늦추더라도 멈추지는 않았다. "가다 지치면 고개 들어 앞을 쳐다 보지 말고 걸어 온 뒤를 보자. 그로부터 할 수 있다는 용기와 희망을 만들어서 머리 숙여 올라라"는 필자의 소신대로 거듭 정신력을 부추겼다.

여느 정상에서 볼 수 있었던 '얼레지 꽃'도 수줍은 듯 땅을 보고 활짝 피어 있었다. 힘들게 올라 온 산을 절대로 포기는 없다는 일념으로 자신의 발만을 믿고 올랐더니 드디어 '작전도로'에 도착했다. 이제 남은 거리는 700m. 지칠 대로 지쳤으니 7km 같은 힘이 필요하겠다는 생각이 엄습했다. 산꼭대기의 모습으로 정상석을 찾기가 쉽지만은 않아 작전도로를 따라 계속 걸었다. 500m 정도를 걸었을 때 또 한 번의 이정표가 나왔다. 이제 200m. 마지막으로 정상 탈환을 위해서는 앞에 놓인 바위를 타야만 했다. 또 한 번의 고비가 왔다. 허기저 심신은 허약해져 있었는데 또 급경사에 바윗길을 200m 올라야했다. 로프가 여기저기 있어 다행이었다.

'쉬면 죽는다.'는 각오로 한 걸음 한 걸음 올랐다. 시간이 지난다고 생각한 목표가 모두 달성되는 것은 아니지만 쉼 없이 오르고 또 올랐더니 드디어 한반도의 중심인 '화악산, 중봉, 1,446.1m'의 새카만 정상석을 접수하게 되었다.

약 세 시간 동안의 피로가 한 번에 날아갔다. 인터넷에서 사진으로만 보았던 그 모습을 직접 보게 되었고, 주변에는 군인들이 초소를 지키고 있었다. 그들은 '북쪽으로는 사진 찍을 수가 없습니다.' 라는 한마디를 던지고 가 버렸다.

우여곡절 끝에 화악산 정상을 밟은 것에 감개무량했다.

실제의 화악산 정상은 1,468m인데 그곳은 군부대가 있어 중봉(1,446m)을 산객에게 개방해 주었다. 온 세상을 얻은 듯 가슴 벅찼던 등산이었다. 저 정상석이 뭔데 마음을 이토록 설레고 끌리게 만들었단 말인가? '이런 느낌 때문에 힘든 길 마다하지 않고 등산을 하는구나' 하는 등산 매니아들의 심정을 조금은 이해하게 되었다. 물론 필자도 그런 감정이었지만. 새로운 산을 찾아 계속 새로움을 발견하다 보니 등산 중독자가 되어가고 있었다. 가슴 뭉클했다.

경기도의 최고봉답게 주변의 경관도 수려했다.

필자가 올랐던 산들끼리 키재기를 하고 있었다. '연인산', '삼악산', 앞으로 오를 '명지산', '명성산'도 보였다. 앞서 갔던 산객도 정상에서 만났다. 익숙한 듯 주변을 잠시 설명해 주었다. 우선 최고의 목적인 인증샷을 확보하였다. 정상석이 햇볕과 같은 방향으로 세워져 있어 사진은 조금 어둡게 나왔다. 언제 다시 올 수 있겠냐는 마음에 멋지게 사진을 남기고 싶었지만 사진 찍는 기술이 모자랐다. 잠시 머물렀던 자리가 아름답기를 바라면서, 한적한 북녘 땅과도 하루빨리 통일이 되어 평화가 깃들길 기원했다.

등산을 쉼 없이 하게 되어 하산은 좀 여유를 갖고 쉬엄쉬엄 해 보기로 방향을 정했다. 정상에서 10m 정도 내려가서 양지바른 곳에 임시 휴식처를 정하고 갖고 간 음식을 모두 내었다. 세상을 다 가진 듯 맛있게 허기를 채웠다. 다른 코스를 타고 올라온 산객 두 명이 정상에 도착했다. 우리를 보더니 아주 반가운 듯 먼저 인사를 건네 왔다. 남쪽 지방에서나 들을 수 있었던 반가운 인사였다. 우리는 겨우 세 시간 정도였는데 그들은 다섯 시간 반을 걸었다면서 불만과 힘들었음을 간접적으로 표출하였다.

가만히 생각해 보니 둘만의 사진이 없었다. 다시 정상으로 올라가 조금 전에 말을 건넨 두 사람에게 부탁하여 몇 장을 남겼다. 평일에 등산을 하게 되면 등산객이 없어 중요한 사진을 남기는 것도 아쉬움이 컸다. 특히 강원도 명산은 험하고 계곡이 깊어 더더욱 위험한 등산이 되니 평일에는 만나기가 힘들었다. 지금이 봄맞이 등산 시즌이라고 하였는데 그 높고 험한 명산에서 등산객을 만났던 것은 행운이었다.

이제 하산해야 할 시간이 되었다.

초행길이라 올랐던 길을 따라 내려가기로 하였다. 내려가는 일은 걱정이 없었는데 왕소나무집 앞에서 시내버스를 타고 가평역까지 가는 것이 걱정이 되었다. 안되면 택시타고 가겠지? 기억하기로는 16시 50분에 있는 것을 알고 올랐지만 너무 여유가 많아 한편으로는 걱정을 붙들어 맬 수도 있었다. 올라갈 때는 힘들어서 이런 저런 자연의 소리에 무관심하였다. 내려올 때는 이 곳이 마지막 기회라 생각하고 촉각을 세워서 그들의 소리를 들으려고 하였다. 자연은 사람의 손이 타지 않은 그대로였고, 물소리는 더욱 청명하고 요란하게 들렸다. 울창한 숲에는 먹이 사슬이 잘 되어 다람쥐가 많았는데 그날은 보이지 않았다. 더군다나 새소리까지 없어 너무 삭막한 깊은 산속의 느낌 그대로였다.

들머리에 가까워질수록 여러 계곡에서 모인 물이 바위를 치면서 내려가는 소리로 요란하였다. 오히려 시끄러워 주변에 무슨 일이 벌어져도 모를 정도로 소란스러웠다. 주변의 자연 경관도 더 파릇파릇하였다. 전반적으로 아직 봄의 시작점에 있었고, 정상 근처는 확연한 봄기운을 느낄 정도는 아니었다.

그러나 산 밑으로 내려가면 갈수록 새싹은 나뭇가지에 무게를 더하였고, 얼었던 땅 위엔 파릇파릇 새싹들이 기지개를 펴는 순간 나물 캐는 사람들에게 들켜 영영 돌아오지 못할 그곳으로 잘려갔다. 비록 그들이 찾아내어 가더라도 돋아나는 새싹이 많아 자연은 더욱 더 울창한 숲을 유지하고 있는 것 같아 다행이었다.

잣나무 그늘 아래 마지막 휴식과 함께 나머지 간식을 먹어 치웠다.

강원도 산간에는 잣나무가 많아 그늘을 찾기에는 별 어려움이 없었다. 그런 탓도 아니지만 아직은 차갑게 느껴지는 바람으로 땀에 젖은 몸과 궁합이 안 맞아 감기라도 걸리면 어쩌나 하는 걱정으로 짧고 간단하게 휴식을 마치고 또 하산을 하였다. 버스 오는 시간이 오리무중이라 가장 빠른 시간에 입구에 가야만 했다. 입구의 위치를 어느 정도 짐작을 하고 왔던 비포장도로가 아닌 가장 짧은 오솔길로 방향을 잡고 천주교 수련원 쪽의 길을 선택하였다. 목적지가 보이는 곳에서는 길이 없으면 얼마든지 길을 만들어서도 갈 수 있겠다는 생각에 과감히 선택했던 길이 정답이었다. 왜 오를 때 이 길을 찾지 못하였을까 하고 자신이 어리석어 보이기까지 했다. 두 눈을 의심하면서 자세히 보았더니 개인 소유의 땅 위를 등산로로 사용하고 있었는데 토목 공사를 하면서 없어져 버린 것이었다. 수련원과의 다툼이 있었던지 길 입구에는 텐트를 쳐 놓고 감시를 하고 있다는 느낌도 들었다. 약간만 돌아가면 충분히 짧은 길로 갈 수 있었을 텐데 그냥 비포장도로만 따라갔던 것이다. 인터넷에서 공부했던 것과 현장의 상황이 다르다는 것은 이런 상황을 두고 한 말이었다. 올라갈 때 찾았더라면 0.5㎞는 걷지 않았을 텐데.

아무튼 산길에는 이런 길, 저런 길이 많이 있는 게 통례지만 main road를 막아 버렸다는 것은 아이러니 하였다. 내려올 때라도 단거리를 사용할 수 있었으니 다행으로 생각하였다. 이제 입구가 눈에 들어왔다. 용문산에 갔을 때처럼 길 잃은 방랑자가 되지 않기 위해서 신경을 많이 썼는데 대체적으로 성공을 한 셈이었다. 그래서 경기도나 강원도의 명산 중 천m가 넘는 산에는 아내랑 같이 등산하는 것을 신중하게 고려하고 있으며 이번에도 같이 가지 않기를 잘 한 것 같았다.

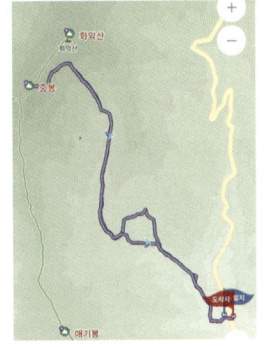

계곡의 물이 모이는 들머리에는 어마어마한 물소리를 내면서 흘렀다. 가평역으로 가는 버스 시간이 문제였다. 화악리 출발 16시에 있는 줄 알았는데 17시에 있는 게 아니었던가? 시간표를 주변으로부터 찾다가 Guard rail에 부착된 것을 발견하게 되었다. 시간대별로 버스는 많았던 것 같았는데 노선을 알 수 없었으니 답답해졌다. "객지에서는 용기있는 자만이 살아남는다. 용기있는 자만이 굶지 않는다." 후배는 뜬금없이 왕소나무집 주인에게 쫓아가서 버스시간표의 해석을 부탁드렸더니 귀찮아하지 않고 다리까지 나와서 상세하게 설명해 주셨다. 예상대로 "화악리 행 버스는 17시에 있다"는 설명이었다.

그러면 아직 두 시간이나 남았다. 택시를 부르면 25천원이라고 귀띔을 해주었지만 엄두가 나지 않았다. 더 고마웠던 일은 시간이 많이 남았으니 식당에 가서 커피나 한잔 하자고 하였다. 주인 역시 산악인이셨다. 산에 오르는 일이 일상화 되었단다. 그래서였던지 66세라는 언급까지 하셨다. 나물도 캐고, 두릅도 따고, 송이버섯도 캐고 등등 근처에 있는 산을 안방처럼 드나들 수 있어 주업에 도움이 된단다. "등산을 생활화 하는 사람은 친절하고 봉사정신이 남다른 사람"이라고 평소에 느껴왔던지라 부담 없이 그를 대면할 수가 있었다. 그의 인생사를 듣는 시간을 가져 주었다. 산중에서 외롭게 지내는 면이 없지는 않았지만 지나가는 사람을 보면 반갑게 식당으로 불러 커피를 나누는 순수한 식당 집 주인이셨다.

그렇게 앉아 마냥 시간만 소비할 게 아니고, 밖으로 나가서 '히치하이킹'을 한번 시도해 보기로 하였다. 같이 서서 하면 사람 수가 부담이 되어 안 될 수가 있으니 역할을 나누었다. 필자는 도로에서 지나가는 자가용 승용차를 불러 보았고, 후배는 등산을 막 하고 내려온 남자에게 접근하여 시내로 나가는 방법을 상의해 보았다. 저 멀리 위쪽에서 SUV 2대가 내려오고 있었다. 앞에 온 승용차는 그냥 지나가 버렸다. 두 번째 승용차는 유유히 필자 앞에 섰다. 창문을 내리고 유심히 쳐다본 후 고민을 하는 중 사정을 설명했더니 수긍하는 눈치였다. 혹시 필자 한명인 줄 알고 세웠더니 2명이 되어 버려 실망을 하셨다면 죄송했다. 속이고 싶은 생각은 전혀 없었고, 가평역까지 나가야 한다는 일념밖에 없었다. 히치하이킹이 문제가 많아 쉽게 태워주지 않는다는 것을 잘 알면서도 그렇게 할 수 밖에 없었다. 백발이 된 노인은 싫지 않은 듯 우리 둘을 태우고 유유히 운전해 갔다. 여기의 지리를 몰라 산에 오르는 일만 생각했지 돌아오는 생각에는 소홀히 하였다고 솔직하게 고백을 했다. 왕복 12㎞, 5시간 반의 산행은 많은 에피소드를 남긴 채 마무리 되었다. 함께 해 준 후배에게 감사했다.

세상은 밖에도 있었네!
# 명산 100, 8번째 '화왕산' 완등 이야기!

▲ 화왕산 (火旺山, 756m) | 2016년 1월 30일 토요일

경남 창녕에 있는 화왕산을 자차(自車)로 아내와 '명산 100, 8번째'로 다녀왔다.

'명산 100 등산'을 시작하고부터는 그들이 정해준 산에만 가고 싶어 인근의 산들은 안중에도 없어졌다.

"끝이 좋아 당기는 맛도 있다."

경상남도 창녕군에 있는 창녕의 진산 '화왕산'은 옛날 화산 활동이 활발하여 '불뫼큰불뫼'로 불리기도 였다. 600m지대에는 화왕산성(사적 64)이 있다. 삼국시대부터 있던 성으로 임진왜란 때 의병장 '곽재우'의 분전지로 알려져 있고, 화왕산성의 동문에서 남문 터로 내려가는 잡초더미사이에 분화구이자 창녕 조씨의 시조가 태어났다는 삼지(三池)가 있다. 또한 산 정상의 서쪽 아래에는 조선 선조 이후에 축성되었으며 보존상태가 양호한 목마산성(사적65)이 있다. 역사적으로 유명한 화왕산 정상에는 억새로 또 유명하다." ◀출처 : 네이버

거제도에서 당일로 명산에 다녀오려면 귀가하는 시간까지 감안하여 10시에는 현지에서 등산이 시작되어 오후 2시까지는 하산이 완료되어야 된다는 기준을 갖고 집에서 출발 시간을 정하고 등산 가능성을 확정한다. 따라서 화왕산은 자차로 가는 일이라 집에서 이동시간 1시간 30분을 고려하여 시간적인 여유를 충분히 갖고 조금 일찍 집을 나섰다. 경남 창녕에 있는 화왕산은 이번이 두 번째이긴 하였지만 가 본지가 오래되어 새로운 기분으로 나들

이 간다는 마음으로 즐겁게 다녀오기로 했다.

통영에서 대전통영고속도로를 달려 구마 고속도로를 타고 창녕까지 안전하게 갔다. 이게 웬일인가? 내서를 지나니 야산에 구름이 걷히면서 8부 능선 이상에는 눈이 제법 많이 내려 나뭇가지가 눈의 무게를 못 이겨 많이 휘어져 있었다. 가는 길 내내 화왕산 등산이 걱정되기 시작했지만 한편으로는 날씨가 따뜻해지면서 땅은 얼지 않았겠다는 느낌으로 갔다. 구름으로 가득 덮인 화왕산 위에는 무슨 일이 벌어지고 있을지 궁금한 채로 갔더니 창녕 주변의 산에도 짙은 구름이 가득 덮여 있었다. 그리고 아직 겨울바람이 있었기 때문에 산 정상이나 계곡이 얼지는 않았을까 걱정도 되었다. "야! 오늘 날을 잘못 선택했구나, 처음 계획대로 '신불산'을 가야 했는데" 조금은 뒤를 돌아봐졌다. 그러나 집으로 돌아갈 생각은 전혀 없었고, 후회는 더이상 하지 않기로 하였다. 이런 악조건 속에서 '자하곡 매표소'에 도착했더니 군립공원이라 입장료와 주차료를 받았다. 매표소에서는 "도로가 얼어 있어 차 갖고 더 올라가면 위험하고, 내려올 때 더 어려워질 테니 차는 이곳에 주차를 해 두는 것이 좋겠다."는 조언을 해 주었지만 오후에는 날씨가 풀릴 것으로 생각하여 갈 수 있는 곳까지 약 500m를 더 들어갔다. 사람이 살고 있는 집도 많았고, 그들이 다니던 길이라 도로는 그리 많이 얼지는 않았지만 어젯밤에 갑자기 내린 눈으로 상당히 미끄러웠다.

"하산할 때 즈음 이게 얼어서 미끄럽겠다"는 조언이었지만 참고용으로만 듣고 알고 왔던 날씨를 믿고 올라갔던 것이 주효했다. 산 속에는 주차장이 두 군데나 있어 첫 번째 주차장의 고민은 우리의 판단대로 해결되었다.

두 번째 고민은 "짙은 구름을 봐서는 산꼭대기에는 분명 눈이나 비가 올텐데 가야 하나? 말아야 하나?"였다. 아내는 필자가 혹시 위험한 선택을 할까 봐 항상 필자 곁에서 조언을 해 왔고, 어떤 결정을 하더라도 잘 따라 주었다. 내심 조마조마한 순간이었다. "인증샷이 무엇이길래 위험을 감수 해 가면서까지 등산을 해야 하는지? 급하게 등산을 하지 않아도 되는데 마치 산에 홀린 사람처럼 그렇게 꼭 해야 하느냐?"는 등 필자 곁에서 불안한 조언을 오늘 따라 하면서도 "여기까지 왔고, 또 높이도 높지 않은데 갈 수 있는 곳까지 올라 보자"였다. 소탐대실의 결정이었는지는 모르겠으나 '올라가 보자'는 결정에 체증이 확 내려간

듯했고, 주차장에서 따뜻한 커피를 한잔 하면서 호흡을 가다듬었다.

커피 한잔이었지만 그 온기는 얼었던 몸을 녹이기에 충분했다.

민가(民家)들도 있었지만 인기척이 없어, 산 속에서 머리가 자꾸 쭈뼛쭈뼛 해졌다. "올라간다."로 결정을 하였던 이유도 작용하였지만 무엇보다 조마조 마했던 것은 "위험하다, 가지 말자"로 돌아서면 어쩌나 였다. 스틱을 뽑고, 간 단히 스트레칭도 하여 몸을 부드럽게 하니 마음은 이미 정상석에 가 있었다.

약간 올라갔더니 몇몇 산객(山客)은 벌써 내려오고 있었다. 아내는 만나는 사람마다 인사를 잘 해 주었다. 상대방도 습관처럼 인사를 잘 받아 주었다. 산 객들만이 주고받는 소통의 매력이었다. 정을 알게 되었던 순간이 아니었을까?

조금 더 올랐더니 형님 한 분이 내려왔다. 아내는 또 인사를 건넸다. 노인은 다소곳이 우리를 멈추게 하더니 산속의 사정을 자세히 설명을 하면서 안전하 게 산행하는 방법까지 설명을 해 주셨다. 이게 또 산객들만이 느끼는 정이었 다. "눈 밑에는 돌이 많고, 그 돌이 얼어서 미끄러우니 발로 두드겨 가면서 살 금살금 올라야 한다."는 조언이었다. 좋은 정보였다. 얼마나 이른 새벽에 올랐 던지 아침 9시 30분에 벌써 하산을 하셨다. 아무튼 첫 만남이었는데 좋은 정 보에 한 번 더 감사한 마음을 전했다. 산속의 눈길을 등산해 보기는 처음인 것 같았으니 더욱 값지게 느껴졌다. 세상은 여전히 따뜻한 사람이 더 많아!!

눈과 얼음이 도로에 공존했던 곳은 어느 절까지였고, 이후 경사가 이어졌 다. 아내는 "이렇게 위험을 감수하면서까지 등산을 해야 하는지?" 중얼거리 면서도 마음과 발은 쉬지 않고 움직여줬다. 위험이 뇌리를 또 한번 스쳤지 만 "유산무념으로 가자!"

필자는 "몸을 더 힘들게 해야 과거나 미래에 집착하지 않고 현재에 잘 살 고 있음의 선물(Present)에 감사하고 현실에 집착하고 충실하게 된다. 집에 있었다면 가슴이 답답했을 것이지만 이렇게 산에 있으면 가슴이 뻥 뚫린다." 고 아내에게 솔직한 심정을 이야기 했더니 묵묵부답이다가 잠시 말을 꺼냈 다. "왜 몸을 써서 하려고 하냐? 머리를 써서 하는 일을 찾아보는 것도 괜찮 겠지. 외국어를 배운다든지, 다른 공부를 한다든지 목수를 해 보든지?"

"아직 60도 안된 나이에 조용히 갇혀 하는 것도 방법이겠지만 근육량을 늘려야 하고, 폐활량도 늘려야 하니 많이 움직이는 것에 주안점을 두었으면 좋겠다."고 대답해 주었다. 누구처럼 화방에서 그림 배우고, 붓글씨도, 악기도 배울 수 있겠지만 이런 것들은 나중에 하는 것이 좋겠다는 것이 필자의 육체나이다. 앞으로 2년 동안에는 명산 100을 완등 하는 것이며, '서울 둘레길'은 6개월 내에 완주를, '제주도 올레길'과 '지리산 둘레길'도 차례차례로 완주하는 것으로 방향을 잡고 추진할 예정이었다.

고민도 아닌 고민은 잠시 접어두고 현재에 집중하기로 하였다.

산에는 산악회에서 다녀간 흔적과 동시에 정상의 산길임을 알리는 리본들이 많이 달려있게 마련인데 이곳에서는 특별히 철조망 울타리에 리본이 가득 걸려 있었다. 그들의 바람이 모두 실현되기를 기원해 주었다.

화왕산 등산로에는 1, 2, 3코스가 있었다. 가장 쉽고 짧은 3코스로 가기로 하였다. 지난 2012년에 회사 직원들과 왔을 때에는 1, 2코스를 다녀갔었는데 이번에 다시 찾으면서 알게 된 사실이지만 지난번 등산로는 돌이 많아 훨씬 위험한 코스였다. 그때는 이런 곳, 저런 곳 가리지 않고 닥치는 대로 다녀왔던 것이었고, 같이 갔던 사람들도 젊었고 또 관심이 적었던 이유도 있었다. 오늘은 특히 아내와 함께 왔는데 눈까지 와서 얼었으니 조금 전에 만났던 그 노인의 말씀처럼 눈 속에 지뢰가 숨어 있으니 점점 조심스러워졌다.

산 정상에 가까워질수록 눈의 두께는 더해졌다. 뽀드득 뽀드득 눈을 밟는 소리에 어릴 적 농촌에서 눈 위를 뛰어 놀 때가 생각났다. 이럴 땐 앞 사람의 발자국을 바로 밟고 가는 것이 좋다고 했던가? 일기예보에서 영상의 날씨라고 하였으니 믿고 오르기를 계속하였다. 초입에는 나뭇가지에 내려앉았던 눈이 녹아서 가랑비처럼 떨어졌다. 경사가 심해질수록 호흡은 거칠어졌다.

비가 눈으로 바뀌고, 구름도 점점 짙어져 가시거리는 점점 짧아져 안개속의 아바타 영화 속의 한 장면을 연상케 하기에 충분하였다. 짐승들이 다니는 소로에 가득 쌓였던 눈을 밟으며 발자국을 만들던  어린 나이로 돌아갔다. 얕게 내려앉은 눈 위에 '하00 ♠ 김00'이라고 새기노라면 가슴 설레였던 청춘 때가 생각났다. 등산객이라곤 우리 둘뿐이었다.

아바타 영화의 한 장면처럼 숲속에는 구름 가득하여 앞이 안 보일 정도였다.

눈의 무게를 못 이긴 나뭇가지들은 여기저기에서 몸살 나는 소리를 질러 주었다. 부러지는 소리가 마치 총을 쏘듯이 "짝, 짝, 짝"하고 났으니 그런 정도의 두려움을 느끼기에 충분한 분위기였다. 중간중간에 쉬는 공간이 있었지만 더 날씨가 악화되기 전에 내려 가야한다는 생각때문에 쉬지 않고 올랐다. 아내는 그들의 소리에 아무런 반응도 없이 힘이 들었든지 땅만 보고 계속 걸었다. "나만 왜 이래?"라는 분위기였다. 머리 위에서 부러져 내려앉는 나뭇가지도 발견 못할 정도로 주변의 상황에 아랑곳하지 않고 한 걸음 한 걸음 걷기만 하였다.

눈이 녹아 그 무게를 이기지 못한 나뭇가지들은 계속 부러졌다.

눈이 녹아서 내리는 비를 피하기 위해 점퍼에 달린 모자까지 쓰고 있었으니 필자가 뒤에서 고함을 질러도 듣지를 못하여 한번은 위험할 뻔하였다. 혹시 미끄러질까봐 조심조심 중단 없이 전진만이 살길인 양 나아갔다. 에너지 보충도 서서 먹어야 할 정도로 주변이 너무나 불안하였다.

겨울 등산용으로 아이젠도 갖고 있으면서 오늘은 하필 배낭에서 빼고 왔던 것은 또 무슨 해프닝이었다는 말인가? 지금까지는 배낭 속에 고정 손님처럼 잘 넣어 다니다가 왜 오늘 들어내고 말았던가? 아마추어 등산인의 큰 실수였다. "남부 지방의 산인데 뭐가 필요하겠노?" 하면서 무겁다는 생각에 잠시 안일한 생각을 하게 된 결과였다. 겨울 등산의 기본을 망각했던 자신이 부끄러웠다. 올라갈수록 눈의 깊이는 더해 졌고 미끄럼 상태도 심해졌다. 이들 때문에 내려가자면 어쩌나 하고 조마조마했는데 천천히 조금씩 스틱과 함께 올라가다 보니 그런대로 인상적이어서 다행이었다. 필자는 길을 찾아 가이드 하랴 미끄러지면 받아주랴, 좋은 장면은 놓치기 싫어 사진도 찍으랴 정신이 없었지만 눈으로 덮였던 초목들을 보는 순간 감탄사가 절로 나왔다.

그래도 이정표는 세 번 정도 나와서 길을 찾아 가는 데는 어려움이 없었다. 1.1km의 입구에서, 0.6km, 0.3km까지 산행 거리는 짧았지만 악전고투 끝에 정상까지 마지막 0.3km를 목전에 두었다. 지도를 미리 보고 왔으니 여기서부터는 오르막이나 내리막길이 없고 능선을 따라 수평으로 가기만 하면 되는 길이라 다행이었고, 그렇게 아내에게도 설명을 해서 안심을 시켰다.

드디어 구름으로 가득 덮여 있던 산 정상에 도착했다. 예보대로 정상 부근의 날씨는 포근하였다. 그러나 눈은 녹지 않았다. 바람은 차갑고, 햇볕은 내리쬐고 영상과 영하의 경계선에 있는 것 같았다. 구름이 가득했던 절묘한 날씨였다. 외투를 벗고 장갑을 벗어도 전혀 추위를 느낄 수가 없었다. 정상에서 여러 가지를 보고 싶었지만 구름 때문에 아쉽기는 하였다. 구름으로 가려졌던 산 정상이 더 아름답게 보였다.

여느 때 같았으면 정상석에서 기념사진을 찍는다고 복잡했을 텐데 어젯밤의 눈이 그들의 등산 시간을 늦춰서 우리는 신나게 인증샷을 찍을 수 있었다. 평생을 정상에 박혀 있는 정상석에는 고드름과 눈이 쌓여 있었다. 어젯밤의 추위를 고스란히 보여줬다. 설산을 오르기는 처음이라 주변의 상황들에 입이 다물어지지 않았다. '상고대'라는 말은 많이 들어왔지만 눈으로 직접 보기는 이번이 처음이었다. 따뜻한 곳에서 간단히 커피를 마시면서 한숨을 돌리고 내려갈 채비를 하였다. 등산 시간은 평소 두 배가 걸렸다.

그렇다면 내려가는 일도 만만찮을 것이라는 판단에 정상에서의 만끽도 잠시였을 뿐 서둘러졌다. 어디선가 구세주가 나타났다. 하산하기에 편안한 등산로를 물어 보았더니 상세하게 설명을 잘 해주어 고마웠다. 우리를 위아래로 훑어보

더니 아이젠을 하고 있지 않았음을 발견하고는 제1, 2코스는 바닥에 바위가 많아 미끄러우니 제3코스가 좋겠다고 추천을 해 주었다. 그러면 올라왔던 길이 좋겠다는 것이었다. 그렇다면 제1,2코스는 3코스보다 훨씬 험하다는 결론이었다. 우리는 다른 코스를 생각했는데 그렇게 평가를 해 주니 오히려 올라왔던 코스가 괜찮다는 결론을 쉽게 내릴 수 있어 다행이었다.

추천해 준 대로 마음 단단히 먹고 올라 왔던 길을 따라 내려가기로 결정을 했다. 등산, 하산은 항상 아내가 앞장을 서니 이번에도 앞에 세웠다. 혹시나 미끄러지면 뒤에서 잡아줘야 하니 순서는 맞는 것 같았다. 그래도 뒤따라가면서 움직이는 발에 집중하라고 중얼거리면서 내려갔다. 익숙한 길이라 위험이 도사리고 있는 곳을 알고 있는 터라 약간은 안심이 되기도 하였지만 그래도 초행길보다는 낫다는 것으로 만족하였다. 그놈의 아이젠은 상사병에 걸리고도 남았다. 그놈만 있었다면 새로운 길로 가볼 수도 있었는데 못내 아쉬웠다.

입으로는 조심 조심을 외치면서 혹시라도 방심을 했다가 넘어지기라도 하면 안되는 것이니 주문처럼 중얼거리면서 내려왔다. 가장 위험한 1차 0.3km를 안전하게 지났다. 2차는 0.6km로 나뭇가지 부러지는 소리가 더욱 요란하였다. 기온이 올라가니 눈이 녹으면서 무게를 이기지 못한 나뭇가지는 그냥 부러지고 말았다. 나뭇가지는 얼어서 부러지는 소리도 굵기에 따라 총 쏘듯 탕탕 요란하게 내었다. 미끄러운 경사로에서는 스틱이 한 몫을 충분히 해 주었다. 아내는 또 한 번 강조했다. "물건을 사더라도 정품을 사야 한다는 것이 이럴 때 표가 난다"면서 초기 투자비는 있었지만 비싸더라도 좋은 물건을 잘 샀다면서 진가가 톡톡히 나타나고 있다고 하였다. 아이젠 대신 비싼 스틱이 그 역할을 충분히 해 주었다.

이제 눈길은 마지막 0.5km가 남았다. 봄기운에 눈이 녹아서 온 나무들은 비를 뚝뚝 떨어뜨렸다. 그러나 구름 속에 숨어있던 나무들은 또 다시 아바타 영화 속의 한 장면을 생각나게 만들었다.

드디어 마지막 0.6km 맨땅의 길만 남았다. 식은 죽 먹기였다. 바

닥만 축축했을 뿐 하늘에선 아무런 움직임이 없었다. 겨울 산행에 대한 여러 가지 상식적인 사실을 이번 등산을 통해 많이 체험하게 되었다. 내려오는 길에 몇몇 부부도 만났다. 아마도 눈 덮인 산이 좋아 올랐을 것이다. "아 이젠을 해야 되느냐?"고 묻기도 했다. 중간 정도부터는 미끄러우니 꼭 하고 올라야 한다고 조언을 해 주었다.

등산 2시간, 하산 1시간으로 총 3시간에 약 3㎞를 산행을 하게 되었다.

정상 수준의 등산 속도였다. 우리도 이젠 평균속도로 등산을 하고 있다는 것으로 평가할 수 있었다. 마지막에는 하이파이브를 외치면서 오늘의 실패와 성공담은 겨울 산행에 두고두고 묘약이 될 것은 분명했다. 아무 일이 없었으니 다행이었지만 부족했던 등산 장비로 눈 덮여 위험이 도사리고 있는 산을 다녀왔으니 대단하기에 앞서 무식이 용감했다는 후일담을 남기게 되었다.

아내도 실토를 하였다. "가다가 안되겠다고 생각되었으면 당신 혼자 다녀오라고 말하려고 했다. 인증샷이 꼭 필요하다면 그렇게라도 등산을 하도록 허락하려고 했다." 남편 혼자 등산하는 것이 불만인지 불안한지 항상 주의와 경고를 해 주는 아내가 고마웠다. 사고는 예고가 없으니 항상 조심해야 한다는 뜻으로 새기고 있다. 말보다는 실천이 중요하다. 그래서 조금 힘들더라도 함께 해 주려고 노력하는 아내가 더욱 대단하게 여겨졌다.

안전하고 즐겁게 화왕산 등산을 마치고, 근처 식당에서 청국장 비빔밥 한 그릇에 담아 마음껏 섞어 씹어 버렸다. 이동 세 시간, 등산 세 시간 총 여섯 시간의 여정은 성공적으로 끝났다. 남편의 명산 100 인증샷 사업에 협조해 준 아내에게 다시 한번 머리 숙여 감사했다.

멋지고 아름다운 설경을 만끽하고 안전하게 산행을 마쳐 다행이었다.

먼 발치에서는 속이 들여다보이지 않는 구름 속에서 산행을 하는 것은 많은 위험이 도사리고 있다는 것도 알게 되었다.

세상은 밖에도 있었네!
# 명산 100, 21번째 '황매산' 완등 이야기!

▲ 황매산 (黃梅山, 1,108m) | 2016년 4월 8일 금요일

경남 합천군과 산청군의 경계에 있는 효의 산 '황매산'을 자차로 아내랑 다녀왔다.

'황매'는 '무른 매화'다. 그러나 산에 가 보면 철쭉과 진달래는 보여도 매화는 없었다. 노랑매화 하고는 상관없다. 이런 연유가 있었다. 정상 부근에는 넓고 평평한 벌판(너른 뫼)이 있는데 이것을 경상도 사람들이 '너른'을 '누른'이라고 발음했고, '뫼'를 '매'라고 하는 바람에 누른 매가 한자로 지명을 풀이하는 과정에서 '황매산(黃梅山)'으로 변하였다고 했다.

안내판에는 또 이렇게 기록되어 있었다.

"태백산맥(太白山脈)의 장엄한 기운이 남으로 치달아 마지막으로 큰흔적을 남기니 이곳 황매산이다. 정상에 올라서면 주변의 풍광이 활짝핀 매화꽃잎 모양 을 닮아 풍수지리적으로 "매화낙지"의 명당으로 알려져 있어 "황매산(黃梅山) 이라 부른다. 황매산의 황(黃)은 부(富)를, 매(梅)는 귀(貴)를 의미하며 전체적으로는 풍요로 움을 상징한다. 또한 누구라도 지극한 정승으로 기도를 하면 한 가지 소원은 반드시 이루이진다고 하여 예로부터 뜻있는 이들의 발길이 끊이지 않고 있다. 정상인 황매봉은 산청군 차황면 법평리 산4번지이며, 동남쪽 능선은 기암절벽으로 천하의 절경을 이루어 '작은 금강산'이라 불리우고 있다. 수십만평의 고원에 깔리는 철쭉의 융단과 억새평원이 장관을 이루며 멀리 서쪽으로 지리산 천왕봉과 웅성봉, 필봉산 그리고 왕산을 한 눈에 볼 수 있다.

봄에는 수십만 평의 고원에 펼쳐지는 철쭉 군락의 붉은 향기가 현기증을

느끼게 한다. 여름에는 가슴을 꿰뚫어버리는 시원한 솔바람과 고산지대 특유의 자연 풍광은 삶에 지친 현대인의 가슴을 어루만져 주기에 충분하다. 가을에는 능선 에 따라 일렁이는 그윽한 억새의 노래와 보리수 열매의 능익은 향기는 풍요로 움을 안겨준다. 겨울에는 기암과 능선을 따라 핀 눈꽃과 바람, 햇살이 부리는 조화는 황매산 경치의 절정을 이룬다.

황매산은 효의 산이며 3부(無)의 산이다. 이성계를 도와 조선을 건국한 무학대사가 황매산에서 수도를 할 때 어머님이 무학대사의 뒷바라지를 위해 산에 오르내리다가 칡덩쿨에 걸려 넘어지고 땅가시에 긁혀 상처가 나고 뱀에 놀라는 사실을 알고 황매산 산신령에게 지극정성 으로 100일 기도를 드렸다. 이후 지금까지 뱀과 땅가시, 그리고 칡넝쿨이 자라 지 않아 3무의 산이라 불리우고 있으며 무학대사의 어머님에 대한 지극한 효의 실천과 사랑은 천년의 시공(時空)을 넘어 전설로 이어져 오고 있다."

황매산 등산은 이렇게 진행되었다.

08:40~10:20 이동(집 - 산청IC - 황매산 영화주제공원, 19km(산청IC - 공원)

10:20~13:15 등산(공원 - 정상, 1.7km)

13:20~15:20 귀가(휴식 포함)

'내일도 승리(mbc드라마)'가 반전을 하고 있어 시청을 마치고 집을 나섰다. 더위가 시작되고 있으니 물과 간식거리도 많아졌고, 선글라스는 필수품이 되었다. 오랜만에 먼 곳 명산을 찾아가는 것이라 가슴 부풀어 하늘을 날 것 같았다. 그토록 가보고 싶었던 황매산을 이제서야 가게 되는구나. 퇴직을 하고나니 오라는 데는 없어도, 가고 싶은 곳은 많아졌다. 물 한 번 줘 본 적도 없고, 거름 한 번 준적이 없는데 자연은 그렇게도 계절에 맞춰 거듭나고 있는 그곳이어서 좋다. 그래서 불러주지 않아도 자연스럽게 가고 싶은 곳이 되고 있다. 황매산도 그런 곳 중의 하나였다.

며칠 전부터 황매산에 대해선 인터넷에서 공부를 많이 해 두었다. 아내가 친구랑 오래전에 한번 다녀왔다고 자랑을 했으니 눈높이 대화는 되어야 하니 황매산을 찾아 가는 길에 그 산에 대한 공부는 소통수단의 필수였다.

산청군과 합천군의 경계를 이루는 산이므로 이쪽이냐 저쪽이냐에 따라 산세가 달라지니 고행길이냐 아니냐가 달려있는 것이었다. 지도상에는 해발 600 ~700m에 있는 정상석의 최대한 가까이까지 가는 등산로인 산청영화주제공원을 선택하였다. 더운 날씨에 민둥산을 장시간 등산하는 것이 힘들 테니 이곳을 선택하게 된 것이다.

들머리는 집에서 128㎞ 떨어져 있는 '영화주제공원'이었다.

산청 IC를 지나서도 19㎞를 더 들어가 소로를 타고 산허리 쯤 되는 곳까지 올라갈 수 있었다. 산청과 합천을 잇는 국도에서는 벚꽃이 개화를 하여 도로 위를 백색으로 뒤덮어 마치 터널을 지나가는 듯한 느낌을 받았다. 그저께는 진해 벚꽃 구경도 다녀왔지만 비교가 안 될 정도로 화려함을 선사해 주었다. 한꺼번에 개화를 하여 그야말로 장관이었다. 지금쯤 벚꽃으로 대한민국이 장식되고 있을 테니 산청군에도 뒤질세라 한 아름 선물을 주었다. 내려서 사진도 찍고 싶었지만 차를 세울 곳이 없어 눈도장만 찍고 가고 오고 했던 것이 못내 아쉬웠다. 또한 마을을 타고 올라가는 곳에서는 못자리를 만들려는지 논에는 물이 가득하여 어릴 적 고향이 생각났다. 산 중간쯤에는 다가오는 5월의 철쭉 축제를 준비하느라 분주하였다. 영화도 촬영하였으니 '영화주제'라는 것에 걸맞게 테마파크라도 만들려는 듯 고상한 것들도 진행 중이었다. 서울둘레길 중 은평구에 있는 봉산에 갔을 때의 봉수대 혹은 경주 첨성대 같은 작품을 돌로 쌓고 있었다.

열기가 한창 오르는 시간대인 오전 10시 후반부에 주차를 하고, 올려다 보이는 황매산의 황매봉을 찾아 등산은 시작되었다. 정상의 높이가 1,108m였으니 등산 시간은 쉽게 짐작을 할 수 있겠으나 정상까지 거리가 1.7㎞라는 이정표를 만나고는 실망하였다. 또 실망스러웠던 점은 너무 많았다. 꼭대기의 평원까지 차가 다닐 수 있게 도로가 나 있었고, 철쭉 군락지를 군데군데 훼손이 되어 있었다. 자연그대로였으면 좋았으련만 인위적으로 모양을 만든다 하옵시며 엉망이 되어 있었다. 등산로에는 물기를 머금은 부드러운 흙으로 밟고 가기에는 전혀 무리가 없었다. 토양도 굉장히 좋아 보였다. 졸졸 소리를 내면서 많은 물이 흐르는 곳도 있었다. 정상 가까운 곳에서도 많은 물을 보유하고 있다는 증거였다. 영남 알프스 산 모두가 정상 부근에 대평원이었듯이 황매산도 그런 듯한 느낌을 받았다. 물이 흐르는 옆에는 대형의 정자 '황매정'을 만들어 놓아 더위를 피할 곳 없는 그곳에 더욱 값진 쉼터가 되어 주었다. 그곳에서 잠시 간식 먹는 시간을 가졌다.

4월초인데 더위를 피할 그늘진 곳은 '황매정'뿐이었다. 훈훈한 바람이 지리산 쪽에서 불어왔다. 철쭉 군락지에는 이따금씩 소나무가 우뚝 서 있어 마치 세렝게이트에 있는 야수들이 더위를 피해 나무에 올라가든지 나무 그늘아래에서 쉬고 있던 그런 모습이 떠올랐다. 초원은 철쭉나무로 덮여졌고, 그 속에서 돋보이게 서 있는 큰 나무들을 상상해 보라. 2m는 족히 되어보였던 철쭉 군락지를 조금 올랐더니 정상으로 가는 능선이 있었고, 밑에서 상상해 보았던 그림 그대로였다.

밑에서 올라다보았을 때 보다 위에서 내려다보았을 때의 모습이 더 아름다웠다. 밑에서 위로 보았을 때는 군데군데 구녕이 나 있었던 것이 흉하게 보였지만 위에서는 모두가 한 몸처럼 보였다. 정상으로 이어지는 길에는 망가지는 자연의 훼손을 방지하기 위한 목적으로 나무계단과 울타리로 좌우를 막아 놓았다. 등산로의 폭이 넓어 다행스러웠다. 잘한 일이라 칭찬해 주고 싶어졌.

산청 쪽에는 철쭉이 합천 쪽에는 억새와 철쭉이 온 산을 덮고 있었다. 어느 장면을 가까이에서 보느냐는 등산로의 선택에 달려 있다. 더운 날씨였지만 이따금씩 불어오는 훈풍에 따뜻한 육체는 시원한 마음으로 바꾸게 해 주었다 정상에는 오히려 추웠지만 땅에서 올라오는 열기가 느껴져 이제부터는 정상이 더 더운 시기로 바뀌어 지고 있었다.

밑에서 보았던 그 바위산이 '황매봉' 정상석인 줄 알고 즐기면서 올랐다만 기대를 져 버리고 말았다. 정상 가까이에서 여러 번 이런 경우를 경험했다. 밑에서 보았을 때 최고봉이 정상인줄 알았는데 최고봉은 몇 개의 능선 뒤에 자리하고 있었다. 이런 경우가 많으니 참고 이겨내야 정상석을 접수할 것이다.

황매산의 '황매봉'도 300m 뒤편에 자리하고 있었다. 최근에 다녀온 연인산도 870m를 더 가서 정상석을 만날 수 있었다. 아내는 몇년 전에 있었던 에피소드를 얘기해 주었다. "밑에서 보았던 이곳이 정상인줄 알고 참고 여기까지 올라 왔는데 정상석은 더 가야하니 여기에서 포기했단다". 바윗길 300m는 먼 거리였지만 그래도 좀 더 기운을 내면서 끝가지 가고 말지 여기까지 올라온 것이 너무 아까웠다. 등산은 자신의 능력에 맞춰 해야 하는 기본을 잘 지켰다고 위로와 칭찬을 해 주었다.

잔여 300m가 그리 심한 등산로는 아니었다.

한 걸음 한 걸음 내 딛는 발걸음이 조금은 무겁긴 하였지만 그래도 정상석이 보였으니 힘은 났다. 드디어 정상석 높이 1,108m의 황매봉을 접수하였다. 멀리까지 보였던 그곳에서 사방을 둘러보았다. 전망대 뒤에서 숨어 지냈던 정상석에 올라 인증샷을 확보하였다. 제21호가 완료된 순간이었다.

시작을 알리는 '1'이 또 거침없는 산행을 예고해 주었다. 은근히 중독이 되어 가고 있는지도 모르겠다. 따라 다니는 아내가 지치지나 아닐지 모를 일이지만 산행은 계속될 것이다.

답답했던 가슴이 확 뚫리는 느낌이었다. 잠시 동안 "돌아보지 마!"를 외쳤다. 새로운 나를 찾아 나섰던 도전이 멋지게 진행되고 있었다. 정상석에 앉아 어딘가를 멍청하게 바라보며 자신을 돌아보기도 했다. '명산 100'을 소개해준 친구에게 또 감사했다. 벌써 햇살이 따갑게 느껴졌던 오후 시간에 우리 부부는 정상에 또 섰다. 아무도 찾지 않은 황매산을 5월 철쭉제가 열리기 전에 조용히 감상해 보았다.

차를 갖고 왔으니 왔던 길로 하산을 하였다.

올라갈 때는 정상으로만 가는 가장 짧은 길을 선택하였는데 하산할 때는 쉬운 길을 선택하였다. 초행길이라 눈에 보였던 정상만을 향해 걸었던 것은 당연한 일이었다. 다시 한번 생각났다. "리더는 항상 멀리 봐야 한다. 당장 눈앞이 힘들더라도 한발 앞에 더 편한 길이 있다면 불편하더라도 가야한다"

편안한 길을 선택하여 하산은 순조롭고 안전하게 진행되었다. 넓은 평원이 있는 곳에서 깨끗한 날씨와 함께 멋진 포즈로 추억의 사진을 많이 남겼다. 필자의 전문 포즈인 '더 높은 곳을 향하여!'도 찍었다.

좀 있으면 저 푸른 초원위에처럼 뉴질랜드의 한 곳처럼 될 곳인데 이곳에

서 별장을 지어 멋지고 자유롭게 살았으면 하는 바람도 상상해 보았다. 오래부터 가려고 준비했던 일이 결코 헛되지 않았다. '나를 찾아 새로운 발견'이 되는 시간이었다.

'단적비연수'라는 영화 촬영지로도 유명해졌다.

원주민들이 살던 집들의 복원작업이 한창이었다. 평원에는 황매산루가 있었고, 여름철 태양 아래에 그늘이 없는 그곳이 안성마춤이었다. 평원을 갈 때는 그늘막이 텐트라도 준비해야 할 정도로 햇볕이 강렬했다. 지천에 깔린 철쭉은 해봤자 2m의 크기도 안 되었는데 쉴 곳이 아무 곳에도 없어 아쉬웠다.

올라갈 때는 정상석에 가는 일이 우선이었으므로 주변을 보지도 못했는데 여유가 있었던 하산 길에는 아름답게 홀로 피어있는 진달래꽃도 볼 수 있었다. 아직 만개(滿開)는 아니있지만 그들이 뿜어내는 아름다움은 뻘 속의 진주 같았다. 다른 산의 진달래보다도 봉우리의 크기나 색깔이 달라 그런 분위기를 놓칠세라 사진에 담아 두었다. 물소리가 아름다웠던 등산로에는 아무 소리도 들리지 않아 아쉬웠다. 새소리도 없었고, 이맘때 쯤이면 꽃을 찾는 나비도 벌도 있어야 하는데 그들이 좋아하는 것은 아무것도 없으니 당연한 결과 아니겠는가? 땅 위에는 키 작은 봄꽃도 있긴 하였지만 진달래와 철쭉 이외에는 아무것도 없는 듯 황량한 사막과도 같은 느낌을 받기에 충분하였다. 그들의 시기 외에는 사막 같았다.

영화주제공원 복원에만 관심을 두는 듯 오래된 황매산 등산로, 황매산 유래의 안내판은 낡아서 그 내용이 가물가물하게 보였다. 필자가 등산을 하는 목적 중의 하나가 그 산의 유래를 아는 것인데 인터넷에서도 그 내용이 많지 않아서 산에 있는 그 안내판의 내용에 관심을 두고 읽어 왔는데 필자가 찾았던 그런 내용이 담겨져 있어 다행이었다.

황매산에서도 여러 가지 의미를 얻고 마무리 되었다. 산행거리 약 4㎞, 이동시간 약 3시간. GPS상 직선으로 표시된 것은 오작동이었고, 등산로를 따라 제대로 산행을 마쳤다. 아내에게 감사했다.

세상은 밖에도 있었네!
# 명산 100, 93번째 '황석산' 완등 이야기!

▲ 황석산 (黃石山, 1,193m) | 2017년 6월 2일 금요일

1박 2일 명산 탐방 마지막 날에는 경상북도 함양군에 있는 '황석산'을 자차로 아내와 다녀왔다.

"황석산(黃石山:1,193m)은 경상남도 함양군의 서하면 황산리 일대에 있으며, 안의면과 경계에 있는 산이다. 황석산에서 발원하는 하천은 남강의 상류부를 이룬다.

『세종실록지리지』(안음)에는 황석산의 위치와 주요 역사경관에 관해, '황석산은 현 서쪽에 있다. 황석산 석성은 현 서쪽 25리에 있다. 둘레가 1,087보이다.' 라고 기록하였다. 『신증동국여지승람』(안음)에는 황석산성을 보다 자세히 기록 하였는데, '황석산은 현 서북쪽 15리 지점에 있다. 황석산성은 석축이며 둘레는 2,924척이다. 성 안에 시내 하나가 있고 군창(軍倉)이 있다.'고 하였다. 『화림지』에는 황석산의 내맥(來脈) 정보가 부가되어, "지우산(智雨山)에서 남쪽으로 달린 것이 이 산이다. 뒤로는 심진(尋眞)이고 앞으로는 화림(花林)이다."라고 적고 있다.

『함양군지』에 "서하면과 안의면의 경계에 있다. 월봉산의 남쪽이 이 산이다." 라고 기재하였다. 『조선지도』, 『지승』, 『1872년지방지도』, 『대동여지도』 등의 군현지도에서 황석산이 표기되었다. 문화재로는 임진왜란 때의 산성인 황석산성이 있다.

함양군에서 북동쪽으로 15㎞ 떨어져 있으며, 월봉산(月峰山:1,279m), 기

백산(箕白山:1,331m), 괘관산(掛冠山:1,252m) 등과 더불어 영남, 호남 지방을 가르는 소백산맥의 줄기를 형성한다. 이곳에서 남강(南江)의 상류인 남계천(濫溪川)의 일부가 발원한다. 바위산으로서, 기백산을 북쪽으로 마주보고 있으며 덕유산에서도 모습이 선명하게 보인다. 정상 일대는 2개의 커다란 암봉(巖峰)으로 이루어져 있으며, 남봉(南峰)은 북봉(北峰)보다 더 뾰족하여 피라미드 형태를 이룬다. 금원산과 기백산 사이의 심진동에는 유명한 용추계곡이 있는데, 안의면에 있는 화림동 계곡(남계천 일부), 거창군 위천면 원학동계곡을 합쳐 화림 삼동(三洞)이라고 부른다.

가을철에는 산정상 바로 밑에서 거망산으로 이어지는 능선이 온통 참억새로 빽빽하게 뒤덮여서 대장관을 이루는데, 그 때문에 능선의 선이 매끈하고 아름답게 보인다. 문화재로는 임진왜란 때인 1597년 왜군에게 항거하다가 많은 사람이 죽음을 당한 포곡식(包谷式) 산성인 황석산성이 있고, 인근의 안의면 화림동에는 뛰어난 절경의 8개 못과 8개 정자, 즉 팔담팔정(八潭八亭)이 있었는데, 지금은 농월정, 동호정, 거연정, 군자정만이 남아 있다." 라고 소개되어 있었다. ◀출처 : 네이버 지식백과

어젯밤 늦게 들머리에 숙소를 겨우 잡았다.

아침 기온이 11도라 반소매를 입으면 추위를 느낄 정도로 계곡이 깊어 보였다. 자차로 갔으니 등산코스는 당연히 원점회귀였다.

"우천마을 숙소 ↔ 사방댐 주차장 ↔ 피바다 ↔ 황석 산성 ↔ 황석산 정상"

숙소에서 우천마을을 지나 약 2㎞를 산속으로 들어가 사방댐 주차장에 겨우 주차를 해 두었지만 아침 일찍 깊은 산속에 주차를 해 두고 가는 방법 외에는 다른 선택이 없었다.

황석산 정상까지는 2.6㎞라는 이정표를 따라 거리 숫자에 자신을 갖고 산속으로 들어갔다. "일찍 일어난 새가 좋은 먹이를 구한다."는 말처럼 이른 아침부터 환영이라도 해 주려는 듯 새소리는 듣기 좋았다. 잠시 후 돌계단과 바윗길,

자갈길, 모랫길로 조금만 잘못 걸어도 발목을 삘 정도로 위험이 도사리고 있는 등산로였다. 최단코스였으니 산객들이 많이 다니지 않는 등산로처럼 느껴졌다.

피바다라고 설명된 곳의 위쪽에는 암릉이 높게 형성되어 있었다. 그렇게 많은 아주머니들이 치마를 뒤집어쓰고 죽음으로 왜군에 대항하였다면 영령이라도 달래주기 위한 모종의 조치가 더 필요하지 않을까하는 생각을 해 보았다. 인터넷에서는 직선으로 올라가는 그림도 있었지만 현장에서 확인한 바로는 절대로 그렇게 될 수 없어 보였다. 항상 비정상적인 산행 때문에 사고가 난다는 아내의 지적에 따라 우리는 정상적인 등산로를 따라 우회하는 코스를 따라 올랐다. 갈수록 가팔랐고, 심지어 로프를 타야 하는 곳도 많았다.

산성으로 드나들 수 있는 입구 혹은 출구로보이는 '황석산성'과 마주했다. 어떻게 저렇게 잘 만들어 왜군에 대항을 하였을까? 선조들의 애국정신을 느끼는 계기가 되었다. 산중에 있는 설명판에는 이렇게 적혀있었다.

"경상남도 사적 제322호, 경상남도 함양군서하면 봉전리. 안의면과 서하면의 경계인 황석산(1,193m) 정상에서 좌우로 뻗는 능선을따라 계곡을 감싸듯 쌓은 포곡식산성이다. 성벽은 돌로 쌓은 부분과 흙과 돌을 섞어 쌓은 부분으로 이루어져 있는데, 전체길이 2,750m, 높이는 3m 정도이다. 성문은 동.서.남.북동쪽에 작지만 문루(門樓)를 갖추고 있다. 성안 동쪽의 계곡 주변에서는 크고 작은 건물터가 확인되고 있다. 현재 면적은 446,186㎡ 정도로, 신증동국여지승람의 내용과 대체로 일치하고 있다.

영호남의 관문으로서 전북 장수와 진안으로 통하는 요지에 위치하고 있으며, 포곡식산성의 구조로 보아 가야를 멸망시킨 신라가 백제와 대결하기 위해 쌓았던 것으로 추정되고 있다. 조선시대 정유재란 때는 함양군수 조종도와 안의현감 곽준 등이 왜적과 견적을 벌였으며, 500여명이 순국하기도 하였다."

등산과 하산할 때 두 번 읽어 보았다. 선조님들의 애국심이 담긴 산성이었다. 편편한 돌을 어디에서 저렇게 많이 찾아 옮겨왔을까? 수많은 돌들을 쌓아서 편편하게, 또 단단하게, 또 높이까지 각도 있게 만든 그들의 피와 땀으로 조국이 건재하였다는 사실을 후손들은 잘 알아야 할 것 같았다.

황석산성 옆으로 부드럽게 등산로가 이어져 있었고, 잠시 후부터 600m 정상까지는 뭐라도 잡지 않으면 넘어질 듯 깎아지른 경사로가 이어졌다. 아내는 잘 올라갔다. 필자는 어제의 무리 때문이었던지 조금 뒤에서 따라갔다. 얼마 안 되어 하늘이 열렸다. 어느새 햇볕은 따가워졌고, 하얀색의 황석산성이 더욱 돋보였다. 야무지고, 단단하고, 높게 잘 만들어 왜군의 침범을 막았던 황석산성의 위력을 한 번 더 실감하게 되었다.

이제 100m만 오르면 정상이라는 이정표가 더 힘나게 만들어 주었다. 서울의 북한산처럼 암릉의 길이 높고 험하지는 않았지만 완전 바윗덩어리의 결합으로 정상이 형성되어 있어 정상의 위력을 또 느낄 수 있었다. 조심스럽게 한 계단 한 계단 올라 드디어 1,192m의 황석산 정상과 마주하게 되었다. 주변의 경관도 장관이었지만 정상석 가까이 가는 것은 굉장히 위험했다.

완전 누드산의 일부는 연두색, 이들 중 기온 상승부에서는 초록색, 또 다시 푸른색으로 대자연을 조화롭게 만들며 한 몸이 된 대자연이 경이롭게 느껴졌다.

날개를 달고 그 위에 살포시 뛰어내리고 싶은 심정이었다. 요즈음 방송에서는 대한민국이 온통 미세먼지로 난리인데 그토록 깨끗한 대자연을 만나 횡재한 것 같았다. 사방팔방 이쁜 사진을 많이 담아 두었다.

둘은 조심스럽게 자리를 바꿔가며 인증샷을 확보하였다. 정상석 주변에서 대자연이 준멋진 풍경을 제대로 감상하며 우와! 감탄사가 절로 터져 나왔다.

아쉬웠지만 다음 행보를 위해 하산을 서둘러야했고, 바위에 박혀 있던 계

단은 용접이 불량하여 조심스럽게 하산을 해야 했다.

황석산장의 한 문(門)의 그늘에서 간식 타임을 가졌다. 너무 많이 갖고 가서 어느 것부터 먹어야 할지 헷갈렸다. 암튼 부족한 것보다는 좋으니 괜찮았다. 하산로는 마사토라 미끄러웠고, 바위라 로프를 타야했고, 돌계단이라 발목을 조심해야 했고, 자갈길이라 발목 접히는 것을 조심해야 했으니 걱정되었다. 쉬지 않고, 천천히 안전하게 잘 내려가주니 아내가 또 자랑스러웠다.

서서 물 한 모금 마시는 것 외에는 자리에 앉아 쉬지 않고 주차장까지 일사천리로 내려갔다. 왕복거리 5.2km였지만 난이도를 감안하면 이보다 훨씬 먼 산행을 다녀온 느낌이었다.

아침 7시 50분에 시작된 산행은 오전 11시 25분 주차장에 안전하게 도착하여 약 3.5시간에 마칠 수 있었다. 더 더워지기 전에 위험한 코스의 산행을 안전하게 마칠 수 있어 다행이었다.

배낭 등을 정리하고, 대전통영고속도로를 달려 단성 IC를 나가 단골집인 '목화식당'에서 맛있는 추어탕으로 점심을 하였고, 오후 2시 경 집에 무사히 도착하여 서울에서 거제도를 가는 길에 1박 2일의 '장수산'과 '황석산'의 안전하고 즐거운 명산 탐방을 마치게 되었다.

함께해 준 아내에게 감사했다.

세상은 밖에도 있었네!
# 명산 100, 77번째 '황악산' 완등 이야기!

▲ 황악산(黃嶽山, 1,111m) | 2017년 4월 22일 토요일

　　76번째(천관산, 장흥군, 3/31일)를 마친 후 약 3주 만에 '명산 100, 77번째'로 '황악산'을 산악회를 따라 다녀오게 되었다.

　　"황악산(黃嶽山, 1111m)은 추풍령을 잠시 가라앉힌 백두대간이 서남쪽 멀리 지리산을 향하다가 첫 번째로 산릉을 다시 치켜 올려 놓은 산으로, 해발 1,111m 황악산을중심으로 백운봉(770m), 신선봉(944m), 운수봉(740m)이치솟아 직지사를 포근히 감싸준다. 충북 영동과 경북 금릉의 경계를 이루는 황악산은 옛날 학이 많이 찾아와서 일명 황학산(黃鶴山)으로 불리어 왔다. 그러나 산자락 초입에 자리한 직지사 경내 황악루 등의 현판에는 학(鶴)자가 아닌 악(嶽)자만이 보일 뿐이다. 황악산은 정상을 중심으로 세 개의 큰 능선과 함께 능선과 능선 사이의 네 곳의 사면으로 이뤄져 있다. 능선은 북서, 북동, 정남 방향으로 발달되어 있다. 황악산의 모든 명소와 고적은 동쪽 산자락에 자리잡고 있다. 그러니까 경북 땅인 김천시가 황악산 들목 역할을 하고 있다.

　　황악산의 황(黃)자는 청(靑), 황(黃), 따라서 예로부터 직지사는 해동(海東)의 중심부에 자리 잡고 있는 으뜸가는 가람이라는 뜻에서 동국제일가람(東國第一 伽藍)이라는 말이 전해지고 있다. 직지사의 위치가 산곡(山谷)이면서도 높지 않고, 야지(野地)인 듯 하면서도 산사(山寺)의 풍취(風趣)가 항상 흘러 넘쳐서 4계절 내내 도량을 참배하는 신남신녀(信男信女)의 발길이

끊이지 않고 있다."라고 소개되어 있다. ◀출처 : 네이버 지식백과

긴 인생여정에 쉼표가 없을 줄 알았는데 갑자기 찾아온 쉼표에 크게 당황하면서도 지금까지 잘 이겨내고 있다. 새로운 방법의 쉼표로 문을 열어 준 것이 바로 등산이었다. 힘들게 산행을 하고 겨우 1좌를 인증 받는 등산이었지만 황악산 등산은 우여 곡절이 많은 결정이었다.

김천까지 이동하는 시간을 감안하면 여름 같은 날씨에 혼자서 장거리 산행도 걱정이 되었다. 종합건강검진을 하고 이틀 만에 가는 힘든 산행인데 갈 수 있을까? 혼자 떠나는 등산에 걱정되어서였던지 하루 전부터 아내는 사과, 오렌지, 빵 특히 유부초밥 식자재까지 먹을 것을 가득 준비해 주었다. 등산 가는 일은 익숙해 있었으니 하루 전이라도 재빠르게 준비를 할 수 있었다.

다음날 토요일 아침 5시 기상하여 간식을 챙겨 넣고, 아침밥을 챙겨먹고 오랜만에 가는 등산이라 옷이 걱정이 되었지만 조금 더울 정도로 챙겨 입었다. 너무 많이 챙겼나 싶을 정도로 배낭은 예전보다 무거웠다.

가벼운 마음으로 아침 6시 집을 나섰다.

휴일이라 지하철에는 등산 배낭을 한 사람들이 많았고, 사당역에서도 울긋불긋 산객들이 많았다. 휴일 지하철의 모습은 항상 그랬다. 삼삼오오, 울긋불긋 차려입고 각자의 목적지를 향해 힘차게 가는 모습을 보면 더불어 즐거워 힘이 절로 났다. 그동안 평일에는 열지 않았던 김밥 가게도 힘을 보태어 주었다.

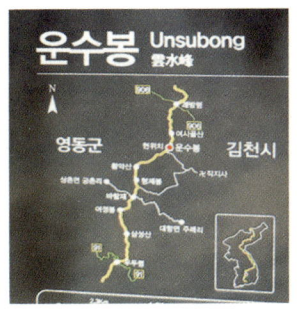

07시 지형에 익숙했던 운전기사는 골목을 돌고 돌아 양재, 죽전을 지나 옥산 휴게소까지 유연하게 빠져 나갔다. 휴게소에 내렸더니 햇볕은 더욱 따가웠다. 20분간의 휴식을 마치고 남으로 또 달렸다. 도착 직전 등반대장은 '황악산'의 내력을 자세히 설명해 주어 필자가 바랬던 유익한 정보를 주었다. 앞서서 산에 대한 정보를 얻었으니 즐거운 등산이 될 것이라 감사했다.

등산코스는 "괘방령(고도 310m) → 여시골산600m) → 운수봉(680m) →

백운봉 (770m) → 황악산(1,111m) →형제봉(1,040m) → 바람재 갈림길 → 신선봉(944m) → 망월봉(597m) → 직지사 → 대형버스 주차장"

총 14.23m, 6시간 코스였다.

계획보다 10분 늦은 10시 40분 들머리인 '괘방령'에 도착하였다. 백두대간의 줄기를 등산한다고 조금 전 대장이 자부심을 갖도록 해 줬던 그곳은 한양에 과거보러 가는 길이었다. 버스가 멈추기가 무섭게 하이에나 같은 근성으로 앞다투어 등산이 시작되었다. 선두권에서 출발하는 것이 안정권이라 그들을 따라 힘차게 올랐다. 대장의 설명처럼 푹신푹신한 흙길이었다.

완만한 경사로를 따라 오르기를 한참 만에 첫 번째 목표인 웅덩이같이 생긴 굴뿐인 '여시골산'을 보았다. 예부터 여우가 많이 살아서 '여시골'이라 불린 골짜기 배후에 있는 산이어서 붙인 이름으로 여겨진다고 적혀 있었다. '여시'는 '여우의 사투리'란다.

중간 정도 지나고 나니 붉게 핀 진달래꽃이 힘든 우리를 반겨주었다. 그 자체만으로는 그리 시원하고 화려하지는 않았지만 아직 앙상한 누드 산에 서는 그런대로 화려함을 발휘하고 있었다. 거친 숨소리는 멈출 줄을 몰랐고, 쉬지 않고 걸어 올랐다. '토끼와 거북이의 경주' 같은 한 장면이 연출되었다.

'운수봉(680m)'에서 젊은 40대는 앞질러 갔다. 조금 올랐더니 앉아서 푹 쉬고 있었다. 쉬지 않고 걸었더니 그들을 지나쳤다. 한참을 가다 보니 또 따라 붙었다. 조금 올랐더니 '백운봉(770m)'에 앉아서 또 푹 쉬고 있었다. 필자는 초크통에서 간식을 계속 공급할 수 있어 계속 산행을 하였다. 여러 번 이런 시소를 거듭하다 드디어 정상이 눈앞에 보였고, 결국 정상 도착은 필자가 먼저 하게 되었다. '상대를 보고 달리던 토끼'와는 달리 '정상이라는 목표를 보고 달렸던' 필자가 결국 이기게 된 것이었다. 또한 등산은 평균속도가 중요하지 최고속도는 그다지 중요한 게 아니라는 것을 그 산객도 알았을 것이다. 등산은 그렇게 하는 거야. 등산에 대해 한수 가르쳐 주고 싶었다.

'황악산(黃岳山, 1,111m)'이라는 글씨가 세로로 크게 박힌 정상석이 눈에 확 들어왔고, 시원스러운 큰 정상석이 힘들게 산행을 한 보람이 있도록 해주어 마음에 들었다. 약 6㎞를 예상된 목표시간보다 30분 당겨서 출발 두 시간 만인 12시 40분 정상에 도착한 셈이었다. 산악회 회원들 뿐이라 서로 카메라를 주고받으면서 인증샷으로 분주하였다. 77좌를 완등하게 되었다.

잠시 후 네 명은 함께 점심 먹을 회원으로 되어 양지바른 곳에 자리 잡고 각자 준비해 온 음식을 내어 나누어 먹었다. 등산 매니아들로 100 명산은 완등을 하였다길래 깜짝 놀랐다. 필자도 곧 하겠지만 등산을 하는 사람들의 공통점은 진실만을 이야기한다는 것이었다. 약 1시간 가량 여유롭고 화기애애하게 점심을 나눠 먹었고 동지가 된 것처럼 하산을 같이 하게 되었다. 하산거리는 약 9㎞였다.

그들은 마치 등반대회라도 하는 것처럼 빨랐다. 처음에는 따라붙어 보았으나 따라 하다가는 다음 등산을 못할 것 같아 뒤쳐져서 진달래꽃을 감상하면서 서서히 하산을 하였다. 점심을 많이 먹어서였든지, 오랜만에 등산을 해서 그랬든지, 몸이 조금 무거워졌다는 느낌을 받았다. 정상에서 약 1㎞ 지점에 있는 '형제봉(1,040m)'을 지나서는 걸음을 늦추었다. 진달래꽃은 더욱 화려하였고, 걸음을 늦추기에 충분한 볼거리를 제공해 주었다.

앞서갔던 동지들은 미안하게도 직지사로 내려가는 '바람재 가기 전 갈림길'에서 기다리고 있었다. 잠시 쉬는 동안 주변의 화려한 꽃들을 감상하였다.

약 1,000m의 고지에서 직지사로 곧장 내려가는 하산로는 급경사로였다. 무릎 보호를 위해 스틱이 절대적으로 필요했던 코스였다. 약 2㎞를 지나 '신선봉 (944m)'을 만났고, 다시 1.5㎞를 지나 '망월봉(597m)'까지 올랐다 내렸다를 거듭하였더니 다리

가 많이 풀려 세 번의 오르막 하산로는 정말 싫었다.

그들과는 거리가 점점 벌어졌다. 필자는 평균속도가 중요하니 필자 스피드로 계속 하산을 하였다. 산악회가 이끄는 등산 코스 뿐 아니라 필자가 장거리 산행을 할 때에는 '등산은 힘든 코스를, 하산은 편안한 코스를' 선택하는 것이 원칙인데 이번 코스는 그 반대의 길이 주어졌던 것이다. 함께 하산했던 사람이 대답을 해 주었다. 예전에는 산악회가 그렇게 하였는데 이번에는 코스를 반대로 한 것 같다고 시원하게 답을 해 주었다.

지겹게 이어진 수 킬로미터의 급경사 하산로는 제대로 짜증나게 만들었다.

하산 시작 약 1시간 40분여 만에 직지사에 도착하였다. 산속 깊은 곳에 웅장하게 그 모습을 보여주었다. 인기척이 없는 가운데 확장 공사를 하고 있었다.

'직지사(直指寺)'는 고구려의 아도(阿道)가 지었다는 설이 있으나 현재 사적비가 허물어져 확실한 것은 알 수 없고, 418년(눌지왕2)에 묵호자(墨胡子)가 경북 구미시에 있는 도리사(桃李寺)와 함께 창건했다고 전한다. 그 후 645년(선덕여왕 14)에 자장(慈藏)이, 930년(경순왕 4)에는 천묵(天默)이 중수하고, 936년(태조 19)에 능여(能如)가 고려 태조의 도움을 받아 중건하였는데, 임진왜란 때 불에 거의 타버려 1610년(광해군 2)에 복구에 들어가 60여 년 후 작업을 끝맺었다. 직지사라는 절 이름은 능여가 절터를 잴 때 자를 쓰지 않고 직접 자기 손으로 측량한 데서 붙여졌다고 한다. 조선시대에 학조(學祖)가 주지로 있었고, 유정(惟政)이 여기서 승려가 되었다.

직지사 길 옆에는 철쭉이 만개하였다. 철쭉이 아직 필 때가 아닌데 피는 것을 보면 계절이 많이 바뀌고 있다는 증거라고 했다. 암튼 진달래꽃과 철쭉을 동시에 볼 수 있어 일석이조였다. 영산홍과 어울려 대로를 아름답게 꾸며주었다. 버스 주차장까지는 1km 이상을 걸어 나가야 했다.

등산 2시간, 점심 1시간, 하산 2시간이 걸렸다. 예정보다 1시간을 빨리 마치게 되어 장거리 산행에도 한번 더 자신감을 가질 수 있는 계기가 되었다. 괘방령에서 정상까지는 약 6km, 정상에서 주차장까지는 8.23km였다. 미션 시간보다 1시간 일찍 하산을 하게 되었다.

'백두대간 등산로'를 한번 걸어 보는 것이라면서 자긍심을 갖도록 격려해

준 대장이 고마웠다. 등반대장이 선택한 등산코스는 항상 14㎞이상의 거리에 6시간 정도 등산하는 코스로 사람들에게 등산을 통해 도전 정신을 길러주고 싶다는 지론이 필자에게도 좋은 기회가 되어 장시간, 장거리 등산에 매력을 느끼게 되었다. '민주지산'에 이어 두 번째 도전을 성공했다.

처음부터 끝까지 푹신푹신한 흙으로 되어 있어 무릎에는 전혀 부담이 없어서 좋았고, 말만으로는 힘들 것 같았는데 막상 가 보았더니 육산이었다. 하산로 중 수직에 가까운 나무토막의 계단 길에는 지겨울 정도로 힘들었지만 그런대로 만족도 되었다.

버스는 16시 40분에 귀경을 시작하여, 20시 사당역 도착, 20시 30분 무사히 집에 도착하였다. 새벽 5시부터 밤 8시 반까지 총 15시간 반의 외출은 마무리 되었다. 이번에도 산악회와 홀로 등산을 성공하게 되어 기뻤다.

세상은 밖에도 있었었네!
# 명산 100, 63번째 '황정산' 완등 이야기!

▲ 황정산 (黃庭山, 959m) | 2017년 1월 15일 일요일

산악회와 충북 단양군에 위치한 황정산과 도락산 1일 2산행에 도전하였다.

"황정산(黃庭山)은 충청북도 단양군 대강면 황정리에 있는 산으로 도로를 사이에 두고 '도락산'과 마주보고 있다. 단양군의 유명한 다른 산과 명승지에 가려 잘 알려지지 않았으나 칠성암이 신단양팔경의 하나로 지정되면서 찾는 사람들이 많아졌다. 이 산은 신라시대에 창건된 천년 고찰인 대흥사와 원통암을 비롯하여 마당바위, 누에바위, 괴물바위, 돌탑바위, 남근바위 등이 유명하다. 고지도에 표기되어 있는 대흥사는 도가풍의 대사찰로 1907년 의병과 일본군의 교전 중에 불탔고, 현재의 사찰은 이후에 새로 지어진 것이라고 전한다. 고문서나 고지도에 황정산에 대한 기록은 보이지 않는다. 관련 지명인 황정리에 대한 기록도 『한국충청북도일반』에서 남면의 관할 동리로 처음 나타난다. 따라서 황정산이란 이름은 1909년경에 붙여진 것으로 보인다. 황정이란 신선의 정원을 뜻한다고 한다. 황정산 아래의 황정리 일대는 물이 맑고 주변 풍광이 아름다우며 넓은 들을 가지고 있다.

대흥사는 건평 6,000여 평에 500나한과 1000여 명의 승려가 있었던 대가람이었으나 1876년 소실되었고 고려 공민왕 때 나옹화상이 창건했다고 전해지는 원통암만 남아 있었으나 그마저도 1997년에 불타버렸다. 다만 원통암 옆에 높이 7m의 대석 위에 약 15m의 암석이 있는데 암석에는 4개의

수직 균열이 있어 부처님 손바닥을 닮았다는 칠성암이 신단양팔경의 하나로 지정되어 이 산의 백미로 꼽히고 있다.

황정산은 바위가 많고 능선은 험한 편이다. 산행기점은 우선 단양팔경의 하나인 사인암으로 가야 한다. 사인암에서 단양군 대강면과 경상북도 예천군을 연결하는 573번 도로를 2㎞ 정도 올라가면 황정리로 들어가는 포장된 계곡길이 보인다. 황정초등학교를 지나 길을 따라 올라가면 원통암 계곡을 가로지르는 다리를 지나게 되고 얼마 안가 포장도로가 끝나면서 비포장도로가 숲 사이로 나 있다. 이 길을 2㎞ 가량 가면 산 위로 올라가는 비포장도로가 나오는데 이 도로가 원통암으로 올라가거나 등산할 때 이용하는 길이다. 본격적인 산행은 원통암에서 시작된다. 정상부 능선에는 산행의 재미를 더해주는 암릉이 있다. 정상에 서면 남쪽으로 백두대간이 웅장하게 뻗어 있고 동북쪽으로 도솔봉과 묘적봉이, 그 아래로는 사인암계곡, 대흥계곡, 황정리 마을이 보이고 서쪽으로 도락산이 보인다. 하산길은 북쪽을 주능길로 암릉을 타고 간다. 바위 틈새를 건너거나 직벽을 올라야 하는 곳도 더러 있다. 능선길로 약 1시간이면 안부에 닿는다. 그곳에서 동쪽 능선으로 계속 가면 장군 손가락바위, 누에바위, 고인 돌 바위를 지나서 합수지점에 이르고, 바로 계곡으로 내려서면 낙엽송 수림을 지나 신 길이 끝나고 평탄한 수렛길을 따라 출발점으로 내려오게 된다. 산행시간은 5시간 안팎이다." 라고 소개되어 있다. ◀출처 : 네이버 지식백과

　필자의 산행기는 여기서부터 시작된다.

　일요일 혼자만의 취미 생활에 가족들의 원성을 감수하고 1월의 명산 등산은 계획대로 진행되었다. 일기예보 상에는 올해 최강의 추위(영하 13도)라고 연일 보도를 하고 있어 가족들은 걱정을 쏟아내었지만 정해진 일이라며 가족들의 걱정은 뒤로 하고 늘 그랬듯이 새벽 5시 기상, 지하철 사당역 도착, 가게에서 김밥 두 줄을 사서 4번 출구를 나가니 산악회 버스가 있었다. 최강추위는 충분히 체감하였다. 짧은 거리를 걷는데도 귀 끝이 얼어버리는 느낌을 받았다. 잠시 후 늘 타던 로고의 버스는 없고, '황정산', '도락산'이라고만 붙은 낡은 버스에 다소 실망스런 마음으로 올랐다. 보통은 조금 비싼 29인승 리무진 혹은 36인승 일반버스였는데 오늘은 낡은 버스에 41인승이었다. 운전기사 바로 뒷좌석이라 다행이었다.

산악회 버스는 사당역에서 정확히 7시에 출발하였다. 출발 시간을 잘 지키는 것은 항상 감사했다. 주변은 벌써 날이 밝아 취미생활을 하기에 좋은 시기가 오고 있음을 알 수 있었다. 밖에는 벌써 봄이 오고 있는데 집에만 있으면 이런 계절의 변화를 느끼지 못했을 것이다. 계절의 변화에 따른 자연의 변화에 발 맞춰 필자도 변해야 한다는 계기가 되기를 바랐다.

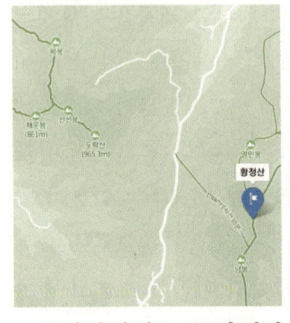

들머리 가까이에 가서 등반대장은 등산코스와 등산 중 유의사항을 일러 주었다. 산악회 홈페이지에는 '황정산(黃庭山, 959m)과 도락산(道樂山, 964m) 연계산행'으로 변경되어 있어 오늘 아침까지도 '두 곳 모두?, 한 곳만?' 산행의 결정으로 고민이 많았는데 현지에서 또 들머리가 변경되었다.

오락가락하는 등반대장의 설명에 더욱 열불이 났다. 등산코스와 들머리의 변경은 세 번이었다. 그동안 행복한 망설임보다 혼란스러움만 더했다. 그래도 여기까지 왔으니 지난날 '민주지산 풀코스 도전 성공'을 바탕으로 난생처음 연계산행을 선택했다.

황정산 및 도락산 연계 산행코스와 시간은 이렇게 주어졌다.

'빗재(09:50) → 황정산 정상(11:00) → 빗재(12:00) → 도락산 정상(13:00) → 신선봉(13:50) → 상신암 주차장(13:30), 귀경(16:00)'

오전 9시 43분 등반대장이 지정한 낯선 들머리인 '빗재'에 도착하였다. 산 너머 가는 약 600m의 능선에서 하차를 하였더니 혹한의 매서운 맛은 그대로였다. 혹한에 맞는 옷을 입었다. 자연스럽게 두 팀으로 나눠졌다. 대장은 도락산코스로 이끌었고, 대부분의 회원들이 대장을 따랐지만 필자 포함 십여 명은 황정산으로 향했다.

황정산은 '빗재 ↔ 전망바위 ↔ 남봉 ↔ 황정산 정상' 이것이 등산코스의 전부였다. 리더도 없이 뿔뿔이 개인자격으로 황정산 정상만을 목표로 마치 기차놀이라도 하는 것처럼 줄지어 올랐다. 대단한 도전이었다. 등산 전문가들만 있는 산악회를 따라 간다는 것이 무모한 도전이라는 생각도 들었지만 필자가 결정한 이상 결과로 보여주겠다는 의지를 불태우며 열심히 따라 올랐다. 눈이 수북이 쌓인 산길을 등산한다는 것은 마치 모래사장을 걷는 것만큼 힘들었다. 거칠어진 숨소리에 아랑곳하지 않고, 머리 박고 쉬지 않고 천천히 따라 올랐다. 쉬면 땀이 식어 춥고, 또 가기가 싫어지니 쉬지 않고 한발 한발 올라야만 했다. 그래서 등산을 인생에 비유하고 그래서 괴로운 것일까? 앞서가던 회원들도 지친 듯 자연을 감상하며 쉬고 있어 필자와의 거리를 좁힐 수 있는 기회가 되어 다소 안심이 되었다.

지칠 때면 엊그제 민주지산 등산 때 14㎞ 도전을 혼자 성공적으로 이루었다는 점을 상기하면서 오늘도 성공하여 앞으로 계속 풀코스로 이어가야겠다는 자신감을 갖는 계기가 되길 바랐다. 혹한의 추위였지만 바람이 없어 다행이었고, 오르막은 끝도 없이 이어졌다. 그래서 사진 찍을 시간도 없었.

눈과 얼음이 공존했던 등산로에서 아이젠과 스패츠의 위력을 실감하였다. 어떤 빙판길도, 어떤 눈길에도 아무런 미끄럼이나 신발 젖음도 없이 가볍게 다닐 수 있었다. 겨울산은 볼 게 없어 쉬어도 재미가 없다. 한참을 올랐더니 정상은 좌측 코앞에 보이는데 등산로는 우측으로 한참을 가서 다시 좌측 정상 쪽으로 가도록 되어 있어 짜증은 더욱 증폭되었다. 그리고 이정표는 부실하기 짝이 없었다. 잔여거리 2.08㎞라 '오늘 고생 많이 하겠구나'고 민하던 찰나 '남봉'에서는 좌측으로 0.3㎞라는 이정표가 있어 다행이었다.

눈 덮인 내리막길을 한참 내려갔다가 그만큼 또 오르막길을 올라야했다. 그것이 끝이긴 하였지만 에너지가 고갈된 상태에서는 최악의 순간이 눈앞에 펼쳐진 셈이었다. 마지막이 험난하기 짝이 없었다. 앞서 가던 회원도 지친 듯

가다 서다를 반복하고 있었다. 들머리에서 정상까지는 비록 2.5㎞였지만 그 어느 등산로보다 힘든 코스였다. 장엄하게 펼쳐질 황정산 정상을 생각하면서 기운을 내어 무거운 발걸음을 옮겼다. 좁은 길이 끝나는가 싶으면 또 바윗길 위험한 길이 나왔고, "명산은 끝없이 인간에게 수많은 난제를 부여하며 이를 극복하게 하는 도전정신을 불러일으키고 있다." 산악회따라 오른다고 그랬는지는 모르겠으나 무척 힘들게 올랐지만 그 끝에는 항상 기쁨과 영광이 자리

하고 있어 이런 쾌감 때문에 인간은 그 힘든 산행을 마다하지 않고 즐긴다.

드디어 출발 1시간 만에 2.5㎞를 올라 '황정산 정상'에 도착했다. 정상석은 실망스럽게 아주 작았지만 스스로 해냈다는 자신감이 더 진하게 느껴졌다.

앞서갔던 회원들도 정상석에 옹기종기 모여 사진을 찍고 있어 필자도 한 컷을 부탁하여 멋지게 인증샷을 남기게 되어 마음 뿌듯했다.

그러나 정상이라고 하였지만 명산의 정상답지 못하게 느껴져 약간은 실망스러웠다. 잘 자란 소나무에 가려 주변 풍광도 없이 산봉우리에 정상석만이 낮게 자리하고 있었다.(이후 황정산은 명산에서 제외되었다.) 바람 한 점 없는 게 다행이었다.

'가리왕산' 정상에서의 악몽이 스쳐지나갔지만 겉옷을 벗어도 괜찮을 정도로 날씨는 화창하여 참으로 다행스러웠다. 곧 하산을 시작하였다. 등산거리가 길 경우에는 볼일만 잠시 보고 다음 장소로 이동해야 한다는 것을 민주지산에서 산악회 회원들과 함께 하면서 터득하였으니 쉴 틈도 없었다. 이제 올라왔던 길을 되돌아가면 되는 것이니 길 잃어버릴 걱정은 없었고 하산 속도와의 싸움이었다. 이제 두 번째 미션인 12시까지 '빗재(들머리)'에 도착하는 것이었다. 눈과 얼음으로 등산로는 형성되어 있으니 내려갈 때가 더 위험하여 천천히 가야겠지만 그들과 함께 해야 세 번째 미션장소로 길을 잃지 않고 갈 수 있는 것이라 바짝 따라 붙어내려왔다.

아무런 사고 없이 안전하고 짧은 시간에 들머리에 도착하였다. 이때 시간이 11:30분, 약 50분 만에 하산을 완성하게 된 것이었다. 세 번째 미션은 '도락산 정상'에 13:00까지 도착하는 것이었다. 도락산 완등 이야기는 도락산에서 펼쳐질 것이다.

좌측의 지도는 황정산~도락산 연계산행 총 7㎞, 3.5시간 결과물이다.

황정산 주변의 유명지 특히 대흥사 등을 탐방 목적으로 이곳을 다녀오기를 추천해 둔다.

# 등산에 대한 기본 상식

모 방송사에서 등산에 대한 유익한 강의를 들었다. 등산한다고 얘기를 하지만 제대로 모르고 등산을 하게 되면 힘들고, 고달프고, 급기야 사고까지 내고 만다. 등산에 대한 기본적인 의미는 기 정리하였고, 등산 중 기본 상식에 대해 등산 전 꼭 읽어두고 실천하여 안전하고 즐거운 산행이 되기 바란다.

1. 식품
걸어가면서 먹을 수 있는 식품을 준비한다. 일명 '행동식'이라고 한다.
행동식으로는 "빵, 떡, 소시지"가 좋다. 암벽 등반할 때 사용되는 '초크통' 사용하기를 권한다. 초크통은 일반 등산용품점에서는 구입할 수 없고, '암벽 등반용품점'에 있다.
그리고, 지방과 단백질이 많은 식품은 피한다.

2. 에너지를 보존하는 법.
더우면 움직이면서 벗고, 멈추면 또 입어라.
레이어링 시스템을 기억해라. 땀의 흡수가 빠른 속옷을 입어라.
빨리 마르는 옷이 좋다. 두 번째 보온 옷은 두툼하고, 통기성이 좋아야 한다. 세 번째 겉옷은 눈보라에 견디는 방수/방풍이 기능이 있어야 한다. 첫 번째 레이어는 꼭 입어야 한다.
산에서 입었다 벗었다 하는 것을 귀찮아해서는 안 된다. 에너지를 보충하는 것은 '식품'이고 에너지를 보존하는 것은 '옷'이다. 머리 보온도 중요하다.

3. 등산화

등산화는 5~10mm 크게 라는 것은 아니다. 새끼손가락을 뒤꿈치에 넣을 정도 여유가 적당하다. 주로 '경등산화'가 많이 사용되는데 추운 곳이나 눈이 쌓인 곳에서는 '중등산화'가 좋다.

4. 배낭

35L 이상의 넉넉한 크기가 맞다. 배낭을 어깨에 걸었을 때의 위치는 엉덩이와 허리까지 올려야 한다. 배낭이 몸에 붙어 흔들림을 방지하는 '가슴벨트'를 착용하라.

5. 걷는 방법

사람의 심장은 평생 25-30억 회 뛴다. 심장이 빨리 뛰는 동물들은 오래 못 산다. 심장이 천천히 뛰면 성능이 좋다고 한다. 등산으로 심장을 혹사시키면 안 된다. 산은 기후 변화가 심하고 거칠다. 그만큼 불확실성이 많은 곳이다. 다른 스포츠는 체력을 모두 소진하면 박수를 받지만, 등산은 40%(등산), 30%(하산), 30%(여류) 골고루 나누어 소진해야 한다.

우리나라 사람들은 결과를 좋아한다. 등산은 과정이 중요하다. 등산 전 스트레칭을 반드시 해라. 등산은 유산소 운동이다. 운동 강도가 낮다. 오래 운동해야 한다. 마라톤 같은 무산소 운동은 운동 강도가 높다. 따라서 등산을 할 때는 유산소 운동의 강도를 유지해야 한다.

① 1/2 속도로 걷는다.
② 점차 속도를 내고 (시작 15분 후부터)
③ 힘을 적게 쓴다.

유산소 운동은 힘들면 고통스럽게 하는 운동이 아니다.

빨리 올라가서 쉬는 것보다 천천히 쉬지 않고 올라가는 것이 좋다. 힘들 때마다 휴식을 취하면 더 힘들어진다. 힘들다 싶으면 속도를 천천히 한다. 배낭을 벗지 말고 서서 쉬어라. 힘들지 않게 올라가는 방법은 '타이거 스텝'

이다. 힘든 곳에서는 엇갈리게 걷는 스텝도 필요하다.

### 6. 스틱 사용법

스틱은 속도를 내게 하고, 에너지를 절약하고, 전신 운동을 하게 한다.

평지에서는 팔을 흔들 듯 지그재그로, 오를 때에는 양손을 동시에, 내려올 때에는 무릎 충격 완화를 위해 양손 동시에. 동일한 간격의 계단은 에너지를 더 쓰게 한다. 지루함도 더하다.

내려올 때는 15% 에너지를 더 쓴다. 그래서 무릎 보호를 위해 스틱 사용은 필수이다. 계단은 우리를 위한다기 보다 산을 보호하기 위해 만들어졌다. 그래서 계단(인위적)은 지겹고 싫다.

### 7. 에너지 보충(중요)

중간중간에 먹어라. 주지도 받지도 말라. 에너지는 30분마다 보충하라. 허기가 지기 전에 섭취한다. 호주머니에 행동식을 휴대하라.

### 8. 에너지원의 사용순서를 익혀라

체온이 올라가면 지방을 녹인다. 탄수화물이 지방을 태운다. 탄수화물 1.5% 소진되면 체온이 상승하고 탈진한다. 탄수화물 20g 섭취 필요하다. 식사 후 1시간 반이 지나면 탄수화물을 반드시 섭취하라. 단맛이 나는 식품인 과일, 곶감, 사탕, 초콜렛바 등이면 좋다.

한번 등산하는데 3~4리터 땀을 배출한다. 자신의 체중×0.02가 섭취해야 할 물의 양이다. 예를 들어 70kg의 체중이라면 70×0.02 =1 4. 1.4리터의 물을 섭취해야 한다. 즉 70kg의 체중인 경우 0.5리터짜리 3병이 필요하다는 이야기다. 가장 중요한 요소 중의 하나이다.

혈압이 상승하면 심장박동이 증가한다.

혈전이 생겨 혈관을 막는다. 혈액이 진해지며 뻑뻑해 진다.

체내에 염분이 부족해진다. 근육경련으로 쥐가 나기도 한다.

이온음료, 짭짤한 간식으로 염분을 보충한다.(우리는 계란을 삶아서 소금을 쳐서 갖고 간다)

문학세계대표작가선 947

대한민국 100대 명산 완등 산행기
# 세상은 밖에도 있었네!

好山 하유태 지음

인쇄 1판 1쇄  2020년 6월 15일
발행 1판 1쇄  2020년 6월 22일

지 은 이 : 하유태
펴 낸 이 : 김천우
펴 낸 곳 : 도서출판 천우
등    록 : 1992. 2. 15. 제1-1307호
주    소 : 서울시 성동구 무학봉28길 6 금용빌딩 2F
전    화 : 02)2298-7661
팩    스 : 02)2298-7665
http://moonhak.wla.or.kr
E-mail : chunwo@hanmail.net

ⓒ 하유태, 2021.

값 30,000원

*도서출판 천우와 저자의 서면 동의 없는 무단 전재 및 복제를 금합니다.
*저자와의 협의에 따라 인지는 생략합니다.

ISBN 978-89-7954-843-3